让我们 甲骨文 一起追寻

This translation published by arrangement with Alfred A. Knopf, an imprint of the Knopf Doubleday Group,
a division of Random House, Inc.

LAWRENCE IN ARABIA

WAR, DECEIT, IMPERIAL FOLLY AND THE MAKING OF THE MODERN MIDDLE EAST

阿拉伯的劳伦斯

战争、谎言、帝国愚行与现代中东的形成

〔美〕斯科特·安德森 / 著
SCOTT ANDERSON

陆大鹏　译

社会科学文献出版社
SOCIAL SCIENCES ACADEMIC PRESS (CHINA)

本书所获奖项和赞誉

美国亚马逊年度最佳图书·历史类第一名

《纽约时报》年度最值得关注好书

《基督教科学箴言报》年度最佳图书

《西雅图时报》年度最佳图书

《圣路易斯邮报》年度最佳图书

《芝加哥论坛报》年度最佳图书

美国国家公共电台年度最佳图书

2014 年美国国家书评人奖·传记类入围奖

This translation published by arrangement with Alfred A. Knopf, an imprint of the Knopf Doubleday Group, a division of Random House, Inc.

让 我 们 甲骨文 一 起 追 寻

如果说，阿拉伯的劳伦斯是战争面貌的描绘者，那斯科特·安德森就是劳伦斯面貌的再塑者。安德森将劳伦斯与漫游在阿拉伯战区的其他冒险家和间谍并置，精彩地再现了现代中东的形成过程。这本书的研究角度新颖独特，文字也同样异彩纷呈，令我完全置身其中，仿佛是第一次接触这个主题的书籍一般，这当真是一种深刻的、扣人心弦的阅读体验。

——塞巴斯蒂安·容格，《纽约时报》畅销书
《战争》与《完美风暴》的作者

这本书在完美展现劳伦斯这一史上最具代表性的人物之一的同时，对不知名的德国和美国特工（他们几乎和劳伦斯一样古怪）的描绘同样令人满意，这些丰富立体而又颇具启发性的形象描摹，着实让人惊叹不已。这些人对我们所知世界的塑造施加了如此重大的影响，以至于现在能够阅读到他们的故事，令人觉得非常不可思议。安德森既是一位文笔优美的作家，也是一位顽强执着的研究者，更曾目睹过与自己在档案中发掘出的行径类似的匪夷所思而又毫无顾忌的恐怖事件。正因为此，即使是发生在一个世纪以前的残暴行为，他也能呈现得相当有说服力。相信这本壮阔的史诗，能让热爱20世纪大历史的人享受到涅槃般的极乐。

——汤姆·赖斯，普利策奖得主，《黑伯爵》和
《东方学家》的作者

《阿拉伯的劳伦斯》实在是一本令人惊叹的杰作，它敏锐而又准确地捕捉了20世纪初处于分娩阵痛之中的中东宏伟壮阔的历史，将那时的蛮勇及超现实感描绘得淋漓尽致。安德森运用最高水平的戏剧叙述手法，为劳伦斯这一在战争和政治中均永垂青史的伟大人物创作出不

可磨灭的肖像。除此之外，还有一大群仿佛出自格雷厄姆·格林小说的人物，共同演绎出这部极其生动并意义深远的历史，真正不可多得。

——道格·斯坦顿，《纽约时报》畅销书
《身处险境》和《骑兵》的作者

不得不承认，《阿拉伯的劳伦斯》确实是通过严谨研究和考证的成果，通篇不仅充满强有力的洞见，更遍布熠熠生辉的细节，波澜壮阔的故事背景下贯穿着无穷无尽的智慧、人性以及勇气，我在阅读的时候真切体会到一种酣畅淋漓的快感。一气呵成、引人入胜是对这本书最好的概括，从第一个词开始就让人不忍释手，我将会长久地珍爱这本书。

——康迪斯·米勒德，《纽约时报》畅销书
《共和国的命运》和《疑虑之河》的作者

历史上很少有人物能够在冒险、密谋，甚至神秘莫测方面与T. E. 劳伦斯相提并论。斯科特·安德森是一位不知疲倦的记者，他借助自己对阿拉伯世界的熟悉，通过孜孜不倦的求证，为我们精心重建了劳伦斯的影子国度。安德森用激情洋溢的笔触、跌宕起伏的故事情节，带领读者共同领略伟大人物劳伦斯如何在一群恶棍和特工的陪衬下，巧妙布局，运筹帷幄，为现代中东这个烂摊子打下基础。这是一部详尽而深刻的历史，铺陈在浩瀚异常的画布之上，拂去故事卷轴的尘埃，扑面而来的便是立于中心的那位神奇诡谲、充满魅力、有深刻缺陷却又令人回味无穷的伟大人物。

——汉普顿·塞兹，《纽约时报》畅销书
《地狱恶犬的追踪》的作者

献给我一生的挚爱，南妮特和娜塔莎

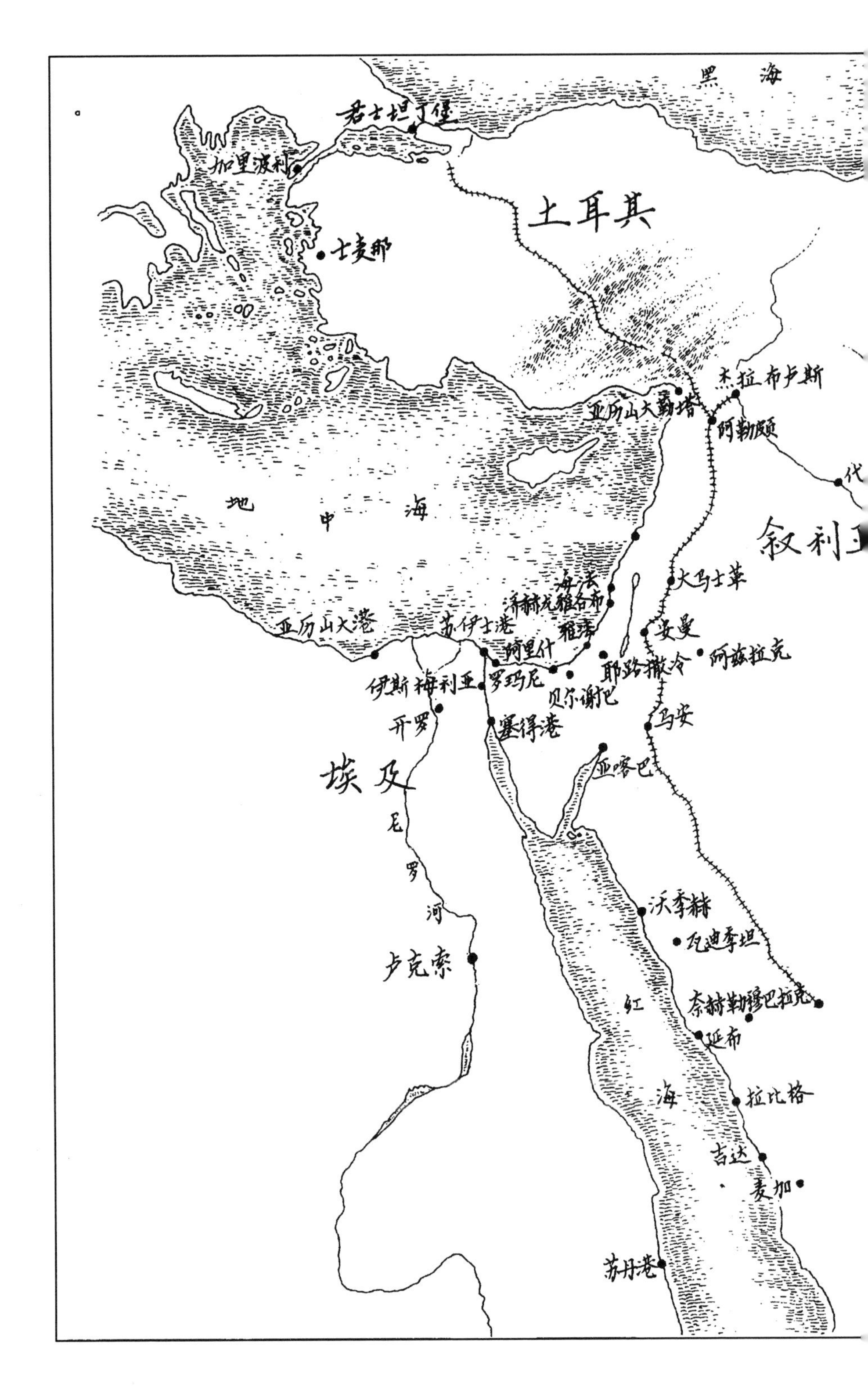
黑海
君士坦丁堡
加里波利
士麦那
土耳其
杰拉布卢斯
亚历山大勒塔
阿勒颇
代
叙利
地中海
海法
济赫龙雅各布
雅法
亚历山大港
苏伊士港
阿里什
伊斯梅利亚
罗玛尼
贝尔谢巴
耶路撒冷
大马士革
安曼
阿兹拉克
开罗
塞得港
马安
亚喀巴
埃及
尼罗河
沃季赫
瓦迪季坦
卢克索
红海
奈赫勒穆巴拉克
延布
拉比格
吉达
麦加
苏丹港

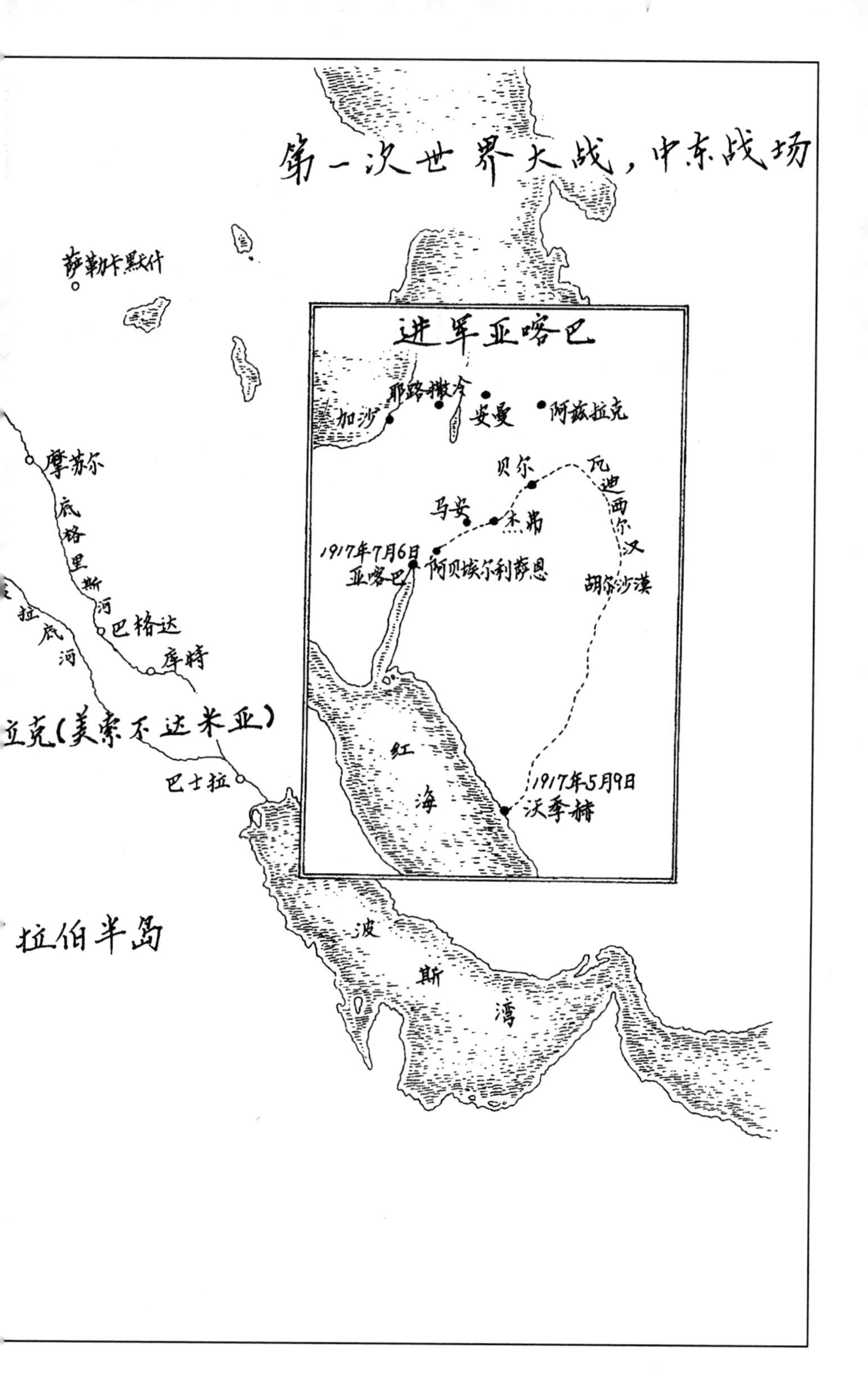

第一次世界大战，中东战场
萨勒卡默什
摩苏尔
底格里斯河
巴格达
库特
拉底河
拉克(美索不达米亚)
巴士拉
拉伯半岛
波
斯
湾
进军亚喀巴
加沙
耶路撒冷
安曼
阿兹拉克
贝尔
马安
杰弗
1917年7月6日
亚喀巴
阿贝埃尔利萨恩
瓦迪西尔汉
胡尔沙漠
红
海
1917年5月9日
沃季赫

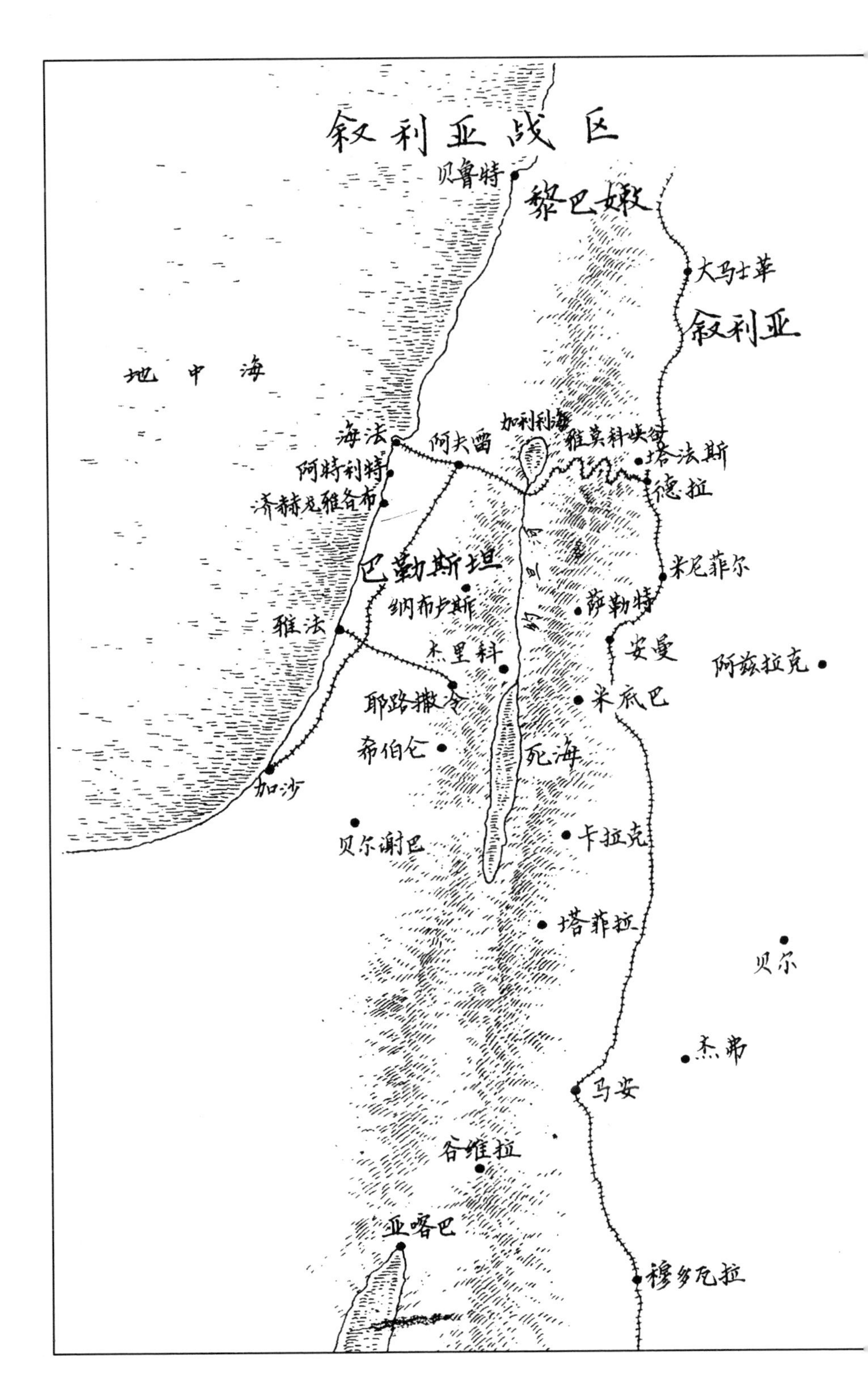
叙利亚战区
贝鲁特
黎巴嫩
大马士革
叙利亚
地中海
加利利海
雅莫科峡谷
海法
阿夫留
塔法斯
阿特利特
德拉
济赫龙雅各布
巴勒斯坦
米尼菲尔
纳布卢斯
萨勒特
雅法
安曼
阿兹拉克
杰里科
耶路撒冷
米底巴
希伯仑
死海
加沙
贝尔谢巴
卡拉克
塔菲拉
贝尔
杰弗
马安
谷维拉
亚喀巴
穆多瓦拉

侯赛因国王对中东未来构想

（根据1915年的麦克马洪—侯赛因通信）

被麦克马洪排除，留待协商解决

短期"租借"给英国

英法对未来中东的瓜分

（根据1916年的秘密《赛克斯—皮科协定》）

法国直接控制区

A区 法国间接控制区

英国直接控制区

B区 英国间接控制区

国际共管区

作者前言

在战争中，语言往往就是一种武器。第一次世界大战的中东战场便是如此。例如，协约国既使用“奥斯曼帝国”，也使用“土耳其”这个词。但随着战事的发展，协约国越来越偏好“土耳其”这个说法，这无疑是在力图让世人相信，奥斯曼帝国境内的非土耳其民族是需要解放的被奴役者。另外一个类似的例子是，在战前和战争初期，协约国的文件中常常将巴勒斯坦和黎巴嫩称为奥斯曼叙利亚地区下辖的省份，但英国和法国开始谋划在战后攫取这些地区的时候，就渐渐不用这种说法了。一个更为微妙的例子是，所有西方国家，包括奥斯曼土耳其帝国的主要战争盟友——德国，都一直使用“君士坦丁堡”这个名称（“君士坦丁堡”是这座城市属于基督教拜占庭帝国时期的名字，拜占庭于1453年被信仰伊斯兰教的奥斯曼人消灭)，尽管本地人将这座城市称为“伊斯坦布尔”。 xi

很多研究中东的历史学家正确地指出，使用西方人偏爱的标签——“土耳其”而不是“奥斯曼帝国”，“君士坦丁堡”而不是“伊斯坦布尔”——表明了一种欧洲中心论的视角，这种视角的最恶劣形式被用来为欧洲的（帝国主义的）历史观造势。

这给专门研究西方在该战区的角色的历史学家们（包括我本人）制造了一个难题，因为他们的大部分研究当然都是基于西方的文献资料。在这种情况下，研究者必须在清楚明晰和政治敏感二者之间择一；我感到，如果我一直使用“伊斯坦布尔”这种说法，而几乎所有参考文献都说“君士坦丁堡”的话，就会给很多读者造成困惑，因此我选择了“君士坦丁堡”。

xii 我做出这个决定的另一个理由是，这些语言上的差别在当时并不像一些当代中东历史学家认定的那样泾渭分明。甚至奥斯曼土耳其帝国战时的领导层也常常使用“君士坦丁堡”这个说法，对“奥斯曼”和“土耳其”这两种说法也会混用（见第一章，杰马勒帕夏的碑铭）。如果在这个问题上纠结过久，只会造成更复杂的问题。正如奥斯曼历史学家穆斯塔法·阿克萨卡尔在《奥斯曼帝国的战争之路》中承认的那样，“在1914年，要说什么‘奥斯曼政府’或‘奥斯曼内阁’，是与时代格格不入的，因为当时的主要领导人明确地批驳了‘奥斯曼主义’，打定主意要建设一个为土耳其人所有、为土耳其人服务的政府……”

总而言之，我和本书的主要人物一样，倾向于多多少少地将“奥斯曼帝国”和“土耳其”混用，主要是考虑在具体的语境中哪个词更合适；而为了清楚明晰起见，我只用“君士坦丁堡”。

另一个和语言有关的问题是，阿拉伯语名字的音译方法五花八门。为了保持前后一致，我采纳的是参考文献中最常见的拼写方式，并在所有引文中对其进行标准化。在大多数情况下，我采纳的音译是根据埃及阿拉伯方言的发音。例如，穆罕默德·法鲁基的姓氏[①]“法鲁基”在当时的不同文件中有诸如Faruqi、Farogi、Farookee、Faroukhi等不同拼法，我则始终使用Faroki。最显著的例子是，T. E. 劳伦斯的主要阿拉伯盟友费萨尔·伊本·侯赛因被劳伦斯称为Feisal，但其他绝大多数人，包括历史学家，都把他的名字拼写为Faisal。为了避免混乱，我全部使用Faisal这个拼法。

另外，英语的标点使用方法在过去的这个世纪里发生了很大变

① 严格来讲，阿拉伯人并没有姓。阿拉伯人的名字一般分成若干节，顺序一般是本人名、父名、祖父名，随后是家族、部落、出生地、职业等。作者说穆罕默德·法鲁基这个名字里“法鲁基”是姓，或许是受到西方人将姓放在名字后面的影响（本书所有脚注皆为译者所加）。

化，而劳伦斯在写作时使用的标点尤其独树一帜，有人也许会说是违背常理。有的引文中的标点可能会让现代读者感到困惑，于是我全部改用现代标点。我只改了标点，引文中除了使用方括号或省略号的地方之外，对原文没有任何增删。

最后，在劳伦斯在世时，一共出版了两个版本的《智慧的七柱》。第一版是 1922 年的手印版，只有八册，被称为“牛津版”；第二版是个修订版，1926 年出版，约两百册。今天最容易读到的就是第二版。劳伦斯本人明确指出，牛津版只是个草稿，所以我的引文几乎全部出自 1926 年版。在少数引用牛津版的引文中，尾注里特别标示了“牛津版”。

目　录

第一部

第二部

第三部

序 章

1918年10月30日早上，托马斯·爱德华·劳伦斯上校[1]接到了白金汉宫的传唤。英国国王传旨要接见他。 1

这一天，伦敦的气氛是一派喜气洋洋。在过去的4年零3个月里，在有文字记载以来历史上最血腥的冲突中，包括英国在内的大部分国家都已经山穷水尽。这场战争夺去了三大洲约1600万人的生命。现在，一切都要结束了。战争结束得如此迅速，在几周前还是无法想象的。就在这一天，英国的三个主要敌人之一——奥斯曼帝国接受了和谈条件，而剩下的两个敌人——德国和奥匈帝国——很快也将举手投降。劳伦斯上校在这场战争中的贡献主要是在中东战场，他自己也对事态的神速发展颇感意外。就在10月初，他还在前线协助占领大马士革的行动。大马士革的陷落预示了奥斯曼军队的瓦解。回到英国还不到3周，他就已经和负责确定中东战后边界的英国高级政治家和将军们磋商起来。就在前不久，确定中东未来版图的事情似乎还是异想天开，但现在必须尽快上马了。劳伦斯的印象显然是，乔治五世国王这天上午传唤他，就是为了讨论这些正在会商中的问题。

但并非如此。这位30岁的上校进宫之后被领进了一个舞厅。不久之后，英国国王和王后在六名显贵和一群锦衣华服的廷臣簇拥之下，大驾光临。国王的宝座前放置着一张配有软垫的凳子，而在国王的右侧，宫务大臣端着一个天鹅绒垫子，上面摆放着许多勋 2

章。引见之后，乔治五世微笑着对客人说："我有一些礼物要给你。"[2]

劳伦斯精通英国历史，知道下面将要发生什么事情。王座前的凳子是授爵凳，他将要跪在上面，国王则将施行有数百年历史的复杂仪式——授予饰带和垫子上的勋章，用剑拍击肩膀，并吟诵誓言。他将成为一位大英帝国骑士。

这一刻，T. E. 劳伦斯已经憧憬了许多年。在少年时代[3]，他就醉心于中世纪历史和亚瑟王宫廷的传说。他曾写道，他最大的雄心，就是在30岁时受封为骑士。在这个早上，他少年时的梦想就要实现了。

还有一些细节，给他增加了更多的荣誉。在过去的四年中，乔治五世已经向他的军人们授予了太多的嘉奖和勋章，现在就连骑士爵位授予也是大批进行。在1918年秋季，像劳伦斯这样由国王亲自封赏的仪式是闻所未闻的。玛丽王后也亲临现场，这同样是非同寻常的。她一般会避开这种仪式，但T. E. 劳伦斯战时的英雄事迹让她激动不已，于是为他破了个例。

但是劳伦斯没有跪下。就在仪式开始的时候，他悄声告诉国王，他拒绝接受爵位。

人们手忙脚乱起来，十分尴尬。在英格兰王政的900年历史中，拒绝骑士爵位的事情实在是罕见，因此没有人知道该如何处理。最后，窘迫地拿着勋章的乔治五世把它们放回了宫务大臣的垫子上。在火冒三丈的玛丽王后的凶狠目光下，劳伦斯上校转过身，拂袖而去。

今天，他已经辞世70多年，为他扬名立威的那些英雄事迹也过去了将近一个世纪，托马斯·爱德华·劳伦斯——他更为人所知的名号是"阿拉伯的劳伦斯"——仍然是20世纪最神秘莫测和充满争议的人物之一。这个年轻、羞涩的牛津学者率领一支阿拉伯军队冲锋陷阵，改变了历史。

对他的历史评价之所以争议繁多，原因之一在于他涉足的地域不同寻常。劳伦斯是促使现代中东诞生的一些最关键事件的目击者和参与者。而关于中东的哪怕是最简单的论断也会被抽丝剥茧地解剖、分析和争论不休。在关于该地区无数裂痕的根源的无休止的争论中，各方按照政治的需要，对劳伦斯或不吝溢美之词，或嘲弄羞辱，或奉为至圣，或妖魔化，或者甚至将他贬抑为历史的一个小小脚注。

3

劳伦斯还是个性格独特的人。他是个特别喜好独处的孤僻之人，似乎一定要为难那些希望了解他的人。他究竟是个天生的领袖，还是江湖骗子？他是个不知恐惧为何物的勇士，还是道德上的懦夫、战场上的胆小鬼？在所有传记家挥毫泼墨之前，劳伦斯自己已经将这些互相矛盾的特质——还有很多其他特质——加到了自己身上。另外，他还很顽皮，在讲故事的时候喜欢嘲讽那些相信和坚持要求知道“真相”的人。白金汉宫发生的事情就很能说明问题。在后来的岁月中，劳伦斯对在宫廷舞厅内发生的事情做了多次描述[4]，每一次都和其他的记述有细微差别，与目击者的回忆的差别甚至更大。劳伦斯似乎走在大多数人前面，接受了现代历史观：历史是可塑的，人们愿意相信什么是真相，什么就是真相。

这些矛盾之处往往促使研究劳伦斯的作家们陷入吹毛求疵、晦涩难懂的争吵，有的人试图败坏他的名誉，有的人力图捍卫他的令名。他真的像他自己说的那样，在 49 小时内穿越了某个沙漠，还是少说了一天多的时间？他在某战役中真的起到了力挽狂澜的作用，或者其实某英国军官或某阿拉伯酋长的功绩更大？还有一些论战者非要搞清楚，他究竟是为怎样的意识形态目标服务。这真是够无聊的。劳伦斯是犹太民族的伟大捍卫者，还是疯疯癫癫的反犹主义者？他是为阿拉伯独立事业而奋斗的开明、进步人士，还是私底下的帝国主义者？劳伦斯身后留下了大量的文字作品，而且他一生中的观点前后变化极大，所以人们对他的几乎所有赞誉和指控都能从他自己的作品中找到支持的证据，也能找到反驳的理由。

这些争论除了枯燥无味之外，主要的罪过在于，它们模糊了劳伦斯的故事中最引人入胜的谜题：他是怎么做到的？不曾接受过一天军事训练、极度羞涩的牛津大学考古学家究竟是如何摇身一变，成了统领一支外国革命军的野战指挥官？又是如何变成政治战略大师，睿智地预言了中东未来的很多灾难？

答案很简单，简单到或许会让大家失望：劳伦斯之所以能够成为“阿拉伯的劳伦斯”，是因为没有人关注他所在的战场。

4

第一次世界大战的欧洲战事十分宏大惨烈，而中东只是个次要战区。而在中东战场，劳伦斯参加的阿拉伯起义，用他自己的话说，只是“插曲的插曲”[5]。从消耗的生命、金钱和物资，以及帝王将相们的重大会议花费的数千个小时来看，欧洲各帝国运筹帷幄的统帅们对比利时的未来地位，比对贫困而遥远的中东要关心得多。因此，在英国军方高层看来，如果一个基本上是自行决断的年轻的陆军军官能够把乖僻而难以驾驭的阿拉伯诸部落团结起来去骚扰土耳其人，何乐而不为呢？当然，不久之后，阿拉伯起义和中东对全世界其他地区的意义就变得极其重大。但在当时，不会有人考虑到甚至想象到这种可能性。

但故事还不止这么多。因为，不只是英国的战略家对中东局势不重视，其他的主要参战国也是如此。所以，这些国家同样只是将从更重要的战区拼凑出来的军事力量投入到中东，把情报搜集、煽动叛乱和缔结盟约的任务委派给了像劳伦斯一样缺乏军事经验或者半路参军的外行。

和劳伦斯一样，他的对手们也往往是毛头小伙，不曾接受过自己的任务所要求的训练，而且在很大程度上可以自由行动，受到的上级监管很少。和他们更出名的英国同行一样，他们也利用了自己非常规的极大行动自由，将自己的很多个性特征——聪慧、勇敢、欺骗的天分——发挥得淋漓尽致，既缔造了自己的命运，也改变了历史的轨道。

其中有一位20多岁的美国名门望族之后（但家道已经中落），他是第一次世界大战期间在中东的唯一一位美国一线情报军官。尽管当时他还是纽约标准石油公司的雇员，但将会给美国的战后中东政策带来极大影响。有一位年轻的德国古典学家，以阿拉伯长袍为伪装，寻求煽动一场反对西方殖民国家的伊斯兰圣战。他的“以革命为战争手段”的理念被一直承袭到纳粹时期。还有一位犹太科学家，打着为奥斯曼政府效力的幌子，建立了一个庞大的反奥斯曼间谍网，为在巴勒斯坦建立犹太人家园做出了关键性的贡献。

这些人在今天已经几乎默默无闻，但和他们的英国同行有一个共同点。和劳伦斯一样，他们不是在中东地图上运筹帷幄的高级将领，也不是划定战后各国版图的高龄政治家。但是，他们扮演的角色可能更为意义深远：是他们在前线的实践，使得将帅们构想的作战计划得以水到渠成，是他们使得政治家们设计的战后政策和边界成为可能。历史始终是集体努力的结果，在第一次世界大战中，历史的舞台上有几百万演员。但在相当大的程度上，这四个人的复杂的秘密游戏，以及他们隐藏在内心的忠诚和私人仇隙，缔造了现代中东，也成就了我们今天所生活的世界。

但在这四个人的小小星系中，T. E. 劳伦斯和他的故事稳稳占据中心地位，这至少有两个重要原因。

首先，现代中东大体上是英国人创建的。第一次世界大战中，协约国在中东的主要战争努力是由英国人承担的，在战争接近尾声时，又主要是英国人缔造了和平。在战时，对中东垂涎三尺的英国领导人们就给中东取了“大战利品”这个绰号，这预示了英国人将给中东带来怎样的和平。作为英国在这个战区最重要和最有影响的代理人，劳伦斯自然与即将到来的一切——不论是好事还是坏事——有着密不可分的联系。

其次，正如白金汉宫发生的事情能够证明的，在中东的经历让劳伦斯这个人发生了脱胎换骨的变化，在有些方面，他自己也不认识自己了。胜利者不得不承担的道德包袱是战败者永远不会理解的。作为一位重大历史事件的建筑师，劳伦斯将会被自己在英国掠夺“大战利品”期间所目睹的事件，以及自己在此期间的所作所为，长期地困扰和折磨。

第一部

第1章
花花公子在圣地

在我看来，最近发生的新危机是个福气。我相信，土耳其人最终的责任在于，要么作为一个堂堂正正的民族生存，要么光辉灿烂地退出历史舞台。

——1914年11月2日，土耳其加入第一次世界大战时，叙利亚总督杰马勒帕夏对局势的评论[1]

9

沙暴在刚开始的时候还只是温和的大气扰动，在这个季节属于司空见惯的现象。1914年1月初，一连几天，干燥酷热的微风从撒哈拉沙漠吹来，拂过在冬季变凉的地中海东部海面。到1月9日上午，热风与海面上冷空气的汇聚产生了强劲的西南风，在巴勒斯坦南部登陆之后，风力越来越强，抵达贝尔谢巴（寻漠①边缘的一个小村庄，离海岸约25英里）时，坎辛风（沙暴）已经一触即发。

对缺乏经验的人来说，在沙漠中遭遇坎辛风是相当恐怖的事情。尽管它与强雷暴雨有很多相似之处（如风暴发生前大气压都会下降，还有抖风的前奏），但在沙暴中，瓢泼而下的是沙粒，而不是雨水，所以能见度会迅速降低到几英尺，而且沙子会猛烈扫射人的身体，很快就在口鼻处覆盖厚厚的一层，并在衣服的所有缝隙积累起来，给人一种窒息感。在这种激烈感觉的冲击下，人的大脑

① 《圣经·旧约》中一般称为“寻的旷野”，一般认为在今天的约旦境内。

很容易紧抓住最糟糕的主意——继续前进，或挣扎着走出沙暴。按照这种冲动行事的人往往会迷失方向、丢掉性命。

10 但那个下午在贝尔谢巴等待的三个年轻英国人可不是缺乏经验的人。他们在这个村庄——这是一个偏僻的前哨，或许有 800 个居民，是过往骆驼商队的饮水处——多等了一天，等待一支由两个美国人带领的探险队的到来。黄昏时分，美国人仍然踪迹全无，而先前还毫无威胁地出现在西方的暗褐色微风，已经变成一根数英里高的沙柱，咄咄逼人地向村庄逼近。天黑后不久，坎辛风轰然而至。

沙暴肆虐了一整夜。在三个英国人待的小屋，沙粒像暴雨一样狠狠敲击窗板，四下飞溅。虽然他们拼命努力把屋子密闭起来，但室内所有东西很快都被一层精细的沙漠细沙覆盖了。黎明时，风力有所减弱，徐徐升起的太阳出现在东方苍穹中，像是一个暗银色的球。[2]

下午早些时候，坎辛风终于平息，贝尔谢巴的居民们从屋子和帐篷里走出来，四处活动起来。这时，英国人得知了关于美国人的一些消息。原来美国人在前一夜为了躲避即将到来的沙暴，在村庄以东几英里处安营扎寨下来。三个英国人给他们的骆驼配上鞍具，去寻找美国人的营地。

荒凉枯寂的环境中，美国人营地的富足显得颇为怪异。除了几辆用来运载为探险队的牲口准备的青贮饲料的马拉大车之外，还有几辆车专门用来运载探险队较大的“野外家具”。坎辛风已经平息，土著勤杂工们正在忙着收拾营地，准备开拔[3]。率领探险队的两个年轻美国人居住的两个非常高档和宽敞的钟形帐篷——无疑是从伦敦或纽约的高档探险装备店买来的——也被拆解了。这两个人都是 20 多岁，身穿西部户外衬衫，头戴圆顶硬礼帽，分别叫作威廉·耶鲁和鲁道夫·麦戈文。他们向英国访客们解释说，他们在巴勒斯坦南部的行程是圣地大旅行的一部分，事先也没料到会遭遇恐怖的沙暴。

但这两个美国人有些不对劲的地方。尽管他们都衣冠楚楚，旅行时的生活方式也很时髦，但这两个人——麦戈文身材矮小而沉默寡言，耶鲁身躯粗壮、相貌粗犷，有如拳击手——却不像是自然而然的旅行伙伴，或者是那种愿意到圣经中的名胜地点朝圣的游客。他们的行为举止也有些奇怪。在叙利亚这个偏僻的角落遇到其他外国人，本应是件新奇有趣的事情，往往会让双方一下子就亲密起来，但耶鲁和麦戈文却没有示好的意思。恰恰相反，英国人的到来让这两个美国人颇有些紧张不安，甚至不悦。但沙漠中的好客礼节迫使耶鲁——他显然是两人中的领导者——邀请客人们到食堂帐篷坐下，并派遣一名帮佣去沏茶。

11

但如果说英国人感到美国人形迹古怪的话，威廉·耶鲁对他的英国客人们有着一模一样的印象。年纪最大的英国人——耶鲁估计他是领头的——大概三十五六岁，黑发，面部清瘦如鹰隼，穿着一件饱经风霜的英国陆军制服。他的伙伴们都穿着便服，比他年轻不少，其中一个人大约二十五六岁，第三个人看上去简直是个十几岁的孩子。最让耶鲁困惑的是，两个年纪较大的英国人很少说话，而那个“孩子”却像个喜鹊似的叽叽喳喳说个不停，独占话头。他非常瘦削，面部线条很重，让耶鲁几乎感到讨厌，但他的眼睛非常吸引人，是浅蓝色的，目光炯炯有神。

这个最年轻的访客解释说，他和他的朋友们在为一个叫作巴勒斯坦探索基金会的英国机构工作，对这一地区的圣经时代遗址进行考古研究。然后他口若悬河地给美国人讲起自己在近东的冒险经历，他讲起来喋喋不休而又引人入胜，耶鲁过了好一会儿才意识到，这些故事的背后隐藏着某种盘问：

> 他滔滔不绝的话里夹杂着一连串问题——都是貌似天真无害的问题——问我们是什么人，我们有什么打算。他推测，我们是有钱的游客，要潇潇洒洒地游览西奈和巴勒斯坦。直到客

人们离去之后，我们才意识到，这个貌似乳臭未干、活力四射的小伙子把我们都榨干了。

威廉·耶鲁后来才知道，他邂逅的这个人就是托马斯·爱德华·劳伦斯，很快就以“阿拉伯的劳伦斯”的称号扬名四海。耶鲁也是过了一段时间才知道，劳伦斯假装对美国人的圣地旅行感兴趣，只是为了要弄他们，他早就知道，他们的故事只是幌子。

事实上，威廉·耶鲁和鲁道夫·麦戈文是纽约标准石油公司的代理人，他们来到巴勒斯坦的秘密任务是寻找石油。遵照标准石油公司总部的命令，他们在此前的 3 个月扮作有闲阶级的少爷——按照当时的说法，就是花花公子——加入了圣地旅游团。他们打着这个幌子，悄悄从旅游团溜走，沿着死海发掘，并在朱迪亚[①]山麓地带进行地质勘探。

12 但如果花花公子的招牌故事在他们早期的漫游中还说得通，因为至少朱迪亚有古代遗址，死海在《圣经》里是个重要地点——他们转向孤独凄凉的贝尔谢巴之后，就显得很可疑了。耶鲁和麦戈文的最终目标是贝尔谢巴东南方约 20 英里处沙漠中的一座荒凉的岩石山丘——克恩纳布。考虑到这个目的地，花花公子的幌子就显得很可笑了。

事实上，就是因为他们的招牌故事可信度越来越低，美国人才没有在前一夜进入贝尔谢巴。石油勘探家们接近村庄的时候得知，村内有三个英国人。他们一心要逃避与英国人的会面和有可能遭遇的尴尬问题，于是决定在沙漠中扎营，次日拂晓时溜进贝尔谢巴，快速地收集继续旅行所需的给养，然后在被发现之前就溜之大吉。缓缓移动的坎辛风显然让他们的计划泡汤了，耶鲁在早上等待沙暴平息的时候就很担心，在贝尔谢巴的英国人得知他们的沙漠营地并

① 朱迪亚是古巴勒斯坦的南部地区，包括今天的巴勒斯坦南部和约旦西南部。

前来拜访只是时间问题。果然，三个英国人骑着骆驼出现的时候，他的担忧成了事实。

但耶鲁当时有所不知的是，他的伪装隐蔽全都是徒劳，而英国人貌似即兴而来的拜访其实是早有准备。两天前，劳伦斯和他在考古探险队的同事们就收到了英国驻耶路撒冷领事馆的电报，得知有美国石油勘探家在这一地区活动[4]。劳伦斯等人被派到贝尔谢巴，就是为了拦截耶鲁和麦戈文，了解他们的真实目的。

如果说让一个考古勘探队来承担这样的任务有些奇怪的话，是因为这背后另有缘由。劳伦斯和伦纳德·伍莱——帐篷内另一个穿便服的人，是一位很有地位的考古学家——在巴勒斯坦南部的确是在寻找圣经时代遗址，但这个项目只是英国军方主持的一个更为敏感和复杂的秘密行动的幌子而已。奥斯曼政府官员肯定知道巴勒斯坦探索基金会在寻漠的勘察活动，毕竟是他们批准了这些活动，但他们不知道，此刻有五个英国军事勘察组打着巴勒斯坦探索基金会的旗号，正散布在沙漠里，悄无声息地绘制奥斯曼帝国西南边疆的地图。负责指挥此次秘密行动的就是拜访美国人营地的那个穿军服的人，英国皇家工兵部队的斯图尔特·弗朗西斯·纽科姆上尉。

所以，在贝尔谢巴村外发生的故事，其实是一个复杂的虚张声势的游戏，英国人在努力搜寻对方伪装背后的真相，同时维持着自己的伪装。

在这个 1 月中旬，怀揣秘密在圣地漫游的年轻外国人还不止劳伦斯和耶鲁两个。在贝尔谢巴以北 60 英里处的耶路撒冷城，一个名叫库尔特·普吕弗的 33 岁的德国学者也在规划着自己的未来。

普吕弗相貌平平，看上去颇为乏味无趣。但事实恰恰相反。这个德国人只有五英尺九英寸高，肩膀很窄、坡度很大，有点发褐色的金发很稀薄，瘦削的脸庞十分普通，没有任何显著特征，是那种很容易消失在人群中的大众脸。普吕弗不仅貌不惊人，声音也很低调。他说话时永远是用轻轻细柔的低语，就好像他一辈子都是在图书馆度过的，但其实是因为他幼年的一次喉部手术失败，损伤了他的声带。这个年轻的德国学者身材不高，声音又很轻柔，很多人会以为他是个娘娘腔。如果他们知道他的博士论文的主题——关于埃及的皮影戏的渊博研究，说不定更要嘲笑他。1914 年 1 月中旬，普吕弗在耶路撒冷等待一位朋友——一位有一定声望的巴伐利亚风景画家的到来，计划和他一道乘坐豪华三角帆船，去尼罗河上游观光。

但就像聚集在贝尔谢巴村外帐篷内的人一样，库尔特·普吕弗博士也有不为人知的另一面。在前几年里，他一直担任德国驻开罗大使馆的东方文化秘书。这个职位与他的相貌和仪态都很相配。东方文化秘书远离高级外交官的决策筹划，负责不引人注目地密切关注当地的社会和政治暗流，保持低调，并向国内报告。在这个岗位上，普吕弗在开罗的生活就是无止境的社交活动，接连不断地与埃及最知名的记者、商人和政治家们会见、饮茶、欢宴。

他的社交圈也包括一些比较有争议的人物。德国在和英国竞争，力图争夺在该地区的影响，所以普吕弗也暗中结交了形形色色的希望将英国人赶出家园的埃及异见分子：民族主义者、保王党人、宗教狂热分子。这位精通阿拉伯语[5]和其他六七种语言的德国东方文化秘书在 1911 年乔装打扮为贝都因人，奔走于埃及和叙利亚各地，在各部落间煽动反英情绪。次年，他尝试招募埃及圣战者去支援在利比亚的阿拉伯兄弟，以抵抗侵略利比亚的意大利军队。

14

在这些努力中，库尔特·普吕弗最终违反了自己的位置所要求的首要铁律：保持低调。在埃及的英国秘密警察注意到了他的颠覆煽动活动，悄悄地编纂了篇幅很长的关于这位东方文化秘书的档案，并等待时机来使用这份档案。他们最终采取措施之后，普吕弗就成了不受欢迎的人。在强忍了一番屈辱之后，他于 1913 年末辞去了德国外交部门的工作。随后，他于次年 1 月来到了耶路撒冷。

他的朋友——艺术家理夏德·冯·贝洛从德国抵达之后，他们两人就将前往埃及，搭乘豪华游轮，向尼罗河上游进发。他的计划是，这次旅行将持续约5个月，在冯·贝洛绘画的时候，普吕弗就打算为德国的杂志撰写游记文章，同时更新德国著名的《贝德克尔旅行指南》的条目。他似乎要重新回到学术研究的轨道上去，把自己在国际政治的混乱竞技场的冒险抛诸脑后。但或许，并非如此。

也许他的间谍活动只是暂告一段落而已，因为库尔特·普吕弗在即将开始的航行过程中，将会沿着英属埃及的生命线前进，将会有机会直接观察它的防御工事和港口设施，并悄悄地了解埃及民情。被揭露、遭羞辱的前任东方文化秘书在1914年1月似乎是航向了一个不确定的未来，但他心中至少有一个信念，给了他前进的方向：是英国人毁坏了他的外交官生涯；他要报仇雪耻。

为了达成这个目标，他还有一个令人咂舌的本事可资利用。库尔特·普吕弗尽管外表天真无邪，其实魅力无穷，在风月场手段高强，是一个声名狼藉的风流浪子。他虽然对自己的妻子——一个比他年长13岁的性格强悍的美国女人——颇有感情，但在开罗仍然接二连三地包养了很多情妇。来到耶路撒冷之后，他勾搭上了一个年轻貌美的护士，她是个俄国犹太移民，名叫明娜·魏茨曼，但亲戚朋友都叫她范妮。一年多之后，作为德国在战时叙利亚的反谍报主管，普吕弗将会设想出招募犹太移民渗透进英占埃及、为德意志祖国刺探情报的主意来。普吕弗派到敌境的第一批间谍中就有他的情人范妮·魏茨曼。

在这个1月份，就在耶路撒冷以北70英里处，还有一个人即将开始双重生活。他的名字叫亚伦·亚伦森。亚伦森是个来自罗马尼亚的犹太移民，时年38岁，在中东已经享有杰出农学家的声望，为他奠定声誉的成就是于1906年发现了小麦的基因祖先。1909年，在美国犹太慈善家的资助下，他在阿特利特村外建立了犹太农 15

业实验站。在过去的5年中，他一直在不知疲倦地试验五花八门的树木，希望有朝一日能把干旱的叙利亚巴勒斯坦地区恢复成曾经的翠绿花园。

他的宏图大略有着政治成分。亚伦森是个坚定不移的犹太复国主义者，早在1911年就提出了一项计划，希望将巴勒斯坦的一片广阔土地从奥斯曼帝国手中夺走，重建为犹太人的家园。当然，早在他之前，其他的犹太复国主义者已经有过这个设想，然而是对该地区的植物、土壤条件和含水层了如指掌的亚伦森第一个提出，如何脚踏实地地实现这一梦想，如何让沙漠化为绿洲，借此让流散的犹太民族重返故土。

不久之后，亚伦森将会发现让这个梦想离现实更进一步的机遇，并紧紧抓住这个机遇。他将打着为当地政府作农业顾问的幌子，在巴勒斯坦全境建立一个庞大的间谍网，为奥斯曼帝国的敌人——英国人提供一些最有价值的军事情报。后来，这位农学家又在建立犹太人家园的工作中扮演了关键性角色。具有讽刺意味的是，在复国的奋斗中，他的主要盟友是哈伊姆·魏茨曼，未来的第一任以色列总统，也就是库尔特·普吕弗的情人、间谍范妮·魏茨曼的兄长。

东方的诱惑：不管是为了征服，还是探索或剥削，西方已经对东方垂涎1000年之久。在中世纪的300年间，一波一波的基督教十字军纷至沓来，来到近东。在更近的历史时期，18世纪90年代有一位所向披靡的法国将军怀揣着法老的幻想来到埃及，他的名字是拿破仑·波拿巴；19世纪30年代，欧洲最伟大的一批考古学家来到埃及；19世纪70年代，成群的西方石油大亨、石油钻井投机分子和招摇撞骗的流氓涌向里海岸边。而在20世纪初，四个年轻的冒险家由于种种类似的原因，齐聚到东方：托马斯·爱德华·劳伦斯、威廉·耶鲁、库尔特·普吕弗和亚伦·亚伦森。

当时，这些人旅行的地方还是奥斯曼帝国——有史以来最庞大的帝国之一——的一部分。奥斯曼帝国从现代土耳其的安纳托利亚山区的偏僻角落发源，到 17 世纪初其疆域已经足以与巅峰时期的罗马帝国媲美：北至维也纳城下，南到阿拉伯半岛最南端，从地中海西部的海岸一直到现代伊拉克的巴士拉港。

但那只是曾经的辉煌。到 20 世纪 20 年代，奥斯曼帝国已经缓慢但不可避免地持续衰微许久。它被称为“欧洲的病夫”，早在 19 世纪 50 年代它的丧钟就已经开始敲响了，在随后的岁月中，有多达五个欧洲大国轮番攫取了大片奥斯曼领土。奥斯曼人苟延残喘这么久都没有彻底灭亡，一方面是由于他们在这些互相竞争的欧洲大国之间周旋的本领高强，另一方面是因为他们的运气实在是太好了。但在 1914 年，好运气到头了。奥斯曼人对风雨欲来的灾难性战争判断失误——而且是大错特错，不仅自掘了坟墓，还释放出了极其强大的分裂的力量。一个世纪之后，世界还在处置这个大分裂造成的后果。

第2章
非同寻常的人[1]

17

> 你在明年冬天的发掘项目如果还有空缺，能不能安排一个叫作 T. 劳伦斯的牛津毕业生？他曾在卡尔基米什和我一起工作。他是个非同寻常的人，我相信你一定会认可和喜欢他……我补充一句，他对饮食和生活条件没有任何要求。
>
> ——1911 年，戴维·霍格思写给埃及学家弗林德斯·皮特里的信[2]

“我想，是该给你写封信的时候了，”[3]托马斯·爱德华·劳伦斯在 1906 年 8 月 20 日给父亲的信中写道，“尽管这封信的文风没有任何不同之处，因为我写的所有信函都同样地不谈个人的情况。我努力去描绘的建筑物将会长存于世，比我们更长久，所以它们理应在我的信中占据更大篇幅。”

劳伦斯言出必行，在这封信的余下部分里没有谈及任何关于他自己的事情，甚至没有说到自己两天前是如何过 18 岁生日的。他极其详细地描述了他刚刚参观过的一座 14 世纪城堡在结构上的独特之处。

劳伦斯利用牛津公立男子学校的暑假，在法国西北部骑自行车游览。就在不久之前，得益于设计革新和大批量生产，欧洲公众才开始大量购买和使用自行车。在英国，中产阶级骑自行车游览欧洲乡间一时成为时尚。但劳伦斯的旅行规模完全不同：行程近 1000

英里的长途跋涉，参观了诺曼底地区的几乎每一座城堡和大教堂。

劳伦斯写给在牛津的家人的信件的主要内容就是对这些地方的描述。他常常在信的开头简短地表达对母亲健康的关心，但他的绝大部分信件的主要特征是彻底的冷静超然，就像这封给父亲的信的口吻一样，仿佛是在作学术演讲。 18

在某些方面，这种情感上的克制对维多利亚时代末期的英国中产阶级家庭成员来说并不罕见。劳伦斯所在的家庭中男性居多，有五个男孩，没有女孩，所以他们家或许格外地冷淡自制。但是英国中产阶级特别推崇自我克制和低调保守，孩子们被要求做到勤奋努力、尊敬长辈，而父母给孩子最好的礼物不是万般宠爱，而是严肃审慎的宗教教诲和良好的教育。中产阶级的世界观简单朴素而安逸自得。工人阶级已经开始萌生激进的政治观念，而英国中产阶级仍然固守着一种更重视血统和口音而非挣得的财富的社会等级观念，这是一种严格地规定社会生活方方面面的种姓制度，在某些方面甚至比 50 年前更加严格。这种阶级分化虽然死气沉沉，但意味着每个人都知道自己的地位，以及他们能够合理地期望得到怎样的提升。人们尽可能地通过“虔诚的美德”——谦逊、自立、勤奋和节俭来获得社会和经济地位的提升。

当时人们最为坚信不疑的信条或许就是，大英帝国矗立于现代文明的巅峰，帝国的特别义务是通过贸易、圣经、枪炮，或者这三者的结合，去启蒙和教化世界上较为不幸的文化和种族。这种观念渗透到了英国社会的所有阶层，但在中产阶级特别兴盛，因为帝国的主要管理者——中层军官和殖民行政官员——就主要来自中产阶级。无疑这也促使这个阶层的家庭中出现了一种情感上的疏离；从孩子降生起，父母就不得不告诫自己要坚强，因为他们的孩子，尤其是男孩，将来可能会漂洋过海，前往帝国的一个遥远的前哨，或许几十年都不会再见面，有的甚至一辈子都无法重逢。

所以，在 20 世纪初长大成人的那一代英国中产阶级成员有着一种冷淡超然的特质，也就不奇怪了。劳伦斯的一个兄弟在多年后回忆他们的孩提岁月时曾不带一丝一毫讽刺地写道：“我们的童年非常幸福，我们几个人之间从来没有发生过争吵。”[4]

19 但至少在一个方面，住在牛津波尔斯特德路的劳伦斯一家有些不同寻常的地方，让这个家庭的严肃气氛愈加突出。托马斯和萨拉·劳伦斯伉俪隐匿着一个令人咂舌的秘密：他们其实是一对逃亡者。不仅邻居们，就连他们的大多数孩子都对此一无所知。这个秘密的关键源自他们的姓氏：他们根本不姓劳伦斯。

托马斯·劳伦斯的真名是托马斯·罗伯特·泰伊·查普曼，曾经是英国—爱尔兰贵族地主阶层的重要成员。从伊顿公学毕业之后，这位未来的从男爵返回了爱尔兰，于19世纪70年代初在韦斯特米斯郡的家族庄园过起了闲适愉快的绅士地主的生活。他娶了另一个富有的英国—爱尔兰家族的千金，不久就有了四个女儿。

但查普曼的镀金生活开始瓦解，因为他和自己幼女的家庭教师——一个叫萨拉·琼纳的24岁苏格兰女人有了私情。1888年初，查普曼的妻子发现丈夫的不忠时，萨拉已经和托马斯生了一个儿子，将他藏匿在都柏林一套租来的公寓房内，还怀上了第二个孩子。查普曼的妻子拒绝离婚，于是这位贵族不得不在两个家庭之间做出选择。

在维多利亚时代严厉而保守的法律和道德桎梏的束缚下，这个决定将会造成极其深远的影响。如果他选择留在萨拉身边，托马斯·查普曼不仅会被剥夺绝大部分遗产，他的四个女儿将来也会因为家族丑闻的耻辱而很难嫁人。他和萨拉的孩子将更加命途多舛。作为私生子，他们会被很多高档学校和高级职业拒之门外，而如果他们是查普曼的合法后代的话，良好的教育和堂皇的职业原本是与生俱来的权利。对托马斯来说，最稳妥的办法当然是把萨拉送回她的苏格兰老家，为她和孩子们支付赡养费。在当时，女佣和主人“惹了麻烦”之后，这种安排是屡见不鲜的。但是，查普曼选择和萨拉在一起。

托马斯把家产让给了自己的弟弟，然后和萨拉一道，于1888年中离开爱尔兰，来到威尔士北部一个叫特雷马多格的小村庄，隐姓埋名地住了下来。这一对飘零鸳鸯使用了萨拉母亲的娘家姓——劳伦斯[5]。这一年8月，萨拉生下了他们的第二个孩子，他们给他取名为托马斯·爱德华。

但劳伦斯和萨拉在威尔士也没法心平气和地过日子。他们依靠查普曼家族提供的一笔不算丰厚的年金为生，但一直害怕会遇见过去的熟人，于是劳伦斯夫妇开始偷偷摸摸地颠沛流离：他们很快又离开了特雷马多格，搬到苏格兰北部的一个更偏僻的村庄，然后迁往马恩岛，随后在法国一个小镇住了几年，然后在英格兰南海岸的一个僻静的狩猎小屋住了两年。这些地点原本就与世隔绝，在每一地，劳伦斯夫妇都租住在村庄外围，或者是有高高石墙环绕的房屋，托马斯与几乎所有先前的朋友断了联系，而萨拉大门不出、二门不迈，很少脱离家的安全和庇护。

20

“你们可以想象，你们的母亲和我这些年吃了多少苦头，”托马斯·劳伦斯在去世前遗留下的一封信中向儿子们吐露了心迹，“我们一直担心会被认出来，然后我们的忧伤历史被大肆宣扬。”[6]

考虑到劳伦斯夫妇持续不断的担惊受怕，1896年他们迁往牛津的决定一定是经历了一番痛苦折磨之后才作出的。他们第一次不仅要住在一个大城镇的中心，而且由于托马斯的贵族和教育背景，在这种地方是极有可能遇到老熟人的。但另一方面，他们的儿子们——现在有了四个儿子，第五个还在母亲腹中——在牛津会有机会接受良好的教育，甚至最终能够进入牛津大学，于是劳伦斯夫妇决定赌一把。这种抛头露面的生活的代价是，他们的家庭更加内敛了，孩子们的生活圈子与同学相比非常狭窄，但个中缘由是孩子们当时远远无法理解的。但是什么都瞒不了托马斯·爱德华。搬到牛津之后，八岁的托马斯·爱德华住进了他童年时代的第六个家。在波尔斯特德路居住的第一年的某个时候，他发现了自己家庭的部分秘密。但他把事情都埋在自己心底，从来没有去质问父母，也没有把秘密透露给兄弟们[7]。

在牛津公立男子学校，劳伦斯是一个特别聪慧但又文静的学生，不喜欢团队体育活动，要么独自一人，要么和自己的兄弟或少数几个密友待在一起。他嗜书如命，甚至年纪很小的时候就已经读了很多书，但同时又热衷于骑自行车和搞恶作剧。但他还有另外一面。到青春期早期，这个被家人和朋友称为内德的孩子就开始不断地测试自己耐力的极限，要么是看骑自行车最远能走多远，速度最快能达到多少，要么是看不吃饭、不睡觉或不喝水能够坚持多久。这不是男孩子检验自己的一般项目，而是时间相当久的痛苦折磨[8]。内德凭借钢铁般的意志，能够一直坚持到崩溃为止。他的这种习惯非常引人注目，甚至他四年级（相当于美国的八年级）时的校长亨利·霍尔也注意到了。“他和同龄的男孩子不一样”，霍尔在回忆劳伦斯时写道，“他还在上学的时候就颇有些斯多噶派的作风，对愉悦和痛苦都不在意。”[9]

这部分是由于劳伦斯的家庭环境越来越严苛。随着劳伦斯兄弟渐渐长大，萨拉作为家里的纪律管理者，一方面越来越笃信宗教，另一方面又越来越经常体罚孩子。这可不是一般的打屁股，而是用皮带或枝条长时间地鞭笞[10]。根据劳伦斯兄弟的回忆，最常被她鞭笞的是内德。这在母子之间造成了一种令人不安的关系。内德坚持在被鞭笞时绝不哭泣，绝不求饶——他似乎为自己喜怒不形于色的本领感到高兴——这往往让体罚更加严酷，有好几次连通常是妻管严的托马斯·劳伦斯也干预进来，让萨拉住手。

大约 15 岁的时候，内德的发育突然停止了。他的所有兄弟最后都比他高大，他强烈地意识到了自己的矮小——按照不同的说法，他的身高是 5 英尺 3 英寸或 5 英尺 5 英寸——这让原本就很害羞的他愈加羞怯。大约同一时期，他开始对中世纪骑士的故事和考古学着迷。他开始骑自行车在英格兰乡间长途漫游，寻访教堂，拓下纪念铜牌上的铭文。他和当时最好的朋友一道，搜寻了牛津的各个建筑工地，寻找古物，还真找到了不少。这些古物，大多是16、17世纪的玻璃和陶器碎片，这些古物很快让内德来到了牛津中部的阿什莫林博物馆。

阿什莫林博物馆是英国最古老的公共博物馆，重点收藏东西方文化交汇产生的文物，将在很大程度上改变劳伦斯的人生。这个少年把自己在建筑工地发现的古物送到博物馆，得到管理员们的鼓励，于是就经常在放学后到博物馆来，并在周末帮助干零活。对劳伦斯来说，阿什莫林博物馆是通向牛津之外广阔世界的窗口，馆内收藏的文物让他经常读到的地方和文明都变得有血有肉。1906年夏天，他独自一人骑车游历诺曼底，参观城堡和教堂，这既佐证了他对历史的痴迷，也证明了他已经很突出的独立自主精神。

22

劳伦斯在中学成绩优秀，于1907年秋季被牛津大学耶稣学院录取，主修历史学。他一直对军事史和中世纪有着浓厚的兴趣，计划撰写一篇关于中世纪城堡和防御工事的论文。为了写好这篇论文，他计划在1908年暑假进行一次足以令他先前在诺曼底的远足黯然失色的旅行，那将是一场行程2400英里、纵览法国几乎所有重要的类似建筑的自行车长途跋涉。在这次旅行中，他要么住在廉价公寓，要么在野外露营，从一座古堡或城堞前往下一座，常常每天要行进超过100英里。在每一座城堡前，他都要拍照、绘图，写下极其详细透彻的笔记，然后重新跨上自行车，继续前进。

起初，他写给波尔斯特德路的信和过去旅行中写下的同样冷淡，甚至乏味。但后来变了样。1908年8月2日，劳伦斯抵达艾格莫尔特村，有生以来第一次看到了地中海。在写给家人的信中，他描摹了这一天的经历，文采飞扬、激情四射。

“我今天在海里游泳，”他写道，“大海，全世界最伟大的海；你们可以想象我的感受……我感到，我终于来到了通往南方的路途，整个光辉灿烂的东方——希腊、迦太基、埃及、叙利亚、意大利、西班牙、西西里、克里特——全都在那里，触手可及……噢，我一定要去那里——走得更远——再次远行！来到海滨，几乎让我欣喜若狂；如果明天能去希腊，我一定毫不犹豫。”[11]

他简直像是在描述一次宗教意义上的心灵顿悟。从某种意义上说，也的确如此。

这年秋天，他重返牛津校园后，开始酝酿一个新的也更为雄心勃勃的旅行计划，这个计划将把他带到在艾格莫尔特畅想过的最遥远的地方。最早听到他的新计划的人当中有一位叫作戴维·霍格思的先生。

霍格思是一位著名的考古学家，曾长期在近东工作和旅行，最近才开始担任阿什莫林博物馆馆长。霍格思肯定早已从管理员们那里听到过 T. E. 劳伦斯的名字——这个羞怯的牛津学生十几岁的时候就一直在博物馆活动，对考古工作兴趣盎然——但 1909 年 1 月的一个下午，身材矮小的劳伦斯走进霍格思的办公室时，他还是吃了一惊。

在游览法国诸多城堡之后，劳伦斯已经把自己在牛津大学的毕业论文的设想作了极大的扩展。简单地说，单单研究欧洲中世纪的防御工事已经没有什么新意，而军事建筑研究领域的一个长久的谜团是，中世纪城堞究竟在多大程度上来源于西方或者东方：是基督教十字军在入侵圣地的时候从他们的穆斯林敌人那里学到了一些东西，还是穆斯林从十字军那里照抄了军事建筑的样式？劳伦斯向霍格思解释说，他建议对近东叙利亚地区的十字军城堡作一番研究，而且，按照典型的劳伦斯风格，不仅仅是参观一些有名的城堡，而是研究几乎所有城堡。劳伦斯计划在下一个暑假里进行这次长途旅行，而且是单枪匹马。

霍格思已经因为劳伦斯的矮小——他已经 20 岁，但看上去足像是 15 岁——吃了一惊，现在听了他的计划，更是瞠目结舌。劳伦斯提议的远征意味着要穿越沙漠和崎岖山岭，跋涉上千英里，这些地区罗马时代遗留下来的道路早已破败不堪。另外，夏季绝对是在叙利亚旅行的最糟糕时节，因为内陆的气温常常飙升到华氏 120 度①。霍格思的一部在他去世后出版的作品中描述了这次谈话。他以巧妙的外交手段提出这些异议时，遇到的却是钢铁般的决心。

“我非去不可。”劳伦斯说。

“那么，你有钱吗?”霍格思问道。“你会需要一名向导，还需要仆人搬运你的帐篷和行李。”

“我打算徒步旅行。”

这计划越来越荒唐了。“欧洲人在叙利亚不能徒步旅行，”霍格思解释道，“那样既不安全，也不舒适。”

“嗯，我可以的。”劳伦斯说。[12]

这个小伙子唐突的决心让霍格思十分震惊，他请求劳伦斯至少征询一位真正专家的意见。这位专家是查尔斯·蒙塔古·道蒂，一位曾经涉足劳伦斯提议的大部分地区的探险家，他的著作《阿拉伯沙漠游记》在当时被认为是一本权威游记。劳伦斯联系到道蒂之后，后者甚至比霍格思更反对劳伦斯的计划。

“在 7 月和 8 月，不论白天黑夜都炽热难当，”他在给劳伦斯的信中写道，“甚至在大马士革的海拔（超过 2000 英尺）也是如此。这是一片肮脏的土地，欧洲人很难找到舒适的生活条件。我认为，熟悉这一地区的人会告诉你，在白天长时间徒步行进是办不到的事情。当地人只知道自己的悲惨生活，对任何在他们国家漫游的欧洲人都抱有敌意，最好的情况下也是隐蔽的敌意。”[13]

为了防止自己说得还不够清楚，道蒂又继续写道，“你要走的路途太遥远。除了从欧洲带来的一点点力量，没有任何能量支撑你走下去。缺乏食物、休息和睡眠很快就能让你的身体垮掉。” 24

---

① 约 49 摄氏度。

这样的建议或许会让大部分人打退堂鼓，但劳伦斯岿然不动。对于一个习惯于测试自己忍耐力极限的年轻人来说，道蒂的信读起来像是在发出挑战。

他的外貌和身份的确很相符。公牛般粗壮的肩膀、布满老茧的双手、泰迪·罗斯福[①]式的八字胡——威廉·耶鲁，1908 年夏季受雇在库莱布拉水道[②]工作的新任水准测量工程师，很容易就混入了潮水般涌向中美洲的数万名工人之中。他们来到这里，是为了参加人类有史以来最为雄心勃勃的建筑工程——开掘巴拿马运河。

他的同事中很少有人猜得到，威廉·耶鲁其实没有任何工程学背景；他能得到测量工程师的职位和相应的高薪，是由于一位有着强大人际关系网的大学朋友的鼎力相助。更少会有人猜得到，这个 21 岁的年轻人——根据各方面的说法，他是个不知疲倦、从不抱怨的好工人——其实是在对自己来说完全陌生的环境中行动。他是美国最为富甲天下、美名远播的豪门望族之一的后代，而直到不久前，他还过着按照当时的极端标准也算是养尊处优的奢华生活。威廉·耶鲁是美国典型的自力更生、白手起家的富翁的暗黑反面，他是生来就口含银匙、享有极大特权的天之骄子。但是，在一眨眼的工夫里，他的这一切丢了个一干二净。

新英格兰的耶鲁家族于 17 世纪中叶来到美洲，是个地地道道的扬基望族，在 250 年间，通过航运、制造业和开发新大陆的所有财富，发财致富，资本越来越雄厚。耶鲁家族恪守长老会精神，同样相信慈善事业和教育；1701 年，伊莱休·耶鲁，也就是威廉的曾曾叔祖，在纽黑文创办了以他们家族姓氏命名的耶鲁大学。

威廉生于 1887 年，似乎注定要子承父业、沿袭家族传统。他

① 即西奥多·罗斯福（1858~1919），美国军事家、政治家，第 26 任总统。

② 库莱布拉水道是巴拿马运河的一部分。

是实业家和华尔街投机商威廉·亨利·耶鲁的第三子，从小在斯派腾戴维尔[1]（纽约市布朗克斯区最西南端的峭壁）上的一座四英亩的大庄园长大。斯派腾戴维尔居高临下地俯视的曼哈顿和哈得孙河，素来是纽约的富豪阶层偏好的住地，足以逃避城市的喧嚣和烟尘，而耶鲁庄园是斯派腾戴维尔上最奢华宏伟的豪宅之一。在童年早期，威廉和他的四个兄弟和两个姐妹在自家豪宅内接受家庭教师的教育，在曼哈顿最有名的舞蹈学校——多兹沃思学校学习跳舞和礼仪，在位于纽约州北布莱克河谷的带有森林的巨大家族地产上消暑。和他的两个哥哥一样，威廉中学时期在非常有名的劳伦斯维尔中学就读，就在普林斯顿城外。 25

但从幼年时起，耶鲁家的男孩子就比纽约其他的豪门少爷们眼界更开阔。这要感谢他们的父亲。除了是泰迪·罗斯福的铁杆支持者之外——耶鲁家族是典型的进步的共和党人——威廉·亨利·耶鲁还很赞同罗斯福关于理想的美国人，以及“过度文明”（即缺乏男子汉气概）的危险的观念。根据这种世界观，真正的男人应当是个粗犷有力的个人主义者，身体强健，学识渊博，既能够带领士兵冲锋陷阵，或者在大草原上射杀大型野兽，也同样能够挥洒自如地在沙龙内与女士们交谈。为了把他的儿子们培养成这样的男子汉，威廉·亨利经常带他们去美国的荒野长期旅行，并保证让他们掌握狩猎、钓鱼、设陷阱的本领，同时还能够在斯派腾戴维尔的花园聚会上做到彬彬有礼。

“罗斯福式的男子汉”的理想似乎特别在他的第三子（与他同名）身上扎下了根。1902 年，在劳伦斯维尔中学的暑假期间，14 岁的威廉和父亲一起前往古巴，去游览这个新近从西班牙手中“解放”出来的岛屿的风光，并参观耶鲁家族最近购得的铜矿。中学毕业后，威廉没有直接去耶鲁大学就读——耶鲁家族的男孩子选

① 为荷兰语，意为“魔鬼喷水”。

择哪一所大学，自然是不消说的——而是等了一年时间，有一段时间是陪伴一位富有的朋友及其家人搭乘他们家的私人火车，游览美国西部。

但和 T. E. 劳伦斯一样，当威廉·耶鲁思考自己的前程时，想到家庭已经为自己安排了传统的人生旅途，不禁感到一丝恐惧。“我看到其他年轻人过上的循规蹈矩的生活既无趣又毫无意义，”他后来写道，“想到一天天、一年年又翻来覆去地做相同的事情，简直让我发疯。其他人能够一直居住在自己长大的城市，和自己从小就认识的姑娘结婚，住在自己家庭拥有的房子里，日复一日地去他们父亲的公司上班，他们是怎么做到的，我完全无法理解。”

但很快就有人替他解决了这个难题。1907 年 10 月，华尔街的恐慌导致全国性的银行挤兑，纽约证券交易所的市值几天之内就缩水近一半。很大程度上靠举债经营的威廉·亨利·耶鲁损失惨重，万贯家财几乎被一扫而空。威廉在耶鲁大学一年级那年圣诞节回家后，父亲告诉他一个几乎无法想象的消息：这个 19 岁的大学生从现在开始必须勤工俭学，基本上要自力更生了。

威廉对这个消息的反应是很复杂的：对自己荣华富贵生活的骤然告终，自然是感到无比震惊；但同时也有一种解脱感。现在，追寻自己梦想中的冒险生活的机会来了。这年夏天，他从大学告假，乘船前往巴拿马。

在中美洲的 6 个月改变了他的人生。耶鲁的伙伴不再是名门望族的继承人和社交名流，而是一群鱼龙混杂、放荡不羁的来自各国的冒险家和流浪的建筑工人，这些粗野的汉子教会了这位破落贵族如何干活，如何痛饮。根据耶鲁自己的记述，完全是由于他母亲清教徒式的训诫，他才抵挡住了巴拿马城的纳瓦霍酒吧娼妓们的诱惑，保住了清白之身。

如果说巴拿马为他打开了人生的大门，但要继续走下去还是个令人望而生畏的挑战。返回纽黑文读完大学之后，威廉·耶鲁发现自己身处窘境。“我的世界一落千丈。要想结婚和过上我自幼期待的那种生活，似乎完全无望。究竟如何挣钱，我一点概念没有……现在该做什么呢？我当时身无分文、债台高筑，对世界一无所知，而且内心里对世界非常恐惧。”

他最终找到了问题的答案：纽约标准石油公司“海外勤务学校”的招生启事。

1909 年 9 月，穿越叙利亚北部阿勒颇以西炽热如火的平原的旅客，或许会看到这样一幅令人困惑的景象：一个瘦如竹竿的年轻英国人，肩膀上挂着帆布背包，拖着沉重的脚步前行，后面跟着一队土耳其骑兵。

几天前，T. E. 劳伦斯抵达了偏僻的山区城镇塞赫云，准备在那里悄悄地研究又一座十字军城堡。当地的奥斯曼行省总督对这个年轻的旅行者颇感惊奇，坚持要以伺候达官贵人的礼节来招待劳伦斯。劳伦斯被邀请到总督府，受到盛情款待。劳伦斯踏上前往阿勒颇的五天旅途时，总督还派了骑兵保护他。

27

“一个徒步的人却得到一队轻骑兵的小心护卫，这的确很有趣，”他在给家人的信中描绘了这个小插曲，“当然了，所有人都认为，我要步行真是疯了，平均每隔半小时，我的保镖们就要请我上马；他们无法理解我对任何四条腿东西的偏见。”[14]

那年夏天，劳伦斯在叙利亚的徒步旅行分成两个部分。第一段旅程从海滨城市贝鲁特开始，向南穿过黎巴嫩的群山，前往巴勒斯坦北部，历时 3 周。返回贝鲁特，休息几天之后，他又开始了更复杂也更艰苦的北上的跋涉。

这段冒险改变了他的一生。不论走到哪里，当地人都以万分惊愕和极度的慷慨大方欢迎他。在一个又一个村庄，村民们争先恐后地邀请他到家里吃饭，或者在家里过夜，尽管当地人一贫如洗，但很少会有人收他的钱。“对于漫游者来说，这是个美好的国度，”

他在8月中旬给父亲的信中写道，“因为在这里，热情好客绝不是一句空话。”[15]

他的家信中洋溢着先前不曾有过的幸福感。在8月底写给母亲的一封信中，他的口吻就像是想象自己的人生被旅行彻底改变的现代大学生一样：“我很难再变回英国人了。”[16]

但与现代大学生不同的是，劳伦斯后来的确很难融入英国社会。

返回牛津后，在大学的最后一年，劳伦斯在波尔斯特德路家中花园里父亲为他修建的舒适小屋内艰苦地写论文。他的论文标题很准确，但不算吸引人：《12世纪前十字军东征对欧洲军事建筑的影响》。

牛津大学历史系审读论文的教授们对他的原创研究评价很高——当时和现在一样，大部分论文其实多少都是其他人论文的摘要——于是向劳伦斯授予一等优秀奖，这是大学里最高等的评级，那一年历史系只有10人获得这项荣誉。这项荣誉让他从事学术研究——这是他新发现的目标——的热情高涨起来，大学还为他安排了一笔奖学金，好让他读研究生。或许是由于少年时代在牛津建筑工地的考古发现，劳伦斯早就对陶器有着特别的兴趣，于是他在研究生期间转向了陶器研究领域。研究“11～16世纪的中世纪铅釉陶器”听起来固然没有在叙利亚漫游那么激动人心，但这是他为自己构想的学术生涯的第一步。

但这个构想不会实现了。1910年秋天，为了研究陶器而来到法国仅仅几天之后，劳伦斯得知，戴维·霍格思即将前往叙利亚北部，去主持大英博物馆在卡尔基米什古城遗址的考古发掘的启动工作。劳伦斯立刻放弃了在法国的计划，匆匆赶回牛津，试图劝说霍格思把他也带上。

28

他是个瘦小、病弱的孩子，生在一个没有人情味的人家。库尔特·普吕弗是柏林一位教师的独生子，在青春期之前，就患了一连串的病，包括结核病、肾病和白喉。白喉治疗的失败导致他的嗓音变得纤细轻柔。

他的父母——卡尔和阿格尼丝·普吕弗不是很喜欢这个病怏怏的孩子。父亲经常批评库尔特的所谓懒惰，而母亲对他很少有疼爱的表现，甚至根本不关心他。情感上的隔绝还不止这些。按照普吕弗的传记作者唐纳德·麦克凯尔的说法，库尔特在童年时代没有任何朋友，成长过程中唯一的情感牵挂就是比他年长好几岁的姐姐。很能说明问题的是，库尔特·普吕弗因为自己的嗓音在学校操场上无疑遭到过许多嘲弄，他长大成人之后最喜欢骂别人是同性恋，他会把整个民族怒斥为同性恋，甚至给自己已经结婚的儿子也打上这个标签[17]。

与他的家庭生活精神上的贫乏形成对比的是，普吕弗生活在德国历史上一个极其激动人心和波澜壮阔的时代[18]。1871 年，也就是普吕弗出生的 10 年前，奥托·冯·俾斯麦利用普鲁士在普法战争中的大获全胜，打破了几百年来德国诸侯林立的旧模式，打造出了现代的德意志国家。

在国家控制的社团主义结构下，德国迅速从一个以农业为主的经济体发展为世界上工业化程度最高的国家之一，全国各地铁路、运河和公路的庞大网络四通八达。一系列保护工人权益的立法，以及世界上第一个全国性社会福利体制，让地球上曾经阶级划分最为森严的社会告别了旧秩序。高等教育的大规模普及更使得旧的等级社会被进一步打破。大学教育一度是精英阶层的专利，现在中产阶级也能上大学了，到世纪之交，大学毕业生中有一半来自中产阶级。

德国在国外的形象和权威也发生了同样戏剧性的变化。德国曾经是让人眼花缭乱的一大群互相争斗的封建领地的混合体，欧洲的各个帝国几个世纪以来一直撺掇这些领地鹬蚌相争，从中得利。现在，德国突然崛起为一个强大的帝国。虽然在欧洲列强“瓜分非洲”的狂潮中，德国已经迟到了，但是到 19 世纪 80 年代中期，仍

29

然在非洲的西部、南部和东部建立了一些殖民地；德国甚至以光辉雄壮的姿态，在南太平洋的萨摩亚岛——差不多是地球上离德国最远的一个点——插上了自己的旗帜。

如果说是俾斯麦一手创立了现代德意志国家，那另一个人则真正把德国推上了国际舞台，并在此过程中点燃了库尔特·普吕弗这样的年轻德国人的激情。1888 年，29 岁的威廉二世（他是英国维多利亚女王的长孙）登上了德皇的宝座。年轻的皇帝喜爱军服和好战的言辞，对欧洲其他王室非常怨恨。他决心要让他的国家不仅成为地区性强国，更要成为世界霸权。常有乱伦现象的欧洲王室圈子一直将威廉二世视为情感冲动但还可以控制得住的急性子，只要德国的真正统治权还掌握在沉稳的俾斯麦首相手中，其他欧洲国家就不是很担心。但当威廉二世于 1890 年迫使俾斯麦辞职，自己执掌独裁权力时，大家都担忧起来。没了铁血首相稳重的引导，身处阿谀奉承之徒和普鲁士军事精英的簇拥之下，威廉二世让他自己，以及他的国家，醉心于一种毒性很烈的民族主义神话，这种神话的根源既有一种被迫害的冤屈感，也有优越感：在历史上，由于其他国家的阴谋诡计，德国被剥夺了理应享有的“太阳下的崇高地位”，现在要洗净这个巨大的耻辱，哪怕动武也在所不惜。

对于库尔特·普吕弗这样在这个历史性关头成长起来的男孩，几乎可以说是新的德国造就了他。1896 年他进入中学时，德国引入了一种新的全国性教学大纲，与欧洲的古典教育模式分道扬镳，改为强调灌输民族主义自豪感和国家及皇帝至高无上的地位。这个来自柏林的生性孤僻、体弱多病的孩子成了这种观念的狂热信徒。库尔特断然摒弃了父亲的新社会自由主义思想，还反叛父母狭隘的小资产阶级视野，尤其是他们希望他子承父业，做一名教师。这个德国的“新人”——尽管父亲对他评价不高，但他其实聪慧过人、意志顽强——为自己设想了一种完全不同的生活：他要去东方。

他憧憬东方的部分原因是当时的政治潮流。19 世纪末互相争斗、不择手段的欧洲列强越来越倾向于将外交视为一种零和博弈——自己的两个竞争者之间如果达成了任何协议，都被认为是自己的直接损失，或者是对自己的威胁——但在威廉二世的疑心极重、偏执妄想的德国，这种倾向特别明显。纵观整个 19 世纪 90 年代，法国、英国和俄国之间友好的迹象越来越清晰——这三国的友好在很大程度上是因为对德国的快速军事化感到恐惧——于是，“包围”在柏林越来越成了一个流行词。为了躲避竞争对手——一边是法国和英国，另一边是俄国——的包围，腹背受敌的德国需要在远方寻找经济和政治扩张的空间。希望最大的就是奥斯曼帝国和穆斯林治下的东方。1898 年，德皇以盛大的排场巡游了奥斯曼世界，所到之处都受到最高规格的欢迎和款待。于是，向东方发展的观念越来越流行。对爱国的年轻德国人来说，近东一下子变成了值得向往的边疆。 30

但更吸引库尔特·普吕弗的是东方的异国情调。在 19 世纪的不同时期，在近东的考古发现令欧洲公众兴趣盎然，在德国尤其如此。从 19 世纪 40 年代卡尔·累普济乌斯对埃及金字塔的探索，到 70 年代海因里希·施利曼在特洛伊和迈锡尼的发掘，德国考古学家一直身处东方探索的最前沿，很多最伟大的发现都要归功于德国人。19 世纪 90 年代，德国科学家们在上埃及的卢克索地区发掘墓葬，而阿道夫·埃尔曼在柏林大学成功解读了法老时代的象形文字，公众对东方的新一波兴趣引来了所谓的埃及学的黄金时代。这种狂热紧紧地攫住了年轻的普吕弗的心灵，就像后来宇航时代的开端让又一代人如痴似狂一样。早在孩提时代，他就如饥似渴地阅读来自近东的冒险和发现的故事，幻想着自己有朝一日也能去那里。

如果库尔特·普吕弗不是拥有一种特殊天赋的话，那么这也永远只能是孩童的梦幻而已。他的发音有困难，但奇异的是，他是个语言天才，在几个月内就能把一门完全陌生的语言学到接近流畅的程度。他在中学时就掌握了法语和英语，但这个年轻人的目标更为远大。

部分是为了安抚对他抱有传统期望的父母，20 岁的普吕弗于 1901 年进入柏林大学，学习法律。同时，他参加了东方语言的研讨班，很快就熟练掌握了土耳其语和阿拉伯语，这是比较难学的两种语言。两年后，他完全放弃了法律学业，借口干燥的气候对他的健康有好处，前往意大利南部，学习意大利语。[19]

31

但意大利毕竟不是东方，于是普吕弗在 1903 年夏季出航前往开罗。在随后的 3 年中，他又在东方作了两次长期旅行，一边读东方学的博士学位，一边给德国的文化杂志写游记来贴补生计。

或许恰恰是由于平民出身的刺激，普吕弗选择的研究领域对当时的欧洲学者来说是非常不寻常的：埃及的一种完全供劳动阶级娱乐的皮影戏。在他的博士论文中，他描绘了自己在开罗的瓦斯阿贫民窟的一家咖啡馆观看这种皮影戏的经历：

> 这家咖啡馆主楼层的边座和长凳上挤满了人，绝大多数是社会最底层的分子。在这里，赶驴人、脚夫和推着手推车叫卖的小贩摩肩接踵地坐着，安静地抽着大麻烟斗。上流社会的成员不敢涉足瓦斯阿贫民窟，生怕玷污自己的名誉。[20]

在开罗的外国侨民当然也不会来到瓦斯阿贫民窟，所以这位年轻的德国学者几乎是能够瞥见埃及日常生活的唯一一个欧洲人。在瓦斯阿这样的地方，普吕弗还熟练掌握了阿拉伯口语，这种口语与上流社会讲的阿拉伯语差别很大，将来对他会有很大助益。

到 1906 年初，普吕弗站在了人生的一个十字路口。他已经拿到了埃尔朗根大学的博士学位，原本很容易在德国找到一个大学教师的工作——那样的地位比当小学教师的父亲要高得多，这也可以算作对父亲的一个小小的胜利——但他一心想回到东方。很快连续发生了两件好事，让他吉星高照，得以实现自己的夙愿。

那年冬天，他结识了弗朗西丝·埃塞尔·平卡姆[21]，一个在柏林学习音乐的美国女人。平卡姆已经38岁，来自马萨诸塞州林恩的一个富裕家庭，毕业于维斯理学院，在遇见比她小13岁的殷勤有礼的东方学者时，按照当时的标准，已经算是老姑娘了。两人很快坠入爱河，尽管平卡姆的父母极力反对，他们还是在当年4月结了婚。普吕弗说服了新娘，夫妇俩应当迁往埃及，他在那里可以继续研究，或许还可以找到合适的工作。身在林恩的平卡姆的父母对这个想法肯定无比惊恐，但他们的女婿很快就得到了冒险和晋身的良机。

32

普吕弗先前在开罗的时候，常与德国大使馆的工作人员结交，这些外交官对普吕弗熟练掌握古典阿拉伯语和阿拉伯口语的本领非常赞赏。1907年初，大使馆的译员即将退休，于是大使馆询问普吕弗，是否愿意接受这个职位。普吕弗当即满口答应。当年2月，普吕弗成为德国驻埃及外交使团的最新成员。

但是，完全不同的命运在德国大使馆等待着这位其貌不扬的26岁学者。他将遇到一位导师，是曾经涉足中东的最有个性，但在英国人眼中也是最危险的人之一。

卡尔基米什遗址位于俯瞰幼发拉底河一个河湾的峭壁之上，恰好在现代土耳其和叙利亚的边界上。它周围是延绵起伏的平原，逐渐化为绿草茵茵的山麓丘陵，而西北方的远处巍然屹立着阿玛努斯山脉的群峰。这座俯瞰幼发拉底河重要渡口的峭壁在至少5000年前就有人居住，在公元前约1100年的青铜时代晚期达到兴盛的顶峰。当时，卡尔基米什是赫梯文明（以北面的安纳托利亚地区为中心）的一座主要城市，埃及历代法老和《旧约》的作者们都熟知这座城市。《圣经》中多次提及这座城市，包括公元前6世纪巴比伦国王尼布甲尼撒与埃及法老尼科二世的一场战役。T. E. 劳伦斯对奥斯曼帝国的这个小角落感受到了一种极强的归属感，他一生中对其他任何一个地方都没有过这样的感觉。

劳伦斯以甜言蜜语说服了戴维·霍格思，加入了他的考古探险队，于1911年2月抵达卡尔基米什。作为探险队的初级助理，他的职责包括：在发掘进行时对现场进行拍照和绘图，以及对各种发掘物做记录。但他的工作范围很快就扩大了。长期在发掘现场的只有两个西方人，要监管大约两百名当地工人（霍格思虽然是整个项目的领导人，但只是间或亲临现场），因此劳伦斯很快就扮演起了建筑工头的角色。在这个岗位上，他发现自己具有天然的领导才华，这不仅让别人，就连他自己也大吃一惊。

当然了，这部分是由于他是个欧洲人，地位比当地人高。在一种可以追溯到16世纪的“不平等条约”体制下，欧洲列强以保护奥斯曼帝国境内的基督徒少数派为借口，从君士坦丁堡的苏丹们手里强取豪夺，让苏丹们做出了越来越丧权辱国的妥协。到20世纪初，欧洲公民实际上已经完全不受奥斯曼法律的管辖。“这个国家对外国人来说真是太美好了，言语无法形容，”劳伦斯在1921年夏季给家人的一封信中写道，“外国人在这里就像是封建制下的男爵一样。”[22]

但让劳伦斯成为领导者的不仅仅是他作为欧洲人的身份。他似乎瞬间就对东方产生了喜爱之情，与这种喜爱相伴的还有一种几乎是本能的对东方文化的欣赏。此时他的阿拉伯语已经很流利，在卡尔基米什更是一刻不停地努力提高自己的阿拉伯语。他学习语言的方法是仔细询问工人，拜访他们的家庭，并把自己学到的东西全都一丝不苟地记录下来。通过了解他们的民间传说故事、他们对政治的看法，以及确定复杂的氏族结构（它决定了地区性的效忠关系），劳伦斯渐渐摸清了叙利亚北部这个小角落及其人民的情况，他很可能比当时其他任何一个欧洲人都更熟悉这个地区。

当然了，关注最能赢得对方的好感。卡尔基米什发掘现场的工人们都来自附近的杰拉布卢斯镇，他们此前和西方人打交道时无疑总是泛泛之交和卑躬屈膝。他们肯定从未见过一个西方人肯花时间去了解他们的孩子、亲戚和祖先的名字，或者乐意接受邀请、光临他们的寒舍，或者对他们的仪式和风俗表现出真正的尊重。

劳伦斯还有一个地方给当地人留下了很好的印象。他们一般认为，欧洲人都是软弱或者娇气的，但劳伦斯截然相反，他可以在炎炎赤日下一连苦干好几个钟头，中途没有任何休息；他可以徒步或者骑马行进几天而毫无怨言，或者像一个当地人一样，泰然自若、听天由命地硬撑痢疾和疟疾带来的痛苦。对杰拉布卢斯的阿拉伯人来说，劳伦斯坚忍不拔、毅力顽强、生活朴素，不像个欧洲人，倒更像他们自己。按照阿拉伯人的传统，他们以强烈而持久的忠诚回报劳伦斯，因为他们把他看作自己人。这是一把双刃剑，因为劳伦斯在叙利亚待得越久、受当地人接受的程度越高，他的思维和行为就越来越不像英国人。

在更深的层面上，他在叙利亚的时光让他开始从根本上重新思考他先前的关于西方“启蒙和教化落后民族”的观点。他与一个来自杰拉布卢斯、叫达霍姆的年轻人的密切关系就突出地体现了这种思想上的变化。达霍姆当时只有 13 岁，在卡尔基米什发掘现场负责赶驴子。这个聪明而特别英俊的少年很快被劳伦斯提升为私人助理，两人密不可分，导致有人窃窃私语，说他们可能是一对情人。不管这些传言是真是假，劳伦斯在达霍姆身上看到了阿拉伯民族本质上的高贵（这种新观念有些过度浪漫化了），仰慕他们的苦行禁欲，认为那是一种脱离了西方式放纵的“朴素的福音”[23]。

34

1911 年，在从杰拉布卢斯写给父母的一封信中，他第一次介绍了达霍姆，称其为“一个有趣的人”[24]，说自己希望帮助达霍姆。在这封信中，他表现出了与英国殖民主义思想矛盾的观点：“好在这一地区还没有受到外国影响。如果你们看过法国影响造成的破坏，还有美国影响的恶劣后果——尽管没有法国人那么糟糕，你们就会希望，这样的影响永远不要扩张。半欧洲化的阿拉伯人的恶俗到了不可救药的程度，让人瞠目结舌。不曾受过欧洲影响的阿拉伯人要比他们强一千倍。外国人来这里是为了教诲当地人，但其实他们最好是向当地人学习。”

这不是考古学家一般会思考的问题。就连对自己的弟子非常钟爱的戴维·霍格思也从来没有确信，劳伦斯拥有学者的心灵或气质。劳伦斯很少有伦纳德·伍莱（他于1912年成为卡尔基米什的主管科学家）那样的人的极其一丝不苟、坚持不懈的精神。劳伦斯的主要兴趣在于这片土地，以及他周围的人们；他的激情就在于此。

这种激情给了劳伦斯一种独特视角，让他观察到了20世纪初的意义更为重大的历史潮流[25]：奥斯曼帝国的苟延残喘、垂死挣扎。目击这一历史大潮的大多数西方人都住在中东的城市。劳伦斯是少数目睹这一潮流在乡村的发展的西方人之一，而奥斯曼帝国绝大多数子民都生活在乡村。

奥斯曼帝国的丧钟早就被敲响了。奥斯曼帝国延续了近五个世纪，主要是因为它允许少数民族和宗教少数派在很大程度上自治，只要缴纳赋税，并向君士坦丁堡的苏丹效忠即可。19世纪，由于民族主义的崛起和通信与贸易的快速进步，这种体制开始分崩离析。世界以惊人的速度缩小，欧洲的工业国力量猛增，而本质上是靠温和地忽视自己的各个组成部分而存活的帝国已经和这个时代格格不入了。到19世纪50年代，奥斯曼帝国已经成了“欧洲的病夫”。崛起中的西方列强急不可耐地等待着它的彻底崩溃。

尽管西方竞争者一直在蚕食帝国的边疆，奥斯曼人通过灵巧的结盟政策，在很长时期内成功地躲过了灭亡的命运。19世纪70年代，沙皇俄国在巴尔干大败一支奥斯曼军队，为罗马尼亚、塞尔维亚和黑山赢得了独立。1881年，法国攫取了突尼斯。次年，英国以镇压民族主义运动为借口，夺走了埃及。

35

现实非常残酷，貌似能够给奥斯曼帝国带来最后的复兴希望的事件，却反倒加速了它的瓦解。1908 年，一群年轻军官打着“统一与进步委员会”的旗号——后来更为人熟知的名字是“青年土耳其党”，发动了旨在改良国家的政变，强迫残暴的苏丹恢复他 30 年前撤销的议会宪法。这个成功让青年土耳其党大受鼓舞，于是迅速发动了雄心勃勃的改革，要把帝国变成 20 世纪的现代化国家，改革包括解放妇女和给予少数民族和宗教少数派完全的公民权。

统一与进步委员会的军官们大多来自帝国的欧洲部分，熟谙欧洲自由主义，他们期望得到西方列强的支持，不料却遭到了当头一棒。奥匈帝国利用君士坦丁堡的政治乱局，迅速吞并了波斯尼亚—黑塞哥维那。欧洲其他国家的政府，包括英国政府，则对青年土耳其党满腹狐疑，甚至嘲讽他们是“地下犹太人”[26]，视他们的政变为国际犹太人的某种险恶的旨在攫取帝国政权的阴谋。在奥斯曼帝国内部，保守势力对进步人士的恶毒反扑使得新的议会政府很快陷入了内讧和瘫痪。

到 1911 年，青年土耳其党开始巩固自己的权力，努力通过三项事业来把四分五裂的帝国联合起来：现代化、保卫伊斯兰，以及呼唤帝国重新加入泛突厥世界（或称图兰主义）。这听起来都很不错，只是它们是互相矛盾的。

青年土耳其党的很多社会改革的进步性或许受到了世俗主义者和帝国的犹太人与基督徒少数派的支持，但同时却激怒了人数众多的传统穆斯林。另外，他们的言辞越来越具有极端的图兰主义色彩，鼓舞了土耳其裔群众，却疏远了人口占多数的非土耳其裔民族，比如阿拉伯人、斯拉夫人、亚美尼亚人和希腊人。至于打起伊斯兰卫道士的旗号，这显然能够赢得土耳其、库尔德和阿拉伯穆斯林的支持，其他人（包括人口相当多的信仰基督教的阿拉伯人）却没有得到任何好处。实际上，青年土耳其党虽然努力争取多语言、多民族的社会的每个人群，但却给了每个群体忌惮和仇恨的理由。

36 劳伦斯这样对自己身边的政治和社会潮流越来越熟悉的年轻人很快就得出了不可避免的结论：奥斯曼帝国正在一点点地分崩离析。在他在杰拉布卢斯期间，这个分崩离析的过程加快了，此前欧洲列强对奥斯曼帝国的断断续续的蚕食如今变成了鲸吞的狂潮。

1907 年初，德国开始以大帝国的姿态登上国际舞台，而库尔特·普吕弗开始担任驻开罗大使馆的译员。

在纸面上，译员的职责仅仅是翻译，在大使参加外交会议时予以协助，以及翻译大使馆和当地政府之间的往来文件。现实中，一个雄心勃勃的译员完全有可能获得很大的权力。当时和现在一样，大使们常常是些没有真才实学的庸碌之辈，任职时间也不长，往往是由于宫廷内的关系而得到闲差，更擅长跳舞，而不是谈判。而译员则代表了一种长期性和延续性——很多人任职长达数十年，通过翻译工作，几乎对大使馆每一个部门的大事小情都了如指掌。另外，由于他们生存在大使馆的外交和领事这两个部门之间的灰色地带，他们可以私下里从事一些路数不正的活动，比如会见政府的敌人，如果这种事情由他们的上级来做，就会引发抗议。20 世纪初的几乎所有互相竞争的欧洲强国都把自己在海外的使馆当作搜集情报、施加影响和挑拨离间的绝佳工具，但德国人在这方面自成一体。与威廉二世好斗的外交政策相一致，德国外交官们常常做出非君子的逾矩行为，比如窃取政府和工业机密、操控间谍网，往往被人赃俱获地抓个正着，这让自诩高尚正直的英国和法国同行们七窍生烟。大使馆的译员就往往处在许多这样的丑闻的中心。

埃及就是德国强硬外交手段的最重要实践场所之一，柏林希望在这里讨好君士坦丁堡的奥斯曼领导层，同时又打击英国竞争者的霸权。埃及处于奥斯曼帝国统治之下（尽管这种统治是有名无实的）已经有近 400 年，然而在 1882 年，英国以保卫埃及的统治集团、反对一个图谋独立的民族主义领袖为幌子，入侵了埃及，将这个国家占为己有。英国人并不就此满足，而是得陇望蜀。1906年5月，也就是普吕弗抵达德国大使馆的9个月之前，英国人利用西奈（苏伊士运河以东的面积广大的半岛）的一起鸡毛蒜皮的外交争端，从奥斯曼人手中攫取了西奈半岛。这个事件让埃及人对英国的统治愈加不满，君士坦丁堡对曾经的盟友①也是咬牙切齿。在开罗活动的德国人感到，在英国和奥斯曼帝国之间挑拨离间，让它们保持这种相互的敌意，对德国来说是极其有利的。 37

但或许，普吕弗在埃及首都要利用的最大资产是他在大使馆的直接上级——一位叫作马克斯·冯·奥本海默伯爵的传奇人物。

奥本海默比他的译员年长21岁，喜好交际，衣着时髦，蓄着八字胡，讲究吃喝、热爱生活，是个擅长风月的情场老手，热衷于赛马，在柏林的联盟俱乐部（德国政治和经济界精英的高档会所）是个颇有地位的人。奥本海默于1883年进入德国外交界。他很快前往叙利亚，在随后的60年中对近东一往情深并与它难舍难分。他是个业余的考古学家和民族学家，曾自掏腰包（他出身于银行业世家）在乡间组织考古探险。考古对奥本海默只是个业余爱好，但给他带来了很大成功。1899年，他在叙利亚北部的哈拉夫遗址发现了新石器时代最重要的失落的人类定居点之一（据说，就是由于这项发现，万宝龙公司用他的名字为一个钢笔品牌命名，在该公司的“艺术赞助者”系列中，除了奥本海默，还有查理曼、哥白尼和亚历山大大帝这样杰出人物的名字）。这位探险家最终于1896年在开罗设立了半永久性的基地，他本人也得到了德国大使馆领事部门的一个专员职位（尽管这个职位的具体职责并不明确）。[27]

奥本海默伯爵（其实除了他的名片上印着伯爵头衔之外，没

① 在克里米亚战争（1853.10～1856.2）中，英国是奥斯曼帝国的盟友，它们共同的敌人是俄国。

人确切知道他的贵族谱系）有好几个颇有争议的特点，让他和在埃及首都的外交同僚们迥然不同。其中之一就是他喜欢“入乡随俗”。这方面最明显的体现是，他喜欢穿着阿拉伯长袍四处游荡，住在城里一个本地人居多的区域，而且在风月场上也偏好当地人。根据肖恩·麦克米金的《柏林—巴格达快车》，“每年秋季，奥本海默从柏林回来之后，他的仆人领班苏莱曼就会给他找一个新的女奴（他把这些女奴称为他的临时小妾），这个女奴就会成为他的后宫的女主人，有两名女仆侍候，直到次年”。[28]

38 但伯爵是个热情洋溢的天主教徒，除了热衷于考古、赛马和女奴之外，他还有个构想让德国在近东的竞争对手们感到特别讨厌：马克斯·冯·奥本海默想要煽动伊斯兰圣战的熊熊大火，让该地区的政治格局来个大洗牌。

他在开罗的领事部门上任后不久就产生了这个想法。在奥本海默看来，德国的主要欧洲竞争对手——英国、法国和俄国最大的弱点就是它们各自势力范围内的穆斯林群众，这些人因受到基督教殖民列强的控制而满腹怨恨。奥本海默提出，德国是唯一一个从来没有尝试在伊斯兰世界搞殖民运动的欧洲大国，因此有一个特别好的机遇来利用这个局面，尤其是如果能与奥斯曼帝国结盟的话。奥本海默在发给德国外交部的一连串报告中称，假如发生全欧洲范围的战争，而德国能够说服君士坦丁堡的奥斯曼当局发动一场针对占领了他们故土的基督教殖民者的圣战，那么英国治下的埃及，或者法属突尼斯和俄属高加索将会发生怎样的事情？

德皇威廉二世对这个提议兴趣盎然。德皇在收到奥本海默的一些“以革命为战争手段”的论文之后，很快成了圣战设想的坚定支持者。[29]威廉二世作了关照，将奥本海默（“我的令人生畏的间谍”）提升为驻开罗大使馆的法律总顾问，尽管这个官衔颇有些讽刺意味。

在万众期待的全欧大战到来之前，德国人在英属埃及仍然是路漫漫其修远兮。在 20 世纪最初的几年，奥本海默花费了大量时间——以及不少私人财产——来争取来自各行各业的反对英国统治的埃及精英：部族谢赫①、城市知识分子、民族主义者和宗教人物。奥本海默的泛伊斯兰圣战思想研究得到了皇帝的支持，而在 1907 年，他又得到了另一个门徒——他的新下属库尔特·普吕弗。普吕弗已经腻烦了学术论文和古埃及皮影戏，现在在充满领袖魅力的长官的指导下，他感到，在阿拉伯世界闹个天翻地覆的机遇已经降临了。

普吕弗的阿拉伯语（尤其是发音）比奥本海默强得多，因此很快就成为德国大使馆和埃及首都形形色色的不满分子之间的关键联络人。普吕弗特别小心谨慎地结交埃及的赫迪夫（大致相当于总督）阿拔斯·希里米，他是奥斯曼帝国在当地的封疆大吏。英国人剥夺了希里米的所有权力，但仍然把他捧在宝座上，当作傀儡。希里米显然对这种安排心怀不满，普吕弗就竭尽全力地去煽动他的怨恨。两个德国宣传鼓动家的工作对象可不是仅限于开罗的不满分子。1909 年初，普吕弗和奥本海默身着贝都因人的服饰，在埃及和叙利亚腹地大范围活动，努力在部落人群中推动泛伊斯兰主义和反殖民主义这两项事业[30]。

39

但是能让万宝龙钢笔以自己的名字命名的人是不会走寻常路的。1910 年底，冯·奥本海默伯爵令人意外地宣布：他要辞去大使馆的法务顾问工作，重拾自己挚爱的考古事业。伯爵决定，现在是时候去发掘他在叙利亚北部发现的新石器时代哈拉夫遗址了，毕竟该遗址的发掘工作已经被搁置了十多年之久。

开罗的英国当局听到这个消息，不禁长舒了一口气——他们多年来一直在寻找借口把奥本海默驱逐出境——但是只要快速地看一

① 谢赫是阿拉伯语中的一个常见尊称，意指“部落长老”、“伊斯兰教教长”、“智慧的男子”等。

眼地图，就让人心生狐疑，因为哈拉夫遗址恰好就在筹划中的巴格达铁路沿线。奥斯曼政府承担了这项工程，旨在将君士坦丁堡与帝国最东端、据说富含石油的美索不达米亚地区直接地连接起来。1905 年，奥斯曼人不顾英法两国的竭力反对，将该工程及随之而来的慷慨的优惠权益交给了德国。

即便“德皇的间谍”已经改行考古去了，在埃及的英国人还是不能放松警惕。马克斯·冯·奥本海默伯爵虽然走了，却在开罗留下了一位非常忠于职守且精明强干的弟子。

卡尔基米什发掘工作的指挥部设在离遗址约半英里的一座小院子内，先前是杰拉布卢斯村外围的一家欧甘草公司的库房。T. E. 劳伦斯和伦纳德·伍莱就住在这里，并在这里接待出现得越来越频繁的小群西方游客。他们在此地待了三年，其间不断地为原先的建筑添加新房间和仓储棚子，直到杰拉布卢斯“工作站”成了一个舒适而宽敞的家。劳伦斯渐渐将这个家视为圣殿。1912 年夏季，在叙利亚海岸旅行仅仅几天之后，他就在给家人的信中写道：“我似乎已经离开杰拉布卢斯数月之久，渴望它的安宁静谧。”[31]

40

但是，在近东，随着奥斯曼帝国加速走向土崩瓦解，安宁静谧已经和现实格格不入了。1911 年，意大利人入侵了利比亚，引发了一场血腥的战争，最终的结局是奥斯曼人战败。与此差不多在同一时期，第一次巴尔干战争爆发，奥斯曼人所剩无几的欧洲领地几乎丢失殆尽，在随后的第二次巴尔干战争中，君士坦丁堡几乎失守。前线的噩耗引发了层叠效应。到 1913 年，青年土耳其党发动了第二次政变，彻底地夺取了政权，此时在帝国残余部分的全境，小规模的叛乱和分裂运动如燎原之火般四处蔓延，就连地区性的酋长和氏族领袖都感到，最终摆脱奥斯曼桎梏的时机到了。

曾经如世外桃源一般的叙利亚北部也受到了动荡时局的影响。当地人口的绝大部分是阿拉伯人或者库尔德人，而土耳其人主要局限于奥斯曼权力机构在当地的代表、市长、警察和税务官。这种民族构成让劳伦斯对当地居民产生了一种过于简单化的观念：热爱高贵的阿拉伯人；对气势汹汹的库尔德人保持谨慎的尊重；而对残忍的土耳其人恨之入骨。1912 年，当地的库尔德部落威胁要发动起义，而一度畏缩的阿拉伯人在杰拉布卢斯街头越来越公开地违抗和挑战他们的土耳其统治者。劳伦斯看到这些，感到相当满意。在劳伦斯看来，奥斯曼人对当地人的奴役主要是基于恐惧、腐败和笨拙无能的官僚机器对群众心灵的压榨。现在，奥斯曼人的统治在迅速地瓦解，很难相信他们能够恢复自己的地位。这种前景让他欢欣鼓舞。

但在叙利亚北部能够感觉到的还不仅仅是奥斯曼帝国内部的动荡。欧洲列强还在大搞阴谋诡计，每个国家都在各处加紧活动，寻找打击竞争对手的机会。尤其是，臭名昭著的马克斯·冯·奥本海默伯爵的大驾光临清楚地表明，该地区业已成为欧洲列强日渐扩展的棋盘的一部分。奥本海默打着返回叙利亚的哈拉夫遗址（在卡尔基米什以东约 100 英里处）开展发掘的幌子，在 1912 年 7 月的一个下午拜访了杰拉布卢斯工作站。

“他面目可憎，”劳伦斯在给年纪最小的弟弟的信中写道，“我对他没有客气——但他却是个非常有趣的人。他说，除了他自己的发现之外，卡尔基米什遗址是他见过的最有意思也是最重要的发现。”[32]

没过多久，劳伦斯和伍莱就开始听到关于伯爵在哈拉夫遗址的可疑勾当的传言，据说有成车成车的财宝被非法地运走，送往柏林。他们还注意到，巴格达铁路的施工多年来一直是懒洋洋的——在奥斯曼世界，工程进展慢得可以与地质变化的速度相比——但在奥本海默驾到之后，施工突然间加快了。工程进展神速，到 1912 年末，德国工程师及其先遣工作队已经着手处理铁路线在技术上最复杂的一段，即水流湍急的幼发拉底河上的一座栈桥。巧合的是，

41

这座桥梁的地址就在杰拉布卢斯村附近。

在整个1913年和1914年的很长一段时间，英德两国工人在叙利亚北部的这个偏僻角落打着交道，时而友好，时而争吵。在杰拉布卢斯的德国铁路工人帮助英国考古学家把发掘现场挖出来的石头搬走，用于铁路路基的修筑。而德国人常常与当地工人发生摩擦，于是就请英国人——尤其是阿拉伯语非常流利的劳伦斯——帮助调解。德国人与当地工人的紧张关系的一个主要原因是，优秀的工人常常跳槽到劳伦斯和伍莱那边，因为后者给出的工资更高，对当地人也更尊重。

不久之后，这两群人就成了战争中的死对头，而另外一条铁路——从大马士革南下700英里到达麦地那城的汉志铁路则将成为这场战争的中东战场上最关键的交通线。劳伦斯通过观察杰拉布卢斯的铁路工地学到的知识无疑会对他有极大的帮助，因为几年之后，他就将会以破坏汉志铁路作为消遣。

1913年9月15日上午10点左右，26岁的威廉·耶鲁正在俄克拉荷马州基弗油田干活。他是拉套管三人小组——拉套管就是拆解和堆放钻探用的套管，这差不多是油田上最苦的活计了——的成员。这时，一名信使策马奔来。几分钟后，基弗油田的副工头把耶鲁叫过去，交给他一份电报。这份电报来自纽约标准石油公司总部，电文非常简洁："即刻到纽约报到。"

耶鲁于1910年从耶鲁大学毕业后，没有拿定主意从事什么职业，这时偶然看到了纽约标准石油公司"海外勤务学校"的招生启事，于是心血来潮就报了名。

"海外勤务学校"位于纽约百老汇大街26号的标准石油公司

42

总部，包括四个月的高强度课程和研讨班，旨在向学员传授石油工业的方方面面，并向他们灌输"标准人"的理想。但这理想究竟指的是什么，就很难说了，因为到1912年标准石油公司已经是国际商贸史上最臭名昭著的企业，它的名字就是欲壑难填、为非作歹的资本家的同义词。[33]

通过大股东约翰·D. 洛克菲勒设计的凶狠策略，标准石油公司在之前的40年中已经彻底地主宰了美国石油工业，到20世纪初就控制了全国石油生产的近90%。在这几十年中，它还运营着一个由大量幌子企业和空壳公司构成的复杂网络，让所有力图打破垄断的法律工作者的努力都化为泡影。最后，在1911年，也就是耶鲁求职的前一年，美国最高法庭宣布标准石油公司为非法的垄断组织，命令将它拆分为34个独立公司。

法庭的拆分法令究竟有没有真正终结标准石油公司的垄断，还很难说，但的确迫使它的各个组成部分更加专业化，有的专攻国内的地区性市场，有的专注于国际出口。在国际业务方面最活跃的是新的纽约标准石油公司——人们常用它的首字母缩写Socony来称呼它——也就是34个从先前的标准公司拆分出来的企业中规模第二大的公司。

在标准公司的其他子企业转向国内的时候，纽约标准石油公司却放眼全球，看到了很多急速发展的市场急需石油。为了协调和标准化在全球各地的营销手段，公司特地开设了海外勤务学校。激情澎湃的学员威廉·耶鲁说，这个学校的教学方法比他在预科中学和大学中见识过的都“远为有效，效率也高得多”。

纽约标准石油公司领导层显然也很赏识威廉·耶鲁。课程结业后，耶鲁被留在公司，派到美国的石油生产一线去实地学习，为海外工作做准备。1912年的整个秋季，耶鲁穿梭于标准石油公司在中西部的各个油田，唯一任务是将自己观察到的东西写成周度报告，发给纽约标准石油公司总部。

但无休止地参观油田很快就让精力充沛、闲不下来的耶鲁感到单调乏味。1913年初，他写信给纽约的上级，请求得到一份一线工作，理由是，如果要学习石油生意的话，最好的途径是实际操作，而不是仅仅观察。这封信无疑让百老汇大街 26 号的老板们对他好感倍增。一个大学生，而且还是常春藤名校的毕业生，竟然主动要求作为一名劳工去一线干活，这就是标准石油公司最想要的那种员工。耶鲁很快被派到俄克拉荷马州西部新建的库欣油田，成了一名普通劳工。

43

在一段时间内，他非常喜爱重体力劳动。耶鲁一连几周都生活在鸟不拉屎的荒郊野岭，辗转于俄克拉荷马州的多个油田，清扫钻探场地、铺设管道、搬运机器、搭建井架。他就这么干了几个月之后，收到了纽约的电报。

离开基弗油田三天之后，耶鲁走进了曼哈顿下城百老汇大街 26 号的纽约标准石油公司总部的大厅。他被带到 13 楼，标准石油公司副总裁威廉·比米斯的办公室套间。耶鲁看到，已经有另外两个人在套间内等候，手里捧着帽子，恭恭敬敬地坐着，一言不发，而过分殷勤的比米斯向来回奔走的下属连珠炮似地发出一连串指示。

“听着他向秘书口述命令，说到向上海运送煤油、关于送到印度某座城市修路用的沥青的合同，以及和希腊政府签订的向驻比雷埃夫斯的希腊海军提供燃油的合同，我如同在九霄云中。”耶鲁记述道。[34]

比米斯最终转向等待着的三个人，告诉他们，总部挑选了他们三人去执行一项特殊的海外任务；两天后，他们将在纽约港登上“皇帝”号轮船，前往法国加莱。随后他们将走陆路横穿整个欧洲，前往君士坦丁堡，然后在那里等待标准石油公司在当地办事处经理的进一步指示。最后，比米斯向三人强调，他们即将执行的是一项高度机密的任务。他们不可以将自己的最终目的地告诉任何人，也不可以泄露自己标准石油公司雇员的身份。他们将伪装成到圣地观光旅游的腰缠万贯的“花花公子”，他们的豪华的旅行方式让这种幌子颇具可信度：“皇帝”号是跨越大西洋航线上最新也是最豪华的客轮，而他们还将搭乘传说中的东方快车前往君士坦丁堡，一路上都是头等舱。

但对耶鲁的两个同伴来说，乔装花花公子是说得容易做起来难。三人小组的组长 J. C. 希尔是个来自宾夕法尼亚炼钢厂的工头，生性粗犷不羁。鲁道夫·麦戈文将近 30 岁，是个地质学家，性格阴沉，不善交际。即便这两人能够装腔作势，让人相信他们是富家阔少——这很值得怀疑——他们也不像是会去圣经时代遗址朝圣的香客。他们装扮花花公子的明智策略就是尽可能避免和头等舱的其他乘客打交道。

44

威廉·耶鲁没有这样的困难。这次旅行对他来讲就像是回到了昔日的富裕生活。在“皇帝”号头等舱的乘客中有很多年轻人，都是美国工业巨头和大地主的子弟，起航去游览欧洲，因为这是他们教育的一部分。这种比较平和的冒险在几年前还是耶鲁自己理应享受到的。

耶鲁会记得，他的这次旅行有个特别之处。“皇帝”号是汉堡—美国航线的新旗舰，每到晚餐时间，船上的德国官员就会起立祝酒，庆祝“那一天”。耶鲁对德语的微妙之处一无所知，以为这个姿态是以一种古雅的方式欢送即将过去的那一天；过了一段时间，他才理解，这其实是一种暗语，德国人是在轻狂地期待即将到来的世界大战——不到一年之后战争就爆发了。

1913 年 9 月 15 日，也就是威廉·耶鲁在基弗油田收到命令他去纽约报到的电报的同一天，T. E. 劳伦斯在阿勒颇（卡尔基米什以西 60 英里处）的火车站等待他的兄弟威尔。

劳伦斯在自己的四个兄弟当中，最亲近的就是比他只小两岁的三弟威尔。得知弟弟要离开英国去印度教书后，他就请求威尔在途中于叙利亚稍事停留。

虽然和威尔关系亲密，但他的这次拜访还是让劳伦斯颇有些焦虑，因为他自己一直被视为家中的浪荡子。他很容易想象，弟弟可能会被他身处环境的简陋吓一大跳，把这情况报告给在牛津的父母。劳伦斯其实不必担心。两人在杰拉布卢斯待了大约10天之后，威尔要返回阿勒颇，劳伦斯在当地的火车站给他送行。威尔在给父母的信中描绘了这个离别时刻：

> 你们千万不要以为，内德过的是野蛮人的生活。火车开出车站，我看到他的最后一眼时，他穿着白色法兰绒内衣、短袜、红色拖鞋和一件白色的运动夹克，正在以贵族的姿态和比雷吉克总督侃侃而谈。[35]

杰拉布卢斯一别，竟成了兄弟俩的永诀。

第3章
一件又一件美好的事情

我的灵魂的渴求总是越来越少。 45

——T. E. 劳伦斯，《智慧的七柱》[1]

有一个笑话说，怎样给一只豹子戴上项圈？答案是：小心翼翼地戴上。但在1913年秋季，T. E. 劳伦斯和伦纳德·伍莱真的需要解决这个难题。不久前，阿勒颇的一名政府官员送给他们一只幼豹。他们发现，只要把它用链子拴在杰拉布卢斯工作站的院子里，它就是一条非常有效的看家狗。但问题在于，豹子长得非常快，很快它就能挣断它被送来时戴着的脆弱项圈了。

考古学家们的第一个主意是用一个板条箱罩住豹子，然后透过板条箱的空隙给它戴项圈，但是据劳伦斯说，豹子“脾气不是太好”，所以这只能让它更加狂躁。他们后来想出了一个聪明的办法。他们把箱子的一个开口稍微扩大了一些，然后不停地往里面塞粗麻布口袋，直到把豹子塞的严严实实、动弹不得。

“然后我们拿掉箱子的盖子，给它戴好项圈，然后把它放了出来，”劳伦斯在给家人的信中写道，“有朝一日它能成为一张非常美丽的地毯。”[2]

在1913年秋天的发掘季节（这是劳伦斯的第五个发掘季节），除了学会如何给豹子戴上新项圈之外，他们还有了一项重大发现——遗址的主神庙。这是考古学家梦寐以求的一生只能有一次的 46

伟大发现，让劳伦斯感到，他找到了自己的真正使命，或许还找到了自己的真正家园。杰拉布卢斯工作站宽敞的主起居室现在非常舒适惬意，墙上挂着艺术品，地上铺着地毯和兽皮，配备了一个藏有七种语言书籍的图书馆，以及一个巨大的壁炉，炉子里持续不断地烧着橄榄木。那年秋天，他在给牛津的一位挚友的信中吐露了自己的心声。

“我渐渐爱上了这个地方，”他写道，“还有这里的人们——有五六个人，整个生活方式让我非常满意……卡尔基米什的发掘还要四五年才能完成，在那之后，我或许会去追寻一件又一件美好的事情。”[3]

但令人心碎的是，大英博物馆提供的经费——经费总是非常紧张的，按照季度或者年份有条件地发放——已经耗尽。除非突然出现一个意料之外的资金来源，否则下一个发掘季节，即 1914 年春季，就只能是发掘的最后阶段了。劳伦斯和伍莱为此忧心忡忡，在那个季节的发现带来的喜悦也被这晦暗的前景冲淡了，他们越来越感到绝望。他们得到批准，将该季节的工作延长了一个月，随后准备休假，这时突然有一个良机从天而降。

大英博物馆的一位官员解释说，英国皇家工兵的一个特遣队即将在巴勒斯坦探索基金会的支持下，在巴勒斯坦最南部的所谓寻漠开展一次考古研究；不知劳伦斯和伍莱有无兴趣，在他们即将开始的假期中加入这次探险？

劳伦斯和伍莱有两个选择，要么在英国安闲舒适地度过两个月的假期，要么在世界上最荒无人烟的角落之一艰苦跋涉。但探索的诱惑太大，所以两人都当即不假思索地选择加入冒险。

1913 年 10 月初的一个深夜，威廉·耶鲁躺在安纳托利亚山区的一座帐篷内，仍然为自己的人生在如此之短时间内翻天覆地的变化感到惊奇。就在 3 周前，他还在俄克拉荷马州一处油田拉套管，住在一个只有两个房间的工棚内；而此刻，他正在世界上最具粗犷美的地区之一旅行，只有极少数美国人曾经亲眼见过这个地方。

他在俄克拉荷马州的那么长时间，常常猜测标准石油公司究竟会把他派到什么地方，但他几乎从未想到过近东。这更让他心中多了一分敬畏。他走进纽约标准石油公司总部的那天，还以为自己要被派到中国去当销售代表。

47 耶鲁的这个错误估计也是可以理解的。1913 年，纽约标准石油公司的主营业务是石油产品出口，而中国是它最大的市场。相比而言，公司向奥斯曼帝国的出口（主要是煤油，用于该国羽翼初生的工业设施）是微不足道的。标准石油公司的煤油是美国向奥斯曼帝国的第二大出口产品，而第一大产品是胜家牌缝纫机。向奥斯曼帝国的煤油出口额甚至不如缝纫机，足见生意的微薄。

但标准石油公司副总裁威廉·比米斯在那天向来到他办公室的三人解释说，他们去近东的任务不是寻找新客户，而是去搜寻和开发新的油源。

做一个简单的经济学计算就知道了。到 1913 年底，全球对原油和石油产品的需求增长极其迅猛，很快就要超过供应量。仅在美国，内燃机车的数量在不到 10 年的时间里就增长到了原先的 20 倍——从 1905 年的约 7.5 万辆增加到了 1913 年的超过 150 万辆，而美国最老的一些油田已经开始枯竭。

同时，石油还逐渐成为一项关键的军事资产。1912 年，也就是耶鲁应召前往纽约的前一年，英国海军大臣温斯顿·丘吉尔做出了一项令全球报界轰动的重大决定：整个皇家海军将弃用煤炭，全部改为使用燃油动力。全世界最强舰队的现代化计划自然也让其他国家，包括德国的海军，争先恐后地效仿。

于是，美国和欧洲的石油公司纷纷到各处寻找和勘探新油田。近东是特别有希望的一个地区。19 世纪 70 年代，在里海之滨的巴库发现了储量丰富的油田和天然气田，1908 年又在波斯湾有了另一项重大发现。这些油田很快被欧洲大财团控制，寻找和霸占新油田的竞赛也在紧锣密鼓地进行。

正是为了这个目的，纽约标准石油公司驻君士坦丁堡办事处悄悄地从一个由三名驻在耶路撒冷的商人组成的财团（该财团在奥斯曼帝国三个不同地区拥有极大的勘探优惠权益）手中获得了六个月的购买权。耶鲁、麦戈文和希尔被派到当地，就是为了开展前期的勘探工作。他们的行动要如此机密，主要有两个原因：一方面当然是为了避免引起潜在竞争者的注意，另一方面是为了尽可能久地让标准石油公司躲在幕后。标准石油公司虽然前不久被拆分，但是近东和世界上很多地区仍然对标准石油的品牌非常不信任，以至于诽谤竞争对手的最简单方法就是说它是标准石油的幌子。

48

尽管纽约标准石油公司行事诡秘，但它绝非先前的标准石油公司那样运行平稳、贪婪卑鄙的商业机器。它派去勘探奥斯曼帝国特许区的队伍的人员组成就能说明这一点。头领 J. C. 希尔来自匹茨堡的钢铁行业，对石油工业毫无经验。鲁道夫·麦戈文是个科班出身的地质学家，但从未去过油田。威廉·耶鲁虽然懂得油田操作业务，但对勘探一无所知。[4]

J. C. 希尔的勘探方法非常不同寻常，可以说是宿命论的。10 月初，一行三人抵达君士坦丁堡之后，就动身前往第一个特许区，那是安纳托利亚中部、黑海以南不远处的一片广阔的山地。三个美国人在一小队当地向导的陪同下，骑着马在高原上徘徊了几周，每次麦戈文发现一个他认为值得仔细查看的遥远地点时，希尔总是予以否决。在一个关键的时刻，他们得知 30 小时后将有一艘船开回君士坦丁堡，而下一班船是至少两周以后；他们心急火燎地赶去，终于在开船的几分钟前上了船。

1913 年 11 月，他们抵达第二个勘探区域——巴勒斯坦的死海山谷之后，步子就放慢了许多。该地区实质上是东非大裂谷的延伸部分，从地质上讲，含油的可能性比安纳托利亚大得多。一连几周，三人沿着死海西岸，在页岩碎石地带和周边的石灰岩峭壁上择路而行。他们多次发现石油或许就在眼前的颇具诱惑力的线索——水面上漂浮的块状纯沥青；地表的石灰岩富含石油，发出汽油的臭气——但没有证据能确凿地证明，地下存在有商业开采价值的储油层。

但是也很难做出确实的结论，因为希尔使用他在安纳托利亚磨炼出来的勘探方法，很快就开始大刀阔斧地否决麦戈文建议进一步观察的每一个地点。在耶鲁看来，他们有的时候简直不是在寻找石油，而是在躲避它。

1 月初，希尔宣称他们的工作已经完成，命令收拾行装，准备返回耶路撒冷。事情到了一个严重关头。耶鲁对三个月的挫折忍无可忍，终于说出了心里话。他直言不讳地批判希尔，两人大吵特吵起来。

不知是这次争吵起到了效果，还是仅仅是巧合，就在第二天，三人进入朱迪亚山麓地带、准备返回耶路撒冷的时候，希尔突然勒住马，凝视着南面约 30 英里处的一座多石山丘。这是个奇异的地质构造，是平坦沙漠中突兀地矗立的一座非常规的山丘。借助望远镜可以看到，山脚下有成滩的某种闪闪发光的东西。

49

J. C. 希尔指向克恩纳布山，说道：“我们在那儿能找得到石油。”[5]

此后的事情进展极快。希尔带领他的褴褛的队伍匆匆赶回耶路撒冷，立即向纽约标准石油公司总部发电报，报告了自己的“发现”。总部的回复电报命令他找到巴勒斯坦特许土地的两名主要所有人——耶路撒冷的商人伊斯梅尔·哈克贝伊和苏莱曼·纳西夫，并尽快亲自把他们带到纽约标准石油公司在开罗的办公室。希尔不在期间，耶鲁和鲁道夫·麦戈文的任务是继续前往克恩纳布，确定这个地点的储油量究竟有多大。

耶鲁和麦戈文匆匆雇用了向导和勤杂工，于 1 月 6 日前后离开耶路撒冷，几天后在贝尔谢巴村外遇见了 T. E. 劳伦斯和他的伙伴们。在这次屈辱的会面之后，纽约标准石油公司的探险队继续南下，最终抵达了荒凉的克恩纳布群峰。他们在那里的发现将会产生极其重大的影响。

1913 年 3 月 15 日，亚伦·亚伦森应邀参加了华盛顿的一家高端俱乐部的午餐会。宴会的贵宾是前总统西奥多·罗斯福。

亚伦森的东道主——美国犹太人的两位杰出领袖朱利安·麦克和菲利克斯·法兰克福特把亚伦森的座位安排在前总统旁边，这或许是出于尊重，但也许是故意恶作剧。亚伦森和罗斯福（他的密友们仍然称他为“上校”）都以口若悬河著称，同桌的其他人或许认为，看看谁更能说，会比较好玩。让麦克和法兰克福特目瞪口呆的是，罗斯福总统几乎一句话都插不进去，而只是全神贯注地听亚伦森侃侃而谈。亚伦森显然也意识到自己取得了一项独特的成就；他在当晚的日记中写道：“从今往后，我将名扬天下，所有人都知道我是让上校闭嘴 101 分钟的人。”[6]

亚伦·亚伦森具有一种自然而然的精神力量，这一点和前总统很相似。亚伦森身材魁梧，有些肥胖，既聪明又傲慢，既激情洋溢又斗志高昂，似乎坚信自己无论走到哪里都是最有意思的人。时年 37 岁的亚伦森的确是个非常有意思的人。

50

到 1913 年夏季，他已经成为一项新近在某些犹太人圈子内盛行的事业——犹太复国主义的最雄辩的演说家。犹太复国主义运动呼唤流散在世界各地的犹太人返回祖先的国度——大以色列，在此前的 20 年中赢得了一些支持者，但是常常遇到质疑，甚至敌意。亚伦森的强大影响力在于，他的犹太复国主义观点并非以政治或者宗教的抽象概念为基础，而是基于脚踏实地的，甚至是平淡无奇的事情——农业。亚伦森时年 37 岁，在巴勒斯坦度过了 31 年，已经成为中东成就最高的农学家之一。此刻他正在对作物、树木和土壤做五花八门的实验，希望有朝一日能让巴勒斯坦地区恢复古时的翠绿和富饶。抛却犹太复国主义的高尚原则不谈，他常常指出，犹太人重返以色列的首要先决条件是，他们必须要有饭吃。亚伦森知道怎么给他们饭吃。

他有今天的地位和成就，也不是一帆风顺。亚伦森是一个犹太粮食商人的长子，于1876年出生在罗马尼亚中部的一个小镇。他两岁的时候，俄土战争爆发，导致罗马尼亚脱离奥斯曼帝国独立。对于罗马尼亚境内的大量犹太人来说，原先在穆斯林的独裁统治下的生活还算说得过去，但在基督教民主统治下，生活却变得不堪忍受了。犹太人无法获得公民权，因此也就无法进入绝大多数学校及从事大部分职业，于是开始大规模地逃离罗马尼亚。1882年，亚伦7岁的时候，他的父母也加入了逃亡的大潮。犹太人移民最向往的目的地是美国，但亚伦森一家却和另外约250名罗马尼亚犹太人一起，起航前往奥斯曼叙利亚的巴勒斯坦地区。[7]

这群移民在港城海法附近的一个土地贫瘠的多石山坡上安顿下来。他们给这里取名为撒马林。他们很快发现，《出埃及记》里所说的“流奶与蜜之地”已经发生了极大的变化。撒马林的定居者在罗马尼亚的时候大多是小商人，少数会种地的人也很快被干燥的气候和糟糕的土壤击败了。不到一年，移民们就一贫如洗，不得不将神圣的《托拉》经卷典当出去。

拯救他们的是富可敌国的法国犹太金融家埃德蒙·德·罗思柴尔德男爵。罗思柴尔德是犹太人移民巴勒斯坦事业的早期支持和资助者之一，已经在该地区建立或者挽救了不少犹太人定居点。1884 51 年，他挽救了撒马林，将其更名为济赫龙雅各布（意思是“雅各布的纪念”），以纪念他已经辞世的父亲。但居民们很快发现，要领取罗思柴尔德的赞助，必须付出很高的代价。在同意提供资金支持的时候，他的第一个条件就是“他本人为该定居点的唯一领主，其领土之上的万物皆由他主宰”，他这么说可不是开玩笑的。济赫龙雅各布的居民们种植什么作物，穿什么衣服，甚至谁有资格结婚，都必须经过罗思柴尔德的批准。他的代理人住在当地，确保这些规则得到执行。

但对年轻而聪明绝顶的亚伦·亚伦森来说，这种封建体制也有好处。1893 年，他 16 岁的时候，被罗思柴尔德的代理人选中，送到法国学习，一切费用由罗思柴尔德承担。随后的两年中，他就在巴黎郊外的格里纽学院（欧洲最有威望的农学院之一）学习农学和植物学。他返回巴勒斯坦之后，就不会在济赫龙雅各布继续当罗思柴尔德的农奴，而是被派到男爵的另一个领地去担任农业“教员”。但他没干多久。不到一年之后，虽然只有 19 岁但已经非常执拗而急性子的亚伦森与男爵及其代理人一刀两断，自谋生路去了。

他给居住在外地的大地主做农业顾问，同时开始一丝不苟地研究和记录巴勒斯坦的植物和地质情况。在这项工作上，他极强的好奇心和不知疲倦的充沛精力很快就成了传奇。亚伦森二十四五岁的时候已经能够流利地使用六七种语言，并开始在欧洲的农学期刊上发表文章。欧洲农学界的小圈子里没有人听说过他们的这个在巴勒斯坦的同行，而亚伦森的文章极多，而且涉猎范围广泛——各种渊博的研究论文，从芝麻油的提炼到丝绸生产——让人不禁猜测，亚伦森或许是一群科学家的集体化名。

1906 年，他取得了一项真正的大突破——他在黑门山的山坡上发现了长期以来被认为已经灭绝的野生双粒小麦，即现代栽培小麦的祖先。在全世界的人口仍然有 80% 是农民的时代，这项发现让这个几乎是自学成才的年轻犹太科学家上了世界各大报纸的头版头条，赢得了全球同行的认可。3 年后，他应美国农业部的邀请，在美国西部作了一次长途旅行。在美国，他被当成明星来追捧，许多大学要聘他作教授，他的讲座万众期待，听众挤满讲堂。亚伦森在美国一共待了将近 8 个月，其间也受到了现代犹太政治思想潮流的影响，尤其是受到了美国犹太复国主义运动一些最重要领袖的影响。

虽然数千年来重返以色列一直是犹太教信仰的基石[8]——近两千年来，犹太教的赎罪日和逾越节仪式都是以“明年在耶路撒冷”的吟诵告终——但把它转变为现代政治思想的是一位叫作特奥多尔·赫茨尔的匈牙利作家。在欧洲，即便是最“开明”的国家也存在体制化的反犹主义，而沙皇俄国这样的国家更是周期性地爆发屠杀犹太人的惨案。面对残酷的现实，赫茨尔在他于1896年出版的《犹太国家》一书中指出，只有在古老的以色列土地上建立自己的家园，全世界的犹太人才能真正得到安全和自由。第二年，赫茨尔在瑞士主持了世界犹太复国主义大会的首届会议，这个事件令全世界的犹太人激动万分。

但它也招致了激烈的反弹。在欧洲和美国，很多犹太领袖——或许是大部分犹太领袖，都认为，犹太复国主义是一种危险的工具，会让犹太人与他们的出生地所在国疏离，还会给长久以来一直指控犹太人对自己所在国家不忠的人以口实。有些人甚至怀疑，犹太复国主义是反犹主义者的阴谋。在反对犹太复国主义的犹太人看来，“犹太人问题”的解决办法不是重返以色列，而是融入社会，全心全意地参与到所在国的政治和经济生活中去。由于民主在欧洲大部分地区的广泛传播，这个目标终于触手可及了。

“归化派”似乎有一个特别有力的务实的论据。到20世纪初，已经有大约6万名犹太人生活在圣地，其中绝大多数人要么是一贫如洗，要么是依赖国外同胞的资助。有鉴于此，流散在全球的犹太人大约有1000万之众，巴勒斯坦的荒漠能养活多少人呢？

为了驳斥这个观点，亚伦·亚伦森——他不仅是一位农学家，更是一位业余的考古学家和历史爱好者——提出了自己的犀利问题。是什么养活了罗马人、巴比伦人和亚述人？因为考古发掘和史料都能证明，巴勒斯坦尽管在1909年的人口仅有约70万，但在古代却有着多得多的人口。曾经养育那些古文明的水源或者土壤也并没有凭空消失，而是在时间长河中被人们遗忘了，正在等待人们去重新发现，去开发利用。亚伦森还可以援引一个颇具说服力的现代例证。他在美国西部旅行期间曾经特别研究过加利福尼亚，那里的气候和土壤条件与巴勒斯坦很类似。从内华达山脉引水灌溉之后，加利福尼亚的中央谷地已经成为美国的粮仓，吸引了新一批定居者。亚伦森提出，在巴勒斯坦也可以做成这样的事业，而他对那个地区的了解无可匹敌，因此他就是主持这项事业的不二人选。

53

看到亚伦森如此乐观，更不用说狂妄自大，越来越多的富裕美国犹太人对他的这种恢复生机的以色列的设想产生了浓厚的兴趣。在他于 1909 年秋季离开美国之前，由这些商人和慈善家组成的财团筹措了约 2 万美金，让他在巴勒斯坦建立一个犹太农业实验站，由他负责领导。亚伦森发誓说，这个实验站将成为整个中东最优秀的科研中心。

亚伦森为他的新事业选择的地点是济赫龙雅各布以北约 8 英里处的一座俯瞰地中海的峭壁，这个地方叫作阿特利特。在随后的几年内，他设置了实验用的苗床和果园，建造了许多温室和实验室。他还授意在 1 英里之外的地方建造了一座俯瞰大海的大型两层楼房，用来安置研究站的图书馆以及长期工作人员的宿舍。由于很少有当地人的教育程度达到要求，这些长期工作人员大多是亚伦森的家人——他的全部五个兄弟姐妹都曾在不同时期在阿特利特工作。他们负责监管研究站的日常工作，包括监督从附近阿拉伯村庄雇来的工人。亚伦森的传记作者罗纳德·弗洛伦斯写道："没过多久，研究站试验田的小麦、大麦和燕麦每德南（约 1000 平方米）的产量就超过了土壤条件好得多的老资格农场的产量。"[9]

亚伦森为犹太复国主义招兵买马的工作干得越来越多，但他似乎很少花时间去思考，这将会带来怎样的社会和政治后果。这着实有些奇怪。他确信自己可以让更多的犹太人在巴勒斯坦生活，但是这意味着什么，他们的政府又将采取何种形式，都仍然很模糊。

但犹太复国主义运动本身就很模糊。"社会派"和虔诚派的犹太复国主义者的要求并不高：让愿意移民巴勒斯坦的犹太人能够如愿，增加犹太人在当地的人口，但不能打乱当地现有的政治框架。甚至很多捐款资助亚伦森的研究站的商人都自命为犹太复国主义的反对者，认为自己的参与是非政治性的，就好比帮助重建一座犹太会堂。

54

就连拥护“犹太国家”思想的人也没能就国家的具体形态达成一致。1901 年，特奥多尔·赫茨尔会晤了奥斯曼苏丹，希望能够购买巴勒斯坦。这次会晤没有产生任何结果，于是后来的大部分犹太复国主义领袖都主张一种渐变的方法，即让犹太金融家逐渐把巴勒斯坦的土地买下来，用于移民安置——同时与君士坦丁堡谈判，可以贿赂奥斯曼人，或者帮助他们偿还一部分外债，因为奥斯曼人已经债台高筑——以确保奥斯曼人接受和保护新移民。但考虑到目前巴勒斯坦的非犹太人口是犹太人口的 10 倍，这种循序渐进的方法是否能够大幅度地改变人口构成，以便让犹太人成为多数派进而获得政权，是很值得怀疑的。但亚伦森于 1913 年返回美国时，出现了一个更有希望的新前景。奥斯曼帝国四面受敌，突然间它的彻底崩溃似乎指日可待了。如果奥斯曼帝国灭亡，而某个欧洲国家控制了巴勒斯坦，犹太复国主义者或许就可以在他们的保护下建国。在亚伦森看来，最有可能支持犹太人的是英国，这对犹太人来说也是最好的结局。[10]

斯图尔特·纽科姆在近东是个传奇人物，但是毁誉参半。他时年 35 岁，是布尔战争①的老兵，此时已经为英国政府勘察了埃及和苏丹的广大地区，并绘制了地图。他享有不知疲倦的探险家的美

---

① 布尔战争是英国与两个布尔人（即在南部非洲的荷兰殖民者）共和国——德兰士瓦（南非共和国）和奥兰治自由邦之间的两场战争，分别发生在1880～1881 年和 1899～1902 年。战争的一个基本原因是争夺德兰士瓦的黄金。英军兵力远胜于布尔人，但是起初接连惨败，后来英军采取焦土政策，以残酷的镇压迫使布尔人投降。英国就此确立了在南非的统治。

誉，人们说他工作起来抵得上10个普通人。但这就是部分问题所在。他严于律己，对待别人就像对自己一样高标准严要求，所以在即将爆发的战争中，和他一起工作的阿拉伯人会说斯图尔特·纽科姆上尉“如同烈火，既烧敌人，也烧朋友”[11]。

1月8日早上，纽科姆离开位于寻漠的营地，前往贝尔谢巴（这段路程骑骆驼要走一天）时，心情非常糟糕。这也不奇怪。他去那里是为了面见最近在叙利亚北部发掘的两位著名考古学家，因为这两人被安排到了他的麾下。虽然他完全理解考古学家的重要性——他们可以作为政治幌子，为他的五个军事绘图组的秘密工作打掩护，但是此次他们注定要在条件极其艰苦的地区快速行动，他可没有时间去照顾两个牛津科学家。此前他已经派人赶着10只骆驼去加沙迎接他们的船，以运载他们的装备——考古学家总是携带很多装备——但是估计10只骆驼还不够，于是他亲自带领更多骆驼走出沙漠，去迎接他们。

55 在贝尔谢巴等待他的是一番惊喜。“我原以为这两个考古学家都是上了年纪的人，但是遇见的却是C.L.伍莱和T.E.劳伦斯，他们两人看上去像是24岁和18岁……我先前写给他们的安排迎接他们的信是太拘于礼节了。后来我们就不再用那种过分的客气口吻了。”[12]

劳伦斯和伍莱并不需要小型骆驼队来运载他们的装备，因为他们和劳伦斯的年轻助手达霍姆在加沙下船的时候，全部行李都已经捆扎整齐，由一只小驴子驮着。他们还买了一些野营和照相所需的物资，但两位年轻的考古学家显然懂得，在他们即将进入的严酷地带，务必轻装上阵。

当晚，纽科姆向两位从叙利亚来的客人解释了他们将执行的任务，以及此次探险的秘密目标。劳伦斯其实已经大体上猜到了行动的秘密目标。“显然我们俩只是转移别人注意力的幌子，”在前往巴勒斯坦途中，他在给父母的信中写道，“给一项政治任务涂抹上一点考古学的色彩。”[13]

这项政治任务的源头是，英国自己招惹了一个麻烦。英国是欧洲列强中最依赖海权的国家，所以在19世纪70年代极力推动埃及苏伊士运河的建造，因为这样就可以得到至关重要的军事和商业捷径，将地中海和红海连接起来，进而更好地维系幅员辽阔、分布广泛的大英帝国。苏伊士运河是如此重要，英国为了彻底将它占为己有，甚至不惜牺牲与奥斯曼帝国长期的良好关系，于1882年以平定当地骚乱为借口，出兵入侵了埃及。英国人借此占领了苏伊士运河西岸，即埃及事实上的边界，但是已经与英国反目成仇的奥斯曼人仍然在运河东岸的西奈半岛虎视眈眈。这不是什么严重问题；1906年，英国利用一起鸡毛蒜皮的外交争端，将西奈半岛也收入囊中。最终的结果是喜忧参半。英国人现在控制了他们的运河，以及西奈半岛120英里宽的缓冲地带（它将埃及与叙利亚西南部人口稠密的巴勒斯坦地区分隔开来）。但是，奥斯曼人现在成了他们的不共戴天之敌。

或许这在1882年和1906年还只是很小的代价，但是到1914年初情况就大不相同了。欧洲各国正跌跌撞撞地奔向一场整个大陆范围的战争，英国人突然为自己和土耳其之间糟糕的关系担忧起来，尤其是当看到了一些不祥的迹象：君士坦丁堡和英国的死敌——德国越走越近。如果所有人都认为不可避免的战争果真爆发，那么苏伊士运河将是从印度和澳大利亚向欧洲调兵遣将的关键通道。当然，如果土耳其与德国结盟，在战争中无疑会为了同样的理由进攻运河。英国的麻烦还不算完。如果敌人成功地跨过运河，进入埃及，很有可能会促使鄙视英国人的当地人发动反英起义，把原本可以用于欧洲战事的英国士兵牵制在埃及。 56

在考虑这种可能性时，英国人总算认识到了西奈缓冲地带的弊端，但是已经太晚了。其实这种弊端是缓冲地带的概念本身内在的：你如何知道，缓冲地带的另一侧是什么？英国人很清楚西奈半岛的东北端是什么——人口稠密、长期有农业种植的巴勒斯坦海岸地区，但他们对从该海岸向东南方向一直到100英里外的亚喀巴湾的沙漠边疆几乎一无所知。那里有道路吗？有足以维持一支入侵军队的水井吗？

最急于了解这些情况的是埃及的实际统治者、英国代理人和总领事——霍拉肖·赫伯特·基钦纳。到1914年，基钦纳勋爵已经是英国当世的一位威名赫赫的战争英雄。他曾在1898年的马赫迪战争[①]中粉碎了当地人的起义，后来在1902年的布尔战争中率领英军取胜。但巧合的是，基钦纳年轻的时候也曾是一名地理勘察员，最重要的成就是绘制了巴勒斯坦的地图。基钦纳和其他地理勘察员对巴勒斯坦的一个角落略去不提，那就是荒无人烟的寻漠——基本上就是现代以色列的南半部分，呈三角形——因为那次勘察的资助者认为，那个地区在政治和经济上都毫无意义，所以不必将其包括在地图中。但如今，位于西奈缓冲地带另一侧的正是这个没有被纳入地图的三角形地带。

两个帝国之间关系很僵，基钦纳却在1913年向奥斯曼人提议，让英国皇家工兵部队对寻漠进行勘察，可见他的脸皮之厚、胆子之大。君士坦丁堡当然是旋即拒绝了这个提议。但巧合的是，寻漠在圣经的《出埃及记》中也有重要作用，摩西率领以色列人逃出埃及后在沙漠漫游了40年，最后经过的就是寻漠地区。这就能方便地从神学和历史学角度解释，为什么一个基督教国家希望对该地区进行探索。英国人将先前的提议改头换面，改为在享有盛誉的巴勒斯坦探索基金会领导下对圣经时代遗址的考古勘察，再次向君士坦丁堡提出。这个计谋奏效了。正是这条计策把劳伦斯和伍莱带到了

---

① 马赫迪战争是19世纪晚期的一场殖民战争，最初在马赫迪苏丹与埃及之间进行。后来，英国加入埃及一方，与苏丹作战。曾参与这场战争的温斯顿·丘吉尔在自己的著作《河上战争》中生动地描写了这场战争。

贝尔谢巴，从而给纽科姆的军事绘图组提供了需要的掩护。[14]

纽科姆原先对和两名考古学家一同行动还颇有顾虑，但这顾虑很快就烟消云散了。他尤其对劳伦斯感到意气相投，因为后者对享乐完全不感兴趣，而且忍耐力惊人，几乎到了受虐狂的程度。

他还发现了劳伦斯性格中一个奇特的怪癖：劳伦斯一般非常害羞，但是如果有人要糊弄他或者阻挠他，他就会变得坚决而大胆。一个早期的例子就是，他 1 月中旬在贝尔谢巴残酷地用言语折磨可怜的美国石油勘探家。大多数羞怯的人在遇到对抗性的激烈场面时，都会更加缩手缩脚，劳伦斯却恰恰相反。在和美国人会面的时候，年轻的考古学家玩起了一场猫鼠游戏，自己扮演猫，把对方玩弄了一番。这表明劳伦斯深明处事决胜之道，这种本领在打退试图阻挠他们的奥斯曼小官时会非常有用。纽科姆确信，奥斯曼官方一定会对他们处处掣肘。

但事实上，对劳伦斯和伍莱来说，最大的挑战不是奥斯曼人，而是寻漠本身。他们一般是脱离军事勘察组，单独行动，尽管纽科姆常常会对他们过于冒险的行动予以控制。劳伦斯和伍莱骑着骆驼，带领一小队勤杂工，在荒凉枯寂的地区坚持不懈地东奔西走，几乎把大家累垮。至少当地人适应这里的气候，而从气候较温和的叙利亚北部来到此地的劳伦斯和伍莱在这片饱受毒日炙烤的土地上吃尽了苦头。

如果他们找到了自己希望找到的东西，吃这些苦头也就值得了。但事与愿违。除了拜占庭时代或更晚期的少数遗址外，他们在整个地区几乎没有发现什么建筑遗迹，更不用说《出埃及记》时代的定居点了。

但是寻漠计划原本就有一个内在的荒谬之处，如果奥斯曼人多花点时间思考，也能推断出来。这个地区完全不适宜人类生存，甚至吃苦耐劳的贝都因游牧民族在夏天也要离开此地，在沙漠里漫游了 40 年、急于最终找到好地方的摩西和以色列人为什么要在这个人间地狱停留许久？劳伦斯在给父母的一封信中以调皮的口吻说到了这一点：“巴勒斯坦基金会当然是希望找到能证明犹太人出埃及的遗址，据说摩西率领犹太人曾经过此地。当然了，离开埃及已经40年的民族在他们晚期的宿营地不大可能留下多少踪迹。”[15]

58 1913年11月12日上午，库尔特·普吕弗做出了一个艰难的决定。在一个短暂时期内，他一直追寻的作为学者、作为新德国的光辉榜样的威望和地位似乎已经触手可及。但一切又都灰飞烟灭了。事实上，情况比这还要糟糕。普吕弗努力去争取埃及统治集团内一个威望极高的职位，他的英国敌人不仅剥夺了他的全部机会，还在其间彻底断绝了他的职业前景。这天上午，普吕弗坐在德国大使馆的办公桌前，写了一封呈交给外交部的简练的辞职信。在此前的七年中，外交部一直是他的家。几天后，这位已经离职的前使馆官员动身前往耶路撒冷，在那里等待他的艺术家朋友理夏德·冯·贝洛，打算和他一起在尼罗河上作长期旅行。

欧洲帝国主义时代的一个比较奇异的特点是，互相竞争的欧洲列强往往使用一种与竞争对手瓜分战利品的复杂体制。这既是为了让自己的殖民利益获得认可，也是为了减少对手在当地煽动骚乱的可能性。

从学术界威望的角度来讲，在开罗授予外国人的职位中最令人垂涎三尺的就是赫迪夫图书馆馆长了。自1906年的双边协议签订之后，这个职位被保留给德国人。1911年底，现任的德国籍馆长即将退休，于是德国大使馆推荐库尔特·普吕弗博士来接替他。

赫迪夫图书馆馆长的头衔听起来纯洁无害，但其实是非常敏感的一个职位。在奥斯曼时代，赫迪夫是帝国委任的埃及国家元首。英国人在1882年入侵埃及时为了维持他们此举是为了维护奥斯曼统治的假象，把赫迪夫留了下来，作为他们的傀儡。从1892年起，担任赫迪夫的是阿拔斯·希里米。这位赫迪夫原本就不喜欢英国人的统治（这是很容易理解的），但基钦纳勋爵于1911年上任之后，他的不满情绪愈演愈烈。作为英国在埃及的新代理人，基钦纳很快就烦透了希里米（基钦纳称他为“这个邪恶的小赫迪夫”），开始剥夺他原本就完全是礼仪性的职责。作为回应，希里米越来越多地利用他的“图书馆”的办公室来秘密地接触一群宗教和民族主义异见人士。

当然，英国人的眼中钉就是德国人的香饽饽。德国人通过控制图书馆馆长的职位，得到了一个绝佳的掩护，来结交埃及反英人士，并与他们保持联系。即将退休的德国馆长就是这么做的。在1911年，英国人估计，已经从德国大使馆译员晋升为东方文化秘书的库尔特·普吕弗博士肯定也会继承这个传统。

59

普吕弗接过了导师马克斯·冯·奥本海默的衣钵，继续进行泛伊斯兰主义的煽动破坏工作，这早就让埃及的英国当局对他咬牙切齿了。最让开罗当局惊恐的是，普吕弗长期以来一直与大量埃及反英人士，以及满腹怨恨的赫迪夫本人保持着密切联系。[16]埃及秘密警察曾多次追踪到这位好博士和英属埃及的一些最死硬、最危险的敌人进行秘密会晤。

所以，把这样一个人放到赫迪夫图书馆，就好比是把纵火犯放到了烟花爆竹厂。德国人提议让普吕弗担任馆长之后没多久，英国人就通过外交途径告知他们，普吕弗“不是合适的人选”[17]。德国人作了很大的努力去争取。德国驻开罗大使直接找到基钦纳，力挺普吕弗的提名。到1911年10月底，德国驻英国大使保罗·梅特涅伯爵为此事一直找到了英国外交大臣爱德华·格雷。

但德国人越是坚持要普吕弗当馆长，英国人的疑心就越重。1912年初，基钦纳通知德国大使馆，这个问题交由埃及政府的教育部处理，而教育部再次驳回了普吕弗的提名。这是明目张胆的欺负人，因为所谓的埃及政府完全唯英国人马首是瞻，但这事总算是了结了。对普吕弗来说，这是职业上的一个沉重打击。他不仅因为未能当上馆长而在公众眼中颜面尽失，而且英国政府已经熟知他的小动作，因此他在德国驻开罗大使馆已经不可能有晋升的空间了。

但这都还只是小问题。德国社会的精英结构虽然在其他领域得到了改革，但在外交部的外交领域还固守传统。1912 年和 1812 年一样，德国外交领域是贵族的天下，由伯爵、亲王和其他贵族们把持。一个圈外人几乎不可能被接纳进这个高级小圈子，普吕弗的导师冯·奥本海默伯爵漫长而徒劳无益的努力就是一个绝佳例证。

奥本海默虽然受过极好的教育，并且才华横溢，但在德国外交部门的眼中，他却有一个致命的缺陷——他有犹太血统。所以，他虽然在 20 多年的时间中一直努力从威望较低的领事部门调入外交部门，始终未能如愿。他离成功最近的时候是 1898 年，当时很多德国贵族（他在柏林联盟俱乐部的朋友）写了连篇累牍的信函表示对他的支持，但是奥本海默的不幸在于，他这次提出申请的时候，恰好有另一个犹太人也在申请。在德国外交界的历史上，只有过一个犹太外交官，是罗思柴尔德家族的成员。现在突然间又多出两个犹太外交官的前景让大家不寒而栗。

60

“我坚信不疑，”外交部一名高官就此事写道，“我们现在面对的问题不是一个犹太人，而是更多的犹太人会通过他打开的缺口，蜂拥而至……如果我们接纳了一个人，下面就不好拒绝其他人了。”[18]于是，奥本海默和另外那个犹太人的申请都被驳回了。

在纸面上，库尔特·普吕弗这样一个出生于中产阶级下层家庭的平民，而且博士学位是从一个中等大学获得的，他升到外交部高层的机会几乎和奥本海默一样渺茫，但他的东方文化秘书的任命带来了一线希望。在领事部门的这个职位上，偶尔会有晋升到外交部门的机遇。显然，如果普吕弗当上图书馆馆长的话，提升的机会就会增加很多。虽然努力过，但是最终失败，现在他晋升的机会是零。

1912 年全年和 1913 年大部分时间，普吕弗仍然继续坚持下去，但是他感到无法摆脱被强加在自己身上的耻辱。埃及秘密警察对他的一举一动都严密监视，现在他作为东方文化秘书的冒险活动也大大减少了。正是出于这个原因，或许还有彻底换一条新路的想法，让他最终递交辞呈，去迎接理夏德·冯·贝洛。

但在更广泛的层面上，关于普吕弗未能就任图书馆馆长的争议，清楚地表明了20世纪第二个10年早期的一个特别险恶的特点。基钦纳勋爵——统治着英国最重要的附庸国之一的1200万人口的无冕之王——居然不得不亲自参与到这场争端中，已经令人难以置信了；事情怎么会发展到需要英国外交大臣及其最亲密顾问亲自过问呢？这些人难道真的百无聊赖到为德国驻开罗使馆的一名下级官员的人事任命这样一桩小事撰写长篇备忘录和为之激烈辩论？ 61

要回答这个问题，我们就需要知道第一次世界大战之所以爆发的一个关键因素。到20世纪的第二个10年，永远在争权夺利的欧洲列强都在不停地制造危机，希望借此占到对手的一点小便宜；一种独特的“战争迷雾”正在升起，这迷雾由成千上万的鸡毛蒜皮的怠慢、争议和误解组成。不仅英国外交大臣，各国的外交部长，甚至是首相、总理、总统和国王们的时间都被用来处理这种貌似无足轻重的小事，而且往往为了比库尔特·普吕弗的事情更不重要的无稽之事而争吵不休。在这种此起彼伏的抱怨和轻微冒犯的嘈杂中，如何知道什么才是最重要的事情？当真正的危机降临时，如何识别它？

亚喀巴湾是红海的一条100多英里长的狭窄水道，一边是阿拉伯半岛崎岖的沙漠群山，另一边是西奈半岛的类似山峦。亚喀巴湾的最北端是一座属于约旦的小镇，叫作亚喀巴镇。

在1914年，亚喀巴不过是个小渔村，1000多居民住在散布于海岸的粗陋棚屋内。但就是这样一个地方，在斯图尔特·纽科姆上尉和他的英国皇家工兵部队看来，比他们已经绘图的约4000平方英里土地更值得关注。

奥斯曼人如果要从他们治下的巴勒斯坦出征，入侵苏伊士运河地域的话，最合理的路线当然是穿越西奈半岛的最北端，即靠近地中海的地方。这是一条已经被人类使用了数千年的古道，沿途水资源虽然不多，但也被利用了数千年之久。敌人似乎不大可能取道远在内陆、条件恶劣的寻漠，纽科姆的部下渐渐确定了这一点。到1914 年 2 月初，他们已经勘察了边境地区内陆的大部分，虽然发现了贝都因人留下的少量踪迹和水井，但没有发现任何可资较大规模入侵部队利用的自然资源。

但是位于西奈—巴勒斯坦分界线最南端的亚喀巴却是一个未知因素。土耳其人可以通过亚喀巴湾在红海的出口，用船运兵到亚喀巴村，然后取陆路西进。10 多年来一直有传言说，土耳其人在秘密修建一条铁路支线，将亚喀巴和阿拉伯内陆连接起来，以补充已经建成的山区铁路线。抛却这些传闻不谈，英国人已经知道，亚喀巴北面的库维拉山区至少有两条“道路”发源，当地的贝都因人长期以来一直利用这些道路奔袭西奈半岛。综上所述，在英国人把注意力集中在缓冲地带更引人注目的北端时，土耳其人有可能会从缓冲地带的最南端发动穿越西奈半岛的攻势。

62

正因为此，斯图尔特·纽科姆认为进入亚喀巴是他的整个寻漠任务的关键所在。1914 年 2 月中旬，他开始考虑如何才能进入亚喀巴，以及让谁与他一同前往。

历史往往是微不足道的时刻集合而成的故事，这些时刻要么是偶然邂逅，要么是无意中做出的决定，或者完全是巧合，在当时并不起眼，但却以某种方式和其他的小时刻混合在一起，产生极其重大的影响。正如谚语所说，蝴蝶的振翅也会导致暴风雨。纽科姆上尉选择一名同伴前往亚喀巴的决定就是这样的一个时刻。

理论上，他可以从麾下的五个勘察组任意抽调一名工兵。工兵们的专业技能会很有用，但是他估计自己在亚喀巴会遭到冷遇，而两名英国军官大摇大摆进村的景象更会让村民反感。或者他可以带上伦纳德·伍莱，后者陈腐的学究气能够让人相信，他们正在进行的完全是一次科学调查。但是他选择了劳伦斯。其中一个原因是他的确喜欢与劳伦斯相处，另一个原因是，自探险早期以来，劳伦斯多次表现出一种彬彬有礼但锋芒毕露的特殊本领，这种本领在亚喀巴或许会派上用场。

纽科姆、劳伦斯和达霍姆于2月中旬来到了亚喀巴，正如纽科姆的预料，迎接他们的是一番白眼。当地的市长声称知道他们的目的何在，当即禁止他们进行任何绘图、照相或考古工作。但纽科姆也预料到，这些束手束脚的限制会让劳伦斯发挥出更大的积极主动性。“我尽可能多地拍照，”劳伦斯在给朋友爱德华·利兹的信中写道，“我无论走到哪里，都做考古调查。”[19]

让劳伦斯特别感兴趣的是——这种浓厚兴趣或许部分是由于可以公然藐视市长的禁令——离亚喀巴海岸几百码的一个小岛上有一座堡垒的遗迹。他秘密地让一名船夫载他上岛，船夫却当即被警察逮捕了。劳伦斯不为所动，和达霍姆一起制作了一个简易充气筏，划着筏子上了岛。

去的时候很轻松，回来却不容易。劳伦斯和达霍姆在返程中既逆风又逆流，花了好几个小时才上岸，在岸上等候多时的当地警察旋即将他们逮捕。火冒三丈的市长命令武装士兵将两人押解离开亚喀巴。但对负责押送劳伦斯的人来说很不幸的是，这不过给他提供了一个有趣的新挑战而已。 63

“我得知，他们得到的命令是，不能让我脱离他们的视线，”一周后，在亚喀巴以北50英里的一座城镇，他给家人写了一封信，“于是我徒步行进，在崎岖山岭和干河床跋涉，把他们都累坏了。我在这里已经扎营两天了，他们还在从四面八方陆续追上来。”[20]

这次强行军的一个意想不到的奖励是，劳伦斯无意中发现了贝都因人袭扰西奈半岛时使用的两条“大路”的交叉口。

这些发现后来对劳伦斯帮助极大。3年多一点之后，他将利用此次在亚喀巴的历险中了解到的知识，以出乎所有人预料的方式征服这个具有战略意义的村庄，这次战役至今仍被认为是现代最大胆的军事成就之一。

1月初，威廉·耶鲁和鲁道夫·麦戈文在耶路撒冷与J.C.希尔道别之后，就向克恩纳布山进发。[21]在贝尔谢巴与劳伦斯的屈辱会面发生几天之后，他们抵达了克恩纳布，当即就发现一条基本的化学法则派上了用场：能闪闪发光的不仅仅是掺有水的石油。只要浓度适当，很多矿物质都可以发光，包括铁。希尔在30英里外用望远镜观察到的闪闪发光的东西就是富含铁尾矿的死水。

耶鲁和麦戈文不禁垂头丧气，但是已经费尽周折，既来之则安之，于是他们花了几天时间采集岩石样本，并在地上钻孔。他们判断，克恩纳布的确有石油——麦戈文对此相当肯定——但储量不大可能达到符合商业利益的规模。两人随后返回了耶路撒冷，将这个泼冷水的消息报告给纽约标准石油公司总部。

但奇怪的是，百老汇大街26号似乎并不像他们那样大失所望，这让耶鲁和麦戈文感到匪夷所思。总部命令两人在耶路撒冷潜伏下来，保持低调，他们就这么低调地等到了3月中旬，随后被派去三个特许区中的最后一个——君士坦丁堡以西的色雷斯山区，去做更多的徒劳无功的勘探。待在奥斯曼帝国穷乡僻壤的耶鲁有所不知，他在克恩纳布的“发现”已经引发了一场复杂的外交拔河战，涉及四大洲的众多大使、高官和六七个国际公司。

劳伦斯在贝尔谢巴村外对耶鲁的盘问使得英国政府得以准确判定纽约标准石油公司在巴勒斯坦感兴趣的具体地点，政府内掀起了轩然大波。由于皇家海军正在改用燃油，石油的来源已经是一个国家安全问题。控制新油田不仅仅是经济事务，更是政治事务。随后英国当局施展了一连串错综复杂的花招和计谋，希望破坏美国人的克恩纳布交易，并安排一家英国公司来获取这些开采特许权。他们依赖的情报来源是巴勒斯坦的特许权所有人之一——苏莱曼·纳西

64

夫。纳西夫娴熟地将英美双方玩弄于股掌之间，谋取私利。纽约标准石油公司卷入了竞争的狂潮，不仅对自己的一线地质学家麦戈文的判断置若罔闻，而且最终花了比预计高得多的价钱去买克恩纳布的开发特许权。[22]

耶鲁和麦戈文直到4月底从色雷斯返回君士坦丁堡时，才了解到这些情况。他们在那里遇见了老上级J. C. 希尔。希尔告诉他们，纽约标准石油公司刚刚购买了克恩纳布25年的开发特许权，现在要在该地区大力开展勘探活动，因此需要修筑道路，在沙漠中建立劳工营地，运送卡车、钻井设备和重型机械到一线。另外，纽约标准石油公司派遣他们三人到埃及，在那里监督全部所需物资的采购，并协调物资的运输交付。他们三人都没有这方面的专业知识，但总部认为这无关紧要。到1914年春末，耶鲁、麦戈文和希尔在纽约标准石油公司驻亚历山大港办事处研究着令人望而生畏的一大堆采购手册。

但在这项新工作中，三人可以遵照一条强有力的指导原则：他们是标准公司的人。威廉·耶鲁越来越清楚地认识到，这意味着必须负起责任来，果断地决策。他们花了几天时间翻看这些采购手册，也没有征询专业人士的意见，就为纽约标准石油公司在克恩纳布的新项目订购了价值25万美金（相当于今天的3000万美金）的钻井设备。这些设备的供应商分布在美国各地，设备在巴勒斯坦全部到位就需要几个月时间，实际的钻井工作计划于11月1日开始，但在此之前，还有许多工作要做。

65

第一步是从希伯伦修建一条公路，穿越朱迪亚丘陵地带，然后穿过大约20英里人迹全无的沙漠，到达克恩纳布。修路工作在不久的将来就会显得至关重要。耶鲁负责主持修路工程，他找到了巴勒斯坦最好的修路公司来执行这个任务。即便如此，还是出了幺蛾子。修路的测量员在沿途房屋上用白色油漆在房屋墙壁上刷十字，作为标记，虔诚的穆斯林居民们认为这是要强迫他们改宗基督教，于是在希伯伦险些爆发骚乱。还有一次，持枪的贝都因人袭击了丘陵地带的一个建筑队，最终被纽约标准石油公司自己的民兵武装打退。

但是耶鲁心知肚明，最大的障碍是在公路的两端。所有的钻井设备都需要从美国由海路运到地中海的雅法港，但是雅法没有足以卸载这些重型机械的起重机。在公路的另一端还有许多琐碎的小细节需要处理。沙漠自然是严重缺水的，虽然麦戈文在克恩纳布地区发现了一些小井，但这些水根本不够居住在那里的20名工人使用，更不用说钻井过程中需要的大量冷却水了。但和整个工程的很多其他方面一样，纽约标准石油公司对缺水的问题也不以为然。如果他们根本都不承认问题的存在，就更不会去努力解决问题了。

随着工程一天天继续下去，耶鲁越来越有一种不祥的预感。他写道：“主管（J. C. 希尔）办事毫无章法，不可避免地要酿成大祸，我私下里非常害怕糟糕的结局。”

3月初，劳伦斯结束了寻漠的冒险，返回叙利亚，发现戴维·霍格思给他寄来了一封信。信中是天大的喜讯。卡尔基米什项目的主要赞助者——一位英国慈善家——对前一季的发现颇为满意，最终拨出一笔数额相当大的款项，让发掘工作长期开展下去，至少还有两年，或许会一直进行到遗址的研究穷尽为止。听到这个振奋人心的消息，劳伦斯决定在返回英国度假期间快速地把呈送给巴勒斯坦探索基金会的寻漠报告写完，然后尽快返回卡尔基米什，好让下一季的工作尽早开始。

劳伦斯返回英国的计划是，先绕道去巴格达，然后沿底格里斯河而下到印度洋，因为他认为这条较长的海路能让他在途中有时间撰写寻漠报告。但是6月初发掘季节落下帷幕的时候，斯图尔特·纽科姆的一封信让他改了主意。

纽科姆在巴勒斯坦南部的工作已经完成，在5月份返回英国途中拜访了卡尔基米什。当然了，卡尔基米什并不是什么通衢大道的必经之地，纽科姆此次绕道的真正目的是继续从陆路前往君士坦丁堡，刺探土耳其人和德国人在巴格达铁路上的工程进展情况，尤其是他们在托罗斯山脉和阿玛努斯山脉的隧道工程。纽科姆此行倒是很顺利，但是一路上受到严密监视，所以无法细致地研究隧道工程。纽科姆在6月的那封信中询问劳伦斯和伍莱，他们在返回英国途中可否走同样的路线，沿途尽可能地收集情报。两位考古学家对军事情报人员的新角色颇为热衷，满口答应。

这次旅行又是一次充满偶然的跋涉，但最终的结果和劳伦斯到亚喀巴的旅行大不相同。在托罗斯山脉和阿玛努斯山脉，他发现了奥斯曼帝国的一个至关重要、或许是性命攸关的薄弱之处。在后来的战争中，虽然他竭尽全力，但还是未能对这个弱点加以利用。

1914年6月的最后一个星期一，劳伦斯坐在牛津市波尔斯特德路2号花园小屋内，给一位叫作詹姆斯·埃尔罗伊·弗莱克①的朋友写了一封长信。信的大部分篇幅绘声绘色地描述了5月份在杰拉布卢斯的德国铁路工程师和他们的工人们之间发生的一场混乱的斗殴[23]。但这封信的最有趣之处在于，它刻意省略了一些东西。在劳伦斯写这封信的这一天——6月29日，星期一，英国几乎每一份报纸的头版都报道了前一天奥匈帝国的皇储弗朗茨·斐迪南大公及其夫人在萨拉热窝街头被塞尔维亚革命者暗杀的消息。

萨拉热窝传来的消息似乎对库尔特·普吕弗和威廉·耶鲁同样毫无影响。普吕弗和理夏德·冯·贝洛在尼罗河上的长途旅行已经结束，到1914年6月底，普吕弗生活在慕尼黑，靠教授东方语言为生，收入不高。他的日记没有提到斐迪南大公在巴尔干遇刺的新闻。至于威廉·耶鲁，他在希伯伦以南的公路上埋头苦干，几周后才听到这个消息。

67

① 詹姆斯·埃尔罗伊·弗莱克（1884～1915），英国诗人、小说家和剧作家。

他们都对此事有些麻木不仁，倒是完全可以理解的；公众对欧洲列强无休无止的虚张声势、耀武扬威已经习以为常，因为每隔几个月就会爆发“危机”，没过多久又平息下去，这次新的危机似乎也不足为奇。但萨拉热窝刺杀事件具有决定性，因为那些主战派让它具有决定性。一根燃烧非常缓慢的导火索被点燃了，要花一个多月才会烧完，但是到1914年8月初导火索燃尽的时候，就将激发一场全欧洲范围的大战，最终把所有人都拖进了深渊。

6月29日，劳伦斯在给弗莱克的信中写道，他打算在英国再待上两三周，“然后东进”前往卡尔基米什。但是劳伦斯的考古生涯已经结束了。

第4章
到最后100万人

先生，我荣幸地向您汇报，此地的局势日益恶化。 68

——1914年11月9日，美国驻贝鲁特总领事

斯坦利·霍利斯，写给国务卿。[1]

1914年8月7日下午，新官上任的英国陆军大臣霍拉肖·赫伯特·基钦纳勋爵应招去参加他的第一次内阁会议，与会的还有首相赫伯特·阿斯奎思和其他大臣。

基钦纳被选为陆军大臣几乎是个偶然。他作为英国在埃及的代理人，返回英国作了一次短暂停留，正要登船离去，这时传来消息，战争爆发了。阿斯奎思认为，任命英国最赫赫有名的战争英雄来领导作战，或许能够鼓舞民众的斗志，于是跳过了许多候选人，直接将这个职位给了基钦纳。

在当时，其实首相根本不需要考虑鼓舞斗志。英国和其他欧洲国家一样，群众为战争欣喜若狂，很多人聚集在广场上，为宣战的消息欢呼雀跃。大多数人都预测，这将是一场非常短暂的战争。在欧洲大陆的各个村庄和城市，急于摆脱农场和工厂的单调苦差的预备役士兵们无不害怕自己应征上前线之前，这场大冒险就会结束。英国的情况略有不同，因为英国是少数没有实行义务兵役制的欧洲国家之一。但在宣战几天之后，英国政府就开始考虑暂缓征兵，认 69 为志愿参军的人数已经远远超过了战争的需要。

但在1914年的夏天，绝大多数人都忽略了一个关键的细节：在过去的40年中，武器已经发生了翻天覆地的变化，关于武器的老观念都已经过时了。这都是些不起眼的简单东西——机枪、长射程炮弹、带刺铁丝网——但就是因为这个疏忽，欧洲将闯入一场与大多数人的预期大相径庭的杀戮。

欧洲列强对这些警告的迹象视而不见，一个原因是，此前这些新式武器几乎完全是用来对付没有这些新式武器的人的，特别是那些试图抵抗帝国主义侵略的非欧洲人。在这些情况下，新式武器使得欧洲人可以对落后民族实施一边倒的大屠杀（这样实力悬殊的较量自西班牙人征服美洲以来还不曾有过），因此是欧洲各个殖民帝国能够在19世纪下半叶在亚非迅速扩张的最重要原因。

颇具荒诞意味的是，在能够理解战争的新面孔及其可能造成的问题的少数人当中，就有那个多次执行过这种一边倒大屠杀（或许他执行屠杀的次数比当时任何人都多）的人：基钦纳勋爵。1898年，在苏丹的恩图曼战役中，基钦纳用马克沁重机枪对付挥舞长矛冲锋的骑兵；仅仅一个上午的时间，英军就消灭了1万名敌人，己方仅有47名士兵阵亡。但如果敌人也有马克沁重机枪，会发生什么情况？基钦纳心知肚明。在8月7日的内阁会议上，有些大臣认为战争只会持续几个月，甚至几周。新任陆军大臣却预测说，战争会持续几年。他告诉同僚们："到我国只剩最后100万人时，战争才会结束。"[2]

这种话自然很少有人愿意去听，更不会有人去注意了。似乎是坚信自拿破仑时代的欧洲大战以来没有发生任何变化，苏格兰高地步兵携带风笛、穿着褶裥短裙，法国胸甲骑兵和奥地利长枪骑兵穿好铜制胸甲、戴上配有鸵鸟羽毛的头盔，在军号和战鼓的伴奏下，欢欣鼓舞地开赴战场，却完全不曾意识到，他们的欧洲即将化为一个屠场，在随后的四年中，将有约1000万军人和约600万平民被驱赶着奔向死亡[3]。

只有黑暗时代和成吉思汗的蹂躏才可以与这场战争的灾难性相提并论。相比而言，在前一个世纪，大英帝国将自己的版图扩张到了五大洲，卷入了全球范围内约 40 场冲突——主要是镇压殖民地人民的起义，但也有克里米亚战争和布尔战争这样的大战——一共损失了约 4 万名军人。在随后的四年中，英国将损失这个数字的 20 多倍。在 1870 ~ 1871 年灾难性的普法战争中，法国在战场上伤亡约 27 万人；在第一次世界大战的最初三周，法国的损失人数就达到了这么多。在这场战争中，德国处于服兵役年龄的男性人口将会损失 13%，塞尔维亚的总人口将损失 15%，而仅仅在 1913 ~ 1915 年的这两年之内，法国男性的预期寿命将从 50 岁锐减到 27 岁[4]。这场血腥大屠杀的领导者将会对这些统计数字变得麻木不仁，以至于英国将领道格拉斯·黑格在 1916 年发动索姆河攻势时——战役当天有 5.8 万协约国士兵伤亡，至今仍然是英语世界历史上最血腥的一天——会认为这些伤亡数字“不算严重”[5]。

70

这一切对欧洲人集体意识的影响将会极其深远。最初的狂喜会让位于震惊，震惊变成了恐惧，然后随着残杀漫无止境地一天天持续下去，人们最终会陷入麻木的绝望。

但在这过程中，欧洲公众开始质疑关于他们社会的一些最基本的观念。他们意识到，剥去所有冠冕堂皇的理由和巧言令色的辞藻，这场战争的实质是一场大型的家族世仇，欧洲的帝王们——其中很多人都是血亲——终于有了机会，在他们的忠顺臣民的成堆尸体之上，清算他们的宿怨和私人仇隙。欧洲的君主制养成了一种衰败过时的军事精英文化，贵族、老迈的战争英雄和宫廷佞臣们在战场上庸碌无能，对为他们流血牺牲的人们冷酷无情，各国都是如此。看到战争进行的方式，以及几乎所有参战国的不可思议的愚蠢，居然能有人最终战胜，已经是个天大的奇迹。

最终，欧洲公众回想起自己在 1914 年 8 月欢庆战争爆发的喜悦，看到的简直是另一个时代，是一群稀里糊涂、轻易上当的原始人跳的一场死亡之舞。这样造成了一种绝妙的讽刺。在这场保卫和扩张帝国、蚕食其他帝国的大规模混战中，欧洲的6个帝国主义国家中的4个将彻底灭亡，而另外两个——英国和法国——将会大伤元气，永远无法完全恢复。填补缺口的是两种互相争斗不休的意识形态——共产主义和法西斯主义，以及一个新的帝国主义国家——美国。考虑到先前的帝国的恶名昭彰，美国自始至终不肯承认自己是个帝国主义国家。

71

但在1914年8月，这还都只是未来。目前，欧洲人正为多年的装腔作势终于结束、战争的“那个日子”终于降临而长舒一口气，满心喜悦。

牛津的劳伦斯一家也不能免俗。宣战几天之后，最热衷军事的四弟弗兰克·劳伦斯就获得了第3格洛斯特营的中尉军衔。身在印度的威尔·劳伦斯当即准备回国参军。而大哥鲍勃加入了皇家陆军医疗部队。到月底，待在家里的就只有14岁的阿诺德和26岁的内德了。

T. E. 劳伦斯待在家里也并非自己的意愿。尽管奥斯曼帝国并没有在8月的狂潮中参战，但伦敦方面估计它很快就会参战，而且很可能是加入德国和奥匈帝国那边。如果发生那种情况，劳伦斯和伦纳德·伍莱前不久在巴勒斯坦南部的绘图探险活动就会具有极大的军事价值。基钦纳亲自下令，让两位年轻的考古学家暂时不要考虑参军，先一心一意地将报告完成。[6]于是，在8月，当他的同龄人纷纷前往新兵训练营时，劳伦斯却在波尔斯特德路的小屋和阿什莫林博物馆之间来回穿梭，勤奋工作，对《寻漠》报告作最后的润色。

如果说劳伦斯知晓报告的重要性的话，他的倦怠让他越来越感到一种绝望。9月初，他和伍莱联系了他们在巴勒斯坦探险中的上级斯图尔特·纽科姆——此时他已经是军事情报部门的高官——请求纽科姆帮助他们在那里安排职位。纽科姆建议他们耐心等待。他解释说，如果土耳其与德国结盟并参战，英国军方就会急需他们这两位近东专家的本领；而如果他们现在急于参军的话，到时候反而不好安排他们。

劳伦斯对这个建议很不满意。尤其让他郁闷的是，在战争的最初几天内，关于战争很快就会结束的预言似乎要兑现了，只不过是敌人要赢了。

德国挑起了这场冲突，它的战略的基础是一个极其大胆，甚至可以说是鲁莽的计划。德国人的计划是，在东线只作微弱防御，面对俄军的进逼可以退让，而同时在西线向英法军队发起排山倒海的猛攻，在英法能够充分动员之前就将其一举打垮。西线战事结束后，再转身对付俄国人。 72

9月初，德国人的进展似乎比他们最疯狂的梦想还要顺利。[7]在西线，德军横扫中立国比利时，然后转向南方，将英法军队打得七零八落。德军很快兵临马恩河畔，离巴黎只有30英里。令人意外的是，东线德军并没有按原计划实施防御阻滞战术，而是向兵力远胜于自己的俄军发动了进攻。德军迅速消灭了一支笨拙的俄军部队，正要将另一支也一举摧毁。“回家过圣诞节”对德军来说一下子变成了一个保守的口号，对协约国——英国、法国、俄国的士兵来说，却令人肝肠寸断。

但在9月的第二周，战争的狂潮突然发生逆转。在后来被称为“马恩河奇迹”的交锋中，英法军队阻挡住了德军的攻势，开始在法国乡间缓慢地将德军击退。德国首相曾满怀自信地预测，这场战争将是一场“短暂、令人神清气爽的雷暴雨”[8]，但这个预测落空了。在六周血战之后，已经有50万人死亡，出现了僵局。

劳伦斯待在绿树成荫的牛津，钻研一份比例尺为0.5英寸∶1英里的地图，而这地图描绘的是离最近的战场有上千英里的空旷沙漠。他一定感到非常痛苦。他肯定还考虑到，法国战事的逆转意味着，他的这种炼狱般的痛苦还将继续下去；德国人所向披靡的时候，土耳其人都没有参战，现在德国人在撤退了，他们还有什么理由参战呢？

9月18日，他在给一位正在黎巴嫩的朋友的信中讽刺地写道："我正在写一部关于摩西和他的漫游的学术著作。我非常害怕，土耳其人并不打算参战。"[9]

如果说劳伦斯没有理解战前最后关头的不祥征兆，在巴勒斯坦南部监督标准石油公司的公路工程的威廉·耶鲁则完全错过了所有的迹象。[10]他当初是在俄克拉荷马州的油田一线收到了预示着他即将被派往近东的电报，而近一年之后，在巴勒斯坦沙漠，又是一封电报告诉他，战争爆发了。

73

修路工程当即被叫停，耶鲁于8月匆匆赶回耶路撒冷。此时的耶路撒冷充满了喧嚣和骚动。居住在这里的欧洲人和美国人有不少，大多数家庭都在收拾行李，准备回国。在他们之前，处于服兵役年龄的法国人和德国人已经响应各自政府的总动员命令，回国入伍了。而英国直到1916年初才发布征兵令。

"我们到火车站给他们送行，"耶鲁回忆道，"他们就像去参加足球赛的年轻大学生一样，叫嚷着，欢呼着，歌唱着。去雅法的火车从调车场开出时，一节车厢内的德国人热情澎湃地唱起了《德意志高于一切》，而另一节车厢里的法国人同样欢快地唱起了《马赛曲》。昔日的朋友各奔东西，去参加他们的大冒险。"

与周围的喧嚣狂乱形成对比的是，这个美国石油勘探家突然发现自己无所事事起来。美国没有介入战争，所以纽约标准石油公司总部命令耶鲁留在巴勒斯坦，至少可以让他照看即将运送到一线的钻井设备，再慢慢考虑下一步该怎么做。但就连这个看守的任务也变得毫无意义了。标准石油公司的大量卡车在雅法码头刚刚卸下船，就被奥斯曼政府援引一项紧急状态法令，全部征用了。[11]不久之后，英国海军拦截了运载纽约标准石油公司的大部分管道和钻井机械的运输船，将其全部转移到位于埃及的一个扣押场地。

耶路撒冷的外国侨民已经所剩无几，耶鲁度过这个夏末的消遣是打网球和玩卡纳斯塔纸牌游戏，以及和其他外国人长时间地、面红耳赤地讨论世界局势将如何发展。讨论的一个焦点是，试图通过区域政治的表象，去伪存真地发现君士坦丁堡的青年土耳其党是否会参战的线索。耶鲁是个惯于行动的青年，这种不得已为之的无所事事让他越来越焦躁，急于找些事情来做。

但“许愿要小心，免得事与愿违”这句老话很快就应验了。耶鲁受命去管教十几名不守规矩的美国石油工人。这些工人大多来自德克萨斯或俄克拉荷马，预定到克恩纳布钻井现场去工作，但乘坐的船（也就是钻井设备所在的那艘船）被英国人转移到了埃及。这些石油工人无所事事，腰包里又有大把钞票，于是在开罗寻欢作乐、胡作非为，在这个放荡不羁的城市也算是骇人听闻，于是纽约标准石油公司在当地的办事处向总部发了电报，敦促将这些工人送回美国。但是百老汇大街 26 号决定把这些人派到耶鲁那里去，或许是希望让他们在圣地待一段时间，能够重新找回基督徒的美德。 74

但总部的希望落空了。脚踏耶稣土地的机会却让这些石油工人更加公然地放肆。看到这个情况，再加上办事处的现金储备急剧缩减——欧洲的战争令国际汇款业务暂时停止——于是耶鲁和他的上级决定，一箭双雕地解决两个问题的办法是，扣留这些工人的工资不发，而给他们发放每周五美元的津贴。工人们对这个安排怨声载道，于是在发放津贴的日子，耶鲁一手发钱，另一手要紧握一把填满实弹的六发左轮手枪。

但他这个麻烦的管理工作也有一个很实用的功能。这些石油工人与耶路撒冷名誉最败坏的居民们有着持续不断的联系，因此消息特别灵通，总是能最先听到在城里传播的各色流言蜚语。随着战争在欧洲日益扩大，这些传言越来越黑暗。就是在这样紧张的时期，五彩斑斓的奥斯曼世界——包括数不胜数的各种宗教派别、部落和民族群体——很容易分崩离析，各个群体为了自我保护而更加内敛，而各种古老的宿怨、狐疑和嫉妒会在暴力活动中迸发出来。分崩离析的危险最大的地方自然是帝国最“混杂”的角落——耶路撒冷城。在这里，阿拉伯人、土耳其人和亚美尼亚人，穆斯林、犹太教徒和基督徒，全都摩肩接踵，所以耶路撒冷是近东最具国际性的都市。

到 8 月底，从乡村（穆斯林们正在组建民团武装）传来了耸人听闻的消息：犹太人和亚美尼亚人遭到了袭击。虽然这些传闻大多是假的，但却让气氛越来越紧张。在耶路撒冷老城区，商人们越来越确信君士坦丁堡很快就会参战，于是哄抬物价、囤积居奇。但尚不清楚的是，奥斯曼帝国将会加入哪一边，于是在希望与英法俄结盟的人和希望加入德国和奥匈帝国一边的人之间又产生了矛盾。

9 月 8 日，对耶鲁和其他仍然留在城内的外国人来说，局势变得咄咄逼人。青年土耳其党政府利用欧洲的混乱局面，宣布不再承认先前四个世纪中被西方列强逼迫签订的所有不平等条约（根据这些条约，外国人不受奥斯曼法律的管辖）。耶鲁很快就注意到了75 这一举措的效果。先前阿谀谄媚的当地官员现在变得傲慢而严苛。在耶路撒冷的狭窄人行道上，当地人再也不会像以前那样，在西方“洋大人”走近时就自动跳到街上让路了。有一次，耶鲁和一群其他外国人在橄榄山①观光时，有一群小男孩向他们投掷石块。在耶鲁看来，耶路撒冷越来越像是一堆一点就着的易燃物。

对巴勒斯坦的其他一些人来说，不平等条约被撕毁造成的后果

① 橄榄山是耶路撒冷东部的一座山，得名于满山的油橄榄树。在山脚有客西马尼园，根据传说，那里是耶稣在耶路撒冷的住处。圣经上许多重要事件发生在橄榄山。《撒迦利亚书》说到，橄榄山将是末日耶和华降临的地点。因此，犹太人总是希望埋葬在橄榄山，从圣经时代直到今天，橄榄山一直是耶路撒冷犹太人的墓地。山上估计有 15 万个墓穴，其中包括撒迦利亚、押沙龙和从 15 世纪到 20 世纪的许多犹太教拉比的墓地。

远不止被石块砸这么简单。处境特别危险的是在此前 30 年中抵达该地区的数万名犹太移民。

大部分移民是分两批来到巴勒斯坦的。第一批是 19 世纪 80 年代从中欧和东南欧来的移民，亚伦森一家就属于这一批。第二波“上升”（即流散于全世界的犹太人向圣地的回归）是 20 世纪初逃离沙皇政府的政治迫害和国家发动的虐犹活动的俄国犹太人。尽管这些移民在文化上差别很大，第一批人大多笃信宗教、思想保守，而第二批移民中有很多社会主义者，但他们的一个共同点是，在先前的不平等条约下，很多人仍然保有出生地的公民身份。

在历史上，这种安排对犹太移民和西方列强都有好处。犹太人可以向故国寻求保护，而这些外国政府可以打着保护自己侨民的旗号干预奥斯曼内政。这种诡异的体制造就了许多悖论，其中最诡诞滑稽的就是，沙皇俄国一边大声疾呼地要保卫自己在巴勒斯坦的犹太公民的权益和福祉，而同时在国内却系统性地迫害这个宗教少数派。不平等条约被废除后，这一切都宣告结束。另外，假如土耳其最终真的参战，至少一部分犹太人前途堪忧；成千上万的第一波犹太移民还拿着奥匈帝国的护照，而成千上万的第二波移民则拿着俄国护照，于是其中的一群最终会被奥斯曼帝国视为“敌国公民”。正如全欧洲范围内无数无辜的人已经遭遇的那样，这场博彩中的输家将会被驱逐出境或者面临牢狱之灾。

在这个问题上，济赫龙雅各布的大部分居民，包括亚伦森一家，实际上从另一个悖论中获益。这些罗马尼亚犹太人在独立的罗马尼亚无法获得公民权，所以才来到巴勒斯坦。因此，他们仍然是罗马尼亚独立前的宗主国的公民，而这个宗主国恰恰就是奥斯曼帝国。与巴勒斯坦的其他犹太人不同，亚伦·亚伦森和济赫龙的其他居民可以心平气和地看待不平等条约被废除的事件，甚至还会有些幸灾乐祸。 76

但他们的这种想法没有维持多久，因为就在次日，即 9 月 9

日，君士坦丁堡宣布对武装力量进行总动员。总动员的理由很奇怪，是为了“维持奥斯曼帝国的中立”[12]。18～35 岁的男性公民被要求报名入伍。更糟糕的是，此次征兵令的对象是几乎全部公民——过去犹太人和某些基督教派别是可以免服兵役的——而奥斯曼政府更是废除了富人可以缴纳某种特别税而免服兵役的古老制度。

深谙奥斯曼政府行事之道的亚伦·亚伦森明白，废除免服兵役制度的条款并不是玩真的，而是意味着，现在要免服兵役的话，就要向更多官员行更多的贿赂。但是总动员让这位农学家在更宽泛的层面上感到忧心忡忡。欧洲最近的事件表明，征兵必然意味着参战；在战争的机器和官僚系统启动起来、群众的狂热被煽动起来之后，就不可能轻易地让一切平静下来了。自欧洲战事爆发以来，亚伦森从他在奥斯曼军方和政界的朋友那里听到了关于君士坦丁堡将如何决策的大量互相矛盾的传闻，而从欧洲局势的宏大图景中找到的线索也不能澄清晦暗的前景。面对这样的不确定性，亚伦森和巴勒斯坦的大多数犹太居民一样，还抱着一线希望，认为理智或许能战胜狂热，战争或许还能避免。

有意思的是，他忧心的倒不是土耳其会加入哪一边，而是战争本身。这部分是由于，自十字军东征以来的欧洲战争中，不管谁输谁赢，总会有犹太人受苦受难；但另一方面，亚伦森的忧愁也是由于奥斯曼帝国作战的一个特点。在战时，帝国的军事和民政机关会突然间毫无忌惮地开始大规模征用——“劫掠”或许是更恰当的词——他们认为战争需要的物资。虽然这种征用活动对阿拉伯人和犹太人的村庄都会有影响，但是更现代化、更富裕的地方受到的冲击肯定更大，比如济赫龙雅各布和阿特利特这样的地方。1914 年 9 月中旬，亚伦森一家和他们在济赫龙的邻居们开始藏匿他们的财物，准备面对征用官员的到来和他们的毁灭性劫掠。[13]

77

1914年9月4日下午，库尔特·普吕弗在位于君士坦丁堡的日耳曼尼亚酒店房间内会见了一个叫作罗伯特·莫尔斯的德国人。莫尔斯魁梧粗壮、头发金黄，将近40岁，前不久还在埃及的亚历山大港当警察。当天下午两人的谈话主题是，如何通过炸弹袭击、暗杀和伊斯兰起义来推翻英国在埃及的统治。两人甚至探讨了炸毁苏伊士运河。

他们的会晤无论是在个人层面还是政治层面都是非同寻常的。就在一个月前，普吕弗还在慕尼黑教授东方语言，惨淡谋生；现在他却成了一项高度机密的情报行动的关键成员，对此次行动知情的人不超过36个，因为行动的最终目标是把仍然处于中立状态的奥斯曼帝国拖入战争。整个青年土耳其党领导层对普吕弗在君士坦丁堡的活动一无所知。这个奇怪的局面要归功于普吕弗的老导师马克斯·冯·奥本海默，以及史上最奇特的外交协议之一。

在1914年的漫长夏季，随着战争乌云在欧洲上空越来越咄咄逼人，统一与进步委员会（掌控着帝国的军人集团）的30多名成员中的大多数都希望避开即将降临的欧战的烈火风暴。但有一个小派别极力主张与协约国结盟，而由时年32岁的陆军部长恩维尔帕夏领导的另一个派别则试图加入到德国和奥匈帝国那一边。在8月2日下午，也就是德国对俄国宣战、战争正式爆发的几个小时之前，他与德国签订了一项互助防御条约。他的时间选择糟糕透顶。

但问题是，恩维尔帕夏在和德国人谈判的时候，并没有和统一与进步委员会的大多数同僚商议。签约的时候，只有恩维尔的三四个最亲密的伙伴知晓此事。[14]更让人瞠目结舌的是，在战争的最初几周，恩维尔仍然向土耳其政府的其他人隐瞒条约的存在。年轻的陆军部长告诉心急如焚的德国盟友们，他需要更多的时间来打好基础，随后才能把这个意外之事告诉其他部长们。为了达到这个目的，如果能发生什么突如其来的事件让全国人民和青年土耳其党领导层抛弃目前占上风的中立态度，就再好不过了。 78

恩维尔找德国人算是找对了，因为中立国比利时在不久前就以血的代价学到，德国人最擅长突如其来的事情了。为了帮助不敢抛头露面的土耳其盟友，德皇威廉二世能想到的最好办法就是请马克斯·冯·奥本海默出山，让他的泛伊斯兰起义理论施展威风。如果能在英国控制的诸多穆斯林地区——尤其是英国从君士坦丁堡手中偷走的埃及——煽动伊斯兰起义，那么奥斯曼帝国的领导层和群众都一定会大声疾呼地要求参战。

德国人的最终目标是把土耳其拉下水，但在这年秋天，德国最高统帅部内有些人认为，让土耳其再保持中立一段时间，对德国有好处。只要奥斯曼帝国还是中立国，就可以将其作为德国煽动破坏活动的理想跳板，德国人可以借助这匹特洛伊木马，向周边的英国殖民地发动进攻，而蒙受的风险极小。奥斯曼帝国的中立还是一个绝佳的盾牌，德国可以在其掩护之下，为该地区最重要的军事行动——进攻苏伊士运河——做好铺垫工作。8月中旬，德皇签署了一道秘密指令，命令组建东方情报局。[15]该情报局将以君士坦丁堡为基地，将其作为德国在近东的破坏活动的指挥中心。马克斯·冯·奥本海默将担任情报局的局长。奥本海默上任后不久就向他的弟子库尔特·普吕弗提供了一个职位。

普吕弗自然是非常值得老师信赖的。普吕弗于9月3日晚在日耳曼尼亚酒店入住后立刻着手工作。第二天早上，他会见了恩维尔帕夏的得力干将之一——一位名叫奥马尔·法齐·贝伊的青年土耳其党参谋军官，和他一起筹划了一系列打击英属埃及的计划：雇佣贝都因部族武装袭击苏伊士运河沿线孤立的英军驻地；派遣游击队员（所谓的“克米塔基”）潜入敌境，煽动伊斯兰起义；暗杀重要目标、制造不区分军人和平民的爆炸袭击，掀起一场恐怖浪潮。普吕弗虽然对法齐·贝伊及其伙伴提出的一些比较别出心裁的计划——比如将一艘满载水泥的运输船在苏伊士运河最窄处凿沉——表示怀疑，但对他们的热情和创造性思维则高度认可。[16]

79

除了和法齐·贝伊或者谢赫·沙维什（一个埃及煽动家，英国人对他又恨又怕）筹划阴谋之外，普吕弗还和已经抵达土耳其首都的其他四五名东方情报局特工共图大业。德国大使馆也有三四名官员参加了这些会议。在会上，大家提出了在整个伊斯兰世界——埃及、俄国统治下的中亚、阿富汗，甚至远至印度——搞破坏和颠覆的雄心勃勃的计划[17]。

9月7日的一次会议结束后，普吕弗被带去面见让这一切成为可能的那个人——陆军部长恩维尔帕夏。恩维尔身材不高，身穿奢华的军礼服，玉树临风——《纽约时报》称其为“土耳其军队中最英俊的人”[18]——黑眼睛的目光炯炯有神，戏剧性的小胡子按照普鲁士风俗，两端向上翘，还涂了蜡。他的普鲁士胡子可不是偶然。在20世纪第二个10年，他曾是奥斯曼帝国驻德国的军事联络官，很快就学会了德国军事精英的做派和风尚，自诩比普鲁士人更加普鲁士。库尔特·普吕弗并不擅长精神分析，但是他当晚在日记中草草写下的描绘恩维尔的寥寥数语（恩维尔时年32岁，比普吕弗小四个月）却非常深刻地体现出了这个即将单人独骑就毁灭了奥斯曼帝国的人的特点：“铁石心肠。面无表情、面貌带有女性美。衣冠楚楚、精心打扮，到了矫揉造作的地步。令人震惊地强硬。‘我们可以比英国人更残忍。’这个人想要些东西，但这东西就是不来。”[19]

但普吕弗在君士坦丁堡最初几天内参加的会议和听到的计划中，最让他着迷的还是被开除的亚历山大港警察罗伯特·莫尔斯面临的特殊局面。战争开始的时候莫尔斯碰巧不在埃及，因为他是德国公民，所以被英国当局不由分说地解雇了。但在第一次世界大战初期，交战各方还颇有些绅士风度，因此英国人允许莫尔斯返回亚历山大港去接被困在那里的家人。在普吕弗看来，莫尔斯是发动颠覆行动的理想渠道。莫尔斯在埃及是个享有特权的洋大人，所以比当地人更容易私藏违禁品——普吕弗打算让他藏匿的是制作炸弹的材料——并将其私自带入埃及。为了让这个丢了饭碗的警察认识到任务的重大意义，普吕弗安排莫尔斯在起航前往亚历山大港（他将在行李中夹带雷管）的前一天去拜会了恩维尔帕夏。土耳其陆军部长热情地向莫尔斯表示了感谢。[20]

80

英国人虽然很快就怀疑恩维尔和德国高层之间达成了某种协议，但对具体情况仍然一无所知。但当普吕弗和奥本海默的其他特工开始在君士坦丁堡露面之后，英国人更加担忧了。英国大使路易斯·马利特在9月15日发给伦敦的电报中写道："即便土耳其不加入战争，德国人在这里也是花样百出，说不定就会做出对苏伊士运河不利的事情，要么是从叙利亚海岸派出所谓中立国船只来攻击，要么是通过陆地上的特工人员。"[21]

但与此同时，奥斯曼政府官员在不断向英国大使发誓许愿。马利特从苏丹和首相及大小官员那里听到的说法都是，土耳其没有军国主义意图，只希望置身于欧洲战争之外。这些高官中肯定有人是在装模作样，但也有人是真心实意。令人难以置信的是，对恩维尔在8月2日与德国签订的协议很多高官仍然被蒙在鼓里。

10月5日，马利特带着自己的疑问直接去找了恩维尔。恩维尔在很多方面都天赋异禀，其中一项本事就是撒起谎来脸不变色心不跳。他不仅否认奥斯曼军队在巴勒斯坦的调动有任何不良企图，并且（据马利特说）还"对个别德国人有可能会针对运河或其他地方做出不负责任的行为的说法嗤之以鼻"。[22]

但土耳其陆军部长的谎言很快就要被揭穿了。在马利特会见恩维尔的几天前，罗伯特·莫尔斯在亚历山大港被捕，他携带的爆破雷管也被查获。根据埃及的军法，他有可能会被处以死刑，于是他为了保命，将自己所知的德国与土耳其联合攻击埃及的计划向英国审讯官和盘托出，还招供了他出发前觐见恩维尔帕夏、得到他祝福的事情。在说到自己和奥马尔·法齐·贝伊与库尔特·普吕弗的关系时，莫尔斯尤其健谈。最能证明普吕弗罪责的是，被人赃俱获的莫尔斯满口承认，他行李里携带的雷管是用来配合正在埃及制作的炸弹来使用的。英国人问莫尔斯是如何知道的，他答道：“因为有一次我看到谢赫·沙维什和普吕弗博士一起，在普吕弗的日耳曼尼亚酒店房间里。他们在用阿拉伯语抄写制作炸弹的配方……包括操作指南、所需化学物质的清单，右下角还有炸弹的草图。”[23]

开罗的英国人在莫尔斯事件中表现出了相当程度的宽容，或许是希望君士坦丁堡政权中的温和派能够约束住热衷冒险的恩维尔，阻止土耳其参战。匆匆组成的军事法庭判处莫尔斯无期徒刑，而公开记录中都隐去了他会见土耳其陆军部长的情节。对于曾经生活在埃及的普吕弗，开罗当局就没有那么仁慈了。由于他在莫尔斯事件中扮演的中心角色，英国人很快就悬赏要库尔特·普吕弗的人头。[24] 81

伦敦中部近卫军骑兵大道和白厅拐角处的老陆军部大楼是一座巍峨雄壮的新巴洛克式建筑，一共五层，以白色波特兰石建成，每个角上矗立着一座30英尺高的穹顶。大楼内部颇有高雅的绅士俱乐部风尚，配有大理石楼梯、大型水晶吊灯和铺设马赛克的走廊。整座楼有近1000个房间，在比较高级的房间内，墙壁镶着橡木，还预留出放置大理石壁炉的空间。1914年夏天，这座大厦就是英国的帝国总参谋部所在地，英国的高级将领们就在这里运筹帷幄。T. E. 劳伦斯在完成寻漠报告后，于10月中旬被派到这座大厦，到总参谋部地理科担任文职地图绘制师。

到此时，“地理科”这个说法已经不恰当了，因为在劳伦斯就职一周之内，科里的最后一名军职地图绘制师就被派到了法国前线，办公室里只剩下劳伦斯和他的直接上司两个人。劳伦斯很快就开始干起了六七个人的工作：组织协调各战区的地图、根据前线报告增补地图的细节、向高级指挥官报告地图的突出特征。

也许有人会想，劳伦斯这样的年轻人——他刚刚过了26岁生日——突然置身于全国军事指挥的神经中枢，每天与陆海军将领会谈，一定会心花怒放。但劳伦斯可不是这样的人。恰恰相反，劳伦斯似乎对自己的新环境充满偏见，对这里的人们极尽讽刺挖苦之能事。

他对军界的鄙夷，部分是由于军事文化和英国公学体制（他本人就是这个体制的产物）非常相似：向上级点头哈腰；森严的等级制——在学校里的表现是高年级学生和班长佩戴的特别领结，在军队里的表现则是衣袖上条纹和星的数量；地位高的人能享受特权，地位低的人就一无所有。到陆军部之后不久，劳伦斯向一个朋友开玩笑说，金碧辉煌的楼梯似乎仅供陆军元帅们和杂役女佣使用。[25]

他对权威的轻蔑或许还因为这些权威人士的整体水平不高。大多数现役军官都在法国前线，所以总参谋部里现在挤满了预备役人员或者已经退役的人。劳伦斯虽然没有什么军队的经验，但他也能看得出，很多人对自己的工作稀里糊涂。和很多其他机构一样，人们往往用趾高气扬的自负来掩饰自己的无能。陆军部里到处是新晋升的上校和将军们，永远是昂首阔步地在走廊里匆匆行走，手里拿着备忘录，或者召开紧急参谋会议，或者派遣一个童子军传令兵去地理科索要 10 分钟前就应当提供的某战场的最新地图。

这种浮夸气氛的一个副产品是，它直接导致劳伦斯获得了军职，这个事情是他后来最喜欢说起的逸闻趣事之一。

到总参谋部后不久，他被带去拜见威风凛凛的亨利·罗林森将军。罗林森即将离开伦敦，去指挥在比利时的英军部队，劳伦斯的任务是向他报告刚刚更新的比利时野战地图的情况。但是，据劳伦斯说，罗林森一看到他穿着便服，就大发雷霆地吼道："找个军官来跟我说！"[26]地理科现在只有两个人，于是劳伦斯被匆匆送到陆海军百货商店，领一套少尉的军服；同时，任命他为军官的委任状也在迅速起草。但这套军服也不会让劳伦斯对军方肃然起敬。在后来的岁月里，劳伦斯一直对军事规章置若罔闻，常常军容不整、邋里邋遢，而且总是一副悠闲的姿态，几乎到了倨傲的程度，令他的上级们一次又一次抓狂。

劳伦斯虽然已经非常偶然地成了军人，但他在陆军部的工作并没有让他更接近战场。因为他的身高不符合英国陆军的最低标准，所以只有需要他的特殊才华的地方才会让他有机会上战场，而唯一有希望的情况就是土耳其参战。

但这希望实在太渺茫了。战争已经陷入僵局——西线的双方都在疯狂地修建战壕工事——谁还会要走进这个烂泥潭呢？劳伦斯在10月19日给英国驻阿勒颇领事的夫人威妮弗蕾德·丰塔纳的信中哀叹道：“看样子，土耳其打定主意要躺着不动、跟全世界和平相处了。我很遗憾，因为我想把他们赶出叙利亚，而现在他们的残暴统治愈加稳定持久了。”[27]

83

但就在两周后，他的担忧烟消云散了。11月2日，恩维尔帕夏的派系最终得胜，土耳其加入德国和奥匈帝国的阵营，加入了战争。

对劳伦斯来说，好消息接踵而至。土耳其宣战之后，斯图尔特·纽科姆被调离法国战场，受命到开罗领导一个新的军事情报单位。开罗预定将是英国在近东战场的指挥部。纽科姆的单位很小，只有少数几个对该地区非常熟悉的人。他当即就向劳伦斯和伦纳德·伍莱发出了邀请。

12月初，劳伦斯在给威妮弗蕾德·丰塔纳的信中写道：“我要去开罗了。”此时他的心情显然好了许多。“一切都好，除了土耳其人那边。”[28]

这是一片被搜刮得一干二净的土地。虽然亚伦·亚伦森对奥斯曼帝国参战后征用物资队伍的肆虐早有预料，但他们的残酷剥削比他预想的最糟糕情况还要恶劣。在叙利亚全境，政府以战时紧急情况的名义将农作物、农业车辆和役畜扣押运走，倒霉的农民只得到了草草写下的收据，所有人都知道，这种收据就是一纸空文。正如亚伦森担忧的，这种洗劫在犹太人定居点特别猖獗。据传记作者罗纳德·弗洛伦斯的记载，在济赫龙雅各布，“亚伦·亚伦森眼睁睁地看着土耳其士兵颇有章法地将衣服（包括女人的内衣和婴儿服装）、大车、马车、水牛、农具、工具、枪支、医疗器械（包括产科器械）、显微镜和用来保护农田的栅栏柱和带刺铁丝网抢了个一干二净。”[29]最终，济赫龙的灌溉水管也被抢走，农田和果园因缺水而干枯败坏。只是由于当地奥斯曼官员的果断干预且安排了武装警卫，亚伦森在阿特利特的农业研究站才没有遭到同样的噩运。

如果这些横征暴敛是为了战争努力而作的不可避免的牺牲，并且的确为战事做出了贡献的话，亚伦森还能认命；但是政府这是在把叙利亚的五脏六腑掏个干净，替敌人摧毁叙利亚。在他随后几个月的旅行中，他看到成堆成堆没收来的小麦在政府粮仓的院子里腐烂，纳布卢斯城有3000袋食糖被毫无遮挡地堆放着，在冬雨中融化，“令街头顽童喜不自胜”[30]。亚伦森后来记述称，工程师们为了修复贝尔谢巴的一座桥梁，要求提供24桶水泥。过度热心的征用队搜刮来了400桶，但是“还没派上用场就被雨水毁掉，于是那座桥至今没有修复”[31]。

犹太人定居点在这些征用过程中的损失极其惨重，这或许是由于它们的物资更多，质量也更好，君士坦丁堡政权的所作所为的确是增加了他们的苦难。土耳其加入德国和奥匈帝国阵营并参战几天之后，哈里发——逊尼派穆斯林世界的最高宗教权威——就发出了一道宗教命令，宣布这是一场圣战[32]；为了保卫信仰，所有穆斯林都有神圣的义务去参加圣战，反对伊斯兰的敌人——外国基督徒。这个号召失去了一些感召力，因为奥斯曼人的两个盟国就是基督教帝国。但广大穆斯林群众的确是被煽动起来了。在整个帝国的大小城镇，年轻的穆斯林男子纷纷走上街头或去征兵站，宣告自己为了伊斯兰的事业奋斗和牺牲的决心。当然，这道宗教命令同时也让帝国的基督徒和犹太臣民大为惊恐，叙利亚总督不得不匆匆发布一道解释性说明，称此次圣战只针对外国敌人[33]。

这个解释让很多基督徒（基督徒占到帝国总人口的近30%）

松了一口气，但犹太人却没办法放下心来。他们仍然提心吊胆，一方面肯定是由于他们的人口很少——在战时，人口少往往就意味着脆弱无助——但另一方面也是由于犹太移民在巴勒斯坦社会结构中的地位颇具争议。

犹太移民的有些难题也是他们自找的。济赫龙雅各布的移民和大多数“第一波”犹太人定居点的人们一样，通过采纳巴勒斯坦古老的佃农体制——即雇佣阿拉伯人中的无地农民或佃农来从事体力劳动——渐渐发达致富。而第二波移民中的很多有社会主义思想的俄国犹太人移民则谴责这种做法，认为它带有剥削性和封建性；他们宣称，为了创造“新的犹太人”，所有的劳动都必须由犹太人承担。对不幸的阿拉伯农民来说，这两种做法都让他们头疼。第一种做法让种植园体制延续下去，而正是这种体制让他们一代代人始终一贫如洗、没有权益；而第二种做法表面上是为了他们好，实际上却剥夺了他们的就业机会，或者按照亚伦·亚伦森的讽刺说法，“把他们从生存手段中解放出来”[34]。

让两个民族间的摩擦更严重的是，在很多阿拉伯穆斯林眼中，犹太人是劣等民族。甚至对那些生活并没有受到大量犹太移民影响的巴勒斯坦人——其实有些人的生活还因为犹太人的移入得到了改善——来说，犹太人过得也比他们好；更不用说，不平等条约赋予犹太人一些特权，让他们对犹太人愈发怨恨。从第一波犹太移民开始，就发生了当地村民袭击犹太人定居点，或者独自外出的犹太移民被杀害的零星事件。

85

但犹太移民并没有逆来顺受地接受这种局面。在 20 世纪的最初 10 年，受到阿拉伯人袭扰最严重的几个犹太人定居点组建了多个准军事组织，其中最有名的是“基甸人”和“本·乔拉”①，他们还开始向其他定居点有偿提供武装保护。这种现象会造成什么样

① 得名自公元 1 世纪时的犹太革命领袖和英雄人物西蒙·本·乔拉。

的后果，明眼人一看即知。没过多久，“基甸人”和“本·乔拉”开始对他们认为敌视犹太人或者曾经袭击犹太人的阿拉伯村庄发动惩罚性的袭击，这又使得阿拉伯人发动报复攻击。

总的来讲，到1914年秋天，巴勒斯坦的犹太人感到自己四面受敌。考虑到圣战的宗教命令、洗劫式的物资征用以及不平等条约被废除，目前最紧要的问题是，假如局势进一步恶化，当地的奥斯曼官员——其中很多人平时就对犹太人不友好——究竟能帮犹太人多少。

在济赫龙雅各布，这个问题很快就有了解答，而答案完全不能让人宽慰。亚伦·亚伦森的弟弟亚历克斯在9月应征入伍，两个月后，他最终想方设法地以身体原因脱离军队，带回了令人不安的消息：在圣战号召发出后，亚历克斯所在新兵单位的所有犹太人和基督徒都被收缴武器，分配到劳工营。11月，政府发布了一道新命令，要求将私人的武器全部上缴；负责收缴武器的小分队对犹太人定居点的搜查要比对邻近的阿拉伯人的搜查仔细得多。济赫龙雅各布居民说自己没有任何武器——他们已经事先将武器埋在了附近的田地里——土耳其指挥官抓了四个人——包括倒霉的亚历克斯·亚伦森，把他们拖到纳布卢斯，毒刑拷打，一直到他们承认有武器。据说，这个土耳其指挥官威胁说要对济赫龙的年轻女人们不利，村民们才最终交出了武器，亚历克斯和其他三人才被释放。[35]

对巴勒斯坦的很多犹太移民来说，他们自以为已经安全逃离的欧洲的虐犹活动似乎又要开始了。[36]尤其是在12月初，治理巴勒斯坦的青年土耳其党人杰马勒帕夏宣布，“敌国”公民必须入籍，否则将被驱逐出境。受到最直接影响的自然是俄国犹太人这个少数派，几天之内就有约800名俄国犹太人在雅法被捕，等候驱逐。这座城市的码头很快挤满了其他犹太人，他们都想尽快登上任何愿意带他们走的船只，前往任何可能接纳他们的安全港湾。

86

济赫龙雅各布的一些居民也加入了这股难民潮，但亚伦森一家不在其中。虽然一家之长——60 岁的埃弗拉伊姆还在，但决定家中大事的其实是他的长子亚伦·亚伦森。亚伦森认为，这无需考虑，因为巴勒斯坦是他们的家。而且，他的科研工作的基地就在这里，维系着他生命的梦想就在这里。他在 1 月中旬给一位美国赞助人的信中写道："我始终被人监视，好心的朋友们强烈建议我一有机会就尽快出国。但我不打算逃跑，现在还不打算。"但亚伦森对国家的信心被严重动摇了。"我很久以来一直坚决支持土耳其政府，现在为在过去三周的所见所闻深感遗憾和羞愧。"[37]

1914 年 12 月 15 日上午，一艘法国汽船在从马赛出航六天后，接近了埃及北部低矮且雾气蒙蒙的海平线。T. E. 劳伦斯就是这艘船的乘客之一，他是到英国驻埃及远征军在开罗的军事情报单位的新岗位就职的。同他一起前来的还有他的直接上司斯图尔特·纽科姆上尉。

1914 年的开罗人口不到 100 万，拥有宽广的林荫大道和风光旖旎的公园，尼罗河畔有着雅致的散步休闲场所。当时，吉萨的大金字塔离市区有约 10 英里，从市中心的几乎任何高层建筑的房顶都看得见金字塔的岩石尖顶。

抛却秀逸的风光不谈，让 1914 年的开罗如此令人心醉的是它作为全世界最伟大的十字路口的地位，以及它的可以上溯数千年的一层层厚重的历史。老城区仍然是一座由小巷和袖珍商铺组成的迷宫，后街里隐藏着古老的宫殿和清真寺。虽然在此地已经统治 30 年之久的英国人在有些地方建造了西式建筑，但埃及首都仍然是一个充满异国情调和神秘色彩的地方，像所有真正宏伟壮丽的城市一样，高深莫测，难以一探究竟。

就是这种神秘气息让三年前首次到访开罗的劳伦斯心醉神迷。这座城市虽然自 1911 年以来在外观上没有多少变化，但在其他方面，1914 年的开罗几乎旧貌换新颜。自欧洲战争爆发以来，它业

87

已成为一个中转站，数十万殖民地军队从印度、澳大利亚和新西兰纷至沓来，途经苏伊士运河，开赴西欧战场。就像在几乎任何一场战争中的任何一个军队休整落脚点一样，这些军人很快就把开罗变成了一个巨大的红灯区，在这里只要有钱，几乎可以买到任何东西和任何人。

这种局面令保守的开罗人无比愤慨，情况在土耳其参战后变得更糟糕了。土耳其军队进攻苏伊士运河几乎已成定局——叙利亚总督杰马勒帕夏在11月底公开起誓要这么做——数十万英国和殖民地军队被留在埃及，以应对这个威胁。开罗迅速变成了一个巨大的军营，市中心街道上熙熙攘攘地挤满了神气活现的军官和列队前进的步兵。开罗人对他们的英国主人从来没有过好印象，现在更是怒火中烧、满腹憎恶。

这支部队急速膨胀，为了给负责管理它的军官们提供办公场所和住宿地，英国人很快征用了城里的几乎所有比较高档的酒店。其中就有萨沃伊饭店，它坐落在尼罗河东岸，兼收并蓄地吸收了英国爱德华七世时代和印度莫卧儿王朝时期的建筑风格。斯图尔特·纽科姆的新军事情报单位人员在抵达开罗后，在萨沃伊饭店较高的一层占据了三个大房间，作为办公室，同时在邻近的大陆大酒店住宿。

起初，这个单位只有五个人，看上去更像是牛津或剑桥大学学术论文同业审核小组成员，而不是精通情报和反谍报的黑暗艺术的大师。除了劳伦斯和伍莱这两位牛津大学毕业的考古学家外，还有两个年轻的贵族，乔治·劳埃德和奥布里·赫伯特，都拥有头衔，并且是上议院的议员。抵达开罗后不久，劳伦斯在给老友爱德华·利兹（他在阿什莫林博物馆工作）的信中描述了每个人的不同职能："伍莱负责人事，监听多种语言的电话通话，并将有用或可疑人员记录在案。有个叫乔治·劳埃德的人，是个什么议员，其他方面倒还不坏，负责美索不达米亚。奥布里·赫伯特是个古怪的家伙，负责土耳其政治。他们在有空的时候就寻找土耳其军队的动向，这可是需要放大镜的活计。”至于他自己的职责，劳伦斯写道：“我负责刷洗瓶子、处理办公室杂役、削铅笔和擦洗钢笔。”[38]

劳伦斯的工作当然远不止这些。因为他曾短暂地在伦敦陆军部的地理科工作，所以被指派负责管理单位的地图室。因为土耳其人对苏伊士运河的进攻指日可待，劳伦斯需要从清晨一直苦干到深夜。

88

劳伦斯虽然终于接近了战场，但他让上级抓狂的天赋还在。他刚到没几周，就有几名高级军官开始抱怨萨沃伊饭店地图室里那个瘦削小伙子的厚颜无礼和邋遢外表。但劳伦斯让人恼火的本领不仅限于他的外表和言语。他还是个技艺娴熟的作家。作为情报单位中众人皆知的“叙利亚通”，他在 1915 年初开始撰写一份描述奥斯曼帝国的这个幅员辽阔地区的地形地貌、文化和民族构成的长篇报告。当时和现在一样，这种背景报告里往往塞满了迟疑不决的、满是修饰语的措辞，但劳伦斯在他的《叙利亚：原材料》一文中以令人耳目一新的直言不讳表达了自己对叙利亚各大城市和民族的看法，语言有时非常幽默和傲慢。他对耶路撒冷的猛烈抨击非常典型：“耶路撒冷是个肮脏的城镇，所有闪米特宗教都称它为圣地……在这座城市，过去的联合势力如此强大，以至于它根本没有当今；它的市民绝大多数都是毫无个性的酒店仆役，依靠过往的游客过活。”[39]

这第一句话仅用了二十几个词就将世界上最享有盛誉的城市之一和三种主要宗教贬得一无是处，而且冒犯了所有读到此文的英国外交官和将领的基督教感情，无疑让劳伦斯非常自豪。

1914 年 11 月中旬，威廉·耶鲁搭乘一艘挤满难民的运输船从贝鲁特前往亚历山大港。他在描述船上难民的情绪时，丝毫不吝惜夸大的言辞。他刚刚逃离了奥斯曼帝国治下的巴勒斯坦战时的压抑气氛，就此写道："对船上每个人来说，埃及都是绝对安全的避难所，没有任何值得害怕的东西。但我绝没有想到，另一种恐怖很快将吞没法老的国度。"[40]

但耶鲁说的恐怖不是指四处抢劫的士兵或者宗教狂热分子组成的武装民团，而是从埃及过境的成千上万澳大利亚士兵。他们在从家乡到此的拥挤的运输船上憋屈了几周，现在上岸之后立刻把古老的开罗变成了酩酊大醉、喧闹嘈杂的妓院。耶鲁虽然曾经目睹狂暴的美国劳工在耶路撒冷的胡作非为，但他内心深处始终是个清教徒式的扬基人，所以被开罗街头持续不断的闹剧惊得瞠目结舌：打架斗殴、对过往的女人动手动脚、士兵烂醉如泥地躺在臭水沟里。在89他看来，这种粗野下流的行为只会让英国人在当地人眼中的威望一落千丈，"因为埃及人和近东的其他很多民族一样，将英国人视为一个冷静的优等种族。1914年的这些热血沸腾、淫荡好色、纪律涣散的澳大利亚人……让埃及人大开眼界。"

耶鲁在耶路撒冷目睹了奥斯曼帝国缓慢走向战争的全过程。11月3日，土耳其宣战的消息不胫而走，成群的穆斯林男子开始在耶路撒冷的城区聚集，城外村庄的人也不断蜂拥进城。当晚，耶鲁和其他西方侨民在大新酒店的上层阳台上观看着看不到尽头的年轻人的队伍涌过老城区的雅法门，前往阿克萨清真寺——耶路撒冷城内最神圣的穆斯林圣地——一边走，一边捶打自己的胸膛，歌唱着自己为信仰牺牲的决心。

"这景象让我们毛骨悚然，"他后来回忆道，"我们的身体的每一根纤维都有意识或者是无意识地感到，让这些人热血沸腾的那种宗教狂热，就是大约800年前驱使他们的祖先走过同一条街道、与我们的十字军祖先作战的那种狂热。"

这也让耶鲁和他的上司A. G. 达纳拿定主意，撤退的时间到了。三天后，他们在雅法港成功登上了一艘满载难民的运输船。他们又换乘其他超载的船只，颇费了些周折，终于在11月17日抵达了埃及，目睹了狂欢的澳大利亚人造成的新的恐怖局面。

一位警觉的英国情报军官注意到了他们的到来。在亚历山大港码头，耶鲁被带到一个办公室，向英国人报告他最近在巴勒斯坦的见闻。让问话的英国人惊喜的是，这个美国石油专家在逃离叙利亚的途中观察非常仔细，能够说出巴勒斯坦南部一些城镇的土耳其兵力情况。他还证实，该地区到处都是德国军官，德国人似乎在和运载战争物资的卡车队伍以及成营的行军的土耳其士兵一道，大举南下。[41]

耶鲁不得不在开罗等待他在百老汇大街26号的老板们做出决定，究竟如何安排散布在中东各地的纽约标准石油公司雇员。从标准公司的克恩纳布项目的角度看，奥斯曼帝国参战让局面愈发恶化。英法两国的海军对新敌人的海岸线——奥斯曼帝国的海岸线包括整个地中海东部，从巴勒斯坦一直到欧洲的东南角——实施了封锁，所以在短期内肯定没有办法对特许区进行开发。纽约标准石油公司面临的根本问题是，应该先从中东撤退，把员工都带回国，还是让他们先留在原地，等待近期出现什么无法预见的新情况。 90

12月底的一天，耶鲁还在等待上级的回复，这时有人敲响了他在民族酒店的房间的门。他起初没有认出这个访客——这是个身穿英国陆军制服的年轻人，这样的人此刻在开罗比比皆是——但他的炯炯有神的蓝眼睛似乎让他回忆起了什么。

“你好呀，耶鲁，”客人开心地歪着嘴笑了笑，“你不记得我了吗？我是英国情报部门的劳伦斯。我们今年1月份的时候在贝尔谢巴见过。”

耶鲁记起来了，无疑也记起了这个骄傲自大的年轻考古学家是如何拆穿他的“花花公子”幌子来取乐的。

很快局势就很明显了，这次会面仍然是某种形式的讯问。在战前，君士坦丁堡就已经向巴勒斯坦调兵遣将，显然是在准备进攻苏伊士运河，现在这个调兵的速度大大加快了。劳伦斯几天前刚刚抵达埃及，他翻看了一下入境外国人登记表，看到了耶鲁的名字。他想把标准石油公司在希伯伦以南修建的那条公路的情况摸个清楚：它的具体路线、它的构成和排水系统，以及土耳其人是否可以用它向南运送重武器。

“他把我掌握的信息全部掏空之后，”耶鲁回忆道，“就开始谈论巴勒斯坦局势。我很快发现，虽然我刚从那儿来，但这个军官知道的比我多得多。此时我才开始了解，英国情报部门是多么高效，年轻的劳伦斯是多么精明强干。”[42]

当晚，劳伦斯把从耶鲁那里了解到的情况写成报告，准备呈送给军事情报部门的上级。他的这份报告让人读起来很不爽。希伯伦—贝尔谢巴公路还没有完工，但是纽约标准石油公司已经完成了最困难的一段路，就是穿过朱迪亚山区到沙漠边缘的下坡路。威廉·耶鲁或许是吸取了在巴拿马运河的工程学经验，把路修得坡度非常平缓，以利于载重卡车通行，事实上这条路的坡度极小，路基很容易改建为铁路。此前，英国的高级将领一直认为，土耳其—德国军队从巴勒斯坦南部向苏伊士运河前进主要是依靠地中海沿岸的已经修好的道路。标准石油公司和威廉·耶鲁的希伯伦公路无意中帮助土耳其人把他们的作战正面扩展了约 30 英里。[43]

91

1914 年 11 月 21 日上午，也就是土耳其加入第一次世界大战不到三周之后，艾哈迈德·杰马勒帕夏——此时统治奥斯曼帝国的三巨头之一——离开君士坦丁堡，就任第 4 集团军总司令兼叙利亚总督。他的真正权力比这两个头衔的范围要大得多：他实际上是安纳托利亚以南、美索不达米亚以西全部奥斯曼疆土的最高军政长官，他的辖区相当于帝国目前在大陆的版图的一半以上。他的头等要务与他的权威相称：率领土耳其军队进攻苏伊士运河，直捣英属埃及。

在随后的三年内，杰马勒帕夏将完完全全地主宰叙利亚的生活，他的行为是后来发生的大部分事件的动因。由于他上马管军、下马管民的双重身份，他会和三个不同的人持续接触，并在不同时期令其为己所用：亚伦·亚伦森、库尔特·普吕弗和威廉·耶鲁。

从某些方面看，身材矮小强健的杰马勒似乎不是这个封疆大吏职位的理想人选。他于 1872 年出生于一个奥斯曼下级军官家庭，自然而然地子承父业、进入军队发展，逐渐得到晋升，但表现并不突出，直到于 20 世纪初加入统一与进步委员会的改革派密谋集团。在统一与进步委员会成功夺权的 1913 年政变之前，艾哈迈德·杰马勒一直默默无闻，政变后被任命为君士坦丁堡军事总督。不到一年之后，在新近崛起的所谓“三位帕夏”联合执政的局面中，这位 42 岁的军官成了统治帝国的神秘莫测的委员会的三位公开代表人之一。

杰马勒得以平步青云的一个原因无疑是他的个人魅力。美国驻土耳其大使亨利·摩根索回忆称：“他握你的手时力道极大，就像是用老虎钳夹了你一下；他用那双滴溜溜转、目光深邃的眼睛看你的时候，那种个人魅力是令人景仰的。”这并不是说摩根索对杰马勒有好感，因为他在杰马勒的魅力里看到的是一种恶毒的力量。摩根索的过激的、带有种族主义意味的描述很好地说明了这一点：“他的眼睛漆黑，目光穿透力极强，非常敏锐，极快地、极其灵敏地从一个目标投向另一个，用闪电般的短暂一瞥似乎就能看到所有东西，代表着极端的狡猾、无情和自私。他喜欢咧嘴大笑，露出所有的白牙，他的笑容也令人不快，如同野兽一般。”[44]

92

另一个在战时和杰马勒打交道很多的美国人对他作了更细致的描述。贝鲁特的叙利亚新教学院的院长霍华德·布里斯回忆说，在战时的贝鲁特，有一天下午，总督举行了茶话会，那是一个社交场合，甚至邀请了敌国侨民。杰马勒“非常快活、温雅惬意、津津有味，手放在口袋里走来走去，或者懒洋洋地斜靠在一张大椅子的扶手上，倚靠在椅子的另一个扶手上的是一位魅力十足的欧洲女士。”[45]布里斯注意到，总督非常爱孩子，而且公开地向妻子表示亲昵——“这在东方人中是很少见的”。布里斯看到的杰马勒一方面极度虚荣，另一方面又心地善良，“他的性格里富含互相矛盾的元素：残忍和宽大，坚定不移和反复无常，理想主义和纵欲享乐，自私自利和爱国主义”。

杰马勒的性格上有很多矛盾之处，他的政治观点也非常复杂。他代表了青年土耳其运动核心深处的内在矛盾：夹在东西方之间、现代性和传统之间，既对欧洲列强非常敬佩和仰慕，又对它们非常怨恨和憎恶。杰马勒是个虔诚的穆斯林，鼓吹泛伊斯兰主义的圣战信条，但同时又是一位青年土耳其党领导人，大力主张赋予帝国的少数民族和宗教少数派完全的公民权利。他是个热衷于欧洲音乐和文学的审美家，特别喜欢在君士坦丁堡外国人光顾的沙龙里练习法语，但同时又告诫同胞们要清洗掉西方的腐化影响。他梦想着，土耳其和伊斯兰能够有一场复兴，让奥斯曼帝国焕发青春，恢复古时的光荣伟大，但内心深处又是个唯技术论者，一心要通过修建公路、铁路和学校来让他的国家进入现代化。

“他的雄心是建设一个富强的叙利亚，能够向欧洲人展示，让他们艳羡不已，”布里斯写道，“如果说他是个人主义的爱国者，就不太公平。他非常虚荣。他希望改革土耳其，但他最想要的是让大家都知道他是主要的改革家。”[46]

为了达到这个目标，杰马勒将会依赖他在统一与进步委员会的险恶潮流中崛起过程中习得的技能：能够在一眨眼的工夫从文雅变为凶残，既擅长伸出橄榄枝，也擅长暗箭伤人。那些生活在他的南方领地之内的人们很快就会发现，杰马勒帕夏在拉拢潜在敌人时会非常殷勤客气和关怀备至，但如果阿谀谄媚、油水丰厚的闲职和甜美诺言都不奏效的话，他也会很自然地动用放逐和处决的老办法。

93

他乘坐的火车从君士坦丁堡的海德尔帕夏车站开出后，改革叙利亚的挑战很快就显得特别突出。杰马勒面临的最初困难是，首先要抵达叙利亚。漫长旅途的最初一段还很顺利，在安纳托利亚中部的两天旅程很愉快，但是火车抵达小镇穆斯塔法贝伊（位于亚历山大勒塔湾北端）时，就遇到了麻烦。在那里，当地官员窘迫地向杰马勒报告，前面的通往亚历山大勒塔城（今伊斯肯德伦）的铁路有多处在不久前被雨水冲毁了。于是帕夏改乘汽车，但是在通往亚历山大勒塔的“高速公路”上没走多远，就陷入泥潭，烂泥一直淹没到汽车的挡泥板。杰马勒随后骑马行进四个小时，终于抵达海滨城镇德尔特约尔。杰马勒一行在那里找到了一辆仅能容纳两人的袖珍有轨车。某些乐观主义者相信这辆车足够轻，应该可以顺利通过已经损坏的海岸铁路线。最终，帕夏和他的参谋长乘坐这辆有轨车抵达了10英里外的亚历山大勒塔。

“这次乘坐有轨车在打滑的轨道上的旅行，我将终生难忘。”杰马勒写道，“我们多次遇到生命危险，因为我们在瓢泼大雨中沿着海岸线行进，而海岸线受到敌舰的监视……铁轨的有些地段悬空15~20米，有些地段则被水淹没，我们就这样开到了亚历山大勒塔”。[47]

等待帕夏的是更多的坏消息。亚历山大勒塔和叙利亚北部的内陆之间的唯一一条交通线——通往阿勒颇的公路已经无法通行，不过“无法通行”这种说法实在是太保守了。修路工程已经开始了一段时间，但仅仅是将所有加拱石清理掉，就没有下文了。那些石头现在就被高高地堆放在公路两侧，按照杰马勒的说法，使公路“成了一条绝妙的运河”。他在回忆录中惊呼道：“我的军队就要依赖这条路和帝国本土保持联系！”[48]

12月6日，杰马勒在跋涉两周多之后终于抵达位于大马士革的司令部，此时他已经得出了一个显而易见的结论：苏伊士运河攻势必须推迟，当务之急是先解决补给线和基础设施的最基本问题。但他犯了一个错误，就是把这个想法告诉了已经在大马士革等待他的一位年轻的德国情报军官。此人被委派担任杰马勒与德国高层之间的联络官，他就是库尔特·普吕弗少校。

在普吕弗看来，苏伊士运河攻势刻不容缓。他在了解到杰马勒的踌躇之后，写信给马克斯·奥本海默称，叙利亚人对圣战的支持原本就不温不火，如果攻势推迟的话，“我们精心炮制出来的圣战热情无疑会烟消云散，旧时的无动于衷（如果不是敌意的话），就会卷土重来”。另外，推迟攻势还会“令素来胆小如鼠的埃及人彻底灰心丧气”。[49]

94

普吕弗坚决反对推迟攻势的态度很奇怪，因为他给奥本海默的信的大部分篇幅都在解释，向运河的进攻为什么注定要失败，因为他认为“现有手段不足以完成此项任务”。但普吕弗催促尽早进攻或许有一个不可告人的目的。在君士坦丁堡的时候，他目睹了把土耳其拖入战争的漫长努力，而且他从发往大马士革的情报也一定能了解到，统一与进步委员会领导层中仍然有人在百般努力，希望退出与德国的联盟，向协约国求和。一旦向苏伊士运河发起进攻，主和派就无路可走了。那样的话，土耳其和德国就将成为绑在一根绳上的两只蚂蚱，只能同生共死。

不久之后，杰马勒收到了君士坦丁堡发来的一份简短的电报：苏伊士运河攻势务必即刻展开。

第5章

可鄙的乱局

在叙利亚方面，我们的敌人不是土耳其，而是法国。

——1915年2月，T.E.劳伦斯写给家人的信[1]

95

在萨沃伊饭店安顿就绪之后，劳伦斯占据了办公室里最大的一面墙，挂上了一幅巨大的奥斯曼世界的分地区地图。在闲暇时刻，他就倚靠着对面的墙，久久地凝视着地图，纵览帝国的广阔。

1915年1月，他在等待土耳其军队进攻苏伊士运河，已经等得有些不耐烦。原因之一在于，他对这场战事的结局几乎没有疑问。土耳其人要想抵达运河，必须先穿过贫瘠荒凉的西奈半岛的150英里路程。根据他对这一广大地区的了解——尤其是水资源的匮乏，劳伦斯坚信不疑，敌人的进攻部队规模肯定很小——绝不会像英国军方的某些危言耸听的人提出的那样，能够达到10万之众，所以很容易打退。[2]

他焦躁的主要原因是，他已经在考虑近东战争的下一个篇章，也就是打退土耳其人的进攻之后会怎么样。到那时，英军应当转守为攻。劳伦斯盯着萨沃伊饭店墙壁上的地图，寻找能够给奥斯曼帝国造成最大伤害的进攻目标。

他早已经认识到了这幅地图的一个真正怪异的地方：奥斯曼帝国虽然幅员辽阔，而且政治凝聚力不强，但是从地理的角度看，它得到了极好的保护。

96

奥斯曼世界的政治和精神核心当然是古城君士坦丁堡，以及它东面的群山连绵的安纳托利亚地区，即土耳其人祖先的故国。这种分布不可避免地让英国的战争筹划者们构想出了一个诱人的计划，即将敌人“斩首”：如果能占领君士坦丁堡及其所在地区，帝国的其他部分无疑会迅速土崩瓦解。

但是进攻君士坦丁堡的任何路线上都有着极大的障碍。土耳其的两个欧洲邻国——希腊和保加利亚都还保持中立，所以从西面没有多少空间能够从陆路逼近君士坦丁堡。理论上，英国的盟友俄国可以从安纳托利亚东端发动进攻，但是俄军已经在东线战场被德军大放血，所以可能在那个山区没走多远，人力和补给线就要出问题。至于南方路线，如果是从陆路进攻，就必须艰难地穿过安纳托利亚腹地，在当地一定会受到顽强抵抗，而且山区交通不便；如果从海路，舰队就必须穿过宽仅 3 英里的达达尼尔海峡，一路遭到两岸的土耳其堡垒的攻击。总而言之，要直接进攻君士坦丁堡绝非易事。

但是如果要从奥斯曼帝国的边缘下手，前景更加惨淡。英属印度军队在战争的最初几天就占领了伊拉克南部的油田，但是从那里出发，要穿过河流沼泽和沙漠，跋涉 700 英里才能接近安纳托利亚边境。同样，如果从埃及出发，就要先穿过荒无人烟的西奈半岛，然后在巴勒斯坦南部的狭窄咽喉要道与云集于此的土耳其大军短兵相接。

但是，在这广阔的土地上，奥斯曼帝国的天然屏障中的确有一个特别薄弱的点。那就是叙利亚西北部的亚历山大勒塔湾，地中海东部漫长的南北向海岸线在这里与曲折得多的安纳托利亚海岸线连为一体。亚历山大勒塔不仅拥有地中海东部最好的天然深水港——这是两栖作战的一个关键要素——而且它东面的地域相对比较平坦，地面部队可以有足够的活动空间，以向内陆推进。

但这些都是军事上的考虑，在劳伦斯抵达之前，早已有一些在埃及的英国高级军官认识到了这一点。劳伦斯的与众不同在于，他通过自己对该地区的知识——杰拉布卢斯就在亚历山大勒塔以东仅 97 100 英里处——和对奥斯曼社会的第一手了解，看到了其中的政治意义。

任何一个大帝国在兴兵作战时都面临着一个隐藏的巨大危险，那就是它的国境之内往往有很多群体不愿意和战争扯上任何关系。仗打得越久，破坏越大，这些群体就越满腹怨恨，也就越容易受到敌人的诺言和宣传的影响。欧洲的互相争斗的各大帝国在战争持续下去时都要纠结这个内在的危险，但欧洲人在这方面遇到的问题虽然有时会很严重，但和君士坦丁堡的青年土耳其党面对的问题相比，都是小巫见大巫。很简单，奥斯曼帝国是个多语言多民族的成分极其复杂的帝国，政府采取的任何取悦某个群体的行动都必然会疏离另一个群体。11 月政府号召圣战就产生了喜忧参半的结果，这是一个很好的例子。这个号召在短期内激起了穆斯林青年的热情，但让帝国的非穆斯林臣民惶恐不安。与此同时，很多保守的阿拉伯穆斯林已经对青年土耳其党对土耳其人的偏向感到不满，所以对政府的圣战号召无动于衷，认为这是一个越来越世俗化的政权在虚伪地打宗教牌。

如果说奥斯曼帝国是一个大马赛克，它也具有鲜明的特点，各种不同的“色彩”在帝国版图的不同区域占主导地位，或者影响力比较小。如果我们拉开一点距离来看这个马赛克，就会发现这个庞大帝国有一个点，多种不同色彩在那里汇流，形成了民族和宗教的爆炸中心：亚历山大勒塔。

劳伦斯已经确信不已，由于路途遥远，而且能获得的资源相对缺乏，对土耳其的常规作战是不可能奏效的。英国需要采纳一种非常规的战略：利用敌国社会内部的分裂，与不满分子联手。亚历山大勒塔盆地是一道分界线，它的北面是安纳托利亚的土耳其世界，南面则是广阔的阿拉伯世界。依据劳伦斯在杰拉布卢斯的多年经验，叙利亚北部的阿拉伯人对他们的土耳其主宰者非常仇恨。亚历山大勒塔同时位于亚美尼亚腹地的边缘，亚美尼亚人历史上多次遭到他们的土耳其邻居的屠戮，没有任何一个民族比亚美尼亚人更有反叛君士坦丁堡的理由。劳伦斯认为，英军如果在亚历山大勒塔登陆，除了在军事上有益处之外，还肯定会星火燎原地激起叙利亚人和亚美尼亚人发动起义、反抗土耳其人，这些起义自然会有助于英军的努力。

98 劳伦斯还掌握了一些第一手信息，让这个主意显得更加诱人。将安纳托利亚与它南面的地区连接起来的主要公路途经亚历山大勒塔盆地，劳伦斯在那里待过，深知这条公路的路况非常糟糕。另外，连接君士坦丁堡与帝国的阿拉伯领地的汉志铁路也经过亚历山大勒塔盆地，更准确地说，这条铁路只是部分地连接君士坦丁堡与阿拉伯地区，因为劳伦斯在六个月前受斯图尔特·纽科姆之托曾旅行途经这一地区，他知道汉志铁路在亚历山大勒塔以北的托罗斯山脉和阿玛努斯山脉中的两个关键路段远远没有完工。这意味着，如果英军控制了亚历山大勒塔盆地，土耳其人无法快速做出反应，而盆地以南的所有地区因为被切断了补给和援兵，都很可能会迅速陷落。那么，英军只需在亚历山大勒塔维持少量兵力——劳伦斯估计两三千人足矣——就可以不仅将奥斯曼帝国一分为二，还迫使它无法在战争中利用它的三分之一人口和超过一半的陆地疆土。

并非只有劳伦斯一个人认识到了亚历山大勒塔极大的薄弱性。土耳其人对此也有深刻认识，正因为此，他们才在第一次世界大战的一个屈辱的插曲中卑躬屈节。

1914 年 12 月 20 日，一艘孤零零的英国战舰“多丽丝”号驶到亚历山大勒塔外海，胆大包天地玩了一个虚张声势的游戏。它向当地的土耳其指挥官发布了一条最后通牒：释放被羁押在城内的所有外国战俘，并交出全部弹药和火车车皮，否则城市就将遭到炮击。土耳其人没有火炮来对抗这样的攻击，于是在绝望之下威胁说，每当有一名土耳其公民在炮击中身亡，他们就将杀死一名英军战俘。这个威胁公然违背了《日内瓦公约》和《海牙公约》，在外交界引起了轩然大波，君士坦丁堡的青年土耳其党领导层很快收回了这个威胁。双方达成了一个奇异的妥协：土耳其人答应摧毁停在亚历山大勒塔火车站的两个火车头，英国人则不炮击城市。但是土耳其人很快就万般尴尬地承认，他们没有炸药，也没有懂得爆破技术的人员来实施爆破，于是“多丽丝”号在12月22日派出一名爆破专家上岸，在土耳其人保护下将火车头炸毁。英国政府对“多丽丝”号事件的注意力主要集中在土耳其人的死亡威胁，而劳伦斯却从此事看出，土耳其人对亚历山大勒塔可能遭到的威胁非常恐慌。[3]

99

劳伦斯虽然只是个负责校勘地图的少尉，但他是军事情报单位的一员，因此有一个独特的地位，能够将他的想法传播到英国战争筹划的最高层。英军高层之前也讨论过在亚历山大勒塔登陆的设想，但在劳伦斯抵达开罗后不久，这个计划就被加紧提上日程，这绝非偶然。1915年1月5日的一份军事备忘录提到了这个主题，鉴于此份备忘录语法上的怪异特点，几乎可以肯定它是劳伦斯写的：“两个很好的情报来源告诉我们，在叙利亚负责指挥的德国人最害怕的事情就是我军在叙利亚北部登陆。他们自己说，一旦我军在该处登陆，他们的阿拉伯部队就会普遍地叛变。德国人的这种恐惧无疑是很有根据的。我军占领亚历山大勒塔的直接后果将是，泛阿拉伯军事联盟将发动普遍的阿拉伯起义。”[4]

这种游说产生了效果。1915年1月15日，也就是劳伦斯抵达开罗仅一个月之后，他给自己在牛津的恩师戴维·霍格思写了封信。因为这封信会受到军方的审查，所以他刻意使用了一种含糊其辞的说法：“我们的某项工作进展顺利。我们一致努力，花了一个月时间把‘他们’从我们认为的错误路线上扭转过来——我们看样子已经完全胜利了，今天已经得到了我们目前想要的所有东西，所以现在感到无聊透顶。”[5]

他提到的“他们”是开罗和伦敦的英军高层，而“某项工作”则是指在亚历山大勒塔的两栖登陆。在劳伦斯看来，目前唯一要做的就是静候土耳其军队对苏伊士运河的攻势，安全解决这个问题。

将士们士气高昂，就连杰马勒帕夏也在一个短暂时期感到，战事或许会很顺利。“大家全都坚信不疑，一定能够跨过运河，”他回忆道，“我们应当在运河西岸掘壕据守，埃及的爱国者一定会奋起反抗，从英国人的背后攻击他们。”[6]

奥斯曼第4集团军将士在1915年1月底士气如此高涨的一个原因是，他们在穿越西奈半岛时表现出了非同寻常的坚忍不拔，这是一个光辉的典范，证明土耳其人的顽强再加上德国人的组织能力能够取得怎样了不起的成就。穿越这120英里的行动已经筹划了好几个月，在后勤安排上付出了几乎是超人的努力。工兵单位在德国军官的监管下，在大部队前面出动，在沙漠里分散开，为大部队寻找水井、建造雨水蓄水池，并设置弹药堆放点。庞大的牛群拖运着渡过苏伊士运河所需的浮桥的部件和部队的重炮，军方还从远至阿拉伯半岛中部的地方调来了大约1.2万头骆驼，来运输补给物资。1月初，1.3万土耳其军队兵分三路穿过沙漠，尽管行军途中条件极其艰苦——每人每天的口粮定量仅有半磅饼干和少量橄榄，但到月底还是在运河以东仅几英里处安营扎寨下来，做好了进攻准备。在埃及的英国人肯定知道土耳其军队的进攻已经迫在眉睫——英军的侦察机曾拍摄到土军某些部队，甚至偶尔还向其开火——但并不清楚敌人的兵力有多少，也不知道敌人将从100多英里长的运河沿岸的哪个地点发起进攻。就是这一点让杰马勒的部队士气高涨。

100

“当时，我每天夜里都和官兵讨论即将到来的胜利，”他写道，“那将是多么光荣的胜利啊。我希望这神圣的火苗在全军心中熊熊燃烧……如果有什么无法预见的幸运让此役一举成功，我们自然会将它视为伊斯兰和奥斯曼帝国得到最终解放的好兆头。”[7]

库尔特·普吕弗少校就没有这么乐观了。他和其他一小群德国下级军官一道，忍受了此次沙漠行军的艰难险阻。他把成功穿越沙漠完全归功于杰马勒的主要德国军事顾问——一个叫作弗里德里希·克莱斯·冯·克莱森施泰因的中校，他的名字颇为有趣——的细致入微的筹划。但筹划也不是万能的，虽然普吕弗不是职业军人——他和 T. E. 劳伦斯一样，虽然获得军官的职衔，但不曾接受过任何军事训练——但他能够认识到，现代战争的新面貌几乎肯定意味着，即将展开的攻势会出岔子。尤其是，在航空侦察的时代（当时航空侦察还处于萌芽期），英国人对敌人的兵力和意图的了解肯定比土耳其人想象的细致得多。

普吕弗自己对运河做了一次侦察，证实了这些想法。土耳其军队的进攻计划是，两翼分别在运河的南北两端发动牵制性佯攻，而主力部队——约 6500 人——在运河的中点附近、大苦湖以北不远处发动猛攻。1 月 25 日上午，普吕弗来到已经潜伏在运河岸边的一个侦察组那里，发现湖里只有两艘英国挖泥船和几艘较小的船只。但三天之后，湖里就有好几艘运输船和两艘巡洋舰；1 月 30 日，就有多达 20 艘船。在此期间，一架英国作战飞机向土军的指挥部营地投掷了两枚炸弹，普吕弗险些丧命。

101

“我承认，炸弹的重击、猛烈的爆炸和滚滚黑烟让我颇为惊恐，”他在日记中写道，“但我尽可能掩饰自己的恐惧。营地里，所有人都乱糟糟地跑来跑去。”[8]

在普吕弗看来，这都预示着大祸临头。“湖里敌人的巡洋舰控制着局面，”他在 1 月 30 日侦察回来之后写道，“我们还没接近运河就会被全部消灭。”[9]在生死未卜的战役前夜，他吃下了战前的最后一餐：芦笋和法式烤面包。

1915 年 2 月 3 日清晨，进攻终于开始。土耳其工兵利用一场短暂的沙尘暴的掩蔽，在河边搭建起了 10 座浮桥，步兵则在后面等待过河。但在一个关键时刻，英军的一台探照灯发现了敌人的活动；在步枪火力和炮火组成的弹幕中，七座浮桥很快被摧毁。这对奥斯曼第 4 集团军来说或许其实是件好事，因为它减小了屠杀的伤亡。有大约 600 名土耳其士兵在退路被切断之前冲到了对岸，全部被杀死或者被迫投降。[10]

普吕弗受命带领一长队拖运沙袋的大车上前，这的确是个堂吉诃德式的任务。计划是要用这些沙袋堵塞运河，形成一座通往对岸的桥梁。但是，他这一整天都在英军炮弹四处开花的混乱局面中从一个地点爬向另一个。

到天黑时，杰马勒和他的高级德国顾问们认定局势已经无望，于是开始穿越西奈沙漠撤退。但让所有人意外的是，英军并没有追击这支败军，所以它的撤退井然有序、纪律严明，就像来时一样。

库尔特・普吕弗虽然在战役前夜就没抱什么希望，但运河上的挫折还是让他垂头丧气。他在战斗中有一只手臂被弹片击中，负了轻伤。他待在西奈半岛东缘的一个叫作哈菲尔安德沙的绿洲小镇养伤，同时向马克斯・冯・奥本海默和德国驻土耳其大使汉斯・冯・旺根海姆发送报告。他直言不讳，甚至是挖苦嘲讽地指出，这次战役未能让埃及人揭竿而起。

“虽然我们百般煽动，”他在给奥本海默的信中写道，“虽然我们发放了数千份圣战小册子，但没有一个人向我军投诚……埃及人在绝望中都非常怯懦，对自己的祖国没有真正的爱。”[11]

但他的失望显然有着更深刻的根源。自从与马克斯・冯・奥本海默组队以来，这位先前的东方学者就狂热地支持泛伊斯兰圣战思想，以打击德国的敌人。不仅是这场战斗，整个西奈战役都证明了这种想法的荒谬。从一开始，进攻部队中的土耳其人和阿拉伯人之间的关系就很紧张，随着时间流逝，摩擦越来越严重。很多阿拉伯单位一听枪响就逃之夭夭，或者根本没有展开作战，还有些单位叛变投敌。普吕弗对贝都因游牧战士——其中很多人是他亲自招募来的，作为侦察兵——特别鄙夷，这些人在决定性的日子也作鸟兽散了。事实上，这些内斗不休的士兵的唯一共同点就是，他们都讨厌德国顾问。甚至很多土耳其军官也对德国人在整个战役中给出的指令采取了“消极抗拒”的态度。

普吕弗从哈菲尔安德沙告诉他的老导师：“圣战是一场悲喜剧。”[12]

杰马勒帕夏对此役的评估倒是比较乐观。这次攻势虽然没能像他预期的那样让埃及人发动起义，但迫使英军在埃及保留更多军队，所以其他战场能够动用的兵力就减少了。另外，由于他及时叫停战斗，部队主力尚存。与此同时，杰马勒和普吕弗各自穿过西奈半岛撤退的途中，无疑都有一种越来越强的忧虑不安。战争就是以牙还牙，英军的报复性进攻很快就要降临了。问题是，英军会进攻什么地方。从他们最近穿过叙利亚的艰难旅途的经验来看，两人都知道，最有可能的地点是亚历山大勒塔盆地。

让他们担心的不只是破败的铁路和这个咽喉要冲的形似运河的糟糕公路。全国都在搜寻可靠的一线部队，所以土耳其人被迫将保卫亚历山大勒塔地区的任务交给了两个几乎完全由叙利亚阿拉伯人组成的二流的师。阿拉伯人在最好的时候都对土耳其主子心怀不满，而当前可不是奥斯曼世界的最好时候，这些阿拉伯部队很可能一看到协约国军队登陆就土崩瓦解，或者甚至改弦易张。

杰马勒帕夏对亚历山大勒塔的焦虑已经让他做出了一个鲁莽的决定。他急于掩饰这座城市可悲的脆弱程度，所以在去年 12 月英军战舰“多丽丝”号在岸边苦苦相逼的时候，发出了处死英军战俘的威胁。在苏伊士运河攻势失败之后，叙利亚总督确信不疑，英国人会再一次把注意力转向土耳其的阿喀琉斯之踵，但是这一次不会有谈判，也不会有办法阻止他们了。

103

在人类历史上，曾经发生过多次这样的事情：一支军队占尽了优势，似乎必胜无疑，却出人意料地与胜利失之交臂、最终落败。这种现象一般有三个原因：狂妄自大，即对己方的军事或文化优势盲目自信，没有认真对待敌人；政治干扰；或者井蛙之见，即战争筹划者和将帅们的一种奇怪的倾向，认为只要投入更多兵力和火力，战术的缺陷就能得到修正。1915 年初，英国军方同时犯下了这三个错误，最终走向了一场规模极大的惨败。

2 月 3 日，土耳其军队向苏伊士运河的进攻被轻松打退。劳伦斯和开罗情报单位的其他成员都以为，在亚历山大勒塔登陆的计划应该会马上实施了。但是，伦敦的战略家们已经开始把注意力集中在奥斯曼海岸线的另一个地点：君士坦丁堡以南的达达尼尔海峡。[13]

达达尼尔海峡是地球上一个构造比较奇特的地点，是一条狭长的、类似峡湾的水道，东岸是土耳其的亚洲大陆，西岸则是群山延绵的加里波利半岛。海峡长 30 英里，在群山之间蜿蜒前行，北端与马尔马拉海相连，马尔马拉海的远端就是君士坦丁堡，即今天的伊斯坦布尔。达达尼尔海峡的南端入口注入地中海，一直被视为君士坦丁堡的门户，自古以来，所有曾控制这一地区的文明都在这里经营防御工事。1915 年初在海峡上方的诸多奥斯曼堡垒是在拜占庭堡垒的废墟之上建起来的，而这些拜占庭堡垒则是建在希腊和罗马堡垒的遗址之上。

自土耳其参战以来，“闯过关口”就一直是英国高层很感兴趣的想法，最热衷于这个计划的就是海军大臣温斯顿·丘吉尔。他再三向英国内阁指出——他讲话的风格常常让人腻烦——毫无防御的君士坦丁堡就在达达尼尔海峡以北，现在有很好的机会快速地将土耳其敌人斩首，让其退出战争。突破达达尼尔海峡的另一个理由是，俄国在北方受到了德国和奥匈帝国的很大压力，因此向西方协约国求援。俄国的北方港口要么仍然冰冻三尺，要么处于德国 U 艇的监视之下，所以丘吉尔主张，唯一的海上救援线路就在南方。

104

伦敦方面对在达达尼尔海峡采取海军行动渐渐达成了共识，那些在开罗主张在亚历山大勒塔登陆的人处于下风；他们从上级那里得到的说法是，皇家海军将集中力量在达达尼尔海峡作战，如果要支援亚历山大勒塔登陆，兵力就过于分散了。这种说法是非常荒谬的。即便是陆军部最悲观的评估也认为占领亚历山大勒塔需要约2万人——这比劳伦斯设想的两三千人多得多，但与在西线蹲在战壕里盯着无人地带的兵力相比就微不足道了。[14]真正的问题是英军体制上的目光短浅。因为此刻达达尼尔海峡已经被定为近东的头等要务，在亚历山大勒塔的任何行动都会被视为牵制性攻击，而墨守19世纪的军事成规——集中全部可用兵力于一点——的英国高级将帅们认为，任何牵制性攻击都只是浪费兵力而已。

此外，英国高层极端地目空一切。它固执地认为，土耳其是个三流国家，土耳其士兵营养不良、训练乏力、武器装备很糟糕，而且喜欢造反。仅在过去的五年中，土耳其就接二连三地被意大利人、保加利亚人、希腊人、塞尔维亚人和黑山人击败。最近，土耳其军队又在苏伊士运河吃了败仗，在土耳其东部的萨勒卡默什战役中惨遭俄军屠戮。1914年11月，一位英国军官向上级报告称："总体而言，土耳其军队只是一支民兵队伍，训练不足，士兵都是些虽然吃苦耐劳但是愚钝的农民，像大多数未受过教育的人一样，遇到意外情况容易惊慌失措。"[15]这种乌合之众面对大英帝国的威力，能有什么机会呢？因此，既然可以在君士坦丁堡将敌人斩首，为什么还要在亚历山大勒塔掐敌人的脚后跟呢？

但决定事态发展的还有另外一个因素，与军事战略或者狂妄自大无关，而与政治有着紧密联系。自开战以来，法国人就提出了对叙利亚的权利主张，战争结束后就要将这个战利品收入囊中。尽管亚历山大勒塔飞地的位置在一般认为的大叙利亚的边境之外，但英国人鼓吹的"一旦在亚历山大勒塔登陆，叙利亚人肯定会揭竿而起"的说法——颇具讽刺意味的是，是劳伦斯发给伦敦的报告在很大程度上促成了这种说法——让法国人非常焦躁。简单地说，如果协约国要进军叙利亚地区，法国人希望从一开始就参加行动，以便掌控那里的局势。这倒也能说得过去，但是问题在于，法国人因为在西线兵力吃紧，抽不出部队来攻打亚历山大勒塔，所以它要求自己的盟友也不要碰这整个地区，包括亚历山大勒塔。

劳伦斯认为，毁掉亚历山大勒塔计划的不是英国陆军部的短视，而是法国人的阻挠。这种看法是否正确，暂且不谈。2 月初，关于法国人立场的消息传到了萨沃伊饭店的情报单位，大家无不瞠目结舌。劳伦斯在给父母的短信中恼怒地写道："在叙利亚方面，我们的敌人不是土耳其，而是法国。"[16]

但从最初的情况来看，劳伦斯的愤慨可能不合时宜，而达达尼尔海峡战役的开场很成功。2 月 19 日，英国和法国的小型联合舰队抵达海峡南端入口，开始以远程火炮恣意轰击那里的土耳其要塞。土耳其人能组织起来的还击炮火少得可怜，他们的大部分外围堡垒很快化为齑粉，英国舰队指挥官自信满怀地预测称，他们就这样有条不紊地在海峡北上，同时摧毁剩余的土耳其工事，两周之内就可以抵达君士坦丁堡。君士坦丁堡的市民们显然很同意他的看法。协约国舰队驶离海峡，以便为最后猛攻补充弹药时，君士坦丁堡的陷落似乎也就是指日可待、板上钉钉的事情。[17]土耳其的黄金储备被匆匆转移到内陆的一个安全地点，很多政府高官已经在悄悄地安排逃跑的计划。

T. E. 劳伦斯并不认同君士坦丁堡陷落指日可待的观点。恰恰相反，他还抱着一线希望，认为在达达尼尔海峡行动正儿八经地展开之前，或许还能压倒法国人。于是他利用 2 月 19 日炮击之后的间歇，继续推动亚历山大勒塔登陆计划，但是收效甚微。英国军方高层对他的论点充耳不闻，于是他最终去找戴维・霍格思，因为他知道霍格思在英国政坛人脉很广。

劳伦斯和他的恩师霍格思一直保持着一种轻松愉快、学院式的关系，但他 3 月 18 日给霍格思的信却是截然不同的口吻：苦苦恳求，甚至是强硬地要求。他先是概括了占领亚历山大勒塔的关键意义——“您知道的，它是整个地方的关键所在”——并警告了让该城落入其他任何一个国家手中的危险后果，然后几乎是向霍格思发号施令，让他去排除这个计划面对的各种障碍：“您能不能找什么人告诉温斯顿（丘吉尔），那里的海岸上有石油泉眼（很多工程师对此持赞成意见，但是土耳其人一直拒绝将其作为特许区承包给外国公司），北面10英里处的德尔特约尔附近有储量巨大的铁矿，还有煤矿……如果可能的话，您再去找外交部。向他们指出，在《巴格达公约》里，法国把亚历山大勒塔让给了德国人，还同意，它不属于叙利亚。您要发誓赌咒说亚历山大勒塔不是叙利亚的一部分，您知道那里是说土耳其语的……用一万兵力占领亚历山大勒塔，我们的地位就固若金汤了。”[18]

106

不管霍格思有没有能耐去执行劳伦斯的这些指示，一切都已经太晚了。就在劳伦斯发出这封信的那一天，即3月18日，协约国舰队返回了达达尼尔海峡入口处，继续炮击。这一次，战局的发展出乎意料。

在最初的三个小时内，协约国舰队就像2月时那样轻松地对岸防工事狂轰滥炸。但当第一线的舰船受命后撤，以便为第二线舰船腾出位置时，麻烦开始了。2月时，土耳其人注意到了协约国舰队的一个怪癖，即掉转航行时几乎总是转向右舷。他们估计这个习惯会持续下去，于是前不久在协约国舰队右转必经之路的一个小海湾内布设了水雷。果不其然，下午2时，协约国舰队的第一线舰船径直闯进了雷场。三艘战舰迅速沉没，还有三艘遭到重创。[19]

虽然“任务蠕变”① 的说法，及其带有的各种负面含义，在

---

① 任务蠕变是指任务原先的目标有限，但在执行过程中，或许是受到起初的成功的鼓励，任务规模和目标扩大，往往以惨败收场。这个词于1993年美国干预索马里内战时首次使用，后来延伸到商业领域。

1915年还未诞生，但用来描述这个例子非常贴切。英军高层在分析3月18日的雷场惨败时得出了合理的结论，即仅用海军是不可能扫清达达尼尔海峡的。他们却不曾认识到，整个行动都应当放弃，而另谋他策。恰恰相反，协约国决定加大赌注，不仅从海上攻击海峡，还要发动地面攻势。

过了相当长的时间，人们才意识到，这将是第一次世界大战中最命运攸关的决定之一，最终导致中东战事速战速决的希望彻底破灭，因此也间接地拖长了欧洲战事。与此同时，原本已经在考虑放弃首都的君士坦丁堡政权得到了一个喘息之机，而协约国再次暂停战事，去拼凑地面部队。

1915年隆冬，纽约标准石油公司终于做出了安排威廉·耶鲁去向的决定。他受命离开开罗——这个现代版的所多玛和蛾摩拉让生性保守的扬基人非常憎恶——返回君士坦丁堡。

107

纽约标准石油公司或许比其他任何一家国际企业都更精明狡黠，它已经对第一次世界大战这场正在展开的悲剧做了研究，决定插手其中，借以渔利。在战争的最初几天内，公司就已经想出一个计划，要把自己的油船登记为中立国船籍，然后向欧战的两大阵营同时供应石油。这个计划已经被揭穿，但耶鲁发现，纽约标准石油公司又想出了一个别出心裁的新办法，通过中立国保加利亚向土耳其秘密输送石油。但这和标准公司下一个计划相比就是小巫见大巫了。正是为了这个新计划，公司才派耶鲁返回土耳其。

百老汇大街26号的老板们认识到，只要全欧洲范围的大战一直打下去——同样关键的是，美国必须置身事外——他们就差不多是奥斯曼帝国的庞大疆域内的石油市场的唯一玩家。他们的英国、法国和俄国竞争对手们在战争结束前都出局了，他们现在有了一个黄金机遇来独吞近东的石油特许区，而且他们是唯一一家没有受到战争影响的大型石油公司，所以他们能够以贱价大肆收购。他们的计划的基础是，土耳其急需石油，如果要有希望在军事上与西方列强竞争的话，就非要有这种关键商品不可。纽约标准石油公司通过保加利亚输给土耳其的石油与它的需求相比还是杯水车薪。为了解决供不应求的问题，标准公司还有一个潜在的解决方案：巴勒斯坦。

从19世纪初开始就有很多地质学研究表明，巴勒斯坦中部可能是世界上尚未开采的最大油田之一的所在地。[20]威廉·耶鲁在1913～1914年参加的勘探组只勘探了该地区的极小部分，大约4.5万英亩，受到各特许区边界的限制。标准公司希望大规模扩张自己在巴勒斯坦的领地，现在找到了促成此事的办法。

在耶鲁返回君士坦丁堡之前，纽约标准石油公司在君士坦丁堡的官员已经通知奥斯曼政府，在慎重斟酌之后，他们遗憾地得出了结论，他们在克恩纳布的七个特许区面积太小，没有开采价值。[21]当然，这个结论颇有些蹊跷，因为纽约标准石油公司刚刚做了极大努力来开发这些特许区，但对急缺石油的奥斯曼政权来说，更紧迫的问题当然是，标准公司还需要多少英亩？回答是：再来50万英亩，具体来讲，差不多是从死海到地中海的整个朱迪亚中部地区，覆盖了今天的以色列国版图的约1/10。[22]

但是这一切有个关键的细节，纽约标准石油公司一直隐瞒着土耳其人。公司不打算在战争结束前钻井采油，更不要说进行精炼了。[23]它的唯一目的是利用战争造就的这个“黄金时刻”来牢牢控制住这50万英亩土地，留待将来开发；如果向恰当的外交官和政治家施加了恰当的压力，不管哪一方最终在战争中获胜都不要紧，标准公司都能大捞一笔。 108

威廉·耶鲁是纽约标准石油公司旗下对巴勒斯坦最熟悉的雇员，他将是占据这片土地的先头尖兵。但当务之急是修改土耳其的采矿法律。现行的法律过于陈旧和复杂，对标准公司企图实施的大规模吞并土地行动是不小的障碍。为了达到这个目的，纽约标准石油公司驻君士坦丁堡的办事处开始为土耳其议会编纂一套全面的新采矿法的建议——他们已经收买了土耳其参议院的秘书，所以工作开展起来比较容易[24]。耶鲁也是编纂委员会的一员。于是乎，年仅27岁的耶鲁，不到18个月之前还在俄克拉荷马州油田干杂活的耶鲁，居然扮演了重写一个大帝国的商业法律的关键角色。

耶路撒冷的德国招待所是一座雄伟的建筑，由黄色石料和板岩建成，坐落在橄榄山的山脊上。今天，它周围的青松翠柏已经让它的威严线条柔和了不少，但在20世纪初它刚落成的时候（德皇威廉二世命令建造了这座招待所，并规定了其规格），它的光秃秃的地面和山脊之上居高临下的位置让人不禁想起一座巴伐利亚城堡。

招待所是为了接待德国朝圣者和访问圣地的神职人员而建造的，它有一种特别赏心悦目的中世纪修道院的风尚，各层之间由粗犷的石制阶梯连接，敞开式的内部走廊俯瞰着有回廊环绕的花园。底层有一座石制大教堂，融合了彩色玻璃窗和摩尔式的拱门，令人想起科尔多瓦的大教堂。这座招待所非常恢宏庄严，第一次世界大战期间杰马勒帕夏在耶路撒冷的司令部就设在这里。1915年2月，苏伊士运河战役失败之后，他和他的德国联络官库尔特·普吕弗就返回了这里。

在耶路撒冷，总督很快就以在行政工作中暴躁易怒而闻名。1915年初，他到招待所办公的第一天，他的新任私人秘书——一个叫作法里赫·勒夫克的21岁的预备役军官——就体验到了他的火气。勒夫克被带进杰马勒的内室，看到三名军官向总督呈上高高一摞文件，总督匆匆地签字，军官们又把文件收走。自始至终，杰马勒看都没看那20多个站在房间一角战战兢兢、面色惨白的人一眼。杰马勒终于把文件都签完了，转向那群人——他们是巴勒斯坦的纳布卢斯镇的长老——问他们是否知罪。纳布卢斯的长老们显然没意识到这是个反问句，开始辩称自己是无辜的，恳求开恩。

109

“住嘴！”杰马勒大发雷霆，“你们知道自己该当何罪吗？死罪！死罪！”他给了对方一点时间来吸收这个信息，然后用平静一些的口吻说道：“但奥斯曼国家格外开恩，你们应当感谢真主！目前我就只把你们和家人放逐到安纳托利亚。”[25]

那些人感恩戴德、点头哈腰一番之后被推推搡搡地带了出去，杰马勒转向勒夫克，耸耸肩说道：“我能怎么办？这儿就得这么办才成。”

这个小插曲是杰马勒帕夏管理风格的典型例证，“反复无常”这个词仿佛就是为了他而造出来的。他永远在狂怒的严酷和温和的宽宏大量之间摇摆不定（往往是在同一番谈话中），让身边的所有人都始终无法揣测他下一步可能做出怎样的反应。贝鲁特的叙利亚新教学院的院长霍华德·布里斯回忆说，有一次有个英国人去求杰马勒办事。总督直截了当地拒绝了对方的所有要求，这时碰巧一名副官递过来一个封口的信封。杰马勒读了读内容，心满意足地微笑起来。

“我现在可以答应你的全部请求了，”他宣称，“我刚收到了保加利亚国王授予的勋章，在这种时候我总是会批准第一批请求。”[26]

他这种行事风格产生了一个结果，就是事情得不到真正的解决。请愿的人们知道杰马勒的大多数严酷命令都可能会被收回成命，或者他答应的好处也有可能很快被撤销，所以都选择在他心情好的时候去找他，或者持续不断地恳求他，以增加心愿得遂的概率。

但我们要为叙利亚总督辩护一下：让他暴躁的事情的确是太多了。到1915年3月，他遭遇了一连串危机，最乐观的人遇到这种情况也会感到自己饱受欺凌。他经历的第一场危机发生在3月22日，几乎到了变态的地步：蝗灾。

西班牙驻耶路撒冷领事，一个叫作安东尼奥·德·拉·谢尔瓦·德·巴约巴尔伯爵的帅气时髦的小伙子，这天早上正在办公室里工作，发现天空突然戏剧性地黑了起来，就好像发生了日食一样。“我从阳台上往外张望，看到巨大的乌云完全遮蔽了阳光。” 110

乌云渐渐下降，巴约巴尔才看清，那是几百万只蝗虫。“地面、阳台、屋顶、整座城市，然后是乡村，一切都被这些可悲的小虫子遮蔽了。”[27]

不到一个钟头，蝗群向东面的杰里科推进，但在随后几天内，整个巴勒斯坦中部地区各处都传来了蝗灾的报告。据报告称，几个小时之内，整片果园和天地化为不毛之地，农畜和短时间内无人照管的婴儿的眼睛被蝗虫盯瞎。[28]

圣地在古时也曾有过蝗灾，但近现代不曾发生过这样严重的灾情。而且蝗灾发生的时机也特别糟糕。战争已经造成了极大压力——数万名叙利亚农民应征入伍，农畜和机械也被肆意征用——蝗灾更是雪上加霜，注定要让原本已经困难重重的播种季节更加糟糕，导致大范围的粮食短缺和粮价飙升。巴约巴尔领事注意到，蝗群在耶路撒冷着陆的几个钟头之内，城里市场的小麦价格已经激增。

杰马勒帕夏的确像他自己标榜的那样是个改革家，他没有按照奥斯曼国家惯常的做法，组建一个委员会或者任命某个谄媚之徒来救灾，而是立即招来了叙利亚最有名的农学家——39 岁的犹太移民亚伦·亚伦森。

这两个极其倔强执拗的人在 3 月 27 日会了面，按照杰马勒的偏好，双方是用法语交流的。会议一开始就不顺利。亚伦森概括了可以抵御蝗灾的现代技术，还利用这个机会直率地批评了军队的横征暴敛——由于这种大规模征用，在蝗灾发生之前该地区就已经濒临毁灭。根据亚伦森后来的记述，总督最终用一个简单的问题打断了亚伦森的长篇大论：“如果我现在把你绞死，怎么办?”

亚伦森的反驳非常机智，既指出自己身躯肥胖，也暗示自己在国外人脉很广：“阁下，我身体的重量会让绞刑架轰然坍塌，那巨响在美国也能听得见。”[29]

杰马勒显然很喜欢这个回答。会议结束前，他已经任命亚伦森为一个新的抗蝗灾项目的总监，并赋予他几乎是独裁的权力来执行任务。总督传话出去，如果哪个下级官员胆敢妨碍亚伦森的工作，就必须向总督本人负责。[30]

111

蝗灾的问题可以交给一位专家来处置，但杰马勒在这年 3 月的其他麻烦就不是那么容易解决了。

近一段时间以来，他已经得到情报，帝国的“阿拉伯问题”或许比君士坦丁堡的任何人想象的都要严重，他们在叙利亚可能是坐在一个火山口上。

土耳其于 1914 年 11 月参战不久之后，土耳其反谍报单位的一些军官进入了已经关闭的法国驻贝鲁特领事馆，发现了墙壁上隐藏着一个保险箱，里面藏有一些文件。这些文件表明，法国领事长期以来一直在与贝鲁特和大马士革的反对青年土耳其党政府的阿拉伯领袖眉来眼去。这些阿拉伯人不单单是反对政府，他们向法国领事提出的一些建议——叙利亚独立、法国在黎巴嫩建立保护国——根本就是彻头彻尾的谋反。

惩罚满腹牢骚的纳布卢斯长老还是小菜一碟；对贝鲁特和大马士革的领事馆密谋者采取行动就棘手得多了。很多密谋者在阿拉伯世界闻名遐迩，如果将他们处决或者放逐，就可能会激发土耳其希望避免的阿拉伯起义。另外，还可能会让更广大的阿拉伯伊斯兰世界——包括被占领的埃及和法属北非——产生惊恐情绪，而君士坦丁堡此时正在努力煽动这些地区的人民加入到泛伊斯兰圣战中。因此，杰马勒别无办法，只能走一步算一步。他将在贝鲁特收缴来的文件藏在自己在大马士革的办公室内，努力通过佯装一切正常和使用奥斯曼帝国的惯用招数——赏赐闲职和荣誉地位——来把这些不满分子拴牢。这种策略最终也许能把密谋者拉到他这边来，或者揭示阴谋圈子的范围，但就在协约国入侵叙利亚的可能性激增的时候还让这些叛徒逍遥法外，非常让人头疼。

但在叙利亚，每个问题都会带来另一层面的新问题。贝鲁特的异见分子几乎全都是所谓的进步人士，即受到欧洲的民族主义和自决自立思想熏陶的阿拉伯城市自由主义者。而在3月底，杰马勒还有另外一个敌人——阿拉伯保守派，这些人被青年土耳其党的现代化改革（在他们看来是世俗化）激怒了。这个保守派危机很快就凸显出来，一个轻言细语的31岁男子来到了总督门前。他的名字是谢赫费萨尔·伊本·侯赛因。

费萨尔是埃米尔[①]侯赛因的第三子。侯赛因是阿拉伯半岛西部辽阔的汉志地区的贝都因诸部落的领袖，共有四子。更重要的是，费萨尔的父亲是麦加和麦地那这两个穆斯林圣地的谢里夫（宗教领袖），也是自10世纪以来一直守卫伊斯兰圣地的哈希姆家族[②]最新的一位当家人。

112

青年土耳其党和埃米尔侯赛因之间的关系从一开始就很紧张，后来也没有任何改观。侯赛因极端保守，思维方式几乎是中世纪式的，对君士坦丁堡发出的一连串自由主义的敕令越来越看不顺眼。青年土耳其党解放妇女、推进少数派权益、削弱宗教领袖的民政权力，这些举措都让侯赛因不爽。甚至青年土耳其党打击奴隶制（当时奴隶制在汉志还很常见）的努力也让侯赛因反感。很能说明问题的是，埃米尔侯赛因的怨恨的最显著焦点是政府将汉志铁路从

---

① 埃米尔是阿拉伯国家的贵族头衔。其最初本意有军事统帅的意思，最早用于哈里发派驻在外的军事统帅及各地总督，亦有作为最高级贵族称号。随着阿拉伯帝国的内乱，各地总督与哈里发之关系越发疏离，最后不少地方的埃米尔与哈里发之间的从属关系仅仅是象征性的，埃米尔遂在此权力交替中取得一地之军政大权，并成为当地的君主。

② 哈希姆家族是伊斯兰教先知穆罕默德的后裔繁衍而成的家族名称，近代曾统治过汉志王国、伊拉克，至今仍统治着约旦。其始祖是定居于麦加的古莱什部落哈希姆（约464年—?）。哈希姆的原名是阿穆尔，“哈希姆”的意思是“掰开面饼的人”，这个称号的来源是某一年麦加旱灾时哈希姆拿出自己的食物赈济灾民。哈希姆的曾孙即为先知穆罕默德。穆罕默德将其女儿法蒂玛许配给侄子阿里，法蒂玛生有两子，哈桑和侯赛因，侯赛因的后人发展成为现代的哈希姆家族。哈希姆家族世代居住于麦加，获得了谢里夫的称号，身为“圣裔”的他们多年都在伊斯兰世界备受尊重。

麦地那延伸到麦加的计划。侯赛因并不认为铁路的扩建是进步的标志、是帮助穆斯林朝觐者更方便快捷地前往圣城的便利，而把它看作是君士坦丁堡借以强化对该地区，尤其是对他本人的控制的特洛伊木马。于是，君士坦丁堡任命的汉志民政总督和这位埃米尔及其儿子们之间发生了接二连三的冲突。[31]

自土耳其参战以来，双方关系持续恶化，造成了更加严重的后果。侯赛因是伊斯兰世界最德高望重的宗教人物之一，他对政府在11月发出的圣战号召置若罔闻，所有人都很快注意到了他的冷淡态度，这也被认为是圣战不温不火的主要原因之一。团结一致、共同为战争努力的号召也没能让侯赛因的长子阿里和麦地那现任总督抛却宿怨、握手言和。这两人的长期仇恨有时已经接近公开的武装对抗。另外，杰马勒要求埃米尔提供志愿兵去参加苏伊士运河攻势，也没有得到有力的回应。奥斯曼政府原本以为侯赛因能派出数千名贝都因战士，但侯赛因的次子阿卜杜拉只带了一小队人马去叙利亚参战。

虽然侯赛因父子如此放肆，但必须要格外小心地对待他们，比处置贝鲁特的不满分子要更讲策略。虽然从军事角度看，汉志没有叙利亚那样的重要性——汉志位于帝国的边陲，只有少数小城市，城市被广阔的沙漠环绕——但哈希姆家族的埃米尔能够为君士坦丁堡的事业赋予或者拒绝赋予宗教祝福，所以他具有超乎寻常的力量。于是，双方僵持了下来。显然，青年土耳其党希望要么让侯赛因乖乖听话，要么除掉他，但是以过于粗暴的方式对他动手就等于是向保守派挑衅，后果不堪设想。侯赛因也必须知道，青年土耳其党的耐心是有限度的，如果太过分，必然会招致大兵压境。

僵局在最近被打破了，产生了危险的后果。1月，侯赛因的长子阿里声称发现了麦地那总督推翻侯赛因、以更俯首帖耳的宗教人物取而代之的阴谋。费萨尔前往叙利亚就是为了上门兴师问罪。埃米尔侯赛因派他走出阿拉伯沙漠，去直面君士坦丁堡政权，既是为 113

了表达对这个阴谋的愤慨，也是为了要求将这名行省总督撤职。

但费萨尔的到来对杰马勒帕夏来说几乎可以算是个好消息，因为在惹是生非的侯赛因家族里最有可能通情达理的就是费萨尔了。和兄长一样，费萨尔也是在君士坦丁堡的苏丹内廷里长大和接受教育的，但这种文明的影响似乎对侯赛因的谦逊稳健的第三子影响最大。费萨尔的性格中有种谨小慎微，甚至是怯懦，或许施以好言好语和魅力，便可以对其加以利用。被拖进杰马勒办公室的倒霉的纳布卢斯长老们或许不会同意，但杰马勒的确很有说服人的魅力。总督打算在费萨尔及其随从进城时用迎接显贵的全套豪华礼节来迎接他。

耶路撒冷市中心的德国军事指挥部离德国招待所只有不到一英里远。在那里，库尔特·普吕弗也对费萨尔·伊本·侯赛因的到来颇感兴趣。但是，对于如何将侯赛因家族拉到土耳其—德国阵营来，他主张动用严厉的手段。早在1914年10月，杰马勒帕夏还没有抵达叙利亚的时候，普吕弗已经派遣了他自己的间谍去汉志摸清埃米尔侯赛因究竟效忠于哪一方。他在11月初向马克斯·冯·奥本海默发送了自己的结论：麦加的埃米尔实质上已经被英属埃及收买，因此“彻头彻尾地忠于英国人”[32]。

侯赛因除了在政治和宗教上明显与青年土耳其党存在分歧外，他的问题还涉及地理方面。汉志是奥斯曼帝国最孤立和贫困的地区之一，其经济几乎完全依赖于每年的“哈只”，即穆斯林信众前往麦加朝觐。朝觐的穆斯林大部分来自印度或者埃及。干旱的汉志的粮食主要依赖进口，这些粮食大多来自红海对岸的埃及或英属苏丹，是政府补贴的宗教捐献。英国海军是红海无可争议的主宰，要切断朝觐路线和汉志的粮食供应是易如反掌的事情，那样的话，汉志就会彻底灭亡。侯赛因把悬在自己头上的利剑的情况告知了君士坦丁堡，也就是因为这个原因，他在奥斯曼政权提出的要求面前必须小心行事。

但在库尔特·普吕弗看来，这不过是令人愤慨的虚张声势。他认为，简单地说，英国绝对不会让伊斯兰圣地挨饿，更不会入侵圣地，因为那样必然招致整个穆斯林世界的愤怒；如果那样，德国就走运了。与此同时，麦加和麦地那的守护者侯赛因不敢公然投靠英国人，因为那样的话，穆斯林世界的怒火就要针对他了。麦加的诡计多端的老埃米尔在玩弄双方，告诉英国人自己与君士坦丁堡不和，稳住英国人，并保住自己的粮食供应和朝觐路线；同时又告诉君士坦丁堡，受到了英国人的威胁，借此钓住君士坦丁堡。[33]

但问题在于，土耳其人不愿意公开挑战侯赛因。普吕弗和其他德国情报人员抵达该地区后，土耳其人就明令禁止他们以任何方式干预汉志事务。杰马勒甚至打算在费萨尔来访期间尽可能阻止德国顾问们与年轻的谢赫接触。叙利亚总督无疑要用青年土耳其党在过去六年中对付侯赛因家族所用的手段——百般殷勤、阿谀谄媚，再加上笑里藏刀的威胁，尽管这些手段收效甚微。

最让普吕弗抓狂的是，侯赛因是让泛伊斯兰圣战开花结果的关键之一。没有这位哈希姆领袖的祝福，圣战的宗教命令就只是青年土耳其党政权在自说自话；有了他的祝福，烈火就可能在整个中东，乃至更远方熊熊燃起。

普吕弗在11月写给奥本海默的报告中做了结论，埃米尔侯赛因“好在全无力量，在我们掌心之内”。现在的挑战是，让其他所有人——杰马勒、君士坦丁堡的青年土耳其党以及侯赛因自己——相信事实的确如此。

劳伦斯在开罗情报单位工作的最初几个月中，几乎没有去追踪阿拉伯半岛的局势，或者甚至根本就对此一无所知。考虑到他几乎是如痴似狂地将全部精力聚焦在叙利亚，这也可以理解。他结识英国驻埃及的东方文化秘书罗纳德·斯托尔斯之后，情况就发生了变化。

斯托尔斯蓄着铅笔一般的小胡子，喜欢穿白色亚麻布西装，在大部分英国人都穿军服的战时开罗显得风流倜傥。他是个剑桥大学毕业的审美家，对歌剧、文艺复兴艺术和古典文学有着百科全书般的渊博知识。他年轻时就来到埃及，在英国当局中担任过多个职务，1909 年被任命为东方文化秘书，当时他只有 28 岁。

115

他天生就很适合这个职位。除了在官方接待会和节庆活动（在开罗的英国人非常热衷于这些活动）中如鱼得水、玉树临风之外，斯托尔斯还是英国驻埃及总领事的得力干将，在幕后监视着埃及数不胜数的政治阴谋。1911 年，基钦纳勋爵就任总领事，斯托尔斯也飞黄腾达起来。基钦纳很快就将斯托尔斯视为最值得信赖的副手——这位东方文化秘书在阻止库尔特·普吕弗被任命为赫迪夫图书馆馆长的行动中起到了关键作用——在 1914 年 8 月就任陆军大臣之后仍然对斯托尔斯信赖有加。基钦纳打算在战后仍然返回在埃及的岗位，因此将斯托尔斯留在开罗，充当他的耳目。

但这还只是一个方面。在基钦纳麾下，罗纳德·斯托尔斯是一个极其敏感的政治密谋的关键渠道。这个密谋只有开罗、伦敦和麦加的极少数人知道。他掌握了或许是中东最危险的秘密。斯托尔斯视 T. E. 劳伦斯为挚友，把这个秘密吐露给他，帮助这个年轻的情报军官踏上了那条将为他赢得名望和荣耀的道路。

至少在最初，两人的友谊建立在非常普通的事情之上：他们都酷爱古典文学。颇有些迂腐的斯托尔斯在自己的回忆录中讲到劳伦斯时说："我们在文学上仅有的分歧是，他在荷马和但丁中更喜欢前者，而对我偏好忒奥克里托斯①而非阿里斯托芬不能苟同。"[34]

在 1915 年冬天的某个时候，他们的讨论转向了当前局势，具

① 忒奥克里托斯（约前 310 ~ 前 250），古希腊著名诗人和学者，西方田园诗派的创始人。

体说来，就是斯托尔斯正在为基钦纳勋爵执行的秘密任务。

故事是在一年前的1914年2月发端的。麦加的埃米尔侯赛因的次子——32岁的阿卜杜拉·伊本·侯赛因来到了开罗。当时很多人都已经知道埃米尔对君士坦丁堡政权的幻想破灭了，但阿卜杜拉把事情推到了一个新境界；他得到一个机会短暂地拜会了基钦纳，试图摸一摸底细，如果汉志爆发阿拉伯起义的话，英国将会作何反应。

基钦纳费了不少周折来回避这个问题。毕竟当时英国和土耳其还没有开战，英国是万万不可鼓励后者的臣民造反的。两个月后，阿卜杜拉再次到访开罗，希望再见一次基钦纳，基钦纳就让他的东方文化秘书来接待阿卜杜拉。

116

阿卜杜拉在与基钦纳谈话时还努力说得迂回一些，在会见斯托尔斯时就直截了当了。“他直言不讳地问我，英国是否愿意赠送大谢里夫（侯赛因）12挺，或者是6挺机枪，”斯托尔斯回忆道，“我问他，要这些机枪做什么用，他（就像所有重整军备的人一样）回答，自卫用。我又追问他，他才补充说，自卫指的是抵御土耳其人的攻击。我不需要上级的特别指示也能够告诉他，我们绝不会向友邦的敌人提供武器。”[35]

但与阿卜杜拉的第二次会议是在1914年4月，到9月时，局势已经发生很大变化。已经是陆军大臣的基钦纳静观土耳其的动向，于是想起了先前与侯赛因之子的谈话，感到阿拉伯半岛或许有个千载难逢的机遇在等待他。他没有通过英国军方高官或埃及的民政当局行事，而是向自己在开罗的老办公室发去了一份加密电报：“让斯托尔斯精心挑选一名可靠的秘密信使，去询问谢里夫阿卜杜拉，假如德国迫使土耳其参战反对英国，他和他的父亲以及汉志的阿拉伯民众是支持我们，还是反对我们。”[36]

就在土耳其宣战的时候，侯赛因的答复来了，诱惑力极大。侯赛因表明，他会努力保持中立，但同时又暗示，如果英国提供足够的外部支援，并且保证不干涉阿拉伯内部事务，他也许会率领他的“追随者们”发动起义。[37]

这个前景让基钦纳大为振奋，于是很快发出了第二条信息，大幅度地追加了赌注。基钦纳写道，如果阿拉伯人加入到英国的阵营，而不是仅仅保持中立的话，“英国会保障谢里夫政权的独立和各项权益与特权不受任何外国侵略，尤其是不受奥斯曼人侵扰。目前为止，我们一直捍卫以土耳其人为代表的伊斯兰世界，并与之友善相处；从今往后，我们将与高贵的阿拉伯人为友”。[38]

但侯赛因似乎有些含糊其辞。这位埃米尔在 12 月写给斯托尔斯的下一封信中重申自己计划“避免任何对英国不利的行为”，但表示，与土耳其的公开决裂必须等到未来的某个不确定的时机。事情就这么耽搁下来了。在侯赛因发出这条信息之后的几个月内，麦加方面毫无音讯。

对劳伦斯来说，与侯赛因的秘密通信的细节有如神的启示。自到开罗以来，他花费了大量精力去研究在叙利亚发动阿拉伯起义的可能性，这样的起义几乎肯定要依赖所谓的进步人士：对君士坦丁堡政权的腐败不满的商人和知识分子、渴望得到平等权利的少数派、对军方的土耳其沙文主义满腹怨言的阿拉伯官兵。他对阿拉伯保守派几乎一无所知。

117

但从政治的角度，劳伦斯很快就理解了汉志的巨大潜力。英国与侯赛因结盟，就不会有人说英国煽动起义是为了吞并中东；埃米尔侯赛因是圣城的守护者，绝大多数穆斯林都不会认为他会与侵吞土地的异教徒联手。恰恰相反，从汉志发起、由侯赛因领导的起义将会得到宗教界的认可，轻松地破解土耳其人和马克斯·冯·奥本海默鼓吹的“伊斯兰对抗十字军”的宣传。

但是侯赛因已经很久没有任何音讯了，要判断局势究竟如何是非常困难的。一方面，他似乎的确兑现了恪守中立的诺言，因为他没有响应奥斯曼政府的圣战号召。但另一方面，他最近派了他的第三子费萨尔去叙利亚面见杰马勒帕夏，然后还要去君士坦丁堡会见青年土耳其党领导层。费萨尔被普遍认为是侯赛因的儿子们当中最温和与理智的一个，因此显而易见的结论是，侯赛因正在努力与君士坦丁堡修好，汉志爆发阿拉伯起义的美好前景只是昙花一现，已经从英国人的手心溜走了。

但对劳伦斯来说，很快就有比揣测汉志政治更紧迫的事情了。到 1915 年 4 月初，英属埃及的全部注意力都转向了即将展开的针对达达尼尔海峡的海陆攻势。

在 4 月的最初几周，一支庞大的舰队集结在埃及北部海岸沿线，而在海滨的帐篷城市里，数万名士兵正忙着拖运补给物资和训练作战技能。他们是新近组建的地中海远征军的成员，很快就要启程，直捣土耳其敌人的要害。虽然等待的时光百无聊赖，但官兵摩拳擦掌、斗志昂扬。

T. E. 劳伦斯却有一种不祥预感。自达达尼尔海峡行动开始以来，他就感到惴惴不安，现在他和开罗情报单位的其他成员被派到部队集结地向指挥官们报告对岸的情况时，就更加心惊肉跳。劳伦斯在 4 月 20 日给戴维·霍格思的信中写道："地中海远征军的准备极不充分，既不知道目的地何在，也不知道可能遇到什么情况，更不知道要做些什么。"[39]最让劳伦斯瞠目结舌的是，地中海远征军司令部来到埃及时，手中居然只有两份陈旧过时的 1/4 英寸：1 英里的达达尼尔海峡地图。[40]

118

但英国战争筹划者们的愚蠢行为才刚刚开始。他们决定，地中海远征军的主要登陆场将是加里波利半岛，即达达尼尔海峡西岸的山岭崎岖的狭窄地带。加里波利半岛的宽度很少超过六七英里，向北延伸大约 50 英里才最终变宽，与欧洲大陆相连。在选择具体登陆地点时，加里波利半岛全线有多个地点可供选择，地面部队在登上山脊之后就可以下坡到达半岛的东海岸，这个距离在有些地方不到3英里，这样就能将奥斯曼军队一分为二，将山脚下的敌人困住。当然，最好的办法或许是完全避开半岛，在半岛北端的萨罗斯湾登陆。在这个开阔的海湾登陆之后，不仅能够让所有驻扎在加里波利的土耳其军队陷入孤立无援的境地，还可以一马平川地直捣仅仅100英里之外的君士坦丁堡。最近被土耳其政府任命为达达尼尔海峡防线司令官的德国将军利曼·冯·桑德斯最大的担忧也就在此。为了防止英军在萨罗斯湾登陆，他把自己的司令部和全军的三分之一都部署在那里。

桑德斯完全没有想到，英军会在加里波利半岛的最南端登陆，因为这违背了军事逻辑的最基本原则，甚至有悖常识。在那里登陆的部队不仅暴露在居高临下的守军火力之下，而且还会遭到附近堡垒中剩余的土耳其远程火炮的狂轰滥炸。即便英军能够爬上高峰、占领堡垒，土耳其守军还可以缓慢地向北且战且退，不断挖掘新的战壕，照搬在西线战场让各国军队瘫痪的静止堑壕战。在奥斯曼帝国3000英里的地中海海岸线上，实在很难找到一个更糟糕的登陆地点。但地中海远征军选择的偏偏就是这里。

除了傲慢轻敌之外（这对军队来说永远是一个危险的条条框框），造成这个荒谬决定的另一个原因是官僚的顽固不化。因为达达尼尔海峡战役最初被设计为一场海战，在任务扩大之后，军方仍然以原先目标——扫清海峡——的狭隘视角来审视它的成功与否。筹划者们非常盲目，无视其他可能最终达成同样目标的方法。令人难以置信的是，加里波利战役的英军战略家们倒不是说拒绝了其他的登陆场，而是根本没有认真考虑过其他选择。[41]

119

4月底，地中海远征军的士兵们在埃及海岸开始登上运兵船，跨越地中海东部，开赴加里波利。劳伦斯回顾了自己前几个月的徒劳努力，不仅是亚历山大勒塔计划，还有他和开罗情报单位设计的其他计划全都被搁置，不禁在给霍格思的信中发泄出了怒火：

“阿拉伯的事情已经彻底完蛋。我从未见过比这更可鄙的乱局。我们在那里原本有个绝佳机会。这让人气得发狂。”信的结尾颇有些凄凉：“所以，如果可能的话，请继续推动亚历山大勒塔计划；在我看来，那是我们唯一的希望。”[42]

劳伦斯写信的这一天，即4月26日，他还不知道乱局将会一败涂地。就在前一天，地中海远征军在加里波利登陆了。

4月25日早上约6时15分[43]，“克莱德河”号（一艘来自利物浦的改装过的运煤船）在加里波利半岛南端赫勒斯角的一处略有弧度的小海滩（代号为五号海滩）靠岸。甲板下的船舱里挤着约2000名英国士兵。在平静海面上与“克莱德河”号一起靠岸的还有五六艘小艇，每艘都拖曳着好几艘敞开式独桅帆船，满载士兵，一直挤到船舷上缘。离海岸约100码时，帆船的船长们切断拖曳缆绳，向船员们分发船桨，让他们划船上陆。海岸上万籁俱寂。正如英军希望的那样，在赫勒斯角的登陆让土耳其人措手不及。

好在土耳其人没有预料到英军会在这个地点登陆，因为在五号海滩登陆的英军部队的准备工作极为草率——让士兵乘坐无武装、无动力的木船登上敌人的海滩还不算最糟糕的主意——如果遇到抵抗，麻烦就会很大。在亚历山大港的船坞，工人们为“克莱德河”号涂装了迷彩，但是时间不够；所以，那天早上这艘运煤船接近五号海滩的时候，船身上柔和的战列舰灰色被大块的黄褐色底漆衬托出来，如果处在光照之下会非常显眼。而且还有一个小问题，“克莱德河”号根本无法接近海滩。英军的计划是让它在近海搁浅，然后调用几艘渔船到这个缺口，连接起来，作为从“克莱德河”号到岸边的临时浮桥。登陆士兵需要从“克莱德河”号船首切割出的四个小门走出，通过两块跳板，登上渔船，走过渔船，然后才能最终抵达海滩。很难想象，英军在攻打石器时代太平洋岛屿的登陆行动中会如此草率，更不用说对手是一支现代化军队了，但英国军方高层对土耳其人就是如此轻蔑。 120

帆船接近海滩时，平静的海湾上唯一能听得见的声音是船只引擎的噪声和划桨声，还有士兵们的谈话和笑声，他们因为登陆很顺利而舒了一口气，说话声或许太大了一点。前锋船只离海岸只有几码的时候，隐藏在海岸沿线战略性制高点的土耳其机枪突然开火。

敞开式独桅帆船里的人们没有任何逃生机会。这些船只接二连三地被打成碎片，或者倾覆，身上背满沉重装备的士兵们在激浪中溺亡，或者被缠在水面之下的带刺铁丝网上，被子弹击毙。极少数活着登上海滩的人也大多很快被机枪的扫射打倒在地。

从“克莱德河”号出来的人的命运也好不到哪里去。工作人员一次又一次从有防护的钢制船体中走出，尝试将临时浮桥连接起来，但几乎当即就被机枪打倒，或者淹死在浪涛中。浮桥最终还是勉强搭好了，但走上跳板的士兵成了机枪的绝佳靶子；从船里走出的第一个连队的200人中只有11人抵达海滩。跳板上的最早一批死者其实是窒息而死，被他们身后越来越多的死伤者压在底下，悲惨地丧命。成功上陆的人也只能躲在一座六英尺高的沙石陡坡朝向陆地的一角，这还不足以防御机枪子弹。到下午晚些时候，水里已经死尸枕藉，现场的一位英国船长描述说：“岸边的海水已经成了血红色，几百码外都能看得见。”[44]

到战役第一天夜幕降临时，加里波利的先头登陆部队已经死伤近4000人，比劳伦斯估算的用来控制亚历山大勒塔的总兵力还多得多。冯·桑德斯将军对敌人的愚蠢百思不得其解，所以在第二天仍然坚信半岛南端的登陆只是个幌子，真正的主力部队将从其他地方登陆。当地的一名奥斯曼师长——穆斯塔法·凯末尔中校自行决定不断派兵去攻击蜷缩在小小滩头阵地的敌人，希望将敌人赶下海去。

121

英军在赫勒斯角登陆的第一日的目标是占领内陆四英里处的一座小村庄，然后进攻它北面不远处的土耳其堡垒。在随后的7个月中，英军始终未能抵达那个村庄，但仍然不断尝试，付出了伤亡近

25 万人的惨重代价。至于那位奥斯曼指挥官穆斯塔法·凯末尔，很快将名扬全世界。1922 年，他拯救了重建的土耳其共和国，赢得了那个更为世人熟知的美名——凯末尔·阿塔图尔克[①]。

加里波利战役中，双方死伤总数达到约 50 万人，但这场战役的牺牲品还不止这些死在战壕两侧的军人。英军登陆的那天，也就是 4 月 25 日，君士坦丁堡政权命令逮捕了约 200 名亚美尼亚知识分子和商界领袖，指控他们是潜在的叛变通敌分子。一场针对奥斯曼帝国的基督徒少数派的血雨腥风的“大清洗”就此拉开序幕，最终导致 100 万亚美尼亚人和亚述人[②]在随后的三年中死亡，因此很多人认为这是一场种族灭绝。

要过一段时间之后，劳伦斯和中东战场的其他英国军官才认识到，加里波利战役还有另一个牺牲品：一场星火燎原的大规模阿拉伯起义，原本可以从汉志一直席卷到叙利亚北部、传播至美索不达米亚的起义的机会断送了。直到一年多之后，劳伦斯面对面与埃米尔侯赛因的轻言细语的第三子费萨尔交谈，得知费萨尔在 1915 年春季北上之旅还有一个秘密使命的时候，他才了解到这个付诸东流的机遇的具体细节。

1915 年 1 月，几乎在得知麦地那总督企图推翻他的阴谋的同时，埃米尔侯赛因在麦加接待了一个名叫法齐·贝克尔的叙利亚人。贝克尔是埃米尔的一个效劳时间很久、深受信赖的随从，他此次拜访时告诉侯赛因，自己同时还是青年阿拉伯党的高级成员。青

① “阿塔图尔克”的意思是“土耳其之父”。

② 在中世纪，阿拉伯人征服美索不达米亚北部以后，亚述人由于没有全民改信伊斯兰教而成为受压迫的对象。在近代的奥斯曼土耳其帝国统治末期，居住在其疆域内的亚述人由于信奉基督教，同亚美尼亚人一样，也遭到了屠杀，许多亚述人被迫离开故土，开始流亡。小亚细亚地区（现在的土耳其）的亚述人数量锐减。亚述人由于迫害和战乱，从 19 世纪末至 20 世纪初开始了世界范围的大离散。目前，全世界约有 300 多万亚述人。

年阿拉伯党是一个阿拉伯民族主义者的秘密社团，总部设在他的家乡大马士革，在整个叙利亚和美索不达米亚都有组织。青年阿拉伯党的领导层得知侯赛因在秘密地与英国人通信，于是派遣贝克尔到麦加，向他提出一个建议：青年阿拉伯党在叙利亚、埃米尔的部队在汉志联合发动反对君士坦丁堡的起义，由英国提供支持，侯赛因担任精神领袖。[45]

122

谨小慎微的侯赛因没有给出确定的答复，而是派遣费萨尔北上，执行双重任务：摸清侯赛因家族在君士坦丁堡当前的地位如何，同时也判断一下与青年阿拉伯党结盟的真正前景如何。

费萨尔于3月底来到大马士革，礼貌地谢绝了杰马勒帕夏让他住在总督府的邀请，解释说自己已经接受了一个大马士革望族——贝克尔家族的邀请。他在贝克尔家的高墙之内与青年阿拉伯党密谋者们进行了长时间会谈。他原本只打算在大马士革短暂停留，就是因为这些微妙的会谈，才待了三周之久。

来到君士坦丁堡之后，年轻的谢赫游刃有余地与另一个阵营过招。在与青年土耳其党三巨头的另外两人——恩维尔和塔拉特，以及刚刚抵达的马克斯·冯·奥本海默会谈时，费萨尔再三表示，他的家族对奥斯曼事业忠贞不贰，甚至与恩维尔签订了一份似乎终于解决了君士坦丁堡与他父亲之间很多问题的协议。5月中旬，感恩戴德的奥斯曼政府为他安排了一场盛大的送别仪式，他在海德尔帕夏车站登上了返回叙利亚的火车。

但他驶入的这个世界已经发生了翻天覆地的变化。就在加里波利登陆几周之后，已经有数万名亚美尼亚人被逐出家园，流放远方。费萨尔透过火车车窗看到的是一幅令人毛骨悚然的景象：饥肠辘辘的妇女儿童——非常可疑的是，很少看到男人——在刺刀的威逼下，蹒跚地走向老天才知道的什么地方。在提议的阿拉伯起义的问题上，更严峻的消息在大马士革等待着他。费萨尔从他的青年阿拉伯党盟友那里得知，该地区的很多以阿拉伯人为主的部队——密谋者打算在起义中依靠这些部队——已经被调往加里波利的屠场，换成了忠于政府的土耳其部队。

尽管局势已经发生了极大变化，或者说恰恰是由于这种变化，青年阿拉伯党密谋者们给了费萨尔一份文件，敦促他将文件带给他的父亲，然后再送到埃及的英国人手中。这份文件就是后来所谓的《大马士革草约》，包括了一系列条件，如果能得到满足，并且得到英国人支持的话，青年阿拉伯党或许仍然能够发动起义。费萨尔启程返回麦加的时候，《草约》的唯一一份文本就藏在他最信赖的保镖的靴子内。

3月份，在准备迎接费萨尔访问叙利亚的时候，杰马勒帕夏认为，要想驾驭桀骜不驯的侯赛因，埃米尔的第三子就是最后的希望。事实上，叙利亚总督的这个判断是正确的，尽管判断的出发点是错误的。6月，侯赛因家族在他们的夏宫召开了秘密会议，阿卜杜拉和阿里劝说父亲立即发动针对君士坦丁堡的起义，而最近目睹了加里波利战役恶果——亚美尼亚人成群地倒毙在安纳托利亚的公路边、叙利亚北部的阿拉伯部队被分散——的费萨尔主张谨慎行事。

123

T. E. 劳伦斯要到将来才会知晓这一切。在加里波利登陆之后的日子里，他在开罗的萨沃伊饭店读着前线发来的一连串噩耗的战报。这时他还对《大马士革草约》和英国在叙利亚和汉志的潜在盟友一无所知，不过这倒也不是坏事。青年阿拉伯党密谋者和侯赛因告诉开罗方面，让他们起义的必需前提条件是，英军必须在亚历山大勒塔登陆。一切都取决于这个条件。

第 6 章
保守秘密的人

124

你知道，人几乎全都是大笑着死去，因为他们知道死亡非常恐怖，在它到来之前最好把它忘掉。

——1916 年，T. E. 劳伦斯写给母亲的信[1]

1915 年 4 月，地中海远征军出征之后，劳伦斯在萨沃伊饭店地图室的工作轻松了一些，他接受了一个新任务：编辑一份情报概要，即来自整个地区各处的报告的概略，将在英国军方高层流通。他以自己特有的冷嘲热讽向一位在英国的朋友描述了这项工作：

> 我们编辑一份绝对没有经过任何审查的日报，宗旨是为了教诲 28 位将军。他们发明新的将军的时候，报纸的发行量就会自动增加。这份报纸是我唯一的乐趣。写稿的人可以假想自己和战俘交谈，捏造土耳其人视角的说法，我作为主编就把这些假信息掺和进去。每周还要给“母亲”（伦敦的陆军部）写封信，在信里可以更大范围地逗弄打趣。[2]

就是这种轻浮无礼的态度——劳伦斯在通信和个人表现上都肆无忌惮地炫耀这种态度——让他的上级非常恼火。但他对军人规章制度的蔑视突出了这样一个深层次的事实：劳伦斯在根本上不是个军人，而且越来越没有军人气质。

在战区的区区四个月时间里，他亲眼看到英国迅速战胜土耳其的最佳希望因为政治和体制的惰性而被束之高阁；军方的“大思想家”们想出的却是加里波利这个昏着。在这位牛津学者看来，在军事文化的世界里，守旧褊狭、追名逐利的野心家们追寻的是骑士爵位和勋章，下级不愿意质疑权威，于是无数人就将因此丧命。

125

而且，由于他是开罗军事情报单位的成员，他能够得知持续不断的谎言和宣传背后的真相。每天他都看到第一手的战地报告从各个战区飞进萨沃伊饭店，这些报告讲述的是一个庸碌无能和麻木不仁的故事：士兵们被命令以整齐队形穿过开阔地，向敌人的机枪巢开进；在反复争夺一个村庄或一个小山头的战斗中有数百人死亡。当然除了劳伦斯之外还有一小群下级军官也能接触到这些信息——将军的副官和各战区类似的军事情报单位的军官——但这些人大多希冀在体制内飞黄腾达，是这台庞大、愚钝的绞肉机里心甘情愿的齿轮，尽管没人敢承认，这是台绞肉机。

德国军事代表团在耶路撒冷的驻地是俄国朝圣者招待所，就在被称为“俄国区”的老城区的北面，枝繁叶茂，风光旖旎。1915年冬末，库尔特·普吕弗就常在那里，钻研着情报电文，筹划着下一步行动。

苏伊士运河攻势失败之后，他对圣战大失所望。现在与前线拉开了一点距离之后，他的沮丧情绪缓和了一些。他认识到，土耳其军队最远只打到运河边，所以圣战的思想还没有得到检验。他还很清楚，虽然有了这第一次挫折，但决不能对英属埃及不管不问，因为它只要存在，就始终是德国－土耳其联盟在中东的首要威胁。所以必须要展开一次新的攻势[3]，这一次要有更强大的火力，要动用德国大炮和飞机，还要有更好的军事情报。情报可以告诉他们，运河另一侧的英军在筹划些什么，他们的部队又部署在哪里。

问题是，普吕弗自己的在埃及的庞大情报网也成了苏伊士运河攻势的牺牲品。在战争的最初日子里，他还能够利用埃及的联络人编纂一份关于敌军战备的全面报告；在 1914 年 11 月的一份令人难以忘怀的报告中，他提及英军防御工事时用的是将来时，也就是说敌人的工事还处在建设或筹备阶段。但在苏伊士运河战役前夕，他的情报网失灵了。普吕弗在 2 月末给上级的一份报告中称，他在运河的“令人悲愤的实践经验”[4]表明，他匆匆招募来填充间谍队伍的大部分贝都因人和埃及人都是废物，“面对出手阔绰大方的英国特工的诱惑，倾向于抛弃荣誉和爱国主义”。德国人当然也可以效仿英国人，在埃及用金钱收买新的细作，但是普吕弗指出，那样的话，德国就会完全依赖于这些完全为金钱工作的间谍传递来的无法证实的情报，因而无法真正控制这些人。在考虑这个进退两难的问题时，这位情报主管想到了一个非常狡黠的主意：犹太间谍。

这个主意的来源或许是普吕弗当时的伴侣。她叫明娜·魏茨曼，芳龄二十五六，是个来自白俄罗斯莫托利镇的活力四射、美艳动人的犹太移民。魏茨曼出身于一个有名望的书香门第，早年就接受了社会主义，在柏林学医时抓住机会逃脱了令她憎恶的沙皇政权。1913 年，她移民到巴勒斯坦，成了叙利亚少数几个女医生之一。1914 年初，在耶路撒冷，她结识了刚刚从德国大使馆辞职的库尔特·普吕弗。[5]

尽管他们的关系的细节不为人所知，但零星的证据表明，这对他们两人来说都是一段不一般的情缘。德国情报部门的一份报告中记录了一个传言，据说在 1 月份普吕弗启程参加苏伊士运河攻势的前夜，明娜·魏茨曼是在普吕弗在耶路撒冷的酒店房间内过夜的，这种行为在当时被认为是伤风败俗的，一定能毁掉任何一位良家女性的清誉。有迹象表明，对永远在寻芳猎艳的普吕弗来说，魏茨曼也远远不只是又一个征服猎物。他在战时的日记中几次提到“我亲爱的范妮”（这是魏茨曼的绰号）[6]，显露出了爱意，而在少数几次提到自己的美国妻子弗朗西丝·平卡姆时，却丝毫没有这样的温存，而是干瘪地称她为“弗”。

但如果说，他和明娜·魏茨曼的关系是真爱，库尔特·普吕弗更愿意利用这份真爱去达到更高尚的目标。

土耳其参战时，叙利亚的巴勒斯坦地区有数万名俄国犹太人，他们像明娜·魏茨曼一样仍然保有俄国公民身份。君士坦丁堡很快就给了这些“敌国侨民”两个选择：要么加入奥斯曼国籍，要么被驱逐出境或在国内放逐。于是数千名移民放弃了自己的俄国护照，加入奥斯曼国籍，还有很多人挤上了雅法港的拥挤船只，寻找新的家园。1915 年 3 月，犹太人从巴勒斯坦的逃亡还在继续，中立国美国的战舰也和商船一道运送这些难民，大多数难民最终流落到了英属埃及。普吕弗在发给杰马勒帕夏和马克斯·冯·奥本海默的建议中写道，在埃及建立成功的间谍网需要“能够进入埃及而不引起怀疑并且机智灵敏和沉着冷静的人。在这个国家的犹太人中能找到一些符合条件的人”。[7]

127

普吕弗认为，犹太人组成的间谍网会很可靠，因为俄国犹太人长期以来对反犹的沙皇政权恨之入骨。他估计，按照“敌人的朋友也是敌人”的逻辑，巴勒斯坦或许有很多犹太人非常愿意打击沙皇俄国在该地区的盟友——英属埃及。最妙的是，这些间谍持有俄国护照，因此可以轻松地混上前往埃及的难民船，而不会引起任何怀疑。

在战时能把情报人员送入敌国境内已经是了不起的成就了，把他们或者他们的情报弄出来还是个问题。普吕弗的计划在这方面特别聪明。1915 年 3 月，意大利还是中立国（它在这年 5 月加入了协约国），意大利各港口和埃及之间有着定期的海运交通。普吕弗的间谍们不会与土耳其联络或者返回土耳其，而是前往意大利，将情报交给德国驻罗马大使馆。然后，他们可以从陆路前往土耳其；或者，如果身份还没有暴露的话，返回埃及，再来一轮情报搜集工作。

普吕弗对这个话题颇为得意，继续做出规定，间谍应当分成两个小组，一个小组全是男人，另一个全是女人。两个小组“应当努力窃取或伪造相关的（英国）文件。他们还应当努力结交有可能提供这些信息的人”。为了避免理解错误，普吕弗把这个“结交”解释得非常清楚：“尤其是，女特工应当年轻且有姿色，应努力与有影响力的人发生关系。这些人在亲密的软弱时刻可能会吐露对我们有用的信息。”[8]

他的建议得到了奥本海默和德国驻君士坦丁堡大使旺根海姆的大力支持，于是普吕弗在4月初开始招兵买马。没过多久，他就招募到了两个正要离开巴勒斯坦、前往埃及的犹太移民，伊萨克·科恩和摩西·罗思柴尔德。罗思柴尔德与牧羊人饭店——开罗的英国高层人士最钟爱的住宿地和饮酒作乐场所——的一个德国间谍巢穴建立了联系[9]，而科恩则“游览”了亚历山大港和苏伊士运河沿岸的英国岸防设施。

128

普吕弗这个特务头子显然是对自己的新事业非常投入，作为一个真正的爱国者，他对皇帝的忠诚压倒了对明娜·魏茨曼的感情。1915年5月初，魏茨曼渡海抵达埃及，成为普吕弗间谍网的最新成员。她或许是自愿的，不需要多少劝说；她既是犹太人，也是社会主义者，因此对沙俄抱着刻骨铭心的仇恨，现在冒险和复仇的机会来了。

魏茨曼在她的新行当里起初干得不错，她在医院的工作和女医生的新奇感帮助她顺利打入开罗英国人社交圈的上层。但她的好运气没能维持多久。她打着陪伴一名身负重伤的法国士兵回国的幌子，来到了意大利，但在罗马与德国大使接头时被人盯上了。她的面具被揭穿，随后被抓回埃及，去面对残酷的命运：至少会被关进英国战俘营，很可能会被处决。但是魏茨曼的楚楚动人和英国人老派的骑士风度给了她一个好得多的结局。据一个那年8月曾与明娜打过交道并且听过她的故事的瑞士女人说，“开罗和亚历山大港的人们对她非常喜爱和尊重，所以相信了她坚定不移的自我辩护”。

具有讽刺意味的是，甚至沙俄驻开罗领事也为明娜的清白无辜担保，并安排她安全返回俄国。在返回两年前逃走的祖国的途中，在罗马尼亚的一家饭店里，魏茨曼绝望地向这个瑞士女人求助。

“她向我吐露了全部真情，”希拉·施泰因巴赫—舒向一位德国官员解释道，“并心急火燎地恳求我通知德国驻君士坦丁堡大使馆，她已经被驱逐，尤其是一定要告诉普吕弗先生。”[10]

明娜·魏茨曼得到了特别宽大的处理，她不仅在战争中活了下来，最终还重返巴勒斯坦，成为耶路撒冷的哈大沙①医院的第一位女医生。她的好运气的一个原因是她的家庭背景。她的哥哥是哈伊姆·魏茨曼，一位著名的化学家，于 1904 年移民到英国，在 1915 年的时候已经在与英国军火工业紧密合作，以提高英国的军工生产能力；哈伊姆后来成为以色列国的第一任总统，而明娜的侄子埃泽尔后来成为第七任总统。这种家庭背景也说明了历史书里为什么都删去了明娜的踪迹[11]，甚至魏茨曼家族的记忆中也剔除了她（哈伊姆在自己的回忆录中从来没有提及过自己的妹妹）；“以色列的第一家庭”居然有一位成员不仅当过德国间谍，而且她的特务头子情人后来还成为一位纳粹高级外交官，这是个尴尬的故事，最好不要公之于众。

129

但在库尔特·普吕弗得知明娜·魏茨曼的命运之前，他的羽翼初生的埃及间谍网就已经大部分失灵了，因为意大利于 5 月加入了协约国，于是德国大使馆的情报传递渠道被切断了。但是普吕弗大胆的积极主动精神受到了德国军方和情报界的高度好评。驻巴勒斯坦德军的指挥官克莱斯·冯·克莱森施泰因中校在发给柏林的报告中说：“库尔特·普吕弗作为情报部门的领导人，是不可或缺的。”[12]

① 哈大沙是美国的一个犹太复国主义妇女组织，成立于 1912 年，主要工作为医疗、教育等。

1915年5月9日，T. E. 劳伦斯的弟弟——22岁的弗兰克正在西线的阿拉斯地段的一处前进战壕内做修理工作，为一次进攻做准备，这时德军炮弹的三枚弹片击中了他。弗兰克的指挥官在给劳伦斯的父母的吊唁信中说，他们的儿子当场死亡，没有蒙受痛苦。军人常常会在这个问题上说谎，所以真相如何，不得而知。

这个噩耗让萨拉·劳伦斯痛不欲生。根据大多数说法，弗兰克是她最宠爱的一个孩子，[13]他自2月份前往法国参战以来给她写了许多封东拉西扯的长信，满是对军旅生活缺憾和前线日常生活的描述。

T. E. 劳伦斯于5月中旬从父母的电报中得知了弗兰克的死讯。不知出于何种原因，他等到收到父亲的信，了解到更多情况之后才回信。直到6月4日，他才终于在一张电报纸上草草写了一封短信给父母：

> 我收到你们的电报后没有回信，是因为在等待更多细节。今天我收到了父亲的两封信，读之颇感慰藉，我希望我死时没有什么值得遗憾的事情。我唯一有所感触的是，肯定没有必要为他哀悼吧？我看不到任何如此行事的理由。无论如何，能为国捐躯已是无上光荣。您和母亲白发人送黑发人的痛苦比他死亡的痛苦还要大，但我认为，在此时，我们有义务隐藏任何会让他人难过的感情，如果做出悲痛欲绝的姿态肯定会影响他人。
>
> 所以请你们勇敢地直面世界。我们不能全都上战场，但我们都能勇敢坚强，这和上战场是一样的。内德。[14]

130 这封信除了惊人的不近人情之外，最有趣的地方或许是，劳伦斯援引了他长久以来一直嘲讽的幼稚的爱国主义。不管怎么说，萨拉·劳伦斯都没有心情去遵从儿子的这个冷冰冰的建议。不久之后，她又写了一封信给内德，显然是严厉地责备他在母亲伤心难过的时候没有安慰她（之所以说“显然”，是因为这封信已经佚失）。如果萨拉·劳伦斯希望这能让自己的次子心软，就要大失所望了：

> 可怜的亲爱的母亲，
>
> 我今天早上收到了你的信，让我非常难过。我们兄弟几个长大了一些之后，你就永远没办法理解我们了。你难道没有感到，我们无须用语言表达，也一直爱着你？我不得不这样写信，感到自己是个可鄙的虫豸。如果你知道，人若是对事情深刻地思考，就宁愿死也不愿说出来。你知道，人几乎全都是大笑着死去，因为他们知道死亡非常恐怖，在它到来之前最好把它忘掉。
>
> 把哀恸搁在一边，在世人面前勇敢些，不要再为弗兰克痛哭流涕了吧。在我国处于如此恐怖的压力之下的时节，我们的责任就是小心谨慎，以免感情脆弱的人受到影响；你知道，我们一家向来是很坚强的，如果他们看到你因伤心而垮掉，就都会为自己在前线的亲人担惊受怕。[15]

劳伦斯给父母的下一封信是在大约一周之后。他没有提到弗兰克——事实上，在后来的通信中，他很少直接提到弗兰克的名字——而是在这封短信的大部分篇幅里描述了开罗当时的天气。

1915 年 6 月初，杰马勒帕夏的心情大为好转。他有充分的理由去高兴。4 月 25 日，协约国军队在加里波利登陆之后，他们就不大可能在叙利亚某地再来一次登陆了。更妙的是，双方都向加里波利的狭窄地带投入更多兵力和物资，让叙利亚总督有了一个借口，可以将他的辖区内比较棘手的部队调走。君士坦丁堡发出要求增援的紧急命令后，杰马勒立刻把他在叙利亚北部的以阿拉伯人为主的部队送往加里波利，而以新近在安纳托利亚内陆征募的土耳其部队代替，这些土耳其部队里虽然都是毫无经验的新兵蛋子，但至少是值得信赖的。而且，可能发生兵变的阿拉伯部队被调走之后，131 法国领事馆的密谋者和其他隐藏起来的有分离主义倾向的阿拉伯叛徒们的计划就不是那么危险了。

关于汉志的惹是生非的侯赛因家族，也有好消息传来。杰马勒在耶路撒冷和大马士革极尽奢华地盛宴款待费萨尔之后，向君士坦丁堡发送了消息，让首都方面在这个年轻人抵达之后继续进行魅力攻势。君士坦丁堡遵从了他的这个指令。5 月初，冒犯了侯赛因家族的麦地那民政总督被调离，费萨尔和恩维尔帕夏得以缔结协约，表示青年土耳其党和讨厌的侯赛因之间已经尽弃前嫌。马克斯·冯·奥本海默肯定是这么想的，他在君士坦丁堡与费萨尔长谈了两次；费萨尔于 5 月底返回叙利亚时，杰马勒也相信双方的关系已经改善。在德国招待所，面对杰马勒的高级军事幕僚，侯赛因的儿子发表了感情洋溢的讲话[16]，表达了他对帝国和泛伊斯兰圣战事业的矢志不渝的忠诚。

甚至蝗灾的灾情也有所改善。蝗灾肯定会严重影响秋季的收成，但是通过犹太科学家亚伦·亚伦森精力充沛的努力和他的现代化掘壕防治技术，似乎已经避免了全面灾难。

但就在前景一片大好的时候，一个新的危机吞没了帝国，或者说，一个旧危机再次爆发了。

安纳托利亚的亚美尼亚基督徒一直被君士坦丁堡的苏丹们视为基督教侵略者——尤其是奥斯曼帝国的不共戴天之敌俄国——潜在的第五纵队，所以亚美尼亚人长期以来经常遭到他们的土耳其和库尔德穆斯林邻居的屠杀。最近的一次大屠杀发生在 19 世纪 90 年代，导致至少 5 万名亚美尼亚人在几天之内丧命。[17]

奥斯曼政权在 1914 年 11 月发出的反对“基督教敌人”的圣战号召更是对这种历史遗留的敌意进一步煽风点火。亚美尼亚人除了种族和语言与土耳其人不同，光是人口众多这一点就足以被视为威胁，面对有可能星火燎原的新一轮反亚美尼亚怒潮，他们显得特别脆弱。这星星之火就是俄军向安纳托利亚东部的攻势，亚美尼亚人成了解释土耳其军队战场失利的绝佳替罪羊。于是，舞台搭好了：在君士坦丁堡政权的言辞中，在它的很多土耳其和库尔德臣民的想象中，安纳托利亚的约 200 万亚美尼亚人就是国境内的敌人。

4 月 24 日，也就是协约国军队在加里波利登陆的前夜，内政部长塔拉特下令逮捕君士坦丁堡的数百名亚美尼亚公民领袖，同时命令有较多亚美尼亚人口的各省总督立即镇压所有的亚美尼亚“革命和政治组织”[18]，并逮捕其领导人。这道命令暗示亚美尼亚分离主义运动的存在，造成了可怕的后果。在内地很多政府官员眼中，所有的亚美尼亚人都是敌人。在塔拉特的命令发布几天之内，数万名普通亚美尼亚百姓被从家中拖走，赶往具体地点不明的“安置地带”，或者当场惨遭屠杀。

132

土耳其的边界并非铁板一块，而且整个帝国境内有很多西方的教会学校，所以关于安纳托利亚全境亚美尼亚人遭到屠杀，以及被强制迁往农村的亚美尼亚人在路边尸骨枕藉的消息很快传到了君士坦丁堡。这些恐怖故事越来越多，于是协约国的外交部长们于 5 月 24 日发表联合声明，发誓要迫使青年土耳其党领导层对“土耳其犯下的针对人类和文明的新罪行”负责。[19]

君士坦丁堡的反应桀骜不驯。在协约国的声明发表三天之后，土耳其内阁通过了《转移安置临时法》。这部法律没有具体讲到亚美尼亚人，而是规定，军队现在“为形势所逼，有权以最严厉的手段粉碎”群众中的任何抵抗或者侵犯迹象。为了达到这个目标，军队有权“根据军事需求，或对任何叛变行为做出反应，将村庄和城镇的居民，或是单个，或是集体，进行转移和再安置”[20]。至于这些潮水般的大量流放犯要被送往何处，塔拉特和恩维尔已经选好了地点：从安纳托利亚全境将大多数犯人集合起来，送往叙利亚北部的不毛之地。这个疯狂计划等同于将大量人口连根拔起，抛弃到原本已经被战争严重破坏的地方，最后导致了丑恶的结果：根据最准确的估算，约80万名亚美尼亚流放犯在途中饿死、被枪杀或者遭殴打致死。[21]

历史学家一致认为，杰马勒帕夏对驱逐亚美尼亚人的态度与其他青年土耳其党领导人迥然不同。[22]6月，死亡行军的第一批幸存者开始慢慢进入叙利亚北部城市阿勒颇，这是一个中转站，他们将从此地前往最终的目的地——东面约100英里处的代尔祖尔“安置地带”。视察阿勒颇的杰马勒帕夏被自己看到的景象震惊了。他重申了3月发布的让他的军队保护亚美尼亚人的命令[23]，并向君士坦丁堡游说，希望在关键地区——安纳托利亚——勒令军队服从这道命令。君士坦丁堡对他的恳求置若罔闻。

133 杰马勒从君士坦丁堡没有得到满意的答复，于是允许数千名亚美尼亚人留在阿勒颇，而不是继续他们的死亡行军。尽管叙利亚的饥荒和粮食短缺越来越严重，他还是命令增加政府向难民援助口粮的幅度。他的一连串新命令足以证明他对秩序和法规的热爱：他命令军队对供应难民的粮食进行管理和维持，征用汽车和马匹来运送难民，甚至向每位难民发放金钱。但叙利亚总督每天签署的一大摞文件含蓄地说明，他的政权的确拥有执行这些计划的财力和手段，尽管所有的证据——从杰马勒办公室城外一直延伸到他的辖区的最边远角落都能看到这些证据——都表明他是心有余而力不足。似乎他想象自己统辖的是和平时期的瑞士的一个州，而不是一个遭受战争、饥饿和疾病蹂躏的面积相当于意大利的贫困而四分五裂的地区。面对亚美尼亚危机，就像面对他遇到的很多其他问题一样，杰马勒的回应是恐吓、威胁、恳求，这些手段都不奏效的时候，他就选择视而不见。9月，他发布了一道新命令，禁止拍摄亚美尼亚人的照片。[24]

在巴勒斯坦的卡特拉村，亚伦·亚伦森遇到了一件意料之外的事情。一位阿拉伯老人走到他面前说："我们很感激你。"这位农学家当晚在日记里写道："阿拉伯人在20年前还不会这样和犹太人说话。我干的工作的确很艰苦，但是能迫使当地人向犹太人表示感激——哪怕他们口是心非——能让他们认识到，在这样的大灾害里，如果我们不帮助他们，他们就没有任何希望，再辛苦也值得了。"[25]

1915年春季，作为杰马勒抗蝗灾项目的领导人，亚伦森在巴勒斯坦灾区各地旅行，举行公开讲座，在田间开展研讨会，来探讨抗灾的最佳手段。在他的敦促下，杰马勒帕夏下令，每个男人、女人和小孩都必须搜集到6罗特尔（约40磅）的蝗虫卵，否则就要课以高额罚金。

即便是亚伦森这样不知疲倦的人，面对如此浩大的任务有时也会感到绝望。虽然做了百般努力，但蝗群仍然在扩张——至少有一个蝗群的规模得到了可靠的测量，宽1英里、长7英里——造成的破坏规模也越来越大。朱迪亚低地地区在这个季节本应是一片葱翠，现在却变成了褐色：一连好多英里的果园的果实和树叶全被啃食殆尽，田地没有一点绿色，看上去像是在作冬季休耕。 134

不论在何处，危机往往能揭露出社会的不平等和缺陷，巴勒斯坦的蝗灾也起到了这个作用。尽管杰马勒赋予亚伦森极大的权力，但他在努力推动各地官员和军官抗灾时，遇到的反应一般在冷漠和公然对抗之间。在雅法，他不得不以羞辱的手段强迫当地总督来听他的公开讲座，但总督却故意在他讲了一半的时候离开礼堂。卡特拉的老人虽然心存感激，但阿拉伯村庄更普遍的反应是听天由命。在他们看来，蝗虫是"真主的大军"，要抵抗蝗虫是徒劳无功的，甚至是亵渎神明的。官僚们对犹太殖民者的怨恨总是昭然若揭，现在更是赤裸裸地暴露出来。奥斯曼税官们一丝不苟地对没有缴纳足额蝗虫卵的犹太村庄进行罚款，而对阿拉伯村庄的同样的缺额甚至是无动于衷，却不管不顾。亚伦森记述了一个特别令人愤慨的案例：佩塔提克瓦的犹太人居民点的所有耕地用的马匹都被军队征用了，政府却因为马匹的主人不耕地、违反了抗蝗灾法律而对他们罚款。[26]他一次又一次威胁要辞去抗灾总监的职务，但杰马勒不断向他做出保证，问题和不平等会得到处置，和谐和团结一致共同努力的日子快要到来了。

亚伦森的不满情绪至少有一部分植根于很深的私人层面，这种变化发生在他在巴勒斯坦各地旅行期间。他第一次开始质疑，奥斯曼帝国究竟能不能生存下去，或者更准确地说，犹太社区在奥斯曼帝国奴役下能不能生存下去。这不仅仅是他目睹的小小的骚扰和腐败的问题。在他访问的几乎每一个犹太定居点，都有战战兢兢的居民告诉他，他们与阿拉伯邻居的关系越来越紧张，当地官员挥舞着武器公然发出威胁。

这些警告的迹象不仅仅是针对犹太人。4月，亚伦森派他的弟弟亚历克斯去黎巴嫩，既是为了查看蝗灾有没有蔓延到那里，也是为了看看他们最小的妹妹莉芙卡境况如何。在土耳其军队搜查济赫龙村私藏武器的紧张日子里，莉芙卡被送到了贝鲁特避难。根据不平等条约，人口以基督徒为主的黎巴嫩一直享有很大程度的自由，受君士坦丁堡的干预较小，已经成了叙利亚境内一块自豪、繁荣而

135

亲法国的飞地。亚历克斯报告说，黎巴嫩虽然躲过了蝗灾，但是仍然一派凄凉，土耳其士兵无处不在，甚至平素很高傲的贝鲁特人也心惊胆寒，不知道下面会发生什么。6月初，传来了最让人惊恐的可怕传闻，安纳托利亚的亚美尼亚人遭到了屠杀。大约就在这个时期，亚伦森的沉思得出了两个互相紧密联系的结论：巴勒斯坦的犹太人必须与奥斯曼帝国一刀两断；要和它决裂，犹太人就必须积极活动，促进它的灭亡。

农学家得出这样的结论，无疑是受到了他在阿特利特的助手押沙龙·法因贝格的鼓动。26岁的法因贝格是个能量强大的煽动家，是亚伦森的妹妹莉芙卡的未婚夫。在他的家乡哈代拉村（济赫龙

以南仅10英里处的一个犹太人定居点），法因贝格组建了“基甸人”（保护犹太人定居点，并向他们的阿拉伯敌人发动报复性袭击的准军事组织）的一个当地分支。这种活动很符合法因贝格的政治观点，因为在他看来，巴勒斯坦的阿拉伯人和犹太人之间的斗争是一场“文明与野蛮”的角逐，阿拉伯人当然是野蛮人。“我一辈子都在他们当中生活，”他写道，“很难让我改变自己的观点——再也没有比阿拉伯人更怯懦、虚伪和背信弃义的种族了。”[27]

如果说还有一个“种族”让法因贝格更憎恨，那就是土耳其人。自打来到阿特利特，他就一直向亚伦·亚伦森宣传武装起义的福音，称巴勒斯坦的犹太人需要揭竿而起、摆脱土耳其的桎梏。

比法因贝格年长14岁的亚伦森对助手的慷慨陈词付之一笑，认为这是青年人的血气方刚，但在前一年的1月份，法因贝格和哈代拉的另外12位居民被政府以替英国人刺探情报的子虚乌有的罪名逮捕，这对亚伦森来说是个转折点。法因贝格成功出逃，径直来找亚伦森。

为了争取释放哈代拉的村民们，农学家考虑使用他之前用过多次的手段——利用他在奥斯曼政府的关系网，在必要的时候用金钱打通关节——但这一次法因贝格不肯这么做。“我们最凶残的敌人是土耳其人，”他对亚伦森说道，“现在土耳其人的末日已经快到了，我们难道可以作壁上观、无动于衷吗？土耳其人怀疑我们是有道理的。他们在为我们准备末日的浩劫。只要不是兔子那样的胆小鬼，任何人都会很自豪地替英国人刺探情报，帮助他们到来，打倒土耳其人。”[28]

显然，法因贝格虽然一连好多周和亚伦森一起抗蝗灾，但他的观点并没有软化。到6月，农学家反而被他说服了。

至于如何打击土耳其人——这就意味着帮助英国人——答案是显而易见的。在抗蝗灾的工作中，亚伦森和他的多名助手走遍了巴勒斯坦各地，他的桌子上现在摆着一大摞关于该地区大部分地方的 136

条件和资源的报告。现有资源的清单自然也包括军营、补给站和储油设施的规模和地点，这些信息对大规模的民事救灾工作都是关键信息，但对敌人来说也是极有价值的。更具体的是，这些报告和亚伦森自己的旅行都证实，驻巴勒斯坦的土耳其军队聚集在少数几个城镇，整个海岸线除了一些当地宪兵和乡村民兵的乌合之众外，几乎没有任何防御。英国人显然不知道这个情况，否则肯定早就冲上岸来了。亚伦森能够为他们提供的最关键情报就是巴勒斯坦海岸的具体情况，可以精确到英军在每一英里会遇到怎样的抵抗，或者更准确地说，不会遇到怎样的抵抗。

至于将一个间谍网正在巴勒斯坦摩拳擦掌地等待为英国人效劳的消息告诉他们，更是容易。在贝鲁特和海法，美国军舰正在持续地将希望离开奥斯曼帝国的“中立国公民”撤走，而这两座港口城市都有着兴旺发达的伪造证件黑市。虽然在巴勒斯坦要办任何事情都不容易，但要把一名信使塞上一艘开往埃及的难民船，只需要一点金钱和运气。

在亚伦森看来，信使的人选也是很显然的。他的弟弟亚历克斯在战争的最初日子里两次得罪了奥斯曼当局，现在又和当地一名官员横眉冷对，因此处境非常危险。另外，亚历克斯在纽约待过三年，英语讲得非常地道。于是，1915 年 7 月中旬，亚历克斯·亚伦森在贝鲁特港登上了“得梅因”号。莉芙卡·亚伦森也扮作他的“妻子”，一同前往。经过这艘美国军舰的第一个中途停靠港——希腊的罗得岛之后，两人继续奔赴埃及，亚历克斯将直奔英军在开罗的情报办公室。

南下的旅途非常愉快[29]：乘坐一等火车行驶两周，窗外尽是旖旎风光，不时在秀美的安纳托利亚城镇稍事停留。最妙的是，威廉·耶鲁在旅途中结识了阿卜杜勒·拉赫曼·帕夏·优素福，他是土耳其议会的议员，也是大马士革最富裕的贵族之一。帕夏将耶鲁视作临时“养子”，对他盛情款待。事实上，整个旅途中仅有的不愉快就是埃斯基谢希尔[1]饭店内的臭虫和塔尔索[2]的铁路侧线旁濒临饿死的亚美尼亚难民的景象。“看到这些可怜人，真是悲惨，”耶鲁淡淡地回忆道，“他们被逐出家园，被迫奔赴一个未知的目的地，大悲剧的阴影始终笼罩着他们。”如果这位美国石油勘探家对自己和自己的公司扮演的角色——与制造这个悲剧的政权合作——感到良心不安，他也埋藏在心底。威廉·耶鲁有一个微妙的任务要执行。

在叙利亚首府停留几天之后，他满心不情愿地与帕夏辞别，继续前往耶路撒冷。他在那里的头等要务是安排与杰马勒帕夏的会晤。他很快就收到了前往橄榄山上的德国招待所的传唤，这种匆忙对奥斯曼政府来说很稀罕。

耶鲁在指定的日子乘马车沿着陡峭的石子路上山，感到越来越紧张。“我练习着从君士坦丁堡到此的途中学到的额手礼和致敬语，”他写道，“却不知道对杰马勒这样的大人物用这些礼节是否合适。”

耶鲁的焦虑不仅是因为拜会高官权贵的紧张。他来耶路撒冷是为了替标准石油公司争取巴勒斯坦50万英亩土地的特许开发权。他很清楚，任务的成败取决于同叙利亚总督的会面。他完全不知道，会谈会不会顺利。

耶鲁的马车穿过德国招待所的铸铁大门，在这座宏伟建筑的入口前停下。身穿号衣的哨兵们走上前来扶他下车。这位美国石油勘探家带着他的文件和地图，被带进装饰豪华的大厅，然后沿着一条长长的石制走廊，来到杰马勒内室外面的候见室。

耶鲁在那里等候召见的时候，与总督的一位年轻副官攀谈了起

① 今土耳其西北部城市。

② 今土耳其南部城市，是罗马帝国时期基利家省的首府、使徒保罗的出生地。和合本圣经译作“大数”。

来。他是一位海军副官，会说英语。耶鲁很欢迎这个排解焦虑情绪的机会，和他谈得非常投入，几乎完全没有注意进出房间的那些人，包括那个最终从一扇侧门走出的身材矮小、身着军服、蓄着短短的黑胡须的人。直到此人轻快地走到接待前台的桌前，跳到桌子一角上坐下，并目光炯炯地盯着耶鲁，他才意识到，这就是杰马勒帕夏。

“耶鲁先生，”他用优雅的法语说道，“把你的地图和文件都拿出来，告诉我，你究竟想要什么。”

杰马勒的平易近人让耶鲁的紧张情绪迅速烟消云散，但也让他突然感到后悔。在动身之前，他觉得第一次与总督会面就把标准公司的全部要求——巴勒斯坦的50万英亩土地——一股脑儿提出来，似乎有些过于鲁莽了，所以他这次来德国招待所只带了一半地图。他快速地将这些地图铺在接待前台上，指出了朱迪亚中部的一个广阔地区。杰马勒看了看地图，但不耐烦地不停点头，显然是对大量细节不感兴趣。过了一小会儿，他站直身子，生硬地点点头。“告诉我，你需要什么，我可以马上就发布命令。”

138

耶鲁后来说，就是在这个瞬间，他才认识到，他和叙利亚总督之间在交流上有着多么大的鸿沟。如果巴勒斯坦有石油，杰马勒帕夏自然是希望尽快找到油田，尽快开采，好让他的运输卡车能够开动，他的军队能够作战。但标准公司完全没有这样的打算。耶鲁到巴勒斯坦的任务仅仅是抢购开发特许权，为标准公司在战后抢占这个地区。

“现在我回想当年，”耶鲁在大约20年后说，“很后悔没有告诉他真相。”

但他没有吐露真情。在杰马勒帕夏的支持下，耶鲁很快办妥了需要的官方文件，组织了一场实地考察。他有土耳其士兵和地方官员的撑腰，确保部落谢赫们的服服帖帖，很快就搞定了巴勒斯坦中部大约25万英亩土地。他在君士坦丁堡的纽约标准石油公司的上级们为此欣喜若狂，土耳其领导层显然也很开心。首先，标准公司从保加利亚偷运石油，帮助他们绕过英国的海上封锁，现在又更进一步——或者说土耳其人是这么想的——帮助他们开发自己的石油资源。7月底，奥斯曼政权决定向他们在纽约标准石油公司驻君士坦丁堡办事处的朋友们表示感激，感激的方式就是全世界各个帝国长期以来惯用的手段：授予勋章。

那些胆小怕事的人或许不敢在这个时节接受奥斯曼政权的勋章。君士坦丁堡的外国侨民社区听到了数不胜数的关于亚美尼亚人大屠杀的消息，几乎每天都会传来新闻说又有一个村庄的居民惨遭屠戮、数百人或数千人在被驱逐的途中饿死或者被打死。但纽约标准石油公司的这些人能做到今天的位置，靠的可不是以德服人，或者迎合时髦的人道主义事业。7月28日，公司驻君士坦丁堡的三名高管——威廉·比米斯、奥斯卡·贡克尔和卢西恩·I. 托马斯被带进多尔玛巴赫切宫，觐见苏丹。在授勋仪式上，纽约标准石油公司的官员们凭借“许多人道主义服务”[30]被授予奥斯曼勋章，这是奥斯曼帝国授予民间人士的最高荣誉之一。 139

1915年7月中旬，T. E. 劳伦斯坐下来回复他最亲密的兄弟威尔前不久发来的一封信。这时，威尔正在朴次茅斯的剑桥兵营受训，为担任皇家飞行军团的航空观察员做准备。

劳伦斯不喜欢表达亲密感情，几乎到了病态的程度，所以要他回应威尔信中的主旨内容——他们的弟弟弗兰克在5月阵亡——一定是特别困难。“弗兰克的死，正如你所说，令人震惊，因为它完全出乎意料，”他写道，“但我认为，不必为此过于哀恸，因为这毕竟是很好的一条路途。我想，这场战争的宏大让人改换了视角，我自己已经很难看到细节。”

在信的末尾，劳伦斯的口吻变得柔和了一些，甚至是哀伤。“我想知道，这一切究竟何时能结束，和平何时能到来？我只能在

《希腊诗集》①、埃雷迪亚②、莫里斯③中寻求慰藉。你呢？”[31]

1915 年 7 月，战争还没有走完四分之一；前面还有三年多的屠杀和毁灭。但劳伦斯在这场冲突中的戏剧性角色的种子已经播下。这些种子源自两个貌似并无联系的事件：一封奇怪的信被偷偷带出麦加，送到开罗；一个神秘的 24 岁男子穿越了满目疮痍、弹坑遍地的加里波利无人地带。

到 1915 年仲夏时节，加里波利的狭小空间已经尸骨如山。在有些地方，双方的战壕线间隔只有不到 30 码，为了收回尸体，双方开始进行非正式的停火。一般是由一线指挥官作安排，在某个特定时间，双方的墓葬人员就进入两军之间的无人地带，开展他们令人毛骨悚然的工作。

8 月 20 日，一名奥斯曼中尉爬出他所在的前进战壕，举着白旗开始穿过无人地带，他显然是要来安排临时停火。但这名年轻军官抵达英军战线之后，向惊愕的英国人宣布，自己是来投降的。

按照标准操作流程，此人被五花大绑，蒙上眼睛，押过地中海远征军的战壕，送到团部。如果仍然遵循标准操作流程，他会在那里接受一名情报军官的审讯，然后送到中央临时战俘羁押地，最后被送到塞浦路斯的某个战俘营。但对这个战俘却没有遵循标准流程。他的名字叫穆罕默德·法鲁基[32]。虽然他其貌不扬——年仅 24 岁，而且非常瘦削——但他讲出的故事却不同寻常，连续多名英国军官感到有必要报告上级。

140

---

① 10 世纪开始流传的一部诗集，包括古典时期和拜占庭时期的希腊文诗歌，历史上被不同时期的多位学者增补和修改，对西方文学影响极大。

② 应该是指若泽—玛利亚·德·埃雷迪亚（1842 ~ 1905），法国诗人、法兰西学院成员。

③ 威廉·莫里斯（1834 ~ 1896），英国艺术与工艺美术运动的领导人之一。世界知名的家具、壁纸花样和布料花纹的设计者兼画家。他同时是一位小说家和诗人，也是英国社会主义运动的早期发起者之一。

他说自己是一个叫作觉醒社的秘密军事社团的成员。该社团的成员大多是像他一样的阿拉伯军官，几个月来一直在徒劳无功地等待合适的时机发动起义，来对抗土耳其人。到这年夏天，关于奥斯曼帝国内部存在神秘的第五纵队网络的传闻已经满天飞，但是法鲁基的特别之处是，他提供了觉醒社其他密谋者的名单，大部分人都是高级军官，还完整地说出了他们指挥哪些单位、目前部署在何处等细节。

兹事体大，加里波利战役的总司令伊安·汉密尔顿将军在 8 月 25 日亲自向陆军大臣基钦纳发送了报告。[33]伦敦方面感到最好让开罗的情报单位来判定法鲁基中尉的故事是真是假，于是命令把法鲁基送上一艘开往埃及的战舰。

这位年轻军官于 9 月 10 日被送到萨沃伊饭店。至少在最初，英国驻开罗军事情报单位的指挥官吉尔伯特·克莱顿和他的下属们都不知道如何处置他。法鲁基说，英军在 1915 年春季没有在亚历山大勒塔登陆，浪费了一个天赐良机。听到这话，英国军官们一下子被勾起了兴趣。

据法鲁基说，当时驻防亚历山大勒塔的主要是阿拉伯部队，很多指挥官是觉醒社的忠实成员，而且这些部队为了迎接英军的登陆，还仔细地破坏了城市的防御工事。但是事与愿违，英军没有攻打亚历山大勒塔，而是发动了灾难性的加里波利战役，于是他们的努力都付诸东流了。但这还不算最糟糕的。加里波利战役开始之后，杰马勒帕夏迅速把亚历山大勒塔的阿拉伯部队调往前线[34]；法鲁基解释说，就这样，很多觉醒社密谋者战死在加里波利的山坡上，杀死他们的正是他们希望投靠的“敌人”。

到目前为止，法鲁基的故事的大部分都很容易证实。觉醒社的创始人阿卜杜勒·阿齐兹·马斯里当时正在开罗流亡，他担保了法鲁基的诚实。至于亚历山大勒塔曾由急于起义的阿拉伯部队驻防的说法，劳伦斯从奥斯曼战俘口供中得出了同样的结论，而且在主张从亚历山大勒塔登陆时一直都是这么强调的。但法鲁基的故事还不止这么多。还有很多。

他说，自己一段时间以来一直担任觉醒社与大马士革的秘密社团——青年阿拉伯党——之间的联络人。通过这个关系，觉醒社了解到，青年阿拉伯党和麦加的埃米尔侯赛因在秘密协商，要联合发动反对土耳其人的起义。在这过程中，觉醒社还了解到，埃米尔侯赛因和开罗的英国人也在秘密通信。因此，阿拉伯的两个秘密社团——民间人士组成的青年阿拉伯党和军人组成的觉醒社——如果得到英国人的武装和支持，就可以同埃米尔侯赛因联手，发动起义抵抗土耳其人。

但这样的合作也不是没有代价的，他们要求英国承认一个独立的阿拉伯国家，这个国家将囊括几乎整个阿拉伯世界，东至伊拉克，西至叙利亚，南到阿拉伯半岛最南端。这个阿拉伯国家的具体疆界可以再作有限的商谈，这些志在起义的人士认可英国对亚丁的殖民主张以及在伊拉克南部的商业利益，但是有一个必须遵守的先决条件是，无论如何不允许法国在任何地方插足。法鲁基解释说，如果英国人同意这些条件，奥斯曼世界的心脏就会爆发一场革命。

说到这里，年轻的中尉的故事就不那么令人信服了。法鲁基显然是通过某种渠道得知了埃米尔侯赛因和罗纳德·斯托尔斯之间的通信，但开罗军事情报单位没有一个人听说过青年阿拉伯党。至于法鲁基说他的小组能够代表叙利亚境内庞大的反奥斯曼密谋集团，谙熟叙利亚政治环境的劳伦斯或许是判断这个故事真伪的最佳人选，但他无论是在战前还是战时获取的情报都不能证明的确存在这样一个庞大的网络。就算真的存在这样的网络，任何对阿拉伯社会略知一二的人都会感到，叙利亚和伊拉克的军事和文化界进步人士与麦加的极端保守的埃米尔侯赛因联手的说法有些太荒谬了。

但是，就在法鲁基在加里波利变节的几周之前，侯赛因终于打破了8个月的沉默，向罗纳德·斯托尔斯发出了新的信息。这封信中，侯赛因先前的模棱两可和温和节制都无影无踪了。现在他是以“整个阿拉伯民族”的名义发言，对英国人的要求也从不干涉汉志内政扩大到了承认几乎整个阿拉伯世界的独立。 142

斯托尔斯感到侯赛因的要求太异想天开了——他尖刻地评论说，侯赛因“没有权力，没有希望，也没有力量去希冀这么多”[35]。他和新任英国驻埃及高级专员亨利·麦克马洪决定，最好的回应就是置之不理。在法鲁基被送到埃及前不久，麦克马洪给侯赛因写了一封回信，其中只字不提侯赛因的要求。

但在9月份法鲁基登场之后，英国人发现，他的说法和侯赛因在7月份的信的具体内容，尤其是双方提的条件和领土要求几乎完全吻合。这样看来，侯赛因的“整个阿拉伯民族”的模糊说法的意义就完全不同了，这位贝都因部落的埃米尔并非口出狂言，而是暗指他与青年阿拉伯党和觉醒社密谋者的秘密合作关系。在开罗的英国官员突然感到，他们可能严重低估了侯赛因，他不只是有能耐在奥斯曼帝国的偏僻边陲发动一场起义。麦加的这个神秘莫测的老人或许是整个中东战区的关键所在。

但还不止这些。侯赛因在上一封信中还以他一贯的隐晦设置了一个期限，他说英国人从接到信起有30天时间考虑，要么接受，要么拒绝他的条件。如果30天没有回复，阿拉伯人“完全保留自由决断的权力”[36]。斯托尔斯和麦克马洪在当时没有注意到这个隐蔽的威胁，但穆罕默德·法鲁基告诉他们，这个最后通牒是由于杰马勒帕夏向侯赛因提出了一个极具诱惑力的建议：如果阿拉伯人全心全意地支持土耳其—德国的战争努力，战后将赋予阿拉伯人完全的独立。

英国人此刻面临着非常严峻的抉择：要么与侯赛因及其伙伴达成协议，从奥斯曼帝国内部发力，使其瘫痪；要么眼睁睁地看着侯赛因和阿拉伯人与君士坦丁堡修好，这无疑会令针对协约国的圣战号召威力猛增，很有可能会星火燎原地激起英国殖民地内的穆斯林人民起义。在伦敦和开罗的英国外交官们将情况全部报告给阿斯奎思首相及其内阁，同时匆匆向麦加的埃米尔发去了一封比以往恭敬得多的信。史上最具争议的秘密通信之一，即所谓“麦克马洪—侯赛因通信”就这样开始了，它造成的结果会将英国政府及其未来在阿拉伯半岛的代理人 T. E. 劳伦斯陷入一张充满误解、互相矛盾的诺言与背信弃义的复杂罗网。

143

在短期内，穆罕默德·法鲁基的情报使得劳伦斯得以重返他自九个月前抵达开罗以来就一直追寻的目标：筹划英军在亚历山大勒塔的登陆作战。

在晴朗的日子，从阿特利特海岬，亚伦·亚伦森和押沙龙·法因贝格可以清楚地看到游弋在巴勒斯坦海岸线上实施封锁的英国和法国战舰。他们估计，最终从这样一艘战舰上，他们将收到亚历克斯从开罗发来的信，或许亚历克斯本人会一并前来。但随着日子一天天过去，他们的信心渐渐开始动摇。

近一个月毫无亚历克斯的音信，于是亚伦森和法因贝格决定调用一个风险很大的备用方案。如果再等一阵子还没有消息，法因贝格就会搭乘海岸的一艘小型渔船，径直去找一艘英法的军舰，努力说服对方让自己登舰。但到 8 月中旬，却传来了消息，封锁加紧了，协约国战舰现在有权摧毁任何可疑船只，试图接近战舰的陌生船只当然也很可疑，所以这个备用方案现在已经不是风险很大，而是自杀。然后传来了更多的坏消息。8 月底，他们得知（后来知道这个消息有误），运送难民的航运即将终止，“得梅因”号会在 8 月 30 日最后一次停靠海法港。密谋者们相信，美国战舰出现在海平线上的时候，就是他们与英国人取得联系的最后机会。

法因贝格心急火燎地要尽快登船，亚伦森坚决不同意。但法因贝格乔装打扮并携带伪造的俄国护照，凭借三寸不烂之舌登上了“得梅因”号。一周后，他来到了埃及亚历山大港的码头。[37]

法因贝格在埃及只认识一个人，但事实证明这是个很好的关系。他的朋友是一个老家在海法的信基督教的阿拉伯青年，目前在塞得港的英国海军情报指挥部当信差。法因贝格在塞得港找到了这位老友，他很快就安排法因贝格与该单位的一名情报军官会面。这位军官不是别人，正是T. E. 劳伦斯在卡尔基米什和寻漠探险的老搭档——伦纳德·伍莱。

法因贝格不知道，也不可能知道的是，亚历克斯·亚伦森确实已经与埃及的英国情报部门取得了联系。在多次碰壁之后，亚历克斯终于在8月18日获准面见开罗军事情报部门的一名高级军官——T. E. 劳伦斯在寻漠探险中的另一位搭档，斯图尔特·纽科姆上尉。144 但这次会谈也不顺利。纽科姆从一开始就对亚历克斯·亚伦森持谨慎态度，当这个一本正经的26岁青年开始详细介绍在巴勒斯坦随时准备为英国人效劳的犹太间谍网时，他更加警惕了。就在两个月前，库尔特·普吕弗的女弟子明娜·魏茨曼的间谍身份被拆穿，在埃及的英国情报人员都提高了警惕，因为他们知道，德国人在招募从巴勒斯坦来的犹太难民作为情报渠道。或许最让纽科姆怀疑的是，亚历克斯·亚伦森似乎一心只想为英国人效力，不求任何实质性的回报。作为一名资深情报军官，纽科姆常常遇到很多自称是间谍的人，这些人向他提供“珍贵情报”，要他给钱给枪，或者帮助解决法律问题。要说亚历克斯·亚伦森完全是心地善良、慷慨无私地要提供这个所谓的情报宝库，实在匪夷所思。于是纽科姆犯下了他情报生涯最严重的错误之一，他不仅拒绝了亚伦森的建议，还命令他出境。当然，亚历克斯没有办法把这情况告诉正在巴勒斯坦焦急等待的兄长。9月3日，也就是押沙龙·法因贝格抵达亚历山大港的三天之前，亚历克斯和他的妹妹莉芙卡登上了一艘开往纽约的船，离开了这同一个港口。

但法因贝格在伦纳德·伍莱那里的运气要好得多。伍莱对这个血气方刚的青年完全信任，设计了一个方案：安排一艘英国间谍船定期经过阿特利特的研究站。密谋者如果有情报，就向间谍船发出事先约定的暗号，然后间谍船借助夜色掩护派出小船或者游泳者上岸接收情报。

要建立这个暗号系统并测试方案的可行性只有一个办法，那就是让法因贝格搭乘这样一艘间谍船偷偷返回巴勒斯坦。与伍莱安排妥当之后，法因贝格就等待合适的时机——风平浪静的无月黑夜，踏上归途。

在这个夏末，有一个人对纽科姆和伍莱与巴勒斯坦来的志愿间谍的交往一无所知，那就是他们先前在寻漠探险中的搭档 T. E. 劳伦斯。这部分是由于英国驻埃及的情报机构各部门相对独立，部分是因为劳伦斯的全副精力都集中在一件事情上：英军在亚历山大勒塔的登陆。到 10 月中旬，这个计划的最后细节似乎已经安排妥当，在写给父母的信中，他努力抑制住自己的兴奋，尽量说得隐晦些，以便通过军方的审查：

145

“今年冬天在黎凡特①会很忙，”他写道，“总的来讲，我对事情还是很满意的。他们反对我们那么长时间，现在我们的政府变得更通情达理了，我想，这里的最后方案虽然会花很长时间，但应当会非常顺利。这要感谢过去的失败。”[38]

对劳伦斯来说，法鲁基的故事里最让他痛苦的是对 1915 年初亚历山大勒塔局势的描述，法鲁基指出，英军如果在当时攻打亚历山大勒塔，几乎可以长驱直入。当然，觉醒社成员控制的部队早已被调走，形势已经发生很大变化，但在 1915 年秋季，劳伦斯和其他主张在亚历山大勒塔登陆的人还有几个强有力的论点来支持这个

① 黎凡特（Levant）是历史上的地理名称，其指代并不明确。它一般指的是中东、地中海东岸、阿拉伯沙漠以北的一大片地区。“黎凡特”一词原指“意大利以东的地中海土地”，在中古法语中，黎凡特即“东方”的意思。历史上，黎凡特在西欧与奥斯曼帝国之间的贸易中担当重要的经济角色。黎凡特是中世纪东西方贸易的传统路线。阿拉伯商人通过陆路将印度洋的香料等货物运到地中海黎凡特地区，威尼斯和热那亚的商人从黎凡特将货物运往欧洲各地。

计划。

保加利亚在战争的第一年坐山观虎斗，但在1915年9月底终于加入德奥阵营。这意味着，德国和土耳其之间现在有了一条不间断的公路和铁路线，部队和武器可以迅速而轻松地调动。同时，英军高层终于接受了加里波利战役的惨败，开始悄悄地制定撤退计划。这两个事件的后果是，英属埃及有可能遭到装备精良的敌人的新一轮打击。为了阻挠这样的攻势，占领亚历山大勒塔盆地不仅能扰乱敌人的主要补给线，甚至可以将其完全切断，如果还能引发阿拉伯人在当地起义，土耳其人就将不得不面对一连串新问题。

还有一个理由能够支持亚历山大勒塔计划，这要感谢杰马勒帕夏反复无常的个性。杰马勒私下里反对君士坦丁堡的其他帕夏们的政策，允许安纳托利亚大屠杀的至少8万名亚美尼亚幸存者在叙利亚避难，并将很多亚美尼亚男子编入劳动营。这些难民和劳动营集中在亚历山大勒塔地区，其中大约8000人在穿过阿玛努斯山和托罗斯山脉的铁路隧道工地上干活。就算这些亚美尼亚人对至少暂时救了他们性命的帕夏心存感激，在英军到来时也一定会把他们视为解放者，奔向他们的阵营。况且这还有助于公共关系——劳伦斯对战争的这个方面一直非常敏感。英国将不计其数的基督徒亚美尼亚人从奴役或死亡魔爪下解放出来，将会是很好的宣传材料。

146

在劳伦斯和开罗军事情报部门的其他成员的努力争取下，到10月底，埃及的两位最重要的大员——高级专员亨利·麦克马洪和埃及远征军总司令约翰·麦克斯韦少将都对卷土重来的亚历山大勒塔计划产生了兴趣。更妙的是，他们两位将与到访的基钦纳勋爵举行一场峰会，来确定地中海东部战局的未来走向。一切进展得顺风顺水，劳伦斯相信，军界愚蠢的壁垒貌似坚不可摧，但也要土崩瓦解了。

“这个周末，事情要更进一步了，”劳伦斯在11月4日，也就是基钦纳峰会的前夕，在给一位朋友的信中写道，“我们从来没有这么忙过！这是个好兆头，大家很满意。”[39]

基钦纳、麦克马洪和麦克斯韦的峰会于11月10日和11日在爱琴海穆兹罗斯岛外海的一艘船上召开。陆军大臣起初有些不情愿，但后来也同意了亚历山大勒塔计划，并迅速向首相发了电报，敦促他尽快批准此方案。

但伦敦方面对这个计划并非全盘支持。西线已经血流成河，英军高层要找到新的兵员投入这台绞肉机已经很艰难，要抽调物资和兵力——修订版的亚历山大勒塔计划需要多达10万人——实在很难。而且，在加里波利折戟沉沙之后，在奥斯曼战线发动新的登陆作战的想法就不受欢迎了。基钦纳所在的舰船和伦敦各部之间通过电报展开了一番辩论。

基钦纳船上的一名法国联络官决定了局势的走向，他向巴黎发了一封电报，报告了英国人的筹划情况。[40]

法国政府原以为自己在1915年冬天就彻底粉碎了亚历山大勒塔计划，现在感到必须直言不讳了。11月13日，法国驻伦敦武官向大英帝国总参谋部长官和英国陆军总司令威廉·罗伯逊将军递交了一封信。这封信先是重申了法国在叙利亚的经济和政治利益，然后声明：“对于已经确认将会成为未来法属叙利亚一部分的地区发生的任何事情，法国公众都不会置若罔闻。他们还要求法国政府，在此地区开展的任何军事行动都需要事先在各协约国间协调妥当，而且，即便采取了这样的军事行动，大部分任务也应当交给法国军队和指挥这些军队的将领。”[41]

147

抛却隐晦的外交辞令不谈，这封信实质上是重复了法国先前的对亚历山大勒塔登陆计划的反对意见：法国计划在战后主宰叙利亚，所以在该地区的任何军事行动都应当由法国军队担当前锋，而现在法国腾不出兵力来执行这样的行动，所以干脆根本就不要在叙利亚搞任何军事行动。但这一次最让人震惊的是，法国人居然会把如此卑劣的论点付诸笔端。英国历史学家巴塞尔·利德尔·哈特对法国的这封信评论道："在生死斗争之际，这肯定是向盟友递交的最令人惊愕的文件之一。因为它断然否决了切断共同敌人的生命线、保护我们自己的生命线的最佳机会。"利德尔·哈特认为，英军总参谋部同意了法国人的无理要求，就成了"犯罪的同谋"[42]，他说的"犯罪"是指，在埃及的英军现在别无办法，只能等待敌人再一次进攻苏伊士运河，随后向土耳其战线最固若金汤的点——巴勒斯坦南部的狭窄战线——发动自己的攻势，这种方法最终将给英军带来伤亡5万人的惨重代价。

令劳伦斯和他在开罗的情报机构的同袍们无比震惊的是，亚历山大勒塔计划再次被粉碎，后来再也没有被认真提起过。

1915年2月，这个计划第一次被撤销时，劳伦斯曾悲愤地向家人说，法国才是英国在叙利亚的真正敌人。1915年11月，计划第二次瓦解之后，他心中产生了对法国的憎恶，他将会对法国在该地区的所有行动都抱有深刻的不信任。

萨拉·劳伦斯在儿子弗兰克阵亡之后，曾责备次子"内德"的一个让她非常难过的错误：内德在1914年底动身前往埃及之前没有去弗兰克的新兵训练营看望他。T. E. 劳伦斯对母亲批评的回应的逻辑非常实事求是，几乎到了变态的地步。"我没有去向弗兰克道别，"他解释道，"因为他不愿意让我去看他，我知道我再见到他的机会很少了，那样的话，我们最好还是不道别。"[43]

148

1915年3月，劳伦斯得知，他的弟弟威尔乘坐的船从印度返回英国，要途经苏伊士运河。他的反应与对弗兰克阵亡的反应大不相同。自威尔在1913年拜访卡尔基米什以来，劳伦斯还没有见过他，于是暂且搁置了在萨沃伊饭店的工作，骑上他的胜利牌摩托车，狂奔80英里前往弟弟的船停靠的苏伊士港。

但就在他抵达那里之前，运河沿线发生了一场小规模战斗，威尔的船延误了。兄弟俩没能见面，只能在岸上和船上之间短暂地通了一次电话。当晚，劳伦斯再次跨上摩托车，返回开罗工作。

威尔志愿担任皇家飞行军团的航空观察员，这是第一次世界大战中最危险、死亡率最高的兵种之一。1915年10月23日，威尔乘坐的飞机在法国上空被击落，他殒命长空，遗体踪迹全无。他死时只有26岁，在前线待了还不到一星期。

仅仅五个月内就有两个弟弟阵亡，这让劳伦斯在感情上愈加内敛。在随后几个月内，他的家信越来越少，写的也越来越简短。他在给父母的信中很快就不再提及弗兰克，而当时除了一个隐晦的暗指，甚至根本没有承认威尔的死亡。在12月的一封家信中，他写道：

> 我今天早上写了这么寥寥几笔，因为我很吃惊地发现，今天已经是圣诞节了。恐怕你们在今天不会开心了。但你们还有鲍勃和阿尼，很多人还不如你们幸运。振作精神，希冀未来。这里一切照常，只是昨天下了场瓢泼大雨，最近比较凉快。[44]

第7章
背信弃义

本人窃以为，我们现在的情况就好像是，猎人在还没有打死熊之前就已经在盘算如何分熊皮了。我个人还看不到战争结束的迹象，所以我认为目前讨论如何瓜分土耳其帝国主要是个学术问题。 149

——1916年1月7日，英国军事情报部门指挥官，
乔治·麦克多纳将军[1]

1915年11月16日，T. E. 劳伦斯给一位老友——牛津阿什莫林博物馆的管理员爱德华·利兹写了封短信。劳伦斯的兄弟威尔战死还不到三周，劳伦斯现在心情非常忧郁。他先是为自己很长时间没有写信表示歉意，然后告诉利兹，这部分是由于他的工作繁忙，“部分是由于我的两个弟弟连续阵亡。当然了，我和他们在一起的时间不多，所以噩耗传来时并不非常让我震惊，但我还是害怕回到牛津，害怕回去时看到的境况。而且他们年纪都比我小，我仍然平安地生活在开罗，他们却已经马革裹尸，这有点不对劲”。[2]

如果说战争在本质上就令人困惑苦恼，劳伦斯在这个11月感到特别迷茫痛苦，也是情有可原。抵达开罗之后的11个月内，他大部分时间都困守萨沃伊饭店的办公室，离夺去了他两个弟弟生命的西线屠场有万里之遥。更让他迷惘的是，他的最大精力不是用来打击敌人，而是被浪费在与英国军队官僚及其最亲密盟友法国的狭 150

隘利益做斗争的“公文战争”上。

在萨沃伊办公室墙壁上的奥斯曼帝国地图中，可以一目了然地看到这些斗争的徒劳无益。1915 年 11 月，这个战区的战事已经持续一年，有数十万人命丧黄泉，但地图基本上没有变化。

在加里波利，地中海远征军仍然苦苦困守浸透鲜血的滩头阵地，但就连这些在土耳其土地上的小小立足点也很快要消失了。最具讽刺意味的是，协约国军队从加里波利的撤退是整个战役唯一一个执行有力的阶段。在安纳托利亚，亚美尼亚人的苦难在继续，毫无缓和的迹象；叙利亚的阿拉伯分离主义者也惨遭杰马勒帕夏的秘密警察的屠戮。本可以帮助亚美尼亚人和阿拉伯分离主义者的亚历山大勒塔登陆计划似乎已经被彻底废弃，虽然开罗方面无人理解其原因（几周之后，伦敦的陆军部才终于告知埃及方面，法国政府公开地扼杀了这个计划）。土耳其军队已经在西奈半岛远方的巴勒斯坦掘壕据守下来，据说英军即将对其展开常规的正面攻势。即便这次攻势能够成功——加里波利的惨痛教训让人很难相信它能够成功——英军随后也将不得不缓慢而艰难地北上，向土耳其内陆前进。地图上唯一的亮点是伊拉克。在那里，一支英属印度军队在过去的七个月中沿着底格里斯河步步紧逼，到 11 月中旬已经兵临巴格达城下。就算能够攻克这座奥斯曼帝国的边陲城市，也很难对千里之外的君士坦丁堡产生实质性影响。

劳伦斯越来越把希望寄托在阿拉伯半岛，他相信，只有非常规战争才能打败土耳其人，而非常规战争很有可能要在阿拉伯半岛展开。就在几天前，他的这份希望大大增强了。在穆罕默德·法鲁基带来情报之后，英国驻埃及高级专员亨利·麦克马洪匆匆给埃米尔侯赛因写了一封新的信，同意了对方提出的独立阿拉伯国家的几乎全部领土要求，条件是，阿拉伯人要与英国结盟，发动起义。11 月 5 日，开罗收到了侯赛因的同样令人愉快的答复。还有几个小细节需要商榷，但双方就针对土耳其的阿拉伯起义达成了共识。[3]

劳伦斯当然并没有天真到相信这就能彻底解决问题。恰恰相反，在1915年秋季，厮杀中的欧洲列强产生了一个执拗反常的观念，这表明中东局势将会变得更加复杂，纷争将变得更加激烈。

151

要理解这种观念，我们必须看清战争的整体局势。在西线，英法军队和德军之间400英里长的无人地带在一年中几乎没有移动一寸。东线虽然不是这样静止不动，但产生了另一种僵局。俄国在战争的最初几天在西北战线被德军打得遍体鳞伤，后来在西南战线对倒霉的奥匈帝国军队大打出手，才出了一口气。不料德军赶来援助奥匈帝国，于是俄军又遭遇了惨败。这就形成了一种致命的局面——俄国打败奥匈帝国取得的成功被德国打败俄国抵消——并一直持续到1917年。但要说愚蠢盲目、徒劳无功，排第一的还要数意大利东北部新开的南线战场。意大利在1915年11月才姗姗来迟地与协约国结盟，加入战争。意大利已经向居高临下地据守一座崎岖山谷的奥匈帝国军队发动了四次进攻，虽然意大利军队在兵力上占据绝对优势，但每一次都被杀得血流成河。在整个战争期间，为争夺伊松佐河谷就爆发了12场战役，导致意大利军队伤亡约60万人。

当然，僵局是一柄双刃剑，协约国没有进展，同盟国也没有什么好消息。

付出了如此惨重的代价，却没有任何进展，各参战国或许应当考虑议和，或者想办法跳出这个烂摊子了。但是，它们却做了完全相反的事情。

自古以来，战争中的所有民族和国家都遇到了同样的问题，往往得出的是可怕的答案：已经死了这么多人，挥霍了这么多财富，怎么可以承认这一切都白费了呢？承认自己错了是不可能的，现状又是维持不下去的，剩下唯一的选择就是加大投入、让冲突升级。于是，在1915年底，欧洲各参战国已经不满足于当初开战要达到的目的——这些目的往往是非常鸡毛蒜皮的——而是更进一步。可接受的和平条件不是降低了，而是更高了。这场战争的目标不再是在帝国霸业中占竞争对手一点小便宜，而是将其彻底打残，让对手永远没有能力开展一场如此毁天灭地而又毫无意义的战争。

但打败了敌人还只是赢了一半；战争要真正说得过去，就必须有物质利益进账。根据现代欧洲的习惯，战争的赢家会向输家索取战争赔款，占领个把有争议的省份等。但相对于这场战争的惨重代价而言，这些利益都太不值一提了。如果要让这所有的血腥残杀都没有白费的话，就必须有一个帝国的新的黄金时代，赢家要比以往富裕得多、辉煌得多。于是，这种思想就将这个恶性循环推向了必然的、凶恶的结果。想一想最终的胜利者将得到哪些好处，失败者又将失去多少东西，现在还怎么可能罢手呢？唯一的办法就是加大投入——更多士兵、更多金钱、更多损失——等到最终胜利的时候，就将得到更多领土、更多财富和更多权力来补偿这一切。

152

同盟国也有自己的一份心愿单，写明了胜利之后要得到什么东西，而这份心愿单随着时间推移越来越宏大；而对英法俄这三个协约国而言，只有一个地方能够给它们规模足够大的补偿：奥斯曼帝国的四分五裂、五彩斑斓的土地。到了 1915 年秋季，伦敦白厅走廊里的人们已经将奥斯曼帝国简单地称为“大战利品”。

对三个协约国来说，中东战争的目的已经完全是为了满足它们长久以来的帝国主义野心——用文雅的说法叫作“愿景”。俄国历代沙皇垂涎君士坦丁堡已经至少两百年之久。法国自 16 世纪以来就享有奥斯曼帝国叙利亚境内天主教徒的保护者的特殊地位；如果奥斯曼帝国土崩瓦解，叙利亚地区理当归属法国。英国则一直醉心于保卫通往印度——大英帝国“王冠上的珠宝”——的陆路通道免受帝国主义竞争者的侵害。具有讽刺意味的是，俄国和法国是它最忌惮和防范的对象。另外还有宗教的因素。1915 年的时候，三个协约国都是虔诚的基督教国家。时隔 600 年，很多人依然对基督教圣地在穆斯林手中而耿耿于怀。瓜分奥斯曼帝国之时，基督徒们终于能重演十字军东征并达到一个较好的结局了。

自相矛盾的是，将这些古老的欲求推入现实领域的恰恰是英国与埃米尔侯赛因的秘密会商。其他协约国渐渐知道了这些协商，阿拉伯起义的前景也更加触手可及，这几个帝国主义国家不仅是胃口大开，更是垂涎三尺。

到11月末，法国已得知英国与侯赛因的交易。法国急于提出自己的权利主张，匆匆地编纂出自己对该地区的野心勃勃的心愿单。俄国很快也提出了自己的要求。面对主要盟友的贪得无厌——它们今天或许是盟友，明天可能又变成对手，英国突然感到自己的胃口也好了起来，而不管前不久才向侯赛因许下的诺言。最终，意大利，甚至中立国希腊，也要来分一杯羹。这很快就让中东的军事谋略屈从于政治考虑，决策权从前线军官手中转移到了聚集在会客厅的外交官和政客手中。如果说外交官们的主要特点是笨拙无能，至少他们的意图是明确的；随着政客们的崛起，以及各个阵营争先恐后地争权夺利，一切都将被背信弃义和拜占庭宫廷式的钩心斗角所笼罩。

153

巧合的是，在这个阴谋的产生中起到关键作用的那个人于1915年11月17日抵达了开罗，也就是劳伦斯向爱德华·利兹抱怨自己平静生活的第二天。这个人的名字是马克·赛克斯，更正式的全名是第六代斯莱德米尔从男爵塔顿·本韦努托·马克·赛克斯爵士。

历史上很少有比他更不像坏人的坏人了。赛克斯时年35岁，英俊潇洒，尽管略微有些松弛无力。他是帝国时代晚期英国贵族的那个非同一般的小阶层——“业余政治家”的杰出代表。“业余”这个词在现代带有贬义，但其实源自拉丁语，最初的意思是“为了对……的爱”，在这个语境下指的是那些富裕且往往拥有贵族头衔的青年，他们出身名门望族，受过良好教育，不需要为了晋身而拼命奋斗——这些人如果要正儿八经地工作的话，就太有失体统了——所以他们可以自由涉猎广泛的领域，在所有领域都如鱼得水。赛克斯是约克郡一位贵族的独子，自小在3万英亩的家族庄园长大，就像其他很多“业余政治家”一样，致力于让自己的人生更加充实，要像10个“普通人”加起来那么丰富多彩。他在剑桥大学接受教育，游历了奥斯曼帝国很多地方，著有四本书，参加过布尔战争，曾担任爱尔兰总督的议会秘书和英国驻君士坦丁堡大使馆的荣誉领事——这还仅仅是他25岁之前的亮点。在随后的10年中，在他于1915年抵达开罗之前，他娶妻生子，已经有了五个孩子——第六个孩子尚在腹中——成了一位颇有名望的优秀的讽刺漫画家，发明了一种早期版的投影仪，而且自1912年以来一直担任赫尔中央区的保守党议员。

赛克斯出现在开罗是由于最近的职业变动。前一年春天，基钦纳勋爵任命他为德·邦森委员会①的顾问。这个委员会是政府的一个跨部门的理事会，旨在向英国内阁提供关于中东事务的指导性意见。丝毫不令人吃惊的是，赛克斯很快成为该委员会的主要成员，154并于1915年7月对该地区进行了一次长期考察，打算回国后将自己的考察结果报告给内阁。

劳伦斯第一次见到赛克斯是在这年8月，当时赛克斯正在考察途中于开罗短暂停留。和大多数人一样，劳伦斯对这位魅力十足、风度翩翩的议员颇有好感。他和开罗情报部门的同僚们终于找到了一位似乎理解他们的非常规战争理念的英国政府高官，所以很满意。赛克斯于11月返回埃及后，劳伦斯和同僚们对他的好感更是极大增强。[4]在前两个月中，赛克斯与英属印度的官员们进行了会谈，这些人坚决反对英属埃及当局的“代理人战争”计划（即鼓动阿拉伯人去反抗奥斯曼帝国）。赛克斯返回后毫不隐讳地表示，

① 以委员会主席莫里斯·德·邦森爵士得名。有趣的是，邦森的父亲曾是普鲁士驻英国大使。

自己支持埃及当局的做法。

马克·赛克斯虽然成就非凡，却带有爱德华七世时代英国统治阶级的一个普遍的典型特征——狂妄自大，认为全世界的麻烦问题其实都有办法利索地解决，解决这许多问题的答案就掌握在英国手中；英国人有一项特别的负担——虽然是天赋的，但仍然很累人——开化和教育其他民族，让他们知道英国人的优越。赛克斯在这方面的特殊本领是果断大胆、简明扼要、令人耳目一新的写作文风。他能够把复杂的问题分解为甲乙丙丁的清清楚楚的条目，给人造成一种几乎是数学般简明的错觉。虽然 PowerPoint 幻灯演示要到近 100 年后才被发明出来，他在当时已经是这种演示的大师。

举个例子——在随后几年内，这样的例子会有很多——他于 8 月在开罗短暂停留时写了一份分析报告，声称对中东的各种知识分子作了记录和研究。赛克斯先是把这些知识分子分为“守旧派”和“现代派”，然后又分别作了细分。例如，“守旧派”的第一类是正统派（“头脑僵硬顽固、难以驾驭、充满偏见和狂热”），而“现代派”的第一类（水平最高的级别）是“出身名门望族、完全吸收了西方教育的人”，但不可以将第一类“现代派”与第二类“现代派”混淆，因为后者是“贫穷、能力低下的人或罪犯，接受了程度较低的欧洲教育，由于境况或天性或者二者合一，比第一类更倾向于走阴险可怖的渠道”。赛克斯还不满足于分类，而是继续将他的公式应用于中东的各地区，为他的英国读者们提供了一个通俗易懂的关于英国在每个地区地位的指南。坦率地说，埃及这样的地方可不妙：“守旧派”的第一、二、三类对英国人的态度分别是彻底敌视、善意冷漠和温和支持；而“现代派”的第一、二类对英国人的态度则分别是明文反对和毫不妥协的仇恨。[5]

这固然不是第一次有愚蠢的种族主义言论被付诸笔端，但是这种语言组织得力、表达又自信大胆的胡言乱语居然被视为智慧，足以说明英国领导层的自鸣得意，当然也印证了他们在对抗一场遍及 155

全球的冲突时几面受敌的境地。赛克斯回到伦敦后，在德·邦森委员会面前作了一番气势磅礴的表演，英国政府竟然就将第一次世界大战中最棘手——从历史角度看，也是影响最为深远的一项使命全盘交给了这个35岁的业余政治家：将英国与其盟友在中东的互相矛盾的领土主张分门别类、一一理顺。

英国领导人到一切都太晚的时候才发现了赛克斯个性的另一个特点，如果他们早一点发现的话，或许就不会将这个重大使命交给他了。马克·赛克斯活动起来总是兴冲冲又十分狂热，而且兴趣和涉猎范围极广，所以记性极差，甚至连自己曾经坚信不疑的东西也记不住。他常常会被刚刚与之交谈过的人的话触动，或者他那多产的大脑里会蹦出一个新念头，因此总是与自己先前（往往仅仅是几天前）大力鼓吹过的观点或政策矛盾。

赛克斯于11月暂居埃及时，劳伦斯开始注意到他的这个缺陷。这位年轻的议员总会漫不经心地无视与他当前持有的观点矛盾的棘手证据，而在自己改弦易张之后却会抓住这个证据来支持自己。他这种做法让人颇感不安。劳伦斯后来在《智慧的七柱》中写道，赛克斯“想象力丰富，鼓吹着不能令人信服的世界走向……满脑子是偏见、直觉和伪科学。他的观念都是外在的，他也没有耐心去测试自己的建筑材料，就急于选择自己的建筑风格。他会选取真相的一个方面，将其与具体情况割离，令其充气膨胀，对其扭曲和改造。”[6]

但赛克斯的性格还有另一面，对他即将扮演的关键角色将会产生负面影响。他的行事似乎有些鬼鬼祟祟和阴险狡诈。不知是为了证明自己无论走到哪里都是最聪明的人，还是为了取乐而故意骗人，这位年轻的业余外交家将扭曲事实以满足自己的利益要求，以及保留或操纵关键信息来玩弄各方演化成了一种艺术形式。这给马克·赛克斯在历史上赢得了一个特殊地位：在这位温文尔雅、才华横溢的约克郡年轻贵族之外，很难找到一个既没有真正的恶意，手中也没有操控一个国家或军队的权力，却能给20世纪造成更严重损害的人。他留下的烂摊子，将会由一小群同胞，包括T. E. 劳伦斯，非常努力地去补救。

这并不是说这样的贱人只有赛克斯一个。在口是心非、背信弃义方面，这位业余外交家此时在中东还有很多技艺娴熟的竞争对手。 156

在赛克斯在开罗耀武扬威的同时，一个身披长袍的神秘人物正在叙利亚西部一些城镇的集市和茶馆内东奔西走。他三十五六的年纪，说起话来特别轻声细气，从衣服的质地和他的古典阿拉伯语用词来看，一定是个家境富裕、很有文化的人。他面色苍白、眼睛碧蓝，大多数遇到他的人或许都以为这个旅行者是切尔卡西亚人[①]，这个山地民族发源于黑海地区，很多人的面貌几乎像北欧人。库尔特·普吕弗或许没有去纠正别人的这个错觉。他是在杰马勒帕夏授意下执行这些秘密任务的。他的目标是弄清楚叙利亚人民真正忠于何方。

到这年秋天，总督和他的德国顾问们都越来越深刻地感到，有必要对叙利亚民意做一个公正无偏见的评估。协约国军队在加里波利的灾难性攻势有了渐渐平息的迹象，于是协约国在叙利亚海岸某处登陆的威胁再次浮现了。如果协约国在黎巴嫩登陆，那里的基督徒和德鲁兹[②]宗教少数派会作何种反应？聚居在黎巴嫩南面的巴勒斯坦的犹太人又会如何？在安纳托利亚，针对亚美尼亚人的迫害活动烈度不减，叙利亚的很多犹太人都害怕自己是下一个目标。最重

① 切尔卡西亚人是北高加索的一个民族，在19世纪俄国对高加索的征服战争期间被驱逐到当时的奥斯曼帝国各地。西方文学艺术中有不少以貌美的切尔卡西亚人为主题的作品。

② 德鲁兹派是近东的一个伊斯兰教独立教派，属于什叶派伊斯玛仪派的一个分支，教义受到诺斯替主义等的影响，被伊斯兰正统教派视为异端。

要的是，阿拉伯人是什么态度？杰马勒帕夏已经对法国领事馆文件中揭露的阿拉伯密谋者采取了措施，而且麦加的埃米尔侯赛因一直令人惴惴不安，但是其他地区广大的阿拉伯群众的态度如何呢？

一连5周，普吕弗假借各种身份和装扮，在叙利亚各处漫游。途中他与形形色色的人——犹太殖民者、阿拉伯商店主、基督徒地主、西方化的贵族、贝都因人的谢赫和阿拉伯农民交谈。1915年12月初，这个德国间谍觉得自己已经为叙利亚地区把好了脉，可以将发现的结果向杰马勒和德国驻君士坦丁堡大使馆汇报了。

简单地讲，他认为，对奥斯曼政府最为不满的是基督徒。他相信，几乎所有基督徒都私下里支持协约国。但普吕弗认为这些基督徒的威胁很小，既是由于叙利亚基督徒人数很少，也是因为他们虽有“叛逆的本领”，但“生性怯懦，无力实现自己的梦想”[7]。

157 据他判断，威胁更大的是犹太人，尤其是其中的犹太复国主义者。普吕弗写道，“虽然犹太复国主义官方声称自己的意愿仅仅是在巴勒斯坦建立一个犹太语言和文化的中心，对政治不感兴趣”，但这显然是撒谎。他们的最终目的是在巴勒斯坦建立自治的犹太国家，协约国的胜利显然比同盟国胜利更有利于他们实现这个目标。但普吕弗认为也不值得为犹太人紧张，原因和基督徒是一样的：“犹太人天性胆小和消极被动，除非敌军已经入境，绝不敢发动颠覆行动。”

这位德国间谍在阿拉伯人身上看到的东西非常令人振奋，阿拉伯人也是这三个族群中人口最多的。普吕弗认为，部分是由于杰马勒对有分离主义嫌疑的阿拉伯领袖采取的“公正而严厉”的措施，阿拉伯独立运动已经大大削弱了。“在中产阶级，几乎找不到改革运动的支持者，”他写道，“构成人口主要部分的小地主、商人和工人似乎是支持政府及其事业的。”普吕弗以他一贯的尖刻口吻分析说，即便某处爆发了阿拉伯起义，也很难得到广泛的支持，因为“群众是轻佻无聊的”。

但在给出这种乐观评估的同时，普吕弗也提出了一个重要的警告：如果英国人真的在叙利亚登陆，群众隐藏于胸的对协约国的支持就会浮出水面。在那种局面下，入侵者一定可以找到愿意与他们合作的当地人。普吕弗为杰马勒提供了一份“不可靠分子”的长名单，主要是有名望的基督徒和穆斯林商人，以及“犹太复国主义党的全部领导人”。一旦协约国军队登陆，就要立即将这些人流放。

这最后一条建议让德国大使馆大惊失色。就在这年 8 月，杰马勒利用从贝鲁特的法国领事馆查获的文件，在贝鲁特的一个主要广场上处决了 11 位著名的阿拉伯领袖。这种事情在阿拉伯世界激起了愤怒的浪涛，德国政府当然不希望自己的一名情报军官向叙利亚总督的死亡名单提供更多的名字。德国驻君士坦丁堡大使在将普吕弗的报告发送给柏林的外交部的同时表示，自己向普吕弗发出了如下的警告：“稍不慎重，群众就会指控是我们造成了诸如流放的严刑峻法。将来向杰马勒提出类似建议时，请务必谨慎、克制。”[8]

这番告诫可能来得太晚了。拿到了普吕弗报告的叙利亚总督似乎得出了结论，他解决问题的灵活手段——没有明显规律地以胡萝卜和大棒轮番出击——是智胜越来越多的敌人的最佳策略。12 月 18 日，他命令对法国领事馆文件涉及的人进行一番更大规模的搜捕，这张大网最终抓住了贝鲁特和大马士革的大约 60 名阿拉伯知识分子。 158

这些逮捕或许让杰马勒的心情好了许多，因为另一个越来越可疑的人——亚伦·亚伦森在 1 月拜访他在大马士革的办公室时，杰马勒显得非常宽宏大量。

间谍船始终没有来。

1915 年 11 月 8 日的夜晚，伸手不见五指，没有一线月光，押沙龙·法因贝格终于搭乘一艘英国间谍船返回了阿特利特的海岸。他立刻将好消息告诉了欣喜若狂的亚伦·亚伦森：他已经和英国人取得了联系，英国人正在急切地等待他们能够传递的任何情报，并且已经做了相应的安排。

间谍船计划于两周后返回，于是两人立即开始进行长距离的侦察，来更新自己的信息。亚伦森北上，法因贝格南下。他们打着为农业研究站做科学调查的旗号，偷偷地记录土耳其军队的新营地、补给站和战壕工事的位置，跟踪火车和部队的运动，在笔记本上以蝇头小字一丝不苟地记录下任何有可能对英国人有用的信息。

但当他们返回阿特利特，在预定接头的当晚等待时，间谍船却没有露面，第二天、第三天的夜晚依然无影无踪。亚伦森和法因贝格一直等到 12 月初，越来越困惑不解和心急火燎。显然出了什么差错，但他们等得越久，他们的夜间活动就越容易被土耳其民兵的夜间巡逻队发现。但如果他们放松每晚的守夜，就有可能与英国间谍船失之交臂，英国人或许就会认为这些密谋者变了卦，或者已经被捕，或者干脆就是放弃了。

性格急躁的法因贝格对间谍船已经绝望，于是到 12 月 8 日的时候想出了一个新计划：他要混过云集在巴勒斯坦南部的土耳其大军阵线，穿越西奈半岛的无人地带，抵达另一端的英军战线，与其重新建立联系。如果遭到土耳其巡逻队拦截，他就自称是在为抗蝗灾做实地考察工作。这种借口还是比较可信的。就在几天前，又有一大群蝗虫出现在朱迪亚地区，这是自春天以来的第一群蝗虫；亚伦森判断，这个蝗群是从埃及通过西奈半岛陆桥来的。这个计划还是非常冒险，但亚伦森自己也急于同英国人取得联系，于是同意了；法因贝格于当晚出发南下。

159

不久之后，又有了一件新的让人着急上火的事情。在君士坦丁堡，亚伦森的妹妹萨拉一段时间以来一直在想办法摆脱不幸福的婚姻，回到巴勒斯坦的家人身边。11 月中旬，她的丈夫长期出差，她又得知一名犹太救济官员很快将离开君士坦丁堡、对犹太人定居点进行视察，于是抓住了这个机会。她恳求这名官员带她一起去，于是在 11 月 26 日，25 岁的萨拉在海德尔帕夏车站登上火车，开始了漫长的返乡之旅。

关于安纳托利亚乡间亚美尼亚人遭到屠杀的恐怖传闻已经广为流传了好几个月，但糟糕的通信和严格的审查使得奥斯曼政权得以很好地遮掩了暴行的严重程度。但旅行经过屠杀场的人就可以目睹这些惨景了。12 月 16 日，萨拉·亚伦森在巴勒斯坦与哥哥团聚，此时她已经被沿途的所见所闻深深震撼。农学家后来记述道："她看到铁路两侧堆着成百上千亚美尼亚男女老少的尸体。有时能看见土耳其妇女翻检死尸，寻找值钱的东西；有时能看到野狗在吞食死人。那里有数百具惨白的骨骸。"萨拉说，她经历的最恐怖的一个插曲是，她的火车开到一个偏僻火车站的时候，数千名饥肠辘辘的亚美尼亚人包围着火车。在疯狂踩踏中，十几人倒在车轮下，火车售票员看了哈哈大笑。萨拉看了这可怕场面当场晕倒，苏醒后却有两名土耳其军官训斥她不爱国。[9]

亚伦·亚伦森在旅行时也早就听说过亚美尼亚大屠杀的恐怖传闻，但一直都不以为然，认为这是叙利亚永久转动的造谣机器的成果。自己的妹妹亲口证实，并且得知屠杀仍在进行中，这让一切都显得极其丑恶和真实。这也让农学家不可避免地想到了一个可怖的问题：下面轮到谁了？如果青年土耳其党能够对境内的 200 万亚美尼亚人大开杀戒，要消灭区区 8 万犹太人岂不是易如反掌？

然后传来了更多的坏消息。在西奈半岛，押沙龙·法因贝格被土耳其军队的巡逻队拦住。他的抗蝗灾考察的幌子没有奏效。他们怀疑他是奸细，于是将他押回了贝尔谢巴。1 月初，他被转移到耶路撒冷的监狱候审；如果法庭判处他犯有叛国罪——这是对他来说最糟糕的指控——法因贝格无疑很快就会上绞刑架。 160

为了营救同志，亚伦·亚伦森于 1 月 12 日下午来到了杰马勒帕夏在大马士革的办公室。农学家觉得，哀求开恩或者自称无罪或许无济于事，于是仍然动用辜负了法因贝格的那个托词：蝗虫。他告诉杰马勒，为了治理新的灾害，他要重新担任抗蝗灾项目总监（八个月前，出于对政府干预的愤怒，他辞去了这个职务）。但亚伦森有一个条件：他必须要他最有价值、最重要的助手，一个叫作押沙龙·法因贝格的年轻人为他服务，而此人前不久在西奈由于误会被捕了。[10]

按照杰马勒的命令，法因贝格很快从耶路撒冷的监狱被释放了。这两个一心要当间谍的人肯定不会欣喜若狂，因为他们与英国人建立联系的漫长而徒劳的努力仍然毫无进展。

没人能掌握全局。由于战争造成的混乱和通信的困难，英国政府的不同部门都与不同的战时盟友——或者是他们希望能够转变为盟友的人——谈判，直到一切都太晚的时候才意识到，如此达成的协议可能是互相矛盾的。这倒不是由于刻意欺骗，而是一个令人遗憾的内部沟通不畅的例子。

对于1915年和1916年间英国就中东问题与多方达成的秘密协议造成的混乱，历史学家大多是上面这样的看法。还有少数历史学家认为，其实当初根本不存在什么混乱。这些五花八门的协议中遍布精心选择的修饰语和条件语，都是为了让炮制协议的人洗脱背信弃义的罪名。已经有很多著作（足以摆满一个大书橱，压得它咯吱呻吟）致力于消除这些狡诈的辞令，揭露现象背后的本质。

事实上，第一种观点完全是凭空捏造，而第二种观点则过于强调人性恶，就好像为了减轻撒谎的罪过，诺言就不是诺言了似的。英国内部沟通不畅到了如此骇人听闻的地步，是由于政府高层的一小群人做了很大努力去确保沟通不畅。为了达到这个目的，他们设置了迷宫般错综复杂的信息防火墙——说得直白些，就是故意欺骗——来确保英国的战时盟友，甚至英国自己的很多高级外交官和军事指挥官都对关键信息毫不知情。

161

颇为讽刺的是，大英帝国的“王冠宝石”——英属印度就是最早受到这种待遇的实体之一。

到20世纪初，大英帝国已经演化为一个独特的殖民主义恒星系，各个主要的行星相对于“恒星”——英国——的独立性越来越强。印度尤其是这样，在西姆拉的英国当局（通常就被称为西姆拉，尽管西姆拉只是英属印度当局的夏季首府）有着自己的内政方针，在很大程度上还有自己的外交政策。

如果说英属印度和伦敦的关系有些疏远，它和英属埃及的关系就是彻底的冷若冰霜，尤其是它得知开罗与埃米尔侯赛因在1915的谈判之后。自1858年建立英属印度政权以来，阿拉伯半岛就被视为印度的势力范围，印度的管理者们不愿意接受埃及这个姗姗来迟者的干预或是意见。更重要的是，世界上最大的穆斯林人群，多达约8000万人，就在印度，这个数字是奥斯曼帝国境内穆斯林人口的四倍。西姆拉的官员们向伦敦指出，鼓励穆斯林世界的一个地区发动起义，并许诺给当地人自治或独立，同时却在穆斯林世界的另一个地区冷酷无情地镇压为了同样目的而发动的起义——英属印度几十年来一直是这么做的——是一件非常危险的事情。

1915年秋季，开罗与埃米尔侯赛因的谈判到了一个关键阶段，西姆拉在伦敦发动了一场激烈反击，对秘密谈判极尽攻击之能事，攻击得如此激烈，以至于到了10月底，也就是伦敦和开罗的官员努力起草对侯赛因的极高要求的回应时，基钦纳勋爵决定不准印度参加讨论。直到答应了侯赛因大部分要求的回复已经发送出去之后，开罗当局才将这个令人震惊的新进展通知印度总督[11]，并给出了一个苍白无力的借口：时间太仓促，没有来得及请教他。

印度被排除在了谈判之外，埃米尔侯赛因就做了一笔非常有利的买卖，或者说他是这么认为的。英国驻埃及高级专员亨利·麦克马洪在10月24日的关键信函中宣称，除部分调整之外，“英国准备接受和支持麦加的谢里夫要求的边界之内所有地区的阿拉伯人的独立”。两人在随后的信件中就这些提议的调整讨价还价——其中最有争议的是，英国要求在伊拉克的产油区巴格达和巴士拉保有“特别行政安排”，并将叙利亚的西北角从协议中排除出去。但埃米尔侯赛因有理由相信，英国人许诺的是一个幅员辽阔的独立阿拉伯国家，几乎囊括整个阿拉伯半岛，东至波斯边境，北到土耳其的安纳托利亚腹地，西至地中海和埃及边境。

162

但侯赛因可能没有注意到，麦克马洪在信中插入了一个不显眼的条件从句：这些诺言仅在“英国可以自由决断，而不危害其盟友法国的利益时”生效。换句话说，如果法国人对协议的某些方面有意见，他们就有可能否决英国人对协议的认可。[12]

英国人当然知道，法国人极有可能对协议有意见。[13]1915 年夏天，法国驻英国大使向英国外交大臣格雷一清二楚地阐明了法国对近东的领土要求，其中就包括整个大叙利亚，也就是英国人向侯赛因许诺的土地。

如何绕过这个进退两难的窘境呢？英国人决定，根本不要告诉法国人，自己和侯赛因签下这个协议再说。11 月底，法国外交官被邀请到伦敦来商讨法国对近东的愿景。法国人重申了自己的领土主张，他们希望得到几乎整个近东：黎巴嫩、巴勒斯坦、叙利亚内地、美索不达米亚。英国官员虚伪地对法国人的要求表示惊诧。[14]于是，史上最诡异——时隔几十年看来也是最具破坏性的外交协议之一——《赛克斯—皮科协定》的舞台就搭好了。

1916 年 1 月初的几天会议上，两名中层外交官——马克·赛克斯和弗朗索瓦·乔治—皮科——巧合的是，他就是曾经的法国驻贝鲁特领事，就是他和阿拉伯异见分子秘密通信，而这些文件后来被杰马勒帕夏的秘密警察破获——炮制出一份未来中东的地图，这地图与埃米尔侯赛因的设想大相径庭。法国的帝国主义野心刺激了英国的胃口，于是真正的独立阿拉伯国家将大体上仅限于阿拉伯半岛的荒漠，而法国直接控制大叙利亚，英国占领整个伊拉克。另外，内陆的两大块区域，即侯赛因的汉志王国以北和内陆的全部地区，将受到英法两国的间接控制，有半独立性，但英法两国享有“优先贸易权”。在这两个所谓的A区和B区飞地，谈判者的玩世不恭最为暴露；赛克斯和皮科都不相信阿拉伯人真有自治的本事，于是他们大可以空口白牙地许诺这两个飞地的独立，而深知它们肯定会成为英法两国的附庸国。两位外交官在闲暇之余甚至为巴勒斯坦安排了一个新的未来。巴勒斯坦不会成为未来的阿拉伯国家的一部分——由于麦克马洪在他向侯赛因提议的修订中不曾提及巴勒斯坦，所以它理应属于阿拉伯国家——而将由法国、英国和俄国共同管理。[15]

当时，皮科不可能知道他的领土要求与埃米尔侯赛因的要求抵触程度有多大，因为他的英国同僚根本没有告诉他。这虽然令人难以置信，但在1916年1月初的关键日子里，也就是中东的未来版图被决定的时候，全世界只有一个人既知道侯赛因—麦克马洪通信的全部细节，也知道即将成形的《赛克斯—皮科协定》的内容，他应当能理解，阿拉伯人、法国人和英国人在该地区的目标已经水火不容。这个人就是马克·赛克斯。

就算赛克斯真的认识到了问题的严重性，他也没有说出来。现在他和皮科的协定意味着必须建造起新的防火墙，不仅要瞒住埃米尔侯赛因，还要欺骗在埃及的那些知晓与侯赛因的协定且作风老派、恪守信誉的英国官员。正如英属印度在1915年秋季被排挤出去一样，在1916年春季，协约国在讨论《赛克斯—皮科协定》的细节之时，英属埃及也被剥夺了发言权。开罗当局不断询问英法协定的进展情况，赛克斯和伦敦的其他官员只告诉他们，谈判正在进行，在作出最终决定前一定会征询埃及的意见。结果，直到1916年5月，开罗方面才有人看到《赛克斯—皮科协定》的复本，此时它已经是生米煮成了熟饭，英法俄三国内阁均已核准此项秘密协定。T. E. 劳伦斯回忆说，开罗军事情报部门的军官们最终读到协定文本时，无不大惊失色、深恶痛绝，有作呕之感。[16]

但对1916年冬天的劳伦斯来说，这一切都还是未来。在萨沃伊饭店的办公桌后，他继续“刷洗瓶子”、绘制地图和进行“文牍战争”。

在文书来往方面，他的工作颇有些荒诞色彩。至少在过去，他在文牍战争中的敌人是阴险奸诈的法国人；现在的对手却是英属印度的同胞们，这些人持续不断地要出阴谋诡计。西姆拉方面显然认为，在埃米尔侯赛因正儿八经发动起义之前还有希望将英国与他的协议撕毁，于是在伦敦为了这个目标而不懈努力，警告说侯赛因不适合扮演这个角色，以及一旦统一的阿拉伯国家受鼓励建立起来，将会造成怎样的灾难（如果西姆拉方面知道《赛克斯—皮科协定》的内容，就不会产生这样的忧虑了，但他们对此一无所知）。在劳伦斯看来，这场持续不断的扯皮的奇怪之处是，在1916年冬季，印度在自己的疆界之内的烦恼已经够多了。

164

至少在秋季，西姆拉还有资格说是自己，而不是英属埃及，在针对奥斯曼帝国的斗争中取得了一些成绩。印度远征军在战争初期轻松地占领了伊拉克南部的油田，在此基础上，远征军的司令官在1915年4月派遣了一支2万人的部队，沿着底格里斯河挺进。查尔斯·汤森将军不屑与当地的阿拉伯部落结盟，更不要说侈谈什么自治或者独立了。他率军遵循着英国军队的光荣传统——奋力拼杀、一往直前——连战连胜，到10月已经兵临巴格达城下。这样看来，西姆拉主张的正面猛攻的战略比开罗鼓吹的奇异而具有煽动性的争取阿拉伯民心的策略要更有吸引力。

但局势后来发生了很大变化。汤森的部队没能胜利攻入巴格达，而是在11月底在市郊遭到顽强抵抗，陷入僵局，损失惨重。汤森的补给线拉得太长，短期内又无法得到援兵，于是沿着底格里斯河后撤了100英里，来到河畔小镇库特。到1916年2月，驻扎在库特的英属印度军队据说遭到了越来越强有力的围攻——英属印度不肯说得更具体些——而一支援军正在沿底格里斯河前进，去援救汤森。

尽管如此，西姆拉仍然继续窃窃私语地反对开罗及其对侯赛因的支持。侯赛因领导下的统一阿拉伯国家对英国在该地区的长期利益会有怎样的影响？伦敦方面对此产生了忧虑，而印度方面更是对这种忧虑煽风点火。1 月末，劳伦斯写了一份长篇报告《麦加的政治》，试图缓和伦敦的担忧。劳伦斯或许是量体裁衣，专拣英国领导人想听的说。他指出，独立而强大的阿拉伯国家的概念太荒谬了，因为“如果处置得当，阿拉伯人仍然会处于一种政治的马赛克当中，各个小国之间互相嫉妒，不可能团结一致”。[17]

2 月，印度似乎要尝试一下相反的策略：贬低侯赛因。他们在《中东情报公报》——一份仅供高级将领和民政高官阅读的高度机密的情报摘要——中插入了一篇与一个叫作阿卜杜勒·阿齐兹·伊本·沙特的人的访谈。此人是阿拉伯半岛东北角的一位贝都因酋长，他说侯赛因“从根本上是个无足轻重和反复无常的人”，并明确表示，他自己和其他大多数阿拉伯部落酋长都绝不会听从侯赛因的领导。伊本·沙特说，即便侯赛因冒险自封为哈里发（伊斯兰世界最高的政教合一领袖），“他在众位酋长间的地位也不会有什么变化，他们绝对不会比现在更顺从他的控制”。[18]

165

对劳伦斯来说，这篇访谈标志着开罗与西姆拉之间竞争的新的，而且很可能是非常危险的升级。因为阿卜杜勒·阿齐兹·伊本·沙特不是一个希望保住自治权的普通的贝都因不满分子，而是侯赛因在整个阿拉伯半岛最强悍的竞争对手。伊本·沙特在过去的 15 年中笃信一种叫作瓦哈比派的极其严格的伊斯兰激进主义教派，率领他的沙漠战士们凭借一种宗教狂热攻打了一个又一个不服管教的阿拉伯部落。瓦哈比派的纪律是非常传奇的；这时，伊本·沙特的势力范围已经从利雅德的一连串沙漠村庄扩展到了阿拉伯半岛东北部的广大区域。他也是英属印度在阿拉伯半岛的代理人，双方的盟友关系一直可以追溯到战前。

在劳伦斯看来，西姆拉利用《中东情报公报》来支持一个与英国价值观南辕北辙的人，已经非常糟糕；但西姆拉的这个花招还突出了一个极其危险的局面，如果它不是这么险象环生的话，几乎是荒唐可笑的：在争夺阿拉伯政策上风的斗争中，英国政府的两个分支居然分别支持两个不共戴天的对手。这不像是成功的阿拉伯起义的催化剂，倒像是内战的导火索——当然，或许西姆拉的真正目标一直都是挑动阿拉伯人内讧。

劳伦斯写了篇文章，反驳伊本·沙特的访谈（劳伦斯的这篇文章同样也被分发给英国政府高层），指出伊本·沙特和他的瓦哈比派尽管摆出伊斯兰改革者的姿态，但“带有清教徒的所有狭隘偏见”[19]，远远不能算是伊斯兰教的代表。正如他在《麦加的政治》中已经警告的那样，瓦哈比教派是些思想还留在中世纪的边缘分子，“如果该教派取得优势，麦加和大马士革的宽容温和的伊斯兰教就会被内志的狂热所取代……而且这狂热将因成功而愈发强烈和膨胀”。[20]

正如劳伦斯的其他许多预测一样，他关于伊本·沙特和瓦哈比派的警告最终也被证明是正确的。1923 年，伊本·沙特将征服阿拉伯半岛的大部分地区，为了纪念他的氏族，还将它命名为沙特阿拉伯。在随后的 90 年中，枝繁叶茂且奢侈放荡的沙特王室将会用金钱收买那些帮助他们夺得王权的瓦哈比派，资助他们的活动，条件是他们的圣战活动必须在国外开展。这种局面的最著名产物就是一个叫作奥萨马·本·拉登的人。

166

但在当时，由于更为紧迫的局势发展，劳伦斯反对英属印度的口水战被暂时搁置了。这年 3 月，他被选中去执行一项秘密任务，它与英国人的荣誉观念格格不入，因此历史书里大多对其真实性质缄口不提。极具讽刺意味的是，正是由于英属印度制造的一个灾难——一系列事件在 1916 年 3 月 8 日清晨达到了丑陋的结局——这项任务才非执行不可。

这天早上约 6 时 30 分，芬顿·艾尔默中将（未来的第 13 代多纳迪亚从男爵）得知了一些令人震惊的消息。在他的部队向伊拉克中部城镇杜杰拉前进的夜行军过程中，第36印度步兵旅在黑暗中迷失了方向。[21]该旅部分单位没有停在事先指定的位置等待敌人黎明的炮击结束，而是继续穿过荒芜的杜杰拉平原，径直闯入了土耳其人的前线。更具体地说，他们径直闯入了通往“要塞”的道路。要塞是一座40英尺高的土制堡垒，居高临下地俯瞰周边的平地，是土耳其军队防御工事的一个据点。

看上去迷途的英印军队要惨遭屠杀了，但事情没有往那个方向发展。那天早上出现在艾尔默司令部的传令兵报告称，要塞或是被遗弃了，或是只有极少数士兵把守；第36印度步兵旅已经来到了要塞门前，唾手可得。

在艾尔默驰援被围困在库特的汤森将军的漫长而血腥的战役中，这是一个关键时刻。此时他离库特已经只有8英里。要塞传来这令人震惊的消息之后，现在他不仅有机会在杜杰拉战役尚未打响之前就赢得胜利，而且可以救赎此前两个月的一连串严重失误。

到1916年3月，欧洲各国军队已经发展出了攻打掘壕据守敌人的一种机械的做法：对敌军前沿阵地进行持续炮击，按照预定攻势的规模不同，炮击可能持续几个小时或几天，然后步兵冲过两军之间的无人地带。这种战术在每一步都问题重重。这种炮击大多只能造成很轻的伤亡，因为守军可以简单地撤到靠后的战壕内，或者，在西线的更为复杂的战壕体系中，守军可以撤入固若金汤的地堡，来等待炮击结束。而且，这种炮火准备等于是向守军发出了警告，告诉他们攻势即将开始，以及将会从何处开始。 167

炮击停止后，进攻方的步兵就爬出前沿的集结战壕，开始跨越无人地带。但不幸的是，炮击结束等于是通知守军，地面攻势即将开始，于是守军就可以快速返回自己的前沿战壕，在进攻方接近的时候将其扫倒在地。到1916年初，已经有几十万人这样死在欧洲各地的战壕工事中。

虽然这种战术在欧洲各种地形条件下都不成功，艾尔默中将显然找不到任何办法在伊拉克中部平坦开阔的地形上改进战术。艾尔默似乎也没有意识到，正是由于汤森将军在攻打巴格达的战事中使用这种灾难性的战术，才陷入败局，需要他来救援。自艾尔默两个月前率领约两万名英国和印度官兵驰援库特以来，他已经三次在开阔地上向掘壕据守的土耳其人发动正面进攻。每一次，英印军队都最终获得了胜利，尽管是依仗兵力优势——他们的兵力是土耳其人的至少两倍——而且损失极大；在最初两周里，援军已经伤亡约1万人，差不多是全军的一半。

但底格里斯河下游的高级将领们显然认为，这没什么大不了的，因为他们很快又给艾尔默增兵约1.5万人，让他发动第二次攻势。到3月初，这支已经得到补充的军队推进到了杜杰拉的土耳其防线前，这是援军和库特之间的最后一道障碍。艾尔默从之前的战斗中至少是学到了一点教训，决定在夜间逼近杜杰拉的土耳其军队的炮火射程的边缘，拂晓时进行一次快速的炮击，然后向控制一马平川的平原的要塞猛冲。就在破晓前不久，他的火炮正在被静悄悄地装上前车、拖运到指定阵地准备炮击的时候，他得知，第36印度步兵旅取得了出乎意料的成功。

但芬顿·艾尔默显然不喜欢意料之外的事情，哪怕是惊喜他也不喜欢。他与麾下的高级指挥官们匆匆会商一番后决定，现在就占领土耳其要塞离已经设定的作战计划偏差太远，无法对其提供足够的支持。他命令第36印度步兵旅撤离要塞，返回英军主战线；等到炮火准备结束之后，部队再重新穿越平原，再一次占领要塞。

168

英军炮击终于开始的时候——不是预定的黎明时分，而是早上8点——出其不意的良机已经丧失，土耳其军队匆匆从河对岸派兵进入了杜杰拉要塞。又过了一个小时，英军的正面攻击才展开。很快，又有4000名大英帝国将士倒毙在无人地带，没有一个人能够抵达要塞。

杜杰拉战役是英军援救被围困在库特的同袍的最后机会。在此前两个月内，为了援救1.2万人的部队，援军已经损失了1.4万人，[22]而且这还不算完。芬顿·艾尔默在杜杰拉战役三天之后被解职，送到后方基地工作。可能政府高层也发现了，艾尔默在伊拉克的表现时好时坏，他还企图遮掩杜杰拉要塞惨败的不端行为——他的官方作战报告中不曾提及第36印度步兵旅的报告——他的骑士爵位授予一直被推迟到1922年。[23]

在杜杰拉惨败之后，在库特的汤森部队的局势愈发恶化——报告显示，守军的口粮到4月中旬就会告罄，于是基钦纳勋爵开始筹划一个绝望的计划。1916年3月22日，“皇家乔治”号客轮溜出了苏伊士港的锚位，南下进入红海，开始了绕过阿拉伯半岛、前往伊拉克南部的14天旅程。T. E. 劳伦斯就在这艘船上。他携带着高级专员亨利·麦克马洪给英属印度在伊拉克的政治主官珀西·考克斯爵士的介绍信。

“亲爱的考克斯，”信中写道，“我简单地介绍一下劳伦斯上尉。他今天奉陆军部的命令前往美索不达米亚，在阿拉伯事务上提供服务。他是我们这里情报部门最精明强干的成员之一，对阿拉伯问题的方方面面都了如指掌。我坚信，你一定会感到，此人可堪大用。我们这里失去了这样一个有价值的人，都感到非常遗憾。”

> 我希望你那边一切顺利。我们心急火燎地等待汤森得到救援的捷报，但是很久都没有得到任何音讯。[24]

劳伦斯的任务其实有两个，一个是公开的，另一个则是高度机密。有鉴于库特的危机，基钦纳和他在埃及情报部门的朋友们希望，在伊拉克的英属印度指挥官们能够最终认清形势，尝试与当地的阿拉伯部落合作，毕竟这些人一开始就应当是他们的天然盟友。基钦纳的计划是派遣一群从土耳其军队变节、转而为英军效力的伊拉克籍阿拉伯军官，让他们与伊拉克当地的部族领袖结盟，并策反奥斯曼军队里心怀不满的阿拉伯单位。

169 但要用这种策略挽救汤森肯定是来不及了，所以劳伦斯才有第二个秘密的使命。按照基钦纳本人的命令，劳伦斯要努力向围攻库特的土耳其指挥官行贿，要他放汤森的部队一条生路，价码是价值100万英镑的黄金。

这种可耻的做法在英国军事史上几乎是前无古人，就算劳伦斯对这个可耻的任务不满，他也没有吐露于言表。而且他在前不久又两次领略了军方的浮夸和虚伪。

一年半以前，他神奇般地从平民一下子变成了少尉，仅仅是因为到访总参谋部的将军要求找一个军官来向他做报告。现在，劳伦斯的上级又火速将他晋升为上尉，从他出海的第一天生效，或许是为了避免伊拉克的高级将领被迫与区区一个少尉商谈的尴尬局面。

就在他登上“皇家乔治”号的四天之前，发生了一件更令人困惑的事情。3月18日，法国驻开罗的小型军事代表团暂时应召回国，于是遵照欧洲列强悠久的军事传统，双方借这个机会慷慨地大肆互赠勋章、互相吹捧。即将启程的法国代表团不可思议地选择了一直努力挫败法国在该地区野心的劳伦斯，授予他荣誉团勋章，这是法国最高级的军事荣誉之一。他们一错再错，在次年又授予他战功十字勋章（加挂棕榈叶）。

劳伦斯在战争生涯中获得过一些勋章和勋带，但他生性鄙视这些东西，要么随手一扔，要么根本懒得去领取。但他对战功十字勋章破了例；据他的兄弟说，他在战后曾将这枚勋章系在一位朋友的狗的脖子上，牵着它在牛津招摇过市，以此为乐。[25]

4月5日，“皇家乔治”号悄悄驶入沉闷、低矮的港口城市巴士拉。皇家海军的一艘快艇前去迎接船上最重要的客人——新晋的T. E. 劳伦斯上尉。

劳伦斯在巴士拉很快发现，他到伊拉克的公开使命——劝说英属印度指挥官们与当地部落联手——已经不战自败。在他还在海上的时候，在伊拉克的印度远征军新任总司令珀西·莱克将军在发往伦敦的一系列电报中称这个计划“不可行、不方便”[26]。 170

但劳伦斯在巴士拉的最初几天与领导层会商时发现，让他的政治使命注定完蛋的是另一个更为阴险的因素：种族主义和英国人在军事上的优越感的危险融合。尽管前不久在加里波利遭遇了惨败（或者恰恰是由于这次惨败），很多英国高级指挥官就是不肯接受他们可能会又一次输给奥斯曼军队的“乌合之众”。这种狂妄自大的态度并非仅限于英属印度那些目光狭隘的将军们，而是普遍现象，甚至在伦敦的英军最高统帅威廉·罗伯逊将军那里也不能免俗。艾尔默的援军被击败之后，围攻库特的土耳其军队的指挥官哈利勒帕夏向汤森提出了慷慨大方的劝降条件，罗伯逊得知此事后说：“据我所知，土耳其人面临着非常严重的困难。我认为，哈利勒贝伊的提议恰恰证明了这一点，所以我军只要坚决努力，必然取得胜利。”[27]

英军高层认为自己的对手是军事和文化上的劣等民族，在他们的这种扭曲的世界观里，条件体面的劝降只能说明敌人的虚弱，而两次援救的惨败表明第三次一定能成功。

4 月 15 日，劳伦斯被送往底格里斯河上游的前线指挥部，此时第三次援救行动已经展开。在杜杰拉的大败之后，指挥部来了一次大洗牌。乔治·戈林奇少将接替了艾尔默。但不幸的是，军事策略依然照旧。戈林奇和他的前任一样，热衷于正面进攻掘壕据守的敌人，几乎是完全复制了艾尔默第一次救援的记录——伤亡 1 万人，没有取得突破——而且花的时间也几乎和艾尔默一样，都是两周左右。

这最后一次失败让劳伦斯在“蛇蛉”号（英军指挥部所在的船，停在库特下游的底格里斯河上）的尴尬停留宣告结束。船上的军官们得知了他的秘密使命——尝试花钱赎回库特守军，于是几乎所有人都躲着这个来自埃及的年轻上尉。此时，援军在九场战斗中一共损失了约2.3万人，始终未能接近库特，而被围困在库特的守军的粮食已经所剩无几，负责此役的将军们终于承认，基钦纳的计划几乎是剩下的唯一选择。

171　虽然已经到了十万火急的最后关头，还有时间耍一场闹剧。汤森将军和希望援救他的将军们都不愿意跟这个可耻的事情扯上关系，在4月的最后日子里，汤森和莱克将军通过电报来回拉锯，拼命争吵，都敦促对方去与敌人谈判。最后，做最后努力去挽救库特的濒临死亡的官兵们的是三位下级军官——爱德华·比奇上校、奥布里·赫伯特上尉和T. E. 劳伦斯上尉。

这场景酷似维多利亚时代的情节剧[28]：风流倜傥、帅得过分的年轻贵族，必不可少的一群卖弄风骚却秉性贞洁的女士，冷血的大恶人，甚至还有纯真无邪、稀里糊涂的异乡客，在历经周折坎坷之后，他们将为故事提供带有道德教诲的结局。战时耶路撒冷的小型外国侨民团体与剧中人不同的是，如果站错了队伍，就将付出监禁、流放，甚至处决的代价。当然，另外一个不同之处在于，客厅窗外不是风光宜人的英国乡村，也不是时髦的伦敦大街，而是一座死神肆虐的城市，大街小巷躺满了饿死或者患伤寒而死的人，广场上常常立有挂着死尸的绞刑架。

对威廉·耶鲁来说，这种生活非常诡异，观察别人就好像在看金鱼缸里的鱼一样。他没有多少正经工作可做，于是几乎每天下午都同一群身份五花八门的牌友——一位希腊医生、一位亚美尼亚医生、一位退役了的土耳其上校，还有耶路撒冷城的希腊主教——打桥牌，晚上则在多位中年外国侨民女士的沙龙里与更多人聚会，消磨时光。在这些晚会上，大家主要是跳舞和玩室内游戏，产生了一种奇特的性的活力。留在耶路撒冷的外国人当中很少有单身女性——对任何一位单身女子的注意力很快会被理解为结婚的兴趣——于是单身汉们公然与参加晚会的太太们调情逗乐，争风吃醋，往往是在这些女士的丈夫们的视线之内，甚至是在他们的默许之下。这种行为是相当纯洁无邪的。

耶鲁成了亚历克西·弗雷夫人——一位美艳的中年法国妇人，在耶路撒冷城的沙龙社交界地位极高——的宠儿，这时才发现战时的耶路撒冷没有任何东西是真正纯洁无邪的。耶鲁的受宠让他的一个竞争者——一位中年阿拉伯基督徒，是叙利亚的土耳其烟草专卖局的老板——非常恼火，于是他有一天把耶鲁拉到一边，提了一个建议。“要不然这样，我们两个分一下耶路撒冷的女士们，”这位商人说道，“我就要弗雷夫人，其他的全归你。” 172

耶鲁起初以为这是个玩笑，但后来去烟草专卖局购买每月配额的香烟时，那里的职员却告诉他，他们得到了命令，不准卖烟给他。他这才感到，对方是认真的。这很成问题，因为在战时的耶路撒冷的确只有在专卖局才买得到烟草制品。不久之后，耶路撒冷警察局局长告诉耶鲁，他的情场对手正在搞阴谋，要整他。

“我开始意识到，我的敌手是个爱吃醋、无所顾忌的人，为了除掉竞争对手，会无所不用其极。”耶鲁回忆道，“我的工作要求我必须与土耳其官员和当局保持良好关系，所以我感到自己在玩一个危险游戏。我决定让弗雷夫人来解决这个问题，于是我告诉她，让这位先生滚蛋，否则就和她玩完。”

弗雷夫人解释说，专卖局的这个人地位很高，得罪不起，于是我们的美国石油勘探家怒气冲冲地离开了弗雷家的沙龙。耶鲁的男仆，一个叫作穆斯塔法·哈尔普特里的头发灰白的库尔德老人，想出了另外一个办法。“老爷，”他给耶鲁出谋划策，“我知道这个猪猡每天晚上去哪里，你只消一句话，我就把他解决掉。”哈尔普特里解释说，专卖局的这个人每天午夜都会从某个女人的家里走出来。“那条街很偏僻。你只要下命令，我今晚就把他做了。”

耶鲁拒绝了这个建议。不久之后，他的朋友们就安排他与亚历克西·弗雷和好。这是件危险的事情，因为城里施行了军法管制，条令非常多，仇人很容易找到几乎无穷无尽的机会来报仇。弗雷家的晚会违反了宵禁，于是在下一次晚会的时候，警察查抄了她家，逮捕了一半客人，据说警方得到了吃醋的烟草专卖局老板的线报。

这个插曲让耶鲁感受到，他现在的生活已经变成了一场风险极大的游戏。这场游戏的最高仲裁者当然是杰马勒帕夏。他只要一句话就能把几乎任何人投入监狱，或者不经审讯就放逐到叙利亚荒原的某个鸟不拉屎的小村子。不过他反复无常，很可能很快又把犯人释放或者召回。

耶路撒冷的外国侨民要与杰马勒保持良好关系，或者在关系不好时减轻受到的处罚，往往要仰仗两个人。第一个是英俊时髦的中立国西班牙领事安东尼奥·德·拉·谢尔瓦·德·巴约巴尔伯爵。他接管了几乎所有欧洲参战国的领事工作，消息灵通、神通广大。173 威廉·耶鲁和德·巴约巴尔伯爵的关系比较棘手：如果局势恶化的话，伯爵是个很好的盟友；但是在游猎耶路撒冷所剩无几的单身美女的竞争中，他又是最可怕的对手。

为了日常的安全保卫，耶鲁更有可能去找耶路撒冷社会的另一栋梁：一个叫作伊斯梅尔·哈克·贝伊·侯塞尼的风度翩翩的中年贵族，他是在1914年春向纽约标准石油公司出售克恩纳布开采特许权的三名耶路撒冷商人之一。耶鲁于战前在巴勒斯坦长期居留时与伊斯梅尔·贝伊结下了交情。1915年，耶鲁回到巴勒斯坦后，两人又友善起来，到1916年春季，伊斯梅尔·贝伊已经是耶鲁在中东最亲密的挚友。而且，侯塞尼家族是整个南叙利亚最有钱有势和受人尊敬的家族之一，而伊斯梅尔·贝伊是家族里特别重要的一位成员。

外国侨民群体虽然有保护者，却也有危险的敌人。其中最令人生畏的是一个定期悄无声息地出入城市的年轻德国军官，叫作库尔特·普吕弗。巴约巴尔伯爵对普吕弗描述道，“尽管他外表无害，其实是德国政府的一名秘密特工，”而且“天赋异禀”[29]。普吕弗的轻声细语已经很诡异，但真正让他显得非常危险的是，他是唯一一个得到杰马勒帕夏不假思索的信任的德国人。如果得罪了库尔特·普吕弗，那么即便有巴约巴尔伯爵或伊斯梅尔·哈克·贝伊的力挺也无济于事。甚至杰马勒帕夏本人求情也没用。一天下午，耶鲁正在一对和他关系不错的外国侨民夫妇家中做客，这时普吕弗和两名警察破门而入。这对夫妇自称是瑞士人，但她们其实是法国人，这在侨民圈子里是公开的秘密，杰马勒帕夏也知道。而普吕弗显然是刚刚知道这个情况。他要求将这对夫妇流放，杰马勒虽然不情愿，也只能签署放逐令。

1916年冬天，威廉·耶鲁对普吕弗的权威非常忌惮，因为他发现，他自己、这个德国间谍，以及无处不在的巴约巴尔，在争夺同一个女人——一个居住在耶路撒冷的姿色动人的美国犹太姑娘的芳心。这个姑娘担心自己的美国追求者会被逮捕，于是向耶鲁吐露，普吕弗经常向她盘问关于他和他的活动的情况。“显然，我受到了怀疑。”

在战时的叙利亚生存下去不仅需要一种精妙的自私精神，还需要铁石心肠。耶鲁是个生存能力极强的人，在这方面也不例外。一连几个月，每天他在耶路撒冷城里活动时都要踏过死尸和濒死的人。每周他都听说有失宠的人“被消失”，其中有的被放逐，有的被绞死。为了在这样的地方保护自己和自己的利益，他也越来越冷酷无情，最终甚至会攻击自己最亲密的朋友。让他后来感到非常尴尬的是，这并不是为了自己的安全考虑；威廉·耶鲁背叛友情，是为了石油。 174

在1915年春季第一次觐见杰马勒帕夏之前，耶鲁决定将纽约标准石油公司在巴勒斯坦的特许权申购分两批呈交，因为他担心，一口气就狮子大张口地索要50万英亩会造成不好的后果。但问题是，他早就得到了第一批25万英亩的开发特许权，而没有开工，到1916年春季就没有勇气索要第二批25万英亩了。

他需要一个突破口来改变局面，但突破口在哪里却是个大问题，尤其是杰马勒显然已经开始领悟纽约标准石油公司在玩什么把戏了。1916 年初，标准公司驻君士坦丁堡办事处费尽九牛二虎之力要购买大马士革周边几大块土地的特许权，甚至请美国驻大马士革领事塞缪尔·埃德尔曼当他们的排头兵。但到 3 月，埃德尔曼与“该地区的最高层”——显然是指杰马勒——商谈之后，却向纽约标准石油公司发回了坏消息。“杰马勒说，他前不久去君士坦丁堡的时候，矿业部长告诉他，标准石油公司不是为了土耳其的利益工作，而是为了排除竞争。只要他们还对你们抱有此种怀疑，就无法获得新的特许权。”[30]

但在碰壁之后没多久，耶鲁应招前往杰马勒在德国招待所的司令部。有一个好机会自己送上门来。总督解释说，最近有前线军官向他报告，南部沙漠里一座山脚下有大片石油聚集成池塘状。杰马勒指出，既然这些石油已经漂浮在地表，立刻对其进行开采和精炼应当易如反掌。他请求耶鲁帮他一个忙，亲自去现场——贝尔谢巴以南的一座小山脉，叫作克恩纳布——勘察一番。

耶鲁当即意识到，这个所谓的“发现”其实就是 J. C. 希尔两年前从朱迪亚地区一座山坡上看到的地方，他和鲁道夫·麦戈文已经确定，那里只有铁尾矿而已。但现在不需要把这一点告诉杰马勒帕夏。标准公司的这位代理人说，他很愿意去勘察克恩纳布现场，但请总督帮忙再给他批一些土地。他要离开德国招待所的时候，帕夏同意再给他巴勒斯坦的 25 万英亩。

175

但耶鲁在为下一次购买特许权的远行做准备的时候，突然和他最好的朋友伊斯梅尔·哈克·贝伊发生了冲突。在前一年夏季，耶鲁第一次大规模购买特许权的时候曾恳求伊斯梅尔·贝伊一同前往，并向他含糊地许诺，纽约标准石油公司会报偿他的服务；虽然伊斯梅尔·哈克·贝伊在这些特许区没有利益，但还是同意了。当然，这次合作对两个人来说都远远不只是为了友谊。耶鲁的其他随行人员都是些腐化堕落的军人和政府官员，有了伊斯梅尔·贝伊这样有文化的人做伴，会愉快很多；而且耶鲁也仰仗他结交甚广的朋友解决顽固地主或趁机敲诈的地方官可能造成的困难。从伊斯梅尔·贝伊的角度看，纽约标准石油公司显然要在未来的某个时间在巴勒斯坦大搞开发，当然要尽可能地参与其中，分一杯羹。

但在 1916 年晚春，耶鲁来找伊斯梅尔·贝伊帮忙去买地时，他却退缩了。在阿拉伯人的经商之道中，君子一言，驷马难追。伊斯梅尔·贝伊已经看够了美国人做生意的方式，知道耶鲁给他报偿的发誓赌咒一钱不值；他需要的是书面合同。面对这样的要求，耶鲁解释说，他仅仅是纽约标准石油公司的一名收购代理人，没有权力签署这样的保证书，但伊斯梅尔·贝伊"如果想知道我的个人意见的话，他最好信任公司"。

这对伊斯梅尔·贝伊来说还远远不够；他告诉自己的朋友，如果没有书面保证，他不能帮助他。

这让耶鲁陷入了一个困境。他和伊斯梅尔·贝伊相识已经两年半，认识了他的全部七个孩子，而且经常在他的耶路撒冷宅邸用餐。像所有的真心朋友一样，两人也互相吐露了一些秘密：耶鲁告诉对方，他战前在耶路撒冷遇见了一个英国护士，希望有一天能娶她为妻；伊斯梅尔·贝伊则说出了自己对奥斯曼政府的鄙夷，尤其是对杰马勒帕夏的怨恨。让耶鲁的困难愈发棘手的是，侯塞尼家族在巴勒斯坦如日中天。伊斯梅尔·贝伊的亲戚遍布政府高层，所以如果得罪了他，就不仅仅是两个朋友分道扬镳那么简单了；如果伊斯梅尔·贝伊要和耶鲁作对，那么先前为纽约标准石油公司敞开的所有大门就会被砰的一声紧闭了。

耶鲁在自己的回忆录中写道："我看着他，说道：'好吧，伊斯梅尔·贝伊，虽然我非常不愿意这么做，但如果你不同意和我合作的话，我就马上去找杰马勒帕夏，告诉他，你在跟我对着干，你是亲英分子，是站在英国人利益那一边的。'"[31] 176

这是威廉·耶鲁个性的一个戏剧性转变。1911 年时，他为一位富裕的波士顿实业家工作。耶鲁的父亲已经破产，正处于绝望中，于是恳求儿子为自己引见这位实业家。耶鲁感到利用自己的职位去安排这样的会见是不道德的，于是拒绝了父亲。仅仅 5 年之后，耶鲁就为了一桩生意用死亡来威胁自己最好的朋友，而且不是死个痛快，而是要经过长时间的痛苦折磨，并且妻子儿女都会被流放、陷入赤贫。

但他的招数奏效了。“我一边等待他的回应，一边焦急地观察着他的面部表情。”耶鲁回忆道，“他非常突然地答道：‘我会帮助你。我会信任公司。’后来，只要我还是公司在巴勒斯坦的代理人，他就一直非常忠实地与我合作。”

哈利勒帕夏的司令部是一座圆形帐篷，离库特的前线有约 4 英里。三名英国军官被蒙上眼睛，心急如焚地通过无人地带，在下午三四点钟的时候终于被带进了这座帐篷。

哈利勒大约三十五六岁，清瘦强健，褐色眼睛目光炯炯，蓄着土耳其军官——其实是所有土耳其男人——都喜爱的八字胡。虽然周围的环境非常荒凉，他却仍然保持着在君士坦丁堡的沙龙里培养出来的风流倜傥的气概。奥布里·赫伯特在战前曾担任驻奥斯曼首都的荣誉领事，和哈利勒相当熟识，于是以几句风趣话打破沉默。“我上一次见到阁下是在哪里？”赫伯特用法语问道。

哈利勒的记忆力显然很好。“是在英国大使馆的舞会上。”[32]他也用法语答道。从这开始，对话严肃了起来。

这一天是 4 月 29 日，三名英国军官清晨就出发，爬过英军战壕前沿的壁垒，打着白旗走进无人地带。他们前方是 600 码的草地，野草有齐腰高，远处就是土耳其军队战壕的泥土护堤。他们走到大约两军战线之间的中点，停下来等了好几个小时，等待土耳其方面发出回应。天气越来越热，他们周围满地都是腐烂的死尸，吞食腐尸的成群绿头苍蝇不断骚扰着他们。最后，三人被带到土耳其战线，蒙上眼睛，扶到马背上，被带去哈利勒的司令部。劳伦斯几天前坠马负伤，膝盖伤得很重，没办法骑马；他被扶下马，仍然蒙着眼，由一名土耳其士兵牵着，跌跌撞撞地走了4英里，来到哈利勒的帐篷。

三人在早上踏入无人地带的时候，都深知自己的任务是非常可耻的。这次贿赂尝试丢人现眼，爱德华·比奇始终没有公开揭露任务的真实目的，劳伦斯只是极其隐晦地一笔带过，而奥布里·赫伯特甚至在自己的私人日记中也无法下笔。在前一晚的日记中，他写道，他们仅有的筹码是“汤森的火炮、交换土耳其战俘，还有另外一件东西”[33]。这样说已经非常含糊了，但最终仍然被认为太暴露；赫伯特的日记在战后出版时，这句话被删掉了。

但三位军官在哈利勒帕夏的帐篷里很快了解到，他们讨价还价的筹码其实还没有这么多。他们早上出发的时候还不知道，汤森越来越精神错乱，突然同意无条件投降。然后他遵循军事常规，摧毁了自己剩余的火炮。这让一心想拿到这些火炮的哈利勒帕夏火冒三丈，所以比奇、赫伯特和劳伦斯的本钱就只剩下了黄金。

为了挽回一点颜面，英国军官们声称这些黄金是为库特的平民百姓提供的人道主义援助。他们说，在五个月的围城战中，无辜的百姓蒙受的苦难和被困的英国士兵一样严重，给他们一些经济补偿也是理所当然的。哈利勒帕夏一眼看穿了这套说辞，当即拒绝了这个提议。

英国谈判者在要求交出伤员的时候运气比较好。库特守军已经投降，于是土耳其指挥官提议让英军轮船载着粮食过来，将伤情最重的伤员接走。土耳其人的让步令军衔最高的谈判者比奇上校有了些勇气，决定试一试他的最后一张牌：用英军自进入伊拉克以来俘虏的奥斯曼军人交换库特幸存的身体状况良好的英国战俘。

哈利勒带着狡黠的表情提出了另外一个建议：用英国士兵一对

178 一地交换土耳其士兵，印度士兵和阿拉伯士兵则单独交换。英国军官们不太明白这个建议的用意如何，赫伯特指出，土耳其军队里的很多阿拉伯士兵打得非常英勇，哈利勒应该很高兴把他们换回去，这位土耳其指挥官的脸色一下子变了。哈利勒拿起被英军俘虏的战俘名单，指出其中大部分是阿拉伯名字。“或许我们10个土耳其人中有1个是孬种或者胆小鬼，”他说，“但100个阿拉伯人中只有1个勇士……你们如果愿意，可以把他们送过来，但我已经判了他们死刑。我打算把他们绞死。”[34]

英国军官们认识到自己被耍了，于是抛下了这个话题。过了一会儿，哈利勒帕夏装腔作势地打了个哈欠，宣布自己累了，还有其他很多事务要处理。于是救回库特守军的最后希望也付诸东流了。劳伦斯、赫伯特和比奇被带离哈利勒的司令部，送到前线，但这时天已经黑了，于是土耳其人邀请他们在一座营地过夜。劳伦斯在日记中尖刻地说：“他们以土耳其方式给了我们一顿极其丰盛的晚餐。”[35]

次日早上，三人被带到河边。在阳光下，他们看到一具又一具死尸被底格里斯河湍急的水流卷走。这些死人都是奥斯曼士兵，因霍乱、伤寒或战伤而死，他们的指挥官非常冷漠无情，将尸体丢入河中，而不是埋葬。

就在这一天，汤森率全军投降。他的部队和企图为他解围而惨遭屠戮的援军大多是印度人。英国指挥官们对他们抱有种族主义的歧视，将他们视为不值得怜惜的消耗品；而他们在土耳其人手中将遭受更严酷的待遇。大部分印度战俘被送到巴格达铁路上当奴隶劳工，在库特被俘的1万名印度士兵和随军人员中只有三分之一活到了战争结束。[36]

汤森将军的命运比较好。他被带到君士坦丁堡，在博斯普鲁斯海峡一个小岛的美丽别墅中度过了战争的剩余岁月。他可以使用一艘土耳其海军游艇，还经常到奥斯曼宫廷参加外交招待会。他的三只心爱的约克郡㹴狗也和他一起去了君士坦丁堡。尽管库特守军濒临饿死，这三只宠物狗却过得相当好。1916年10月，英国国王授予汤森骑士勋位，一些土耳其政府官员向他发去了祝贺信。这说明，即便是在战时，帝国主义统治阶级间仍然存在着同僚般的关系。[37]

179

4月初的一个早上，一名骑马的信使来到大马士革郊外的贝克尔农庄，传唤费萨尔·侯赛因去杰马勒帕夏在城里的官邸。这是司空见惯的事情。费萨尔在三个月前应杰马勒的要求返回了叙利亚首府，与总督有很多交道要打。但在这天上午，费萨尔抵达杰马勒官邸时，却发现这里的气氛非常诡异地冷淡和拘谨。

上了咖啡、宾主寒暄一番之后，杰马勒将一张纸推过桌面。这是恩维尔帕夏从君士坦丁堡发来的电报，讲到了统帅恩维尔刚刚从费萨尔的父亲（在麦加）那里收到的信。这封信比最后通牒更强硬：侯赛因发出警告，如果青年土耳其党希望继续与他为友，就必须承认他是汉志的世袭君主，并立即终止在黎巴嫩对60名阿拉伯民族主义领袖的审判。

这让费萨尔陷入了一个非常微妙和危险的境地。1月份他返回大马士革之后很快发现，自他上次到访以来，在叙利亚发动阿拉伯起义的成功概率已经大大缩减。由于杰马勒的清洗，起义的很多政治领袖已经被放逐或藏匿起来，而意图起事的军人在加里波利十死九伤。费萨尔已经向父亲报告了局势的变化，但从这份狂暴的电文来看，侯赛因还没有理解局势严重到了什么地步。

根据杰马勒的记述，费萨尔对他说："大人，您不知道我是多么难过。这份电文肯定是什么极大的误解造成的。我可以向您保证，我父亲没有任何恶意。"[38]

费萨尔把"误解"解释为他父亲对土耳其语的不精通。显然是某个书记员把他父亲的阿拉伯文书信翻译错了，搞成了与他父亲本意大相径庭的东西。这天早上，在杰马勒官邸，费萨尔提议向他父亲发电报，解释他的意思被误解了，无疑能让他父亲立刻收回这封令人气愤的信。

杰马勒帕夏虽然对侯赛因及其儿子们的阴谋诡计已经腻烦透顶，但很喜欢看费萨尔局促不安的样子。他向年轻的谢赫下了逐客令，自己给埃米尔侯赛因写了封信。他先解释为什么不能释放大马士革的被告——“政府如果宽恕叛国者，会被指控为软弱无力”——然后指出，现在是战时，国家的生死存亡悬而未决，实在不是侯赛因争取世袭头衔的好时机。这番好言相劝之后，他露出了獠牙：“我还想请您注意，假如政府仅仅是为了让您在我们当前的困难时期归顺，就答应您的要求，当战争胜利结束之时，谁能阻止政府对您施以严厉惩罚呢？”[39]

180

埃米尔侯赛因的土耳其语再差，也能理解这些言辞中的威胁。杰马勒为了把自己的态度表达得斩钉截铁，很快把注意力转向黎巴嫩的作秀审判的被告们。尽管费萨尔不断求他开恩，他还是在5月5日签署了21名被判有罪的犯人的死刑令。次日清晨，死囚被押到大马士革和贝鲁特的广场，当众绞死。

这些处决和另外一个事件一起，终于让青年土耳其党和阿拉伯半岛的哈希姆统治者之间漫长而艰难的合作宣告结束。几周之前，杰马勒帕夏派遣了约3500名精兵到麦地那。他向侯赛因保证，这些部队是去也门（在阿拉伯半岛西南角）的，但侯赛因并没有相信，而是怀疑这些部队是冲着他来的。在5月6日的处决之后，侯赛因认定，徘徊逡巡的时间已经过去了，于是命令费萨尔离开大马士革。

在费萨尔准备动身的同一时间，杰马勒帕夏接待了另一个有事相求的人——亚伦·亚伦森。在这位农学家再次担任灭蝗项目领导人的四个月中，他在出差经过大马士革的时候，经常到总督府来。他很高兴地报告杰马勒，第二批蝗虫没有产卵，所以在未来不会构成威胁；到3月底，蝗虫数量已经开始减少。当然他没有告诉叙利亚总督，他利用科学实地考察的掩护，在巴勒斯坦全境建立了一个犹太间谍网。

组建这个间谍网对亚伦森来说是件非常微妙和危险的工作。犹太人中有一派积极支持同盟国，另一派秘密地支持协约国，而绝大多数人只想置身事外。但几乎所有人都坚决反对任何可能招致更多奥斯曼敌意的行为。甚至那些私下里祈祷英国人早些来的人也只愿意在英军登陆之后帮忙，现在要做任何事情对大家都太危险了。亚伦森和法因贝格非常小心翼翼地试探朋友和熟人，才招募了 10 几 181 名志同道合、愿意现在就为英国刺探情报的人士。

但这还只是理论。在冬天，他们在阿特利特海岸多次看到英国间谍船，而且英国人甚至向岸上发送了信号，但由于一连串的噩运，双方始终未能建立联系。对亚伦·亚伦森来说，这个困境让他发疯。他们三次试图与英国人取得联系，三次都失败了，最后一次法因贝格险些丧命。1916 年初春，他想出了一个新主意。

他在旅行途中得知，土耳其军队急缺润滑油。其实，他很难不注意到这一点，因为没有润滑的车轴发出的刺耳尖叫已经成了巴勒斯坦持续不断的背景音乐。有一天，农学家在阅读一本科学期刊的时候读到一篇文章，说一些欧洲科学家已经设计出了将芝麻籽油转化为润滑油的方法。奥斯曼帝国的芝麻籽是极为丰富的，于是亚伦森在 5 月的一天来到杰马勒的大马士革官邸，提议让自己去德国学习这种提炼方法，以支持土耳其的战争努力。

此时，在奥斯曼帝国作任何旅行都需要许可证，而杰马勒帕夏正是少数有权批准亚伦森提议的这种旅行的人之一。总督当然是满腹狐疑。他并不真正信任亚伦森——其实他不信任所有的犹太人——而且前不久还出了亚伦森的助手在西奈半岛游荡被抓获的奇怪事情。让这样一个人脱离自己的掌心，哪怕是去盟国，也是风险很大的事情。

但是，杰马勒的军队奇缺润滑油，而纽约标准石油公司似乎并不急着满足他的需求，尽管他已经在叙利亚给了他们面积惊人的特许开发区。总督以他一贯的唐突态度很快批准了亚伦森前往君士坦丁堡的许可证；到了那里之后，科学家需要扫清更多的官僚障碍，才能前往柏林。但是亚伦森当然不打算留在柏林。他希望溜过德国边境，进入某个中立国，在那里与英国情报部门取得联系；至于具体如何找到英国情报部门，他还没想好。

5 月 11 日，劳伦斯登上一艘英国运兵船，从伊拉克返回开罗。在过去的一年中，他有两个兄弟在这场似乎无穷无尽的战争中丢掉了性命。到 1916 年中，英国战争努力的山穷水尽已经在各条战线暴露无遗，而在东翼的表现特别明显。仅仅 13 个月内，英国就在“欧洲病夫”手下连吃败仗，损失了约 35 万人。三年前，巴尔干民兵和武装农民的乌合之众就能连续打败奥斯曼军队，而英国却被奥斯曼军队打得一败涂地。这还不算完，他最近的经历在个人和历史的层面都在极大程度上揭露了英国的没落：挽救 1.2 万名濒临饿死、丢盔卸甲的士兵的徒劳努力，被迫参加向敌人卑躬屈膝、低声下气的行动，因为把士兵们投入绝境的将军们不愿去做这么有损尊严的事情。

劳伦斯从伊拉克回来之后，有了两个长期萦绕心头的想法。第一是英印军队狂妄自大、稀里糊涂地闯入伊拉克，不吃败仗才怪：“他们完全靠蛮力冲进巴士拉。在伊拉克的敌人几乎全是阿拉伯人，他们处于难堪的困境，即必须站在土耳其世俗主义压迫者的阵营，去对抗长期以来被认为是解放者的英国人，而英国人却不肯扮演解放者的角色。”[40]英印军队的指挥官们本来就有极强的优越感，轻松拿下巴士拉之后更是自我膨胀，不屑与当地人合作，甚至根本不愿意去建立一条防守得住的补给线，而是鲁莽地指挥部队沿底格里斯河而上，走向灭亡。劳伦斯后来说：“英国将军常常愚蠢地将自己在无知中得到的东西丢弃。”或许就是因为想到了英军在伊拉克的惨败。[41]

在更为哲学的层面上，劳伦斯从库特得到了对帝国主义事业的越来越深的憎恶。他后来在《智慧的七柱》中写道：“我们为了这些东西付出了太多的荣誉和无辜的生命。我和 100 名德文郡义勇兵一起沿底格里斯河而上。他们年轻、整洁而欢快，充满了快乐和逗女人儿童开心的本领。从他们身上，我深深感到，作为他们的亲人，作为英国人，是多么幸福的事情。我们就把成千上万这样的人投入烈火，投入最惨烈的死亡，不是为了打赢战争，而是为了强占美索不达米亚的谷物、大米和石油……在我看来，我们所有的臣属省份的价值加起来还不如一个死了的英国人。”[42]

但劳伦斯决心不让一切都白费。在返回埃及的 14 天旅程中，他不知疲倦地撰写一份长篇报告，描述了自己在伊拉克耳闻目睹的一切，对英印军队的码头停靠和仓储系统、高级将领的庸碌无能、战略的愚钝不堪，统统毫不客气地狠批了一番。但他的这番努力仍然是徒劳。开罗军事情报机构的高级军官们读了劳伦斯怒火冲天的报告，并得知这份报告将要呈送给驻埃及英军的总司令阿奇博尔德·默里将军，认定这份报告太直言不讳，不能拿去刺激将军的神经；在报告被送给默里前不久，他们小心翼翼地将劳伦斯的最直白的段落剪掉了，于是让库特的惨痛教训也付诸东流。这些审查者做得非常彻底，据信劳伦斯的伊拉克报告原本只有一份被完整地保存了下来。[43]

183

1916 年春季，英国在中东已经与多方缔结了多个互相矛盾和抵触的协约。谁要是想为这种可耻行为辩护，倒是能方便地找到几个有力论据。

或许最显而易见的论据就是，古人云，在情场与战场大可以不择手段。到 1916 年 5 月，全欧洲范围内已经有数百万青年死亡，未来还将有更多人丧命；如果两面三刀和无法信守的虚假诺言能够推动战争早日结束，谁能反对呢？

还有一个语义学的问题，就是究竟如何定义“独立”。这个词在今天的含义一目了然、放之四海而皆准，但在 1916 年却并非如此。对于帝国主义时代晚期的很多屈尊俯就的欧洲人来说，独立并不是说让土著民族自己治理自己的国家，而是一种家长制：一轮新的“白人的负担”，即对土著民族进行教化，当然还有剥削，一直到他们在未来某个无法确定的时间对现代文明有了足够的理解，能够自立为止。对于持这种观点的人——不仅英国的大部分高级政治家这么想，欧洲所有国家的政治家恐怕都是这么想的——来说，“独立”与“委任统治”、“控制区”或“宗主权”之间的距离并不像其他人眼中那样是一道鸿沟。

还有一个简单而玩世不恭的论点：这些见人说人话、见鬼说鬼话的互相矛盾的诺言没什么要紧，因为这一切说不定只是学术讨论。即使是最乐观的帝国主义者也必须承认，英法两国目前虽然还没有输掉战争，但肯定不像是要赢的样子，现在就坐地分赃，实在有些荒唐。至于埃米尔侯赛因，他早在战前就叫嚷着要起义反对君士坦丁堡，但到现在一点动静都没有。如果阿拉伯起义果真发生，协约国果真赢得战争（这两件事同时发生的概率太小了），对付侯赛因的问题就只是小菜一碟了。走一步算一步再说。

184

按照一般流传的说法，在 1916 年 6 月 5 日早上，埃米尔侯赛因爬上了他在麦加的宫殿的一座塔楼，用一支旧火枪向城内土耳其要塞的方向开了一枪。这是起义的信号。[44]到这一天落日时，汉志全境的侯赛因支持者已经向一些土耳其据点发动了袭击。

命中注定的是，比任何人都更加努力地促成起义的那个人却永远不会得知起义爆发了。当天下午 5 点前不久，英国皇家海军的一艘装甲巡洋舰“汉普郡”号驶出了苏格兰北部的港口，运送陆军大臣霍拉肖·基钦纳前往俄国。不到 3 个小时之后，“汉普郡”号在公海触了德国水雷，很快沉没。船员和乘客几乎全部遇难，基钦纳也葬身大海。

就在两周前，劳伦斯在伊拉克的任务失败，回到萨沃伊饭店继续伏案工作。他的未来似乎和过去不会有什么不同：文书大战，绘制地图，撰写永远不会受到重视、永远不会付诸实施的战略和报告。但是，麦加的消息传来之后，他很快就将得到他梦想中的那种战争，他本人也将一举成名，进而演化为一个传奇。

第二部

第8章 短兵相接

汉志战争的双方是德尔维希①和正规军——而我们站在德尔维希那边。 187

——T. E. 劳伦斯，1916年11月3日[1]

为了排解在红海南下的炎热而漫长旅途中的无聊时光，“喇嘛”号的军官们在1916年10月15日下午组织了一场手枪射击比赛。这是他们从苏伊士港起航后的第二天。海上风平浪静，于是他们在这艘改装商船的一根栏杆上摆放了一些瓶子，然后在较远的另一根栏杆处轮流开枪，尝试把这些瓶子打碎。

“喇嘛”号上最重要的乘客，驻埃及东方文化秘书罗纳德·斯托尔斯并不喜欢这场射击比赛。午饭后他有些懒散，原打算睡个午觉，但在这枪声中实在无法入眠，尤其是当军官们开始试射一支缴获的土耳其黑火药步枪的时候。“枪声简直像一门18磅大炮的炮声，”斯托尔斯在日记中写道，“我打算返程时不乘这艘船，而是随便拦住任何一艘北上的船只。”[2]

射击比赛成绩最突出的人当中就有斯托尔斯的旅伴T. E. 劳伦

① 德尔维希是伊斯兰教苏非派教团的成员。这些神秘主义者强调通过狂喜、舞蹈和旋转表达献身的情感。德尔维希可以集体生活，也可以在俗；云游四方的德尔维希叫作托钵僧，常被视为具有神奇力量的圣人。多数穆斯林将他们视为非正统和极端分子，但该运动已持续至今。

斯。他在卡尔基米什的时候就开始练习打靶，已经成了神射手。除了劳伦斯喜好玩枪之外，斯托尔斯还是挺高兴能和他一起旅行的。东方文化秘书在前两次在红海南下前往吉达①的旅途中，已经因为缺少有趣的旅伴而抓狂。[3]在这次旅途中，“超级大脑”劳伦斯已经为他细致地讲解了波雷费密码，这是一种聪明灵巧的密码系统，建立起来容易，破解却极难。而且，就像他们在开罗的老习惯一样，两人的其他时间主要用来讨论古典文学和艺术。

188

和斯托尔斯前两次去吉达一样，10 月的这番旅行也是为了阿拉伯起义，现在起义已经有四个多月时间了。东方文化秘书在起义前英国政府与埃米尔侯赛因的艰难谈判中扮演了主要交流渠道的作用，现在已经短兵相接，他自然要继续扮演这个角色。但到 1916 年 10 月，阿拉伯起义很快接近了一个危机时刻，它还能坚持多久是罗纳德·斯托尔斯和其他人忧心忡忡的问题。

外界得知起义爆发的方式恰恰说明了它的组织乏力、草率鲁莽。斯托尔斯 6 月份第一次前往阿拉伯半岛的时候得知了此事。

麦加偷偷传出的密文显示，已经延误许久的起义终于被定为于 6 月 16 日开始，于是斯托尔斯在 6 月 1 日从苏丹动身，渡海前往吉达，准备去见埃米尔的次子阿卜杜拉。起义展开之后，阿卜杜拉将担任起义军的主要指挥官。但是阿卜杜拉踪迹全无。斯托尔斯派遣一名信使前往麦加，要求阿卜杜拉尽快到海岸来相见，随后四天内就乘坐一艘英国战舰在阿拉伯海岸线上游弋，寻找土耳其或阿拉伯军事行动的迹象。各个沉闷的港口小镇显得愈发催人入睡了。

6 月 5 日，信使终于带着阿卜杜拉的信从麦加回来了。“致最

---

① 红海的主要港口，今属沙特阿拉伯，也是该国的外交都城。它的名字（意思是“女祖先”或“祖母”）取自当地的夏娃墓。1928 年夏娃墓被沙特政府摧毁。吉达一直是穆斯林朝觐者到圣城麦加和麦地那的入口。以前属于土耳其，1916 年被迫割让给英国。1925 年被穆斯林领袖伊本·沙特占据，1927 年被并入沙特阿拉伯。

高贵和可敬的斯托尔斯先生，”信中写道，“非常遗憾，因为有急事在身，我无法亲自前来与您会面，所以我的弟弟会给您送来所有消息。”[4]这个弟弟是20岁的扎伊德，侯赛因四个儿子中最年轻的一个。斯托尔斯被要求前往萨米玛（吉达以南的一个海岸小村），扎伊德将在次日早上到达那里。斯托尔斯对这变故非常恼火，但有件奇特的事情让他的怒火平息下来：信使说，起义时间从6月16日提前到了6月10日。东方文化秘书早就知道，在阿拉伯世界很少有人会严格遵守时间表，但是他很难想起时间被提前的先例。

但在次日早上，他见到扎伊德的时候，对方似乎并无紧迫感，尽管修订过的起义发动时间已经是区区四天之后了。这个神秘莫测的年轻人领着斯托尔斯走进他搭在海滩上的帐篷，和他聊天打趣了很长时间，一名仆人则在旁边准备咖啡。上了咖啡之后，扎伊德交给斯托尔斯一封他父亲的“写得非常糟糕”的信，详细描述了他的起义计划，并且索要价值7万英镑的黄金来资助起义军。斯托尔斯追问侯赛因的儿子，他们具体打算如何打败敌人，却发现，战术考虑还在最原始的阶段。“我们会勒令土耳其人投降，”扎伊德答道，“如果他们不肯，将打死他们。”

189

东方文化秘书几乎掩饰不住自己的焦躁。几个月来英国人一直在向侯赛因输送黄金和枪支，斯托尔斯听对方的宏图大略——不曾有过任何付诸现实的尝试——也听了差不多这么久。他和其他英国联络人已经多次告诉侯赛因，在起义爆发之前不会再提供任何资金。斯托尔斯在萨米玛海滩上重申了这个决定，这时扎伊德终于吐露了一点有趣的新闻：“我很高兴地向您宣布，起义已经于昨天在麦地那开始了。”

斯托尔斯立刻把扎伊德和他的主要副手带到等待着的战舰上，在后舰桥上匆匆为他们准备了早餐，然后他和陪同他从开罗前来的两名军事情报官员向年轻的谢赫追问细节。斯托尔斯向开罗汇报了这个消息，快速地写了一封给侯赛因和阿卜杜拉的祝贺信，然后搜罗了手头所有能够鼓舞起义军领袖的东西：战舰保险箱内价值1万英镑的黄金；给侯赛因家族的两个吸烟大王费萨尔和阿卜杜拉的五箱香烟；并许诺在一周之内送来一挺马克沁重机枪。船员们在红海的市场买了一只小沙漠羚羊当作战舰的吉祥物。此刻这只小羚羊就走来走去，时而用角顶一顶客人以吸引大家的注意力，时而吃着散落在甲板上的香烟，给这个重大时刻增添了一分家庭气息。[5]

汉志地区的战线要过一段时间才明晰起来。侯赛因的起义军在最初几天借助突然袭击，很快制服了麦加的少量土耳其部队，并在英国海军舰炮的支援下占领了重要港口吉达。在塔伊夫（侯赛因的“夏季首都”，位于麦加以南的群山中），阿卜杜拉的战士们占领了城镇，而将约300名土耳其驻军隔离在防守严密的堡垒内。但在汉志的最大城市麦地那，局势不容乐观。在那里，起义军得知在麦加的同志迅速得胜，大受鼓舞，迎头撞上了规模更大、防守更巩固的土耳其军队，惨遭机枪和炮火屠杀。起义已经一个月了，出现了一种令人不安的僵局，侯赛因的部队牢牢控制着麦加和吉达，以及南部几座较小的海滨城镇，而土耳其人同样稳固地占据着铁路终端城市麦地那（在麦加以北150英里处）和红海北段的滨海城镇。

190

从政治角度看，开罗和伦敦都对阿拉伯起义的消息欢呼雀跃。在加里波利和库特的惨败之后，中东总算有了点好消息。最关键的是，侯赛因既是伊斯兰教最神圣的圣所的监管人，也是阿拉伯世界最受尊重的领袖之一，他与君士坦丁堡的决裂让英国人放了心——土耳其人和德国人要搞的泛伊斯兰圣战基本上是完蛋了。

但从军事角度，英国的反应要模棱两可得多。显然，如果阿拉伯起义军能够成功地将大批土耳其军队牵制在阿拉伯半岛，就有助于英军右翼向巴勒斯坦发动攻势，开罗方面正在筹划这样的攻势。但另一方面，汉志的起义并没有激发更广泛的阿拉伯起义——在叙利亚和其他地方就没有得到任何响应——侯赛因的部队面对土耳其军队的反攻会非常脆弱，而且起义军目前为止的表现时好时坏，不大可能抵挡得住。如果那样的话，英国在埃及的远征军的部队和物资就要被送去援助起义军，而此时这支远征军的总司令阿奇博尔德·默里将军死死地控制住每一点资源，为他的巴勒斯坦攻势做准备。[6]

但如果出兵援助起义军，风险会更大，可能会将英国军方高层最有政治眼光的人士所赞扬的阿拉伯起义变成他们最恐怖的噩梦。这是因为，根据《古兰经》的教诲，不仅麦加和麦地那这两座圣城绝对不允许非伊斯兰教的“异教徒”军人涉足，而且整个汉志也是如此，只不过禁止的程度低一些。罗纳德·斯托尔斯在6月份首次前往阿拉伯半岛时就体会到了这个禁令，当时扎伊德拒绝让与斯托尔斯一同前来的两名军事情报官员一起上岸，而只允许东方文化秘书独自前往。在随后的几个月中，侯赛因利用经文中的含糊之处制造了一点自由空间，允许极少数英国后勤军官在海滨城镇拉比格执行补给任务，但严格限制他们只能在海岸活动。如果允许他们进入内陆，更不要说邀请成建制的英国基督徒士兵前来，就会正中土耳其宣传家的下怀，所有参与的人都会难逃厄运：侯赛因不仅会被奥斯曼帝国视为乱臣贼子，还会被整个伊斯兰世界看作叛徒；而英国的帝国主义的、十字军式的意图会暴露在义愤填膺的伊斯兰世界眼前。 191

有鉴于这个窘境，英国努力在边缘活动，通过拉比格向汉志起义军输送武器和黄金，同时尽量寻找穆斯林部队——主要是埃及人，还有少数投诚的叙利亚人和伊拉克人——来训练起义军，并形成一个小型的地面军事存在。但这肯定远远不够，随着1916年的夏天一天天过去，起义军的组织混乱越来越暴露无遗，土耳其军队发动反攻的形势也越来越紧迫。在开罗和伦敦，希望更大规模介入的人和敦促小心行事的人之间的辩论也越来越紧张。埃米尔侯赛因自己对局势也没有什么帮助。一直到秋季，他自己一个人就在进行同样的辩论[7]，根据前线形势的最新变化，时而拒绝让非穆斯林部队参战，时而恳求立刻派出所有可动部队支援他；他往往会转到中间立场，即请求开罗让非穆斯林部队随时待命，等待干预的时机。

但到10月份，如此优柔寡断的时间已经没有了。麦地那的土耳其驻军得到了铁路送来的援兵，比起义开始时还要强大，而且最近重创了侯赛因的第三子费萨尔率领的一支起义军进攻部队。费萨尔的战士们撤进了山里。有很清楚的迹象表明，土耳其人打算从麦地那出征，将起义军拦腰斩断，同时夺回麦加。为了应对这个危机，同时也是由于他的儿子们在各条战线不断告急，侯赛因终于同意在汉志部署英国军队。

罗纳德·斯托尔斯第三次到吉达就是为了这个事情。作为对侯赛因求援的回应，尽管默里将军在开罗大发牢骚，伦敦的英国战争委员会还是同意派遣一个旅的英军到汉志——齐装满员兵力是约5000人——以及一队飞机。对东方文化秘书来说，传递佳音的机会，再加上与T. E. 劳伦斯一起旅行的愉快，至少是部分地弥补了他对这些乏味旅行，以及吉达镇本身越来越深的反感。

劳伦斯对几个月来阿拉伯起义在英国军方高层中引发的激烈辩论非常了解。他这么熟知内情，既是因为他是开罗情报机构的成员——他从伊拉克返回后不到两周，起义就爆发了，也是由于他和斯托尔斯私交甚笃。但他的专业领域是叙利亚事务，所以一直处在这些筹划之外。事实上，他在10月份同斯托尔斯一起登上“喇嘛”号之前，他对汉志事务的贡献非常平淡无奇：邮票。

192

在阿拉伯起义的最初日子里，土耳其对其完全报以沉默，斯托尔斯想到了发行“汉志共和国”邮票的主意，这能够有效地向全世界宣示，汉志已经与奥斯曼帝国一刀两断，而且这个手段成本低廉。他请埃米尔侯赛因提供一个合适的、符合伊斯兰风格的设计，但侯赛因交出的草图却酷似一座英国灯塔，效果非常诡异。于是，斯托尔斯找他的最精通阿拉伯文化的朋友劳伦斯帮忙，两人在开罗的阿拉伯博物馆悠闲地逛了一个下午，寻找合适的主题。斯托尔斯记述道，“很快我就发现，劳伦斯原本就懂得，或者当即学会了一整套邮票设计制作和三色印刷工艺，”[8]于是东方文化秘书指派他的朋友来负责邮票的制作。

设计邮票那段时间恰好也是劳伦斯特别艰难的一段时光。自抵达开罗以来，他和斯图尔特·纽科姆在萨沃伊饭店的小小政治情报单位的其他怪人们在编制上隶属于常驻埃及的军队，劳伦斯对这个安排很满意，因为否则他就会隶属于默里将军的埃及远征军（这支“常备军”的任务是进攻土耳其人）这台笨重而等级森严的机器。但在这年夏天，由于一次机构重组——英国在开罗的当局在战时搞过六七次机构重组，每次都造成了极大混乱——劳伦斯被调到了埃及远征军下属的一个情报单位。更糟糕的是，这次调动让劳伦斯受到一位他非常蔑视的指挥官的领导，而且他还得离开开罗，前往苏伊士运河上死气沉沉的港口城镇伊斯梅利亚。劳伦斯立刻申请调回“唐突鬼”（萨沃伊饭店的情报单位很清楚自己在军事官僚机构中的声誉，于是给自己挑了这个名字），但当即遭到拒绝。劳伦斯写道：“在一些友善的暗示下，我理解到，这是为了让我远离阿拉伯事务。”

但劳伦斯非常足智多谋，他将自己比较突出的一个性格特点善加利用：特别能烦人。他写道，在和伊斯梅利亚的新同事相处时，“我抓住每一个机会向他们灌输，他们在情报工作（这根本不难!）上是多么无知和效率低下，并且摆出酸腐文人的姿态进一步招惹他们，好为人师地纠正他们的报告中的萧伯纳式的分裂不定式和同义反复。”[9]

这一招奏效了。1916 年 9 月末，劳伦斯得知罗纳德·斯托尔斯即将前往吉达，于是请了 10 天假。对他咬牙切齿的上级们爽快地准了假。于是，劳伦斯以罗纳德·斯托尔斯的随行人员的身份，而并不具有官方身份，第一次起航前往阿拉伯半岛。[10]

10月16日黎明后不久，“喇嘛”号驶入了吉达港的宽阔海湾，驶向远处海岸上有防护的码头。在晨光中，劳伦斯只能看到这座城镇房屋间的光与影，而城镇的远方是“绵延不绝、平坦无垠、炫目的沙漠”。轮船接近锚地时，他感受到了大多数从海上接近阿拉伯半岛的人必然会经历的震撼，清凉的海风猛然撞上了陆地上吹来的热风。劳伦斯写道，在这一瞬间，“阿拉伯半岛的炽热如同一把出鞘的利剑，打得我们张口结舌”。[11]

这是一次尴尬的会谈，英国人以其特有的礼貌掩盖了双方的分歧。斯托尔斯和劳伦斯在上午九点多下了“喇嘛”号，穿越吉达的狭窄街道，很快来到了英国领事馆所在的优雅的三层小楼，在那里受到了常驻此地的英国官员西里尔·威尔逊中校的迎接。威尔逊将客人们带到凉爽而有百叶窗遮蔽因而非常宜人的会客室——这时还不到10点，但吉达刷着石灰的房屋已经放射出刺眼的热光——并命令佣人准备点心饮料。

威尔逊身材颀长，蓄着大胡子，是个职业军官，以前曾在英属苏丹政府任职。罗纳德·斯托尔斯与威尔逊是老交情，但对他的看法却没有随着时间流逝而改观。他觉得威尔逊沉闷无聊又暴躁易怒，有点歇斯底里——他曾这样描述威尔逊：“顶多就是个省级行政人员的料，更高的职位就不行了”[12]——所以完全不能胜任他自7月以来担任的要职——英国驻埃米尔侯赛因的汉志“政府”的代表。事实上，斯托尔斯在开罗没有极力反对威尔逊担任这个职务的主要原因是，他非常害怕，如果威尔逊被撤职，他自己或许会被派到吉达接替他。[13]

而威尔逊对东方文化秘书的这些拜访似乎颇为怨恨，尤其是埃米尔侯赛因及其使节对斯托尔斯毕恭毕敬，而他威尔逊却要在一线承担英国政策的所有苦差，极具挫败感，还无人感激。

威尔逊和劳伦斯之间也有些过节。几个月前，这位中校在开罗

看到劳伦斯穿着军服却头戴阿拉伯头饰，将他狠狠训斥了一顿。但 194
我们的情报军官将威尔逊批评他军容不整的训诫当成了耳旁风，因为他来到领事馆门前时军服湿透、邋里邋遢。

但是，会客室里的人都是英国人，所以他们不会将这种摩擦表达出来，甚至根本不予承认。斯托尔斯和威尔逊佯作同僚的亲切，讨论着汉志局势和当天的日程安排。根据阿拉伯习俗，他们的第一要务是去拜见谢赫阿卜杜拉——他驻扎在城外 4 英里处——当晚再在领事馆进行更正式的会晤。两位高官把劳伦斯丢下自由活动，在将近中午的时候骑马前往阿卜杜拉的营地。

但三人在下午早些时候在领事馆再次聚首时，听到的却是不愉快的消息。开罗发来的电报宣称，战争委员会在考虑再三之后，决定召回原定在近期派往拉比格的一个旅的英军部队和飞机队伍。雪上加霜的是，战争委员会还命令，斯托尔斯在“喇嘛”号上携带的原定付给阿卜杜拉的价值 1 万英镑的黄金暂时不得动用。斯托尔斯和威尔逊上午拜访阿卜杜拉的时候，受到了阿拉伯式的盛情款待，现在他们都很害怕谢赫当晚对领事馆的访问。

五点多一点的时候，阿卜杜拉在衣着华丽的宫廷扈从和奴隶的簇拥下来到了领事馆。劳伦斯对他的第一印象是，这是个生性特别快活的人——或许由于阿卜杜拉前不久在塔伊夫城打了场胜仗，该城长期抵抗的土耳其驻军终于投降，所以他格外高兴——有点奢侈纵欲的样子。这位谢赫虽然还不到 35 岁，面庞已经颇为肥胖，带有纵情享乐的印迹。他的快活没有维持多久。这次会议没有通常的那种长时间的寒暄打趣，阿卜杜拉和他的主要副手们刚在领事馆会客室坐定，威尔逊就开始大声朗读开罗来的电报，斯托尔斯将其翻译为阿拉伯语。阿卜杜拉仔细听着，面容坚忍，难以揣测。

读完之后，阿卜杜拉开始为自己申辩，斯托尔斯则解释说，自己在军事问题上没有任何权力，希望借此阻止谈话往那个方向发展。其实就是斯托尔斯在 1914 年写下了给侯赛因的秘密提议，所

195

以他这么说实在太假了。室内的英国人第一次体验到了阿卜杜拉的脾气。“抱歉，”他打断了斯托尔斯的话，“就是你的信，你的信息让我们的这件事情开端的，你从一开始就知道，甚至在开始之前就知道。”

斯托尔斯和他的两位同胞受到这番责备，哑口无言了。他们的客人则滔滔不绝地描述汉志当前严重的局势，以及英国人对造成这种严重局面应当负主要责任。“他对双方谈判的历史作了相当准确的总结，”斯托尔斯在日记中懊悔地写道，“多次引用了英王陛下政府的诺言，即我们将尽一切努力帮助阿拉伯人。”

谈话持续了好几个小时。阿卜杜拉列举了他当前的所有困难，斯托尔斯和威尔逊则许诺，他们虽然能力有限，但一定会竭尽所能，让政府高层收回最新的决定。会议快结束的时候，谢赫不得不去做他显然希望避免的事情：打电话给他父亲，汇报最新的进展。领事馆的电话被送来，拨通了埃米尔侯赛因的私人专线“麦加一号”。

让斯托尔斯意外的是，埃米尔似乎对这件失望之事颇为冷静和从容，再次声明了自己对英国伙伴的绝对信任，以及一切都会得到妥善解决的信心。阿卜杜拉当晚离开领事馆的时候，决定次日早上再来会晤。而他的英国东道主们，就像斯托尔斯说的那样，“对他无比景仰，对自己则十分鄙夷”。[14]

T. E. 劳伦斯在这场漫长而紧张的会议中说话很少，或许一句话也没说。部分原因是很明显的：他在这里并没有官方的身份；在这种关系微妙的会议上，如果他未经邀请就唐突地发表意见，就违反了外交常规，是非常令人震惊的行为。与此同时，这种置身事外的疏离感让劳伦斯得以对阿卜杜拉进行密切研究，或者用他自己的话说，“装模作样，对他进行观察和批评”。[15]

埃米尔侯赛因是阿拉伯起义无可争议的精神领袖，阿卜杜拉则是无可争议的前线统帅。这一点对参与汉志事务的英国军官和外交官们来说是显而易见的，所以他们根本没有对此进行任何讨论。阿卜杜拉是侯赛因最信任的儿子。1914 年，侯赛因派遣他到开罗试探英国人对他的分离主义计划的态度；阿卜杜拉指挥了攻克塔伊夫的战役，还代表整个家族与英国顾问们谈判。

劳伦斯虽然是第一次见到阿卜杜拉，却已经产生了疑虑。虽然会谈的气氛非常严肃，他却感到阿卜杜拉有种“持续的欢快”，虽然有着精明政治家的风度，但却不一定表里如一，而且野心极大。还不止这些。劳伦斯对此前 4 个月从汉志传出的情报作了仔细研读，希望找到起义在振奋人心的开端之后却陷入惨淡僵局的原因。他的结论是，起义的核心缺少真正的领袖，“不是智识，不是判断力，不是政治智慧，而是能够点燃沙漠的激情火焰”。起义需要的是一位先知。在领事馆的这次会议过程中，“我越来越确信，阿卜杜拉太审慎，太冷静，太幽默，不可能成为先知，尤其是那种历史上在革命中取胜的武装先知”。 196

劳伦斯如果把这些想法告诉他的高级同僚们，肯定会得到这样嗤之以鼻的回答：谁会关心你的想法？但劳伦斯没有吐露这些思绪。早在 10 月 16 日，他抵达阿拉伯半岛还不到半天的时候，就已经在为阿拉伯起义设计一个新航向，而且他自己要在其中扮演关键角色。他对这个角色的设定如下（从不同角度看，他这番话要么是深刻的自信不疑，要么是令人瞠目结舌的极度傲慢）：“为起义寻找尚不为人知的主宰灵魂，并测量他将起义推进到我为之设想的目标的能力。”要达到这些目的，劳伦斯需要秘密行事，不动声色、悄无声息地寻找机会来促成他自己的计划。在和阿卜杜拉的会议上，劳伦斯找到了他的第一个机会，在次日早上他就会尝试利用这个机会。

但 1916 年 10 月 16 日这漫长的一天还没有结束。在它告终之前，劳伦斯还将会遇到另一个对汉志影响极大的人物，此人将会从反面进一步推动劳伦斯为自己设定的使命的清晰成形。

在法国驻吉达代表团驻地的宴会接近尾声的时候，爱德华·布雷蒙上校举起他的香槟酒杯，向他的英国客人们祝酒。“我刚听说，”他宣称，“我的男性亲属中此前还没有在战争中死伤的一位，也负了重伤。我有责任，也很荣幸地向协约国祝酒，并且告诉大家，我和英国人打交道是多么愉快。”

10 月 16 日晚的这个动人时刻给罗纳德·斯托尔斯留下了深刻印象。“他的话语中没有法国式的夸耀自负，这是很惊人的。于是我举杯祝他的表弟早日康复，祝法国代表团的事业蒸蒸日上。”[16]

47 岁的布雷蒙颇有些心宽体胖，是法国帝国主义战士的典范，对祖国的伟大和祖国的“文明教化使命”——将法国文明和文化传播给世界上的落后民族——的正义性坚信不疑。他的军事生涯的大部分时间都是在法国的北非属地服役，先是阿尔及利亚，然后是摩洛哥，对镇压叛乱部落很有经验，被公认为非常规作战的专家。他虽然没有平步青云，但也是稳步上升：摩洛哥港警察总长、法国驻摩洛哥军事代表团副团长、拉巴特城行政长官。[17]

197

在第一次世界大战前夕，布雷蒙被召回法国，匆匆送上前线。在战争恐怖的第一个月里，和很多法国军官一样，布雷蒙在前线的日子只有几天时间。在比利时前线率军作战时，他胸部中弹。康复之后，他被任命为第 64 步兵团团长。随后两年时间里，他眼睁睁地看着自己的同袍和男性亲属接二连三地在西线的残杀中倒下。1916 年夏天，阿拉伯起义爆发后，他得到了脱离西线杀场的机会。法国国防部决定向阿拉伯地区派遣一个小型的军事代表团，认为布雷蒙——“土著战争的专家、法属北非的老将”[18]——是领导这个代表团的最佳人选。

其实，布雷蒙上校是绝佳人选的原因远远不止是他在穆斯林世界的丰富经验。和中东战场的很多其他行动一样，法国驻汉志代表团也有一个秘密使命，而这个使命需要狡猾奸诈和不光明正大的手段。好在爱德华·布雷蒙就是这样一个人。

鼓励阿拉伯人发动起义的行动从一开始就是英国人在操作，对叙利亚和黎巴嫩有着狼子野心的法国领导层得知此事后大为惶恐。以成文形式规定法国对中东的权利主张的《赛克斯—皮科协定》签署之后，法国人的担忧缓和了一些，但阿拉伯起义爆发后法国人又高度紧张起来。且不谈协约国之间信誓旦旦的盟友关系，法国人根本就不信任他们的英国盟友能够信守关于中东的诺言；汉志起义释放出了一支革命力量，将来英国人就是想控制住它，恐怕也无能为力。法国人提议向该地区派遣一支象征性的部队，以保护自己将来对中东的权利主张，并监视当地局势的发展。英国人礼貌但是坚决地拒绝了这个建议，这让法国人更是惊恐万分。伦敦的解释是，汉志局势瞬息万变、非常微妙，如果在此刻派遣另一支外国军队，只会让事情更复杂棘手。

198 于是法国人改用特洛伊木马的策略。1916 年 8 月在布雷蒙上校指挥下从马赛港起航的 200 人的军事单位的官方称呼是“法国驻埃及军事代表团”。虽然这些法国军人打算在埃及做些什么是个很大的疑问，但英国人还是不好将最亲密盟友的这样一个代表团拒之门外。布雷蒙上校对自己使命的解释是：促进法国领地——主要是摩洛哥和阿尔及利亚——的穆斯林朝觐者前往麦加的哈只。英国的陆海军已经在为成千上万寻求前往麦加朝觐的埃及和印度穆斯林提供保护，所以也不好反对布雷蒙的幌子。

法国人计划的最后一步非常大胆，即便是英国人，虽然不太情愿，也得表示赞赏。9 月中旬，布雷蒙陪同一批摩洛哥朝觐者来到吉达，在那里登陆之后挑选并租赁了一座足够气派的房子[19]，宣布法国军事代表团抵达了汉志。他旋即向法国外交部发了电报，敦促建立常驻侯赛因政府的外交使团。外交部批准这项建议后，法国在阿拉伯半岛就有了正式的军事和外交存在，而且从技术上将与英国等量齐观，伦敦也只得接受这个既成事实。毕竟巴黎方面可以冠冕堂皇地宣称，这是两个伟大盟国在平等基础上携手勾画本地区未来的良机，能够加强两国永久的友谊。斯托尔斯和劳伦斯在 10 月中旬抵达吉达后面对的就是这种局面。

布雷蒙的狡黠还远远不止是建立驻汉志代表团的明修栈道、暗度陈仓，还体现在代表团的目标上。正如他于 10 月 16 日在法国领事馆的宴会上所说的那样，他在汉志的公开使命是表达法国对阿拉伯起义的支持，并摸清法国能够如何支援起义。但他的秘密任务却是努力遏制起义的规模，避免起义和建立统一阿拉伯国家的理想蔓延到法国垂涎的那些阿拉伯地区。布雷蒙在具体的操作上有个方便利索的计划，虽然这计划极其玩世不恭。

当晚，他向英国客人们解释说，最重要的是不能允许阿拉伯人占领麦地那。只要麦地那的土耳其驻军还撑得住，只要阿拉伯人将资源和鲜血集中投入到攻打麦地那的战役中，就能将起义安全地遏制在汉志境内。他警告说，一旦麦地那陷落，阿拉伯人自然会将注意力转向北方，从土耳其铁蹄下解放巴勒斯坦、叙利亚和美索不达米亚的阿拉伯同胞，这将会不可避免地抵触英法在各地区的帝国主义利益。[20]

199

这想法有些冷血，但却是一条简单而聪明的战略：虽然帮助外国起义取得成功向来是件困难的事情，但让它失败却简单得多。

但在法国领事馆的宴会上，布雷蒙上校的设想却是建立在至少两个极大的误解之上的。首先是，他认为英法两国有必要共谋来支援阿拉伯起义，暗地里却对其进行破坏。如果布雷蒙知道《赛克斯—皮科协定》的内容——法国将得到叙利亚和黎巴嫩——对阿拉伯起义的未来发展一定会乐观得多。但在法国只有极少数政府高官才知道《赛克斯—皮科协定》的存在，而受命保卫法国在中东利益的中层军事和外交官员并不知悉这个秘密。令人难以置信的是，被派遣到阿拉伯半岛担任法国利益的一线守护者的布雷蒙也被蒙在鼓里。[21]

布雷蒙的第二个误解是，当晚他向英国客人吐露心迹的时候，他以为这些英国人都是他的朋友，或至少是志同道合的帝国主义者。但这些人不是他的朋友，坐在餐桌旁很少开口说话的那个年轻的英国上尉对他尤其没有好感。布雷蒙很快就会发现，T. E. 劳伦斯是一个强有力的对手。另外，现在是劳伦斯占上风。在法国领事馆，布雷蒙将自己的想法一五一十都说了出来，而劳伦斯却缄口不言。

次日上午 10 点左右，阿卜杜拉骑着一匹白色母马，在一大群奴隶引领之下，来到了英国领事馆的庭院。他比昨天严肃得多，在会客室坐定之后就解释了一番。他刚收到了弟弟费萨尔的电报。费萨尔此时在拉比格以北的山区营地，前一天下午有两架土耳其飞机轰炸了他的营地；轰炸没有造成什么损失，但让贝都因部落族人惊恐万状，因为绝大多数人从未见过这种机器。这条消息非常有针对性，因为恰恰就在土耳其飞机来的这天，英国人取消了向阿拉伯半岛派遣飞机的计划。

劳伦斯的回应是，不必为了土耳其的这番炫耀武力而惊慌失措。“土耳其飞机的寿命很少超过四五天。”[22]他轻松地解释道。

或许就在这一刻，阿卜杜拉才第一次真正注意到劳伦斯，因为劳伦斯在前一天只是个背景人物。当他们谈到在中东的各支土耳其军队的部署位置时，他就更加密切地注意劳伦斯了。罗纳德·斯托尔斯回忆说：“我们说到叙利亚、切尔卡西亚、安纳托利亚和美索不达米亚的地名时，劳伦斯当即就说出土耳其的哪些部队部署在哪些地方，最后阿卜杜拉惊愕地转向我说：‘这个人无所不知，难道是神吗?’”

200

斯托尔斯在回忆录中将自己的朋友在这天上午的惊人表现归结于幸运的巧合，因为劳伦斯在开罗的地图室有过很多辛勤劳动。或许的确如此，或许劳伦斯只不过是在虚张声势。不管怎么样，结果是相同的，劳伦斯有了推动自己计划的平台。

他向阿卜杜拉解释说，英国方面援助阿拉伯起义遇到的主要困难是，对究竟发生了什么事情缺乏可靠的把握。目前需要一名客观的观察者，既能直接向英军高层进言并受到重视，也能对局势——拉比格港的补给渠道的问题和北方山区费萨尔部队的后勤需求——做一个综合的报告。由于时间紧迫，劳伦斯毛遂自荐去承担这一使命。

这是个无伤大雅的建议，阿卜杜拉当即表示同意，并提议在劳伦斯抵达拉比格之后，立即安排费萨尔从山区南下与他会面。劳伦斯礼貌地表示了反对。他需要亲自深入内陆评估局势，所以必须是他去找费萨尔，而不是让费萨尔来找他。当时对非穆斯林在内陆旅行还有限制，所以他这个要求是很大胆的。即便是两次见过费萨尔、深得埃米尔侯赛因尊重的西里尔·威尔逊也只被允许在港口城镇停留，等待费萨尔驾临。

斯托尔斯也为劳伦斯摇旗呐喊，阿卜杜拉渐渐被争取了过来——当前阿拉伯人的紧张局势显然起到了很大作用——但最终的决定权仍然在更难对付的侯赛因手中。正如阿卜杜拉预想的那样，在打电话到麦加向他父亲提出这个建议时，他的态度模棱两可，于是斯托尔斯接过了电话听筒。

“斯托尔斯口若悬河地说起阿拉伯语的样子令人叹为观止，”劳伦斯回忆道，“也能教导所有在世的英国人，如何对付满腹狐疑或不情愿的东方人。要想抵抗他超过几分钟是根本不可能的，这一次他也称心如愿了。”

但他们赢得的只是有限的胜利。侯赛因只是同意让劳伦斯前往拉比格与他的长子阿里见面；如果阿里“认为合适”，才会安排劳伦斯继续去见费萨尔。这种做法的结果是显而易见的。阿里以谨小慎微闻名，对谨慎的人来说，默认的回答就是“不行”。斯托尔斯和劳伦斯决心等阿卜杜拉当晚到英国领事馆用餐时再努力推动此事。

201

在晚宴上，斯托尔斯和劳伦斯敦促阿卜杜拉向阿里和费萨尔各写一封正式的介绍信，认为这样能够大大增加劳伦斯获许进入内陆的几率。据劳伦斯说，阿卜杜拉起初不愿意这么做，但在电话上得到父亲批准后，终于写信“指示阿里尽快为我准备坐骑，并安排可靠的人送我去费萨尔的营地”。

10月19日清晨，“喇嘛”号抵达拉比格港。劳伦斯站在码头上向调头返回埃及的“喇嘛”号挥手道别，这景象将永远镌刻在罗纳德·斯托尔斯心中。劳伦斯的阿拉伯冒险拉开了帷幕。

劳伦斯对阿里的预感完全正确。侯赛因的长子接过阿卜杜拉转达他父亲允许这位年轻的英国陆军上尉进入内陆的信时，一时间张口结舌。但和侯赛因的其他儿子一样，阿里对父亲也是绝对忠诚，于是只得同意，开始为劳伦斯的旅途做准备。

小小的拉比格港坐落在一片广阔沙漠的边缘，默默无闻，看上去毫不引人注目，更不要说是争夺阿拉伯半岛的战争的关键所在了。但是拉比格位于麦加和麦地那的中间，是连接这两座圣城的“朝觐之路”——其实只是由石堆界碑标注出来的骆驼道——的一个关键中转站，也就是说，任何企图南下收复麦加的土耳其军队都必然经过这里。拉比格也是英国从埃及运来的给养和武器的运输中转站，这些物资将会被分发给在内陆作战的起义军，但往往就在半途中销声匿迹了。

拉比格不是个宜人的所在，但劳伦斯在那里待了两天半，有机会见到埃米尔侯赛因的另外两个儿子，并对他们做了一番性格分析，就像在吉达对阿卜杜拉的研究一样。

巧合的是，侯赛因的幼子扎伊德前不久也来到了拉比格，帮助阿里解决补给线的问题。扎伊德和侯赛因的另外三个儿子并非一母所出，时年20岁，英俊潇洒，继承了他的土耳其母亲的白皙面貌和柔和的面部线条。他虽然很聪明，但年纪太轻，而且外貌不似阿拉伯人，即便有领导才能也不大可能成为起义军领袖，况且他也没

202 有这种才华。“他喜欢骑马闲逛和搞恶作剧，”劳伦斯写道，“幽默风趣，或许比他的兄长们更性格平稳，因为他没有那么冲动。他很害羞。”[23]

劳伦斯第一次见到阿里时的气氛虽然很紧张，但很快对他有了好感。“他的风度高贵而令人倾慕，但非常直截了当，”他写道，“在我看来，他是个讨人喜欢的绅士，兢兢业业。”但侯赛因的长子有种忧伤、疲惫的神情，皮肤灰黄，“嘴角下垂，悲哀”[24]，看上去比他的实际年龄（37 岁）老得多。劳伦斯感到阿里没什么明显的雄心壮志，容易受到身边更有活力的人的影响，这绝不是天然领袖的特征。但劳伦斯在阿里和阿卜杜拉之间仍然更喜欢前者，并说，“如果费萨尔也算不得先知的话，那么让阿里领导起义，也会很好”[25]。或许如此，但那也只是将就凑合，所以劳伦斯对会见费萨尔充满了期待。

他在 10 月 21 日夜间出发去见费萨尔。阿里对劳伦斯的旅程高度关注，因为长达 100 英里的跋涉中途要经过由敌视起义军的部落控制的地区，所以对劳伦斯的动身和目的地严格保密，甚至不告诉最亲信的心腹家奴。他挑选了两名最受信任的副手来担任劳伦斯的向导。这两名向导是父子，按照贝都因人无须言明的法律，他们为了保护客人哪怕牺牲生命也在所不辞。阿里还指示三人绕开沿途的所有居民点，尽可能在夜间行进，还让劳伦斯在军服之上戴着阿拉伯头饰，以在月光下尽可能显得像是阿拉伯人。

虽然有着潜在危险，劳伦斯出发不久之后注意力就转移到了更平庸的事情上来。在萨沃伊饭店坐办公室两年之后再次开始骑骆驼是非常痛苦的。骆驼的脊柱非常突出和狭窄，就在皮肤表层之下，所以骑骆驼和骑马是完全不同的感受，更像是坐在不停摇晃的金属杆上。对没有经验的新骑手来说，哪怕是最好的贝都因鞍具——其实也只是铺着毯子的木头和皮革框架——也只能稍稍减轻骑乘的疼痛。新骑手很少能不间歇地忍耐超过两三个小时，但劳伦斯在此次旅途中没有这样的奢侈；他要一口气骑乘大约30个小时，其间只能短暂地休息两次。支撑他走下去的是他曾经表现出的超强耐力——骑自行车漫游法国、在叙利亚的1200英里长途跋涉——以及见到侯赛因的四个儿子中尚未谋面的最后一个的希望，这个人可能就是他设想的战争的“先知”。 203

虽然身体非常痛苦——或者正是为了转移注意力，劳伦斯在骑行过程中在军用的小笔记本上详细记录了途经地区的地形地貌。他涉足的土地只有少数异邦人曾经目睹，它深深浸淫于一种数千年中改变甚少的沙漠文化中，与他熟悉的叙利亚的共同点很少，因此非常让人晕头转向。在叙利亚，他曾养成了一种业余爱好，就是研究部族和部落的复杂结构，以及决定着它们相互关系的复杂规则，但在阿拉伯半岛，一切规则都有着更丰富的层次，也更为严格。

“在阿拉伯半岛，每一座山峰，每一座谷地都有着无可争议的主人，”他写道，“如果有人胆敢侵犯这些土地，主人会迅速地捍卫自己家族或部族的权利。甚至水井和树木都各有其主，主人允许大家各取所需、自由地砍树枝当柴火或者饮水，但是谁要是试图将水井和树木占为己有，就会立刻遭到阻止……沙漠的居民维持着一种疯狂的共产主义，大自然和各种元素供所有的友好人士自由使用，满足其需求，仅此而已。”[26]

在叙利亚，越轨逾矩的代价往往是驱逐，或者是赔偿一只羊；在干枯严酷的阿拉伯半岛，犯罪的惩罚是死亡。

劳伦斯虽然还只是个业余的人类学家，但已经在从军人的视角观察汉志的地形地貌：哪里能找得到水源，军队走哪条路线最为有利。就这样，他偶然发现了英国军队的紧急预案的一个严重漏洞。

在准备拉比格的防御——也就是麦加的防御时，起义军的英国军事顾问们根据道路和水源的位置推测出了土耳其人最有可能采纳的路径，并相应地建造了警戒哨所。但在前往费萨尔营地的途中，劳伦斯发现了两条英军的任何地图上都不曾出现的季节性水道，进

204

攻的土耳其军队可以利用这些水道，从意想不到的方向进攻拉比格，或者完全绕过这个港口城镇，直接攻打麦加。英国顾问到拉比格已经3个月了，怎么依旧对这些水道一无所知？当地的阿拉伯人肯定知道这些水道的存在，为什么没有发出警告？很简单，因为英国人被限制在海岸线上，对周边环境不是非常了解，所以想不到提出这样的问题来。而既然没有这样的问题，阿拉伯人自然也不知道英国人在担心哪些东西，也想不到主动提供这些信息。在劳伦斯看来，这一方面突出了让两种迥然不同的文化联合起来并肩作战的困难，另一方面也暴露出侯赛因禁止非信徒深入内陆可能造成的巨大灾难。不管派遣多少英国军队，只要他们被隔离在海岸上，就好比是被蒙上了双目，无法探测危险。[27]

10月23日下午早些时候，劳伦斯一行绕过了一座高高的峭壁，抵达了翠绿的撒弗拉山谷，前不久在麦地那城外损兵折将的费萨尔起义军就集结在这里。他们溯流而上，劳伦斯开始看到山麓村庄间散布着武装人员的小营地，这些营地越来越多，规模也越来越大，最后几乎覆盖了每一寸土地。

最后他们来到有约100户人家的哈姆拉村，在一座低矮长屋前停下。一名配有长剑的奴隶在那里站岗。劳伦斯下了骆驼，被带进内庭，看到一名男子站在远处的门口。“他身材颀长，有如石柱，”他写道，“非常瘦削，身穿白色丝质长袍，褐色头巾配有光彩夺目的绯红色和金黄色细绳。他的眼皮耷拉着；与他身体的奇特、沉静的警惕相比，他的黑胡须和没有血色的面庞就像是一副面具。”

这人就是费萨尔·伊本·侯赛因。劳伦斯后来在《智慧的七柱》中写道：“我看到他的第一眼就感到，这就是我来阿拉伯半岛寻觅的那个人，那个将给阿拉伯起义带来全副荣光的人。”

他或许是这么想的，但两人最初的会面并不愉快。劳伦斯被领进屋，室内除了费萨尔还有十几名参加起义的部落酋长。屋里光线很暗，地上铺着地毯。费萨尔和他的兄弟们一样，有着宫廷式的优雅。他感谢劳伦斯历尽艰辛、长途跋涉来见他。这番开场白之后，他开始严肃地讨论自己最近在土耳其人手中遭遇的一系列挫折。

在侯赛因的几个儿子当中，费萨尔和他的追随者自起义爆发以来承担了最多的战斗，但是收到的补给和资助却最少。他向客人解释说，前不久，他的部队在麦地那郊外的比尔阿巴斯几乎到了一场大胜利的边缘。但是他们没有火炮来对抗土耳其人的炮火，部队被击溃和打散了。部队的残部——很多人脱离起义军，各自回家了——现在和他扎营在哈姆拉的安全地带，坐等土耳其人的下一步棋。情况就是这样。费萨尔指出，他的人马如果能得到适当的补给和武装，就大有可为，但如果当前的局面继续下去，每一盎司的物资都要向英国人苦苦索要，而且大部分物资根本就送不到前线，那么起义的命运就已经注定了。土耳其人从麦地那的要塞出动已经迫在眉睫，到那时费萨尔就只有两个选择，要么继续困守山区，要么且战且退地撤往麦加。第一个选择意味着渐渐灭亡，第二个选择则将带来迅速的土崩瓦解，因为就像比尔阿巴斯战败之后那样，他的很多追随者会拒绝逃到离自己部落地区那么远的地方，而是自行回家。

205

劳伦斯一边听，一边仔细地揣摩费萨尔，寻找能够昭示他性格的线索，以及他得以主宰挤在室内这些人的奥妙所在。“他情绪多变，”劳伦斯写道，“有时神采飞扬、斗志高昂，有时却灰心丧气，而此刻是疲惫万分。他虽然只有 31 岁，看上去却苍老得多，俊秀的黑眼睛有些斜，布满血丝，凹陷的两腮有很多皱纹，显得思绪万千……他身材高大、优雅而遒劲有力，步态极美，头部和肩膀极具王者之风。他当然深知自己的威仪，在公共场合主要是靠手势动作来发号施令。”

或许正是因为费萨尔非常疲惫，他比他的兄弟们都更为坦率地讲到了阿拉伯人内心深处对英国人的不信任，这不信任表现在侯赛因与斯托尔斯和麦克马洪长达两年的艰难谈判，以及将英国顾问限制在海岸上的做法。费萨尔问道，既然历史已经清楚地表明，英国人从来不会因为善心而帮助别人，那么这一次想从汉志得到什么？

就像其他很多英国军官对侯赛因家族的其他成员做的那样，劳伦斯在哈姆拉的这座光线黯淡的屋子里耐心地向费萨尔保证，英国在汉志绝对没有任何领土要求。费萨尔指出，英国在吞并苏丹之前也是这么发誓赌咒的，所以这个保证没有多少价值。

他们的谈话荆棘丛生，持续到晚餐。第二天早上 6 点半，费萨尔来到劳伦斯的帐篷，又开始谈话。在这些商谈中，劳伦斯感到侯赛因的第三子“蛮不讲理”，但他说话时的激情洋溢和言辞背后的铁一般的决心深深吸引了劳伦斯。这种激情在阿卜杜拉和阿里身上都是找不到的，劳伦斯越来越相信，费萨尔就是他寻觅的领袖。

206 当天，劳伦斯在起义军营地转悠了几个小时，和遇见的人聊天，更加坚定了对费萨尔的信心。他首先注意到的是，起义军包含了五花八门的许多部落。在桀骜不驯的阿拉伯半岛，很少有人能够把他所在的小地区的诸多部落和氏族联合起来，但在撒弗拉绿洲却聚集着来自汉志西部几乎所有部落群体的大约 6000 人，离自己的家园有足足两周旅途之遥。更了不起的是，这支部队仅仅在一周前还被土耳其人击溃过，但仍然士气高涨，对最终胜利的信心仍然毫不动摇。将他们团结起来，鼓舞了这种信心的人就是费萨尔。

劳伦斯在撒弗拉绿洲待了仅仅 24 小时多一点之后，于当晚来到费萨尔的指挥部，向他辞行。两人的道别比先前的谈话要友好一些，费萨尔感谢劳伦斯前来，而劳伦斯表达了模糊的希望：或许他的旅程能够有些益处。随后，他骑上一匹新骆驼，在 14 名武士护卫下，前往距离最近的由起义军控制的红海港口延布，在那里登上一艘英国船只返回埃及。他急于回到埃及，因为他现在已经坚信不疑，费萨尔·伊本·侯赛因就是他要找的先知。“比我们希望的好得多，”他写道，“我们的步履艰难的事业甚至不配有这么好的希望。我这次旅行的目标已经达到。”

第9章
意图拥立君主的人

费萨尔脾气火爆，骄傲而缺乏耐心，有时蛮横不讲理，很容易突然间离题万里。比他的兄弟们更具有个人魅力和精力，但不如他们审慎。显然非常聪明，或许并非过分一丝不苟……如果他被教养的方式不对，或许会成为一个兵营军官。深受民众爱戴，雄心勃勃；满脑子梦想，也有实现梦想的本领。 207

——1916年10月30日，T. E. 劳伦斯对费萨尔·伊本·侯赛因的评价[1]

由于劳伦斯的执拗和好运，他到汉志的旅行收获颇丰。在仅仅十天之内，他见到了埃米尔侯赛因的全部四个儿子，还有协约国在吉达的主要使节。他亲眼看到了英军在拉比格为起义军建立一条补给线的努力，还成为第一个深入内陆观察战场的外国人。1916年10月26日上午，他骑着骆驼来到延布，一心想赶紧回到开罗，将自己的发现汇报上去。

但在这个尘土漫天的小小的港口城镇，他的好运气突然用光了。按照计划，一艘英国战舰将在延布停靠，但在预定的日子，却没有战舰的影子。劳伦斯别无办法，只能既来之则安之，一直等了五天。他在可以俯瞰窄小的码头区的一座朴素的三层楼房里（费萨尔在当地的联络官的家）住了下来，着手将此次旅程的印象付诸笔端。他身边只有一支蓝色水笔和一些废纸。在5天之内，他用自己惯常的潦草笔迹写下了大约1.7万字。

208 关于T. E. 劳伦斯的诸多互相抵触的传奇就是在延布的这座房屋内诞生的。在他的崇拜者看来，劳伦斯不仅对阿拉伯半岛的一线局势有着极其敏锐的把握，而且能够以精彩的文笔将其表达出来；他即将成为一个叱咤风云、如鱼得水的英雄；有时候，天才要努力一辈子才能遇到让自己大放异彩的良机，劳伦斯就是这样一个典型例证。在诋毁他的人看来，随后发生的事情绝大部分，甚至可以说完全是出于偶然机遇，在随后三周内发生的无数对劳伦斯极其有利的小事件——奇异的巧合、信息送递的时间凑巧或者不凑巧、将军和政治家们阴险狡诈的操纵——都是不可能预知的。这些人认为，如果对所有这些因素重新洗牌，绝不会以同样的顺序再发生一次。

劳伦斯在这年10月的经历似乎能够支持后一种版本的传奇。在延布，他是个28岁的陆军上尉，不曾接受过一天的军事训练；当时，英国军方和政界的最高领导层在研讨英国在阿拉伯半岛的政策。他的确是第一个亲眼看到一线起义军的英国军官，但他只看了26个小时，而且看到的也只是战士们在一座山谷营地中懒洋洋地转来转去，这算不得权威性分析的基础。他的大部分观察结论也不算独树一帜；在他之前到达汉志的少数几个英国军官几乎全都注意到了阿拉伯“军队”的七零八碎、缺乏传统意义上的军事纪律，以及对敌人火炮和飞机的可悲的畏惧。

但是，劳伦斯的评判当然不仅仅是基于他在费萨尔营地的短暂停留，而且还源自在卡尔基米什接受阿拉伯文化熏陶的多年。从那里，他深刻地理解了氏族和部落联盟是如何运作的，这种结构在战场上表现如何，以及能够找到一个在相当长时间内将诸多部落联合起来为远期目标而奋斗的领袖是多么不同寻常。另外，劳伦斯自少年时代就痴迷于一种非常特别的学术——中世纪军事史，后来在牛津又专门研究这个领域，而阿拉伯半岛在20世纪初的战争与14世纪欧洲的战争有着惊人的相似。这些相似之处包含方方面面，从部队如何招兵买马，到领导结构——把欧洲中世纪的领主、乡绅和王公换成阿拉伯的谢赫和埃米尔，再到部队在战场上如何运作，不一而足。1916 年的汉志和 1356 年的法国一样，行进中的军队完全依赖于对其最基本需求的满足——水、役畜和粮草，这些因素决定着军队要前进到何方，与何人作战，以及何时作战。在当时，劳伦斯的中世纪军事战略知识很少有人能够企及，所以他当即就发现，阿拉伯战场的很多特征他都非常熟悉。他肯定要比那些深受拿破仑战争或甚至当时的西线战略熏陶的职业军官更懂得阿拉伯战场。 209

有着深厚的文化和学术基础的劳伦斯很快认识到，要想把阿拉伯起义军部队转化为常规的欧洲式军队是徒劳无益的，因为它不是这样的军队，也永远不可能是。他在延布写下的报告中指出，唯一的办法是，英国人必须接受阿拉伯人打仗的方式，并相应地调整自己的战略和期望。

这个观点倒还算不得特别有争议或者新颖独特，因为毕竟最保守顽固的军官也懂得，必须根据自己手头现有的人员和物资来调整战略战术，但劳伦斯在汉志的短暂停留期间得出了两个更为新颖和令人瞠目结舌的结论。

阿拉伯起义在早期的胜利之后，连吃败仗，境况凄凉，因此伦敦和开罗方面越来越达成了共识，必须向汉志派遣一支足够强大的英军来支持起义军。英国官员们一般认为需要一个旅的兵力，也就是约 3000～4000 人。10 月，埃米尔侯赛因仍然对这个主意犹豫不决，因为他担心向穆斯林圣地引入这样一支“异教徒”军队，会影响他在目前与他结盟的部落中的地位。劳伦斯从自己的旅行，尤其是从自己在费萨尔营地观察到的谨小慎微中得出结论，侯赛因的担忧是非常有道理的。他写道，虽然一小群欧洲顾问和教官在海岸上活动会受到“热烈欢迎”，但是更大规模的部队很可能会受到怨恨，正中土耳其人关于基督教十字军的宣传的下怀。劳伦斯主张英军在汉志的驻军应该尽可能少，这与英国军方大部分人——包括在汉志待的时间最久的两位英国军官西里尔·威尔逊中校及其副手阿尔弗雷德·帕克——的观点相左。[2]

劳伦斯的另外一个主张更容易引起争议：起义的真正“先知”是轻言细语、严峻朴素的费萨尔。早在战前，英国军官们就一直认为，喜好交际、活力四射的阿卜杜拉是他们在汉志的主要盟友，因为他是反复无常的侯赛因最为信任的儿子。自起义爆发以来，英国军界的看法也没有什么改变。英国军官们总是去找阿卜杜拉，希望能探听到老侯赛因的算盘，以便为作战的下一步做准备。在劳伦斯之前，只有威尔逊和帕克这两名英国军官见过费萨尔，对他也没什么印象。威尔逊在私人层面上很喜欢费萨尔，但却认为埃米尔的第三子“不能承受战斗的喧嚣”[3]——就是说他是个懦夫。他把自己的这个判断传达给了英国领导层。在推举费萨尔为起义的真正领袖这个问题上，劳伦斯是少数派，而且这个少数派只有他一个人。

210

在这两点上——英国在汉志尽量少驻军、推举费萨尔为领袖，劳伦斯面临的挑战都是不可逾越的，他最终是如何胜出的呢？是由于不可否认的天才，或者纯粹是走了狗屎运？

无论是褒劳伦斯还是贬劳伦斯的人都忽视了一点，那就是，早在延布的时候，他已经有了一件虽然不引人注目但是威力强大的武器。他处于开罗军事情报机构的内层圈子，因此极其熟悉有权对阿拉伯半岛事务做出决策的英国军队和政界的统治集团。“结构”这个词实在是太美化它了。它实际上是个官僚泥沼，由叠床架屋的诸多部门、争权夺利的不同图谋和个人组成的迷宫。劳伦斯在萨沃伊饭店可以读到所有信息，哪怕是保密级别最高的文件。所以他知道这个泥沼中的所有主要角色，他们各自的主张，以及更重要的东西——他们的政敌是谁。他在延布的五天期间除了写报告之外，还找时间研究了一下摆在他面前的这个令人头晕眼花的极度复杂的政治棋局，并钻研出一个策略来利用互相争斗的各派别，让自己的主张得到采纳。

在这番努力当中，另一个常被忽视的因素帮了他的大忙：当时的通信手段。在某些地方，通信已经比几十年前有了质的飞跃，但在有些地方却仍然很原始。在 1916 年，利用油印机可以将一份重要文件复制成百上千份；已经有了百年历史的复写纸也可资利用。有了无线电报，从伦敦向布宜诺斯艾利斯发一份信息只需几分钟，而在阿拉伯半岛这样的地方传递同样的信息却需要派遣一名徒步或者骑马的信使。劳伦斯非常擅长利用通信的进步和缺陷来达到自己的目的，经常违反规定，向自己的盟友快速发送信息，而在收到不合自己想法的命令时，就说“信号传输故障”（这是他最喜欢用的借口），先斩后奏。再加上一种无情的特质，T. E. 劳伦斯成了特别擅长与官僚体制做斗争的典范，甚至最阴险狡诈的宫廷阴谋家或是追求终身教职的大学教授也会艳羡他的本领。

在随后的三周内，形形色色的英国官员都会利用劳伦斯作为先头尖兵——或者更准确地说是心腹鹰犬——去努力达成自己的意图，而压制自己的竞争对手。这位 28 岁的上尉在这个角色上娴熟地玩弄各方势力，对法国在该地区的狼子野心施以沉重打击，严重挫伤了一位极其位高权重的英国大员的势力，并推动了英国在阿拉伯半岛的政策的一个根本性转变。在这过程中，他还将改变阿拉伯起义的进程，以及自己在其中扮演的角色。 211

但他叱咤风云的开端却不顺利。10 月 31 日，皇家海军“苏瓦”号在一位叫作威廉·“生姜”·博伊尔（他被称为“生姜”是因为他有一头红发）的职业海军军官指挥下停靠在延布，终于将被迫在此停留数日的劳伦斯接走。

“我听说，有位劳伦斯上尉在海岸上，”博伊尔后来在自己的回忆录中写道，“我原以为他是一名被派遣到那里的军官，但登船向我走来的却是个邋里邋遢、毫无军人仪表、两手插在口袋里、没有敬军礼的矮子，我有些吃惊。”[4] 秉性严肃、不苟言笑的博伊尔注意到劳伦斯一侧的肩章上有三颗表示上尉军衔的星，另一侧却一个也没有，于是不肯搭理这位乘客，而是让自己属下的一名中尉去接待他；中尉狠狠地训斥劳伦斯不懂礼貌，这让船长颇为满意。

劳伦斯在自己的回忆中承认没有给“生姜”·博伊尔留下好的第一印象，但认为问题出在遗传上。他说：“红头发的人很少有耐心。”[5]

从各方面的记述来看，爱德华·布雷蒙都没有注意到10月16日参加法国领事馆宴会的那个沉默寡言的英国陆军上尉。劳伦斯的确也不引人注目。法国上校在那天晚上的主要客人是他在吉达的英国同僚西里尔·威尔逊，以及到访的埃及东方文化秘书罗纳德·斯托尔斯，后者是一个广交天下豪杰的人，在餐桌上也是谈笑风生、幽默风趣。而劳伦斯上尉身材矮小，又长着一张娃娃脸，穿着不合身的军服，很容易被当作扮演士兵的毛孩子。11月初，劳伦斯再次来到法国领事馆宴会厅的时候，布雷蒙就有充分的理由要对他重新评估了。在这次宴会上，三周前还丝毫不引人注目的年轻军官口若悬河，甚至完全抢占了话头，而他说的话更是让布雷蒙张口结舌。

“苏瓦”号在10月31日驶入延布海湾的时候，劳伦斯估计自己很快就要返回开罗。但是西里尔·威尔逊在汉志的副手阿尔弗雷德·帕克上校也登上了“苏瓦”号，要亲耳听听劳伦斯在费萨尔营地的所见所闻。帕克对劳伦斯的洞察力颇为赞赏，于是建议他先去喀土穆面见苏丹总督雷金纳德·温盖特，后者是参与阿拉伯事务的最重要的英国官员之一。于是，“苏瓦”号带着劳伦斯调头行驶200英里，返回了吉达，那里有一艘船已经准备好，要带他渡过狭窄的红海，前往苏丹。这艘船是“欧吕阿鲁斯”号，红海舰队的旗舰，由舰队司令罗斯林·威姆斯将军亲自指挥，这足以说明英国高层对劳伦斯的使命突然产生了浓厚的兴趣。

212

布雷蒙上校听到这些风声，非常想知道这位年轻的陆军上尉在费萨尔营地究竟看到了什么，或许还更想知道，他打算向雷金纳德·温盖特报告些什么。于是他邀请劳伦斯和威姆斯到吉达赴宴。在这次宴会上，布雷蒙很快发现，劳伦斯上尉的几乎所有观点都与他在阿拉伯半岛的目标相抵触。

自9月初在吉达搭台唱戏以来，布雷蒙一直鼓吹让协约国在汉志大幅度增兵。他的部分理由显然植根于对侯赛因起义军战斗力的极低评价。他多次提议让他指挥下的200名法国技术顾问（目前无所事事地待在埃及）立刻前往拉比格，将阿拉伯人转变为一支像模像样的作战部队。当然，一旦土耳其军队进攻拉比格，这么小的队伍无力抵抗，所以布雷蒙还建议从埃及派遣兵力足够强大的英国部队——至少一个旅，或两个——来控制这个地区，提供保护。如果这位法国上校得逞，西方国家在汉志的军事存在就从屈指可数的少数人——他自己、威尔逊、帕克和散布在海岸线上的英国后勤军官——扩张到3000～10000人。

他没有明说的是，这个建议与法国的秘密意图——或者说至少是布雷蒙上校自己的秘密意图——多么相符。一线有了较大规模的协约国部队，就很容易对事态发展进行监视和控制，并阻止阿拉伯起义蔓延到叙利亚。更妙的是，英国要投入数千兵力，而法国只有200人，投资极少，却能在中东形成实际的军事存在，名正言顺地成为英国在该地区的平等伙伴。

英国驻开罗的埃及远征军总司令阿奇博尔德·默里将军虽然没有看透布雷蒙的隐秘动机，但对这个想法已经是冷若冰霜。他的任务是向西奈半岛对面的巴勒斯坦南部发动攻势，而他的兵员经常被寻找新炮灰的西线指挥官们抽调到法国去对付德国人，所以默里坚决反对从他麾下再调离任何部队，去参与阿拉伯半岛的“无关紧要的杂耍”。 213

布雷蒙在与雷金纳德·温盖特接触的时候运气比较好。对法国人来说，苏丹总督是个绝佳的代言人，他坚信阿拉伯起义非常重要，但同时也斩钉截铁地相信光靠起义军是永远不能成事的。除了布雷蒙的建议之外，温盖特派往阿拉伯半岛的两名政治官员——威尔逊和帕克也相信，如果没有外国部队尽快支援，起义军的崩溃指日可待，所以温盖特对此更是坚信不疑了。当然了，温盖特支持派兵也是空口白牙，因为他没有军队可以派遣。要派兵的话只能从埃及的默里麾下抽调。按照布雷蒙的盘算，温盖特已经是他的盟友了，现在只需要等待阿拉伯起义军的下一次挫折，就可以联手绕过默里，直接请求伦敦派兵。

布雷蒙不需要等很久。就在劳伦斯困守延布的那几天，出现了一个对布雷蒙有利的机遇。10 月底，有消息传来，一大股土耳其军队正在逼近拉比格。这消息让驻扎在这座关键港口城镇以北山脚的阿拉伯部队大为恐慌，争先恐后地奔向海滩。温盖特和布雷蒙感到机会来了，于是迅速行动起来。温盖特向伦敦发了电报，敦促英法军队做好在拉比格登陆的准备。[6]布雷蒙紧随其后，向英国外交部发送了一份声明，称自己完全准备好将闲置的士兵和火炮派往拉比格，但“如果没有足够强大的护卫，就有可能落入敌手，因此这是非常不谨慎的”。至于这位法国上校要求的“护卫”要强大到什么程度，温盖特为他的政府提供了具体数字：至少六个营，即约 6000 英军士兵。[7]

面对如此紧迫的请求，若不是默里将军坚决反对的话（那 6000 士兵只可能从他那里调出），英国战争委员会差一点就批准了温盖特的建议。11 月 2 日，战争委员会驳回了从埃及调兵的请求，但建议布雷蒙和温盖特在他们属下尽可能搜罗兵力，尽快送到拉比格去，这就让一心要让战事升级的两人回到了原点。

214

伦敦的决定让布雷蒙颇感失望，但在同一天传来的一点新消息让他振作了起来。阿尔弗雷德·帕克在拉比格报告称，并没有土耳其军队在逼近拉比格，也从来不曾有过；整个危机都是由于错误的传闻。帕克尖刻地指出，这个令人尴尬的事件“证明，一旦受到威胁，拉比格的队伍一分钟也抵挡不了……我认为最佳解决方案就是让英国政府（战争委员会）收回成命，向拉比格派遣一个旅”。[8]

这对布雷蒙来说宛如天籁，他自信满怀，认为很快就会有游说战争委员会的新机遇；毕竟，一个谣言就让起义军抱头鼠窜，如果土耳其人真的打过来该怎么办？

然而，就在这个关头，T. E. 劳伦斯再次出现在吉达。

在法国领事馆的宴会上，劳伦斯解释说，从他在拉比格与阿里的交谈以及在哈姆拉与费萨尔的会晤来看，他坚信不疑，协约国在阿拉伯半岛的军事存在应该保持在最小规模；侯赛因的起义军很乐意从基督教“异教徒”顾问手中接受武器和军事训练，不管他们是法国人还是英国人，但任何更进一步的行为肯定会让他们害怕欧洲人会接管阿拉伯半岛，导致起义从内部瓦解。

理智的人完全可以不同意这种分析——布雷蒙就是坚决反对——但真正让他目瞪口呆的是劳伦斯的第二个观点，即除了宗教原因之外，协约国根本没有必要派遣军队。他认为，阿拉伯战士主要是一支防御性力量，他们已经掌控了麦地那与海岸之间的狭窄峡谷和隘道，阵地固若金汤，不必害怕土耳其军队的进攻。只要阿拉伯人控制着那些高地——当地的地形完全不利于土耳其人的炮兵和飞机优势的发挥，所以很难想出将阿拉伯人从那里驱逐出去的办法——拉比格就非常安全。

布雷蒙是个彬彬有礼的东道主，当然不会指出，劳伦斯对一线起义军观察了仅有一天时间，怎么能得出这样的结论；但他肯定问了，如何解释起义军前不久在拉比格以北的丢盔卸甲、鸡飞狗跳。如果阿拉伯人仅仅听到一个传闻就急于抛弃自己的阵地的话，那么他们显然并不认为自己的阵地像劳伦斯说的那样固若金汤。或许就是为了回答这样的质询，劳伦斯提出了又一个论点：在拉比格东逃 215
西窜的是阿里的人，而不是费萨尔的部下；而费萨尔才是起义的真正领袖。

劳伦斯的这个观点最让布雷蒙目瞪口呆。上校还没有见过费萨尔，但他从来没有听到过任何东西能够表明侯赛因的第三子是一个天生领袖或者杀伐决断的指挥官；布雷蒙在不久之后给巴黎的报告中写道："费萨尔说话很多，但全是废话。他行动很少，从不做实事。"[9]

而且从法国人的角度看，推举费萨尔为领袖的想法也是令人惊恐的。从各方面的记述来看，他比他的两个兄长都更不信任欧洲盟友。而且他还和叙利亚的旨在推动阿拉伯独立的密谋者过从甚密；杰马勒帕夏已经抓捕了很多这样的密谋者，但他们的网络中的有些部分肯定仍然存在。法国急于避免让阿拉伯起义扩展到叙利亚，因此费萨尔的崛起对他们来说是非常头痛的。

如果不是由于一些细节，布雷蒙或许会将劳伦斯仅仅当作一个特别令人讨厌的宴会客人而不予理睬，将他的大胆推断看作一个狂妄自大的天真汉的臆想。首先，劳伦斯的举止不同寻常。他在表达自己的观点时带着坚定不移、不容置辩的自信，这种自信在军事规程方面简直到了放肆无礼的地步。不管与他意见不一致的人的资历多么老，军衔多么高，这个蓝眼睛、目光冰冷的陆军上尉都不肯让步。而且他对威姆斯将军也产生了特别的影响。不管威姆斯之前对调兵到阿拉伯半岛的观点如何，现在显然已经深受劳伦斯的影响，想法与他极其相似；事实上，威姆斯正打算陪同劳伦斯一起去喀土穆，联手向温盖特游说。爱德华·布雷蒙当然非常害怕这两个人见到目前为止一直是他最亲密的英国盟友的温盖特之后会发生什么事情。

这次宴会之后，布雷蒙上校以贬抑的口吻称，劳伦斯已经成了费萨尔的"封臣"。在随后的几个月内，他会对劳伦斯有更深的了解，那时就会发现自己一直都搞错了，这个毫不装腔作势的英军上尉推举费萨尔其实有个自私，甚至阴险的动机。如果英军有一个旅在阿拉伯半岛登陆，肯定会建立起一个恰当的军事指挥机构，像劳伦斯上尉这样长期坐办公室、缺乏军事经验的人就没有什么戏可以唱了。如果没有外来干预，侯赛因的儿子们就要执掌大权。像费萨尔这样温软而踌躇不定的人，劳伦斯可以让他屈从于自己的意志，使自己成为阿拉伯半岛幕后拥立君主的人。

216

10 月 22 日，也就是劳伦斯动身前往费萨尔的山间营地的那天，苏格兰北部发生了一件非常奇怪的事情。故事的开端是，斯堪的纳维亚—美国航线的一艘客轮“奥斯卡二世”号停靠在奥克尼群岛柯克沃尔镇的加煤站。

虽然“奥斯卡二世”号是在两个中立国之间航行——从丹麦出发前往纽约，但奥克尼群岛对英国军方来说是个极其敏感的地区，因为他们在战时的主要海军基地就在奥克尼群岛的斯卡帕湾。英国警方始终在高度警惕，提防间谍或破坏分子，于是一队英国警察登上了这艘船籍为瑞典的客轮，进行例行的护照和行李检查。这一天，他们发现了一个特别有意思的人。他是个身材粗壮的 41 岁的奥斯曼公民，前不久从德国进入了中立国丹麦。

在甲板上，警察们当着其他乘客的面将此人扣押，同时对他的舱室进行了彻底的搜查；他们后来当着张口结舌的乘客们的面告诉“奥斯卡二世”号的船长，此人的舱室“装满了德国的东西”[10]。此人被押上一艘警用快艇，当晚被监禁在柯克沃尔一家旅馆，次日被押往苏格兰本土。他后来被解往伦敦，到 10 月 25 日已经在接受巴塞尔·汤普森的讯问。汤普森是苏格兰场刑事调查部的长官，同时负责战时在英国境内对颠覆破坏分子和间谍的追踪。

“奥斯卡二世”号抵达纽约之后，公众才知道亚伦·亚伦森被英国人逮捕了。这很快在某些圈子里掀起了轩然大波，尤其是美国的犹太复国主义团体，以及亚伦森战前在美国长期访问时熟识他的农学家们。这两个群体的人都不肯相信，这位犹太农学家居然是同盟国的间谍，而他在柯克沃尔被捕大约就是因为这样的罪名。但是，令人不安的是，在战争爆发时，很多犹太移民逃往中立国或者英国治下的埃及，而他却选择留在奥斯曼帝国治下的巴勒斯坦。而且他穿越战火纷飞的中欧前往丹麦的旅程也极其可疑。很显然，如果没有土耳其和德国政府高官的批准，他是不可能做这样的旅行的。

“奥斯卡二世”号上至少有一位乘客坚信亚伦森是无辜的。这是一位名叫奥尔加·伯恩哈特的德国犹太社会名流，在从哥本哈根出发的旅途中与这位农学家结为好友。她打算抵达美国后将他的困境公之于众。但她的努力事与愿违。[11]她向《纽约晚报》爆料后，这家报纸却刊登了文章，将亚伦森描绘为危险的土耳其间谍。于是，美国科学界或犹太人团体争取释放亚伦森的努力都泡汤了。

217

但亚伦森要的就是这个效果。那是因为，他在柯克沃尔的被捕是一个复杂的幌子。他的确是个间谍，或者至少他非常想成为一名间谍，不过是效忠英国的间谍。他被从“奥斯卡二世”号上押走的场景颇具戏剧性——在众目睽睽之下将他监禁，几乎是公开宣布在他的行李里查获了什么东西——都是为了迷惑德国和土耳其的反谍报人员，以保护他在巴勒斯坦的间谍网。如果静悄悄地将亚伦森带走，就达不到这样的目的了。他需要让德国人和土耳其人“知道”，他的目的地是美国，而英国人在“奥斯卡二世”号的甲板上抓获这名“危险的土耳其间谍”完全是出于偶然。所以，《纽约晚报》为他描绘的间谍肖像反而给他加了分。当晚在柯克沃尔的旅馆房间内，亚伦森在日记中写道：“游戏开始了。”[12]

这是一场马拉松一般漫长的游戏。亚伦森拿着杰马勒帕夏发放的旅行许可离开巴勒斯坦已经是三个月前的事情了。首先，为了打通关节获得前往维也纳的证件，他在君士坦丁堡耽搁了一个月时间。从奥地利首都到柏林是很容易的事情，但要想办法进入中立国丹麦又花了一个月时间。9 月中旬，农学家终于越境来到丹麦，不料又有更多障碍：首先要与英国反谍报人员取得联系，然后还要让他们相信，自己的不可思议的故事是真的。[13]

在丹麦的英国特工人员或许并不完全相信亚伦森的话，但在犹豫一番后决定，就让苏格兰场来判断真伪好了。10 月中旬，他们安排亚伦森登上了“奥斯卡二世”号，于 19 日从哥本哈根港起程，同时又安排三天后在柯克沃尔将他逮捕。于是，花了一年多时间拼命要和英国人接头的志愿间谍终于称心如愿。

在等待“奥斯卡二世”号起航的时候，亚伦森非常清楚地认识到，他踏上的是一条不能回头的路，无论下面发生什么，之前作为巴勒斯坦普通科学家的生活都一去不复返了。在哥本哈根，他用暗语写了好几封信，希望能通过中间人将这些信送给在阿特利特的同志们。在信中，为了蒙蔽德国和土耳其反谍报人员，他用欢乐的笔触写到即将前往纽约的喜悦心情，同时用一些特别的措辞和短语暗示自己的真正目的地是英国。

218

他还给朱利安·麦克法官（资助阿特利特研究站的美国恩主之一）写了一封长信，吐露了自己踏上这条危险路途的原因。这封信一半是忏悔——后来亚伦森就是这样描述这封信的——一半是宣言，他痛心疾首地叙述了这两年巴勒斯坦发生的事情，这些事情又是如何不可避免地促使他背弃了曾经接纳他的国家。“如果我离开奥斯曼帝国，公开为英国效劳，”他写道，“就已经够糟糕的了。我的品行、我的地位会受到损害。但我做得更糟糕。我站在原先的地方，我组织整个运动，我与情报局（不敢直呼其名的人就是这样称呼它的）发生了联系。我不喜欢矫揉造作的言辞。说得清楚些，我成了间谍。”

亚伦森希望这封信能被拿给赞助研究站的其他美国犹太人恩主看，其中很多人并不认为自己是犹太复国主义者，一定会被信的内容震惊。这或许能够解释，科学家在解释自己和同志们的奋斗目标时为什么摆出了一副演讲的腔调，甚至有些戏剧化：“任何人都不能说，我们这么做是为了肮脏的金钱……我们也不是为了荣誉……不是为了复仇；我们这么做是因为我们希望为犹太人的事业尽绵薄之力……我们认为，各尽其力是我们的义务，我们还很愚蠢，仍然相信公理、正义以及我们为之效力的事业。”[14]

这固然很好，但高尚的言辞无法让巴塞尔·汤普森完全满意。作为苏格兰场刑事调查部的长官，汤普森到1916年底的时候已经讯问了数百名志愿当间谍的人，还审讯了更多后来被证明是德国卧底的人。在10月25日被送进他办公室的这个人的履历和近期旅行经历都很难让人信服。

但亚伦·亚伦森说得越多，汤普森就越相信他是真心要为英国效力——尽管是出于他自己的动机——并且的确有刺探情报的技能和聪明敏锐。亚伦森不仅对土耳其战争机器的细节观察得极其细致入微——这些信息现在可能有些过时了，但亚伦森说他有一个间谍网能够持续地更新情报——而且对该地区的方方面面有着百科全书一般广博的知识。对汤普森警探来说，决定性的时刻是他们说到英军目前缓慢穿越西奈半岛为进攻巴勒斯坦做准备的时候。

219

英军在这片干旱的荒原前进得慢如龟爬，一个主要原因是，他们必须从遥远的埃及运输淡水。这意味着必须铺设水管，而铺设水管就需要建造一条铁路。但根据亚伦森的说法，根本不需要这么麻烦。“沙漠里就有水，”他说，“你们只需要钻井就是了。”

“你是怎么知道的?”汤普森在自己的回忆录中记述了他当时的提问。

亚伦森耸耸肩：“石头就是证据。弗拉维乌斯·约瑟夫斯（1世纪的犹太—罗马历史学家）也说了。他写道，他从恺撒利亚①出

① 地中海东岸的古城，现属以色列，在特拉维夫和海法之间。犹太国的大希律王在位期间，大力建设此城，并改其名为恺撒利亚，意为“罗马皇帝之城”，以向罗马示好。

发南下走了一整天，沿途到处是翠绿的花园……既然有花园，肯定就有水。现在水在哪里呢？”

“你能做些什么？”汤普森问道。

“如果我现在和英军在一起，就可以告诉工兵们在哪里钻井。我可以保证，他们不需要从开罗运送一滴水，就能为全军提供足够的水。”[15]

汤普森对亚伦森有了很好的印象，于是决定送他去英国军队的中枢首脑，即白厅街上的帝国总参谋部。在那里，一名叫作沃尔特·格里本的年轻少校受命对农学家继续询问，这是决定如何处置他的第一步。10 月 28 日，也就是抵达伦敦后的第三天，亚伦森给在纽约的弟弟亚历山大和妹妹莉芙卡写了封信。除了对终于抵达英国表示宽慰——“这几天夜里，我睡得非常安宁，没有受到噩梦搅扰”——之外，他还承认自己心中有一丝遗憾：

> 在这里，我很幸运，人们急切地听我说话，他们的头脑也很开明。我有理由相信，如果我们的英国朋友早一些得知情况，一定会采取相应的措施。如果我早一点抵达，或许可以更好地为我们的事业服务，让我们的国家少受一些苦难，为我们的朋友们也能多尽一分力。[16]

亚伦森在写下这些话的时候，其实对局势一无所知。前一天，在沃尔特·格里本又一次来讯问他的时候，一个和蔼可亲、微胖的三十五六岁的男子走进了办公室，短暂地旁听了一会儿。在格里本讯问的间歇，这个人询问亚伦森对犹太复国主义的看法，以及在为数众多的犹太政治思潮中他究竟支持哪一种。这个人听得非常仔细，临走前给了亚伦森一张名片，请他在三天后的上午 9 点 30 分到名片上的地址去。亚伦森满口答应。名片上的地址是百老汇门 30 号，也就是赫尔中央区议员马克·赛克斯爵士在伦敦的宅邸。 220

1916年11月15日，吉尔伯特·克莱顿准将面临着一个和上下级关系一样历史悠久的难题：如何破坏上级的计划，而不至于暴露自己？在这一天，让克莱顿的难题愈发困难的是，为了设计出一个可行的办法，他必须尽快与自己的一名下属——T. E. 劳伦斯上尉谈谈。但不幸的是，他联系不上劳伦斯，因为他正在喀土穆与开罗之间上千英里的沙漠和尼罗河沿岸城镇中的某个地点。

他的问题是，雷金纳德·温盖特又一次鼓吹在阿拉伯半岛实行大规模军事干预，这一次还说劳伦斯和谢赫费萨尔都支持这么做。在劳伦斯露面之前，克莱顿没有办法知道劳伦斯向温盖特说了什么，因此也没有办法轻松地挫败温盖特的计划。

但不管吉尔伯特·克莱顿选择如何行事，他都有个显著的内在优势。这是因为，在战时的埃及，英国人建立了各部门和机构职责互相重叠的官僚迷宫，所以没人说得清克莱顿的职责范围具体有多大。这种不确定性在过去的许多危机中帮了这个蓄着铅笔般小胡子、毫不招摇的特工头子大忙，这一次又将助他一臂之力。

在战争之初，克莱顿是英国驻开罗的情报主官，因此是劳伦斯和其他于1914年底在萨沃伊饭店设立办公室的“唐突鬼”的总上司。而克莱顿的直接上司是英国在埃及的主要民政长官——高级专员亨利·麦克马洪。简单地说，这些人的最终上级是伦敦的外交部。

但埃及成为英国针对奥斯曼帝国的军事行动（这些行动由陆军部领导）的主要集结地之后，这个一目了然的指挥链条就变得稀里糊涂、充满争议。在常驻埃及的行政当局和外来的埃及远征军的将领们之间不可避免地发生了争夺势力范围的斗争，那些听命于陆军部的军事情报单位——开罗一下子挤满了这种单位——没有理由容忍与他们竞争的、听命于外交部的情报机构。1916年初，克莱顿的“唐突鬼”得到了一个更为清晰的职权范围，并得到体制化，组建了阿拉伯局，这时双方的摩擦更加严重了。在随后的几个月中，埃及远征军总司令阿奇博尔德·默里将军一直在努力从麦克马洪手中争夺克莱顿的阿拉伯局的控制权，但徒劳无功，最后只得满足于一个类似监管的职能。 221

但在开罗争夺主导权的斗争其实有三个玩家，好不热闹！另外一方就是1000英里之外的喀土穆。苏丹总督雷金纳德·温盖特同时还是埃及军的总司令，埃及军和默里的埃及远征军是两码事。我们可以猜到，这三个人——麦克马洪、默里和温盖特互相都看不顺眼，而让他们的阴谋诡计更加错综复杂的是伦敦和英属印度的各种机构的明争暗斗，他们各自在埃及首府有着自己的利益、盟友和敌手。另外还有由当地人组成的正式的埃及政府，虽然它没有任何实权，但许多英国官员还是时常感到有必要假装征询它的意见，以维持“埃及居民的意愿很重要”的假象。

在这乱七八糟的糊涂账里，有一个名字却令人惊异地不断浮现：吉尔伯特·克莱顿。在1916年秋季，这位特工头子同时还担任阿拉伯局的局长（听命于麦克马洪）、“埃及军总司令驻开罗代表”（听命于温盖特）和埃及远征军（默里）与英属埃及的民政当局（麦克马洪）之间的主要联络官。在闲暇时光，他还领导着一个境内的间谍网，对当地异己分子领导人和土著埃及政府代表进行监视，这两群监视对象往往是同一群人，所以任务简化了不少。劳伦斯后来描述道：“要看清他的真正影响力并不容易。他就像是水，或者弥漫的油，悄无声息、坚持不懈地渗透一切。没办法说清楚克莱顿在哪里，或者不在哪里，以及究竟多少东西属于他。”[17]

虽然在这年11月，吉尔伯特·克莱顿在考虑破坏温盖特的计划，但在私人层面上，他和温盖特最亲密，这也是个悖论。温盖特时年五十五六岁，整洁矫健，蓄着修饰优雅的白胡须。他在东非是个传奇，曾经在19世纪90年代末的马赫迪战争中与基钦纳并肩作战，在随后的17年中则统治着英属苏丹。在其中的五年里，克莱顿在喀土穆担任温盖特的私人秘书，对他政治上的精明敏锐印象极深。在1916年夏季，温盖特是该地区最早理解阿拉伯起义重要性的英国领导人之一，并不知疲倦地在伦敦推动这项事业。

222 但反复出现的症结所在是，温盖特关于阿拉伯半岛的信息几乎全部来自他派往那里的两个苏丹通——西里尔·威尔逊和阿尔弗雷德·帕克，以及爱德华·布雷蒙上校。这三人喋喋不休地向温盖特灌输起义军的无能，滔滔不绝地鼓吹大规模出兵的必要性。阿拉伯局几乎所有人都反对这种做法，克莱顿在10月安排T. E. 劳伦斯去汉志实地考察，部分原因就是为了获取一个新视角。正如克莱顿预料的，劳伦斯在考察之后更加坚信增兵只能坏事，所以克莱顿批准劳伦斯绕道去喀土穆，直接向温盖特汇报。

起初，这种策略似乎奏效了。劳伦斯于11月7日抵达喀土穆，也就是温盖特首次要求军事干预的请求被战争委员会否决的几天之后，劳伦斯向温盖特说的话似乎让这位总司令宽慰了不少。劳伦斯对阿拉伯半岛的了如指掌以及对费萨尔部队防御能力的叙述显然给温盖特留下了很深印象，于是他在当天发电报给克莱顿，概括提出了一个规模大大缩减的计划：敦促布雷蒙将他的技术顾问尽快派往汉志（但不派遣数千名英军作为护卫），并给费萨尔的人“精神和物质上的支持（飞机、火炮、机枪），帮助他们继续在山区进行防御作战”。[18]

克莱顿以为事情就这样定了，不料又出了新娄子。次日，即11月8日，法国政府敦促英国战争委员会重新考虑自己的决定，并强调，虽然布雷蒙急于将顾问派到拉比格，“他们无法提供英国步兵能够形成的那种野战力量。让这些法国单位自行前往拉比格意味着在毫无必要的情况下让他们冒牺牲的风险，将原定送给谢里夫的机枪大炮拱手交给土耳其人”。[19]

不久之后，温盖特发来了电报，表示又一次支持布雷蒙/法国政府的观点，尽管他受到了劳伦斯的影响。劳伦斯坚持认为，费萨尔或许有能力独立阻挡住土耳其军队向拉比格的进攻，所以温盖特建议让英军的一个旅随时待命，但只在“最后关头”才登陆。他还表示，唯一一位曾经亲临前线的英国军官——劳伦斯上尉也支持这个决定。[20]

在开罗读到这份电报的克莱顿感到不可思议。劳伦斯从军的时间已经够长，肯定知道随时待命的部队肯定会部署出去，这将会让他曾经警告的情况——阿拉伯起义从内部分崩离析——成为现实。劳伦斯怎么会同意这么做呢？这个问题一时间还得不到回答。劳伦斯于11月11日离开喀土穆，在抵达开罗之前与他无法取得联系。与此同时，战争委员会在法国人的强大压力之下，已经在考虑下一步棋。

223

11月16日，劳伦斯终于在阿拉伯局的办公室坐下的时候，克莱顿对他究竟说了什么，没有任何记录留存至今，两人在各自后来的著作中也不曾详细提及这次会议。根据坊间轶闻，劳伦斯要么坚持说温盖特误解了他的意思，要么承认自己确实同意温盖特的计划，但以为是在回应一种完全是假设的情况。

如果劳伦斯的确对他与温盖特的会面语焉不详，还有一种可能的解释。在11月6日，即他抵达喀土穆的前一天，传来消息称，亨利·麦克马洪将被解除埃及高级专员的职务，由雷金纳德·温盖特接替。这个消息让身处喀土穆的劳伦斯陷入难堪的窘境。与他会谈的人不仅是英国统治集团中地位最高的支持增兵者，而且他还即将成为自己的总上司。所以，劳伦斯很可能是在喀土穆当着温盖特的面同意他的计划，而希望自己回到环境更为友好的开罗之后能够出力破坏这个计划。

他现在就在大力破坏温盖特的计划。11月16日，劳伦斯与克莱顿会谈结束后回到办公室，写了一份新的关于汉志局势的备忘录，措辞非常直率，毫不迂回曲折，绝对不可能被误解。他于次日将这份备忘录交给了吉尔伯特·克莱顿。它虽然只有短短4页，但史上恐怕没有一份对英国在阿拉伯半岛的战争努力影响更为深远的文件。

在这份备忘录中，劳伦斯列举了能够支持往阿拉伯半岛大量增兵的几乎所有论据，然后一一予以驳斥，而且是以子之矛击子之盾。他指出，假如土耳其人突破了费萨尔在山区的防线，阿拉伯人的确守不住拉比格，但温盖特建议的在某处随时待命的协约国部队同样办不到。这是因为，土耳其人杀出山区之后，到拉比格就只有四天路程。在短短四天之内，哪怕是在埃及已经整装待发的部队也不可能及时赶到，并部署完毕。

那么问题就是，是否可以在费萨尔的部队仍然坚守山区的时候就立刻派兵，但关键在于阿拉伯人内心深处对西方的不信任。“如果我们尊重他们的独立，他们就是我们的好朋友，”劳伦斯写道，“他们对我们提供的帮助感激涕零，但是担心我们在事后会向他们提出要求。我们已经将太多的伊斯兰国家占为己有，他们并不相信我们干预阿拉伯事务是出于无私的目的，而且他们非常害怕英国会占领汉志。不管有没有谢里夫的许可，只要有一支足够强大、可以在拉比格建立阵地的英国军队在那里登陆，我坚信，他们一定会说‘英国人背叛了我们！’然后作鸟兽散，各自回到自己的帐篷。”[21]

224

当然，其他反对增兵的人一直都持这种观点，但是劳伦斯对该地区有着第一手的观察，所以能够给这种论据赋予全新的力量。他在前往费萨尔营地的跋涉途中发现，在拉比格以北的山中还有其他此前不为人知的水源。如果协约国大幅增兵，山区的阿拉伯人的抵抗必然土崩瓦解，一旦他们瓦解，土耳其人就可以利用这些水源，完全绕过拉比格，直取麦加，丝毫不受阻拦。在那种情况下，这座港口城镇就彻底丧失了关键的战略地位，变得无关紧要。

但劳伦斯还没说完。他看透了增兵计划的幕后推动者是布雷蒙上校和他的法国上级——不管英国战争委员会在最新一轮争吵中作出何种决定，他们都很可能会继续推动这个计划——于是着手驳斥他们的借口，即需要英军保护他们在拉比格的技术单位。他指出，即便土耳其人真的突破了山区防线，进逼拉比格，协约国还有四天时间。在这种情况下，皇家海军还有足够的时间撤走200名法国军事顾问，但或许没有时间疏散数千名英军及其珍贵的战争物资。值得注意的是，法国人借口的如此之大的漏洞此前竟然没有人发现。

劳伦斯指出，法国人的计划从来就不打算保卫拉比格，而是通过从内部消解阿拉伯起义，来保护他们自己在中东的帝国主义图谋："他们说：'最重要的是，决不能让阿拉伯人占领麦地那。如果有协约国军队在拉比格登陆，就能保证这一点。部落武装会四散回家，我们就成了谢里夫在麦加的唯一倚靠。战争结束后我们把麦地那给他，作为酬劳。'这当然是一条确定的政策，有利于他们的更大计划。"但劳伦斯认为，这样做的结果是，"让英法军队成为拉比格尘土漫天的海滩上无法慰藉的纪念碑"。[22]

这是对英国最亲密盟友的严重指控，令人震惊，尤其是因为它是建立在对布雷蒙上校在吉达告诉劳伦斯的话的推断，而且是高度曲解之上的。但对英国军方领导层（他们越来越怨恨和疑忌法国盟友）而言，这或许并不令人吃惊。在西线，遭受重创、精疲力竭的法军正在努力重组力量，所以主要战斗是由英军承担的，英军的损失也更大。在过去的5个月中，为了给遭受沉重打击的法国凡尔登驻军减轻压力，英国的道格拉斯·黑格将军一而再再而三地指挥他的军队猛攻索姆河沿岸的德军阵地，却徒劳无益；索姆河战役中，英军伤亡40万人，恰好是法军的两倍。在中东战场，法国人多次阻挠亚历山大勒塔计划，而且对英军即将展开的巴勒斯坦攻势一直摇摆不定——这是因为他们害怕英军得胜后会冲进法国人打算在战后占为己有的地区。知晓这些内情的英国指挥官们都愿意接受任何指控法国人背信弃义的说法。当然，劳伦斯的指控也肯定会受到英国政府的帝国主义部分的欢迎，因为他们也急于将法国势力完全赶出中东。

225

劳伦斯的备忘录的效果是把向阿拉伯半岛派兵的问题从军事背景下抽出，放到了政治背景下。也就是说，英国统治集团中支持增兵的人可能是无意间中了法国人的巧妙圈套，这个圈套旨在破坏阿拉伯起义，同时通过把英军分散至阿拉伯半岛，搞垮英军在巴勒斯坦的攻势。到1916年秋季，最能损害一位英国军官名誉的指控就是愚蠢地被法国人玩弄和利用，劳伦斯对雷金纳德·温盖特的指控不管如何拐弯抹角，实质就是这样的。

但如何处置这样一份爆炸性的文件？这就是吉尔伯特·克莱顿在11月17日面对的新难题。劳伦斯是阿拉伯局的工作人员，克莱顿的标准操作程序是将文件发送给阿拉伯局的上级亨利·麦克马洪。但这是多此一举，因为麦克马洪即将卸去高级专员的职务，他拿到文件后能做的任何事情都不会有什么效果。克莱顿的另外一个选择是将文件送给雷金纳德·温盖特，希望总司令能最终认识到自己增兵计划的谬误，改变主意。但是劳伦斯对温盖特让部队随时待命的计划冷嘲热讽，肯定会让温盖特火冒三丈。

但在政治斗争中，有时死敌能够被转变为暂时的盟友。阿奇博尔德·默里将军自抵达开罗以来，一直尽其所能地控制吉尔伯特·克莱顿和他的阿拉伯局，或者阉割其权力。默里曾想把阿拉伯局纳入自己麾下，失败之后火冒三丈，甚至命令自己的情报单位不与克莱顿的单位合作。[23]但在11月17日，克莱顿最感兴趣的是，默里坚定不移地反对向阿拉伯半岛派兵。9月份，在一次跨部门的会议上，默里已经明确表达了自己对这个问题的意见。

226

“你说，你只是想要这个或者那个，是没有用的。”他向温盖特的副手西里尔·威尔逊咆哮道，“从战争的经验，以及最近几场战役的经验来看，事情一旦开始，一定会发展扩大。你开始只要一个旅，然后这个旅又需要火炮，然后又要飞机和骆驼。然后又说部队必须转移到10英里之外的什么地方，因为这个地方必须守住。于是战役就越搞越大。”[24]

克莱顿想到了这事，突然感到，阿奇博尔德·默里或许知道如何处理劳伦斯的备忘录。

对埃及远征军总司令来说，这四页备忘录一定是有如神赐。它不仅简明扼要地驳斥了军事干预派的所有论点，而且还阴险地暗示，这一切都是法国人的阴谋。他命令立即把备忘录的作者带来见他。

众所周知，阿奇博尔德·默里是个容易紧张的人。在战争初期的一个关键时刻，他由于压力过大而晕倒，这件事情在英军高层引发了惊愕的窃窃私语，或许还导致他于1915年被从陆军总参谋长——英国军事等级结构中的第二把交椅——的位置上贬黜下来。他被调到埃及后，紧张的毛病似乎并无好转。劳伦斯应默里的传唤前去他的司令部时，被默里的副手林登·贝尔将军拦住了。劳伦斯记述道："我走进去的时候，贝尔跳了起来，向前一纵身，抓住我的肩膀，小声说：'你不要吓到他，别忘了我说的话！'这让我大吃一惊。"贝尔指示说，劳伦斯的任务是给默里"吃一颗定心丸，但不能让他过于乐观，因为往哪个方向偏差太多都不好"。[25]

劳伦斯最终在默里面前坐下时，似乎已经掌握了这个微妙的把握。虽然传闻说默里非常神经质，但很显然，在官僚斗争上，他非常稳健老辣。劳伦斯离开他的办公室不久，他就给温盖特发了一份电报："我刚见了劳伦斯，他是拜访费萨尔之后回来的。他强烈反对向阿拉伯半岛派遣白人军队。据我所知，你和费萨尔都同意他的看法。所以我冒昧地提个建议，供你斟酌：立即知会帝国总参谋长（威廉·罗伯逊）。"[26]

227

这种请求温盖特"斟酌"的说法或许只是修辞上的礼貌，因为默里在15分钟前就把劳伦斯的备忘录发给了罗伯逊。至于温盖特同意劳伦斯观点的说法，温盖特是无法评判的，因为默里根本就没有把备忘录副本发给他。

在伦敦，劳伦斯的报告产生了极大影响，很快就在外交部和陆军部的高层传播开来。正如此类情况下经常发生的那样，同意这份报告的人对其作者的身份做了一番夸饰美化，以提高他的观点的权威性。11 月 19 日，本来就不同意出兵干预阿拉伯半岛的罗伯逊将军将这份备忘录发给内阁，并称其作者“对土耳其人和阿拉伯人的知识极其渊博”[27]。

对不熟悉阿拉伯政策的复杂和微妙之处的内阁成员来说，这份备忘录最有说服力的地方就是它的反法态度。有趣的是，马克·赛克斯极力抵制这种效果。他向外交部抱怨道：“劳伦斯上尉关于法国人对阿拉伯人态度的声明，以及他对法国更大政策计划的说法，一定是由于劳伦斯上尉对法国人的误解，或者法国军官对其政府意图的误解，因为它与巴黎方面的所思所言南辕北辙。”[28]

但他的声音非常孤独，完全抵挡不住反对增兵、敌视法国的那一派，后者现在把劳伦斯当作自己的一线专家，大加夸耀。亨利·麦克马洪也贡献了自己的一分力量，向外交部常务次官查尔斯·哈丁发了一份电报。麦克马洪指出，他一直担心协约国在阿拉伯半岛的干预会影响阿拉伯人的士气，而劳伦斯，“我知道他是个目光如炬的观察者，也证实了我在这个问题上的观点。他还告诉我——你无疑已经从总司令（温盖特）那里知道了，法国人也持同样观点，正因为此，他们才极力夸大目前局势的危险性，并鼓吹在拉比格采取行动。布雷蒙上校甚至向劳伦斯吐露心迹，称法国人的目标是借此破坏阿拉伯人的努力……在我们对谢里夫提供援助的问题上，如果法国人现在或者将来提出什么建议，我们一定要记住布雷蒙的话”。[29]

在风起云涌之中，甚至开罗的那些素来瞧不起劳伦斯和阿拉伯人的常规参谋军官们也对他肃然起敬。“他们开始对我彬彬有礼，”他写道，“说我富有洞察力，文风辛辣有力，个性鲜明。”[30]

面对如此凶残的攻击，战争委员会悄无声息地再次将增兵拉比格的计划束之高阁，但在此之前还发生了一件相当搞笑的事情。直到11月21日，也就是劳伦斯的备忘录抵达伦敦4天之后，雷金纳德·温盖特才终于看到大家都说他完全同意的这份分析材料。他发出一份怒火冲天的电报，质问为什么把他蒙在鼓里，战争委员会温和地批评了一下默里没有首先征询温盖特的意见，并说“此事显然协调沟通不力”[31]。 228

默里不肯低头。“我向来特别注意将自己的一切行动都汇报给总司令（温盖特），”他向伦敦回复道，“据我所知，我和他在工作时联系特别紧密。这个问题上诸位可以信赖我。至于劳伦斯的报告。劳伦斯是在总司令那里待了几天之后才到我这里来的，所以我自然认为，总司令已经完全知晓劳伦斯带来的消息。劳伦斯就是这么告诉我的。”[32]

亚伦·亚伦森有个癖好：不断记录自己在一天内的运动量——骑自行车多长时间，步行多少英里——并在日记中付诸笔端。这或许是源自他那虽然漫长但只是间歇取得一些成功的减肥努力，但他在伦敦期间漫长的步行却有另外一个目的：转移注意力，暂时忘却英国政府那令人抓狂的惰性。1916年11月11日，他步行了大约12英里。他在日记中写道：“如果我持续地考虑局势，真会发疯。决策是多么迟缓！我离开柏林很快就要满两个月了，还没有做出任何重要举措，去寻找阿特利特的人们。”[33]

这位科学家已经尽其所能。在伦敦居留的近3周内，他已经为东道主撰写了两份长篇报告，一份记述叙利亚境内亚美尼亚人的惨状，另一份讲的是巴勒斯坦境内局势。第二份报告长达46页，或许是自开战以来英国对奥斯曼帝国任一角落的最全面了解。除了概述该地区的政治和经济局势，亚伦森还详细介绍了它面临的卫生和医疗危机、公路和铁路的条件，并细致入微地列举了防守叙利亚海岸的每一支土耳其驻军的位置和规模。他甚至还写到了目前在贝鲁特有多少宪兵执行警戒，以及他们携带何种武器。

但亚伦森仍然被从一个办公室送到另一个，从一个衙门推到另一个，不断地被要求将自己的故事从头开始，再讲一遍。但是没有任何方面在努力送他回战区，更不必说努力与他在巴勒斯坦的间谍网取得联系了。

229 这种现象的部分原因固然是官僚机构的愚笨无能，但另一方面，英国官员们都不相信天上居然会掉这么大的馅饼。那时和当今一样，情报人员惯于从五花八门的各种来源那里获取许多信息碎片，然后努力将这些碎片拼凑成完整的图景；一下子就拿到全部信息是非常不寻常，甚至可疑的。另外，当时的英国政府和欧洲的大多数政府一样，反犹主义倾向非常强烈，认为在一个犹太人证明自己有价值之前，他是不值得信任的。这种思维在情报工作中制造了一个很难逃脱的悖论。战争贸易情报部门的一名情报军官对亚伦森关于巴勒斯坦的报告写了一份11页的分析，承认在所有可以查证的地方，亚伦森提供的信息都“非常正确”，但同时又指出，提供情报的人是个犹太复国主义者和“罗马尼亚犹太人”。这种描述显然支持了这位特工的结论：“我们当然不知道，他来我国目的何在，但他在英国或许像在土耳其一样注意观察，回到土耳其之后会向他们提供关于英国的情报。”[34]

当然，亚伦森是不可能知道这些情况的。随着在伦敦的耽搁一天天延续下去，这位科学家越来越感到不安：问题或许出在他于10月30日在百老汇门30号的谈话上。

亚伦森应马克·赛克斯之邀，于这天上午9点半准时来到他在伦敦城的宅邸。两人来到装潢雅致的书房，很快又来了第三个人。他是杰拉尔德·费茨莫里斯，英国驻君士坦丁堡的前任译员，现在是赛克斯在英国统治集团中最重要的盟友之一。三人谈了90分钟，亚伦森对这次会议记述得非常粗略——“我们谈到了犹太复国主义，”他在日记中写道——但他起初以为这次谈得很好。几周后，他在伦敦的居留已经将近一个月大关，于是他又猜测起来。“我对他们或许太推心置腹了，”他在11月24日写道，“他们认为我是在下圈套。或者他们的注意力被转移开了，或者充耳不闻。或者，他们认为我太幼稚了。”[35]

事实上，亚伦森的担忧与事实相差甚远。马克·赛克斯尽管言行谨慎，没有公开发表意见，但他是一批人数虽少但影响力很大的已经开始考虑在巴勒斯坦建立一个犹太人飞地的英国政治家之一。他还相信，亚伦·亚伦森或许能够在实现这个理念的过程中起到关键作用。

230

赛克斯的部分动机是宗教。作为虔诚的天主教徒，他相信帮助古老的以色列民族重返圣地是弥补近两千年来他们所受的冤屈的一种方式。亚美尼亚人遭屠杀后，他的这种观点更加坚定和强烈。在赛克斯看来，持续不断的暴行已经证明，绝不能信任奥斯曼帝国会保护其宗教少数派。他主张在战后从奥斯曼帝国手中夺走基督教和犹太教的巴勒斯坦圣地，弥补十字军东征的失败。

但也不仅仅是宗教的问题。赛克斯在这个问题上还看到了潜在的巨大政治利益。犹太人在整个西方世界是一支虽然影响力强大但是派系众多的力量，目前为止大部分人要么保持中立，要么支持同盟国。主要原因是，协约国包含了臭名昭著的反犹势力——沙皇俄国；甚至很多英国犹太人也不愿意支持包括令人鄙视的彼得格勒政权在内的协约国。赛克斯相信，如果协约国大力支持在巴勒斯坦建立犹太人家园，就可以把国际犹太人拉到它的阵营里来。进而，如果得到了虽然人数少但势力极其强大的美国犹太人的支持，或许能最终把美国拉入战争。

早已有一位比马克·赛克斯位高权重得多的英国政治家在推动这种想法。1915年3月，内政大臣赫伯特·塞缪尔向内阁建议，在战后将巴勒斯坦变为英国的保护国，并积极鼓励犹太人向巴勒斯坦移民，最终建立一个犹太人占多数的飞地。[36]内阁迅速而静悄悄地驳回了这个建议，因为这种行动影响过于深远，潜在的后果难以预料，但这种想法仍然维持了下来。马克·赛克斯受命与乔治—皮科敲定战后中东格局的框架时，又把这个想法提上了日程。

他很快就遇到了一个潜在障碍。亨利·麦克马洪在和埃米尔侯赛因通信的时候特别地列举了所有不会纳入阿拉伯主权范围或者留待以后再议的地区，其中没有提及巴勒斯坦，更不要说对其提出权利主张了。因此，如果对这些通信作严格解读，得出的结论只能是，巴勒斯坦将是独立的阿拉伯国家的一部分。这对马克·赛克斯来说并不是个大问题，因为他和乔治—皮科在瓜分中东的时候，早已无视了向侯赛因许下的大部分其他诺言。再加上巴勒斯坦又有什么要紧？《赛克斯—皮科协定》草案规定，巴勒斯坦将是英法俄共管的“国际行政区”。

231 但即便是这种安排，也不可能创建出赛克斯设想的英国保护下的犹太国家，也不可能形成一个和谐的局面。1916 年 3 月，他在给英国驻俄国大使乔治·布坎南的电报中说：“阿拉伯人，无论是基督徒还是穆斯林，为了反对犹太人在巴勒斯坦取得主导权，一定会联手血战到底。”[37]同时，犹太人强烈反对在巴勒斯坦实施国际共管，而法国和俄国一定不会同意让英国独吞巴勒斯坦。赛克斯告诉布坎南，为了打破这个僵局，他和乔治—皮科交换了一个新主意。

赛克斯的“解决方案”的一个特点是，他有种伪科学的观念，认为极其复杂的事物或许能导向极其简单的事物，似乎世界是一台机器，只要各个组成部件都调试妥当，就能稳稳当当地永远运转下去。他对巴勒斯坦的新主意也是这样的。援引赫伯特·塞缪尔一年前向内阁提出的建议案，他提议让巴勒斯坦成为英国治理下的保护国；让埃米尔侯赛因指定他的一个儿子担任独立的巴勒斯坦的苏丹；英法两国联合担任这个苏丹国的担保人；同时建立一个“享有特权的特许公司”买下巴勒斯坦的土地，以安置犹太移民。“复杂的问题需要复杂的解决方法，这让我深感遗憾，”赛克斯向布坎南给出了这样的结论，“但按照我的设想，法国人能够在巴勒斯坦拥有一个地位，俄国的意愿得到了满足，阿拉伯人有了一位君主，犹太复国主义者有了宪法地位和英国的保护，据我所知，他们要的就是这些。”[38]

但赛克斯不能高兴太早，因为他的简明清爽的方案忽略了一些尴尬的现实。首先，塞缪尔在前一年的建议当即就被内阁驳回了。其次，赛克斯没有向任何一位上级征询意见，就把这个计划宣示出来，而且是讲给了决定中东未来版图的法国主要谈判人。赛克斯的电报被送到布坎南桌上的第二天，外交大臣爱德华·格雷就得知了此事，写了一份极其严厉的驳斥文件，命令赛克斯“忘记塞缪尔的内阁备忘录曾经提及英国保护国的事情……我当时就告诉塞缪尔先生，建立英国保护国是绝对不可能的，M. 赛克斯爵士在没搞清楚这一点之前绝不应当提到这个话题”[39]。

这盆冷水或许让赛克斯谨言慎行了不少，但在巴勒斯坦问题上，他仍然热情高涨，新颖想法层出不穷。在1916年春夏，他与英国犹太复国主义运动的一位领导人摩西·加斯特进行了一系列秘密会谈，让这个话题始终保持活跃。但遇到亚伦·亚伦森之后，他的激情才再次完全振奋起来。赛克斯的传记作者罗杰·阿德尔森说：“如果说加斯特拉比在几个月前为赛克斯提供了欧洲犹太复国主义的装饰音，那么亚伦森就是真正在巴勒斯坦吹奏小号。赛克斯很喜欢这声音。”[40]

232

犹太复国主义历史学家以赛亚·弗里德曼说得更具体：“从马克·赛克斯爵士与亚伦森后来的高度互信的亲密关系来看，赛克斯对亚伦森的印象极深。”弗里德曼引用了其他后来深受亚伦森观点影响的英国战时官员的言论，称“我们有理由相信，是亚伦森对赛克斯信仰犹太复国主义施加了决定性的影响”。[41]

随着在伦敦停留时间越来越久，亚伦森虽然产生了一些疑虑，但他的日记中写到在百老汇门的会晤的部分还是暗示，两人的联盟已经开始成形。“费茨莫里斯主张保持巴勒斯坦的‘既成事实’，”他这样写道，指的是犹太人家园，“但协约国还没有达成共识……赛克斯希望我们能成功地改变英国的观点，‘但仍需努力’。”[42]

亚伦森要在开罗为这项努力做贡献。11 月 24 日，也就是他在日记中担心自己给赛克斯留下了坏印象的那一天，他开始收拾行装，准备乘船返回埃及。在那里，他将和英国军事情报部门联手，努力让沉睡已久的间谍网重新活跃起来。亚伦森还将在埃及与马克·赛克斯再度相逢。他们将携手设计出一个计划，让英国政府关于在巴勒斯坦建立一个英国保护下的犹太人家园的政策发生了戏剧性变化。

劳伦斯在 11 月 17 日的备忘录虽然引发了一场风暴，但他在汉志的短暂停留结束后，军方还没有派他回去的计划。恰恰相反，吉尔伯特·克莱顿打算利用他的优秀文笔和娴熟的阿拉伯语，让他在开罗从事一个新的办公室工作——领导阿拉伯局羽翼初生的宣传部。劳伦斯得以逃脱这平庸无聊的命运，是由于他出人意料地得到了一位恩公的帮助：雷金纳德·温盖特。

温盖特得知自己将接替麦克马洪在开罗的工作（也就是直接负责汉志的行动）不久之后，就请求扩充在阿拉伯半岛服务的顾问和情报军官；最要紧的是派遣一位联络军官到拉比格以北山区与费萨尔保持联系。大家都同意，领导这个英国军事代表团的首要人选就是劳伦斯在阿拉伯局名义上的上级斯图尔特·纽科姆。但纽科姆目前在欧洲执行任务，要到 12 月才能回来，于是温盖特要求另择人选，他很自然地想到了刚刚在喀土穆拜访他的那个令人印象深刻的年轻上尉。11 月 12 日，劳伦斯离开苏丹首都的第二天，温盖特就给在开罗的克莱顿发电报，建议让劳伦斯返回延布，在纽科姆回来之前代他主持工作。克莱顿已经打算让劳伦斯领导宣传部，极力反对，但是温盖特主意已定。

233

“在纽科姆返回之前，”他在11月14日重申，“我希望劳伦斯尽早前往延布。在这样的关键时刻，绝对需要像他这样对阿拉伯人了如指掌的军官在费萨尔身边。”[43]然后他向克莱顿保证，这只是临时措施，等纽科姆回来之后，就让劳伦斯返回开罗。面对如此大的压力，克莱顿只得让步。

当然，这都是劳伦斯写下那份煽动性备忘录、直接攻击温盖特对阿拉伯半岛的计划之前的事情。温盖特读到那份备忘录的时候，他对劳伦斯的慷慨赞誉，以及他坚持要让劳伦斯返回延布的说法，已经成了被记录在案的事实。即便温盖特想惩罚这个年轻上尉的鲁莽，现在也没有体面的手段了。

但在官僚内斗中取胜并不意味着一定要压倒别人。真正的本事是能够遮掩自己的行迹，装出一副清白无辜、人畜无害的模样。克莱顿和劳伦斯在这方面本领高强。11月还没结束，布雷蒙上校就将收到法国陆军总司令约瑟夫·霞飞元帅的一份措辞严厉的电报。霞飞转弯抹角地提到了法英两国的某个“协议”——《赛克斯—皮科协定》——然后训斥布雷蒙胆敢说法国希望阻止阿拉伯人占领麦地那。“英国人和谢里夫已知的心态可能导致他们相信我们要背信食言，这对我们在黎凡特计划的发展可能带来严重后果。因此你要克制好自己的态度，不要让他们有这样的理解。”[44]

但克莱顿给雷金纳德·温盖特下的圈套更是厉害。11月23日，劳伦斯备忘录引发的风暴还在肆虐，克莱顿向喀土穆的温盖特发了一份“私人”电报，建议把这个争议的责任全都推到默里身上。克莱顿或许是作了一番算计，认为总司令和埃及远征军指挥官之间的仇隙意味着具体细节永远不会被搞清楚，于是走的更远，甚至暗示是默里强迫劳伦斯写下了那份冒犯温盖特的报告。[45]

温盖特显然是有些天真。“我毫不怀疑，劳伦斯做了这一切，完全是出于诚恳的善意，”他在收到克莱顿电报的当天在给西里尔·威尔逊的信中写道，“但在我看来，他是个幻想家和门外汉的 234

军人，却自视过高，对纯粹的军事问题把握不准，还自以为很精当。”他下面的话明显是暗指默里：“在整个事情当中，我最烦恼的倒不是某些人缺乏坦诚直率的精神——这些人应当不会做出这种事情才对，而是在我承受巨大压力工作时，此事浪费了我不少宝贵时间。”[46]

要么是温盖特始终没发觉，自己被克莱顿和劳伦斯耍了，要么他是个极其宽宏大量的人。八个月之后，他极力主张授予劳伦斯维多利亚十字勋章——英国最高等级的军事勋章，以嘉奖他在战场上的英勇无畏。

对这位后来居上的陆军上尉，并非所有人都像温盖特那样宽宏大量。西里尔·威尔逊就对他有着很深的敌意。在劳伦斯停留阿拉伯半岛期间，威尔逊对他观察最密切；在劳伦斯返回阿拉伯半岛后，威尔逊又担任他的直接上司。威尔逊极力反对让劳伦斯返回阿拉伯半岛，哪怕只是临时性的。在这已经成了既成事实之后，威尔逊把自己的想法告诉了吉尔伯特·克莱顿。“劳伦斯需要教训一顿，”他对阿拉伯局的主管说道，“而且是狠狠教训一顿。那样他才能进步。目前，在我看来，他不过是个狂妄自大、乳臭未干的兔崽子，虽然对叙利亚阿拉伯地区的知识确实丰富，但却把自己打扮成一切问题上的唯一权威，就好像在工程、驾驶国王陛下的舰船和其他方面他全都是专家。他把我遇见的所有人，从海军将领到红海上级别最低的军人，全都惹毛了。”[47]

关于这年11月事件所有被付诸笔端的谎言中，最厚颜无耻的要算劳伦斯对自己的描述了。那是在11月底的一天，他被传唤到克莱顿的办公室，得知自己被派回阿拉伯半岛，到费萨尔·伊本·侯赛因身边担任临时联络官。劳伦斯在《智慧的七柱》中写道：“我极力推辞，说自己不适合这个职位。”[48]

第10章
进军沃季赫

这里的情况非常有趣，我想我可能不会回去了。

——1916年12月27日，T. E. 劳伦斯在阿拉伯半岛写给开罗总部的信[1]

235

从山顶俯瞰，夜幕笼罩下的奈赫勒穆巴拉克山谷呈现出一幅惊人的景象。劳伦斯后来记述称，从枣椰树庄园的枝叶缝隙中可以瞥见“熊熊大火，滚滚浓烟”，[2]而山谷中回响着数千匹受惊的骆驼的哀鸣、枪声，以及在黑暗中迷失方向的人的呼喊声。

这一天，也就是1916年12月2日的晚上早些时候，劳伦斯在四名部落护卫的陪伴下从延布港出发了。他们的目的地是费萨尔的营地，位于内陆约45英里处的海伊夫侯赛因山区飞地。他们骑着强健的骆驼，稳步前进，预计天亮时就能抵达。但是，他们走了仅仅五个小时，离海岸的路程只有25英里，就在奈赫勒穆巴拉克看到了这令人疑惑的景象。劳伦斯的护卫中没人知道，下方山谷内这么一大群武装人员是何许人也。

一行人下了骆驼，从山脊静悄悄地向下走，一直来到山谷边缘的一座被遗弃的房屋处。领头的护卫将他们的骆驼关进畜栏，将他们护送的英国客人藏在房屋内，然后往自己的卡宾枪里装填了弹夹，独自徒步前去查看究竟。他很快带回了令人震惊的消息：这些人就是费萨尔的部队。一行人重新上了骆驼，向山谷中央走去，眼

236 前看到的景象让劳伦斯越来越大惑不解。“地上点起了数百堆荆棘木的篝火，许多阿拉伯人围坐在火边煮咖啡或者吃饭，或者裹着斗篷像死人一样熟睡，在混乱的骆驼群中显得非常拥挤。”[3]

他们在营地中央找到了费萨尔，他坐在自己的帐篷前，身边有几名助手和一名文书。在几名奴隶手持的灯笼照亮下，他时而口述命令，时而聆听别人朗读的战场报告，显得沉着冷静。过了一会儿，他才命令部下退去，向英国客人解释局势。局势不妙，其实已经濒临灾难。

劳伦斯在10月首次到访期间，费萨尔向他概述了一个北上作战的复杂计划，旨在给敌人制造新麻烦，消除土耳其军队对拉比格和麦加的威胁。这个计划需要费萨尔与他的三个兄弟的部队紧密配合。在阿卜杜拉骚扰麦地那周边的土耳其军队的同时，费萨尔将率其部队主力向西北前进，通过山区前往海伊夫侯赛因，最后进攻土耳其军队控制下的沃季赫港（延布以北约200英里处）。与此同时，扎伊德将负责保护通往延布的道路，而阿里会将他的部队从拉比格带出，守卫通往麦加的朝觐之路上的一个关键路口。

劳伦斯认为这个计划过于复杂，因为它需要四个兄弟高度协调，而这在阿拉伯半岛西部的广袤土地上是几乎不可能的。他在当时给吉尔伯特·克莱顿的报告中表达了自己的疑虑，但并没有说服费萨尔；11月中旬，费萨尔实施了这个计划。[4]

短期之内，计划进展还不错，费萨尔把自己的主力部队带到了北方的海伊夫侯赛因。但在他的背后，20岁的扎伊德不可思议地忽视了一条通往延布的山区通道，完全没有把守。土耳其的一支骑兵巡逻队发现了这条通道。扎伊德的部队突然发现土耳其人堵在了自己逃往海岸的道路上，当即溃不成军、作鸟兽散。但这还只是惨败的开端。费萨尔的部队得知扎伊德的溃败之后，害怕自己很快也会被困在山区，于是也惊慌失措，从海伊夫侯赛因混乱地败退下来。费萨尔和他的副手们最终在奈赫勒穆巴拉克遏制住了这场逃窜，但他当晚向劳伦斯透露，就是这样恐怕也支撑不下去；土耳其人此刻已经在东面和南面步步紧逼，他的全军——或者说全军的残部——一直败退到延布港似乎已经只是时间问题。

237 劳伦斯在随后的48小时内几乎一点也没睡，不断与费萨尔会商，或者在奈赫勒穆巴拉克的战士们中间来回奔走，努力更好地判断危机的严重程度。然后，他狂奔回延布，发布警报。12月5日早上，他终于坐下来向克莱顿发送紧急信息时，已经精疲力竭、灰心丧气。“整个周六夜间我都在赶路，整个周日夜间警报大作、四处奔波，然后昨夜又赶了一夜的路，所以我在这三天夜间的睡眠时间一共只有三个小时，而且我非常悲观绝望。不管怎么说，情况很糟糕。”[5]

劳伦斯深知，阿拉伯人在山区的溃败远远不止是个军事上的挫折。费萨尔花了几个月时间，费了大量心血才将北部诸部落争取到自己麾下，现在这努力都很快付诸东流了。劳伦斯在给克莱顿的报告中列举了那些已经抛弃费萨尔或者随时准备逃走的部落，并发出警告，这些部落的变节不仅将使得土耳其军队攻打麦加的道路洞开，还将导致阿拉伯起义本身的崩溃。劳伦斯写道，当下的关键问题是，费萨尔是“一个部落领袖，而不是多个部落的领袖”，已经造成的损害要花很长时间才能修复。这个情况和劳伦斯研究过的中世纪十字军也很相似；由许多各不相同、大体上自行其是的群体组成的联盟是极端脆弱的，哪怕是小小的挫折也会导致整个联盟的分崩离析。

而且这对劳伦斯个人来说也是个惨败。在10月的报告中，他坦然承认，很难把阿拉伯战士组织成一支传统的作战部队——他估计只要一个连的土耳其士兵，在开阔地上掘壕据守就能打败所有起义军——但非常雄辩和极富说服力地强调了阿拉伯起义军作为防御性力量的厉害之处。[6]“他们的真正领域是游击战……他们积极主动，对地理环境了如指掌，而且机动性很强，所以在山地的战斗力不俗。”[7]不仅仅是战斗力强；劳伦斯估计，起义军在山地开展防御战应当是固若金汤。“根据我对比尔阿巴斯和比尔伊本哈撒尼之间山地的观察，”他写道，“除非山区部落背信弃义，土耳其人绝不可能冒险强行通过。”山区是“狙击手的天堂，”他坚信，只需要一两百人就能守住土耳其军队朝向海岸前进的任何通道。

这种信念是劳伦斯坚决反对向阿拉伯半岛派遣协约国军队的主要理由之一，甚至在出现不利于他的证据之后，他仍然坚持这种观点。11 月初，有谣言称土耳其军队大举进攻，阿里的部队仓皇逃离了拉比格以北山地，劳伦斯向爱德华·布雷蒙坚持说，如果是费萨尔指挥的话，就不会发生这种事情。但现在的事实证明，他完全错了。

238

或许是由于自己误判形势而感到尴尬，或许是即便精疲力竭依然保持着官场斗争的警惕性，劳伦斯在向克莱顿发送悲观的电报之前，又补充了一段。他的电报如果被刊登在《阿拉伯公报》上，所有那些支持他的反增兵观点的英国领导人都会读到，所以他匆匆写道：“不要将上述任何情况刊登在《阿拉伯公报》或其他地方；这样不公平，因为我非常疲惫。”[8]

作为对越来越严重的危机的回应，英国海军舰船开始在延布外海大量集结；如果局势真的到了最糟糕的那一步——费萨尔的人马被围困在这座城镇，这些舰船至少可以对周边的开阔平原进行炮击，阻滞土耳其军队的前进。费萨尔猜得没错，在 12 月 9 日上午，他的残缺不全的部队的前锋开始败退到延布，带来了他们又一次被土耳其军队打败、从奈赫勒穆巴拉克溃散的消息。最后一批掉队士兵抵达后，劳伦斯在仅仅两个月前看到的费萨尔麾下的约 5000 名战士就只剩下了不到 2000 人。踪迹全无的 3000 人中有少数阵亡，绝大多数人逃之夭夭，各自回家。

气氛非常沮丧，甚至劳伦斯也开始怀疑，自己的坚定信念是不是错了。他在 12 月 11 日又写信给克莱顿，声称“费萨尔现在改了主意，希望英军在拉比格部署兵力。我已经将这个情报发电报给你，我现在也看到他的论点很有力。如果扎伊德不是那么马虎，就绝不会落到今天这一步”。他愤愤地补充了一句：“阿拉伯人离开了他们的山地之后就一无是处。”[9]

当天，劳伦斯向西里尔·威尔逊描绘的情况更加惨淡。他写道，费萨尔现在认为，如果英军不向拉比格派兵，整个起义就将在三周内瓦解。[10]

1916年5月31日早上，令耶路撒冷的许多居民困惑不解的是，一架德国飞机出现在耶路撒冷上空，在有城墙环绕的老城区以西不远处作了一系列半径很小的绕圈动作。最后，一个小小的重物被空投下来，落在法斯特酒店（德国军官们最喜欢的酒店）门前的街道上。仔细一看，这个包裹里有打包起来的德国国旗，还附有库尔特·普吕弗写的信。他在信中说，他将在当晚回到城里，让他的厨师为他准备“一顿美餐”[11]。普吕弗在当间谍头子的时候恐怕绝不会做出这种耀武扬威的夸张行为，但是这种举动与他的新战友——德国航空军团的观察员、机枪手和王牌飞行员们的五彩缤纷的行为举止颇为契合。

239

1916年初春，土耳其和德国为了准备联合向苏伊士运河发动新的攻势，调来了一个新的德国飞行中队，驻扎在西奈半岛东端的贝尔谢巴。普吕弗厌倦了在叙利亚的宣传和监视工作，殷切希望在即将展开的攻势中大显身手，于是请求调往第300野战航空中队担任航空观察员。[12]

这个请求颇有些令人费解，因为普吕弗在参加了第一次苏伊士运河攻势之后就一直对再试一次的意义表示怀疑。早在1915年8月，在给德国驻君士坦丁堡大使的详细报告中，他就指出，杰马勒在2月份的凌乱攻势几乎就是一次“武装侦察”，如果攻势要有哪怕是一星半点的成功机会，绝不能学杰马勒的样，而是要投入大量人力和资源：修建公路和铁路的人员、精锐的土耳其军队，加上德国的飞机、军官和大炮。他也指出，如此大规模的投入当然意味着，要维持一支大军在穿越西奈半岛沙漠时的给养、粮草和饮水的后勤困难将大幅增加。同时，大规模的行动也无法取得出其不意的突袭效果。“英国人的战争机器十分强大，”他写道，“必须开展一场大围攻，用大炮轰破他们的防御，才能进入埃及，然后还得建立一条从巴勒斯坦和叙利亚通往埃及的补给线。”[13]

普吕弗还指出，就算这一切工作都大功告成了，占领苏伊士运河可能最终也没有多大意义。毕竟英国海军控制着海洋，所以德国人和土耳其人就是有了运河，一时半会儿也派不上用场。虽然切断这条航海捷径能够迫使前往欧洲参战的英国海外军队走绕过非洲好望角的远路，借此打乱其兵力补充，但两三周的延误也不会造成多大麻烦。在这位德国特工看来，第二次进攻苏伊士运河的计划似乎突出地证明了一句老话：战争能消灭一切，唯独不能消灭馊主意。

240

但是有一个因素对他个人产生了极大的吸引力：第 300 战斗机中队，空战的“大明星”。与堑壕战的血肉横飞的丑恶现实形成鲜明对照的是，空战这种最新的战争形式自诞生伊始就笼罩在浪漫主义的光环下，各国的王牌飞行员们被追捧为新闻片上的英雄和日场电影中的偶像。普吕弗向来不是个豪气冲天的硬汉，显然非常喜欢和贝尔谢巴的这些“超人”待在一起。他在第 300 战斗机中队度过的几个月无疑是他一生中最幸福的时光，可以无忧无虑地纵情狂饮到深夜，或者得到通知后立刻飞往耶路撒冷或雅法参加外交招待会或者社交舞会。他几乎是个追星族[14]；普吕弗在战时的日记写得不多，而且通常很粗略，但非常详细地记下了第 300 战斗机中队几乎每一位飞行员的名字，以留存后世。这个轻声细气的前学者在法斯特酒店门前空投短信传膳，显然是在模仿他那些光彩夺目的新战友们的恶作剧，并且无疑对自己空投的精度非常自豪。

但在这番嬉闹过后没多久，就传来了汉志爆发阿拉伯起义的消息。普吕弗显然是忘记了自己经常挂在嘴边的话——阿拉伯人都是些胆小怕事的懦夫，永远没有造反的胆量——而是自鸣得意地在日记中写道："我早就向他们警告过，要注意谢里夫（即侯赛因）。"[15]但随着起义的扩大，阿拉伯半岛的土耳其驻军一个接一个地遭到围攻，他想起了自己的老导师马克斯·冯·奥本海默，以及这位宣传主管为了预防这一天的到来而作的巨大努力。"对土耳其人来说，阿拉伯半岛的形势很糟糕，"他在7月初写道，"可怜的奥本海默！"[16]

但随着苏伊士运河新攻势的准备工作紧锣密鼓地展开，普吕弗很快把注意力转移到与自己更直接相关的事情上。1916年8月4日，土耳其前锋部队向苏伊士运河以东约25英里处的罗玛尼（英军铁路的终端）发动进攻时，他作为航空观察员，俯瞰了战场。从这个有利位置，他向敌人投掷了一些炸弹——在空战的早期阶段，这些炸弹其实就是大型手榴弹——但在随后两天内，他也从空中观察到了土耳其—德国军队惨败的严重程度。

土耳其—德国军队原计划对英军实施侧翼包抄，不料自己在开阔地被铁壁合围起来。到8月5日下午，奥斯曼军队已经全线败退，伤亡约6000人，即全部兵力的三分之一左右。如果不是由于气温高达120华氏度①，英军精疲力竭、无力追击，奥斯曼军队的伤亡肯定会更多。

在罗玛尼的惨败永远终结了土耳其—德国"解放"埃及的梦想。它也宣告普吕弗在第300战斗机中队的田园牧歌般的四个月结束了，因为他不得不承认一个自己非常努力去无视的事实：他病得很重。一段时期以来，他的日记中已经简略地提到了这一点——"我身体不适，"[17]他在5月中旬写道——但现在他已经两颊凹陷，体重下降到100磅多一点，甚至笔迹也显露出严重的病情；他原先

241

① 约合48.9摄氏度。

果断、急促的笔迹消失了，取而代之的是颤抖、几乎看不清的潦草字迹。他被诊断患有霍乱和肺结核，于是休了病假，在 10 月初被送回德国。在柏林一家医院疗养几周后，他开始在威廉街的后备总参谋部地图部门工作。[18]

于是，库尔特·普吕弗的战争经历与他的一位对手——英国陆军上尉 T. E. 劳伦斯形成了一个反向的对称。在战争的最初两年，劳伦斯的大部分时间都在开罗的阿拉伯局的地图室里坐办公室，而库尔特·普吕弗几乎无所不在：发动针对英属埃及的破坏和间谍活动、参加两次主要攻势、在叙利亚全境揭露奥斯曼帝国和德国的潜在敌人。到了 1916 年底，劳伦斯已经在一线大显神通，而普吕弗却在柏林一间地图室内消磨时光。

而且这种生活非常平庸无聊。1917 年 1 月，普吕弗在德国的病假被延长，却不得不为了自己的面包供应与柏林当地的食品配给供应办公室争斗。他在发给君士坦丁堡的前同事和外交部的高级官员的电报中抱怨说，由于他的病假延长没有书面的确认，面包委员会拒绝向他发放所需的配给卡，所以他恳求他们尽快帮忙解决这个问题。[19]这和空投订餐命令的潇洒生活差的实在太远了。

更糟糕的是，库尔特·普吕弗的战争生涯很可能就要在处理这些平淡无聊事务的过程中度过了。这位东方学家天生体弱多病，在 1914 年能够进入德国军队，完全是由于马克斯·冯·奥本海默的帮助。而现在他的健康显然是每况愈下。但来自科隆的自称为伯爵的冯·奥本海默又一次出手相助，帮助他的弟子普吕弗逃脱了在柏林的半是养病、半是工作的无聊生活。

按照普吕弗的传记作者唐纳德·麦克凯尔的说法，奥本海默到目前为止都没能在中东发动一场在政治和军事上对德国有利的泛伊斯兰圣战，于是将自己的雄心壮志扩展到了经济领域。[20]他设想在同盟国取胜之后，建立一个庞大的德国经济集团，在未来几十年内主宰整个中东地区的贸易和资源开发。按照伯爵的计划，这种主宰

242

的工具将是德国政府与德国私营工业财团之间的独特合作关系，双方将紧密协作，争取私人和国家的利益。奥本海默深信文字的力量，当然他的这种信念或许太夸张了。他写了一些极富诱惑力的小册子和计划书去鼓动德国商人们，告诉他们，在遥远的奥斯曼帝国有着金山银山，很快就是他们的了。

奥本海默向潜在投资者们解释说，他的年轻弟子库尔特·普吕弗很快将在君士坦丁堡担任一个职务。这个职务是他为东方设想的公私共生关系的绝妙例证。作为君士坦丁堡的德国情报局的新领导，普吕弗还将作为投资者们的沟通渠道，帮助他们对付土耳其官僚机构的种种障碍。德国工业家们很难找到比他更好的朋友了；他不仅非常熟悉该地区和青年土耳其党的统治集团，还久经沙场，经验丰富，头脑精明，懂得用创新思维来解决问题。

就像他关于反殖民的伊斯兰圣战的想法一样，马克斯·冯·奥本海默的经济计划有些过于领先时代了，预示着后来的所谓国家社团主义。最先成功利用这种经济模式的是意大利法西斯领袖贝尼托·墨索里尼，时间是 20 世纪 20 年代。10 年之后，将其发扬光大的则是墨索里尼的后辈阿道夫·希特勒。但在 1917 年，对库尔特·普吕弗来说，这只意味着，他终于能够重返一线了。2 月底，他向地图室的同事们道别，又一次动身前往中东。

12 月 12 日，T. E. 劳伦斯上尉从停泊在吉达港的“苏瓦”号登陆。看到这情景，爱德华·布雷蒙上校一定非常开心，因为他得到了复仇。虽然他还没有意识到，他在几周前遭到法国陆军部训斥的主要幕后“黑手”就是劳伦斯，但现在肯定是把劳伦斯视为一个讨厌的捣蛋鬼，是英国一线军官中破坏增兵阿拉伯半岛计划的头号元凶。但现在，站在法国上校面前的劳伦斯简直像换了一个人，没了冲天傲气和极端自信。劳伦斯刚从延布赶来，他在那里目睹了费萨尔部队在步步紧逼的土耳其人面前溃不成军的惨状。这个讨厌 243

的小个子上尉关于勇敢的阿拉伯战士的浪漫概念似乎荡然无存了。

布雷蒙或许是相信他和劳伦斯总算达成了共识，或许无法抵制往伤口上撒盐的诱惑，他在吉达码头告诉劳伦斯，他正要去喀土穆拜会雷金纳德·温盖特。有鉴于阿拉伯海岸上越来越严重的危机，他打算再一次敦促向拉比格派遣英法军队。

劳伦斯知道，温盖特一定会听布雷蒙的话。果然，在12月14日，温盖特向外交部和在开罗的默里将军又发送了秘密电报，敦促尽快派遣一个旅。“要援助阿拉伯人和挽救谢里夫的运动，别无他法，”温盖特写道，“谢里夫撤销了请求我们派遣欧洲部队的申请，但现在对局势高度紧张。布雷蒙上校认为，只要向他施加一点压力，他就会再次发出请求。”[21]温盖特指出，当前摆在他们面前的最直接问题是，“我们是否要在谢里夫和他的阿拉伯人还不同意我们增兵的情况下，做最后一次努力去挽救他们”。

只是，当时绝大多数人都不知道，阿拉伯半岛西部的危机其实已经过去了。12月11日，劳伦斯搭乘“苏瓦”号离开延布的几个小时之后，一支相当强大的土耳其部队接近了延布，但是看到英国舰船停在港内，探照灯光将周边乡村照得犹如白昼，于是逡巡不前。显然不仅是阿拉伯人对炮火怕得要死，土耳其人也是这样，因为他们很快撤离了延布；几天后的航空侦察表明，这支部队撤入了山区，或许要返回麦地那。虽然这个情况并不一定说明土耳其军队对海岸城镇的威胁已经结束，但确实制造出了喘息的空间，这对喀土穆的两位主张增兵的人士不是好消息。在随后几周内，温盖特和布雷蒙还会找到几个机会来敦促干预，但土耳其军队撤离延布的时候，他们的最后一个好机会就付诸东流了。

危机解除了几天之后，多少有些沮丧的劳伦斯回到了延布，努力和费萨尔商讨下一步如何是好。伦敦的一个重大事件对他们的计划帮助很大。就在几周之前，赫伯特·阿斯奎思的联合政府倒台了，取而代之的是以大卫·劳合·乔治为首的新联合政府。新首相决心打破自战争爆发以来就在伦敦占主导地位的“西线派”观念，即认为只有在西线才能赢得最终胜利。到1916年底，“西线派” 244 观念已经导致约40万英国士兵死亡，还看不到任何突破的迹象。劳合·乔治则希望奉行“东线”政策，柿子拣软的捏，攻击敌人战争机器最薄弱的环节，来个“釜底抽薪”。至少与西线战场似乎坚不可摧的壁垒相比，在巴尔干和奥斯曼帝国的敌人比较薄弱。

劳伦斯返回延布之后不久，这种新政策焦点就明显地体现了出来，在汉志的英方人员大量增加——不是温盖特和布雷蒙希冀的数千正规军，而是一大群教官和顾问，旨在将纪律涣散的阿拉伯起义军锻造成一支拿得出手的作战部队。这些规模大大扩展的活动中最有趣的部分发生在延布，也就是起义军控制下最北方的港口，它目前相对安全，不必担心土耳其人的袭击。汉志铁路——土耳其人通往麦地那驻军的生命线——离海岸只有90英里，英国人希望将延布作为集结地，向铁路发动集中的破袭作战。就是为了这个目的，他们调来了一个有趣的人物——赫伯特·加兰德。加兰德是个苏格兰人，身材高大，长手长脚，在战前是个化学家，在开罗的训练场捣鼓一番之后自学成才，成了爆破专家。在加兰德到来之前，阿拉伯人也对汉志铁路搞过几次破坏，但只是简单地用铁镐铁铲将铁轨挖开，这是非常容易修理的。加兰德现在开始向他们传授将炸药安置在铁轨下方某个位置，将其彻底摧毁的艺术。在1917年1月初延布重建时期的沉闷日子里，加兰德少校最专心致志的学生之一就是T. E. 劳伦斯。

但是，劳伦斯虽然和加兰德以及其他在这座港口城镇搭台唱戏的英国顾问打了很多交道，但他和这些同胞们有些不同。有一个差别是很明显的：他的服装。

12月初，劳伦斯拜访奈赫勒穆巴拉克的起义军营地时，费萨尔建议他脱掉英国军服，换上阿拉伯服装；那样他就可以随意在营地出入和拜访费萨尔，而不会引起不必要的注意。劳伦斯欣然同意了这个建议，穿上了一般只有高级谢赫才能穿的白色长袍和金色饰带。在沿着海岸南下前往吉达的短暂旅途中，他换下了这套装束，但回到延布之后立刻又换了回去。

但他和其他英国军官的差别不仅仅是装束。劳伦斯对自己的费萨尔联络官的身份非常在意，大部分时间都避开海边的英国帐篷营地，而是待在散布在内陆几英里处的阿拉伯营地。在那里，他开始让自己习惯于费萨尔治“军”的散漫方式，而绝大多数其他英国军官都无法容忍这种涣散。[22]

245

典型的一天是这样度过的：一位伊玛目①唤醒大家，然后是悠闲的早餐，费萨尔与高级幕僚和各部落领袖们边吃边谈。然后，在上午的很长一段时间内，营地内的任何人都可以来找费萨尔请愿或者鸣冤；劳伦斯很快发现，这些觐见很少和战争直接相关。开放的觐见活动要一直持续到午餐。午餐往往要花两个小时，更多的助手和部落领袖会和费萨尔共进午餐。随后费萨尔可能要花几个小时向书记口述信息。完了之后是更多的闲聊，一直到晚餐，晚餐比午餐更慢悠悠。这之后，费萨尔会做更多的口述，与长老们谈话，听取各个侦察队的汇报。这个过程非常悠闲从容，没有预定方针，可能会持续到午夜之后，甚至一直到伊玛目的黎明呼唤，表示这一切又要再来一遍。

T. E. 劳伦斯的急躁和严于律己人所共知，这一切对他来说一定是不堪忍受。他对饮食毫不介意，往往是站着吃饭，不到五分钟就完事。而且他非常讨厌身体接触，甚至尽可能避免与他人握手，

① 伊玛目是伊斯兰教社会的重要人物。在逊尼派中，伊玛目等同于哈里发，是穆罕默德的指定政治继承人。逊尼派认为伊玛目也可能犯错误，但假如他坚持伊斯兰教的仪式，仍要服从他。在什叶派中，伊玛目是拥有绝对宗教权力的人物，只有伊玛目才能明晓和解释《古兰经》的奥秘含义，他是真主选定的，不会犯错。这里指的是主持礼拜的德高望重的穆斯林，是一种荣誉称号。

如果这样不至于冒犯对方的话。而在阿拉伯营地里，人们随时随地都能轻易地表达好感，持续不断地拥抱和亲吻脸颊，随意拉手，这肯定更是让他痛苦万分。

但他也认识到，这就是阿拉伯人的战争与和平的方式。费萨尔不仅仅是个战时领袖，还是一位贝都因酋长，那些似乎毫无意义的漫长闲聊是一种黏合剂，能让他那难以驾驭的联盟维持下去。在这种文化中，费萨尔不是一个发号施令的将军（至少不能向他自己部落以外的人发号施令），而是一个努力促成共识的人，必须要哄骗、建议和倾听。阿拉伯人当然不会为了迎合英国顾问而改变这一切。劳伦斯理解到，他和他的同胞们如果想要赢得信任、行事有效，就必须适应这种文化。这是个不言而喻的简单道理，但他的很多同僚深信英国在军事和文化上的优越性，不肯接受。

让劳伦斯坚定决心去努力适应阿拉伯文化的，恰恰是费萨尔·伊本·侯赛因本人。即便是在起义最黑暗的日子里，当劳伦斯拜访阿拉伯人在奈赫勒穆巴拉克的临时避难所的时候，也被费萨尔毫不动摇的雄心壮志所震撼，劳伦斯自己的悲观失望也因此被驱散了不少。他在12月15日给吉尔伯特·克莱顿的报告中写道："昨夜，派遣了一个营到比尔萨义德，前往接近土耳其营地的一个前进阵地。部队出发前，我听了费萨尔向营长的讲话。他说得不多，没有华丽辞藻，但是恰到好处，说完之后大家欢欣鼓舞、争先恐后地涌上来亲吻他的头饰绳子。扎伊德的撤退对他来说是个沉重打击，因为他花了6个月时间在山区苦口婆心地劝说各个部落，将他们联合起来，又把每一个部落安排到合适的地区。现在这一切努力都白费了。但他在公开场合把这一切都当作一个玩笑，拿大家逃跑的窘状打趣，像挖苦小伙子一样讥讽他们，但绝没有伤害到他们的感情，而是让他们感到，没有过不去的坎，一切都会好的。他的表现非常了不起，因为我私下里知道，他非常难过。"[23]

246

在延布，费萨尔表现出了同样的精神。12月20日，已经确定，土耳其人撤回了麦地那方向。他恳求兄长阿里率领他的大约7000人离开拉比格北上，而费萨尔则率领自己的部队返回山区。他希望借助一个钳形攻势抓住撤退的土耳其人。但遗憾的是，阿里的军事指挥才华并不比弟弟扎伊德高明。几天之内，他的部队也是因为听到前方有土耳其军队的谣言而惊恐万状、溃退回拉比格，大失所望的费萨尔别无选择，只得率领自己的人马返回延布。

在大多数其他英国军官看来，这个事件是阿拉伯军队无能的又一例证。至少有两次，他们仅仅听说有土耳其军队，就不战而退。劳伦斯却不这么想。费萨尔的部队前不久在山区经历了溃败，现在对费萨尔来说最审慎的做法当然是留在延布的英军舰炮保护范围之内重组部队；但他却一看到有机会就努力转入攻势。这表明了费萨尔有一种他的兄弟严重欠缺的决心。

另外，拉比格和延布至少目前是安全了，费萨尔又想率军北上攻打港口城镇沃季赫。如果起义军能够控制沃季赫，从埃及来的英国补给线就能缩短200英里，而且那里的地形也更适合向汉志铁路发动更频繁的袭击。费萨尔和劳伦斯长谈了一番，将费萨尔早先的计划作了精简，新计划对他的兄弟们（已经被证明不靠谱）的依赖程度大大降低。

247 但筹划这次进攻对劳伦斯来说一定是既苦又甜。他深知，自己在阿拉伯半岛已经时日无多。斯图尔特·纽科姆虽然在欧洲因为一系列事而耽搁，但是很快就会回来担任费萨尔的常任联络官，而劳伦斯则将重返阿拉伯局的文牍工作。

自回到汉志以来，他就通过一系列静悄悄的颠覆活动，竭力去阻止这种命运的到来。他的颠覆活动的一个主要目标就是他的临时上级——西里尔·威尔逊中校。劳伦斯深知威尔逊强烈反对让他在阿拉伯半岛任职（尽管只是临时性的），所以直接与开罗的更高上级联系，而绕过常驻吉达的代表威尔逊。从12月5日给吉尔伯特·克莱顿的第一封电报起，劳伦斯就开始耍这个把戏了。劳伦斯写道："我刚到这里来的时候，具体向谁负责，汇报的方式又如何，都没有确定。我或许应当通过威尔逊中校，但是今夜有一批邮件要发往埃及，于是我就直接发给您了。"[24]

事实上，上级早就向劳伦斯明确过，威尔逊是他在一线的长官，所以他这是在假装糊涂。但这就立下了一个可以延循的先例。后来威尔逊要把他任命为地位较低的延布补给军官，借此煞住他的威风，劳伦斯又一次使用了这种策略。劳伦斯在给克莱顿的信中抗议了这个任命——"我认为，我主要是个情报军官，或者费萨尔身边的联络官"[25]——同时还解释说，自己将最新的报告直接发往开罗，而不是先汇报给威尔逊，是因为"这些情报必须尽快送递你处，否则就失效了。如果先发给吉达，就会浪费一周或 10 天时间。"但实际上，劳伦斯写这封信的时候就在一艘前往吉达的船上。如果别人知道这一点的话，这番辩解就没说服力了。

12 月一天天过去，他的"犯上作乱"越来越公开化。劳伦斯绝不会哀求上级重新考虑、收回成命；他认为，他在阿拉伯半岛继续工作下去已经是个定论。"如果我要在这儿待下去，"12 月底，他又一次绕过威尔逊，给克莱顿的副手写信，"我就需要许多东西。关于纽科姆，有什么消息吗？这里的情况非常有趣，我想我可能不会回去了。我要把自己的英国习惯改掉，和费萨尔一起走一走。"然后劳伦斯把自己的打算一一说明，就好像政府已经批准让他留下一样。"这里有人来接替我的时候，我就出发。瓦迪阿伊斯是汉志北部的未知疆域，我想去看一看。卢德赫瓦山背后的任何东西都值得一看。"[26]

248

与其说奥斯曼政府百无一用，倒不如说它错觉太深。到 1916 年底，在叙利亚全境已经有约 50 万人因饥馑和疾病而死亡，新一年的前景也愈发惨淡。在军事方面，土耳其军队再一次被从苏伊士运河击退，麦地那守军已经是汉志境内最后几个仍然在坚持抵抗阿拉伯起义军的据点之一，而英军又开始沿着底格里斯河向巴格达推进。但在耶路撒冷和大马士革的总督府，杰马勒帕夏仍然在研读新的运河和铁路的蓝图，仍然参加新学校和医院的落成剪彩仪式。尽管他周围是排山倒海的毁灭和破坏，他却更加执拗地坚守自己开明改革家的形象。

其中一个原因或许是，叙利亚总督与在君士坦丁堡掌权的精英集团越来越疏离。阿拉伯起义爆发之后，在奥斯曼首都，对杰马勒的批评达到了新的高度。但批评他的人有的是指责他太严酷——这是一个普遍的观点，大多数历史学家认为，是他处决阿拉伯民族主义者的行动激发了起义——但也有人批评他过于宽大。对这后一项指控，杰马勒的油嘴滑舌没有帮他的忙；德国驻大马士革领事尤利乌斯·罗伊特韦德—哈尔德格质问他，为什么会在起义爆发前夕允许费萨尔·伊本·侯赛因返回阿拉伯半岛。他的回答是，他这么做是为了检验费萨尔究竟效忠何方。罗伊特韦德—哈尔德格在记述此次会晤的报告中尖刻地指出："当前局势似乎不太适合这种检验。"[27]

还有一件让君士坦丁堡方面恼火的事情：杰马勒总是对欧洲人客客气气，尤其是对法国人很友善，允许很多"敌国侨民"留在叙利亚，而不对其加以约束。他对欧洲亲善的唯一例外是他的政府与其结成军事同盟的那个国家。杰马勒讨厌一切和德国及其文化有关的东西，向任何人数落起德国的缺陷时都是滔滔不绝。[28]

随着战争延续下去，在叙利亚的法国人越来越稀少——这在很大程度上是由于库尔特·普吕弗这样的德国特工的高水平的搜索——于是总督大人将他的好感转移到另一个外国人群体——美国人身上。早在19世纪90年代就有一些美国的保守派穆斯林定居在耶路撒冷，杰马勒经常去拜访他们，也受到他们的欢迎。[29]有保存至今的照片显示美国孩子在杰马勒膝头爬来爬去，他显然非常开心。叙利亚新教学院（后来的贝鲁特美国大学）的院长霍华德·

249

布里斯对杰马勒的大力支持感激涕零——在黎巴嫩饥荒最严重时，杰马勒向学院提供了有补贴的粮食。于是在1917年1月，布里斯邀请杰马勒到学院毕业典礼上讲话。[30]

当时，美国驻大马士革领事塞缪尔·埃德尔曼与杰马勒也有着一番奇怪的交往。故事是从1月20日埃德尔曼应召去大马士革总督府开始的。随着叙利亚的条件越来越糟糕，大约500名美国公民急于离开。几个月来，埃德尔曼一直在努力安排他们安全撤离，但奥斯曼当局一直予以阻挠。伍德罗·威尔逊最近成功连任美国总统对埃德尔曼的努力也不是好消息。尽管威尔逊的竞选口号“他保护我们避免战争”帮助他连任成功，但有越来越多的迹象表明，威尔逊打算领导美国参战，并且是加入协约国阵营。在美国随时加入敌人阵营的情况下，君士坦丁堡当然不愿意让数百名对叙利亚局势有着第一手了解的美国人出境了。1月20日，在与埃德尔曼的会议上，杰马勒提出了一个新颖的解决方案。不知如何是好的领事向美国驻君士坦丁堡大使馆发电报称，杰马勒表示愿意允许这500名美国人离境，条件是他们必须发誓“在战争结束前绝不讨论奥斯曼事务”[31]。美国外交官们当然是很快就同意了这些明显不可能执行的条件，开始安排美国公民撤离叙利亚。

但杰马勒并非对所有美国人的请求都满口答应。标准石油公司在叙利亚的代表威廉·耶鲁有一次就没有称心遂愿。

尽管耶路撒冷的条件越来越难以忍受，这位美国石油勘探家却如鱼得水，非常擅长适应环境。[32]土耳其货币大幅贬值，投机倒把的人一旦被抓住会被处以绞刑，耶鲁就在这种条件下搞起来一种复杂的黑市交易，在巴勒斯坦各城镇买入卖出黄金和临时纸币。除去开支，他能挣得足足10%的利润。有一次，耶路撒冷总督拒绝给纽约标准石油公司的开发特许权续约，耶鲁就对他大加敲诈，威胁说要向君士坦丁堡的青年土耳其党领导层告发他，并且还要告诉总督夫人，他在外面包养情人。

耶鲁向杰马勒帕夏提出特殊请求的起因是，1916 年秋季，耶路撒冷电报局的一名深受耶鲁信任——或者说已经被耶鲁收买的审查员找到了耶鲁和他的商业伙伴伊斯梅尔·哈克·贝伊，带来了令人不安的消息。这位审查员说，杰马勒刚刚收到了一封检举伊斯梅尔·贝伊的匿名信，说伊斯梅尔·贝伊是一个与阿拉伯起义领袖费萨尔·伊本·侯赛因有关联的团体的成员。另外，匿名信还说“一个年轻的美国人在为这个团体提供资金”，显然指的是耶鲁。

250

如果杰马勒对这样的指控信以为真，两人就肯定要被判死刑，于是他们匆匆赶到杰马勒在德国招待所的办公室，要求看看这封信。让他们无比震惊的是，这封信的笔迹是萨利姆·阿尤布的，也就是参与克恩纳布石油开采交易的另外两名耶路撒冷商人之一。“伊斯梅尔·贝伊和我对此人的卑劣无耻行径义愤填膺，”耶鲁回忆道，“于是我们要求将他及其全家流放。”

在他的回忆录中，耶鲁承认自己与阿尤布及其家人“非常亲密友好”，而且他当然知道，如果遭到流放，阿尤布的妻儿将会遇到怎样的命运：最好的情况是赤贫如洗，最坏的情况是因疾病或饥饿而缓慢死亡。耶鲁似乎也忘记了，在前一年，他用非常类似的指控威胁过伊斯梅尔·贝伊。不管怎么说，杰马勒拒绝完全满足苦恼的石油勘探家的请求；他同意将萨利姆·阿尤布放逐，但允许阿尤布家的其他人留在耶路撒冷。20 年之后，耶鲁在回忆录中写道：“我很高兴，杰马勒不像我们其他人那样残忍。”

向沃季赫的进军从延布东北方的一个绿洲村庄开始，其形式对劳伦斯来说非常具有异国风情。在他看来，这景象既壮美又野蛮，似乎他幼年如饥似渴地阅读的中世纪历史全都突然间成了现实。“费萨尔打头阵，身穿白袍，”他写道，“沙拉夫酋长在他右侧，戴着红色头巾，穿着散沫花染色的上衣和斗篷；我自己在费萨尔左侧，穿着红白两色的衣服。我们的后面是三面紫色丝织大旗，带有金色尖钉；再往后是三名演奏进行曲的鼓手；然后是蹦来跳去、狂野不羁的1200名骑骆驼的卫兵，队形非常紧密，人们的衣服五颜六色，骆驼也配有各种装饰，几乎和骑手们一样华丽——并且他们全体扯着嗓子高唱一首歌颂费萨尔及其家人的战歌！这看上去像是骆驼的河流，因为整个干谷中都是我们的队伍，一直挤到干谷的两岸，队伍足有四分之一英里长。"[33]

但劳伦斯没有多少时间欣赏这个令人叹为观止的盛景了。尽管他在前一个月想尽办法，这天清晨还是有一封电报抵达延布，宣布斯图尔特·纽科姆终于从埃及赶来了；劳伦斯接到的指示是在延布等待纽科姆到任，随后他自己在阿拉伯半岛的任务就算结束了。所以，劳伦斯陪伴宏大的队伍北上仅仅一个小时之后，就只能向费萨尔道别，返回海岸。

251

但在延布并没有发生权力交接的事情。纽科姆在开罗临行前又被耽搁了一番，于是上级决定让他和劳伦斯在起义军控制下的一个叫作恩列治的小港会合，这是在通往沃季赫的海岸的半途，他们可以在那里等待北上的费萨尔军队。于是，劳伦斯在1月14日登上"苏瓦"号，没过多久就来到恩列治，与费萨尔再度聚首。起义军在这里短暂停留以补充给养，劳伦斯深切地感受到自己在前六周中的冒险是多么美好，失去又是多么可惜。"我希望我不需要返回埃及"，他在1月16日在恩列治给家人的信中忧愁地写道，"不管怎么说，我曾经有过一个机会。"[34]

但是仍然没有纽科姆的音信传来。17日，起义军决定于次日早上继续进军，劳伦斯私下里希望，或许他的上级这一次仍然不能及时赶到，如果那样的话，他就"别无选择"，只能继续陪同费萨尔开赴沃季赫。当晚，纽科姆依然踪迹全无，劳伦斯的梦想似乎成真了。他在恩列治给纽科姆留了封短信——"就差一天就见到你了，真可惜！"[35]——然后狂奔到沙漠里去找费萨尔。

事实上，根本没有差一天那么多。那天早上，阿拉伯军队拔营出兵，劳伦斯快活地陪伴在费萨尔身边，就在这时，两名骑手纵马从恩列治疾驰而来。其中一人就是纽科姆，他终于抵达，要就任英国驻汉志军事代表团的团长。

按照指示，劳伦斯现在应当立即返回恩列治，登船返回开罗。但斯图尔特·纽科姆在这一刻却做出了不同的决定。这次权力交接实在是太仓促了，他在继续前往沃季赫的长途跋涉中无疑能够和费萨尔及其主要副手熟悉起来，但如果他在前六周的代理能够留下来为他引见，就会容易得多。纽科姆向劳伦斯作这番提议时，劳伦斯没有反对。

在伦敦漫长等待的无聊日子里，亚伦·亚伦森将他的目光聚焦到了开罗，他希望英国人的惰性在那里或许能够最终被克服[36]。然而事与愿违。“每天我要诅咒决定与他们合作的那个时刻 100 次，”他在 1917 年 1 月 5 日的日记中写道，“找到了他们，却要看着这种令人绝望的庸碌无能，还不如当初就和土耳其人死耗着，保持我们对协约国的幻想。如果德国佬最终被这些傻瓜打败，肯定有理由质疑上帝和天理。”

252

亚伦森于 12 月中旬抵达塞得港，原打算立刻拿着介绍信去开罗见阿拉伯局的领导人吉尔伯特·克莱顿。但是迎接他所在的航船的英国官员却更重视他的可疑的法律身份——他还是奥斯曼帝国的公民——于是将他扣押在亚历山大港。不久之后，东地中海特别情报局派来了一名年轻的上尉威廉·埃德蒙兹，称自己将担任亚伦森的联络官。

农学家起初对埃德蒙兹评价极高——“不仅非常聪明，而且十分精明”[37]，但他后来发现，这位特工的职能主要是以事情进展良好的假象安抚他，而不是帮他联络任何实权人物，于是他对埃德蒙兹的好感迅速消失了。亚伦森在前往伦敦和后来奔赴埃及途中的花销约为 1500 英镑，他询问能否报销这笔钱，得到的回答很能说明他在英国人的整个计划中的地位究竟如何。埃德蒙兹听到这个数字当场脸色煞白；英国官僚已经因为吝啬而臭名远扬了，他就这么小气地指出，没有恰当的收据无法报销任何款项，并建议向亚伦森发放每天1英镑的津贴，这点钱都不够亚伦森在亚历山大港的酒店房钱。自尊心极强的科学家当即回绝了。

他当晚在日记中发泄了自己的怒火："目前为止，我遇到的净是不信任、沉默、小家子气和吝啬。我必须努力控制好自己的神经，以便另想办法与阿布萨取得联系，"——"阿布萨"指的是押沙龙·法因贝格，即他留在阿特利特的副手——"然后，如果他愿意的话，可以继续干下去。我自己是受够了。我绝不愿意在这样的条件下继续工作。"[38]

让亚伦森最为恼火的是，在过去的8个月中，他没有听到英国人对巴勒斯坦有什么打算。他到埃及的目的就是最终将英国人和他在阿特利特的间谍网联系起来，但他却不得不为了报销收据之类的鸡毛蒜皮，以及会见下级官员而浪费时间。

科学家还不理解的是，英国人还并不完全信任他。伦敦的情报分析人员得出的结论是，亚伦森提供的信息非常准确，这可能恰恰说明他是个土耳其间谍，而开罗的情报人员也在试图解决这种疑虑带来的难题：如果亚伦森的间谍网真的存在，如何与之取得联系，同时又阻止他与土耳其反谍报人员取得联系——如果他真的是土耳其间谍的话？亚伦森不断要求与押沙龙·法因贝格在1915年曾联系过的那位情报军官——伦纳德·伍莱见面，这无意中让英国人对他更加怀疑。英国人一直没有告诉亚伦森，伍莱乘坐的船只于夏季在亚历山大勒塔湾遭到鱼雷攻击，他本人被土耳其人俘虏。亚伦森在不知道这个事情的情况下不断提起伍莱的名字，更是让人愈发怀疑。

253

圣诞节前不久，英国人认为自己想出了一个解决这个难题的聪明办法。埃德蒙兹告诉亚伦森，终于将要派出一艘间谍船与阿特利特方面取得联系；亚伦森要不要捎带一封私人信件？农学家当场识破了这个花招，大发雷霆，这种暴脾气是他的特色招牌了。他告诉埃德蒙兹，除非让他本人登上那艘船，否则他就立刻和英国人断绝关系；如果让英国人派去什么“糊涂鬼”，把他的人都害死，还不如现在就彻底拉倒。

面对这个最后通牒，双方达成了妥协：亚伦森可以随船一同前往，但不可以上岸。将会派遣信使乘坐汽艇在夜色掩护下登陆，带去他的指示，以及他的一些私人物品，以便能够让他的同志确信这些指示的确来自他本人。等待足够的时间让双方联系完毕之后，汽艇会返回岸边接回信使。但时间非常紧迫，因为间谍船显然必须在日出之前溜之大吉。

到此时，亚伦森命途多舛的冒险已经持续了 17 个月。就像这场冒险的几乎每一个阶段一样，这一次也不顺利。间谍船是一艘改装过的小型拖网渔船，叫作“海鸥”号。亚伦森坐在间谍船上，在圣诞夜溜出塞得港，于次日下午抵达了阿特利特海岸。亚伦森看到研究站二楼阳台上有人在挥舞一块黑布，但是船上没人携带高质量的望远镜，所以无法确定。“海鸥”号为了等待夜幕降临再去与陆上的人联系，先开往外海，不料一头撞上一场强风暴，这种现象在这个时节的地中海东部是很典型的。于是，直到将近凌晨 2 点，海面才相对平静下来，间谍船才得以重返阿特利特，释放出汽艇。艇上有两名信使，其中一人携带着亚伦森给同志们的指示，另一人带着他的带有花押字的小刀和特殊的放大镜。汽艇刚刚消失在黑暗中，风暴又猛刮起来。

254

不到一个小时的光景，汽艇带回了令人不安的消息。由于海浪太高，汽艇无法靠岸，信使不得不游过最后一小段距离。天色很快就要亮了——他们现在已经能看到北面有堆篝火，可能是土耳其海岸巡逻队留下的——没有时间回去接信使了。他们只能靠自己了。“海鸥”号加大马力，再一次开往外海。对亚伦森来说，这是又一次令人抓狂的经历。他终于再一次看到了阿特利特，却没有办法明确地知道，究竟有没有成功地与同志取得联系。

1 月初，他终于获准离开亚历山大港、前往开罗，心情这才好了一些。他在大陆酒店住下，挨个去拜见阿拉伯局的不同官员，最后终于找到了愿意听他说话的人。其中的头号听众又是一位贵族业余政治家和议员，名叫威廉·奥姆斯比—戈尔，时年 31 岁，是牛津大学的毕业生，新近来到开罗。奥姆斯比—戈尔虽然还没有到马克·赛克斯那种在多个领域成就非凡的水平，但同样也涉猎极广，他的兴趣之一就是在巴勒斯坦建立一个犹太人家园。而且让他的这项事业有着特殊意义的是，他在前不久皈依了犹太教。在随后的几个月中，他和赛克斯将成为英国统治集团中提倡建立犹太人家园的两位极其重要的人物，而他们推动这项事业的一个主要工具就是亚伦·亚伦森。

奥姆斯比—戈尔目前的工作就是竭尽全力去鼓舞已经垂头丧气的农学家。在他的敦促下，又一艘间谍船于 1 月中旬被派往阿特利特；但遗憾的是，这一次间谍船又遭遇了恶劣天气，还没有接近巴勒斯坦海岸就被迫返回。奥姆斯比—戈尔还为亚伦森引见了阿拉伯局的另外两名成员——菲利普·格雷夫斯和温德姆·迪兹少校，他们和奥姆斯比—戈尔议员的意见一致：启动科学家的情报网能够带来极大的收益。这些同情者将亚伦森写的一份关于巴勒斯坦犹太人定居点的报告的一部分塞入了《阿拉伯公报》，包括一个非常明确到位的观点——犹太复国主义者最大的心愿是“在一个友好的大国保护下实行自治”[39]——这是非英国人的文章被收录到这本情报汇编中的极少数例子之一。但是，农学家在日记中想象温德姆·迪兹是“情报部门的负责人”[40]，却不知道他仅仅是个中层分析员，这说明亚伦森离开罗的权力核心还很遥远。

亚伦森终于取得了一些进展，虽然缓慢，但步伐坚定。但他深知，“缓慢”是他的劲敌。1 月 25 日，这个问题凸显了出来。当天 255

下午，他返回大陆酒店的房间时，发现他曾经的联络官埃德蒙兹上尉正在楼梯处闲荡。他注意到，这位年轻军官“态度很神秘”。

“我就是来找你的，”埃德蒙兹说道，“你必须马上去塞得港。你的一个部下穿过沙漠来了。”这真是让亚伦森目瞪口呆，但和往常一样，埃德蒙兹除了说出这个人的名字叫约瑟夫·利申斯基之外，拒绝透露更多细节。

“他负伤了吗？”亚伦森在奔赴塞得港之前在日记中写道，“他们为什么让我去找他，而不是把他送来我这里？非常不幸的是，这些人真是神秘莫测，没有丝毫益处！”

他在塞得港发现，他的忧虑是非常正确的——利申斯基的确负了伤——但糟糕的事情还不止这个。12 月中旬，利申斯基和押沙龙·法因贝格估计再也听不到亚伦森的音信了，再加上巴勒斯坦的局势愈发恶化，于是决定再次尝试从陆路前往埃及。命运非常残酷，就在他们从阿特利特出发几天之后，“海鸥”号的信使就带着亚伦森的指示登陆了。两人在西奈的无人地带痛苦地跋涉许久之后，几乎已经抵达英军阵线，却被一群贝都因劫掠者发现。在随后的枪战中，利申斯基负了轻伤，得以逃脱，但法因贝格背部中弹，可能已经死了。

这个噩耗让亚伦森伤心欲绝；法因贝格不仅是他在阿特利特的副手，还是他最亲密的朋友。“勇士阿布萨被丑恶、贪婪的贝都因人杀害了，”他在日记中哀叹道，“他死时落入了那些他最鄙视的人手中。”[41]

但亚伦森没有时间去哀恸，因为他立刻认识到，法因贝格的死亡带来了一个新问题：如果土耳其人发现了他的尸体并查明了死者身份，一定会将阿特利特挖地三尺，将他的同志一网打尽。亚伦森匆匆赶回开罗，心急火燎地寻找他在阿拉伯局新结交的朋友们，找到了温德姆·迪兹。

积聚了近两年的挫败感如滔滔洪水般发泄出来。他涕泪横流地责怪英国战争机器的无能和玩世不恭害死了法因贝格，并警告说，如果土耳其人破获了他的间谍网——这种可能性目前是极大的——法因贝格的遇害仅仅是更多死亡的前奏而已。“我说的时候满腹激情和忧伤，”亚伦森在日记中记述道，“迪兹友善地听着我的话……他向我保证，将来不再会有羞辱和不信任，一切都会好起来。”

迪兹说话算话，当即就准备了一艘间谍船，再去一次阿特利特。这一次，亚伦森清清楚楚地看到研究站阳台上有人在发信号，于是间谍船派出一艘汽艇，将他的信息送上岸。但诡异的是，上一次的不幸重演了，就在这时又刮起了风暴，汽艇无法靠岸，只能由一名信使泅水登陆。紧张地等了一个小时之后，这位信使带着阿特利特的两个人再次出现在海滩上，但这时风暴已经铺天盖地；这名信使无法游到汽艇上，也被留在了岸上。 256

很快传来了更多的坏消息。英军派遣了一个贝都因追踪专家，按照利申斯基对遇袭情况的描述，到西奈半岛寻找押沙龙·法因贝格。他无功而返。“这么说，我们的勇敢骑士已经牺牲了！”[42]亚伦森在日记中写道，“我甚至都不敢向自己承认，自己抱着一种疯狂的希望，希望他还活着。但是现在，我们唯一能做的事情就是完成他为之奉献出生命的事业。”

但这个想法也无法慰藉亚伦·亚伦森。押沙龙·法因贝格已经死亡，他的兄弟亚历克斯又在美国，领导间谍网的全副重担和危险就落在了科学家完全信任的唯一一个留在巴勒斯坦的人的肩膀上：他的27岁的妹妹萨拉。

在《智慧的七柱》中，劳伦斯以恢宏的笔调描绘了于1月18日从恩列治开拔前往沃季赫的阿拉伯军队。在延布以北的溃败仅仅过了一个多月之后，费萨尔此刻领导着大约1万名战士，他们来自六七个不同部落和数量更多的氏族。劳伦斯引用了贝达维部落的一位年轻谢赫——阿布德·卡里姆的话来强调这个时刻的重大意义。阿布德·卡里姆凝视着海洋一般的帐篷营地：

> 他（卡里姆）叫我出来看，并挥舞着胳膊，半是忧伤地说："我们不再是阿拉伯人，而是一个民族。"他也颇感骄傲，因为向沃季赫的进军是他们最大规模的一次努力。在当代人记忆所及的历史之内，这是整个部落的男子第一次全体出动，携带着运输工具、武器和足够200英里路程使用的粮草，离开自己的区域，进入别人的领地，而并不是为了劫掠或者复仇。[43]

或许的确如此，但是如此豪情壮志却遭遇了令人丧气的结局。一周之后，费萨尔的部队走出了沃季赫以南的沙丘，却发现这座港口城镇已经是一座冒着黑烟的瓦砾堆。这对费萨尔·伊本·侯赛因来说是非常尴尬的景象，对他幕僚中那个已经成为他最铁杆支持者的英国人来说也极其窘迫。

257 根据他们在恩列治与英国高级军官研究出来的时间表，费萨尔的人马应当在整整两天前就抵达沃季赫才对。按照计划，费萨尔抵达之后，将会发动一次海路联合行动，费萨尔的部队从陆地一侧逼近，同时停留在外海的英国小舰队会把从延布运来的大约550名阿拉伯战士送上岸。

但在1月23日预定进攻发起时间之前，英国舰队进入攻击位置的时候，却找不到费萨尔部队的踪影。当夜，英国舰队的指挥官罗斯林·威姆斯将军决定，哪怕仅仅为了"卫生原因"[44]，他也要让他船上的阿拉伯战士登陆。1月24日早晨，在短暂的炮击之后，船上的阿拉伯战士在两名英国军官的指挥下在沃季赫登陆。

随后发生的战斗非常杂乱，断断续续，持续了几乎一整天，有大约20名阿拉伯战士阵亡。土耳其驻军只有200人，几乎处于一对三的兵力劣势，而且士气很低落，但阿拉伯人的进攻还是非常缓慢，一个重要原因无疑是，阿拉伯人有个习惯，经常打断攻势，停下来去抢劫新占领的房屋。指挥地面作战的英国军官之一诺曼·布雷上尉被起义军的这种行为惊得张口结舌，在作战报告中指出，他们的大肆洗劫的结果是，城镇“从屋顶到地板被抢得一干二净”[45]。次日，费萨尔和劳伦斯抵达时看到的就是这样的景象。

劳伦斯非常努力地粉饰太平，在自己的报告中提出了好几个缺乏说服力的理由来解释他们为什么迟到。劳伦斯的英国战友们对阿拉伯人提出批判时，他总是会条件反射地表示反对，这已经不是新鲜事了。在前一年12月11日，土耳其军队进逼延布郊区的时候，一名英国飞行员毫不客气地报告了城内费萨尔部队张皇失措的情况。他的叙述与劳伦斯的版本迥然不同。“晚上10点，传令兵被派到大街上呼喊消息，守军应声出动，”劳伦斯写道，“大家都泰然自若地出门，各自前往在城镇各处的岗位，没有噪声，也没有胡乱开枪。”[46]

对同一事件的描述差别如此之大，最简单的解释是，这名飞行员当时就在延布，而劳伦斯不在。当天早些时候，他就乘船离开了延布，他在报告中却没有提到这一点。

这种看法的差异也体现在对费萨尔·伊本·侯赛因的描述上。上述的那名英国飞行员在12月的报告中写道，费萨尔“很容易被吓倒，无时无刻不在担心土耳其人的进军，尽管他在军队面前掩饰了自己的恐惧”。[47]另一名英国军官查尔斯·维克里少校在沃季赫观察了费萨尔的部队之后尖酸地评价道：“我们不知道其他的谢里夫领袖对训练部队有多少兴趣，但谢里夫费萨尔肯定是完全不管的。”[48]最让英国军官们震惊的是，在12月的黑暗日子里，土耳其军队随时可能发动进攻的时候，费萨尔竟然住在停泊在延布港内的一艘英国军舰上，任凭他的部下在岸上自生自灭。

258

这一切当然都与劳伦斯的分析大相径庭。按照他的说法，甚至在奈赫勒穆巴拉克的惨淡日子里，费萨尔也是“光辉灿烂”的。

从这也能看出一点值得注意的东西：劳伦斯在一线只待了3个月，却不仅成为费萨尔和阿拉伯人的主要支持者，还是他们最坚决的辩护者。

丝毫不奇怪，费萨尔本人也注意到了这一点。他知道劳伦斯现在要返回开罗，而且在从恩列治的旅途中或许受够了纽科姆的精明强悍，所以认识到他和纽科姆的关系不会像和劳伦斯那样融洽，于是在抵达沃季赫的当天给在吉达的西里尔·威尔逊发了一封秘密电报。正如威尔逊向在开罗的吉尔伯特·克莱顿转达的那样，费萨尔“坚决要求，不要让劳伦斯返回开罗，因为他的帮助甚大”[49]。

面对费萨尔的直接请求，克莱顿无法拒绝。几天之后，将劳伦斯在汉志的职务长期化的文书就准备完毕了。劳伦斯终于自由了：他逃脱了萨沃伊饭店的案牍劳形，终于可以按照自己的意愿重新塑造阿拉伯半岛的战争。

第 11 章
欺骗的迷雾

> 一个人或许能明白无误地毁掉自己，但毁掉阿拉伯人的纯真无邪和理性主义却需要我来帮忙，实在可憎。我们需要打赢这场战争，而他们的灵感是最佳的工具。这项努力本身就应当是它自己的报偿——被欺骗的人或许还能得到这报偿——但我们，这些当主子的，却在虚假的合约中向他们许下了不能兑现的诺言，这是在拿生命讨价还价。 259
>
> ——T. E. 劳伦斯，《智慧的七柱》[1]

占领沃季赫之后，连续几个月来困扰着阿拉伯起义军的挫折和尴尬终于成了历史。劳伦斯竭尽全力让大家尽快遗忘曾经的耻辱。

1917 年 1 月底攻克沃季赫之后，他短暂地返回了开罗，为在阿拉伯半岛的长期工作做准备。在埃及首府，他干着许多令人疲惫的工作。除了赶写被搁置许久的报告和增补《汉志手册》（阿拉伯局编纂的一本入门书，用来帮助被派往汉志的英国军官熟悉当地的情况）之外，劳伦斯还在英国军方领导层的办公室之间来往奔波，向他们作关于红海对岸局势的第一手报告。对所有人，他都把局势描绘得非常乐观——他甚至为费萨尔进军沃季赫的迟到编造出了貌似有理的借口——并坚持说，阿拉伯半岛西部的诸部落激发出了一种新的坚毅和斗志[2]。他的评估与在沃季赫的其他英国军官的观点截然相反，但在这种分歧中，命运总是有办法选择胜利者。 260

“奇怪的是，现在支持阿拉伯人的圈子扩大了，”劳伦斯调皮地回忆道，“在军队里，我们展现出成绩之后，支持我们的人就增多了。林登·贝尔将军坚决站在我们这一边，还发誓赌咒说，阿拉伯人的疯狂就是取胜的手段。阿奇博尔德·默里爵士震惊地发现，与阿拉伯人作战的土耳其军队比与他交手的要多，开始记起来，自己一直就是支持阿拉伯起义的。”[3]

或许最开心的要数劳伦斯的上级吉尔伯特·克莱顿将军。当然了，费萨尔坚持要让劳伦斯留下来长期担任他的联络官，这需要在官僚体制中动一番手脚——克莱顿必须确保在吉达的西里尔·威尔逊和新到任的英国军事代表团团长斯图尔特·纽科姆不会因此感到自己的权责范围受到了侵犯——但与取得的成就相比，这些都是小事：在此前两年英国与阿拉伯关系中突出的互不信任之后，尽管将领和高级外交官们付出了很大努力，疑虑仍然存在，但现在主要的阿拉伯前线指挥官将一名下级英国军官视为不可或缺的顾问。

劳伦斯在开罗非常忙碌，显然没有注意到在 1917 年 2 月 1 日拜访阿拉伯局办公室的一位客人。就在几天之前，亚伦·亚伦森得知自己在间谍网的最重要伙伴押沙龙·法因贝格在西奈沙漠丧生，现在英国军事情报部门对他抱着一种悔悟的尊敬态度。这天上午他来到萨沃伊饭店，帮助一名英国军官撰写关于巴勒斯坦政治局势的档案。劳伦斯对这次简短的会谈没有留下记录，但亚伦森却留下了很深印象，当晚将此事写在了日记中。“在阿拉伯局有一个年轻的少尉（劳伦斯），”他写道，“是个考古学家，对巴勒斯坦问题了如指掌——但非常自负。”[4]

劳伦斯忘记自己与亚伦森的首次会面——他们会再度聚首，而且会产生远为重大的影响——原因之一或许是，两天之后发生的一连串事件，将从根本上改变他在中东的任务。这一切从 2 月 3 日早上，他的不共戴天之仇敌爱德华·布雷蒙上校拜访萨沃伊饭店开始。

狡黠精明和足智多谋是非常适合军官的品质。如果仅仅从这两个品质评判，爱德华·布雷蒙不应当仅仅是法国军队的一名上校，而应当是一位元帅。

261

布雷蒙在阿拉伯半岛的时期已经多次表现出，如果他达到目的的一条路径被堵死了，他会立刻动手寻找另一条。如果他的最初目标无法企及，或者已经多余，他就会重新定位，寻找新目标。让他的这种灵敏愈发显得了不起的是，作为法国对阿拉伯半岛政策在政治和军事两方面的排头兵，爱德华·布雷蒙在同时处理两个大体上互相抵触的计划：在当地的作战方面保证法国享有与盟友英国平等的地位；同时还要从内部尽可能遏制这种战争努力。

他花了很长时间努力促成协约国向拉比格派遣军队，最终无功而返，但这只是他的各项努力中最公开的一项。与此同时，他还在敦促埃米尔·侯赛因在吉达建立一个法国—奥斯曼银行，以非常优惠的利率向汉志政府贷款。审查布雷蒙的银行提议的英国军官很快发现，这是个经济陷阱——侯赛因政权没有还款能力，很快就会受制于法国债权人——于是将这个计划扼杀在萌芽状态[5]。布雷蒙上校还持续不断地游说，要求为阿拉伯起义军各支队伍配备法国军事顾问；他在阿卜杜拉和阿里那里取得了一些成功——六七名法国专家在12月被派往他们的营地——但在费萨尔那里却吃了闭门羹，因为费萨尔对法国人的意图非常警惕。

阿拉伯起义军进攻沃季赫的时候，布雷蒙找到一个捣蛋的新机遇。起义军将这座红海港口从土耳其人手中夺下之后，阿拉伯半岛战事的整个焦点就向北移动了约200英里。于是土耳其军队对吉达和麦加的威胁就被解除了，协约国也就没有理由向拉比格派兵，但是出现了一个更有诱惑力的目标：土耳其人在红海岸边的最后一个主要前哨阵地——小港亚喀巴。

从地图上，任何人都能看出亚喀巴极其重大的战略意义。100英里长的长条形水域构成了西奈半岛在东南方的边界，而亚喀巴就在这片水域的末端，既是进攻巴勒斯坦南部人口中心（就在北方100英里处）的理想集结阵地，也是袭击麦地那的土耳其守军的生命线汉志铁路（就在东方60英里处）的绝妙出发点。事实上，在1916年夏季，布雷蒙抵达开罗不久之后，他就向英国军方的同僚提议进攻亚喀巴。英国人很欢迎这个设想，但当时阿拉伯起义还在遥远的南方挣扎，所以要实施这个计划为时尚早。[6]

262

到了1917年1月底，计划实施的时机已经成熟。不仅阿拉伯人控制了北至沃季赫的红海海岸，而且默里将军为了巴勒斯坦攻势而缓慢穿越西奈半岛的进军也快要完成了。亚喀巴就在这两支军队之间的缺口处。协约国占领亚喀巴之后，默里的右翼就能得到保障，土耳其军队无法从那个方向发动反攻，而且能让阿拉伯起义军更接近在埃及的英军补给基地。

当然，这个计划还能最终让布雷蒙埋藏在心底的目标圆满实现：将阿拉伯起义限制在汉志境内。亚喀巴远离麦加和麦地那这两座圣城，侯赛因国王（他在10月已经自立为王）自然无力反对英法在亚喀巴派驻大军。有了这样一支大军之后，协约国就能支配处于弱势地位的阿拉伯伙伴，按照自己的意愿安排阿拉伯人的行动。假如那时阿拉伯人胆敢抗议，英法就可以切断他们所依赖的协约国武器和金钱供应。最妙的是，做这一切的时候都可以打着帮助起义军的幌子，借口将他们的前进基地移动到更有利于袭击铁路的地方。

1月中旬，甚至在攻克沃季赫之前，布雷蒙就开始与在巴黎的上级探讨这个想法，受到了热情支持。巴黎方面将在伦敦在部级层面敦促此事，而在开罗的法国联络官和在吉达的布雷蒙则将在当地的英国领导人那里游说这个方案。布雷蒙知道他应当去找谁。除了向在汉志的英国军官们兜售这个计划之外，他还去找了他在开罗统治集团中最可靠的盟友——新任英国驻埃及高级专员雷金纳德·温盖特。温盖特很喜欢这个计划，当即去找阿奇博尔德·默里将军讨论。[7]

按照英国人惯常的彬彬有礼和低调克制的标准，默里的回应算是极其凶狠。“您的信中说到了布雷蒙的提议，作为回复，”他在1月22日给温盖特的信中写道，“我的意见是，从纯粹军事的角度看，先前反对向拉比格派兵的理由同样适用于在亚喀巴登陆，而且反对的力度更强。”默里然后又一次列举了对任务蠕变的担忧，随后驳斥了温盖特的观点，即控制亚喀巴有利于协约国袭击内陆的汉志铁路。“亚喀巴周边的地形极其崎岖不平”，将军解释道，从那里深入内陆非常困难，只有某种罕见品种的骆驼能够穿越那种地形。“综上所述，”默里写道，“法国人关于在亚喀巴登陆的建议，从军事角度看，益处甚少，坏处极多，我只能说，实在是欠考虑。我坚决反对。”[8]

263

阿奇博尔德·默里除了暴躁易怒之外，他的领导风格还有一个特点，就是倾向于毫无必要地保留信息，不与他人共享。他在写信给温盖特的时候深知，从亚喀巴东进的主要障碍并非简单的“极其崎岖不平”的地形，而是该地区几乎完全无法通行。几个月前，他派遣阿拉伯局的一名下级军官对亚喀巴地区的航空侦察照片作了分析。这名军官在其报告中指出，亚喀巴港坐落在一连串崎岖的巍峨群山脚下，这个山系向内陆深入30英里，高度一直在攀升，随后延伸到同样难以通行的内陆沙漠，高度才有所降低，汉志铁路就在那里。通过这道岩石壁垒的唯一途径是一条叫作瓦迪伊特姆的狭窄峡谷，土耳其人在峡谷沿线建造了一个碉堡和战壕的网络，任何军队如果有勇无谋地试图强行通过，都会暴露在持续不断的伏击和狙击火力之下。因此问题的关键不是占领亚喀巴——这是比较简单的——而是怎么离开它的海滩向内陆挺进。如果在这里一着不慎，加里波利的惨败就会重演，至于惨败的程度，要取决于协约国指挥官们是不是执拗地要让自己最初的错误翻倍。[9]

但令人不可理解的是，默里没有把这关键信息与温盖特分享，显然也没有通知越来越多的支持在亚喀巴登陆的英国军官们。在这个信息不为人所知的情况下，默里对布雷蒙提议的鄙夷回复就被理解为默里的怯懦和坏脾气的又一例证。布雷蒙上校从雷金纳德·温盖特那里得知默里的回答之后，肯定就是这么想的。

“你们可以秘密地通知布雷蒙;” 温盖特在 1 月 24 日给在吉达的部下发了这份电报，“我们已经对他在亚喀巴登陆的提议予以充分考虑，但考虑到我军目前在西奈半岛及其他地方的军事任务，暂时必须放弃他的提议。我们完全理解该计划的益处，但成功地从亚喀巴袭击铁路所需的兵力和运输工具实在抽调不出。”[10]

爱德华·布雷蒙在此之前就已经把温盖特玩得团团转，在他看来，温盖特的这番话听起来不像是坚决的拒绝，而是羞答答的“或许可以”。几天后，法国上校在吉达港登上一艘海军护卫舰，前往沃季赫，直接去找那个或许能够压倒默里意愿的人：费萨尔·伊本·侯赛因。

264

两人在 1 月 30 日下午会面，由阿拉伯语讲得更流利的斯图尔特·纽科姆担任翻译。布雷蒙告诉费萨尔，他即将前往埃及检阅自己在苏伊士港的部下，然后要去开罗。到了那里之后，他打算游说英军高层，让他们派遣一个旅去占领亚喀巴，另外还有两个法属塞内加尔营（目前正在红海南部海口的法国控制下的吉布提港闲坐）可以增援。

尽管费萨尔也关注到了亚喀巴，但他拒绝支持布雷蒙的计划；纽科姆报告称，“费萨尔后来告诉我，他希望英国军队能帮助他，但不要法国人的帮助，也不愿意和法国人打交道。”[11] 在沃季赫会见费萨尔之后，布雷蒙立刻前往苏伊士港，然后转往开罗，在那里找到了一位最出人意料的聆听者。“布雷蒙为占领沃季赫的事情向我表示祝贺，” 劳伦斯在《智慧的七柱》中记述道，“他说这个事情让他更加坚信我的军事才华，并鼓励他在扩大我们的战果的努力中期待我的帮助。”[12] “扩大战果” 指的当然是上校的计划——协约国军队在亚喀巴登陆。

布雷蒙究竟是中了什么邪，竟然把自己的计划吐露给了劳伦斯？最简单的解释是，他认为亚喀巴计划对各方都有好处，即便是难以驾驭的劳伦斯或许也会支持它。但这个解释是最没有说服力的。到这时，布雷蒙应该已经清楚地知道，劳伦斯对他本人和法国在中东的任何企图都抱着极大的不信任，只要是法国人提出的，不管具体内容是什么，劳伦斯一定会反对。的确，根据劳伦斯自己的记述，他在布雷蒙的亚喀巴计划中当即听到了先前的拉比格计划中隐藏动机的回音，即让协约国在事实上控制阿拉伯起义，不让它蔓延到叙利亚。[13]

但布雷蒙肯定不知道的是，这天上午在萨沃伊饭店坐在他对面的这个人或许是对亚喀巴地区最为了解的少数几个在世的欧洲人之一。劳伦斯不仅在 1914 年的寻漠探险中就穿越过这个地区，而且奉默里将军之命分析亚喀巴航空地图并得出极其悲观结论的那个军官就是他。布雷蒙或许认为亚喀巴对阿拉伯人来说是个绝妙的死胡同，但根据劳伦斯的判断，任何被派遣到那里的英法军队也不会有什么出路。

劳伦斯努力向布雷蒙解释这些情况的时候，这个法国人却非常乐天。他还透露，他在开罗游说完毕之后，还打算返回沃季赫，继续敦促费萨尔采取行动。 265

上校这天上午来找劳伦斯的真正动机或许就在这里。在拉比格事件中，这个小个子牛津暴发户是布雷蒙的英国对手当中最雄辩的一位，而且对布雷蒙来说不幸的是，也是最有影响力的一位。现在这个法国人打算在开罗的英军高层中点燃支持亚喀巴行动的火焰，他当然不希望劳伦斯在开罗浇灭他辛辛苦苦点起来的火。他透露自己很快要返回沃季赫再去找费萨尔，或许是希望劳伦斯会当即赶往阿拉伯半岛，远离真正决策的地点。

如果布雷蒙的目标真的是这个，那么他收到了极好的效果。

“我还没有警告费萨尔，布雷蒙是个骗子，”劳伦斯记述道，“纽科姆在沃季赫，友善地希望能推动战事……我想我最好尽快赶到那里，提醒我们这边，警惕亚喀巴计划。”[14]

与布雷蒙会谈的几个小时之后，劳伦斯就离开开罗，奔赴苏伊士港，在那里登上了第一艘开往沃季赫的航船。

这是一个很小但是很能说明问题的迹象，表明了战争造成的变化。1915年6月，威廉·耶鲁第一次乘坐马车登上橄榄山拜会杰马勒帕夏时，拉车的马匹走上陡峭的卵石路时相当轻松。现在是1917年2月，同样的旅程却迟缓到了令人痛苦的地步，忍饥挨饿两年的马匹佩戴着马具，憔悴不堪，似乎随时都会倒毙在地。“我们好像永远走不到德国招待所了。”[15]耶鲁回忆道。但这位石油勘探家坚持了下去，因为他非见叙利亚总督一面不可。

到1917年冬季，耶鲁感到自己在耶路撒冷受到了极大的压力，部分原因是他的国籍。在过去的两年半的战争中，几乎所有参战国在最初都勉强对美国保持尊敬的态度，因为美国调停议和的努力抵消了它令人讨厌的中立姿态，但这种尊敬态度越来越消磨殆尽，取而代之的是一种憎恶。英国人和法国人感到绝望，不知道美国政府究竟何时才能认识到，它自己的福祉要求它必须站在“民主国家”一边，对抗“独裁政权”。而同盟国方面对美国的外交政策越来越愤慨，因为尽管伍德罗·威尔逊侈谈美国是中立的仲裁者，但实际上明显倾向于协约国。让各方都越来越恼火的是，美国打着保护“自由贸易”神圣信条的幌子，继续同时向战争双方提供资助和与其做买卖，在欧洲流血的同时大发横财。

266

但到了1917年初，伍德罗·威尔逊已经成功连任，有越来越多的迹象表明，现状很快就会被打破，美国即将加入协约国阵营。一旦发生这种事情，仍然居留在同盟国的美国人将会受到一些不愉快的待遇，或许前景最危险的就是威廉·耶鲁。这位石油商人的贸易手段非常简单粗暴——贿赂、威胁和敲诈，所以他在巴勒斯坦期间树敌很多。他的商业竞争对手和吃过亏的地方官都会很高兴看到这个长期以来一直受保护的美国“中立者”被划归“敌国侨民”拖到监禁营去。

尽管这年冬天危险的迹象越来越明显，强烈的责任感却让耶鲁没有请求标准石油公司驻君士坦丁堡办事处批准他离开耶路撒冷。他和颇受信任的保镖穆斯塔法·哈尔普特里制定了应急计划，打算一旦美国参战就逃往英属埃及，尽管他们都知道这种冒险的成功率几乎是零。

2月1日，德国宣布重新开展无限制潜艇战，打击为其欧洲敌人提供补给的所有商船，这一招不可避免地将把美国船只当作目标，似乎是刻意要挑逗美国宣战。这并没有即刻成为现实，但在几天之后，威尔逊采取了与德国断绝外交关系的过渡措施，耶鲁收到了他一直在心急火燎等待的电报：标准石油公司驻君士坦丁堡办事处命令他离开巴勒斯坦，前往奥斯曼首都。他长舒了一口气，迅速将办公室的文件和私人物品打包——一共是11件大小行李——为北上的漫长火车旅程做准备。

就在这时，耶鲁发现自己被一个谜题困住了。和战时叙利亚其他所有人一样，他要离开耶路撒冷，必须有一份旅行许可文件。但因为他是外国人，所以他的许可文件需要杰马勒帕夏本人的亲自批准，而杰马勒现在很少离开大马士革。在痛苦煎熬的几天之内，耶鲁绞尽脑汁要想出解决这个难题的办法，最后终于得到消息，杰马勒即将来耶路撒冷进行一次短期的考察。

就是为了这个事情，他才在2月的这个上午急匆匆地登上橄榄山。在德国招待所的主门厅等待机会拉住叙利亚总督的时候，威廉·耶鲁感到自己标志性的自信抛弃了自己。“美国处于和德国的战争边缘，”他回忆道，“而我对杰马勒帕夏来说百无一用。雪上加霜的是，我还曾经被指控为阿拉伯革命集团的成员。我肯定不能 267

指望杰马勒帕夏给我好脸色。”

或许另一个让耶鲁忧心忡忡的因素是，他在耶路撒冷期间代表他的雇主取得的成绩实在太少。尽管标准石油公司从杰马勒帕夏那里得到了朱迪亚地区的面积广阔的开采特许区，却未能为土耳其军事机器生产出一滴巴勒斯坦石油。

耶鲁在招待所门厅等待的时候，杰马勒终于从一个遥远的门口露面了，周围簇拥着一大群德国和土耳其高级军官。他快速走过走廊，向耶鲁奔来。但石油商人呆若木鸡，在总督快步走过的时候甚至没有试着去吸引他的注意力。耶鲁被自己的怯懦震惊了，呆呆地盯着远去的人群，直到有人喊他：“耶鲁先生，你在这里做什么?”

耶鲁转过身，看到问话的人是扎基贝伊，耶路撒冷的前任军事总督。扎基贝伊是个彬彬有礼、有很高文化素养的人，在战争初期曾经努力保护耶路撒冷的外国人团体不受君士坦丁堡政权的更为严酷的敕令以及城内德国情报机构的迫害。据说，他曾在政府搜查令发出之前向希腊正教会的牧首发出警告，让他把教堂的贵重物品藏好。由于他的这些温和行动，扎基贝伊最终被德国人解职，但他一直是杰马勒帕夏亲信圈子中地位很高的人物。考虑到当前的局势，同样重要的是，扎基贝伊还是威廉·耶鲁所在的两周聚会一次的桥牌俱乐部的一位高级成员。前任总督听了美国人的困境之后，从一份政府文件撕下最后一页，在背面匆匆写了一份旅行许可，然后跑过走廊去找杰马勒。他很快带着签了字的旅行许可回来了。

“马儿疲惫地走下橄榄山的时候，”耶鲁写道，“我愉快地哼起了小曲。在两年的海外生活中，我看到战争的越来越多的苦难困扰着我身边的人，现在我手里终于拿到了能让我踏上回家路的文件。”

当然，他回家之后的命运如何，还是个问题。如果美国真的参战，标准石油公司在中东的业务将会在未来很长一段时间内关闭。这么空闲下来之后，耶鲁几乎一定会被美国陆军征召。在考虑这一切的不确定性时，这位石油商人显然决定，不管他欠了杰马勒帕夏多少人情——因为杰马勒准许他逃离巴勒斯坦，这些人情最好是限制在可以接受的范围内。前往君士坦丁堡的火车旅途非常漫长，时走时停，万分痛苦，足足持续了近3周。途中，耶鲁非常仔细地记录了他从车窗观察到的一切：德国和土耳其军队的调动、铁路建筑工程的状态、军营和弹药仓储的地点。取决于未来的具体情况，这些信息或许会对某些人非常有价值，或许对威廉·耶鲁自己非常有价值。 268

2月6日，劳伦斯抵达沃季赫，急匆匆地与费萨尔会谈一番才发现，自己最大的恐惧是毫无必要的。这位阿拉伯领袖的确决心进攻亚喀巴，但同样决心不让法国人参与此事；一周以前费萨尔与布雷蒙上校的会谈让他对法国人的不信任愈发加深了。

同时，劳伦斯或许私下里对布雷蒙提出亚喀巴问题还挺感激，因为这让他认识到，关于这座城镇的命运，不可避免会有一场大争斗。事实上，这场争斗已经打响了，法国上校的招数只是其中一小部分而已。

现在，沃季赫是阿拉伯起义的前进基地，几乎每天都有新的部落代表团来面见费萨尔，签署参加革命事业的协议。其中大多数部落都来自东方和北方的沙漠和山区，也就是占领沃季赫之后的革命前沿。这些新兵自然希望在自己的后院一显身手。这就意味着沿着红海海岸北上，进军亚喀巴。同时，费萨尔的阿拉伯军事顾问们——主要是被俘或者投诚的叙利亚军官——也给了他很大压力，敦促他将斗争向北推进，到他们的家乡。要北上的最短也是最便捷的路途要穿过亚喀巴。

大声吵闹的还有目前在汉志的那些英国军官，为首的就是军事代表团的团长斯图尔特·纽科姆。在英国一线军官看来，占领亚喀巴之后即可大大缩短到埃及的交通和补给线，而且能控制阿拉伯半岛的整个北部海岸地区。甚至在开罗的吉尔伯特·克莱顿也在1月

269 份的一份备忘录中敦促将原定用于拉比格的那个旅派往亚喀巴[16]。面对这些异口同声的倡议，劳伦斯肯定能认识到，他以该城镇的地理障碍为由的反对意见最终会被压倒。如果库特、加里波利以及西线战场的十几场战役的例子能够说明问题的话，亚喀巴登陆的不切实际恰恰是吸引英军高层的一个诱惑。

阿拉伯人也很难接受劳伦斯的反对意见。和所有革命运动一样，在幕后推动阿拉伯起义的是激情，而只有勇敢无畏才能促发这种激情，恳求小心谨慎和克制是与其格格不入的。另外，如果不进攻亚喀巴，那么阿拉伯人进入叙利亚的唯一可行路径就是沿着汉志铁路的内陆道路，只要麦地那的土耳其驻军还在他们背后，这就是个险象环生的选择。如果沿着汉志铁路北上，还有一个问题，就是他们不得不依赖通往海岸的漫长而艰险的补给线；阿拉伯人越向北推进，这条补给线就越长、越艰难，尽管这个考虑或许只是在理论的层面，而不是在实际的层面。按照目前阿拉伯人在内陆作战的速度，或许这一代战士永远不能抵达大马士革，他们的孙子辈才有希望。

因此，劳伦斯固然可以努力劝说费萨尔不要进军亚喀巴，甚至可以解释说，他认为爱德华·布雷蒙在亚喀巴为费萨尔设下了陷阱，但是劳伦斯的进谏只能暂时刹住费萨尔的劲头。然而由于劳伦斯占据着英国情报机构的一个独特位置——他既知晓在开罗进行的最高级的战略和政治筹划的内容，也身处这些计划执行的第一线——所以他察觉到了其他一些东西。

在 1917 年，欧洲列强仍然固守着帝国主义思维，即某个国家对某地区的权利主张与夺取该地区时花费的生命和财富有着直接联系，而这种合法性由在该地区插旗宣示主权而确立。这就是为什么法国人虽然没有多少兵力能用于中东战场，却在 1915 年破坏了英国人在亚历山大勒塔湾登陆的计划，现在又对默里即将展开的巴勒斯坦攻势感到不安，而且希望将在该地区的每一名法国士兵都投入攻打亚喀巴的战斗。他们相信，只有他们亲身处于现场，才能保证他们的帝国主义主张得到尊重。

倒不是只有法国人这么想，英国人也受到了这种思想的感染。在讨论进攻亚喀巴的时候，绝大多数人（包括费萨尔）设想的都基本上是沃季赫行动的重演：阿拉伯部队搭乘英国船只实施两栖登陆，在英国海军舰炮大力支持下攻击土耳其驻军，夺取城镇后再输入英国的给养和物资。但是，与沃季赫不同的是，亚喀巴对英国人来说有着极其重大的战略意义，而且离伊斯兰“圣地”区域很远（英国人在麦加周边蹑手蹑脚）。在花费了英国人的鲜血和财富来占领亚喀巴之后，英国军方筹划者受到了不可抵御的诱惑：将亚喀巴占为己有，同时将阿拉伯人贬低到一个从属的次要角色上去。到那时，英国人就扼住了阿拉伯人的咽喉。协约国的两个主要盟友——英法就将在中东拥有一支相当强大的部队。如果要在法国人和阿拉伯人的意愿之间做出选择，开罗——或者伦敦——的英国领导人是不会有任何犹豫的。最有可能发生的结局是，阿拉伯人被困在亚喀巴；英法要么是公开地，要么是策略地阻止阿拉伯人继续北上。 270

于是，简单地说，对费萨尔而言，爱德华·布雷蒙还只是个小麻烦。拉比格的小插曲已经证明，劳伦斯可以灵巧地耍弄布雷蒙，因为他可以在英法利益相抵触的时候打出反法牌，但是当英法利益一致的时候，游戏就迥然不同了。费萨尔深知法国人的奸诈阴险，但他对英国人的奸诈阴险了解多少？

为什么单单劳伦斯能够看到这一切，其他人却不能？他为什么对自己的政府的忠诚信用表示怀疑？答案很简单：《赛克斯—皮科协定》。只要这份协定还在，英国人就注定会背叛阿拉伯人的事业，而尊重法国盟友的利益；英国人在麦克马洪—侯赛因通信中许下的诺言注定会被抛弃。事实上，由于这项协定的存在，英国政府自己就有很强的动机去将阿拉伯人困在亚喀巴；通过阻止阿拉伯人积极参与解放叙利亚和其他阿拉伯地区的行动，英国人就可以良心比较安稳地背信食言。但是，要将这一切都解释给费萨尔——敦促他远离亚喀巴的陷阱，改选内陆道路前往叙利亚；不要信任法国人，但也不能信任英国人——劳伦斯只有一个潜在工具可用：仍然是《赛克斯—皮科协定》。

在1917年的英国军队，正如史上任何时期的任何战时军队一样，将秘密协定泄露给第三方的行为是严重的叛国，犯下这桩罪行的人如果不被枪决的话，也肯定会坐穿牢底。但就在2月初的一天，在沃季赫，劳伦斯把费萨尔拉到一边，向他告知了《赛克斯—皮科协定》的存在及其主要的重点。[17]

劳伦斯显然清楚地知道自己这个行为的严重性，因为他随后花

271

了很大努力去毁灭证据。在他自己的著作，以及多位传记作者询问他的时候，他总是语焉不详，不肯说清楚自己是在何时得知《赛克斯—皮科协定》，以及自己对其具体细节知晓多少，并暗示说自己当时不可能告诉费萨尔很多东西。事实上，《赛克斯—皮科协定》并不复杂，只有3页纸。到1916年1月，协定文本在开罗的情报机构中传播开，至少这时劳伦斯应该已经对它非常熟悉了。

类似地，在《智慧的七柱》中，他故意窜改了事件发生的时间顺序，说他在开罗会见布雷蒙之后匆匆返回沃季赫是为了向费萨尔警告法国人的计划——"布雷蒙最后阴险地说，无论如何，他要去沃季赫把亚喀巴计划告诉费萨尔。"[18]劳伦斯却故意没说，布雷蒙在4天前就已经把计划告诉费萨尔了。据推测，劳伦斯这么做的目的是，假如他在这个关口向费萨尔泄露《赛克斯—皮科协定》的事情在将来东窗事发，他就可以辩解说，他这么做是为了破坏奸诈的法国人的努力。在战后英国的读者和官员们看来，这种反法情绪是远远更让人愉快的解释，他的行为也就不算是叛国，而是完全可以理解，甚至是值得敬仰的行为。

这种说法是劳伦斯的传记作者们——至少那些推崇他的人——非常愿意接受的。但如果这么做，他们就忽略了T. E. 劳伦斯一生

最重要也最有趣的谜题之一。他在阿拉伯半岛待了还不到 4 个月，怎么会如此认同阿拉伯事业，甚至愿意背叛自己祖国的秘密来辅佐这项事业，事实上是将自己忠诚的对象从祖国转移到了一个他几乎还不熟悉的民族？

部分原因肯定是植根于一种特别的英国人的荣誉感。在 1917 年，英国统治阶级或许比欧洲其他参战国在更大程度上仍然坚守君子一言既出驷马难追的观念。在少数知道自己政府在中东的秘密政策——英国政府鼓励阿拉伯人为了一纸空文的诺言去卖命，而这个诺言注定不会兑现——的英国外交官和军人当中，很多人认为这项政策是极其可耻的，冒犯了英国的尊严。劳伦斯身处阿拉伯人抛头颅洒热血的第一线，所以很可能感触更深，但对可耻政策感到义愤填膺的远远不止他一个人。

另一个原因或许是源于他童年时代幻想的复苏。劳伦斯写道："我在牛津市立学校的时候曾梦想，在我有生之年，尽快建成时代不可阻挡地带给我们的那个新亚洲。"[19] 在阿拉伯半岛，他终于得到了一个机会，成为自己幼时阅读的书籍中的游侠骑士，去解放一个被奴役、被压迫的民族。于是他有了一种极其强烈的使命感，这种使命感远远超越任何目光短浅的民族主义，或者对一个日益显得无用和落伍的帝国的忠诚。 272

不管劳伦斯的动机究竟如何——他当时或许自己都没有完全理解这些动机——他向费萨尔吐露秘密造成的影响是即刻发生、充满戏剧性的。阿拉伯领袖现在理解了，英国人尽管许下了诺言，但不会爽快地将叙利亚交给他；如果阿拉伯人想要叙利亚，就必须自己为之战斗。在劳伦斯返回沃季赫的几天之后，其他英国军官大惑不解地注意到，费萨尔突然间对亚喀巴行动的想法冷淡了；他的主要目标变成了将他的起义扩展到更北方，进入叙利亚腹地。

2 月 18 日，爱德华·布雷蒙再次造访沃季赫时，听到的就是这样的消息。在劳伦斯列席的会议上，费萨尔告诉法国上校，他现在坚决反对在亚喀巴登陆，而决定加强在内陆的作战。他又一次拒绝了布雷蒙提供法国顾问的建议，解释说他不需要顾问；还为自己越来越扩大的军事计划给出了一个淘气的解释。他表示，如果他能有法国大炮来“还击法国人向土耳其人提供的那些大炮”[20]，他很乐意集中力量攻打麦地那。劳伦斯快活地记述道，布雷蒙遭到侧翼包抄，别无选择，只得“以良好秩序撤出战斗”。[21]

在随后几周内，驻扎在沃季赫的英国军官们不断努力遏制费萨尔突然间变得雄心勃勃的计划，敦促他集中注意力处理眼前的事务，但徒劳无功。其中一名军官——皮尔斯·乔伊斯少校在 4 月 1 日写道：“我仍然认为，谢里夫·费萨尔的全部注意力指向北方……我努力让费萨尔专注于地区性事务和军事行动，但他不知从何处有了非常远大的设想。”[22]

费萨尔的这些雄心壮志究竟从何而来，英国高级军官们困惑不解。他们当然想不到劳伦斯上尉。西里尔·威尔逊在吉达的副手在 3 月初发给开罗的一份报告中对劳伦斯大为赞颂，说他是“无价之宝”[23]。

对杰马勒帕夏来说，可供选择的决策越来越少。自年初以来，各种迹象越来越明显，英国人很快就要发动期待已久的针对巴勒斯坦南部的攻势。到 2 月份，土耳其军队不断后撤，一直撤到了加沙城外，英军依然步步紧逼；德国侦察机发现了海洋一般的帐篷营地和补给站沿着英国人建造的新铁路一线铺开。这条铁路通往 40 英里外的阿里什。虽然对英军兵力的估计说法不一，但有一点很明确，就是它远远超过受命抵挡它的约 2 万名土耳其守军。

273

杰马勒没有任何办法来缩小兵力差距，因为在整个帝国境内，奥斯曼军队都被拖到了崩溃的临界点：在欧洲的两条战线上苦战，在安纳托利亚东部准备迎战俄军，同时在美索不达米亚又在第二支英印军队的进逼下节节败退。即便能从其他战线抽调部队到巴勒斯坦——事实是办不到——也不可能及时赶到巴勒斯坦前线，抵挡英军的进攻。别无选择的杰马勒不情愿地将目光投向驻守阿拉伯城市麦地那的1万名土耳其士兵。

放弃麦地那是个极其痛苦的想法，所以总督才将它一直推迟到了最后关头。麦地那不仅是汉志铁路的最南端，而且土耳其军队一直牢牢控制着这座城市，组织凌乱、缺乏火炮的阿拉伯起义军只能在市郊零星地搞一点狙击，而无法对城市真正构成威胁。所以，麦地那是阻止埃米尔侯赛因将其起义扩展到北方的一座堡垒。放弃麦地那——伊斯兰的第二大圣城，还将给起义军及其英国主子拱手奉上一份巨大的心理胜利，即整个伊斯兰世界眼中的宗教主导地位。

另外，驻守麦地那的土耳其军队是奥斯曼帝国的精锐部队，而且指挥它的还是帝国最优秀的将领之一——法赫里帕夏。如果这支军队到了巴勒斯坦前线，就可能扭转战局。于是，在恩维尔帕夏和德国驻君士坦丁堡总司令部的敦促下，杰马勒在2月末发布命令，放弃麦地那，其驻军开始了沿着汉志铁路北上、前往叙利亚的漫长旅途，并被匆匆赶入加沙的战壕。

这道命令当即引发了一个叫作伊本·阿里·海德尔的人的激烈反应。在前一年夏季侯赛因发动起义之后，君士坦丁堡挑选了海德尔作为麦加新的“合法”的穆夫提①，并将他派往南方，担任最高宗教权威。当然海德尔最南只能走到麦地那，就在那里建立了一个“对立教廷”，和麦加的侯赛因政权分庭抗礼。尽管绝大多数汉志阿拉伯人都不支持海德尔，但他自称是伊斯兰最神圣的圣地的真正

---

① 穆夫提是伊斯兰教教法的权威，负责就个人或法官的询问提出意见。穆夫提通常必须精通《古兰经》、圣训、经注以及判例。在奥斯曼帝国时期，伊斯坦布尔的穆夫提是伊斯兰国家的法学权威，总管律法和教义方面的所有事务。随着伊斯兰国家现代法律的发展，穆夫提的作用日益减小。如今，穆夫提的职权仅限于遗产继承、结婚、离婚等民事案件。

守护者，这就足以让国际穆斯林团体考虑再三，这削弱了侯赛因的号召力。如果放弃麦地那，这样的效果就没有了。“这消息让我毛骨悚然，”海德尔在回忆录中写道，“我匆忙向杰马勒发去了一份措辞强硬的电报，告诉他，放弃圣墓的想法是极其可耻的，如果有必要的话，要保卫圣墓到最后一兵一卒。”[24]

274

穆夫提显然对杰马勒了如指掌，因为杰马勒在发布撤出麦地那的命令的仅仅几天之后就突然间收回了这道命令。土耳其军队将继续驻守麦地那，而在巴勒斯坦处于兵力劣势的部队只能自己想办法去抵抗英军的进攻。

但是土耳其人关于麦地那未来的很快得到决断的短暂辩论却产生了极其深远的影响，这是历史的一个奇怪的小褶皱。这是因为，英国军方的密码专家截获并破译了杰马勒帕夏命令麦地那守军撤退的电报，但没有截获后来撤销命令的电报。于是，在随后几个月内，阿拉伯起义军及其英国顾问将努力去应对一个并不会发生的事件。就是在这些情况下，T. E. 劳伦斯终于对阿拉伯起义及究竟如何作战有了一番伟大的顿悟。

3 月 8 日上午，劳伦斯按照指示在沃季赫码头等待，这时一艘埃及巡逻船“努尔·巴尔”号驶入了港口。他从这艘船上的一名英国陆军信使手中领取了两份非常不同寻常的文件。

第一份文件是杰马勒帕夏命令放弃麦地那的电文抄本。杰马勒的指示是，麦地那的土耳其驻军应当尽快携带所有火炮和其他作战物资沿着汉志铁路北上，在麦地那以北 500 英里处的叙利亚城市马安建立一条新防线，然后从那里尽可能抽调部队增援巴勒斯坦南部加沙的防御阵地。

第二份文件是吉尔伯特·克莱顿从开罗发出的指令。默里将军的巴勒斯坦攻势几周之后就要开始，所以必须阻止加沙的土耳其守军得到任何增援，也就是说，必须尽一切努力阻止麦地那守军北上。阿拉伯起义军应当在英国顾问的技术支持下，大规模扩展对汉志铁路的袭击，尽可能对其加以破坏，若有必要，还应对撤退中的土耳其部队实施拦截。克莱顿按照他一贯的谨慎，指示不要将扩大战事的原因告诉费萨尔或其他阿拉伯指挥官。[25]

这道命令让劳伦斯陷入了一个新的窘境。一方面，集中攻击铁路很符合他自己的想法，即敦促费萨尔集中力量于内陆作战，而避开具有诱惑力的亚喀巴陷阱。但另一方面，阿拉伯起义从一开始的一个主要目标就是占领麦地那，而对起义军来说，奥斯曼军队的撤退几乎像奥斯曼人投降一样，是个巨大的心理胜利。现在阿拉伯人却被要求不仅要放弃自己为之奋斗很长时间的战利品，还要去作战以阻止奥斯曼军队撤退。

275

这当然就是克莱顿要求保守秘密的动机，但它提出了至少两个麻烦的道德问题。如果英国人说服阿拉伯人占据麦地那和马安之间的一段铁路作为阻滞力量，却不告诉他们为什么要这么做，那么他们自然就不会知道，自己恰好处在转移中的麦地那守军的必经之路上。轻装的阿拉伯部落战士在开阔的沙漠中对抗土耳其装备最精良的部队之一的后果不堪设想。同时，英国人要求阿拉伯人在汉志战斗——他们不可避免地会遭受伤亡——完全是为了减轻加沙的英军的压力，减少其伤亡。当然这是军事盟友的义务所在，但劳伦斯认为，英国人有责任将原因告诉他们的阿拉伯盟友。

劳伦斯在几周前泄露《赛克斯—皮科协定》就已经是犯下了叛国罪，所以现在要违反克莱顿的命令就没有什么顾忌了。“虽然有克莱顿将军的命令，”他在当晚写信给西里尔·威尔逊，“我还是把局势的一些情况告诉了费萨尔。我义不容辞，别无选择。”[26]他后来在《智慧的七柱》中记述道，费萨尔听到这个消息后“像以往一样，凭着荣誉感接受了这个任务，并当即表示会竭尽全力”。[27]

目前最直接的任务是将新命令传达给阿卜杜拉——他正率军云

集在瓦迪阿伊斯的汉志铁路附近，决定战局的将是他的部队——但考虑到侯赛因次子的一贯懒散，劳伦斯坚信，必须由一名英国军官亲自去传达这条事关重大的消息，并监督任务的执行。斯图尔特·纽科姆和其他几名熟悉汉志内陆的英国军官要么是在外执行侦察任务，要么是在搞爆破，所以只剩下他自己。在当晚给西里尔·威尔逊的同一封匆匆写就的信中，劳伦斯解释说，由于时间仓促，他的计划是非常临时变通的：

> 我认为，土耳其军队撤退方案的弱点在于运输饮水和粮草的火车。如果我们能严重破坏铁路，让他们无法修复，或者摧毁他们的火车头，那么他们的部队就会停滞不前……要是能阻滞他们10天就好了。恐怕形势非常危险，一触即发。如果能找得到瞬发引信，我会携带一些加兰德地雷。如果时间够的话，我会把地雷布设在尽可能接近麦地那的地方：部分是由于这个原因，我打算自己去。[28]

276

3月10日夜间，在夜色掩护下，劳伦斯在仅仅14名战士保护下出发，踏上了前往阿卜杜拉营地的长达5天的艰难旅程。

这段旅程从一开始就举步维艰。劳伦斯已经患上了严重的痢疾，到次日中午背上又长了疖子。一行人在阿拉伯半岛西部较为荒凉的地区艰难行进时，他只能勉强待在骆驼鞍子上。到3月12日，他的身体状况进一步恶化，有两次因为痢疾发作而晕倒，“爬坡比较困难的部分消耗了我太多体力”[29]。

劳伦斯忍受着病痛的折磨，显然没有注意到他的小小队伍中越来越激化的摩擦，因为这些人来自先前互相敌对的不同部落。旅途开始时还只是善意的打趣，后来却渐渐演化成互相辱骂和隐晦的威胁，紧张情绪一触即发。当晚，冲突爆发了。

队伍在一座叫作瓦迪季坦的山间扎营过夜，精疲力竭的劳伦斯当即在岩石之间躺倒休息。峡谷间的一声枪响打断了他的睡眠。劳伦斯被一名卫兵叫醒，被带去现场。队伍的一名成员，一个叫萨利姆的来自阿格伊尔部落的男子，倒毙在地，太阳穴被子弹击穿。子弹入口处周围的皮肤被烧焦了，这说明凶手是在近处开枪的，也就是说，凶手就是队伍的另一名成员。一个叫哈米德的摩洛哥人很快引起了怀疑。在下午举行的临时法庭上，哈米德供认了自己的罪行，萨利姆的阿格伊尔部落兄弟们要求血债血还。

在之前的几个月里，劳伦斯曾着迷而仰慕地观察费萨尔调解部落间的十几起宿怨，各种争端包括征粮权利，以及延续几十年甚至数百年的族间血仇。在整个战争期间，费萨尔将一直扮演调解人的角色。“会在争吵双方之间清点收益和损失的情况，”劳伦斯后来回忆道，“费萨尔从中斡旋和调解，经常会自掏腰包补足差价，或者用自己的金钱促进双方尽快和解。在两年时间里，费萨尔每天都要这样辛勤工作，将组成阿拉伯社会的无数小碎片拼接起来，按照自然秩序组合成形，他经过的地区的所有血仇都被处理妥当，没有留下任何一起。”[30]

这种调解体制能够奏效，是因为各方都信任调解人的公正公平，但这种体制也有残酷的一面：必要的时候，调解人必须亲自主持公道。 277

在瓦迪季坦，劳伦斯慢慢意识到了，他面前的恐怖景象意味着什么。如果阿格伊尔部落的人坚持要处死哈米德，就非这么做不可；这就是沙漠的法律。如果让萨利姆在阿格伊尔部落的亲属来处决哈米德，虽然能保证前往阿卜杜拉营地旅途中的短期和平，但是一旦消息传到更大范围的起义军中，必然会在阿格伊尔部落（一个非常重要、人口众多的部落）和参加起义的许多摩洛哥人之间引发血仇。唯一的解决方案就是让一个不偏不倚的第三方人士来执行哈米德的死刑，而这个夜晚在瓦迪季坦，只有一个人是“无亲无故的外邦人”。劳伦斯在《智慧的七柱》中写道：“我让哈米德走进山嘴的一条狭窄隘谷，那里非常潮湿，长满野草。前不久下的雨在峭壁上留下的水一滴一滴地敲打着隘谷的黄沙地面……我站在隘谷入口处，给了他几分钟时间，他坐在地上哭个不停。然后我让他站起来，一枪打穿了他的胸膛。”

但第一发子弹没能将他击毙。哈米德尖叫着、挥舞着手脚倒在地上，鲜血喷涌出来，弄湿了他的衣服。劳伦斯又开了一枪，但是手抖得厉害，只打中了哈米德的手腕。“他继续呼喊，声音没有那么大了，躺在地上，两脚朝着我。我俯身向前，开了最后一枪，打中了他颌下的脖子。他的尸体微微颤抖。”[31]

这是劳伦斯第一次杀人。他跌跌撞撞地走回岩石之间自己的铺盖，倒头就睡。天亮时，他的病情非常严重，其他人不得不把他抬上鞍具，才能继续行进。

亚伦·亚伦森终于成功了。或者说，他非常容易受到客气的言辞和充满敬意的听众的影响，因此自以为成功了。

到 1917 年 3 月中旬，在开罗的官僚机构的荒野中漫游了太久的亚伦森终于被英国情报机构认定为他们最重要的情报来源之一，大量情报开始从敌占巴勒斯坦通过他传送到埃及。农学家非常满意地看到，越来越多的英国军官——他们曾经对他不屑一顾，或许是因为他脾气火爆，或许是由于他是个外来者，或许仅仅是因为他是犹太人，或许是三个原因兼而有之——现在来找他征询意见，邀请他共进晚餐。

278 这个突破是从 2 月中旬开始的，当时他登上了间谍船“马纳杰姆”号，又去了一次阿特利特。这一次，天公作美，他们找到了亚伦森的一名同志，一个叫利奥瓦·施内尔松的人。最妙的是，间谍组织已经知晓前几次被留在岸上的英国信使与他们取得联系的情况，所以施内尔松这一次用防水背包带来了许多最新的情报。

“我们立刻离开了，”农学家在 2 月 20 日的日记中写道，“很开心。”

于是，和阿特利特间谍网的联系终于稳固地确立了，在随后的几周和几个月内，乘坐英国沿海船只的信使持续收到了许多关于巴勒斯坦局势的情报。英国人对情报的丰富颇感惊异，同时也为在一年半以前没能抓住第一次机会而懊悔不已。犹太间谍网逐渐扩大到了约 25 人，分布在巴勒斯坦全境，其中很多人在当地政府中担任要职。阿特利特间谍网报告的信息五花八门，从土耳其军事补给站的位置，到每天经过铁路枢纽阿夫雷的运兵火车车皮的数量，不一而足。在清点火车车皮的工作中，他们得到了一位有事业心的人士的帮助，此人在火车站旁开了一个餐饮摊子。犹太密谋者们给自己的组织取了一个代号 NILI，这是《撒母耳记上》中一个段落“以色列的大能者，必不至说谎，也不至后悔” （Nezah Israel Lo Ieshaker）的希伯来文缩写。这个名字对英国人来说太奇怪了，所以他们在官方文件中一直简单地称亚伦森的间谍网为“A 组织”。[32]

考虑到默里在巴勒斯坦的攻势迫在眉睫，亚伦森为英国人提供的对该地区的详细分析特别有价值。威廉·奥姆斯比—戈尔在 2 月撰写的一份长 19 页的关于巴勒斯坦经济的文件大量引用了农学家先前的报告；雷金纳德·温盖特对这份报告非常欣赏，将一份副本发给了伦敦的新任外交大臣阿瑟·贝尔福。[33]亚伦森还应邀对《南叙利亚军事手册》——这是一本入门介绍，英国军官们在进军加沙以北的叙利亚地区时将携带这本手册——进行增补和修正。这本手册在 3 月中旬开始流通之后，人们很快注意到了它的信息的广泛程度，以及来源。亚伦森在 3 月 20 日的日记中写道，军队的一位熟人“祝贺我为《手册》做的贡献，还说司令部里所有人都在讨论这本手册。一定是这样的，因为威廉·埃德蒙兹（亚伦森的联络官）今天告诉我，各处都有人表示，大家对我的工作非常满意”。

当然了，亚伦森在这一切工作中也在追寻自己的目标。他的部 279

分目标是世人皆知的——他从来没有隐瞒过，他加入英国阵营的最重要原因是关心巴勒斯坦犹太定居者的未来——但还有一部分就比较隐晦了。例如，在《南叙利亚军事手册》中，亚伦森对巴勒斯坦的几乎所有犹太定居点以及它们周边的阿拉伯村庄都做了详细描述。他对每个社区的领导人都做了简短的性格描述，并利用这个机会算了一笔账。他总是将盟友描述为“聪明”和“值得信赖”，而对敌人大加贬抑。于是，亚伦森在阿特利特的头号阿拉伯死敌被描述为“敲诈成性的寄生虫”和“狂热的穆斯林”[34]，而提比里亚的一名曾经与亚伦森结下梁子的犹太银行家则被痛斥为“具有东方标准的诚实”。他这么做的效果是，先发制人地将英国人引导到支持他的犹太复国主义盟友的道路上，同时将巴勒斯坦的犹太定居者的重要性大大夸张，尽管他们实际上只占人口的极小部分。或许最关键的是，亚伦森描绘了一幅极其美好的景象，声称默里将军在加沙取得突破之后、进军巴勒斯坦腹地之时会受到民众的热烈欢迎。“全世界犹太人对英国政府的态度是很容易猜测的，”他在2月写道，“在英国旗帜下的巴勒斯坦将会持续不断地吸引犹太人的理性主义、犹太人的智慧、犹太人的资金和犹太人的群众。”[35]

农学家当然知道，他说的这些很少是真实的。在国际犹太人当中，犹太复国主义依然是一个产生分裂的问题，而巴勒斯坦的绝大多数犹太人要么继续忠于奥斯曼政权，要么对政治不感兴趣。这没关系，因为亚伦森的听众是英国军队和政界领导人，而且很少有一个筹划战争的司令部会抵制自己的士兵被当作解放者和英雄、受到热烈欢迎的故事。

亚伦森春风得意，地位一日千里，在3月26日终于得到了自他抵达埃及以来就一直渴望的奖励：面见吉尔伯特·克莱顿将军。这次会谈非常顺利，一周后两人又长谈了一次。其间，默里将军终于发动了他的巴勒斯坦攻势，最初的报告表明，英军取得了压倒性的胜利——“大败土耳其人，”亚伦森在3月29日的日记中写道。

4月3日，克莱顿将农学家召到自己的办公室，征询他的意见：在下一阶段的战役中，英军如何能善加利用自己的优势。

亚伦·亚伦森在发表自己的意见时从来不会羞怯，这一天在吉尔伯特·克莱顿面前当然也是侃侃而谈。他指出，历史上从来没有任何人能够从南面或西面攻克耶路撒冷，因此建议英军继续沿着海岸平原北上，然后从北面杀个回马枪，进攻圣城。当然，和其他纸上谈兵的人不同，亚伦森能够利用自己对该地区的百科全书式的知识——它的道路、地形和水源——来支持自己的论点。他当晚在日记中写道："克莱顿将军兴趣盎然地听了我的意见。道别时，他邀请我再来看他，一旦有了这样好的建议，随时来找他。我走的时候，看到他在看着地图，梦想着。"在同一天的日记中，科学家显得欢欣鼓舞。"我成功地说服了正确的一方，兜圈子是没有用的，巴勒斯坦是一个已经成熟的水果。摇晃一下，它就会落到我们手里。"[36]

280

但这个"我们"究竟包括哪些人，还不清楚：协约国？英国？还是只包括犹太复国主义者？

3月28日，日落时分，劳伦斯和他的起义军战士的前锋登上了一座陡峭的岩壁，向远处眺望[37]。在下方的平坦谷地中，或许有3英里远的地方，是阿巴纳阿姆，汉志铁路的一个主要车站和储水站。在渐渐黯淡的黄昏光线中，劳伦斯观察着土耳其驻军——大约400人——进行晚间的操练。

据报告称，土耳其驻军因为位置非常孤立，特意经常在夜间在车站周边巡逻。这对劳伦斯不是个好消息；他的前锋只有30人，而且从瓦迪阿伊斯到此已经跋涉了3天之久，急需休息。他想出了一个办法。天黑之后，他派了几个人偷偷溜到接近车站的地方，向它的方向胡乱开了几枪。劳伦斯记述道："敌人以为这是大规模袭击的前奏，在战壕里戒备了一整夜，而我们则舒服地呼呼大睡。"

劳伦斯或许比同伴们更需要睡眠，因为折磨他数周之久的痢疾和高烧还没有消退。为了他计划的对阿巴纳阿姆的进攻，他还需要清醒的头脑和足够的体力。

在瓦迪季坦的恐怖经历之后，他强迫自己继续前进，病情越来越重，最后在3月15日上午抵达了位于瓦迪阿伊斯的阿卜杜拉营地。他和阿卜杜拉短暂地谈了一会儿，向后者解释了立即袭击铁路的必要性，随后告辞去休息。但在随后的10天内，他躺在帐篷内，饱受疟疾的摧残。

281 在这漫长的日子里，让劳伦斯更加痛苦的是，他知道在自己无力行动期间，周围发生了什么事情，或者说，没有发生什么事情。阿卜杜拉以懒散闻名，劳伦斯推断，如果要对铁路发动坚决果断的袭击，必须由他本人来领导。这个推断是非常有预见性的。在体力略微恢复、能够走出帐篷的不多的几个时间段，劳伦斯发现阿卜杜拉的营地的气氛依然非常轻浮和放松，就像以往一样，完全没有正在进行军事动员的迹象。

另外，瓦迪阿伊斯的人们并不特别欢迎劳伦斯。阿卜杜拉的亲信圈子里有一种几乎公开的对这位到访英国军官的不信任，甚至是敌意，而埃米尔本人对这种情绪听之任之。劳伦斯过去对阿卜杜拉还有些好感，但现在却变成了鄙夷和嫌恶。“他的漫不经心、吸引人的专横恣意，现在看来是伪装成心血来潮的软弱的暴虐，”他写道，“他的友好其实是反复无常，他的好脾气其实是追欢逐乐……在对他加深了解之后，甚至他的单纯也显得虚假，而天生的宗教偏见压倒了他头脑的敏锐，因为对他来讲，偏见比新思想更舒服。”

3月25日，劳伦斯的病情终于大体好转，有足够的体力活动。他走进了阿卜杜拉的帐篷，宣布自己要亲自指挥袭击铁路的行动。这个宣言受到了热烈欢迎，因为阿卜杜拉“优雅地批准所有不直接需要他自己费力气的事情”[38]。劳伦斯在瓦迪阿伊斯找了一些他认为真正有作战能力的谢赫，很快组成了一支来自不同部落的突击队，大约 800 人，去袭击孤立的阿巴纳阿姆火车站。次日早上，他带领小小的前锋队伍，亲自去勘察地形，制定作战计划。

3 月 29 日一整天，劳伦斯和他的先头小组进入了火车站周围山地的进攻阵地，同时密切观察着土耳其士兵们的常规工作：排队点名、传唤用餐、毫无计划的操练，完全没有意识到，已经有一个陷阱在等待他们。在劳伦斯看来，最妙的是，这天早上有一列火车开进了阿巴纳阿姆车站，停了下来；摧毁一列土耳其火车将是此次行动的一个很大额外奖励，他热切地希望火车在突击队主力抵达前不要开走。

主力部队在当晚渐渐抵达，但让劳伦斯沮丧的是，来的不是他被许诺的 800 名战士，而只有 300 人左右。这迫使他重新考虑，在次日早上能够取得怎样的成果。

282

劳伦斯准备了一整夜时间。他派遣小群战士潜伏在火车站周围的高地上；战斗打响之后，土耳其人将陷入一张火网。一个爆破组被派去阿巴纳阿姆火车站以北的铁路上布雷，而他亲自在火车站以南布雷，这是他第一次将赫伯特·加兰德的布雷课程付诸实践。他的唯一一挺机枪也安排在这里，在一条掩蔽的沟渠内，离铁轨仅有 400 码。麦地那在阿巴纳阿姆以南 40 英里处，所以劳伦斯估计，麦地那的土耳其守军如果要撤退，这里是他们的必经之路，如果有援军前来，肯定也要经过这里。三人的机枪组能够将这片开阔地化为屠场。劳伦斯的准备工作非常详尽和耗时，以至于黎明前不久进攻开始前，他已经累得睡着，后才被人叫醒观察战况。

进攻开始得很顺利。阿拉伯人的两门山炮被藏在山坡上的岩缝处，居高临下俯瞰着火车站，开起火来造成了极大的破坏效果。很快，火车站的两座石制房屋就被直接命中，储水的水罐也被打穿，停在侧线上的一列火车中弹起火。同时，跌跌撞撞地奔向战壕的土耳其人发现战壕也无法保护他们；子弹从三面飞来，他们腹背受敌。

在混乱中，前一天开进阿巴纳阿姆的那列火车隆隆开动，企图向南逃跑。劳伦斯满意地看到，火车触发了他布设的地雷，黄沙和钢铁碎片飞舞开，但随后没有发生任何事情。他等待藏在沟渠内的机枪开火，但等了许久也没有任何动静。土耳其火车技工们安全地下了车，慢慢将火车头损坏的前轮抬回到铁轨上，然后开着火车跌跌撞撞地驶向麦地那。

不久之后，劳伦斯命令停止进攻。土耳其人的援军肯定很快就能赶到，而在下方的最初混战中幸存下来的士兵们现在得到了战壕和黑烟的掩护。燃烧的火车车皮发出的浓浓黑烟裹住了整个车站。劳伦斯推断，除了撤退之外，唯一选择就是向土耳其战壕发动正面进攻，这种做法在阿巴纳阿姆可能像在成千上万的其他战场一样，会造成严重伤亡而徒劳无益。

从伤亡对比的角度看——军人通常从这个角度评判战事的成败——这次战斗是一场大胜。阿拉伯人只有 1 名战士负伤，却打死打伤约 70 名土耳其士兵，俘虏 30 人，并且无疑扰乱了随后几天内汉志铁路的交通。但在劳伦斯看来，这是一场空洞的胜利，因为他知道原本可以取得更好的战果。如果沟渠内的机枪按照原计划开火的话，损坏的火车就会被打成碎片，而不是顺利逃脱。劳伦斯很快查明，机枪组的成员在火车站周围的战斗打响后就放弃了自己的阵地，要么是因为想去观战，要么是因为感到自己离起义军主力太远，位置过于暴露。另外，如果他得到了在瓦迪阿伊斯许诺的 800 名战士，而不是真正到场的 300 人，兵力就会大大超过阿巴纳阿姆守军，就能将其全歼。劳伦斯没能获得自己想要的胜利，只能说“我们没有完全失败”。

让他更加失望的是，经验告诉他，阿拉伯起义将会如何进展。劳伦斯在敦促费萨尔集中攻击内陆并借此进军叙利亚的时候，曾模糊地谈到，这样做可以将铁路沿线的孤立的土耳其守军消灭。但从阿巴纳阿姆的例子来看，真的会那么容易吗？阿拉伯人在阿巴纳阿姆掌握了制高点，有完全出其不意的效果，而且对手只是区区 400 名二线哨所守军，却不能有力地组织起来将其打败，又怎么能指望他们去对抗叙利亚南部较大铁路城镇的数千名守军，更不要说他们背后的麦地那的 1 万名精锐一线部队了。

但另外，阿巴纳阿姆的战斗证明了对劳伦斯来说非常重要的一些东西，因为它能够支持在他脑子里开始成形的一个想法，或者更准确地说，是一系列想法。按照他自己的说法，他是在瓦迪阿伊斯躺在帐篷里养病的漫长日子里有了这些想法的。

问题核心是，面对土耳其军队，阿拉伯起义军究竟能做些什么。自起义爆发以来被派往汉志的几乎所有英国顾问都对阿拉伯人的战斗力非常鄙夷。的确，劳伦斯也多少同意这种看法，因为他自己也说过，掘壕据守的一个连土耳其士兵就能将整个起义军打得抱头鼠窜。

劳伦斯开始认识到，这种观点的问题不仅是它拿欧洲的战争标准来衡量阿拉伯人——这些标准完全不适用于阿拉伯的地形，还有那些顾问们盲目地忽略了地形能够带来的巨大优势。换句话说，就是空间：大约 14 万平方英里的开阔地。

“土耳其人怎么能守得住这么大的空间呢？”劳伦斯问道，“如果我们像一支常规军队那样旌旗招展地去进攻的话，他们无疑会建设一条战壕线。但假如我们是一种影响力，一种观念，一种无形之物，无懈可击，既没有头也没有尾，像气体一样四处飘荡呢？……大多数战争都是接触战，双方努力互相接触，避免战术上的奇袭。我们的战争应当是一场脱离接触的战争。我们要用广袤无垠的未知沙漠的沉默威胁来遏制敌人，在我们真正进攻之前不要暴露自己。” 284

当时的观念陈腐老朽的英国军方或许对这种观念很陌生，但它并不真正新鲜，而是有史以来战争中较弱的一方惯常使用的经典战略。毕竟，如果你的兵力和武器装备不如敌人，径直向敌人猛冲只能确保你早一点进坟墓或者坐到投降谈判桌前。独特之处在于，劳伦斯将其应用于阿拉伯战争。

自他抵达阿拉伯半岛以来，阿拉伯起义军和英国顾问的最高目标就是占领麦地那，那样的话就能让阿拉伯半岛摆脱长达4个世纪的土耳其统治，战场也就能北移。当前阻止土耳其人撤出麦地那的战斗让这个问题复杂了一些，但最终目标没有变。对英国人和阿拉伯人来说，看到奥斯曼旗帜从伊斯兰教的第二大圣城落下，是一个重大的胜利，并将打开通往其他胜利的道路。劳伦斯现在却主张，不要去占领麦地那，既不用武力去攻打，也不要求它投降："土耳其人在那里危害不到我们。如果将他们投入埃及的战俘营，我们还得提供粮食和警卫。我们希望他们尽可能多地留在麦地那，以及所有的偏远地区。"[39]

根据劳伦斯的新想法，后续的正确战略是让土耳其人几乎无限期地留在麦地那。为了达成这个目标，不应当像英国人希望的那样，将汉志铁路彻底摧毁，而是让土耳其人的补给线勉强维持，足以让麦地那守军支撑下去。这支守军能够生存下去，但是无力撤退或者发动进攻，于是就会变成俘虏，甚至比俘虏更妙，因为供养他们的负担仍然是在土耳其军队的肩膀上。

这种想法并不仅适用于麦地那。劳伦斯预计，如此剥夺麦地那守军战斗力之后，阿拉伯人可以将起义扩展到叙利亚，在那里继续执行这种战略：将有驻军的较大城镇让给土耳其人，而在乡间游击，自行选择目标，袭击敌人的薄弱环节，不断扰乱敌人的补给线，直到土耳其人的存在被限制为阿拉伯解放海洋中的若干武装小岛。

这种让阿拉伯部队"像气体一样四处飘荡"的想法产生之后，

285 劳伦斯不可避免地将注意力转向了地图上那个让他烦恼了两个多月的地点：亚喀巴。

对阿拉伯人来讲，亚喀巴的麻烦之处在于，如果他们作为英法的副手进入该城，那里就会变成他们的陷阱，但如果他们希望继续进军叙利亚，这座港口依然是至关重要的。如果能从土耳其人手中夺下亚喀巴和汉志铁路之间的山地，阿拉伯人在叙利亚南部作战时的补给线就能缩短到60英里，而不是从沃季赫出发的300英里。但如何才能肃清那些山地，同时还能不受制于英法呢？

在之前考虑这个难题时，劳伦斯选择的是显而易见的常规方案，并指出，阿拉伯部队沿着铁路线北上，沿途扫荡土耳其人控制的城镇时，驻扎在亚喀巴的土耳其驻军最终就会被切断；然后可以从内陆一侧派遣一支阿拉伯队伍越过山岭将其占领。但现在有了“像气体一样四处飘荡”的想法之后，他开始形成了一个远为大胆的计划。并不一定要等占领土耳其人在内陆的驻军城镇之后，也不要等阿拉伯人开始大规模北上之后才去占领亚喀巴。劳伦斯相信，一小群机动性强的阿拉伯战士或许可以不被察觉地溜到马安（通往亚喀巴的公路在内陆的末端）附近，在那里发起一系列貌似毫无规律的牵制性攻击。土耳其人遭到这些袭击之后会高度警惕起来，在自己的防御阵地中高度戒备，而无法预知下一次进攻会从何方而来[40]。阿拉伯部队就可以抢在土耳其军事领导层反应过来之前迅速越过山岭，从内陆一侧进攻亚喀巴。

4月初，劳伦斯带着这些想法——尽管还在萌芽状态，肯定还没有考虑好如何解决后勤的难题——结束了袭击铁路的行动，返回阿卜杜拉的营地。在那里，费萨尔的一封哀伤的信件在等待他。

“听说你病了，我非常难过，”费萨尔用蹩脚的法语写道，“我希望你已经好转，并尽快、尽早回到我们身边。有鉴于问题的紧迫性和事情发展的快节奏，我们这里非常需要你。”他在信件结尾用抱怨的语调写道：“你并没有许诺要在那里待很久。所以我希望你见信后尽快回来。”[41]

于是，劳伦斯尽快返回了沃季赫。

第 12 章
大胆的计划

286 各级官兵都认为，这是一场辉煌胜利，如果当天早些时候进展正常，原本就能稳操胜券。

——1917 年 3 月 28 日，查尔斯·多贝尔中将对英军在加沙战败的评价[1]

在黎明前的黯淡光线中，劳伦斯看到了沃季赫郊外破破烂烂的房屋，于是命令他的小小的骆驼队伍停下。他自四天前离开阿卜杜拉营地以来就没有洗过澡。他希望换掉污秽、积满灰尘的长袍，体体面面地去见费萨尔。

这一天是 1917 年 4 月 14 日。劳伦斯离开沃季赫只有一个多月，但他返回时看到的却是一个完全不同的世界。在 35 天的时间里，在全球和中东舞台都发生了极其重大的事件，他或许一下子还很难完全理解。

3 月中旬，也就是他出发前往阿卜杜拉营地的几天之后，俄罗斯延续 300 年的罗曼诺夫皇朝突然崩溃。工人要求结束战争，发动了令全国瘫痪的罢工，而近似哗变的军队拒绝对这些工人进行镇压，沙皇尼古拉二世被迫退位。取代沙皇的临时政府承诺让俄国留在协约国阵营，但乱局越来越严重，其他欧洲国家都很怀疑，彼得格勒信守这个承诺还能有多久。事实上，尽管当时还没有意识到，287 俄国新政府毁灭的种子已经通过世界历史上最成功的颠覆行动之一播下了。4月1日，德国秘密警察悄无声息地集合了一群俄国左派流亡者——他们既反对沙皇，也反对温和的新政府——并安排他们回国。这些踏上归途的异见分子中有一个叫作弗拉基米尔·伊里奇·乌里扬诺夫的马克思主义者，他后来以“列宁”的名字闻名天下。

俄国的局势虽然对英法领导层来说令人非常不安，但却在另一个方面带来了益处。伍德罗·威尔逊总统拒绝让美国参加协约国阵营的一个关键原因是，他对倒行逆施的沙皇政权非常憎恶。在美国总统看来，有了彼得格勒的温和派新政府之后，俄国突然间成了“荣誉的联盟的合适伙伴”[2]。再加上德国再度在大西洋开展潜艇战，以及德国引诱墨西哥进攻美国的可耻阴谋被揭露，威尔逊有了政治上的掩护，最终在4月初对德宣战。要将美国和平时期规模极小的军队扩充成一支主要的作战力量，并将它运过大西洋，涉及极大的后勤问题，所以美国“大兵”们在西线战场发挥重大作用还需要很长时间——大多数战争筹划者们估计需要至少一年——但随着战争继续而越来越接近破产的法国和英国听到美国参战的消息都长舒了一口气。

中东也发生了惊天动地的大事。3月26日，也就是劳伦斯出发去袭击阿巴纳阿姆火车站驻军的那天，阿奇博尔德·默里将军终于向加沙的土耳其防御阵地发动了进攻。战斗持续到第二天，非常混乱，断断续续，英军有好几次已经到了决定性胜利的边缘，每一次却都白白浪费了自己的优势，最后在土耳其援军接近时不得不停止进攻。战役的结果与亚伦·亚伦森在日记中记录的“大胜”和默里的一线指挥官在最初的公报中描述的“辉煌胜利”大相径庭。英军虽然占据至少三对一的兵力优势，却伤亡超过4000人，而土耳其军队伤亡不到2000人，而且控制了战场。战役结束后，土耳其人向英军战线抛撒传单，对其大加讥讽：“在公报上，你们是胜利者；但在加沙，我们是胜利者。”[3]这种说法是很有道理的。4月

14日劳伦斯返回沃季赫时，默里将军在巴勒斯坦南部重整旗鼓，准备再试一次。

288 但在劳伦斯的叙述中，这一天对他来讲因为另外一件事情而难忘：他第一次见到了奥达·阿布·塔伊。

自第一次到汉志以来，劳伦斯已经久闻奥达·阿布·塔伊的传奇式功业。他是西北部强悍的霍威塔部落的领袖。费萨尔早就在努力把这位酋长拉拢到起义军的阵营中来，派去许多使者奉上信件、礼物和承诺，并招待了奥达的许多副手。起义军占领沃季赫之后，已经抵达霍威塔部落领地的外围，于是奥达终于亲自到海边来会见费萨尔。当天，在费萨尔和劳伦斯的重逢聚会上，奥达应邀前来。

劳伦斯往往能够在第一次见到某人时对其做出极其深刻和细致的描述，当然他的第一印象未必准确。很少有人比奥达·阿布·塔伊给他留下的印象更深。“他现在肯定将近50岁了（他自己只承认是40岁），”劳伦斯在一份战时快件中写道，“而且他的黑胡须已经夹有银丝，但他仍然高大强健，腰杆笔直，身材颀长，精瘦而结实，像比他年轻得多的人一样活跃。他的面庞满是皱纹，显得狂野不羁，是纯正的贝都因人的面容：宽阔而较低的前额，高高的尖利的鹰钩鼻，褐绿色的眼睛有些丹凤眼的样子，大大的嘴巴。”

奥达除了外貌引人注目之外，还极具领袖魅力，而且作为沙漠战士而威名赫赫。“他结过28次婚，负伤13次，在战斗中曾目睹自己所有的部落成员受伤，以及大多数亲属战死。他只说到了自1900年以来杀人的数量，现在的杀人总数是75名阿拉伯人，杀死的土耳其人则从不计数。在他领导下，霍威塔部落成了阿拉伯半岛西部最精锐的作战力量……在他眼中，人生是一部传奇，所有的事件都意义重大，所有的人物都是英雄。他的脑袋里装满了昔日袭击的故事和战争史诗，讲起来滔滔不绝。”[4]

劳伦斯虽然没有明说，但他对奥达·阿布·塔伊兴趣盎然的一个重要原因是，他与费萨尔·伊本·侯赛因形成了鲜明的对比。劳伦斯仍然非常推崇费萨尔，因为他是阿拉伯起义的政治主导，能够争取到各个桀骜不驯的氏族和部落，将他们团结到起义大旗下，但他也越来越清楚地看到，埃米尔侯赛因的第三子不是个天生的战士。恰恰相反，费萨尔似乎不喜欢暴力，而且尽可能避免亲自参与暴力活动。西里尔·威尔逊曾讥讽说他是个“不能承受战斗的喧嚣”的人。

在最近加强袭击汉志铁路的行动中，费萨尔的这个弱点暴露得非常明显。为了激励阿拉伯战士们奋勇拼杀，劳伦斯和其他英国军官一道，敦促费萨尔撤离沃季赫，前往起义军在瓦迪阿伊斯的主要集结地。费萨尔回绝了这些恳求，有时说缺少骆驼，有时又说他需要待在海岸，以便亲自接见前来投靠起义军的诸多部落代表团。这种态度让一些英国军官私下里得出结论，他有些怯懦。这种评估既不公正，也不正确，因为费萨尔在杰马勒帕夏和大马士革的阿拉伯民族主义者之间周旋了几个月，表现出了极大的勇气，但这种勇气与奥达·阿布·塔伊这样的对厮杀的渴望不是一回事。

289

在劳伦斯眼中，费萨尔还有一个缺点就是优柔寡断。或许作为一名调解人和耐心的聆听者，就需要这样的品质，但是这位埃米尔——费萨尔在父亲于10月份自封为国王之后就获得了埃米尔的头衔——却有些耳根子软，原本已经拿定主意，听了别人的敦促和意见之后就会改主意。劳伦斯后来评论说：“费萨尔尽管自己的判断更高明，却容易被人左右。”[5]

最近的一个例子是，在2月，劳伦斯向费萨尔吐露秘密，为什么参加协约国对亚喀巴的攻势对阿拉伯人来说是个潜在的陷阱，而对他本人的风险极大。得到这一信息之后，费萨尔不准大家再谈立即进攻这座港口的事情。劳伦斯在3月初离开了沃季赫一个短暂时期，回来时却发现费萨尔又一次被部落盟友说服，打算立刻发动进攻。劳伦斯又花了不少工夫，才把费萨尔扭转回来。

事实上，劳伦斯在瓦迪阿伊斯的时候收到的费萨尔恳求他立刻返回的信，或许就是因为费萨尔又要来个 180°大转弯。3 月底有传闻抵达沃季赫，称法国人即将在叙利亚海岸发动一次两栖登陆——也有人说他们已经登陆了，于是费萨尔感到，法国人可能凭借既成事实抢走叙利亚。4 月 1 日，爱德华·布雷蒙来访，并再次敦促费萨尔让法国“联络官”常驻在沃季赫的阿拉伯部队。这让费萨尔更加担忧。费萨尔又一次拒绝了布雷蒙，但他感到有必要尽快取道亚喀巴进军叙利亚。于是，劳伦斯这一天在沃季赫的首要任务就是确定这种传言是错误的，并让费萨尔冷静下来。埃米尔的软耳根除了让人厌倦之外，还非常危险；劳伦斯现在可以重新说服他，但下一次有主张进攻亚喀巴的酋长或者阴险的布雷蒙上校到访，又该怎么办？

290 当然有个明显的回答：立刻执行劳伦斯在脑子里已经酝酿的大胆的内陆进攻计划，尽快前往亚喀巴，控制了这座港口就能控制更远的北方。而且，这一天聚集在沃季赫的阿拉伯酋长当中就有一位勇敢无畏、坚忍不拔的战士，或许能够完成这个计划：奥达·阿布·塔伊。

但是出现了一个新的事端，而且与费萨尔的反复无常有直接关联。3 月初，费萨尔又 ·次热衷于进攻亚喀巴的时候，一名在沃季赫的英国军官将这情况报告给了吉尔伯特·克莱顿。克莱顿的回复是一道高度机密的命令，只有劳伦斯和另外两名在阿拉伯半岛的英国军官可以阅读。劳伦斯动身前往阿卜杜拉营地的时候，这道命令还没有抵达。但他在 4 月 14 日返回时，它已经在等他了。

“费萨尔进军亚喀巴对我们目前来说不是好事。”克莱顿如此写道。他声称主要原因是担心费萨尔会分心，不能集中力量袭击汉志铁路，但在信件的末尾暗示了他如此论断的真实原因。“在当前局势下，有一支阿拉伯部队出现在亚喀巴未必是好事，因为那会让很多部落骚动起来，现在最好让这些部落保持安静，直到时机更成熟。”[6]

劳伦斯与吉尔伯特·克莱顿这位战略大师关系甚笃，而且从开罗的情报机构也搜集到了许多信息，所以他很快就领悟了克莱顿将军的潜台词。劳伦斯在2月向费萨尔发出的警告是完全正确的——英国人想要将亚喀巴据为己有——但他们不仅是要将阿拉伯人困住，而且根本不希望阿拉伯人出现在亚喀巴（事实上，克莱顿很快就在给雷金纳德·温盖特的一封信中将这一点说得一清二楚："一旦让阿拉伯部队占领亚喀巴，他们之后就很可能将其占为己有；在战后，亚喀巴有可能对埃及的防御计划至关重要。因此，英国必须在战后牢牢控制亚喀巴。"[7]）

在4月14日，劳伦斯可以找出很多理由来否认克莱顿在3月8日发出的指令的真实意图——过了5周，这道命令已经过时；它仅仅指出什么事情是"好事"，而并非明确的命令——但他一定非常清楚英国军方措辞特有的拐弯抹角，知道现在继续执行自己的亚喀巴计划就是公然抗命不遵。但是，劳伦斯在两个月前还向费萨尔泄露了一项绝密外交协议的细节，而只有英国政府上层的少数人才知悉此项协议。

4月14日这个重大日子的某个时刻，或许就是劳伦斯、费萨尔和奥达三人单独在费萨尔帐篷中时，劳伦斯将自己的亚喀巴计划告诉了另外两人。奥达毫不犹豫、热情洋溢地表示支持，看来劳伦斯从一开始就没有看错这位酋长。"过了片刻，我知道了，"他写道，"此人如此强悍和直率，我们一定能够达成目标。他就像一位游侠骑士一样来到我们身边，对我们在沃季赫的耽搁非常不耐烦，一心只想着在自己的土地为阿拉伯民族的自由做一份贡献。如果他的实际表现能有他的热情的一半，我们就一定能繁荣昌盛。"[8]

291

1917年4月18日，也就是劳伦斯返回沃季赫4天之后，一艘法国驱逐舰溜出意大利的一个港口，向东南方航行，进入地中海。坐在这艘船上的就是那两位中层政府官员，他们在一年前秘密地瓜分了中东，将其划分为英法两国的势力范围，并在此过程中让自己的名字永载史册：马克·赛克斯和弗朗索瓦·乔治—皮科。他们的目的地是埃及的亚历山大港，他们的使命是为该地区风云变幻的军事局势带来政治秩序。

或者说，至少在几个月前他们的此次行程最早被提起的时候，局势似乎是那样的。尽管自开战以来几乎各条战线都陷入悲惨的僵局，但英法政府仍然都还习惯性地在远远没有取胜之前就开始争夺战利品。1917 年初，阿奇博尔德·默里将军蓄势待发要进攻巴勒斯坦的时候，两国政府的口角不可避免地转向了中东。

法国坚决要保护自己对叙利亚的帝国主义主张，于是发动了两面夹攻。首先是拼命搜刮在该地区的为数极少的法国部队，将其配属给默里的军队。法国人打着协约国之间团结互助的幌子提出这个要求时，英国人以作战计划已经接近完成、无法配属这些单位为由拒绝了。法国人火冒三丈，指控英国人要背叛盟友。英国一线指挥官不得不让步，但非常不高兴。“当然，我们没办法拒绝这些法国部队加入我们，”默里的副手林登·贝尔将军在 3 月中旬向阿拉伯局的一名成员透露道，“但你能想象得到，他们对我们来说是多么碍手碍脚。”[9]

在外交阵线上，巴黎坚持要求让一名法国政治官员伴随默里的部队进军巴勒斯坦，这当然也很讨厌，但伦敦同样感到难以拒绝。1 月，法国宣布，这名官员将是乔治—皮科，英国突然感到自己也需要派一名自己的政治官员来陪伴乔治—皮科。最佳人选当然就是皮科的谈判老搭档马克·赛克斯。

但这项新使命让赫尔的议员颇感为难。在与皮科讨论英法在中东的势力范围的界线时，赛克斯从来没有告诉这个法国人——或任何其他法国人，这条界线可能与英国已经向侯赛因国王许下的诺言相抵触。这种抵触最严重的地方是在叙利亚。英国人把叙利亚卖了两次，在侯赛因—麦克马洪通信中承认它的独立，在《赛克斯—

皮科协定》中又承认法国对其拥有主宰权。

只要皮科还在法国，侯赛因的起义军还在汉志，而且土耳其人还统治着叙利亚，就没什么直接问题，但现在阿奇博尔德·默里即将攻入巴勒斯坦，赛克斯和皮科按计划将跟随他的部队，于是这些微妙的问题就突显了出来。马克·赛克斯在即将踏上埃及之旅时，感到自己面临着许多不愉快。

但他突然想出了一个非常巧妙的解决办法。他可以不带乔治—皮科去见侯赛因国王，而是带他去见一群叙利亚流亡者，这些人是不知道英国人对阿拉伯人许下的诺言的。这些不明就里的叙利亚人或许会对英法愿意赏给他们的有限自治感激涕零，而这种感激态度或许也会让法国人心慈手软一些。2月22日，赛克斯写信给英国驻埃及高级专员雷金纳德·温盖特，请他帮忙在开罗组织一个叙利亚流亡者代表团，好让他和皮科与这些人讨论其家园的未来地位。

假如这个代表团需要有一名来自汉志的代表，赛克斯建议选择一位“德高望重、生性温和，并且不愿意骑马或者过多运动的人”[10]。赛克斯真是精力充沛，在这封信中还附了他为起义军设计的旗帜的许多草图（有意思的是，马克·赛克斯的真正才华或许在旗帜设计上。侯赛因国王后来选择了赛克斯的一份设计，作为自己的旗帜）。

温盖特对赛克斯玩世不恭的请求大感震惊，向外交部发了一份电报指出，英国是向侯赛因国王做出的承诺，所以肯定要由侯赛因来选择哪些人去见赛克斯和皮科。赛克斯很快驳斥了这种想法，向温盖特表示，“并不需要让侯赛因国王产生这种印象，即需要从头开始讨论叙利亚的未来。”赛克斯暗示说，高级专员这是在多此一举。“我们真正需要的是一些有地位的人，能够代表阿拉伯民族党，代表叙利亚穆斯林的观点，签署宣言，并批准当地的一些安排”。[11]

293

但马克·赛克斯和皮科正在准备前往埃及的时候，消息传来，默里于3月26日在加沙城下兵败。赛克斯一定是松了一口气。默里的下一次尝试一定能成功——面对英军的强大威力，土耳其荒唐的狗屎运不可能维持多久——但赛克斯就有了喘息之机来对付在开罗等待他的错综复杂的雷场。

这片雷场还不仅限于叙利亚问题。在过去的几个月中，马克·赛克斯一直在静悄悄地制定一个新计划，如果一切顺利，就能轻松地智胜他的旅行伙伴弗朗索瓦·乔治—皮科。

根据《赛克斯—皮科协定》的原始条款，巴勒斯坦将被从叙利亚分割出来，成为“国际共管区”，由协约国的三个主要国家——英、法、俄共同管理。但在一同推敲协定文本的几个月中，赛克斯抓住机遇，耍了个心眼。通过迎合巴勒斯坦的不同群体——尤其是对法国高度不信任，而对沙皇俄国恨之入骨的犹太复国主义者，英国或许可以宣称三国共管的设想是不切实际的，而将巴勒斯坦作为英国单独管理的保护国。在1916年春季，赛克斯第一次将这种想法上报给外交部时，遭到了严厉批评——外交大臣格雷让他将这种想法从自己脑子里“剔干净”[12]，但是一年之后，这个想法又在赛克斯高度活跃多产的脑子里浮现出来。

一个原因是，外交大臣格雷已经是过去时，在1916年12月他和阿斯奎思政府的其他人一起下台了。阿斯奎思政权主张集中力量于西线，所以对任何有可能激怒始终非常敏感的法国人的外交策略都十分谨慎，而大卫·劳合·乔治和他的外交大臣阿瑟·贝尔福的新政府倾向于“东线”，就不那么照顾法国人的感受了。他们急于在战争中取得突破，不管是在哪里，只要能有进展就可以，所以对东线的作战非常重视，如果在那里取得成功意味着要惹恼法国人，也只算是小小的代价而已。

新政府还有一项变化对赛克斯非常有利。阿斯奎思政府受到的一个主要指责是缺少明确而恒定的战略方向。作为回应，劳合·乔治组建了所谓的战时内阁，只有五名高级政治家作为成员，拥有极大权力，可以主持英国战争努力的几乎方方面面。新政府对新颖的解决方案胃口很足，一个表现就是将马克·赛克斯提升为战时内阁的助理秘书，负责主持中东事务。

294

赛克斯在10月和11月与亚伦·亚伦森的谈话同样非常关键。在这些谈话之后，赛克斯受到了激励，感到利用犹太复国主义作为在巴勒斯坦的亲英工具大有可为，于是在1916年初冬静悄悄地和英国的犹太复国主义领袖们作了一系列会谈。这些会谈的高潮发生在1917年2月7日，赛克斯在伦敦的一座宅邸与一批地位极高的英国“犹太绅士”们进行了一次非同寻常的会晤[13]。这次会议的特别之处在于，赛克斯一开场就说，他是在外交部和战时内阁都不知情的情况下参加此次会议的，所以他们的会谈必须严格保密。8位与会者中有沃尔特·罗思柴尔德勋爵、前任内政大臣赫伯特·塞缪尔，以及一位即将在赛克斯的巴勒斯坦计划中扮演极其重要角色的人物，未来的英国犹太复国主义联盟主席哈伊姆·魏茨曼。

魏茨曼时年43岁，是来自沙皇俄国的移民，精力充沛，蓄有山羊胡子，曾经是曼彻斯特大学的化学讲师，在之前的10年中成为英国犹太复国主义运动最雄辩而有说服力的活动家之一。他在国际犹太复国主义会议上是一位重要人物，并且决心要将演讲化为行动。1908年，他协助组建了巴勒斯坦土地开发公司，打算要将巴勒斯坦的耕地全部买下，供犹太人定居。但魏茨曼最吸引英国官员注意的地方是他在化学方面的工作。在会见赛克斯的不久之前，他发明了一种革命性的工艺，可以人工合成丙酮，而丙酮是炸药的关键成分。他将这项发明奉献给英国军火工业，赢得了英国政府的无比感激。他的贡献肯定消除了他身为明娜·魏茨曼（库尔特·普吕弗曾经的情人，于1915年因替德国人在埃及刺探情报而被捕）的兄长而造成的负面影响。尽管偶然但非常幸运的是，在曼彻斯特大学教书期间，魏茨曼还赢得了当地议员对犹太复国主义事业的同情。这位议员就是阿瑟·贝尔福，新任的英国外交大臣。

在2月7日的会议上，英国犹太人领袖们强调指出了马克·赛克斯非常希望听到的东西：国际犹太复国主义运动，尤其是巴勒斯坦的犹太复国主义定居者绝对不会接受三国共管巴勒斯坦。所有人都要求由英国单独控制该地区，或者按照其中一位与会者说的那样，建立“英国国王治下的在巴勒斯坦的犹太国家”[14]。作为回应，赛克斯宣称自己已经做好准备，要将犹太复国主义观点呈报给战时内阁。他同时建议与会的大人物们开始游说其他地方的犹太人，甚至“愿意提供陆军部的电报设施，帮助他们秘密地与巴黎、彼得格勒、罗马和华盛顿的犹太复国主义领导人取得联系”[15]。

295

与此同时，来自赫尔的政治家还是不能忘却自己的无忧无虑的乐观和撒谎骗人的表达。在2月7日的会议上，赛克斯表示，他认为阿拉伯人不会反对巴勒斯坦的犹太定居者增加——这个论断很有意思，因为即便是到了这么晚的时刻，阿拉伯人仍然不知道，协约国在对巴勒斯坦垂涎三尺（当然，他并不知道，就在此刻，劳伦斯正在把《赛克斯—皮科协定》泄露给费萨尔）。赛克斯询问犹太人对三国共管意见如何时，罗思柴尔德勋爵起了疑心，于是直截了当地问，英国政府对法国人在该地区许下了什么诺言。赛克斯的回答令人震惊：“法国人在巴勒斯坦没有特殊地位，也没有权利得到任何东西。”[16]马克·赛克斯在最近几个月里已经干了很多歪曲事实的事情，他制造的半真不假的谎言和互相矛盾的计划越来越多，他很快就连自己也搞不清楚了。在2月7日的会议上，他又制造了上述的两个谎言，第一个或许是想当然，第二个则是彻头彻尾的撒谎。

同时，他非常聪明地认识到，万事万物都不是静止的，一旦发生什么新事件，或者一线的境况发生变化，一切就可能被再次打乱，他的一些难题就不攻自破了，并且还会得到新的机会来达到自己的目标，尽管这些目标也不是一成不变的。另外，赛克斯在4月份乘船前往埃及的时候，将与一个懂得大胆行动的人重逢：亚伦·

亚伦森。

来自阿特利特的农学家与静悄悄地在伦敦和赛克斯密谋的那些人是完全两个类型的犹太复国主义者。那些人头脑清醒而审慎，手段也很绅士，而亚伦森急躁鲁莽，缺乏耐心，而且因为真正在巴勒斯坦实践过犹太复国主义的“梦想”而坚强冷酷。与伦敦的同行相比，他对巴勒斯坦的未来也有着更为广阔的设想：不仅是英国保护下的扩张了的犹太居民点，而且最终成为一个真正的犹太国家，从地中海海岸延伸到约旦河以东，直至大马士革城下。亚伦·亚伦森是个激进分子，但马克·赛克斯深知，往往是激进分子才能推动变革。

在4月中旬，一位敌人给他和亚伦森奉上了一份厚礼。那就是杰马勒帕夏。 296

让史上所有致力于防守的军事指挥官们恼火的是，平民似乎有个习惯，就是待在家里不动，一直待到入侵的敌军兵临城下。然而一旦箭矢或者子弹或者导弹开始乱飞的时候，平民却开始拖家带口、携带着锅碗瓢盆，慌不择路地逃难。毫不奇怪，这种匆匆忙忙的大逃亡最常见的结果是，通往战场的所有道路发生严重的交通堵塞，往往造成道路彻底瘫痪，守军很难将援军调上前线。为了防止这种情况发生，军队往往会预先将平民赶出可能成为战区的地方，如果有必要，就用刺刀将平民驱逐出去。在第一次世界大战的最初两年半中，在西线战场，由于战线僵持不动，极少发生强制疏散平民的事情。但在东方，尤其是奥斯曼战线，这种事情却是司空见惯。

奥斯曼人很容易就运用起了这种政策，而且也不仅仅是为了军事上的便利。几个世纪以来，君士坦丁堡的历代苏丹都深知自己在军事上的相对劣势和帝国的多民族特性，因此多次在面对外部威胁时实施焦土政策，将某地区的居民全部连根拔起、彻底疏散，以防止他们私下里或者公开地与入侵者合作。如果时间允许，还要将入侵者必经之路上的牲畜、农业设备和存粮，以及所有可能为敌人所用的物资全部运走，运不走的东西就烧毁、砸毁或者下毒。

青年土耳其党在其他领域都是改革派，他们在 1908 年上台后没有理由去采纳这种旧传统；或者更有可能的情况是，事态发展太快，他们来不及这么做。在 1912 ~ 1913 年的巴尔干战争中，几乎所有参战的军队都将整群的平民强制驱逐，主要原因不是为了军事上的便利，而是为了执行一个世纪后被称为种族清洗的政策。这场大规模的悲剧——数十万土耳其人、保加利亚人、马其顿人和希腊人被永久性地逐出祖先的家园——虽然在很大程度上已经被遗忘，却为 1915 年春季的一场更为残暴和致命的惨剧，即安纳托利亚的亚美尼亚人被驱逐，立下了一个先例。虽然有着这场前不久发生的可怕事件，而且杰马勒帕夏本人还努力去缓和亚美尼亚人的处境，297 但在 1917 年初，他自己的叙利亚领地受到威胁的时候，他还是选择了驱逐政策。

起初还没有什么可争议的地方。2 月底，英国侵略军重兵云集在加沙城下，显然蓄势待发，于是他命令将该城的约 8000 名平民疏散。叙利亚总督有理由为了自己的选择祝贺自己；3 月底，英军发动进攻的时候，加沙以北和以东的道路畅通无阻，土耳其人得以迅速派来援军，取得胜利。

这场战役之后，杰马勒和他的德国指挥官们研究了更大范围的巴勒斯坦南部地区的地图；英军肯定会再试一次，而且肯定不会从同一地域再度进攻。在推测敌人下一次进攻可能在何处的时候，杰马勒的注意力集中在加沙以北约 40 英里处的海岸城镇雅法。

整个 3 月，杰马勒的司令部听到了许多传闻，称英军或许会绕过加沙的土耳其防线，而在它北面实施两栖登陆。雅法的海滩很平坦，风浪也小，是个几近完美的登陆场，而且这个城镇的人口成分很复杂，4 万居民中约有 8000 名犹太人和 4000 名基督徒，这些人

T. E. 劳伦斯（左一）与他的四个兄弟（从左向右：弗兰克、阿诺尔德、罗伯特和威尔）。T. E. 劳伦斯于 1915 年在开罗开展“文牍战争”的同时，弗兰克和威尔都在西线阵亡。
Bodleian ref: MS. Photog.c.122, fol.3

学者、间谍和臭名昭著的风流浪子：库尔特·普吕弗在开罗，1906 年
© Trina Prüfer

破落贵族威廉·耶鲁是第一次世界大战期间美国在中东的唯一一名情报人员，同时仍然是标准石油公司的秘密雇员。

〔左图〕魁梧的壮汉：亚伦·亚伦森，卓越的科学家，热诚的犹太复国主义者，中东最成功的间谍网的领导人。

〔右图〕英国人在国外：1912 年，T. E. 劳伦斯（右）和伦纳德·伍莱在卡尔基米什考古发掘现场。劳伦斯后来回忆说，在卡尔基米什的时期是他一生中最幸福的时光。

达霍姆，劳伦斯在卡尔基米什的年轻助理。劳伦斯将《智慧的七柱》献给了他。

［左图］斯图尔特·纽科姆在神秘的寻漠探险活动中是劳伦斯的上级，后来把他带到了战时开罗，从事情报工作。

［中图］威廉·耶鲁家的万贯家财灰飞烟灭之后，他加入标准石油公司，前往奥斯曼帝国执行一项寻找石油的秘密行动。

〔右图〕花花公子在圣地：为了保密，耶鲁和他在标准石油公司的伙伴（左二：J.C. 希尔；右二：鲁道夫·麦戈文）装扮成游览圣经时代遗迹的富裕的“花花公子”，但这番伪装的效果很有限。

德皇威廉二世，德意志的恺撒。他的整整一代臣民，包括库尔特·普吕弗，都被威廉二世的好战要求——德国应当享有“太阳下的崇高地位”——所振奋鼓舞。

“德皇的间谍”马克斯·冯·奥本海默伯爵，也是库尔特·普吕弗的导师。奥本海默在沉溺于考古学、女奴和赛马的同时，梦想着通过伊斯兰圣战在中

1915 年 2 月，普吕弗在土耳其军队进攻苏伊士运河的前夕。尽管他在私人日记中预感到大祸临头，但还是敦促攻势展开。

〔左图〕基钦纳勋爵于 1914 年 8 月被任命为陆军大臣。其他人估计战争会很快结束，轻松得胜，但他却预言，这场战争会耗尽英国的人力，“只剩最后100 万人”。

〔右图〕雷金纳德　温盖特，埃及军总司令和英国驻埃及高级专员。显然，他始终没有看穿劳伦斯的欺骗计谋。

〔左图〕外交界的讨厌鬼和典型的业余政治家马克 · 赛克斯。“想象力丰富，鼓吹着不能令人信服的世界走向……满脑子是偏见、直觉和伪科学。”劳伦斯鄙夷地如此描述赛克斯。

〔右图〕艾哈迈德 · 杰马勒帕夏（穿白衣者），叙利亚的奥斯曼总督。战争期间，威廉·耶鲁、库尔特·普吕弗和亚伦·亚伦森都曾与反复无常的杰马勒直接打过交道。

〔左图〕“土耳其军队中最英俊的人”，奥斯曼帝国的陆军部长恩维尔帕夏，他曾与库尔特·普吕弗共谋摧毁苏伊士运河。

〔右图〕穆斯塔法·凯末尔·“阿塔图尔克”，加里波利战役的英雄，现代土耳其共和国的缔造者。

〔左图〕汉志国王侯赛因

〔中图〕罗纳德·斯托尔斯，侯赛因与英国的秘密协商的联络人，是他把 T. E. 劳伦斯领进了阿拉伯起义。

〔右图〕“武装的先知”，费萨尔·伊本·侯赛因，侯赛因国王的第三子，T. E. 劳伦斯在阿拉伯起义期间的主要盟友。

无休无止地谈话，慢悠悠地用餐：1917 年，费萨尔的流动作战指挥部的一次部落会议。在所有英国军官当中，只有劳伦斯一个人认识到，英国人必须适应阿拉伯的作战方式。

劳伦斯敏锐地理解了部落政治运作的方式。在阿拉伯半岛，他是唯一一个被接纳到费萨尔内层圈子的英国军官。费萨尔（右三）和他的部落副手们，最右方蹲着的是劳伦斯。

〔左图〕劳伦斯的马拉松一般的骑乘骆驼的长途跋涉体现了他极强的耐力，甚至让最吃苦耐劳的贝都因伙伴也瞠目结舌。

〔右图〕吉尔伯特·克莱顿，英国在埃及的主要情报主管，劳伦斯的上级。到1917 年秋季，克莱顿非常关心劳伦斯承担的风险，因此打算将他撤离前线，“但时间还没到，因为现在需要他”。

〔左图〕最原始的战争。劳伦斯关于何时何地攻击土耳其人的决定在很大程度上取决于何处有水源和饲料。

© www.rogerstudy.co.uk. March 1917. Photo by Captain Thomas Henderson

1916年，巴勒斯坦南部，一队奥斯曼骆驼骑兵。在劳伦斯和其他人主张的游击战术最终被采纳之前，土耳其军队尽管装备落后且兵力单薄，但仍然屡次大败英军。

中世纪一般的盛景：费萨尔（中央穿白袍者）率领部落军队出征，进攻沃季赫。

阿特利特，亚伦森的犹太农业研究站的入口，这是他的 NILI 间谍网的指挥部。

〔左图〕亚伦森的妹妹，27 岁的萨拉，面对日益险恶的环境，她将巴勒斯坦的 NILI 间谍网领导得风生水起。

〔右图〕作为德国的特务头子，库尔特 · 普吕弗是第一次世界大战期间中东最令人生畏的人物之一，但他始终没有发现，阿特利特有一个犹太间谍网在运作。

英法希望阻止他们的阿拉伯盟友控制亚喀巴。劳伦斯将英法政府蒙在鼓里，设计出了抢先一步抵达亚喀巴的大胆计划。

1917年7月6日。阿拉伯起义军在劳伦斯的领导下，占领了具有战略意义的港口城镇亚喀巴。这是第一次世界大战中最勇敢的军事功业之一。

奥达·阿布·塔伊，传奇武士，劳伦斯攻克亚喀巴行动中的主要盟友。

英军和阿拉伯起义军的一个主要目标就是汉志铁路，土耳其军队的生命线。根据劳伦斯自己的记录，他在战争期间一共摧毁了 79 座桥梁。

战局的扭转。
英军在沙漠作战中引入劳斯莱斯装甲车之后，土耳其军队没有还手之力。

“我们将哈奇开斯机枪对准俘虏群，把他们全解决掉了。”随着战争继续，劳伦斯变成了一位越来越冷酷无情的战斗指挥官。

〔左图〕1918 年 6 月 4 日，英国犹太复国主义领导人哈伊姆 · 魏茨曼和费萨尔 · 伊本 · 侯赛因。翌年，在劳伦斯的撮合下，两人在巴黎和会携起手来，要求建立一个阿拉伯—犹太人的联合国家。这项努力最终被英法帝国主义的阴谋破坏。

〔中图〕巴黎和会的“四巨头“。从左到右：大卫 · 劳合 · 乔治（英国）、维托里奥 · 奥兰多（意大利）、乔治 · 克列孟梭（法国）和伍德罗 · 威尔逊（美国）。在威尔逊抵达巴黎之前，劳合 · 乔治和克列孟梭签订了一个秘密协定，瓜分了中东。

〔右图〕背叛被揭露。1918 年 10 月 3 日，劳伦斯在大马士革的维多利亚饭店阳台上。艾伦比和费萨尔的重大会议刚刚结束。次日，劳伦斯离开了叙利亚，再也没有回来过。

"BIG FOUR"
4956-10

“我想，树叶从树上落下之后感觉一定就是我这样。”
劳伦斯在给一位朋友的信中写道。一周之后，他在一场摩托车事故中丧生。
这是劳伦斯的最后几幅正式肖像照片之一，摄于 1934 年 12 月。
Bodleian ref: MS. Photor.c.126, fol.75r

在奥斯曼统治下越来越心怀不满。英军于3月26日对加沙的正面进攻失败，让杰马勒松了一口气，但他的担忧很快又回来了，于是在3月28日，他命令疏散雅法的平民。起初他只给了该城居民不到一周的时间准备疏散，但在犹太人领袖的抗议下——因为犹太人最神圣的节日之一逾越节快要到了——他大发慈悲，将期限放宽了8天。[17]

尽管奥斯曼政府在这种时候惯于报喜不报忧——他们喋喋不休地宣传，正在安排额外的火车将难民送往安全地带，正在准备舒适宜人的临时住宿地以保障难民的福祉——这种疏散总是非常混乱和凄惨的。歹毒之人有了机会去洗劫已经撤离的邻居的房屋，或者在沿途伏击精疲力竭、拖家带口的旅行者。再加上奥斯曼各级政府猖獗的腐败，这种疏散也是有选择性的；那些有关系或者有钱去贿赂官员的人就可以留下，或者只搬到城镇郊区，而其他人则被像牲口一样驱赶到几天甚至几周路程之外。在雅法这样“人口混杂”的城镇，各种坏事最有可能发生，始终潜伏在奥斯曼社会表面之下的种族和宗教敌意有机会像火山一样爆发。 298

但在最初，没有什么迹象能够表明雅法的疏散会有什么不同寻常之处，或许它会像战争的许多被人遗忘的小注脚一样，不过是早已习惯了吃苦受罪的老百姓被迫承受的新一轮苦难而已。但杰马勒帕夏在发布敕令的时候，无意间却启动了第一次世界大战影响最重大的假情报散播行动之一。这一系列事件的第一个环节发生在4月17日夜间，一个27岁的女子在他人帮助下登上了徘徊在巴勒斯坦海岸的一艘英国间谍船。

这是一场动人的重逢。亚伦·亚伦森已经有将近一年时间没有见到自己的妹妹萨拉了，她搭乘“马纳杰姆”号从阿特利特来到了塞得港，脸色苍白而憔悴，但是并无大碍。亚伦森匆匆将她带到了自己在开罗市中心大陆酒店的房间，招来了一名医生。医生对她的诊断结果是贫血，开了补铁的药片。虽然妹妹非常疲惫，亚伦森还是忙不迭地向她询问巴勒斯坦的消息。

萨拉·亚伦森是个个性独立、泼辣果敢的女人。她在济赫龙雅各布长大，少女时代就坚持要骑马，还要和男人们一起在周边山脚地带打猎，这让村里较为保守的村民们大为震惊。和她的兄弟们一样，萨拉受过非常好的教育，旅行过很多地方——她曾漫游中欧各地——有着一种精明世故，很难让人想象她居然是在巴勒斯坦穷苦的犹太人定居点长大的。在她的妹妹莉芙卡与押沙龙·法因贝格订婚之后，萨拉不得不屈服于传统，很快结了婚，因为如果姐姐在妹妹后面结婚，被认为是不成体统的[18]。但她仍然非常摩登，头也不回地逃离了在君士坦丁堡的不幸婚姻。

在20世纪初，或许最让人瞠目结舌的是，萨拉·亚伦森丝毫不掩饰自己的高智商和天生的领导才华。这些品质让有些人颇为怨恨，但却让其他人醉心不已。多年来，美丽的亚伦森妹妹吸引了一大群热火朝天的追求者，都拜倒在她的石榴裙下。她毫不羞怯地利用男人们对她的爱慕，去为了更崇高的事业奋斗。押沙龙·法因贝格于1917年1月在西奈沙漠遇害后，萨拉成了巴勒斯坦的NILI间谍网的领导人。在她努力下，间谍网扩大到了二十几人，其中有好几个人都是她的爱慕者。

299

除了这个因素之外，萨拉·亚伦森似乎对自己被迫扮演的危险角色非常称职合适，从成绩来看，做得比NILI组织的两名创始人——她的情绪容易激动的哥哥和轻率鲁莽的法因贝格——都要好。奥斯曼官员虽然对巴勒斯坦的西化的犹太人抱有戒心，但基本上不会怀疑女人。她就利用这一点，在乡间作了多次长距离的侦察。如果被拦住，她就可以借口说这是清白无辜的“女士的郊游”。与英国人建立联系之后，她就把阿特利特变成了自己的指挥部，对来自巴勒斯坦各地的情报进行分拣整理，确保在间谍船下一次靠岸之前能够准备完毕。她的坚忍不拔的一个明证就是，她向

NILI 组织的其他人隐瞒了押沙龙·法因贝格的死亡[19]。她和法因贝格曾有过一段纯真的爱情。为了维持组织的士气，她严守着哥哥在开罗制造的假故事，即法因贝格去了欧洲，去接受协约国飞行员的训练。

1917 年 4 月中旬，萨拉·亚伦森来到埃及，带来了一个令人不安的消息。她告诉兄长，杰马勒帕夏在 3 周前下令疏散雅法的平民。这道命令对雅法的所有居民都适用，但丝毫不奇怪的是，犹太人的负担最沉重；交通工具奇缺，于是他们不得不将大部分财产留下，同时还要忍受一直满腹怨恨的穆斯林邻居的欺凌和抢劫。据萨拉说，至少有两个犹太人在雅法郊外遭到私刑毒打。[20]

这消息让亚伦·亚伦森非常担忧。他知道亚美尼亚人遭遇的悲惨命运，雅法的疏散似乎表明，犹太人会遭到类似的命运。他立刻去找在英国情报机构的熟人，向他们发出警告，巴勒斯坦南部可能发生人道主义危机。

但这个时机对他来讲糟糕透顶。就在萨拉·亚伦森抵达开罗的这一天，阿奇博尔德·默里指挥他的部队又一次攻打加沙的土耳其阵地。让杰马勒帕夏大跌眼镜的是，默里选择了与上一次一模一样的进攻路线，只是这一次的策略是更加蠢笨的人海战术。与第一次加沙战役相比，英军唯一的进步就是动用了坦克和毒气，但即便如此仍然不能改变战局。英军虽然占据兵力的绝对优势，仍然吃了败仗，伤亡 6000 人，明眼人都看得出英军的一败涂地。 300

亚伦·亚伦森不禁目瞪口呆。3 月 12 日，在默里的第一次攻势之前，英军高层听取了亚伦森根据自己对巴勒斯坦南部地形的知识提出的建议。英军原计划的主攻方向是通过加沙以南的一个叫作瓦迪加扎勒的地区，那是一片平坦地域，有若干蜿蜒曲折的溪流穿过，然后地势增高，是一大片仙人掌栅栏围成的畜栏，几乎无法通行。农学家对这个计划颇感惊恐。“我说，这种地形对我方非常不利，”亚伦森在当时写道，“会给土耳其狙击手很多机会。那里的干谷很多，难以通行。”[21]尽管亚伦森如此告诫，英军在两次进攻中仍然像飞蛾扑火一般直奔瓦迪加扎勒的溪流和仙人掌栅栏而去。

对亚伦森来说更直接的问题是，目前英属开罗当局都沉浸在最近加沙兵败的郁闷气氛中，他很难找到任何人去注意雅法犹太人的命运。在随后一周内，科学家绝望地去找了他能想得到的所有英国官员，但徒劳无功。但他的运气突然间好转了。4 月 27 日，他终于获准面见马克·赛克斯。

赛克斯和皮科在五天前抵达开罗，随后一直在忙着会见赛克斯事先挑选好的代表该地区阿拉伯人利益的所谓叙利亚流亡者“代表团”。由于加沙传来的噩耗，这些会谈的紧迫性消解了不少，但在几天的谈判之后，赛克斯自信已经弥合了法国对叙利亚的企图和英国对叙利亚独立的承诺之间的巨大鸿沟。对他帮助极大的是，三名叙利亚代表根本就不知道这个鸿沟的存在。

“主要的困难是，”赛克斯在给伦敦的军事情报机构主管的电报中写道，“如何在不给代表任何地图看，也不让他们知道其实已经有了地理上的详细协定的情况下，对其循循善诱，引导他们索要我们愿意给他们的东西。”[22]

“叙利亚问题”至少是暂时得到了圆满的解决，于是赛克斯有时间处理其他事情了。他的一项优先事务就是会见亚伦·亚伦森，后者几天来一直在恳求赛克斯的随从，要与他见面。赛克斯和亚伦森的重逢发生在 4 月 27 日，地点是萨沃伊饭店的一个会议室。

“终于见到了！”亚伦森在日记中写道，“我们立刻开始谈敏感的话题。他告诉我，因为我是个犹太爱国者，他可以向我透露一些高度机密的事情，其中有些连外交部都不知道。”

301

赛克斯将自己于 2 月 7 日在伦敦与英国犹太复国主义领导人会晤的情况告诉了他，并阐述了他最近构想的关于中东和平的一个新计划，这个计划将会把犹太人、阿拉伯人和幸存的亚美尼亚人联合起来。赛克斯自信满怀地解释说，有了这样的联盟，就能让阿拉伯人服服帖帖，让他们知道，没有犹太人和英国人的支持，他们谋求独立的努力必然失败；同时还能获得足够的影响力，与法国人分庭抗礼。与此同时，这种协约还能将贪婪的意大利人完全排挤出去，将俄国人边缘化，建立一个保护埃及和印度的亲英的缓冲国，同时还能假模假样地敷衍英国最新的盟友美国的反殖民主义要求。这个在方格纸上炮制出来的计划非常复杂，极为荒诞。仇恨阿拉伯人的亚伦森的反应如何，我们不得而知。最可能的情况是，他只是尊重地默默聆听着；毕竟他自己也有急事要和马克·赛克斯商谈。

其他英国官员的注意力全集中在加沙的败局，无心关注雅法犹太人的困境，战时内阁的新任助理秘书却不是这样。赛克斯当即认识到了亚伦森的消息带来的潜在的宣传价值，可以促使那些依然置身事外的国际犹太人加入到犹太复国主义者和英国的阵营来。他立刻派遣亚伦森撰写一份关于雅法局势的备忘录，第二天早上再来找他。[23]

5 个月前在记录亚美尼亚人的困境时，亚伦森虽然满心不情愿，但还是向杰马勒帕夏表达了敬意，指出这位叙利亚总督虽然有着人格缺陷，执政也乏力，但坚决果断地努力阻止对亚美尼亚人的大屠杀，并减轻幸存者蒙受的苦难[24]。农学家还多次利用了杰马勒反复无常和怪异的殷勤性格，在押沙龙·法因贝格因间谍罪被捕后，他亲自去向杰马勒求情，救出了法因贝格；并且他还通过杰马勒缓和了一系列对犹太定居者有危害的法令。但在 4 月 27 日下午，亚伦森坐下来为马克·赛克斯撰写备忘录时，认识到这是推动犹太复国主义事业的一个黄金机遇。为了充分利用这个机遇，他必须做点不太实事求是的事情。亚伦森造谣抹黑的主要受害者就是杰马勒帕夏。

次日早上 9 点 15 分，亚伦森再次拜见马克·赛克斯，向他递交了关于雅法的备忘录。赛克斯很快向外交部发了一份绝密电报，让他们找到英国犹太复国主义联盟的哈伊姆·魏茨曼，向他转达下面的消息："亚伦·亚伦森让我通知你，特拉维夫（雅法城内的犹 302

太人区）遭到洗劫。1 万名巴勒斯坦犹太人流离失所、饿殍遍野。整个居民点面临毁灭威胁。杰马勒（帕夏）公开宣称将用对付亚美尼亚人的手段对付犹太人。请在知会犹太人中心时不要提及亚伦·亚伦森的名字或者信息来源。”[25]

最先注意到这个消息的是英国最重要的犹太复国主义报纸《犹太记事报》。5 月 4 日，该报以“噩耗传来——恐怖暴行——大屠杀的威胁”的标题发表了这样的文章：“本报从绝对可靠的信息来源得知了巴勒斯坦犹太人悲惨境遇的噩耗，深感悲伤和严重关注……雅法美丽的花园郊区特拉维夫惨遭洗劫，沦为废墟，而巴勒斯坦的其他犹太人居民点很可能也遭到了同样恣意破坏的噩运。”[26]

《犹太记事报》提及了亚伦森捏造的叙利亚总督公开声明，继续写道，“但更严重的威胁仍然存在。因为土耳其总督杰马勒帕夏已经宣布了当局的意图，将要残酷无情地将巴勒斯坦的犹太居民一扫而净，他公开宣称将用对付亚美尼亚人的手段来对付犹太人。如果这个残暴而卑劣的威胁被付诸实施，不仅意味着成千上万犹太人……将被冷酷地屠戮，而且犹太人定居巴勒斯坦的整个事业就彻底失败了。”

随后几天内，来自巴勒斯坦的噩耗回荡在英国、美国和欧洲大陆的犹太人社区，他们万分痛苦地呼吁各自的政府采取措施[27]。但在英国外交部看来，究竟能采取什么措施，一点都不明确。在《犹太记事报》的文章刊登的当天，一位高级外交官评论说：“我感到很遗憾，我们要采取任何措施都是行不通的。”[28]

但至少有一位英国官员在雅法的故事上看到了一个将事态引导到截然不同的新层次的机遇，不仅仅是要主导国际犹太人的意见，而且要向自己的政府施压。这个人就是保守党议员威廉·奥姆斯比—戈尔，他在开罗的阿拉伯局任职期间曾对亚伦·亚伦森有过很深的印象。1917 年 5 月的时候，奥姆斯比—戈尔已经回到了伦敦，和马克·赛克斯一起负责战时内阁的中东事务。赛克斯在4月30日离开开罗，到阿拉伯半岛出了一趟短差，其间不方便接受信息。5月9日，他返回埃及后，发现有一封奥姆斯比—戈尔的电报在等待他。

“我认为，我们应当利用巴勒斯坦的虐犹事件，大作宣传，”奥姆斯比—戈尔写道，“我们这里的人会热情洋溢地欢迎任何关于暴行的耸人听闻的故事，亚伦·亚伦森可以给犹太报纸发一些骇人听闻的故事。”[29]

亚伦森没有反对意见。他和赛克斯在5月11日又长谈了一次。据科学家的说法，在这次会议上，他们“讨论了美国犹太人的问题，以及我们可以在那里做的宣传，以便为巴勒斯坦前线招兵买马。马克爵士表示，我可以向他发送电报或者信件，由他来转发。”

赛克斯或许知道自己喜欢夸大其词已经名声在外，所以很有远见地请高级专员雷金纳德·温盖特在亚伦森新的扩充版信件上签字，然后才对外公布。“在逾越节期间，”温盖特发往伦敦的电报写道，“雅法的全部犹太人被逐往北方。在土耳其当局的纵容和默许下，暴徒对犹太人的住宅和财产大肆洗劫，并抢劫逃难的犹太人。反抗的犹太人遭到洗劫，被绞死。成千上万人在道路上无助地游荡，饿殍遍野。”现在故事有了一个令人毛骨悚然的新发展，被驱逐的对象扩大到了人口多得多的耶路撒冷犹太人。“大群年轻的耶路撒冷犹太人被向北方驱逐，目的地不明。耶路撒冷犹太居民区随时可能被强制疏散。”[30]

这份电报有温盖特的签名，流通对象并未局限于外交部领导层，还送到了国王、首相和整个战时内阁的办公桌上。同时，亚伦森给了赛克斯一份全世界犹太复国主义领导人的名单（约50人），要立刻通知这些人。雅法的故事如同病毒一般迅速传播。“被遣散的雅法犹太人遭受暴行！杰马勒帕夏因此受责难！”[31]《纽约时报》刊出了这样的大标题，而前不久才加入战争的美国政府也加入了谴责君士坦丁堡政权最新一轮暴行的国际大合唱。这轮合唱最响亮的地方是英国。

土耳其人和他们的德国盟友对这一轮凶残的谴责的反应较为迟缓，也是可以原谅的；毕竟，雅法是在4月初疏散的，而此时已经是5月中旬了。杰马勒帕夏起初根本不屑对这些指控予以回应，最后断然否认了这些控告，指出，雅法的所有居民都被疏散了，不只是犹太人，而疏散过程对受到影响的人来说自然是不愉快的，但完成得井井有条、平静安定[32]。事实上，在疏散过程中，总督甚至特别对雅法犹太人予以其他人没有的特别照顾。至于耶路撒冷犹太人遭到“遣散”的说法，叙利亚总督反驳道，更是无稽之谈，因为那里根本没有任何疏散行动。君士坦丁堡和柏林政权都对他的声304 明表示支持，甚至巴勒斯坦的一些犹太领导人，包括耶路撒冷的主要拉比也表示支持[33]。

但他们的努力太少，来得也太晚了。在国际公众的脑子里，雅法的“虐犹”已经是板上钉钉的事实，是同盟国继“比利时大屠杀”和亚美尼亚人大屠杀之后犯下的又一起暴行。犹太复国主义者和他们在英国政府的盟友也认识到，自己得到了一个绝佳的工具。在深受犹太人仇恨的沙皇倒台以及美国参战不久之后就来了雅法的故事，它促进了国际犹太人舆论的一个结构性变化，使得他们越来越坚信，他们的未来在协约国那边。

这个事件更为直接的后果是，它迎合了犹太复国主义激进派的观点，即现在已经不可能与土耳其达成谅解或者妥协了。6月初，在雅法的故事仍然在激荡的时候，亚伦·亚伦森给美国犹太人团体的一些最重要的领导人发了电报。这些人对全心全意地支持犹太复国主义事业仍然保持谨慎，有些人仍然认为土耳其的统治最有利于未来的巴勒斯坦犹太人地位。这封电报的收信人包括现任的美国最高法院大法官路易斯·布兰代斯，以及后来成为大法官的菲利克斯·法兰克福特。为了让亚伦森的信息更有权威性，马克·赛克斯

安排让这封电报由英国驻华盛顿大使馆转发。费城的迈尔·苏兹贝格法官收到的电文很有代表性：[34]

“根据可靠情报，土耳其当局对巴勒斯坦犹太人犯下了罄竹难书的罪行。”亚伦森写道，“现在我们迫切需要摈弃先前对土耳其人的宽容态度……土耳其人已经犯下了那些罪行，犹太人的态度和美国的公众舆论必须要有彻底变化。快速地将犹太人从土耳其魔爪下解救出来的唯一高效方法是在战场上以及所有地方对其大力攻击……我们必须构建一条统一战线，集中犹太人的影响力，将巴勒斯坦从土耳其手中夺走。”[35]

还是在 6 月，雅法的故事出现了一个大不相同的版本。作为对协约国呼吁的回应，西班牙、瑞典和梵蒂冈（在这场战争中都是中立国）派遣特使去实地考察。西班牙和梵蒂冈特使都迅速得出结论，关于犹太人遭到屠杀和迫害的报道是没有根据的，而瑞典特使则更进一步。他写道：“雅法的犹太人社区的命运在很多方面甚至比当地的穆斯林更好，肯定不会比他们糟糕。”[36]不久之后，美国驻耶路撒冷领事馆也报告称，关于雅法犹太人遭遇暴行的说法“是大大夸张的”[37]。就连亚伦·亚伦森最终也被迫承认，在雅法城遭到所谓“私刑”的两个犹太人实际上是因为抢劫而被逮捕的，而且并没有被绞死[38]。

305

当然，这都没关系。在战争中，真相是人们被引导着去相信的东西，而杰马勒帕夏向他的敌人们拱手奉上了一个将会改变中东历史的“真相”。关于 1917 年雅法事件的谎言——后来研究这段时期的大多数历史学家都认为它是真的，不断予以重复——将成为“巴勒斯坦犹太人社区在穆斯林统治下永无安全可言，要生存下去必须有自己的国家”这种观点最原初的神话。

4 月 21 日，英国海军的一艘巡逻艇停靠在沃季赫港，带来了一批令 T. E. 劳伦斯大感兴趣的货物：11 名土耳其战俘。在前一天早上之前，这些人还属于亚喀巴的土耳其守军。

英军得到消息称，德军正在亚喀巴附近布雷，于是派遣了三艘巡逻艇在 4 月 20 日黎明前逼近这个港口。一小队士兵登上海滩，将驻防的小群敌人打了个措手不及。在随后发生的短暂交火中，2 名土耳其士兵死亡，11 人被俘，其他人——大约五六十人则逃入山中。其中 6 名战俘是被强征入伍的叙利亚人，表示希望加入费萨尔·伊本·侯赛因的起义军，于是一艘英军巡逻艇将他们送到了沃季赫，供讯问之用。

当天，劳伦斯逐个审讯了这几个叙利亚人。他得知，亚喀巴守军的人数有波动，但很少超过 100 人。考虑到他正在酝酿的计划，更为重要的情报是，在亚喀巴和马安之间长达 60 英里的瓦迪伊特姆路径沿途多个碉堡内驻扎的土耳其士兵总数只有 200 人[39]。这意味着，劳伦斯的计划成功概率很大。如果他能够在这条路径的东端集结一支阿拉伯部队，并闪电般翻山越岭，就能迅速扫荡自己面前的土耳其驻军，几乎不受阻挡地直逼亚喀巴。

但劳伦斯看到了这个机遇，并不意味着英国军方的其他人也这么看。吉尔伯特·克莱顿在 3 月 8 日发出的不允许阿拉伯人进攻亚喀巴的指令仍然有效。他命令集中注意力袭击汉志铁路，以阻断土耳其驻军撤离麦地那的道路（过了几周之后，英国人才意识到，土耳其人并没有离开麦地那的打算），因此不允许从事其他冒险。

306 当然，防止自己的主意被否决的最佳办法就是不要明确地将其表达出来。劳伦斯没有带着自己的建议直接去找克莱顿，而是与当时驻扎在沃季赫的另外两名英国军官攀谈起来，泛泛地讲到了自己在瓦迪阿伊斯养病期间产生的对游击战的洞见。他后来说，自己特别阐述了企图从土耳其人手中夺走麦地那的愚蠢，以及将阿拉伯人组织成一支汉志铁路上的阻滞部队的不可行。他建议尽可能地扩张战线，分散土耳其人的兵力。这意味着应当向北方派遣“一支机动性强、装备精良的小分队，成功地打击土耳其战线上若干分散的据点”[40]。

劳伦斯在沃季赫的两位听众都是职业军人，他们或许感到兴趣盎然，但这只不过是从当前的任务分散精力而已。但劳伦斯要的就是这样的反应。“大家都忙忙碌碌，没有给我具体的权力去实施自己的计划，”他记述道，“我得到的只是他们的聆听，以及承认我的反击计划或许是有用的牵制。”[41]

我们很难想象劳伦斯的同袍会给他“具体的权力”去实施他的计划，因为从他们的前线报告来看，他从来没有提到过自己的牵制攻击的目标是亚喀巴。劳伦斯在与吉达的西里尔·威尔逊会商时甚至更加隐晦和狡黠。4 月 26 日，劳伦斯通知威尔逊，奥达·阿布·塔伊很快将率领一支袭扰小分队前往马安，他（劳伦斯）在考虑随同奥达前往，以保证他们的行动与英国当前的军事目标（袭扰铁路）相一致。威尔逊表示同意，并在 5 月 1 日报告克莱顿称，“奥达将北上，可能由劳伦斯陪同，首要目标是扰乱马安附近的铁路”。他没有说他们的次要目标可能是什么[42]。

在满是自我辩护的《智慧的七柱》一书中，劳伦斯对自己的自行其是给出了令人目瞪口呆的解释：“从袭击铁路的计划中分散出来的力量只有我一个人而已，在当时的情况下，少我一个人也无关紧要，况且我非常反对这个计划，就算我在那里，也只会三心二意。于是我决定不管有无命令，都去走自己的路。”[43]

换句话说，他认为尝试摧毁铁路是毫无意义的，所以对所有人都更好的办法是绕过它去找点别的事情做。难怪他的很多上级非常讨厌这个牛津学者。

但在这表象之下，劳伦斯在对自己筹划的行动进行甚至更为堂而皇之的心理上的合理化。他认为，信守对阿拉伯人的诺言将会有利于英国的长期利益，这不仅是个荣誉问题，还能将欧洲其他强国——今天或许是盟友，但明天肯定就变成竞争对手了——在整个 307

地区的影响力压缩到最小。这场斗争的关键的第一步就是允许阿拉伯人将他们的革命扩展到叙利亚，将这片土地从法国觊觎下夺走。在劳伦斯看来，核心的问题是英国还没有理解究竟怎样最符合自己的利益，而他根本没有时间去解释。

在动身前往亚喀巴之前，劳伦斯将在沃季赫迎来又一次命运攸关的会议。5月7日，一艘英国驱逐舰在港口短暂停留。马克·赛克斯就在这艘军舰上。

两人第一次见面是在1915年，当时赛克斯到埃及搞实地考察。尽管两人性格迥异——赛克斯喜好交际、风度翩翩，而劳伦斯沉默寡言、极其羞怯，但据说他们相处甚欢。但这友谊没有维持多久。1916年春季，开罗军事情报机关的人们得知《赛克斯—皮科协定》的细节之后，劳伦斯和大多数同事一样，对这位外交官迅速产生了恶感。而且，在随后几年内，赛克斯仍然热衷于发出连珠炮一般的愚蠢的备忘录，提出该地区问题的“完美”解决方案——这些建议往往与他自己在几周前甚至几天前的主张截然相反——这更是无助于改善他在劳伦斯眼中的形象。在劳伦斯看来，赛克斯是爱德华七世时代一个讨厌特色的典型代表，即牛虻一样令人厌恶的贵族老爷，仅仅凭借自己的高贵出身和洋洋自得的踌躇满志，不管发出多么荒唐的意见，都能赢得听众。

但在5月7日的会议上，劳伦斯发现了马克·赛克斯的另一个特点。因为找不到更礼貌的词，只能直截了当地说，马克·赛克斯还是个谎话连篇的骗子。

事实上，两人之所以要在这一天在沃季赫会面，就是因为赛克斯在最近一轮的招摇撞骗中露出了马脚。这位外交官刚刚觐见侯赛因国王回来，他本希望避免与国王会面，但在吉达的常驻代表西里尔·威尔逊上校强迫他一定要去。

威尔逊虽然性格倔强执拗，而且一本正经，自以为高人一等，趾高气扬地挥舞着手杖，但他逐渐成了英国中东政策的良心。1916年底，在关于是否派遣一个旅英军前往汉志的漫长辩论中，威尔逊起初是增兵派的一员猛将，还被自己的上级雷金纳德·温盖特派去迫使侯赛因国王接受增兵。但与侯赛因多次会晤之后，这位常驻代表渐渐认识到，麦加的这位老人或许比最近才抵达一线的协约国顾问们更了解自己的臣民和阿拉伯半岛西部的政治。最后，温盖特又一次命令他的部下去说服侯赛因，此前一直被认为对温盖特唯唯诺诺、点头哈腰的威尔逊却断然拒绝，并且努力促使增兵的计划被搁置。 308

在得知赛克斯的花招——避免觐见侯赛因，而是在开罗与所谓的叙利亚人代表团装模作样地谈判——之后，威尔逊义愤填膺。3月底，威尔逊向克莱顿发送了一份语调沉痛的长篇电文，列举了如此欺骗行为必然带来的问题，以及对侯赛因诚实守信的好处。“我们现在有一个机会，去赢得大英帝国境内数百万穆斯林的感激，这样的机会或许永远不会再有了。”他写道，“看在老天的份上，我们对那个老人诚实一些吧。我坚信，这样最终对我们会有好处。”[44]

这次呼吁没有产生什么效果，但吉达的这位善良的上校看来很有本事，自己也懂得幕后的操纵。他下一次觐见侯赛因的时候，敦促国王正式要求与马克·赛克斯会面。威尔逊将侯赛因的要求转发给雷金纳德·温盖特——他虽然主张向阿拉伯半岛增兵，但却是个信守英国公平守信传统的绅士——于是赛克斯就没有办法拒绝国王的邀请了[45]。4月30日，赛克斯和皮科与叙利亚人“代表团”在开罗的会议结束后，赛克斯在苏伊士港登上了一艘英国驱逐舰，前往吉达。

尽管赛克斯绝对自信，但这次旅行一定也是压力很大。在开罗花言巧语地迷惑一群事先选好的、对麦克马洪—侯赛因通信一无所知的官员是一回事；要欺骗通信的其中一方，就完全是另外一回事了。但在当时，赛克斯还有别的牌可以打。最重要的就是，他能够控制信息的流动。他在开罗的时候就安排在皮科不在场的情况下单独与叙利亚人第一次会面，于是他现在要求与侯赛因单独见面。于是，假如将来就此次会谈的内容发生了争端，在极受尊重的英国特使和久以健忘和心血来潮的错误理解闻名的反复无常的沙漠酋长之间，人们会相信谁？

如果马克·赛克斯没有决定在途中在沃季赫停留、与费萨尔会谈的话，他的计划或许会奏效，至少是在短期内奏效，不过他也只能管得了短期了。5 月 2 日，赛克斯到访的时候，劳伦斯正巧在执行一次短途的侦察任务，但两天后他返回沃季赫后便从费萨尔那里得知了全部情况。这时赛克斯已经在前往吉达觐见侯赛因国王的途中。

309 从赛克斯 5 月 5 日晚发给雷金纳德·温盖特的报告看，赛克斯的这次穿梭外交非常顺利：“5 月 2 日，我在沃季赫会见了谢里夫费萨尔，向他解释了关于阿拉伯联盟的英法协定的原则；争论一番之后，他接受了这些原则，看上去很满意。”这次成功预示着一场更了不起的胜利，因为在当晚，赛克斯拜见了侯赛因国王。“根据我得到的指示，我解释了关于阿拉伯联盟或国家的（英法）协定……我向国王强调了法国—阿拉伯友谊的重要性，至少让他承认，这对叙利亚的阿拉伯人的发展很关键，但我花了很长时间才说服他。”[46]

如果我们细读赛克斯 5 月 5 日的报告，就会感到不安，因为两次会谈有着奇怪的相似——赛克斯直言不讳地概述了英法对该地区的意图，然后是阿拉伯人的争论，然后是阿拉伯人最终接受。真正玩世不恭的人或许会得出结论，赛克斯重点强调其间双方的争吵，其实已经在准备为自己辩护，防止将来与费萨尔和侯赛因就当时究竟谈到了哪些事情又同意了哪些事情出现争端。但目前来看，这次行程是外交上的大胜利，是解决英法与其阿拉伯盟友之间棘手难题的关键的第一步。

“请通知皮科先生，”赛克斯在5月5日给温盖特电报末尾写道，“与费萨尔和国王的会谈令我非常满意，因为他们现在的立场与我们最近一次与三名叙利亚代表在开罗达成的共识完全一致。”

但马克·赛克斯蒙在鼓里的是，他与费萨尔·伊本·侯赛因会谈的时候，后者由于T. E. 劳伦斯的泄密，已经知道了《赛克斯—皮科协定》的内容。赛克斯在5月2日非常含糊和泛泛地讨论了这份协定，却不知道对方已经对协定大体掌握。但是，不论是由于固守阿拉伯人的谈判传统——除非绝对必须，绝不亮出自己的牌——还是为了保护劳伦斯，免得他泄密的事情被英国人发现，费萨尔在当时深藏不露，没有与英国外交官正面对抗。

赛克斯在5月7日再次来访的时候，费萨尔也仍然不能与他公开对抗。赛克斯告诉费萨尔的《赛克斯—皮科协定》是缩水版，而费萨尔对协定的真实框架非常了解，这是他和劳伦斯两人之间的一个危险的重大秘密。如果吐露出来，只会招来灾难：费萨尔会受到英国恩主的疏远，甚至抛弃；劳伦斯会被立刻调走，或许会被送上军事法庭。

310

但另一方面，劳伦斯是通过合法途径得知《赛克斯—皮科协定》内容的，这意味着，他可以自行直面赛克斯，揭露他向费萨尔撒的谎（或许赛克斯向侯赛因也撒了谎）。一切迹象表明，劳伦斯挑起了与赛克斯的对抗。两人后来都没有记述在沃季赫的会见，但似乎是大吵了一番。从那天起，劳伦斯对赛克斯充满了敌意。而赛克斯则抓住一切机会，尽其所能地对劳伦斯大加诋毁和排挤。

在更为私人的层面上，在沃季赫与赛克斯的会谈似乎既让劳伦斯十分困扰，又让他松了一口气。他不信任自己国家的荣誉感；他的做法——向费萨尔泄露英国人背叛阿拉伯事业的秘密计划——被证明是合理的。他过去或许还因为自己泄密而感到良心不安，现在看到马克·赛克斯的阴险计划，心里就彻底坦荡荡了。

同时，他认识到，自己的这个同胞是个非常难对付的对手。相比而言，爱德华·布雷蒙还是好对付的，因为他只有一个目标，就是追求法国的霸权，所以他的各种计划都是可以预测的。而马克·赛克斯是个经常心血来潮的人，满嘴跑火车地随意发誓许诺，并不感到自己有责任信守诺言，有时甚至根本记不住自己曾经说过的话。他凭借欺骗的天赋能够掌控局面，而且他身居高位，能够操控从吉达到伦敦的所有权力杠杆，所以到最后恐怕英国的荣誉和正义理想也无济于事，一切都会为了方便而被牺牲掉。那么阿拉伯人唯一的办法就是努力去改变一线的局面，先发制人地采取行动，将阴谋者的计划打乱。

两天后，劳伦斯带着这些想法，踏上了进军亚喀巴的漫长而险象环生的道路。跟随他的“军队”只有不到 45 名阿拉伯战士，却要完成第一次世界大战中最大胆也最著名的军事功业之一。

第13章
亚喀巴

永远不要怀疑英国的诺言。它睿智而值得信赖。不必害怕。 311

——1917年5月，侯赛因国王写给儿子费萨尔的信[1]

谢里夫陛下（侯赛因国王）显然有着东方君主常见的人格缺陷和对系统工作的无知……指导东方君主或政府走应该走的路并非易事——我为此大伤脑筋，付出了不少代价，所以深知这一点——我对你非常同情。工作有时肯定令人心碎。

——1917年7月20日，雷金纳德·温盖特给西里尔·威尔逊的信[2]

在这个时刻，就像两个月前在瓦迪季坦那样，领袖的可怕负担又落在了劳伦斯肩上。当时，领导人的职责要求他处死一个人。现在，他又必须去营救一个人，但在这过程中很可能会丢掉自己的性命。[3]

这是5月24日上午大约9点钟，他的队伍在胡尔沙漠的第五天。“胡尔”在阿拉伯语中的意思是“恐怖”，这是阿拉伯半岛北部的一片荒无人迹、淡水匮乏的广阔沙漠，没有任何哪怕是最微小的生命迹象。劳伦斯自离开沃季赫以来就一直非常害怕通往叙利亚之路的这一段路程。现实比想象更可怕。进入胡尔沙漠几个小时之后，45 人的队伍就遭遇了迎面而来的狂风的抽打。据劳伦斯估计，风力相当于“六七级，非常干燥，我们的干枯的嘴唇全部裂开，面部皮肤都皲裂了”。狂风和它掀起的炽热的、令人盲目的沙暴在随后四天内几乎一刻不停。

312

为了在这种可怕环境下坚持下去，人们的思想往往会退缩到一种封闭状态，全副精力都用于努力熬下去。劳伦斯的队伍在胡尔沙漠就是这样，以至于在 5 月 24 日上午，没有人发现他们身边有一匹骆驼没了骑手。他们或许认为，这是一匹一般在队伍末尾的背负辎重的骆驼，或者骑手换到了另外一匹骆驼上，就在长长队伍的某处。最有可能的情况是，在他们近似冬眠的状态下，他们根本没有精力去注意。劳伦斯最后对这匹神秘的骆驼进行调查时发现，它是卡西姆的坐骑。

卡西姆是个“牙齿尖利、面色发黄的不法之徒”，来自叙利亚城市马安。劳伦斯带上他，是希望他能够联系到自己家乡的其他阿拉伯民族主义者。但是，队伍的大部分人是霍威塔和阿格伊尔部落的人，卡西姆是个外来者，在沙漠的残酷法则里，他没有任何朋友，在危机中就像被判死刑的哈米德在瓦迪季坦一样无助。劳伦斯记述道，卡西姆的身份使得“重担落在了我的肩上”。

胡尔沙漠的巨大压力或许已经影响了劳伦斯的理智，他做出了一个非常有勇无谋的决定，不仅要独自回去寻找卡西姆，而且不告诉其他人他要这么做。走了没多远，他就发现，队伍的踪迹全都消失了，骆驼的脚印被怒号的狂风掀起的沙子扫清，队伍越来越小，最后消失在黑暗中。为了找到卡西姆并返回队伍，劳伦斯只能依赖自己每隔一段时间就在日记本中记录的罗盘读数，并相信自己没有搞错。

他们出发已经 15 天了。根据贝都因人的传统，一些部落酋长，包括费萨尔，陪伴他们从沃季赫出发，走了最初的几英里，以示辞别，随后约 45 名旅行者就进入了东北方的黑暗。在随后的两个多月中，汉志将得不到任何关于他们的音讯。

他们轻装上阵。除了一些步枪和2万枚沙弗林金币[①]之外——用来发给他们希望争取到自己这边的叙利亚部落领袖——每个人在自己的鞍囊中携带了约45磅面粉。在抵达他们的最初集结地——叙利亚边境上的瓦迪西尔汉洼地，估计要3周路程——之前，他们的主食就是面粉和水。

劳伦斯虽然又患上了热病、长了疖子，但后来将旅途的最初几天描绘得非常诗情画意，是一次伟大冒险的开端。就在这个时期，发生了他在阿拉伯半岛期间最有趣的轶事之一。他得到了两名勤务兵，在《智慧的七柱》中他们被称为达乌德和法拉杰（他们的真实名字是阿里和奥斯曼）。 313

这是闲散无事的一天，身上长了疖子的劳伦斯非常疲惫，躺在一面岩石峭壁的阴影中休息，这时一个少年跑来求他帮助。这个叫作达乌德的少年是从附近的阿格伊尔部落营地逃出来的，他说，他的朋友法拉杰因为不小心烧毁了一顶帐篷，将要遭到营地指挥官的毒打。他说，如果劳伦斯发句话，或许能将法拉杰救下。过了一会儿，劳伦斯和经过他身边的阿格伊尔营地指挥官萨阿德谈了此事，后者毫不动摇。萨阿德解释说，这两个孩子老是惹是生非，必须要好好教训一顿。但为了给劳伦斯面子，萨阿德提出了一个所罗门一般睿智的方案：达乌德可以替自己的朋友挨一半殴打，这样就能将他的惩罚减轻一半。“达乌德立刻抓住了这个机会，”劳伦斯写道，“吻了我和萨阿德的手，跑向山谷。”

在《智慧的七柱》中，劳伦斯强烈地暗示说，法拉杰和达乌德是同性恋关系，将他们的关系描绘为“东方的男孩与男孩之间的深情厚谊，由于女性被隔离在深闺，这种感情是不可避免的”。劳伦斯这么写让人不禁猜测，他自己或许也是同性恋者，甚至在一

---

① 当时1枚沙弗林金币的面值是1英镑。

个世纪之后，在某些圈子里，劳伦斯的性取向仍然是个激烈辩论的话题。这种猜测的很大一部分源自他对法拉杰和达乌德的描述。他们在次日早上来到他的营地，“弯着腰，眼睛里带着痛苦，嘴唇上却挂着扭曲的笑容”，恳求他收下他们作仆人。

“这是急性子达乌德和他的情人法拉杰，一个俊美、体格柔和、貌似女孩的少年，面庞光滑而清纯无辜，眼波如水。”劳伦斯起初要拒绝他们，解释说自己不需要仆人，但最后同意了，“主要是因为他们看上去如此年轻和干净”。从那天起，达乌德和法拉杰淘气的恶作剧将给劳伦斯的旅途带来许多轻松的快乐。

但在旅途的最初日子里，队伍已经面临了一个恼人的问题。他们几乎所有的骆驼，包括运载辎重和供骑乘的骆驼，都患上了正在沃季赫肆虐的疥癣，没有最基本的软膏来控制病情——沙漠中常用黄油来医治疥癣——很多骆驼很快就瘸了，或者发了疯。这种疫病或许就是两匹辎重骆驼死亡的原因，它们在爬过一条特别狭窄的隘道时，立足不稳，跌下了下方的深渊。在他们接近胡尔沙漠边缘的时候，这一切都是糟糕的预兆。

314

劳伦斯写道：“在费萨尔的所有骑乘骆驼中，没有一匹是健康的。在我们的小小队伍中，所有骆驼都一天天虚弱下去。纳西尔（奥达的主要副手）非常担忧，害怕在我们即将开始的强行军中会有很多骆驼垮掉，把骑手困在沙漠里。”

劳伦斯在随身携带的袖珍日记本上记录了穿越胡尔沙漠道路的艰难痛苦。他以往在旅途中写下的记录一般篇幅很长，但在胡尔沙漠却只写了几个短小的片段，而且越来越前言不搭后语，几乎杂乱无章。后来，在第五天，卡西姆失踪了。

劳伦斯决定返回寻找掉队的卡西姆时肯定知道，他很可能已经死了；任何人如果在这个时节被困在胡尔沙漠而没有任何遮蔽或者饮水，就只能存活几个钟头。他肯定也知道，如果自己读罗盘时有一丁点儿错误，自己也很快会丢掉性命。但他仍然坚持要去，最后非常幸运。骑行一个半小时之后，他看到远方有一个小黑点，走近之后发现那是精神错乱的卡西姆在跌跌撞撞地行进。劳伦斯把他拉上自己的骆驼，调头去追赶其他人。

在大卫·利恩的史诗电影中，营救卡西姆的行动被拍摄为十分钟的永垂不朽的情节，最后高潮是劳伦斯终于和伙伴们会合，他们松了一口气，嘶哑地欢呼起来，劳伦斯的高尚行为奠定了他作为真正的“沙漠之子”的光辉形象。但事实不是这样的。卡西姆在停下大小便的时候没有把自己的骆驼拴好，按照残酷的沙漠法则，他这是自取灭亡。劳伦斯不但没有得到赞扬，还因为冒着自己的生命危险去救一个窝囊废而受到一些伙伴的批评。另外，队伍的指挥官把达乌德和法拉杰又揍了一顿，惩罚他们胆敢让劳伦斯独自返回。

1917 年 5 月 26 日，也就是劳伦斯营救卡西姆的两天之后，英国国王和他的战时内阁收到了一些振奋人心的喜讯。雷金纳德·温盖特从开罗发来了一份绝密电报，报告了马克·赛克斯最近在阿拉伯半岛取得的胜利。

在赛克斯前不久的独自觐见之后，他和法国外交官弗朗索瓦·乔治—皮科又一同到吉达拜见了侯赛因国王，希望能够在阿拉伯人和法国人之间就叙利亚未来地位问题达成协议。双方的意愿是截然相反的，阿拉伯人坚持要求叙利亚在战后成为独立的大阿拉伯国家的一部分，而法国人同样坚持要求它接受法国的统治，所以大家并不指望这次会谈能够有什么成果。第一天的会谈证明大家这么想是很有道理的。5 月 19 日，在紧张的三小时对抗之后，皮科和侯赛因离去时甚至比之前更加固执己见。[4]

315

因此，第二天早上侯赛因命令译员向欧洲特使们大声诵读一份大胆建议时，大家都颇感震惊：国王愿意接受法国人在“穆斯林—叙利亚沿海地区”——可能是指叙利亚的沿海和黎巴嫩部分——扮演英国人将在伊拉克的巴格达省扮演的角色。由于最近一支得胜的英国军队占领了巴格达，而且《赛克斯—皮科协定》条文规定英国将无限期地控制这个省份，侯赛因将巴格达和黎巴嫩等同起来就意味着，阿拉伯人一下子将法国人希望在黎巴嫩得到的东西拱手奉上了。赛克斯在给温盖特的报告中极其低调地描述道：“皮科先生非常满意，关系融洽了起来。”[5]

这是一项了不起的成就。英国许下的众多互相矛盾的条约和诺言造成了非常棘手的难题，而赛克斯出人意料地在解决这个难题的过程中走出了关键的第一步。

但熟悉赛克斯的惯用手段的人就会对这个突破持保留态度。他以往在讨论任何话题时都非常冗长啰唆，但对吉达会议——目前为止协约国和侯赛因国王之间最重要的外交会谈——的报告却只有短短四页，而对侯赛因令人震惊的关于黎巴嫩的让步只是一笔带过。另外，赛克斯和皮科都没有敦促侯赛因将自己的提议付诸书面，也没有获取国王的译员大声朗读的提议书的副本。甚至那些热切希望如此解决问题的法国外交部高官也很快开始感到，在吉达缔结的协议实在是太轻松、太容易了[6]。

5月27日，斯图尔特·纽科姆抵达开罗，走进吉尔伯特·克莱顿的办公室，表达了这些担忧。他和西里尔·威尔逊都参加了吉达会议的至少部分议程，并各自记述了事情经过。纽科姆还带来了侯赛因的译员（也就是当众宣布提议的那个人）福阿德·库塔布的书面记述。纽科姆、威尔逊和库塔布三人的说法在细节上有差异，但三人都表示，是马克·赛克斯，而不是侯赛因，最先提出了将黎巴嫩与巴格达等同的说法。最让人担忧的是，国王对这种说法的理解与协约国特使的理解迥然不同。

对这个问题最熟悉的是西里尔·威尔逊。“尽管赛克斯和皮科对这个美好结局非常满意，”他写道，“而且是谢里夫自己提出了（将黎巴嫩与巴格达等同的）建议，我自己却高兴不起来。我感到，谢里夫非常礼貌客气，而且对我绝对忠诚、对英国完全信赖，

316

他有可能是在口头上答应，而如果他知道我们是如何理解伊拉克局势的，就绝不会同意。”[7]

威尔逊给克莱顿的信长达 12 页，而且充满忧虑、有颇多重复之处。在信中，他详细讲了自己如何再三敦促赛克斯澄清侯赛因提议的确切意思，却被置若罔闻。据威尔逊说，在整个会议中，赛克斯都大大咧咧地拒绝细谈。

纽科姆的抗议不像威尔逊那样富含感情，但是在很多方面更为惊人。他在汉志的经历很困难，他对阿拉伯起义军作为一支真正的战斗力量没有多少信心，但吉达的事件让他忧心忡忡。最让他担忧的是他与侯赛因的儿子费萨尔的一次谈话，在英法特使到访时费萨尔也在吉达。据纽科姆说，侯赛因之所以提出这个惊人的建议，因为“侯赛因非常坚决地向费萨尔表示，他之所以非常乐意这么做，是因为代表着英国政府的马克·赛克斯爵士让他这么做，而且马克·赛克斯爵士告诉他，他什么都不用管，让赛克斯来处理就好了。侯赛因很高兴这么做，因为他对英国政府绝对信任”[8]。

从纽科姆作为一名英国军官的角度来看，赛克斯的这种保证，再加上侯赛因显然对他自己同意的条件的理解有限，这意味着英国政府现在有了道义上的责任，一定要支持阿拉伯起义到底。“否则我们就是在欺骗谢里夫和他的人民，在玩一场非常阴险的游戏，被配属给谢里夫军队的英国军官也不可避免地被卷入其中。我知道，有好几名军官已经在担心我们会辜负他们。”

威尔逊和纽科姆虽然都感到不安，但要么是太圆滑礼貌，不肯直接去找赛克斯说明情况，要么是太天真，没能把整个问题串起来考虑。事实上，吉达发生的事情不是潜在的误会，而是马克·赛克斯耍出的非常复杂而聪明的奸计。

赛克斯 3 周前第一次访问阿拉伯半岛时就奠定了这套奸计的基石。赛克斯对那次旅行的报告同样非常简略，声称自己已经向侯赛因和费萨尔全面、彻底地解释了《赛克斯—皮科协定》，他们虽然不情愿但还是接受了。费萨尔对这次会议的结果可不是这么理解的，但英国特使深信，英国官员们肯定会相信他的话——他是现任国会议员，而且还是从男爵，而不会去相信一个反复无常、性格怪

317 僻的阿拉伯部落酋长和他的武士儿子。当然，至少有一个人知道，赛克斯说自己在这次旅途中对阿拉伯人开诚布公，这完全是在撒谎，而英国官员们有可能会相信这个人的话。那就是 T. E. 劳伦斯，但对赛克斯来说幸运的是，劳伦斯目前不在现场，因为他已经起程北上，在赛克斯与皮科一道返回吉达的关键旅程期间，劳伦斯与外界的联络完全中断了。

看来，赛克斯想出这个巧妙的欺骗手段来，灵感来源似乎恰恰是把皮科与侯赛因在 5 月 19 日第一次会议搞得一团糟的那个问题：皮科坚持要求，法国在叙利亚海岸地区应当享有英国将会在巴格达享有的地位。当时赛克斯对皮科的这个要求颇感恼火，因为他想把英法两国在中东的势力范围分隔开，所以他在这次会议结束时非常沮丧。但回到“诺斯布鲁克”号（两位特使搭乘这艘英国战舰来到吉达，他们也住在舰上）之后，赛克斯突然想到了解决自己难题的一个显而易见的办法。

侯赛因反对将黎巴嫩的地位与巴格达等同，是因为他不愿意看到法国人染指任何地方，而不是因为他知道巴格达将会被英国永久控制。除非赛克斯把《赛克斯—皮科协定》中的相关条款告诉侯赛因，他是绝对不可能知道巴格达的未来地位的。赛克斯当然不会告诉他了[9]。

侯赛因上一次听到英国对巴格达的打算还是在 1915 年底，他和高级专员亨利·麦克马洪达成非常模糊的共识。在两人的来往信函中，麦克马洪表示，由于英国在伊拉克有经济利益，巴士拉和巴格达这两个省在未来的阿拉伯国家内将需要“特别的行政安排”，暗示着英国在某种程度上的控制[10]。侯赛因的回答是，可以在“短期内”由英国控制这两个省，条件是“在占领期间，英国向阿

拉伯王国支付一笔适当的赔偿金”[11]。赛克斯从这里推测，侯赛因仍然相信，英国在伊拉克的地位将是短期的租借，但这两个省最终肯定会被包括在独立的大阿拉伯国家之内。事实上，侯赛因多次神秘地向最亲信的人（包括费萨尔和福阿德·库塔布）表示，他“口袋里装着”英国人对伊拉克未来的白纸黑字的保证书，尽管他拒绝将麦克马洪的信给他们看。

这就给赛克斯带来了非常诱人的机会。由于侯赛因不知道《赛克斯—皮科协定》的存在，而皮科不知道麦克马洪—侯赛因通信的存在，赛克斯就有可能制造一份协定，让双方都以为自己占了上风。最妙的是，由于双方都认为自己骗到了对方，他们都不会去过分较真细节，免得夜长梦多。就在5月19日这一天的下午，赛克斯从“诺斯布鲁克”号发了一封紧急讯息到岸上，要求福阿德·库塔布来见他。 318

在这次会议上，赛克斯敦促福阿德，要将侯赛因在次日的建议限定为两点。第一点不过是个善意的姿态，是让侯赛因宣布不会支持一群近期将到国际上游说、呼吁阿拉伯独立的叙利亚流亡者。第二点当然是重要得多的，就是让侯赛因接受将黎巴嫩的地位与巴格达等同的方案。库塔布大惑不解，赛克斯则发誓赌咒，不断重复地让这位顾问将一切都交给他处理好了。

即便如此，侯赛因仍然对接受这个计划十分谨慎。据库塔布说，侯赛因最后终于同意，因为“他知道马克·赛克斯爵士在政治问题上能够比他本人更好地为阿拉伯人的利益而斗争，并且知道马克·赛克斯爵士代表着英国政府的权威，一言既出，驷马难追”[12]。并且，侯赛因还又一次告诉库塔布，他有“一封亨利·麦克马洪爵士的信，答应满足我的一切要求。我知道这样是可以的，因为英国政府一定会信守诺言”。

第二天上午，福阿德按照指示宣读了侯赛因的宣言。当天下午，“诺斯布鲁克”号驶出吉达港的时候，乔治—皮科相信法国已经得到了黎巴嫩，而侯赛因国王相信自己已经诱使法国接受了叙利亚全境未来的独立。

威尔逊和纽科姆虽然没有理解赛克斯的骗局，但已经对他漫不经心的作风大感震惊，所以在给克莱顿的信中要求彻底澄清事实。威尔逊敦促克莱顿迫使赛克斯将他认为的在吉达达成的协议写成书面形式，并将英方的真正意图准确无误地告诉侯赛因。“如果我们不能支持谢里夫到底，”威尔逊写道，“如果我们让他大失所望，而他对我们是如此信任，那么令人‘艳羡’的吉达朝觐官员的职位就要空缺了，因为我肯定是不能再待下去了。”[13]

但阿拉伯人对政治伎俩也不是一无所知。费萨尔私下里已经知道了《赛克斯—皮科协定》的内容（这要感谢劳伦斯），所以他得知父亲同意的条件之后自然是无比震惊，很快就开始努力翻盘。5月28日，他向叙利亚人民发布了公开宣言，呼吁他们拿起武器，为阿拉伯独立而斗争，同时大力赞扬英国援助此项事业的努力。“毫无疑问，”费萨尔写道，“英国如此努力，唯一的目标就是看到世界上有一个独立的阿拉伯政府，由阿拉伯人建立和管理，其疆界保持完整，不受更改。”法国人也得到了类似的对待。费萨尔先是感谢了法国在过去在叙利亚的贡献，然后说：“我们非常感激法国与其盟友一道，承认了我们的独立。”[14]

319

赛克斯在吉达打的哑谜没有带来谅解和一致，却愈发加深了阿拉伯人和协约国在中东的意图之间的鸿沟，这个分裂很快就将带来极端丑恶而影响深远的后果。其间，英国的政策制定者们重拾他们最熟悉的策略：清静无为，静观其变，寄希望于一切都会好起来。人们发现费萨尔的宣言与几天前达成的协议差异非常明显，于是去问赛克斯，这是怎么回事。他大大咧咧地说，这只是阿拉伯人的宣传手段，受众只是阿拉伯人。克莱顿最后终于有机会向赛克斯转达了威尔逊和纽科姆的抱怨，但赛克斯为自己准备了一个免责条款。“我认为这并不重要，”他如此评论侯赛因明显的不明真相，“因为我认为局面会变得太重大，他会掌控不了，最终他要么乖乖听话，要么出局。”[15]

有一个人不肯把事情就此放过，那就是固执的西里尔·威尔逊。他向开罗发送了自己的怨言之后整整一个月没有收到回复，于是在1917年6月底写信给雷金纳德·温盖特的副手斯图尔特·赛姆斯中校，敦促他要求赛克斯将在吉达达成的协议写成“较短的实事求是的材料”。威尔逊尖锐地指出：“据我所知，马克·赛克斯爵士声称他已经将事实明确地解释给了谢里夫，现在让他写一份材料，一定不会有什么坏处吧。”[16]

但这种档案文书已经在中东制造了很多问题，赛姆斯感到没有必要再制造新的麻烦。“整个问题目前处于瞬息万变的状态，”他回答威尔逊说，“而且完全取决于战事的进展。因此我们无法将任何事情非常明确地确定下来，我们只能让各个方面继续发挥作用，直到局势明朗一些。我知道这是个困难的处境，但别无他法。”[17]

具有悲剧意义的是，在吉达会议之后，最坚决捍卫英国荣誉的人恰恰是被他们坑害最苦的那个人：侯赛因国王。费萨尔得知在“诺斯布鲁克”号上提出的建议之后，与父亲激烈争吵起来，最后侯赛因严厉地斥责他道：“这些话是父亲说给儿子听的：永远不要怀疑英国的诺言。它睿智而值得信赖。不必害怕。”

320

据说这是个避难所，但劳伦斯却不这么看。在他眼里，这是个充满折磨和疫病的地方，是应当尽快逃离的噩梦之地。

200英里长的瓦迪西尔汉呈西北—东南走向，横亘阿拉伯半岛与叙利亚（在今天的约旦）的边界，是地质上形成的低洼，曾经是条水量丰富的水道，有几亿年历史，但如今只是一条狭窄的旱谷。1917年，奥达·阿布·塔伊安排他的霍威塔部落族人在此地与他和劳伦斯从沃季赫带来的小股部队会合。

按照劳伦斯在《智慧的七柱》中的记述，瓦迪西尔汉有许多水井，植被相对比较葱茏，在他们穿越胡尔沙漠之后应当是有如天堂。但至少有两个问题让这个地方难以忍受。首先是这里有许多毒蛇，包括角蝰、鼓腹巨蝰和眼镜蛇，似乎无处不在——藏在岩石下，挂在灌木丛中，蜷曲在水边。劳伦斯非常怕蛇，很难找到片刻的安宁。他的恐惧并不完全是非理性的。在抵达瓦迪西尔汉几天之内，从沃季赫来的人当中就有三人被蛇咬而中毒死亡，还有四人命悬一线。当地人的“疗法”也不能让人放心，因为治疗就是用蛇皮膏药将伤口包扎起来，然后在伤者面前诵读《古兰经》，直到他死去。

第二个令人无法忍受的问题是宴会。瓦迪西尔汉是努里·沙拉昂的领地的下游地区，他是叙利亚南部最强大的部落酋长之一。奥达抵达此地之后立刻前去拜访沙拉昂，请求他允许起义军在当地停留。于是，聚集于此的霍威塔氏族夜夜笙歌，用米饭和羊肉盛情款待劳伦斯等贵客。曾经享受过贝都因人的热情好客的西方人都会作证，他们的热情有时到了让人无法接受的程度，劳伦斯很快就有了这种感觉。每个夜晚，不同的贫困家庭争先恐后地招待从沃季赫来的旅行者。劳伦斯对这些宴会作了详细描述，这些宴会起初还很有丰富多彩的原生态民俗情调，但渐渐变得怪异荒诞，尤其是他回忆道，有因饥饿而腹部浮肿的孩子聚集在宴会桌边缘，焦急地等待冲上来吃公共餐盘里剩饭的机会。

“这个地方比我们穿越的开阔沙漠更加令人绝望和悲伤，”劳伦斯写道，“黄沙或燧石，或是裸露岩石构成的荒漠有时令人心潮澎湃，在某些光影下还有一种没有生气的寂寥的怪诞之美；但在这个毒蛇满地的瓦迪西尔汉，有种阴森恐怖、活跃的邪恶的东西。”

321

但劳伦斯受到的折磨绝不仅仅是毒蛇和被迫吃太多羊肉。在这些等待的平静日子里，越来越多的部落前来与起义军使节商讨结盟之事，他越来越深切地感受到自己扮演的欺骗的角色。

而且这种欺骗是在好几个层面上的。他们从沃季赫出发的那天，劳伦斯的大多数同伴都只知道此次旅行的官方目的：鼓动叙利亚部落，为费萨尔的北上打前站。只有少数几个人知道行动的具体目标，即占领亚喀巴。事实上，很有可能只有劳伦斯一个人知道完整的计划，甚至奥达和费萨尔也没有掌握全局。

抛去奥达的浪漫的美名，他实际上是个沙漠强盗，因此主要兴趣在于抢劫。由于在亚喀巴没有什么油水可榨，劳伦斯在一开始很可能对奥达含糊其辞，寄希望于在行程的某个阶段能够说服奥达：与更为唾手可得的战利品相比，占领亚喀巴更符合他的长期利益。至于费萨尔，在劳伦斯离开沃季赫之后，他又一次劝说他的英国顾问们尽早进军亚喀巴[18]。或许这是费萨尔的计谋，是为了进一步掩饰劳伦斯的真正目标，免得让他的同事们知道；但这位阿拉伯领袖这么做或许是由于劳伦斯没有告诉他，真正的目标是什么。当然，这都仅仅是战术层面上的欺骗，是由于战争的紧急情况而不得已为之，但这意味着领导的最终职责和负担——更不必说可能的失败，及其给劳伦斯身边的人招来的大灾难——将完全落在劳伦斯一个人的肩上。

让他的负担更加沉重的是，在未来要做更大范围的欺骗：协约国打算背叛阿拉伯人。似乎是在从沃季赫出发前会见马克·赛克斯的时候，劳伦斯才完全理解协约国的两面三刀。在他北上的旅途中，这显然让他有了沉重的心理负担。劳伦斯当然更不可能将这个秘密吐露给同行的旅伴们，而且看到部落代表们潮水般涌向瓦迪西尔汉、加入阿拉伯独立斗争时，他的内疚难以承受。

“他们把我看作英国政府的自由代理人，”他写道，“要求我对英国政府的书面诺言予以认可和支持。所以我不得不加入英国政府的密谋，尽可能地去安抚阿拉伯人，让他们相信自己一定会得到报偿。”这个角色让劳伦斯感到“持久的、痛苦的羞愧难当”，“因为从一开始就很明显，如果我们赢得了战争，这些诺言就只是废纸，如果我是阿拉伯人的诚实的顾问，就应当劝他们各自回家，不要为这种事情拿自己的性命冒险”[19]。 322

但劳伦斯当然不能这么做。他的选择是让自己远离令他羞愧的场景。“在这里一天也待不下去了，”他在6月5日的日记中写道，“我打算北上，罢手拉倒。”[20]

“罢手拉倒”这个短语很有意思，因为劳伦斯现在的想法是北上进入土耳其人控制下的叙利亚，这样的旅途将险象环生，几乎是自杀。在《智慧的七柱》中，他努力为自己的这个决定解释，说他是想去北方“了解民意，调查情况，为确定计划打基础。我对叙利亚的一般知识相当不错，对有些地方非常熟悉，但我感到，再看它一眼，能让我从十字军东征历史中学到的战略地理知识更加精确适用”。

他此次冒险中隐藏着一线微薄的希望，即如果能在叙利亚内地煽动阿拉伯起义，或许还能挫败法国的帝国主义企图。但与这个希望相对应的是更有可能发生的情况：叙利亚人发动起义后，不得不为一项注定要失败的事业而奋斗和死亡。

从劳伦斯在笔记本边角上写给吉尔伯特·克莱顿的讯息可以看出他对局势的悲痛。“克莱顿，我已决定独自去大马士革，希望能在途中死掉。拜托在事态进一步发展之前让事情停止。我们欺骗了他们，让他们为我们流血牺牲。我无法忍受。”[21]劳伦斯估计，如果他在行动中死去，这个笔记本一定会最终被送到英国人手中，于是将它留在瓦迪西尔汉，只带了两名向导，起程北上。

这或许是他在整个战争期间最为勇敢大胆的业绩，他在敌境之内迂回400英里，抵达了黎巴嫩边境和大马士革郊区。这项业绩为他赢得了英国最高级军事荣誉——维多利亚十字勋章的提名，但也将是劳伦斯一生中最神秘、被记录最少的一个插曲。他是有意为之。他对此次长途游历只写了一份报告，发给开罗的上级，只有4页。《智慧的七柱》长达650页，而且散布着极其详尽的、研究默默无闻的沙漠盆地中植物与地质特征的专题论文，却只用了几个段落来描写劳伦斯的此次北方之旅，并且加以嘲讽：“动机低下，成绩匮乏。"[22]

关于他的这次旅行，我们知道的是，劳伦斯多次秘密会见了阿拉伯起义的潜在盟友——部落领袖和城市中的民族主义者，但每一次对方都是犹豫不决。这是游击战的经典难题：费萨尔的起义军要北上进入叙利亚就需要当地人的支持，但当地人没有起义军的援助和武装支持是不敢揭竿而起的。面对这个难题，以及如果不能妥善予以解决将会造成怎样严重的后果，劳伦斯愈发真切地感到了英国政府和他自己对阿拉伯人的欺骗造成的负担。 323

从政治和个人的角度上看，劳伦斯在此次旅行中最重要的一个部分是在旅程末期，在阿兹拉克（叙利亚东南部的一个沙漠绿洲）逗留，面见埃米尔努里·沙拉昂。奥达·阿布·塔伊花了好几周时间请求沙拉昂允许霍威塔族人在瓦迪西尔汉集结，这也印证了沙拉昂在该地区的崇高地位。甚至在阿拉伯起义爆发之前，侯赛因国王就派遣了许多使节去拜见沙拉昂，希望将他和他实力强大的卢阿拉部落争取到起义军这边来。但埃米尔沙拉昂一直顾左右而言他，大打擦边球，暗示说自己或许很快就会加入起义，但又退回到奥斯曼政府那边。但让沙拉昂如此重要的不仅仅是他的权威；按照劳伦斯的描述，这位酋长简直就是死亡的化身：

> 年事已高、面色铁青、憔悴不堪，带着一种灰暗的忧伤和悔恨，脸上唯一的表情就是苦痛的笑容。在他的粗糙睫毛的上方是破败不堪、呈褶子状下垂的眼皮。在头顶的阳光下，两束红光闪耀着射入他的眼窝，令两个眼窝仿佛火坑，这个人就在缓缓燃烧。[23]

或许这些夸张的描述源于努里·沙拉昂的另外一些特点。这位卢阿拉部落酋长虽然深居沙漠，与世隔绝，但似乎对近两年来英国向侯赛因和汉志的其他阿拉伯领袖许下的诺言心知肚明。沙拉昂为了考验劳伦斯，取出了这些互相矛盾的文件的副本，摆在这位客人面前，问他应当相信哪一份。“我知道，能不能把他争取过来，取决于我的回答。”劳伦斯记述道，“阿拉伯运动的未来则取决于他。”[24]

劳伦斯建议沙拉昂信任英国的诺言中最新的一个。沙漠酋长似乎对这个回答表示满意，但这给劳伦斯负疚的内心增加了新的负担。

会见沙拉昂之后，劳伦斯返回瓦迪西尔汉，与等待在那里的伙伴们会合，并下了铁的决心，一定要迫使英国政府信守对阿拉伯人的诺言。他的计划是亲自带领阿拉伯人进入扩大了的叙利亚战场，征服这片土地，这样阿拉伯人就能对自己打下的土地提出权利主张，破坏法国的帝国主义图谋。“换言之，”劳伦斯写道，“我看到没有其他领导人有这样的意志和权力，于是自作主张，要在这些战役中活下来，不仅要在战场上打败土耳其人，还要在会议室里打败我的祖国和它的盟国。”[25]

324

他承认，自己的想法“是非常狂妄自负的”。

这一年6月，在叙利亚活动的西方情报人员不仅仅是劳伦斯一个人。事实上，在他北上的勇敢冒险途中，他有一次离自己的宿敌库尔特·普吕弗只有3英里之遥。

普吕弗于3月从德国返回中东后，就一直在君士坦丁堡的情报局总部俯身案牍，很少离开这相对舒适的环境。马克斯·冯·奥本海默设想的让德国政府与工业界通力合作的宏伟计划已经基本上宣告泡汤，因为德国商人都不愿意在这样一个越来越贫困和四分五裂的地方投资。普吕弗的大部分时间用来安排出版一批新的亲德宣传小册子，但柏林却以印刷成本和顽固的土耳其政府审查者制造的障碍这类琐事来困扰他。

5月中旬，他决定打破这种沉闷无聊的日常工作，去视察他和奥本海默前一年在叙利亚各地建立的德国宣传中心和图书馆。就是这些实地考察让普吕弗成为一名优秀的情报人员，他能够从中获得第一手的资料，而这些资料往往与送到他办公桌上的报喜不报忧的公报和电文互相矛盾。尽管如此，这次出行还是令他大吃一惊。

正如战争中经常发生的那样，当局者迷，旁观者清，到1917年春季，外界对奥斯曼帝国境内事务的了解比帝国的居民更清楚。外界的信息来源主要是在这年4月美国与土耳其断交后撤离岗位的美国领事馆官员们。这些官员在瑞士、华盛顿和伦敦报告称，奥斯曼帝国境内已有数十万平民因疾病或饥馑而死亡，大片领土处于近乎公开的叛乱中，军队的逃兵率达到25%、30%，甚至40%[26]。这些新近离开奥斯曼帝国的美国官员中较为敏锐的人还指出，土耳其和德国部队之间存在摩擦，双方互相敌视，有时发生暴力事件；广大平民百姓对战争漠不关心，最热切的希望就是让战争赶紧结束，日子能好过一点[27]。

325

当然，普吕弗在君士坦丁堡也看到了一些苗头。他读到的报告或许对实情轻描淡写，但也讲到粮食短缺、疫病肆虐，而且土耳其军民都斗志涣散。但普吕弗于5月21日在海德尔帕夏车站登上通往内陆的列车时，却完全想不到，等待自己的将是怎样的哀鸿遍野。从普吕弗的角度，最能说明问题的是他本人在旅途中不得不忍受的折磨。曾经有过的专门为他准备的舒适车厢和招待他的官方宴会都是过去时了。尽管他是在中东最重要的德国官员之一，却只能搭乘人满为患、破破烂烂的火车，而且火车经常不知道由于什么原因就被转到侧线上，一停就是几个小时，甚至几天，他就只能住在脏乱不堪、满是跳蚤的小客栈里。在两个月的旅途中，他用铅笔草草地写下了零星日记，几乎全都是一连串怨言[28]。

让普吕弗更加痛苦的是，他的间歇性牙痛越来越严重，最后整个颚部都发炎了，这是他四周的破败惨景的一个突出例子。一位牙医的推测诊断是，他患上了坏血病，这种疾病是简单的维生素C

缺乏引起的，当时在叙利亚非常猖獗。直到两年前，叙利亚还是世界上种植柑橘最多的地区之一，但由于长期缺失煤炭，大多数果树都被砍下，当作火车头的燃料。

库尔特·普吕弗虽然目睹了这一切，却就是不肯理解它意味着什么。他在给柏林的高级外交官的报告中称，他和马克斯·奥本海默共同的泛伊斯兰圣战梦想之所以未能鼓舞穆斯林群众，主要原因是沟通不畅。“集中描写敌人暴行的歇斯底里的宣传完全是浪费时间，”他写道，“土耳其帝国的各民族并不傻，他们知道自己身边发生了什么事情。”[29]

普吕弗尽管提出了一些批评，但他的洞见中却有一种自我欺骗的元素。所以他看不到，他旅行经过的土地的裂缝已经在他周围绽裂了。他经常写道，叙利亚阿拉伯人怯懦无能，不敢反抗土耳其人，他在此次旅途中的所见所闻也没让他改变观点。6 月 3 日，普吕弗在大马士革的时候，T. E. 劳伦斯就在仅仅 3 英里外的一个村庄内，与一位阿拉伯民族主义者密谈如何将阿拉伯起义扩展到叙利亚首府。普吕弗对巴勒斯坦的犹太定居者更加不屑，说他们温顺驯良、易于驾驭。6 月 12 日，这位德国特工主管逗留在巴勒斯坦的扎马林村，这里离济赫龙雅各布的犹太人定居点——NILI 间谍网的中枢——只有 1 英里远。

326 萨拉·亚伦森在 4 月中旬前往开罗的旅行原计划只会短暂停留，与兄长见面，一同商讨如何在未来几个月内协调 NILI 间谍网的活动。“马纳杰姆”号下一次出航的时候，萨拉将和她的主要副手约瑟夫·利申斯基一起乘船溜回阿特利特，继续开展情报工作。但发生了一系列倒霉的事情——两次航行被取消，萨拉患疟疾住院两周——于是她和利申斯基能不能回得去就成了问题。5 月底，两人又回到了在埃及的出发点。

这些耽搁让亚伦·亚伦森颇为沮丧——他原本没打算让约瑟

夫·利申斯基离开阿特利特，现在他和萨拉都不在，间谍网肯定要瓦解了——但亚伦森的想法也发生了变化。他是个不合群的人，所以很喜欢有妹妹在开罗陪伴自己，并且在与英国官僚体制的斗争中越来越依赖妹妹稳健明智的意见。他现在决定，让她返回阿特利特就太残酷了。“我看没有必要，”他在5月31日的日记中写道，“因为最宝贵的时间已经过去了。”

但要说服意志如钢铁一般的萨拉·亚伦森留下，就是另外一回事了。他开口提起时，她当即做出了坚定不移的反应：不管怎么样，她一定要回巴勒斯坦。农学家换了一种策略。萨拉在开罗期间，熟识了许多和哥哥打交道的英国军官，他们对这个在巴勒斯坦执行危险任务的女人非常仰慕。但同时也有一些秉信老派骑士信条的军官向亚伦·亚伦森暗示，让一个女人去面对男人才能承担的危险，有点不成体统。最坚持表达这种观点的就是亚伦森之前的联络人威廉·埃德蒙兹，于是亚伦森安排让这位东地中海特别情报局的上尉一天晚上在他和萨拉单独坐在大陆酒店休闲室时提起此事。

“夫人，”埃德蒙兹语气僵硬地对萨拉说，“司令部授权我向您表达诚挚的谢意，感谢您为我们做的一切。他们敦促您不要返回巴勒斯坦。埃及为您敞开了大门。您乐意在这里待多久都可以。您到目前为止做的工作是非常有价值的，而且已经足够了。”[30]

萨拉·亚伦森感谢了上尉的好意，但立刻就看穿了哥哥的计谋。她转向哥哥说道：“如果你了解我的话，就帮助我回去。如果你不帮忙，我自己也能想办法回去。”

6月15日，间谍船“马纳杰姆”号再次起航。这一次它顺利抵达阿特利特，萨拉·亚伦森和约瑟夫·利申斯基上了岸。亚伦·亚伦森得知此事之后，心情非常复杂，既舒了一口气，又感到懊悔。后来的事实证明，懊悔是对的，因为他再也不会见到自己的妹妹或者利申斯基了。

327

奥达和劳伦斯骑着迅捷的竞速骆驼，在大部队前头去查看贝尔的水井。跟在他们后面的是在前三周内在瓦迪西尔汉艰苦地集结起来的作战部队：约500名部落战士，大多来自霍威塔部落，准备好了要狠揍土耳其主子一顿。两天前，也就是6月18日，全体人员离开瓦迪西尔汉的时候，无不斗志昂扬。

正因为此，奥达和劳伦斯在贝尔的发现令人垂头丧气。这座绿洲的全部三座水井都在前不久被土耳其人炸毁，只剩下瓦砾堆和仍然冒烟的废木料。幸运的是，一段距离之外的第四座水井安然无恙，因为土耳其人在这里安放的炸药没有爆炸，所以起义军有足够的水给人畜饮用。但这也是一个糟糕的信号：土耳其人在追踪他们。

虽然这么说和人的直觉相悖，但沙漠其实是很难隐藏自己踪迹的地方。旅行者固守沿着水源路径行进的观念，穿越沙漠很像是在高速公路上走，很少有岔路可供选择，而且其他人也在不断运动。到6月的第三周，叙利亚东南部的很多部落已经听说起义军在瓦迪西尔汉集结，土耳其人一定也得到了风声。土耳其人炸毁了瓦迪西尔汉以西的第一个主要水源——贝尔的水井，就是为了在敌人起程之前切断其去路。

虽然土耳其人的阴谋没有得逞，起义军和他们的牲畜有足够的水在贝尔生存下去，但这让他们对下一段路程产生了极大的忧虑。贝尔以西70英里处就是十字路口城镇马安，汉志铁路在此经过，令它成为整个地区的战略枢纽。劳伦斯的计划是在有重兵把守的马安以南绕过，继续西进奔赴亚喀巴，但这个计划依赖在杰弗（马安东南方25英里处的一系列沙漠水井）找到水。问题是，马安的土耳其人猜到起义军的目的地是亚喀巴之后——在这个阶段，“最不懂军事的老百姓也能看得出这一点”——就可以在起义军抵达杰弗很久以前就将它的水井摧毁。

328

因此关键在于设计出一个幌子来，迷惑住土耳其人，让他们无法判断起义军的当前位置和他们的目的地。于是起义军从贝尔派出使节到各个地区性部落，散播起义军还在瓦迪西尔汉编组的消息；肯定至少有一个部落会将这个“情报”转达给土耳其人，向其邀宠。同时，还派出小队战士到各地区进行骚扰袭击。

劳伦斯在前一次北上的时候就为这个幌子打下了一些基础。6月初，他率领一小队当地招募的战士，炸毁了大马士革以北汉志铁路的一座小桥。这次袭击离起义军上一次行动的地点有数百英里之遥，因此土耳其当局大惊失色，一段时期内甚至坚信当地即将爆发叛乱。而在从贝尔出发的大规模伪装欺敌中，劳伦斯亲自指挥了最雄心勃勃的一次行动。6月21日，他和大约100名战士离开了绿洲，前往北方150英里处的铁路终端城镇安曼。

这次行动非常特殊，常常需要动用劳伦斯劝说诱导的本事。很多次，他不得不遏制住求战若渴的阿拉伯同伴们，劝说他们不要与敌人对垒，提醒他们，他们要做的仅仅是展示武力，这只是个虚张声势的游戏而已，摧毁一座铁路涵洞的效果和炸毁一列火车是一样的。阿拉伯部落战士们可不希望打仗是这个样子，但他们人数很少，而且依赖机动性，所以劳伦斯下定决心，一定要避免漫长的交火和任何妨碍他们尽快返回贝尔的事情。但速战速决的要求也有个讨厌的副作用，简单地说，劳伦斯的队伍没有时间，也没有能力去处置战俘。

在3个月前准备伏击阿巴纳阿姆的土耳其驻军的时候，劳伦斯和他的伙伴们无意中被一个游荡的牧羊小孩发现了。起义军担心如果将小孩释放，他会去报告土耳其人，而小孩因为离开羊群而越发焦躁，于是起义军最后采纳了一个滑稽的办法：在战斗打响前，他们将小孩捆在树上，逃走的时候将他释放。在安曼周边的打了就跑的袭扰战中，起义军没有时间去考虑这些事情。

有一次，他们遇到了一个旅行的切尔卡西亚商人。他们没办法将他作为俘虏带走，又不愿意将他释放——因为大多数切尔卡西亚 329

人都支持土耳其政府——于是很多战士主张将他尽快了断。最后的妥协是，他们将此人剥去衣服，并用匕首割裂了他的脚底。“这种做法虽然古怪，”劳伦斯温和地记述道，“但似乎有效，而且比死亡要仁慈。他脚上有伤，就只能用膝盖和手爬到铁路处，这要花一个小时时间；他赤身露体，在天黑之前就只能躲在岩石阴影里。”这个切尔卡西亚人的最终命运如何，我们不得而知，但在6月的炎炎赤日下将一个一丝不挂、身体残缺的人遗弃在叙利亚沙漠中，究竟算不算仁慈，的确值得商榷。

袭击队伍返回贝尔后，劳伦斯有理由感到自信。由于他们的欺敌工作，土耳其人刚刚派遣了一支400人的骑兵队伍去追踪瓦迪西尔汉的并不存在的起义军部队。在此前一周内，阿拉伯人在叙利亚南部全境发动了一系列打了就跑的袭击，而且没有任何可以辨识的规律可言。此时，土耳其人一定以为下一次袭击可能来自任何地方，注意力就分散了，无暇去关注对起义军来说仍然还很遥远的目标——亚喀巴。于是，起义军自信满怀地前往杰弗的水井。

土耳其人果然也对杰弗的水井实施了爆破，但效果只比在贝尔强一点点。其中一口井只是部分坍塌，花了一天时间就修复了。修理水井的时候，劳伦斯收到了最为重大的消息。

几天前，他们派出一支快速队伍去鼓动居住在马安西南方山麓丘陵和亚喀巴方向的部落。他们一起袭击了富维拉的土耳其堡垒，这座堡垒占据了横跨马安—亚喀巴道路上的一个制高点。起初，阿拉伯人的进攻没有什么进展，掘壕据守的土耳其士兵很快就将部落战士驱散，但富维拉的土耳其人随后发动了一次报复性的袭击。他们攻击了附近的一个霍威塔部落居民点，割断了发现的所有居民的喉咙，包括一个老人和十几名妇女儿童。阿拉伯战士们狂怒不已，再次攻击富维拉堡垒，将其占领，屠杀了全部土耳其士兵。于是，通往亚喀巴道路上的一个主要的土耳其据点一下子就灰飞烟灭了，翻山越岭的道路基本上敞开了。在杰弗的起义军紧急出动，奔向富维拉。

但他们没能高兴多久。7月1日下午，他们绕过马安以南地带时得到消息，当天上午有约550名土耳其士兵离开了马安，开往富维拉。这支队伍目前就在他们前方的道路某处。

这让劳伦斯陷入了进退两难的境地。阿拉伯人的机动性更强，有可能抢在土耳其援军的前头，继续奔赴亚喀巴，但这样就会让一支相当规模的土耳其部队处于自己的后方——事实上，劳伦斯之前坚持反对在亚喀巴实施两栖登陆，就是因为害怕出现这种腹背受敌的情况。他现在只有一个选择：找到土耳其援军，将其歼灭。 330

从威廉·耶鲁搭乘“皇帝”号从纽约港起航，已经过去了将近4年。当时他的假身份是前往圣地观光的花花公子。现在，1917年6月中旬，他回到了纽约，这座城市沉浸在爱国主义狂热之中。在曼哈顿，房屋上悬挂着巨大的美国国旗，窗户装饰着红白蓝三色旗帜，威尔逊总统领导美国参战的两个月之后，狂热的兴奋依然在空中弥漫。[31]

人们的兴奋持续了这么久，一个原因是，还要过很长一段时间，战争的丑恶一面——尤其是阵亡将士的尸体和伤残士兵——才会扰乱节庆气氛。自1914年以来，威尔逊一直刻意将美国陆军维持在接近和平时期微不足道规模的水平，这是挫败主张干预欧战者的迂回手段。毕竟，美国军队只有区区12万人多一点，仅相当于欧洲大国军队的1/20，所以美国能够对战争努力做出多大贡献呢？大多数人的估计是，美国陆军——目前的计划是要扩充到超过100万人——要花一年时间才能在较大程度上影响欧洲战场。

事态进展缓慢的另一个原因是，美国公众除了挥舞国旗之外，对参军入伍、作战牺牲并没有多少热情。威尔逊以前的想法是，只需要他的华丽辞藻就能鼓动潮水般的志愿者报名参军，但他的大多数同胞似乎对他态度的转变大惑不解——他以前吹嘘说“美国的自豪不容许它参战”，现在却告诫说“民主需要一个安全的世界”。到 1917 年 5 月中旬，主动参军的青年仅有不到 10 万人，于是美国政府自内战以来第一次实施了义务兵役制。所以，耶鲁在 6 月抵达纽约后的首先要做的事情就包括到当地的征兵办公室登记。

这位石油商人对自己的未来没有多少幻想，因为他时年 29 岁，单身，没有妻儿老人要抚养，非常符合兵役标准。这让威廉·耶鲁非常恐惧。部分原因是，与大多数同胞不同，他已经目睹了现代战争的丑恶一面——不是法国战壕中的血腥厮杀，而是同样恐怖的叙利亚境内大批平民因饥荒和疫病而惨死的景象。在穿越南欧的漫长而缓慢的归途中，他还观察到了战争苦难的更为微妙的方面：维也纳街头排队买面包的队伍排了好几个街区，还有在火车站月台上等待开往前线的火车的法国士兵脸上的极度绝望。他无疑也准确地知道，应征入伍之后自己会被送往何方。他处于服兵役年龄的上层（1917 年 5 月时兵役年龄上限为 30 岁，仅仅 3 个月后就提高到了 45 岁），再加上他的大学学历和贵族背景，几乎肯定会被送到一所军官培训学校。到了那里之后，考虑到他的从商背景和技术才能，他几乎一定会被分配到军需部门的补给和后勤领域。由于美国只是对德宣战，意味着几乎全部官兵都会被送往西线，于是耶鲁的战争“生涯”很可能会在法国乡村的某个远离前线的补给站处理文书。

331

雄心勃勃的石油商人可不愿这样碌碌无为。他非常轻率地相信，由于自己刚刚在奥斯曼帝国待了 4 年时间，他或许能够轻松地在政府或军队中谋得一个更有意义的职位。他在耶鲁家族在纽约州北的休养别墅待了仅仅一个周末，与父母和兄弟姐妹（他从 1913 年开始就没见过他们）短暂团聚，然后就返回纽约城去，活动起来。

结果是令人沮丧的。他拜访了所有大学同学和商界熟人，但很少有人知道，一个“东方通”在战争年代美国的整体计划中能够扮演什么角色。他去百老汇大街26号拜访了纽约标准石油公司总部，心想虽然公司在中东的业务在战争期间要暂停，但像他这样对公司忠心耿耿、在如此艰难的条件下辛勤工作的员工应该能得到一个新的海外职位。但是，在遇见纽约标准石油公司的一位董事时，生性好斗的耶鲁却严厉批评公司停发在中东的当地员工薪水的新做法，指出公司的些许薪金对被困在战区的人来说却是救命稻草。于是请求公司帮忙的计划也泡汤了。耶鲁被命令离开办公室之后才得知，刚才这位董事就是发布停薪命令的人。

他对在纽约找到职位已经不抱希望，于是转往华盛顿，心想在权力的核心一定有人能够赏识他的才华。耶鲁将自己在巴勒斯坦和叙利亚的所见所闻写成了一份详细报告，作为敲门砖。他写道：“3年的战争已经将巴勒斯坦摧残到了极其凄惨的地步，村庄由于征兵而十室九空，遭到疟疾、斑疹伤寒和回归热病的折磨。由于伤寒肆虐，人口可能下降了超过25%。”他报告称，黎巴嫩的情况更糟糕。根据他的一位在土耳其军队的熟人说，那里至少有3万平民饿死，未经证实的传闻则称饿死人数已经超过10万。[32]

332

报告的潜在读者或许更感兴趣的是，耶鲁对军事问题非常关注。耶鲁显然把从耶路撒冷到君士坦丁堡的漫长铁路之旅利用得很好，记录了沿途的一些关键的桥梁和路堤，如果这些地方遭到轰炸，土耳其人从安纳托利亚向叙利亚或美索不达米亚输送补给或援兵的交通线就瘫痪了。他还精确地记录了沿途一系列重要的德国军事设施的地点，包括阿玛努斯山中的一座无线电中继站，它旁边有一座瑞士木屋风格的德国兵营，所以非常显眼。“我还看到德国飞机和医疗单位向南转进。一个德国飞行单位的指挥官，是个上尉，告诉我说，他的单位拥有23架飞机，要转往贝尔谢巴。”他甚至能够报告称，有150至200辆德国运输卡车正在“通过一条连接耶路撒冷、希伯伦和贝尔谢巴的新的军事公路”，向巴勒斯坦南部的土耳其军队运送给养。但他非常有策略地没有在报告中提及，这条公路就是他自己受标准石油公司之命在1914年主持修建的。

最近几周内，协约国领导人开始从新近撤离奥斯曼帝国的美国领事馆官员那里搜集到了一些关于奥斯曼帝国内部的情况，但这些情报根本不能与威廉·耶鲁的报告相提并论。虽然他的信息是三个月前的，但仍然是自开战以来关于叙利亚局势的最详细也是最可靠的分析。6月27日，耶鲁大步走进白宫隔壁的国务院、陆军部和海军部大楼（现在的老行政办公大楼），将自己的报告送到了国务卿罗伯特·兰辛本人的办公室。三天后，他又给兰辛写了一封信。

耶鲁指出，“巴勒斯坦的处置很可能是任何战后和平会议的一大主题”，向国务卿进言称，“如果美国要在如此复杂和重大的问题的解决中发挥作用，美国领导人就需要听到对该国及其人民有着第一手知识，而且客观公正的人士的报告。我愿意辞去目前在纽约标准石油公司的职位，为美国政府效力，不管是外交、情报领域，还是巴勒斯坦的援助工作。”[33]

333

耶鲁在国外待了4年，或许对新的威尔逊主义的复杂程度（某些人会认为威尔逊主义非常虚伪）完全不明就里。美国总统的确非常希望将他的“长久和平”概念强加于战火纷飞的世界——这也是他参战的价码——但美国政策的核心还是孤立主义的，所以美国政府希望尽可能少地卷入任何长期的外国事务。于是，耶鲁设想自己掌握的王牌，就是他的专业知识能够帮助美国在中东“发挥作用”，恰恰是威尔逊政府竭力要避免的。所以，他向兰辛的提议得到的回复只有意味深长的沉默。困惑不解的石油商人托了一位耶鲁大学老熟人的关系，将报告送给美国陆军情报部门的主管，却仍然没有得到回应。

万般绝望的耶鲁打出了他的最后一张牌。在穿越欧洲的旅途中，他结识了英国驻瑞士使馆武官，询问了加入英国军事情报部门的可能性。这位武官的答复并不令人振奋，但耶鲁对中东的广博知识给他留下了很深印象，于是他建议，耶鲁回国后如果没有其他办法，可以去找英国驻华盛顿大使塞西尔·斯普林—赖斯。于是耶鲁拿着武官的介绍信在7月9日早上登门拜访。

在威廉·耶鲁的一生中，幸运往往在关键时刻伸出援手，但幸运在7月9日的出现却格外出人意料。拜访英国大使馆的时候，耶鲁其实不抱希望，估计使馆工作人员会告诉自己，大使不在，或者在开会。在之前的一个月里，许多远远没有大使那么事务繁忙或者位高权重的人都是这样敷衍耶鲁的。但是他当即被带到了斯普林—赖斯的办公室。

"你为什么会姓耶鲁？"大使一上来就惊愕地问道，"我的第一位太太也姓耶鲁，是威尔士的耶鲁家族的最后一批成员之一！"

这算不得战斗，倒更像是屠杀。7月2日黎明，阿拉伯战士们在富维拉的道路周围的山地中巡弋，小心地寻找前来救援的一个营土耳其士兵。他们在富维拉以南不远处一条叫作阿巴利桑的山地隘道中找到了敌人，他们沿着一条小溪宿营，还在呼呼大睡。令人难以置信的是，土耳其指挥官居然没有在周围的山岭上布置岗哨，于是阿拉伯人得以悄无声息地在怪石嶙峋的岩石中分散开来，将酣睡的敌人团团围住。他们摆好阵势之后就开始狙击被困在下方的敌人。 334

这一天酷热难当，是劳伦斯记忆中阿拉伯半岛最热的一天，酷热在很大程度上导致战斗非常零乱。阿拉伯人虽然居高临下，占据压倒性优势，但是每次伏在岩石上没开几枪就必须站起来。如果待的时间太长，他们薄薄的长袍就无法抵御炽热，皮肤会被烫伤，甚至会大片地剥落。零乱的战斗一直持续到下午，下方的土耳其人躲在小溪边的石缝中寻求掩蔽，而上方的阿拉伯人则从一个高处跳到另一个，寻找一枪毙敌的机会。

根据劳伦斯的记述，他的一句轻率无礼的评论终于改变了战斗的节奏。他无法忍受酷热，躲到了一条狭窄峡谷的阴影中，这里还有一条涓涓细流。奥达·阿布·塔伊在这里找到了他。

“嘿，你看霍威塔部落怎么样?”奥达想起了劳伦斯过去对自己族人的嘲讽，于是打趣道，“还是只会吹牛，不会干活吗?”

劳伦斯也打趣道，霍威塔部落的人“开枪很多，命中很少”。

这句话似乎让酋长勃然大怒。他将头巾丢到地上，跑上山，呼喊着命令族人脱离战斗，到山下等待的马匹处集合。劳伦斯害怕自己激怒了奥达，导致霍威塔部落放弃战斗，于是赶紧爬上山坡去弥补自己的过失。他看到奥达独自一人站着，虎视眈眈地看着下方的敌人。“要是想看看老头子干的活，去牵你的骆驼。”奥达说道。

劳伦斯匆匆跑下山，来到骑骆驼的阿拉伯主力部队等待的地方(他们在这里等待冲进阿巴利桑，已经等了一整天)，骑上自己的宝贝骆驼纳阿玛，爬到了附近的山岭上。他正好看到奥达和他的50 名霍威塔骑兵从邻近的一条山脊全速冲进谷地。

劳伦斯在《智慧的七柱》中回忆道：“在我们众目睽睽之下，两三名霍威塔族人中弹倒地，但余下的人风驰电掣地急速猛冲，原先躲在岩壁下打算天黑后杀出血路、逃往马安的土耳其步兵开始动摇，最后在骑兵冲击下溃败了。”

350 名乘骆驼的战士也受命迅速跟进。土耳其步兵腹背受敌，筋疲力尽，从两面受到乘骑敌人的冲杀，很快就土崩瓦解。突然间，他们就溃不成军，作鸟兽散，各自逃命，但在这一天的阿巴利桑，死亡对他们来说来得更快。

335

从劳伦斯的记述来看，战斗的大部分他都没有亲眼看到。由于纳阿玛速度很快，而且他处于骆驼骑兵冲锋的前沿，所以很快就冲到了战友们前方较远处。劳伦斯用手枪打了几枪，但纳阿玛中弹倒毙，把他重重地摔到了岩石当中。他最终清醒过来的时候，战斗已经快结束了。让他恼火的是，他发现，纳阿玛不是被土耳其人杀死的；它的致命伤是脑后近距离中弹，所以是劳伦斯自己无意中将它击毙了。

阿巴利桑的残杀是一场恶毒的一面倒的大屠杀。只有两名阿拉伯战士在进攻中阵亡，少数几人负伤；被困在谷地中的550名土耳其士兵中只有约100人逃往马安方向，有160人被俘，剩下的300人要么被打死，要么已经奄奄一息。劳伦斯在《智慧的七柱》中暗示，有些土耳其士兵不是战死的，而是成了一心要为几天前被杀的霍威塔平民复仇的阿拉伯人的牺牲品。

劳伦斯的领导能力又一次受到了挑战。他从一名俘虏的口供中得知，马安的守军非常薄弱，而且现在援军又在阿巴利桑被消灭，马安一定更加脆弱。这个消息在阿拉伯战士们当中传开后，大家呼喊叫嚷着要迅速返回，袭击这座铁路城镇；马安是大发横财的黄金机遇，而凄凉的港口小镇亚喀巴什么也没有。

这是个绝对关键的时刻，劳伦斯感到最近两个月来一直萦绕心头的目标就要与他失之交臂了。即便阿拉伯战士能够拿下马安，也只是个暂时的胜利；土耳其人会大举增援，那样的话，目前是几乎畅通无阻的通往亚喀巴的道路就会被彻底封闭了。更糟糕的是，他和奥达以及其他部落酋长们辛辛苦苦拼凑起来的部队肯定就烟消云散了。到7月2日，他们“没有火炮，最近的基地是沃季赫，没有通信手段，甚至没有钱，因为我们的黄金都用完了，于是我们自己发行货币，许诺在‘攻克亚喀巴之后’补偿大家的日常开支”[34]。现在，占领亚喀巴的行动关系到他们的生存。

在奥达帮助下，劳伦斯最后终于劝说战士们不要被极具诱惑力的马安吸引过去。他们决定当晚就出发，开赴亚喀巴，这既是为了让战士们与马安的诱惑之间的距离拉大，也是由于害怕土耳其人或敌对部落的袭击。但当晚出发的决定带来了一个新的棘手问题：如何处置敌人的伤员？他们决定，让那些能够行走的轻伤员和其他俘虏一起，在一个后卫小分队的监视下，跟在大部队后面，往亚喀巴的方向行进。至于20多名伤势过重、无法行走的土耳其人，则被留在一条小溪旁，这样他们至少不会渴死。 336

阿拉伯战士们开始收拾行装，为即将开始的夜行军做准备的时候，劳伦斯独自走下山谷，来到白天的残杀场所。他希望能从土耳其人的死尸上得到足够的大衣或毯子，让留在溪边的垂死者在临终前能够尽可能舒适一点。但他发现，已经有人发现了战场，剥去了死尸的衣服。这个场景和劳伦斯的反应造就了他的自传中最诡异的段落之一：

> 死人看上去非常美丽。月光温柔地播撒，将他们软化为新象牙般的颜色。土耳其人身体上没穿衣服的部分非常白皙，比阿拉伯人白得多，而且这些士兵非常年轻。在他们周围，艾蒿摇曳着，缀满露珠，月光的末端在露珠上如同浪花一般闪闪发光。死尸被抛在地面上，令人心生悲悯，堆成低低的小堆。如果身体舒展开来，他们一定能终于舒适起来了。于是我把他们全都摆放整齐，一个一个地摆好。我自己也很疲惫，渴望成为这些宁静的人的一员，而不是回到山谷高处那群没有片刻安宁、吵闹、苦痛的暴徒当中去，那些人还在为战利品而争吵不休，吹嘘自己的速度和吃苦耐劳的本事。

劳伦斯最后离开死者，回到战士们那里，继续向亚喀巴前进，现在目标就在山的另一边，只有40英里了。

在劳伦斯率军袭击亚喀巴的两个月期间，英国—阿拉伯在汉志的军事行动依然按着时断时续的旧节奏继续下去。在5月和6月，英国爆破组通常在小股阿拉伯战士护卫下，定期深入内陆，破坏汉志铁路。他们的报告记录了偶尔的成功——炸毁一座桥梁或者摧毁一列火车——但经常抱怨阿拉伯盟友的不可靠和纪律涣散[36]。英军高层仍然打算鼓动起义军最终去麦地那西北方的伍拉地区实施阻滞作战，但越来越多的迹象表明，土耳其人没有离开麦地那的意

337

思，于是这个行动的紧迫感就渐渐消失了。现在享有“阿拉伯军总司令”头衔的费萨尔则将注意力投向进军叙利亚的计划。那些知晓费萨尔的雄心勃勃蓝图的英国军官们对此热情不高，毕竟费萨尔在4个月内几乎都没有离开过沃季赫。“要详细研究谢里夫·费萨尔的计划较为困难，”其中一位军官在5月底报告称，“因为他的计划自始至终都丝毫不考虑时间、空间、补给安排或敌人的部署和可能采取的行动等常规的限制条件。”[37]

在开罗的吉尔伯特·克莱顿审读了一线发来的报告之后，向伦敦的军事情报总管发送了一份关于汉志形势的周度报告。在5月和6月，这些备忘录通常带有一句前言：自上次报告以来局势变化甚少。如果汉志形势到6月底都静止不动——克莱顿更喜欢用的词是“令人满意”，他在叙利亚的间谍却报告称，那里的起义军活动大大增多。7月5日，克莱顿写报告的时候，叙利亚南部各地都传来了这样的报告：霍威塔部落在马安附近有“积极的敌对行动”；富维拉的土耳其驻军遭到攻击；舒贝克附近有一支放牧骆驼的土耳其队伍遭到袭击；比尔谢迪亚之外铁路线遭到破坏。[38]

“劳伦斯上尉在一段时间以前动身前往马安或杰贝勒德鲁兹地区，目前下落不明，”克莱顿在同一份报告中写道，“但最近在沃季赫听到了阿拉伯人的传言称，他和他指挥的小分队炸毁了马安以南的一座大型铁桥。马安地区的这些活动或许是劳伦斯上尉抵达该地区周边后造成的。”

吉尔伯特·克莱顿只说对了一部分。他不可能知道，他在当天汇报的叙利亚南部发生的几乎所有袭击都是劳伦斯和他的阿拉伯盟友们实施的，而在前一个月中叙利亚全境发生的许多其他袭击（其中有些深入敌境超过300英里）也都是他们的杰作。在7月5日，他还不可能知道，劳伦斯并不在马安附近，而是在马安西南方60英里处，与亚喀巴的土耳其驻军商讨后者的投降事宜。

在阿巴利桑大屠杀之后，劳伦斯和阿拉伯战士们快速冲向海边。他们登上山顶，然后下坡通过瓦迪伊特姆，开赴亚喀巴。沿途战士们经过了一座又一座空荡荡的土耳其碉堡和战壕防线，这最终证明了劳伦斯的与众人意见相左的计划的聪明。“敌人从没有想到，我们会从内陆发动攻击，”他写道，“他们所有的大型防御工事中，没有一条战壕，没有一座哨所是面向内陆的。”[39]

338 大卫·利恩的电影将亚喀巴的陷落描绘得非常有戏剧性，但事实没有那么扣人心弦。僵持两天之后，双方都急缺粮食，土耳其指挥官终于接受了无望的现实，几乎未发一枪就在7月6日将这座港口拱手奉上。白旗升起之后，起义军骑着骆驼冲进了亚喀巴，冲进海水里，欢庆自己大胆计划的成功。

但对劳伦斯来说，漫长的折磨还没有结束，也不算稳操胜券。亚喀巴现在拥挤着将近1200人，包括约600名阿拉伯战士和数量相当的土耳其战俘，但粮食奇缺。他还知道，叙利亚内陆的土耳其人组织起一支足够强大的部队，翻山越岭来收复亚喀巴只是个时间问题，而且很可能用不了多久。如果让起义军部队占据山地的哨所碉堡，或许能延缓敌人的进军，但劳伦斯过去的惨痛经验告诉他，依赖阿拉伯部落战士去防守阵地，哪怕是固若金汤的阵地，都是不靠谱的。攻克了亚喀巴固然重要，但现在必须尽快将消息送到英军那里，让他们快速送来补给和援兵。

次日，劳伦斯在仅仅8名战士护卫下，动身前往埃及方向，希望能够在一切都太晚之前穿越亚喀巴和苏伊士运河的英军防线之间的150英里沙漠。

第三部

第14章
狂傲

> 不要尝试亲手去做太多的事。让阿拉伯人自己去做，哪怕只做得马马虎虎，也比你自己去做得完美要好。这是他们的战争，你是来帮助他们的，不是来替他们打赢战争的。另外，在阿拉伯半岛非常奇怪的条件下，你的实践工作或许没有你想象的那么好。
>
> ——1917年8月，T. E. 劳伦斯给英国军官的《二十七条建议》[1]

341

1917年7月10日早上，吉尔伯特·克莱顿在做一件比较沉闷的工作，即为伦敦的军事情报总管撰写阿拉伯战区的每周报告。在最近几个月里，他已经写了许多这样的报告，每次的变化非常小。像以往一样，他在备忘录前写道，“自我上次报告以来，汉志未发生重大事件”[2]，然后快速地列举了那些尚未执行的作战计划、本可以更大的小胜利以及浪费掉的机遇。

报告写完，被送出去交付电报室不久之后，一个身穿肮脏阿拉伯长袍的小个子走进了克莱顿的办公室。注意力被分散的将军以为此人是个前来阿谀邀宠的当地人，或是有进取心的行乞男孩，正要将他赶出去，却发现这个人脸上有着熟悉的歪嘴笑容和目光炯炯的浅蓝色眼睛。他是T. E. 劳伦斯。

克莱顿让这位憔悴不堪的下属坐下，然后急切地询问，自劳伦

342 斯两个月前进入阿拉伯内陆，从世人视线中消失之后，究竟发生了什么事情。然后将军为自己的每周局势报告快速地添加了一句兴奋的话：“写完上文，正要付邮时，劳伦斯上尉到了。他深入敌境，经历了一场奇迹般的旅程。”随后是对攻克亚喀巴，以及劳伦斯在叙利亚各地搜集情报工作的简要概述。“我还未能与劳伦斯讨论他的旅程，因为他刚刚抵达，而且在最近 30 天内骑骆驼跋涉了 1300 英里，已经精疲力竭……但我认为，你们会对上述的概况感兴趣。这是一场非常了不起的胜利，需要极大的勇气、智谋和耐力，甚至在英雄辈出的今天，也算得上惊人的壮举。”

颇具讽刺意味的是，劳伦斯前往开罗途中的一个最大的障碍就是通过英军战线[3]。他和一小队卫兵从亚喀巴仅仅花了 49 个小时就抵达了苏伊士运河东岸，却发现那里的英军哨所空无一人（他后来得知，这是因为当地爆发了霍乱）。他找到了一台可用的野战电话，多次打电话要求河对岸的陆军渡船办公室派遣一艘船来接他，但每一次都被挂断了电话。最后他打通了一位在沃季赫见过他的后勤军官的电话，终于等来了一艘汽艇。

此时自劳伦斯从沃季赫出发恰好是两个月。到了安全地带，他终于支撑不住，仅剩一点点力气，拖着脚步来到了西奈饭店的苏伊士港军官招待所。他写道：“饭店服务员起初对我的外表和衣服非常敌视，终于克服了这种恶感，为我准备了热水澡、冷饮（六瓶）、晚餐和我梦寐以求的床铺。”

他不得不忍受的折磨持续到了第二天。在乘火车前往开罗的途中，光着脚，还穿着破破烂烂的阿拉伯长袍的劳伦斯不断被宪兵拦下盘问。在伊斯梅利亚的火车站月台，他的运气才有所好转。一位在穿越红海的军舰上见过他的英国海军高级军官认出了他。这是一次幸运的邂逅；开罗的军队高层很快得知了亚喀巴的新进展，当天下午，第一批补给和援兵就被匆匆送往起义军控制下的港口。

在伊斯梅利亚的月台，劳伦斯还得知了自己不在期间发生的一个重大事件。在第二次加沙战役失败之后，阿奇博尔德·默里被免去了埃及远征军总司令的职务。接替他的是一位名叫埃德蒙·艾伦比的骑兵将军，不到两周前来到开罗上任。起初，这个消息让劳伦斯非常气馁。他本人、克莱顿和阿拉伯局的其他所有人花了几个月时间，费了很大工夫才部分地将焦躁易怒的默里争取到支持阿拉伯起义的阵营来。现在他们不得不从头再来，劳伦斯设想一定还要花几个月时间来教育埃德蒙·艾伦比。 343

但抵达开罗之后，劳伦斯发现事情并不是他想的那样。他的英雄业绩已经在英国军方高层传播开了，令大家心潮澎湃。在加沙战败、汉志僵局和欧洲不断传来的噩耗（协约国在西线的又一次攻势惨遭失败、法国军队发生哗变、俄国政府正在垮台）之后，终于来了点真正的好消息，而且是英国人的勇敢无畏的绝佳例证。除了攻克亚喀巴的方式本身非常神奇之外，占领了这座港口就意味着阿拉伯战争的前线突然间向北方猛跳了 250 英里，进军叙利亚的任务也一下子简单了许多。

但奇怪的是，让英国同胞们最为振奋、为劳伦斯赢得最多赞誉的却是他的一项比较次要的功业，即在叙利亚腹地的漫长而艰辛的旅途。部分原因肯定是它给人一种非常浪漫的印象，这在英国军事传统中有很多先例：单枪匹马的冒险家（其实劳伦斯不是单身一人，而是有两名侦察兵陪伴）乔装打扮深入敌境，敌人对他悬赏缉拿；他秘密地会见潜在的密谋者，每一步行动稍有不慎就可能遭到背叛，遭到毒刑拷打，丢掉性命。雷金纳德·温盖特建议向劳伦斯授予英国最高等的军事荣誉——维多利亚十字勋章，一定主要是出于上述理由。温盖特指出，让劳伦斯的功绩“愈显英勇无畏”[4]的是，土耳其人悬赏相当于 5000 英镑的金钱来缉拿他，而且他的行动是在“利欲熏心的人群”中执行的。

如前文所述，劳伦斯对这次长途跋涉的重要性大加贬抑。事实上，他对此次行动的仅有的描述就是抵达开罗之后撰写的措辞含糊的4页报告。但他始终是个策略家，因此显然认识到，官方对他的叙利亚冒险的认可和赞誉是一件强大的工具，可以帮助他继续推动自己的目标。在被引见给埃及远征军新任总司令埃德蒙·艾伦比将军之后，他灵巧地使用了这个工具。

1917年，英国军队中存在着复杂的礼节规范。所以，很难想象会有比7月12日在开罗司令部举行的会议更不像话的了。埃德蒙·艾伦比因脾气火爆而得到了“血腥公牛”的绰号，他身材魁梧雄壮，体格貌似拳击手，只略有衰老迹象，即便在不穿将军礼服的时候也是威风凛凛。坐在他对面的是幽灵一般的T. E. 劳伦斯上尉，在健康的时候体重或许有135磅，但由于沙漠征途的艰苦，现在体重下降到了不到100磅[5]。他身穿白色阿拉伯长袍，头戴头巾，据他自己说，当时还没有穿鞋（这不大可能是真的）；劳伦斯说他的军服在远离开罗的长时期中被蛾子咬坏了，还没有时间找一套新军服来换。

344

劳伦斯肯定知道艾伦比的战争生涯，也知道他经历过一些盛衰沉浮。1914年8月，在蒙斯战役中，英军败退，艾伦比命令他的骑兵团坚守阵地，抵抗一支兵力远远超过己方的德军部队，以掩护遭到围困的英军主力部队有秩序地撤退。碰巧的是，就是在这场战役中，时任帝国总参谋部参谋长的阿奇博尔德·默里在一个中央指挥所督导英军的撤退，由于压力过大而昏倒。但在最近，艾伦比的将星黯淡了不少。在阿拉斯战役中，他行动迟缓，未能抓住机会利用德军战线上的缺口长驱直入，遭到了批评。在这场战役中，英军只前进了2英里，却损失15万人，因此他的错误是相当严重的。

所以，和默里一样，艾伦比是被贬黜到埃及来的，然而这种贬黜让默里小心谨慎到了举棋不定的程度，但劳伦斯感到，艾伦比或许会有非常不同的反应。当天下午，在将军的办公室内，他描绘了一幅雄心勃勃的美丽图景，阐述了阿拉伯起义军现在有可能取得的成就。他解释说，只要能够快速加强亚喀巴，将其作为主要集结地，阿拉伯人就能终于将战火烧到叙利亚腹地，而且还不是小打小闹。按照劳伦斯的说法，现在终于有机会在整个叙利亚形成星火燎原之势。

劳伦斯对自己在叙利亚刺探情报活动的报告过于简略，于是画了一张小地图，作为补充材料，向将军解释自己的计划。这份地图描绘了多达七支潜在的阿拉伯部队在叙利亚全境各地袭击土耳其人，最西一直到黎巴嫩海岸，最北到大马士革以北 100 英里处的霍姆斯和哈马。他在地图附文中谨慎地表示“战局完全按照计划发展的机会是非常小的”[6]，但劳伦斯的蓝图中哪怕只有一部分成为现实，部署在叙利亚北部和东部的土耳其军队主力也会被困住手脚，不能前进，甚至不能轻易撤退。

但有个问题。劳伦斯告诉艾伦比，这场大规模的阿拉伯起义要想成功，就需要英军同时在巴勒斯坦南部取得突破。一旦英军取得突破，两支军队就可以一前一后地协力北上，阿拉伯非正规军切断汉志铁路，袭扰叙利亚东部各个驻军城镇中的土耳其部队，同时英军在内陆一侧的侧翼得到阿拉伯人的保护，可以进军西海岸。根据劳伦斯的计划，甚至速战速决地拿下大马士革和耶路撒冷也不是不可能的事情。 345

但还有一个小问题。将在这支阿拉伯攻击部队中担任主力的战士是叙利亚东部的贝都因人，他们的传统是每年秋季要向更东方跋涉，为骆驼寻找更好的草料，所以就会离开战区。劳伦斯解释说，如果要利用这些关键的战士，行动不能迟于 9 月中旬发起，也就是说还有两个月时间。[7]

劳伦斯对自己的这个夸张的设想究竟相信多少，我们不得而知。就算他因为最近在亚喀巴的胜利而春风得意，他也始终是个脚踏实地的人，不会设想一直困扰着阿拉伯起义的惰怠和部落间的争吵会一下子烟消云散。他对英国军方也有足够的了解，必然知道它一向动作迟缓。最有可能的情况是，他提出这个宏伟计划，是为了将英军新任总司令——他对该地区事态发展的缓慢还一无所知，而且在阿拉斯的挫折之后急于恢复自己作为军人的荣誉——拉到自己这边，去支持自己设想的阿拉伯—英国联合解放叙利亚的计划。当然，由于劳伦斯设定了一个时间限制，所以艾伦比必须尽快决定，要么支持他，要么反对他。

但就算他这是在虚张声势，又有谁能抓得住他的破绽？T. E. 劳伦斯现在是开罗的名人，管理阿拉伯部落的魔法师，还是唯一一位亲自与阿拉伯人在叙利亚境内的潜在第五纵队有过接触的英国军官。就算他知道这些潜在的合作者不可能在两个月内准备好起义，但别人是不知道的。他私下里知道，英军肯定会耽搁延误，搞乱时间表，所以阿拉伯人远远没有准备好这个秘密就不会昭然天下，同时他已经缔结了一个牢不可破的联盟和互相依赖的关系。

在《智慧的七柱》中，劳伦斯几乎承认了自己的把戏："艾伦比判断不出，我有多少成分是真诚的，又有多少成分是在夸大其词。问题在于，我把他蒙在鼓里，于是我让他在没有人帮助的情况下自己去解决这个问题。"

劳伦斯的表演大获全胜。会议结束时，将军抬起下巴，宣布："好，我会尽力满足你的要求。"

346

艾伦比在劳伦斯面前还保持低调，但对上级——包括帝国总参谋长威廉·罗伯逊将军，英国战争努力的总体协调人——就毫不掩饰自己的热情洋溢。他在 7 月 19 日向罗伯逊发电报称："鄙人愚见，劳伦斯上尉建议的阿拉伯人的合作能够带来极大好处，我们必须尽最大努力从中得益……如果执行顺利，这样一次运动，再加上我军在巴勒斯坦的攻势，或许能够导致土耳其军队在汉志和叙利亚的垮台，并造成在政治和军事上极其深远的影响。"艾伦比对这个计划极其重视，甚至转达了劳伦斯的担忧，即如果耽搁下去，东部贝都因人就会去寻找秋季牧场，因而脱离战斗。"因此，我需要做好准备，以我手中目前可动的兵力在 9 月中旬发起行动。"[8]

罗伯逊是个坚定不移地主张在西线决胜的人，因此不愿意在东线大操大办，但就连他也很快被说服了。在7月，开罗和伦敦之间电文来往不断，罗伯逊最后许诺立即给艾伦比增兵5万，用于即将开始的巴勒斯坦攻势。这是阿拉伯起义的一个令人震惊的转折点。仅仅在两个月前，起义军还被阿奇博尔德·默里视为敲边鼓的讨厌鬼；现在他们却能左右英军在巴勒斯坦下一次攻势的时间表。

但阿拉伯人和英国人之间新近加强的联盟也意味着政治战场上发生了变化，艾伦比将军或许认识不到这个变化，或者对它不感兴趣，但T. E. 劳伦斯却肯定是心知肚明、兴趣盎然。前不久，英军高层还在考虑如何将阿拉伯起义军在叙利亚的角色控制到最小，以便满足法国盟友的利益要求。现在，英国军方采纳了艾伦比的计划——实际上是劳伦斯的计划，完全无视法国人的意见，最终使得《赛克斯—皮科协定》的整个框架能否执行下去都有了疑问。

但那都是未来的事情，目前，对劳伦斯丰功伟绩的赞颂仍然从各个方向蜂拥而来。尽管他不符合维多利亚十字勋章的要求（要求之一是，受勋者的英雄业绩必须有另外一个英国人目睹，作为证人），但他很快被晋升为少校，并被提名为巴斯三等骑士，这是下级军官有资格获得的骑士爵位中最高的一级。

这位新晋名人在8月初被要求写下自己与阿拉伯人合作的心得体会，帮助那些被派往汉志的英国军官，与他们分享在这个领域成功的秘诀，毕竟其他很多人在这个领域都遭遇了令人心碎的绝望。他写了一篇短文，题为《二十七条建议》。他的某些建议是常识，但有一些在他的学生们看来一定非常新奇。“在汉志长大的奴隶是最好的仆人，”他建议道，“但有法律规定英国公民不能蓄奴，所以只能去借奴隶。无论如何，在乡间活动时最好带上一两名阿格伊尔族人。他们是阿拉伯半岛最高效的信使，而且非常懂得骆驼。”[9]

347

劳伦斯给他的读者们最重要的建议是：抛去自己的英国习惯，

完全地沉浸到当地环境中去，要熟悉“当地的家庭、氏族和部落、朋友和敌人、水井、山丘和道路”。

在1917年狭隘保守的英国军事文化中，《二十七条建议》有着启示录一般的强大力量，甚至到今天仍然有着深远影响。2006年，美国在伊拉克开展军事行动，美军总司令大卫·彼得雷乌斯将军就命令他的高级军官们阅读《二十七条建议》，以学习去赢得伊拉克民心。美国军官们似乎忽略了劳伦斯的开篇告诫，即他的建议仅适用于贝都因人——占伊拉克总人口的约2%，而与阿拉伯城镇居民打交道“需要完全不同的方法”。

亚伦·亚伦森和伊恩·史密斯上尉的关系一直算不得亲密。史密斯是东地中海特别情报局与以塞得港为基地的间谍船之间的联络官。从他第一次见到亚伦森起，就毫不掩饰自己对巴勒斯坦的犹太人间谍网的鄙视。从这个不吉利的开端起，史密斯——农学家说他“始终是个白痴”——想尽办法，以或大或小的手段来羞辱亚伦森及其盟友，似乎英国人给犹太间谍们帮了一个天大的忙，而不是刚好反过来。

虽然过去忍受了不少侮辱，但亚伦森还是没想到会发生7月1日的事情。亚伦森抱怨了史密斯对一名阿拉伯局军官的不公待遇，史密斯显然恼羞成怒，刻薄地告诉NILI组织的领导人，他在巴勒斯坦的间谍“一文不值。让其他人干，会好得多”[10]。

让这个插曲特别令人愤怒的是，就在这一时期，英国人大大增加了NILI组织的工作量，而且远远不止情报搜集工作。在5月的“雅法遭洗劫”故事传播开之后，国际上有人募集捐款，以援助犹太受害者。如何将这些款项送给巴勒斯坦境内需要帮助的人呢？英国当局中有人想到了显而易见的答案：NILI组织。那么，既然NILI组织的间谍可以在巴勒斯坦各地分发救援款，为什么不能顺带传播宣传材料呢？他们在闲暇时间搞一些破坏袭击活动又如何

348

呢？6月初，英国当局计划将炸药偷运到阿特利特，让NILI小组炸毁约旦谷地中一座关键的铁路桥。为了这个目的，亚伦森在埃及的主要副手利奥瓦·施内尔松正在开罗郊区的一个英国陆军试验场接受爆破训练。

亚伦森不情愿地答应了英国人向他的组织提出的这些新要求，认为这是得到英国人支持而必须付出的代价，但这让伊恩·史密斯的侮辱实在无法忍受。在与史密斯争吵的第二天，他告诉自己在阿拉伯局的朋友，由于东地中海特别情报局目前在巴勒斯坦有其他更好的工作人员，“我已经没有权力让我的人冒着生命危险继续工作”[11]。因此，他决定解散NILI组织。

但亚伦森在这个夏季感到自己遭到了冷遇，还有其他原因。核心问题是，他一直未能澄清，自己在开罗的地位究竟是什么，他的组织在更大的计划中究竟扮演什么样的角色。4月和5月，亚伦森会见了马克·赛克斯，得知这位英国政治家正在伦敦与英国犹太复国主义联盟的两位领导人——哈伊姆·魏茨曼和纳胡姆·索科洛夫紧密合作。事实上，赛克斯在开罗期间曾敦促魏茨曼到埃及来亲自领导那里的犹太复国运动，但是魏茨曼未能成行，于是任命亚伦森为魏茨曼在当地的“代表”[12]。亚伦森并不认同魏茨曼和索科洛夫的较为温和的犹太复国主义，但出于对赛克斯的尊重，他接受了这个安排，然而后来一直没有听到魏茨曼或索科洛夫的消息。他的地位仍然含糊暧昧，他自己从犹太复国主义联盟获取指示的努力又徒劳无功，于是在他与史密斯撕破脸皮的前一天，他请求吉尔伯特·克莱顿去找马克·赛克斯谈谈这事。但这一次仍然没有结果[13]。

被蒙在鼓里的亚伦森并不知道，他所珍爱的犹太复国主义事业其实在伦敦取得了日新月异的进展，主要是归功于哈伊姆·魏茨曼的不懈努力，尽管魏茨曼没有与亚伦森联络。

推动英国政府公开宣布支持建立犹太人家园的努力在最近经历了很大的革新。在过去，魏茨曼曾强调，这样的宣言能够对美国犹太复国主义者产生很大影响，让这些很有影响力的人士敦促美国政府结束中立状态、站在协约国一边干预欧战；显然，自美国参战之后，这种论点就失去了很多效力。犹太复国主义者过去的另一个论点是，这样的宣言能够促使俄国犹太人团结在主张继续参战的亚历山大·克伦斯基政府周围；但现在俄国国内局势越来越混乱，克伦斯基的问题远远超过犹太人的支持能否产生很大影响这一问题。但在6月初，魏茨曼找到了一个新的强有力的论点，这要感谢同盟国。

349

6月12日，魏茨曼向英国外交部助理国务秘书罗伯特·塞西尔解释说，近几个月以来，他听到了一些传言说，德国政府在试图拉拢德国犹太人团体的领导人，让他们作为中间人来进行和谈。魏茨曼早就断定这只是谣言而已，但最近这些传闻有了很大说服力。他告诉塞西尔，德国犹太领导人事实上在积极地考虑去做这个工作，条件是德皇政权要满足他们在巴勒斯坦建立一个犹太国家的要求。最近，德国报纸上突然多了一大批支持犹太人家园的文章，说明德国政府显然是在斟酌这个问题。[14]

如果这些传闻中有一部分是真实的，那么局势就是很清楚的——如果英国人不尽快打起犹太人家园这张牌，德国人肯定会。罗伯特·塞西尔的反应很快。他会见魏茨曼的第二天就向上级查尔斯·哈丁勋爵发送了一份机密备忘录。“毫无疑问，德国政府的政策发生了很大变化，”塞西尔写道，“已经下达命令，要将犹太复国主义视为中欧各帝国政策中的一个主要政治因素。”他估计，这种政策政变的目的是影响国际犹太人的意见，“利用它来帮助德国反对协约国的宣传”。[15]

塞西尔解释说，为了避免这种可能发生的灾难性后果，他最近的访客提出了一条大有助益的建议。“魏茨曼博士强烈敦促，国王陛下政府应当公开表达对犹太复国主义主张的同情和支持，并公开承认犹太人对巴勒斯坦的权利主张的合乎公义，这从任何一个角度看都是好事。”

6 月，英国外交部不断听到可能出现一个德国支持下的犹太国家的警钟，因此越来越多的英国高官赞同魏茨曼的建议。

亚伦·亚伦森不知道这些情况，那些匆匆努力消除史密斯上尉在 7 月 1 日言论的恶劣影响的阿拉伯局官员们也不知道这些情况。350 他们只是在努力挽救英国在巴勒斯坦最重要的间谍网。

为了再次向亚伦森表达敬意，英国当局很快邀请他去见埃及远征军的新任总司令埃德蒙·艾伦比。他们的会面是在 7 月 17 日，也就是艾伦比与 T. E. 劳伦斯会谈的五天之后。在闲适的会谈中，亚伦森为将军介绍了关于巴勒斯坦的五花八门的话题，从农业条件到土耳其驻军的战斗力，甚至描绘了杰马勒帕夏（“擅长阴谋诡计，非常狡猾”）[16]和德国指挥官的性格特征。“总司令兴致盎然地听着，”亚伦森记述道，“提了一些很聪明而且非常到位的问题。我对他印象极好。”

在与艾伦比会谈后喜悦的气氛中，亚伦森或许感到自己终于受到了开罗英国当局的重视。但话又说回来，在之前的 7 个月里，他也时常有这样的感觉。问题在于，英国人永远在保持所有选项的畅通，不愿意给任何人一个正面或负面的直截了当的回答，所以根本不存在“受重视”这样的事情。英国人避免真心实意的拥抱，而仅仅是谨慎地拍拍对方的后背表示友好。伦敦关于公开宣言支持犹太人家园的密谋，以及英国政府内部对这个宣言可能导致的结果的普遍焦虑都让亚伦森的困境愈发复杂。因此，英国人的目标是让亚伦森开心，但不给他确定的回答，既要鼓励他努力，又要对他们的最终奖赏保持谨慎，维持着这样的微妙平衡。

幸运的是，英国人有一位干这种事情的行家里手——雷金纳德·温盖特。温盖特在得知政府对英国犹太复国主义者最近的尝试性提议之后，在 7 月 23 日给一位高级外交官的信中写道：“我的理解是，事情绝没有板上钉钉，你希望我让亚伦森满意，但又不能跟他把话说死。已经办好了。”[17]

7月16日，英国运兵船“达弗林”号接到命令，在苏伊士港待命，以便送一位重要官员沿红海海岸南下，前往吉达。次日早上，28岁的T. E. 劳伦斯悠闲地走上跳板，船员们第一次看到了他们的这位贵客。就在8个月前，劳伦斯走上了延布港的另一艘海军军舰的跳板，却因为衣衫不整和态度傲慢而遭到严厉训斥。

351

他将在吉达执行的使命也能说明，在攻克亚喀巴之后，他的地位已经一日千里。劳伦斯在与艾伦比和克莱顿这两位将军讨论时，强调了（或许是夸大了）叙利亚人对费萨尔·伊本·侯赛因长久以来的极大尊重[18]。他解释说，叙利亚人将费萨尔视为阿拉伯人的最高军事长官，因此只有在他旗帜下才会发动起义。就像这年7月劳伦斯在开罗的大多数其他言论一样，他的上级没有办法证实或者证伪他的这个论断，于是它简单地成为推测（争夺叙利亚的战役打响后可能发生什么事情?）的一部分。

劳伦斯看到了扩大战果、更进一步的机遇：全面协调阿拉伯—英国在叙利亚的联合攻势，而且并非巧合地，将阿拉伯人事业的命运与英国军队的命运牢牢捆在一起——何不将费萨尔和他的部队直接配属到艾伦比司令部的麾下？劳伦斯的这个主意在开罗很快得到批准，但他还必须越过一个潜在障碍：侯赛因国王。汉志国王素来以暴躁易怒闻名，而且非常小心地控制着起义运动的领导权，他很可能会当场拒绝这个建议。但他也许会听从费萨尔最信赖的英国顾问和“亚喀巴的英雄”的意见。很快，劳伦斯就登上了“达弗林”号，去会见侯赛因。

但前往吉达的使命只是这位年轻上尉对英国在该地区政策的新的极大影响力的最显而易见的标志。在幕后，劳伦斯已经打好了基础，要对英国在阿拉伯半岛的军事存在进行大规模重组，并且是按照他的意愿来重组。他在《智慧的七柱》里相当厚脸皮地解释说，他是这样向吉尔伯特·克莱顿论证的："我按照自己的计划，自己行动，占领了亚喀巴。如果他感到我挣得了自行决断的权力，我还有很多事情要做，而且有能力做到。"[19]

克莱顿与劳伦斯一起在开罗的一周里，同意了这位下属的大多数建议。汉志的战争实质上已经结束，尽管土耳其人还控制着麦地那，却丧失了全部进攻能力，于是在伍拉封锁汉志铁路的漫长而无益的行动终于可以结束了。出于同样的理由，起义军在沃季赫的主要基地也可以关闭了，当地的阿拉伯部队和英国后勤军官都可以转移到亚喀巴。劳伦斯扮演起了将军的角色，对将留在汉志的阿拉伯部队的部署作了规划，还制定了一份将要保留、重新部署或者调走的英国陆军人员的名单。劳伦斯还大胆地要求将亚喀巴的总体指挥权交给他，遭到了克莱顿的拒绝，后者指出，让一名下级军官对上级指手画脚不是英国军队的做法。他们一起决定，让西里尔·威尔逊的一位副手皮尔斯·乔伊斯少校担任亚喀巴的指挥官，此人生性随和、没有野心，不大可能妨碍到劳伦斯。 352

但劳伦斯在吉达与威尔逊上校的重逢最能彰显劳伦斯地位的变化。8 个月前劳伦斯首次造访阿拉伯半岛之后，威尔逊恼火地对克莱顿说，这个傲慢的下级军官"需要教训一顿，而且是狠狠教训一顿"，并且曾试图阻止劳伦斯重返阿拉伯半岛，哪怕只是暂时的。但到了 1917 年 7 月，上校却将劳伦斯（他正在被晋升为少校的过程中）视为盟友，或许还是在汉志执行任务的最重要的英国一线军官。

就在劳伦斯抵达吉达之前，威尔逊收到了克莱顿的一份备忘录，概述了他正在考虑的对该地区人事的大规模洗牌，并且很有针对性地指出，他这些想法是"咨询了劳伦斯上尉的意见"后形成的。这个细节让这份备忘录的一个特点显得非常突出：它完全没有提到斯图尔特·纽科姆，他仍然是英国驻汉志军事代表团的正式团长。

劳伦斯在中东能得到这样的地位，最应当感谢的人就是斯图尔特·纽科姆。但在劳伦斯冷静而不带感情色彩的想法中，战争就是战争，不管他对自己的恩师多么感激，也不能影响作战。纽科姆在汉志的任职颇有争议，他始终不能适应阿拉伯人神秘的作战方式，在很多报告中痛苦地抱怨了他们的纪律涣散和不可靠。劳伦斯抵达吉达后向西里尔·威尔逊解释道，上级已经决定，将纽科姆撤出前线，送到后方工作，实际上就是被贬黜了[20]。威尔逊虽然吃惊不小，但表示了默许[21]。

当晚，劳伦斯和威尔逊觐见了侯赛因国王。这是劳伦斯第一次拜见国王，感到国王魅力十足、风度翩翩。或许是因为侯赛因很快同意将费萨尔及其部队交给艾伦比直接指挥，劳伦斯才对他有了这么好的印象。

第二天却发生了一件完全不同的事情，侯赛因传唤劳伦斯到他位于吉达的宫殿，单独会谈。国王直截了当地（这不太像他的性格）提出了一个让他非常痴迷的话题：他在5月与马克·赛克斯和弗朗索瓦·乔治—皮科的会晤。

尽管当时的会议上究竟同意了哪些东西，又没有同意哪些东西，在英国政府的某些部门仍然存在争议，但由于其他事件的快速发展和紧迫感，这次会议的意义已经大大缩水。像西里尔·威尔逊这样持有异见的目击者以礼貌的口吻、隐晦的言辞暗示说“可能存在误解”，这肯定也促使这次会议的效果消散不少。劳伦斯不会使用这种礼貌的口吻。威尔逊用很多页纸拐弯抹角地说明的问题，劳伦斯只用了不到1页纸。他在第二次面见侯赛因之后在电文中告诉克莱顿：“主要问题是，他（侯赛因）完全拒绝允许法国人吞并贝鲁特和黎巴嫩……他非常高兴能够诱骗皮科先生承认，法国在叙利亚将满足于享有与英国在伊拉克相同的地位……最后，谢里夫指出，与赛克斯和皮科的会谈非常简短，不正式，缺少书面文件，而且这次会议对局势造成的唯一变化就是，法国人放弃了对叙利亚任

353

何部分吞并、永久性占领或者控制主权的想法。”[22]

不知道是由于这份报告非常简短，还是因为它的作者新近美名远播，几天之内，这份报告就被送到了英国政府最高级官员的办公桌上。它立刻重新激起了关于英国在中东许下的互相矛盾诺言的大网以及马克·赛克斯在编织这张错综复杂大网过程中扮演的重要角色的辩论。

但劳伦斯在阿拉伯半岛的使命还没有完成。他还在吉达的时候，开罗传来消息称，据可靠情报，劳伦斯在亚喀巴战役中的主要伙伴奥达·阿布·塔伊正在秘密地与土耳其人商谈，要改换阵营[23]。劳伦斯当场的反应是为奥达辩护，说或许这是奥达的计谋，要引诱土耳其人懈怠下来。但劳伦斯内心里显然不是那么有把握。几个小时后，他就登上了前往亚喀巴的船，去与奥达当面对质。

劳伦斯骑着一匹快捷的骆驼深入内陆，在谷维拉村外的一座帐篷内找到了霍威塔部落酋长和他的两位主要副手，情报显示，这两人也是潜在的叛徒。一连好几个小时，劳伦斯不动声色，像朋友重逢一样与他们欢聚，但后来邀请奥达和另外一名密谋者与他一起散步。他们单独在一起之后，他就拿自己听说的情况质问对方。“他们急于知道我是怎么知道他们的秘密行动的，”劳伦斯记述道，“以及我还知道多少东西。我们站在一座打滑的岩架上。”[24]

的确，在这座岩架上，劳伦斯稍有不慎就可能粉身碎骨。但他凭借自己甚至在这种雷场般的环境下仍然能与阿拉伯人妥善交谈的卓越本领，进行了一番复杂的表演——同情、恭维和嘲讽融为一体——首先让他们放下戒心，然后将他们争取回到起义军阵营来。 354
回到亚喀巴之后，劳伦斯向开罗发电报称，奥达的事情“纯属误会”，现在一切都“绝对令人满意”[25]。劳伦斯后来承认，自己经常在向开罗报告关于阿拉伯起义及其领导人的情况时扭曲事实，但说这都是为了大家的好处。“英属埃及自己勤俭节约，维持我们的生命，不适合让它知道的真相就不必说出来了，我们必须让它满怀信心，让我们自己始终是个传奇。观众们需要书上的那种英雄。”[26]

劳伦斯就是一位优秀的演员，很好地迎合了观众，满足他们的需求。

威廉·耶鲁的威尔士祖先的问题搞清楚之后，他就开始和英国驻美国大使谈起正事。

耶鲁很可能对塞西尔·斯普林—赖斯能帮他找到什么样的工作不抱多少希望。毕竟英国自己已经有了一个专门针对中东的庞大的情报机构。但威廉·耶鲁非常精明地知道，他有一样东西，是其他人很少能够提供的：在石油界的关系。在此前的四年中，他勘察了巴勒斯坦的大片土地，为纽约标准石油公司寻找潜在的油田。通过公司的备忘录，他还知道他的公司在奥斯曼帝国的其他哪些地方在寻找石油开采特许区，或者已经获得许可。在战后的世界里，占领这些地区的国家会不会承认纽约标准石油公司的开采权，鬼才知道。如果占领这些地区的国家已经公开宣布未来的石油勘探和开采事关国家安全——英国就已经如此宣布——那么它完全可能对纽约标准石油公司的权利主张置之不理，而安排自己的一家国有财团来开采石油。如果那样的话，假如有一位曾经看过现存地图和地质勘探报告的人，就能节省许多时间，省去诸多麻烦。

斯普林—赖斯大使不知出于什么动机，对这位年轻的访客非常感兴趣，于是要求耶鲁留下一份他写的关于叙利亚局势的报告。耶鲁第二天就送来了报告，还附加了一份两页的补充文件，记录了德国在耶路撒冷所有主要军事设施的位置，并在地图上准确标注了这些地点[27]。

耶鲁的叙利亚报告没有引起美国官员的兴趣，但英国人的反应截然不同。大使对此高度重视，迅速向外交大臣贝尔福发送了一份副本，很快就得到了伦敦方面的答复。秘密电文指示，如果威廉·耶鲁能够从美国陆军部获得免于入伍的许可，斯普林—赖斯应向这位29岁的石油商人提供英国陆军中尉的军衔，“随后安排到埃及担任情报军官。他的信息肯定非常有价值。请采取必需措施，以电文报告结果”[28]。

现在美国和英国是战时盟友，所以从陆军部获得免于入伍的许可应当只是个手续问题。但结果却证明，在威廉·耶鲁身上，这不仅仅是个手续问题。这是因为，他的叙利亚报告在国务院搁置了超过一个月没人读之后，终于被送到了一个对其内容非常感兴趣的人桌上。这个人叫作利兰·哈里森，是国务卿特别助理。

哈里森时年34岁，有与耶鲁相似的北方富豪背景。他在伊顿公学和哈佛大学接受教育，随后加入美国外交部门，在一些最重要的美国海外使团中担任了一系列职务。1915年，国务卿罗伯特·兰辛将他带到华盛顿，于是他的飞黄腾达就确定无疑了，因为他很快就赢得了兰辛最信赖的得力干将的美誉。

兰辛和哈里森都是铁杆的亲英派，因此对伍德罗·威尔逊毫不动摇地坚持美国在战争中保持中立的态度颇为不满。兰辛对哈里森高度信任的另一个原因无疑是这位副手高度的谨小慎微。国务院的一位职员曾说利兰·哈里森是“我知道的最神秘莫测、口风紧实的人……他简直是个斯芬克斯，他说话的时候声音很低，我不得不努力支棱着耳朵去听”[29]。

在美国参战之前，兰辛是威尔逊政府内部一个影子政府的领导人，这是个秘密集团，在悄无声息地努力让美国参加到协约国那边，干预欧战。在这个密谋中，哈里森的谨慎发挥了很大作用。兰辛在1916年组建了一个叫作秘密情报局的组织，这也表明了他的集团的秘密程度。秘密情报局的特工们希望能够找到德国背信弃义的证据，那样就能使干预欧战的理由不可阻挡，于是他们对居住在美国境内、来自同盟国的外交官和商人进行监视。这种活动显然违反了威尔逊的公开誓言（即要严守中立），如果东窗事发，必然还会激怒政府的其他一些部门。但其他部门对此一无所知。兰辛组建秘密情报局的资金来自国务院可自行支配的款项，所以能让它运作下去，而国会，甚至威尔逊内阁的大多数其他成员都未对其予以批准，甚至根本不知情。兰辛将利兰·哈里森从国务院的拉丁美洲部门调来，让这位年轻的弟子主管这个“法律界限之外”的新机构，负责主持“秘密信息的收集和检查”[30]。

356

虽然在美国参战之后，国务院内部的这种密谋没有必要了，但它为哈里森提供了一个可供遵循的先例。他读到威廉·耶鲁的叙利亚报告之后，感到美国需要在中东有一个自己的情报机构。但问题在于，这种事情超越了现存的国内情报局的职权范围，而且美国与土耳其并非处于交战状态，所以也不是军队情报部门能管的事情。解决方案就是把耶鲁拉进秘密情报局；于是，8 月初的一天，耶鲁被传唤到了国务院。

在这次会谈中，哈里森提出了一个非同一般的提议：耶鲁将重返中东，担任国务院的“特工”。他的年薪是 2000 美金，外加报销开支，任务是观察和汇报美国政府（或者更准确地说，是利兰·哈里森）可能感兴趣的一切信息。耶鲁将以开罗为基地，每周通过美国大使馆的外交邮袋向华盛顿发送报告，这些报告随后被送到哈里森那里。耶鲁很快接受了这个建议。8 月 14 日，由国务卿兰辛签字批准后，他被任命为国务院驻中东特工。

前往奥尔德溪与家人短暂团聚后，耶鲁于 8 月 29 日在纽约港登上“纽约”号，开始了又一次横跨大西洋的旅途。在前往开罗途中，他将在伦敦和巴黎逗留，探探直接参与中东事务的那些英法官员的口风。哈里森发给美国驻伦敦大使的电文称：“耶鲁将向我们汇报近东局势，若有必要，还可以去进行实地调查。英国当局知道他，而且对他印象不错，还曾向他提供军职。请尽你所能，帮助他与相关机构取得联系。”[31]

在 21 世纪的第二个十年，我们已经很难完全理解美国于 1917 年参加第一次世界大战的时候是多么乡土气和褊狭的国家。它的常备军是德国军队的1/20，甚至还不如欧洲的一些小国，如罗马尼亚、保加利亚和葡萄牙。1917年，国务院在华盛顿的整个总部只占据了一栋六层楼房（在白宫隔壁）的一翼，陆军部和海军部的指挥机构也在这栋楼里办公。

357 除了这些例子之外，以下这一点或许更值得注意：在战争的余下岁月里，美国在中东的全部情报工作——包括分析军事战略和地区性政治策略、会见未来的国家元首、搜集不利于敌国和友邦政府的秘密——将由一个年仅29岁的青年完成，而且他没有接受过任何军事、外交或情报工作的训练。威廉·耶鲁自己还能想出自己的其他一些缺陷："我对自己要研究的问题的历史背景一无所知。我不懂历史哲学，不会阐释解读，对该地区的经济和社会体制的根本性特征和功能了解甚少。"[32]

但这一切都并没有让他感到过分的焦虑不安。这是敢干肯干的美国精神的例证，威廉·耶鲁具有在他的同胞当中很普遍的信念，即无知和缺乏经验或许其实是个长处，因为它们可能会激发出"原创性和大无畏"。如果的确如此，他很可能会成为中东的一支重要力量。

亚伦·亚伦森和T. E. 劳伦斯第一次见面是在1917年2月1日。这次会面给双方都没有留下什么印象，只有亚伦森在日记中一笔带过地说，他发现劳伦斯上尉知识丰富但非常狂妄自大。他们的第二次会面是在这一年的8月12日，两人都将长久不忘。在此期间，两人都成了开罗的重要人物，劳伦斯因他在阿拉伯半岛的功业而闻名，亚伦森则通过他的NILI间谍网为英国的战争努力做了很大贡献。当然，两人都因为直言不讳地表达自己对中东未来的观点而闻名。他们在阿拉伯局的谈话很快就演变成互相的敌视。

亚伦森在几周前写了一份颇具宣传鼓动性的文件，劳伦斯或许从中预知了谈话将会以何种基调进行。到1917年8月，英国官方支持在巴勒斯坦建立犹太人家园已经一步步快要变成现实，即便是国际犹太复国主义较为激进的领导人也开始使用宽慰人心的和解的言辞：他们强调，无论巴勒斯坦未来的政治框架如何，犹太人将与阿拉伯和基督徒邻居和平共处，因为他们并肩作战，共同反对土耳其人的压迫。

但亚伦·亚伦森却不肯说这样的安抚人心的话。在他的立场宣言中（这份文件后来被《阿拉伯公报》节选刊载），农学家大声怒斥“肮脏、迷信和无知”的巴勒斯坦阿拉伯农民，公开承认犹太定居者有时用武力将阿拉伯农民赶走，并声称如果按照他的意思办，将来还要这么干。有人指控说，犹太人不与阿拉伯邻居交往，亚伦森回答道：“的确如此……我们为此很高兴。从民族、文化、教育、技术和仅仅是卫生的角度看，我们必须严格坚持与阿拉伯人隔绝的政策；否则整个犹太人复兴运动就会失败。”作为警钟长鸣的例子，他指出，罗什皮纳犹太居民点主张融入当地社会，所以教育上有很多缺陷，这都是由于“和未受教育的阿拉伯农民持续接触而对犹太青年不可避免地造成腐蚀后果”[33]。

358

最让主流犹太复国主义领导人和他们的英国支持者尴尬的是他对阿拉伯起义的评论。为了争取英国官方对犹太人家园的支持，以及预估到阿拉伯人对这个计划肯定会反对，从马克·赛克斯往下的英国官员都在努力诱导犹太复国主义者，让他们表示支持阿拉伯事业。哈伊姆·魏茨曼在伦敦领导了这轮大合唱，但在开罗，亚伦森却不肯参加进来。

“巴勒斯坦犹太人对阿拉伯起义没有兴趣，更没有信心，”他写道，“犹太人还无法揭竿而起、武装反抗土耳其人，而且就算有能力，也不愿意加入阿拉伯人。据我们所知，阿拉伯人利欲熏心，他们当中能够抵御贿赂诱惑的人还没有出生……为了帮助打败土耳其人，犹太人非常愿意加入英国军队，但能否信任阿拉伯人，还有很大疑问。”

自命为阿拉伯起义的西方捍卫者的 T. E. 劳伦斯听了这些话当然不会开心，但在两人的会谈中，亚伦森却几乎是刻意地继续向他挑衅。他解释说，巴勒斯坦的最终未来并非一个英国保护国——作为少数民族的犹太人在保护国内得到保护——而是一个事实上的犹太国家。实施的手段既有政治上的，也有经济上的，犹太复国主义者将会买下加沙和海法之间的所有土地，将阿拉伯农民赶走。劳伦斯的回应同样直截了当。他告诉农学家，巴勒斯坦的犹太人有两个选择：要么与多数派阿拉伯人共存，要么等着被割喉咙。

“这次会谈没有任何友好的气氛，”亚伦森在日记中非常轻描淡写地记述道，“劳伦斯年纪轻轻就取得了太大的成功，这对他没有好处。他自视过高。他对我高谈阔论，向我教导我们定居点的情况，以及人民的精神、阿拉伯人的感情，还有我们融入他们是件多么好的事情，诸如此类。听他讲话的时候，我简直可以想象自己在听一个普鲁士科学派反犹主义者的讲座，不过是用英语讲的……他公开反对我们。他肯定有传教士的血统。”[34]

但这么想的不仅仅是劳伦斯。当时还有很多人让亚伦·亚伦森感到恼火。虽然有许多英国军官的调解斡旋，他和亚历山大港反复国主义犹太人委员会的激烈争吵还是持续了三个月，并且继续暴风骤雨般地持续下去；而且在伦敦的哈伊姆·魏茨曼领导下的犹太复国主义联盟仍然对他置之不理。亚伦森对伦敦方面对自己的不够尊重怒火中烧，在与劳伦斯会谈的几天之后给魏茨曼写了两封长信，抱怨自己受到的冷遇，并再一次威胁要解散 NILI 组织。他向雷金纳德·温盖特重复这个威胁时，后者向外交部发送了又一份忧心忡忡的电文。 359

“如果亚伦森先生马上得到他要求的支持，或许有助事态发展，”温盖特在 8 月 20 日给外交大臣贝尔福的信中写道，“军事当局非常重视他在巴勒斯坦建立的组织，这是另一个不能疏离他的理由，你或许会看重这个理由。他有能力毁掉这个组织，而且在当前的情绪下，很有可能真的会这么做，除非我们向他的观点做一些妥协。他与英国的犹太复国主义者的分歧究竟是由于原则的问题，还是由于感情受到伤害，我无法判断。”[35]

不久之后的一天晚上，亚伦森在开罗街头骑自行车的时候想到了一个新主意：如果英国的犹太复国主义者不肯向他澄清问题，他就自己去英国，迫使他们摊牌。他把自己的计划告诉英国联络人时，他们都马上表示赞同，无疑是很高兴让 NILI 组织离很可能会摧毁它的这位创始人远一点。9 月 13 日，亚伦森离开埃及，前往马赛。

科学家执迷于四面树敌的争吵，并且醉心于得到承认，却似乎很少意识到，自己作为一个秘密间谍网的领导人，如此张扬的风险是非常大的。他似乎也忘记了那个旨在保护他在巴勒斯坦的家人和同志们的幌子：奥斯曼当局仍然以为，他是在前往美国途中被英国人逮捕的，现在应当在英国俘虏营里坐穿牢底。而现在开罗、伦敦和巴黎间传播的大量官方报告中却出现了他的名字。更糟糕的是，由于他和开罗的英国官员们的交往，以及他与亚历山大港犹太人委员会的持续口角，埃及越来越多的人知道了 NILI 组织的存在。就算这些人都不会故意去伤害间谍网，但走漏风声到柏林或者君士坦丁堡也只是时间问题。

亚伦·亚伦森的家人也在保密工作上帮了倒忙。他的弟弟亚历克斯在纽约流亡期间曾为《大西洋月刊》杂志写了一篇文章，讲到自己逃离土耳其的经历；到 1917 年 8 月，这篇文章已经被扩充为一本书《与土耳其人在巴勒斯坦》，现在开罗的书店都能买得到。在巴勒斯坦的犹太人定居点，阿特利特在搞某种情报网已经是公开的秘密，而萨拉·亚伦森非常招人耳目的旅行也能让人猜到，参与其中的是谁。7 月，巴勒斯坦犹太人领导人的一个代表团拜访了萨拉，要求她立刻停止她的“活动”[36]。这项最后通牒遭到了她的愤怒拒绝。

但责任最大的应当是负责管理间谍网的那些英国官员，他们是职业情报人员，本应做得更好才对。他们的漫不经心简直到了犯罪的地步[37]。正是他们想出了利用NILI组织来传播英国宣传材料、分发救援款的主意。亚伦森最终否决了传播宣传材料的建议，但同意了第二项要求。于是，7月中旬，第一批救援款以沙弗林金币的形式被送到阿特利特，NILI组织不再仅仅是输出情报，还输入违禁的黄金，因此被破获的风险加倍了。最让人惊异的是，英国人多次违反了管理间谍网的最基本准则，即一个单元不能与另一个有接触。以塞得港为基地的间谍船曾经有许多艘，但数量不断缩减，到1917年8月就只剩一艘“马纳杰姆”号来承担所有任务。这意味着，“马纳杰姆”号在一次旅程中可能搭载着英国在巴勒斯坦的多个不同情报网的人员，因此一旦有一名间谍被捕或者叛变，就有可能把其他所有人都暴露出来。

说到底，这一切都是由于英国人在与土耳其人作战时一直困扰他们的那种人格缺陷，亚伦森家族也有这个缺陷：狂傲、轻敌。正如1914年以来不断发生的那样，他们很快就有理由后悔了。9月13日，也就是亚伦森起航前往欧洲的当天，巴勒斯坦的土耳其当局捕获了第一名NILI间谍。

这是劳伦斯最讨厌的那种商店职员一般的沉闷工作。到8月底，将亚喀巴从一个昏昏欲睡的渔港转变为阿拉伯起义前进基地的工作进展良好，每天都有一连串英国船只卸下成山的补给物资。这些船只还送来了成千上万的战士——来自埃及的穆斯林新兵、从费萨尔在沃季赫的老基地来的阿拉伯战士——另外周边山区还有新的部落战士潮水般涌来。劳伦斯在8月17日从开罗返回沃季赫之后，就一直在忙于处理后勤工作上不可避免地出现的混乱局面，并努力在这地方建立起一定程度的秩序来。但这些琐事或许能够帮助他暂时忘记当前更重大的问题，因为6周前攻克亚喀巴带来的胜利冲昏头脑和大大加快的计划都已经是过去的事情了。

不足为奇，艾伦比将军在9月中旬发动巴勒斯坦攻势的雄心勃勃的计划由于部队重整装备的一系列耽搁而不得不推迟。开罗的军方高层现在的说法是，进攻日期不迟于10月底。从劳伦斯的角度看，这样也好，因为阿拉伯人的准备工作也非常糟糕。

与此同时，亚喀巴的胜利吸引了一大群邀功请赏的人，个个都认为自己应当分一杯羹。亚喀巴离开罗很近，于是一大批令人厌恶的顾问纷至沓来，人人都提出一系列可疑的建议，试图证明自己的价值。8月底，一位新到的情报军官对阿拉伯部队的不专业大感震惊，敦促开罗立即派遣帝国骆驼骑兵部队（一支精锐的英国骑兵部队）到前线。劳伦斯不得不抽出时间来破坏这个计划。“如果一名帝国骆驼骑兵与一个阿拉伯人发生口角，”他在8月27日给克莱顿的信中写道，“或者与贝都因女人发生什么纠葛，就会造成普遍的敌意。”他非常有策略地对这名情报军官的其他建议表示认同，最后以轻蔑口吻写道：“我认为，任何关于阿拉伯局势的报告都不值得您一看，除非报告的作者自己去观察民族起义和军事行动之间的区别。”[38]

巧合的是，克莱顿收到这封信的时候，也在考虑自己去做一个小小的实地考察。9月1日，他离开开罗，抵达了亚喀巴。这是他第一次亲临这条耗费了他一年多心血的前线。

与往常一样，将军的到访似乎还有秘密的计划。一个多月前，他从伦敦的马克·赛克斯那里收到了一封信。在劳伦斯前不久在开罗期间——在8月的第二周，两人每天都在阿拉伯局打交道，但克莱顿感到没有必要将这封信与下属分享。但出于只有他自己知道的原因，这次他把信带到了亚喀巴。

这年夏天，赛克斯结束在中东的停留，返回伦敦时，政治形势
362 已经发生了翻天覆地的变化。令协约国领导人震惊和沮丧的是，伍德罗·威尔逊总统的说法“民主需要一个安全的世界”并非仅仅是伪善的言辞；美国干预欧战的条件是，被压迫的民族应当有民族自决的权力，政府间错综复杂的秘密协定也要被废除——换句话

说，就是帝国主义时代开始落幕。英法两国已经到了山穷水尽的地步——两国在三年的战争中已经损失约500万人，甚至在两国首都的先前贪得无厌的政客们也开始努力学习“非吞并”和“自治”这些陌生词语。

在转这个180°大弯时，很少有人比马克·赛克斯更灵巧熟练。在令人咂舌的极短时间内，这位政客已经把自己重新打造成开明豁达的后帝国主义时代政治家、民族自决的捍卫者。赛克斯现在的观点是，英法在中东的最佳选择是彻底摈弃所有的帝国主义权利主张，因为，正如他在7月22日给吉尔伯特·克莱顿的信中说的那样，“殖民主义是疯狂之事”[39]。在他的设想里，取代殖民主义的将是一种政治上的社交礼仪精修学校，由西方列强管理；中东的无知蒙昧民族可以在这里学习西方价值观和体制，然后过上幸福的生活。这些话居然出自现代历史上最臭名昭著的帝国主义协议的始作俑者之一，很多人或许会感到不和谐，但赛克斯有个好用的解决办法。他在7月中旬建议战时内阁今后不再使用“赛克斯—皮科协定”的说法，而改用“英国—法国—阿拉伯协定”[40]。

赛克斯就这么摇身一变，但并不是所有人都买他的账。外交部领导层渐渐达成了一种共识，即英国在《赛克斯—皮科协定》中吃了亏，于是缺乏监管、自行其是地炮制此项协定的赛克斯自然受到了责怪[41]。战时内阁成员乔治·寇松评论道：“赛克斯似乎是这样想的，消除别人对自己的怀疑的办法就是认可对方说的话，被问起的时候就放弃我们自己的主张。”赛克斯和皮科在5月与侯赛因国王缔结的所谓协议一直都有争议，再加上他是雅法遭洗劫故事传播的主要推动者，而很多人现在认为这个故事是个幕后阴谋，目的就是推动政府完全支持犹太复国主义者阵营。这一切都让赛克斯受到的信任大大缩水。7月初，外交部政务次官阿瑟·尼克尔森决定为战时内阁查明，政府在过去两年里在中东究竟做出了多少承诺，这些承诺与对侯赛因国王许下的诺言又是否会互相矛盾。于是一个关键时刻出现了。尼克尔森就差没有直截了当地说赛克斯是个骗人精了："较难确定外交部的文件是否代表真正发生的全部事实。"

363 尼克尔森敦促"继续调查此事之前，应请马克·赛克斯爵士发表意见，因为只有他一个人能够权威地判断，对我们对侯赛因的承诺的逃避或者修改会在多大程度上遭到阿拉伯人的怨恨"。[42]

面对这样的批评，赛克斯暴躁地为自己辩护。奇怪的是，他把自己的麻烦全都归咎于一位英国下级军官：T. E. 劳伦斯上尉。在7月20日写给外交大臣贝尔福的秘书的信中，赛克斯顾影自怜地将自己在中东事务中的两年辛勤劳作描绘为得不到感激的自我牺牲。"目前为止，工作还是相当成功的，但您知道，我必须要与许多困难做斗争：英法两国过去的偏见、因循守旧头脑的互相怀疑和感情脆弱、布雷蒙的反英政策，以及劳伦斯的反法态度。"[43]

但赛克斯对劳伦斯的集中攻击或许也不是那么奇怪。很少有人能够完全理解赛克斯在中东编织的互相矛盾、半真半假的谎言，但其中大多数人——像吉尔伯特·克莱顿和雷金纳德·温盖特那样的人，都是体制的忠仆，不会与赛克斯彻底撕破脸皮。如果事态爆发，他们不会向别人吐露自己的抱怨，而是寻找办法来渡过难关。而劳伦斯不是那样忠于体制的人，他如果有机会，会毫不犹豫地羞辱赛克斯，而在他在亚喀巴的胜利之后，他这样做的机会越来越多了。

而且，劳伦斯现在有能力对赛克斯花了两年时间建立起来的外交框架造成严重破坏。赛克斯的外交框架固然不完美，但能够保护英国在该地区的利益，而让各方都不至于空手而归。现在，劳伦斯与艾伦比结成了事实上的军事同盟，而且他一直决心要将叙利亚从法国手中夺走，于是这个小小的上尉突然间从麻烦角色变成了严重的威胁。赛克斯在7月22日给克莱顿的信显然就是为了用阿谀奉承和稍微掩饰的屈尊俯就来消除这个威胁。克莱顿把这封信带到了亚喀巴，拿给劳伦斯看。

"劳伦斯的行动居功至伟，我希望他能获得骑士爵位，"赛克斯是在说攻克亚喀巴的事情，“告诉他，现在他已经是个伟人了，必须得有伟人的样子，眼界要开阔。阿拉伯人再接受协约国十年的教导，就能成为一个国家。如果现在就给他们独立，意味着他们会被波斯人控制、蒙受贫困和混乱。让他考虑考虑这一点，想一想他为之奋斗的人民。”[44]

劳伦斯知道赛克斯过去的阴谋诡计，再加上前不久还在开罗与亚伦森大吵了一番，所以他实在无法忍受这封信居高临下的口吻。或许这还触及了他的自尊心；劳伦斯就算还不是“伟人”，也肯定是个独立自主的人，绝不愿意被马克·赛克斯颐指气使。他给赛克斯写了一封长达 7 页纸的信，极尽讽刺挖苦之能事，假装是诚恳地请求赛克斯赐教，其实是有条不紊地对他的每一个计划做了审视，揭穿了它们的严重缺陷：“您对犹太复国主义者许了什么愿？他们的计划又是什么？我在开罗见到了亚伦森，他当即说，犹太人希望获得从加沙到海法的整个巴勒斯坦的土地，然后在里面搞自治。他们是要以公道的价格买下这些土地，还是要低价强买，将当地人驱逐出境？……犹太人打算把阿拉伯农民全部赶走，还是将他们转变为按天付酬的劳工阶层？”[45]

364

然后他转向了法国人“援助”阿拉伯人开发叙利亚的事情，赛克斯在吉达曾尝试向侯赛因兜售这个谎言。“阿拉伯人有能力在没有法国人援助的情况下将起义扩展至叙利亚全境，因此不愿意付出了代价却只是为了将来被居高临下地通知情况……假以时日，加上我们的持续帮助，谢里夫一定会成功，会通过自己的努力（不要过分夸大我们向他提供的骡子和弹药的价值；运筹帷幄和实际行动都是靠他自己）占据我们分配给由外国人担任顾问的‘独立叙利亚’的土地，也能够守住这个成果，而不需要外国人强加的顾问。他不仅会占据这些土地，还会占据那些《赛克斯—皮科协定》没有分配给阿拉伯国家的土地。他对这些土地的权利主张是非常强有力的，因为他可以领导当地人来征服它们，英法两大强国能怎么办？”

在信的末尾，劳伦斯改用了比较缓和的口吻，承认“我们或许不得不出卖小伙伴，来报答大朋友”的政治现实，但指出，与赛克斯永远的喜讯相反，“我们现在处境艰难。请告诉我，依照您的高见，我们如何找到出路？”

这封信或许是对赛克斯在中东活动的最严厉抨击，但这位政客永远不会读到它。9月7日，克莱顿已经结束在亚喀巴的访问并返回开罗，劳伦斯将这封信发给克莱顿的办公室，请他继续转发至伦敦。但克莱顿读了信之后，决定扣押不发。他在一封短信中向劳伦斯记述道，他不希望给赛克斯任何“或许能够刺激他活动起来”的东西，尤其是越来越受到批评的《赛克斯—皮科协定》渐渐被人遗忘了。“它事实上已经死了，”克莱顿写道，“如果我们安静地等待，它很快就会彻底被遗忘。它从来就不是一个可行的计划，现在几乎已经是没有生命的纪念碑。”[46]

吉尔伯特·克莱顿的这个判断大错特错，但劳伦斯没有办法和他争执。克莱顿的信发出的时候，劳伦斯已经起程前往内陆，参加针对土耳其人的新一轮攻势。他常常不能及时收到克莱顿的信已经是家常便饭。

365

9月7日，威廉·耶鲁住进了伦敦的萨沃伊饭店，发现前厅里满是“浓妆艳抹的女士”走来走去，感到有些不对劲。他在第二天的日记中哀伤地写道，这家曾经历史悠久的一度非常高档的饭店如今“完全成了幽会的场所”[47]。

但新教徒一般拘谨的耶鲁没有多少时间来考虑周边环境的下流，因为他在伦敦会非常忙碌。利兰·哈里森给美国大使的电报非常有用，新任特工很快和参与中东事务的许多英国高官取得了联系。在这些会见中，耶鲁受宠若惊地发现，自己的叙利亚报告被赞誉为源自敌境这个关键角落的最入木三分的文件，在英国政界和军界最高领导层传播，并且得到研读。许多情报单位都派人来听取他的报告，他很高兴尽可能为他们提供更多细节。

但很快，耶鲁就不再努力去了解中东局势的更多情况——根据他的经验，他知道在开罗才最有可能得到真正有用的信息——而是将注意力转移到中东局势的一个特殊方面：英国政府越来越多地与犹太复国主义者团体眉来眼去。

英国报纸上流传着一个特别的故事，说有一位不知姓名的犹太化学家向政府提供了关于生产炸药的“某些秘密”。这让耶鲁非常感兴趣。耶鲁在9月12日的日记中写道：“据说，有人问这位犹太化学家希望得到什么样的报偿时，他说他自己没有什么意愿，但作为一个犹太人，希望协约国在和平会议上能够特别考虑巴勒斯坦犹太人的问题。”报纸上说，英国政府已经秘密地答应了科学家的这个请求。[48]

耶鲁虽然还不知道这位化学家的名字——当然就是哈伊姆·魏茨曼，但让他感到有趣的是，英国政府没有做任何努力来公开否认或者压制这种传闻，这说明它很有可能是真的。在伦敦的随后一周内，新任美国特工向许多官员打探消息，询问英国政府对巴勒斯坦犹太人的政策，得到的回答却互相矛盾。

366 耶鲁的结论是，原因之一或许在于，英国犹太人对希望得到怎样的安排并没有一致意见。犹太复国主义团体中有些人主张要在巴勒斯坦建立犹太国家；有些人仅仅要求增加移民能够得到保障；而一些反对复国主义的犹太领导人则强烈谴责复国主义运动，认为它是将犹太人边缘化的一个危险的新工具，反犹主义者会利用它来质疑犹太人对其出生国的忠诚。耶鲁努力理清这个争端，在他看来，英国政府显然在考虑与犹太人和巴勒斯坦有关的某种建议，但具体是什么建议，尚不明确。

两周之后，耶鲁感到自己在伦敦的情报搜集工作已经完成，急于前往开罗。但他首先要去巴黎，因为他很想与一位最近非常有名的犹太复国主义领导人交谈，此人前不久才从开罗来到法国。他就是亚伦·亚伦森。

这是关于阿拉伯半岛之战的一个经久不衰的神话：这是一场“干净的”战争，阿拉伯战士们在忍受几个世纪的压迫之后，终于揭竿而起，为自由而战；这些战士勇敢地从沙丘上冲杀而下，袭击倒霉的残酷压迫者。

与攻击 T. E. 劳伦斯的那些人的指控相反，他在这个神话的制造过程中起到的作用其实非常小。它其实主要源于战后颓唐心碎的公众的一种需求：在如此丑恶的战争中，寻找哪怕是一丝一毫的光辉伟大。西线没有多少材料可资利用，那里有成千上万人灰飞烟灭、被炮火炸成齑粉，或者被永远埋葬在烂泥下。作为对比，阿拉伯半岛却到处是身披长袍的武士、冲锋的骆驼、招展的旌旗，在不光彩的残杀中却是一场华丽的中世纪盛典。在另一场甚至更加恐怖的世界大战中，这种浪漫形象和人们对它的需求都减弱了，但1962 年大卫·利恩的电影为新一代人复苏了这种浪漫情怀。

劳伦斯对战争文学的最大贡献在于，尽管他公开支持阿拉伯人的事业，但对真相的忠实迫使他努力去记录事实。他在《智慧的七柱》中明确指出，很多阿拉伯人参加战斗固然是出于摆脱土耳其人的真诚愿望，但英国黄金和丰富战利品的诱惑在很大程度上推进了这种愿望。在战场上，起义军的敌人不仅有土耳其人，还有其他阿拉伯人：没有分享到英国黄金的部落战士，或者那些被土耳其人收买的人；与起义军的部落有宿怨血仇的氏族；或者独立寻找战利品的雇佣兵。

而且这个战场与公众的想象也相差甚远。在人们的想象中，阿拉伯和叙利亚沙漠就是如诗如画的绵延沙丘，但事实上，这些地区的大部分沙漠都是荒凉悲凄的碎石戈壁和光秃秃的石头山，在很多方面类似于美国犹他州和亚利桑那州的一些不是那么美丽的角落。在穿越这些地区时，劳伦斯和他的阿拉伯盟友们赖以生存的食物是羊肉、骆驼肉，运气好的话有面包吃，运气不好就只能吃生面粉。他们喝的水来自含盐的泉水，或者长满水藻的池塘，或者被土耳其

367

人用腐烂的动物死尸污染的水井。要避开正午炽热的阳光，躲到阴凉处就不得不面对全世界沙漠都有的那种奇怪而残酷的现象：大群狠狠叮人的黑苍蝇。

在条件如此恶劣的环境中，双方的重伤员都往往会被丢下等死，幸运的人会被一枪击毙，以避免痛苦。如果胜利者愿意将俘虏带走的话，胜利者吃完之后，俘虏才能去吃残羹剩饭，因此往往大批地饥渴而死。而且与西线的界限分明的死亡地带相反，阿拉伯战场中的战斗人员和平民互相混杂，无辜的人往往会突然陷入子弹和刀刃的血雨腥风。

9月19日下午早些时候，十节车皮的列车从南面绕过了路弯。劳伦斯等待列车的第二节机车开上短桥，然后引爆了50磅的葛里炸药。黑烟当即腾空而起，蹿到100英尺高，然后向两边扩散，至少也有100英尺远。爆炸声和金属断裂的噼啪声平息之后是一个短暂的诡异的平静瞬间。然后残杀开始了。

除了他打算沿途招募的阿拉伯战士之外，劳伦斯还从亚喀巴带来了两名西方军官——一个是英国人，绰号是“斯托克斯”，因为他携带着一门斯托克斯迫击炮；另外一个人是澳大利亚人，绰号是“刘易斯”，因为他负责两挺刘易斯机枪。他们在战斗打响前将武器安置在离桥梁仅300码的一处崎岖的岩架上，准备就绪。黑烟散去之后，起义军发现，只有火车头和最前面一节车厢从坍塌的桥上坠入涵洞，剩下的七节车厢都一动不动地停在铁轨上。成排的土耳其士兵坐在这些车厢顶上，他们被刘易斯机枪扫倒在地，“像成捆的棉花一样被扫倒”。[49]

一些土耳其人从最初的震惊中回过神来，跑向桥下涵洞的相对安全处。斯托克斯向他们发射的第一发迫击炮弹偏离目标较远。他调整了迫击炮的升降螺杆，第二发炮弹恰好落在了敌人当中。劳伦斯在正式报告中写道，突然爆发的残杀令幸存者方寸大乱，“恐慌地奔向铁路线东北方200码处的崎岖地带。在他们逃跑过程中，刘

368

易斯机枪打死了很多人，只剩下大约 20 人”。[50]

土耳其人的抵抗迅速瓦解，阿拉伯战士们——只有 100 多人——猛冲上去开始抢夺战利品。劳伦斯急于查看火车头受到的破坏程度，从他的掩蔽处跑下来，加入人群。

跑到火车前，他发现车上除了运载士兵，有几节车厢搭乘的是平民。其中有些人是返回大马士革的土耳其军官家属，但其他人就是普通的难民。“一边站着 30 或 40 个歇斯底里的妇女，”劳伦斯在《智慧的七柱》中记述道，“解开头巾、撕扯自己的衣服和头发，神志不清地哭喊着。阿拉伯人对她们置之不理，继续捣毁她们的家居物品，抢了个盆满钵满。”这些女人看到劳伦斯，恳求他开恩。她们的丈夫们也上来求情，“紧紧抱住我的脚，因为害怕当场死亡而痛苦万分。土耳其人如此颓唐凄惨，真是丑恶的景象。我用光脚尽可能踢开他们，终于摆脱了。”[51]

在前去查看火车头的路上，劳伦斯还检查了翻入山沟的那节车厢。他发现这是一节医疗车厢，伤病员原先都躺在担架上，但现在车厢翻了个底朝天，所有人堆在一起，血肉模糊。“其中还活着的一个人精神错乱地喊着‘斑疹伤寒!’。于是我用楔子把门卡死，把他们留在了那里。”

车上还有一群奥地利军事顾问，他们“平静地用土耳其语向我投降”。劳伦斯对他们的帮助只是稍微多一点。劳伦斯打算完成爆破工作，于是让几名阿拉伯战士看押他们。片刻之后，由于某种争吵，奥地利人大多被打死，“只剩下两三人”。

劳伦斯在正式报告中估计，在穆多瓦拉以南的这次战斗中，有约 70 个土耳其人死亡，代价是一名阿拉伯战士。他哀叹说，在一片混乱中，他匆匆去破坏第一节火车头，但是担心它或许还能修复。“当时的条件不允许彻底爆破。”[52]他在报告中没有提及有平民死亡，但在战斗最初的几分钟内，弹雨射进了没有装甲的列车，平民死亡数字一定相当高。另外，有 90 名土耳其士兵被俘，但最终被押解到亚喀巴的只有68人，他也没有对此做出解释。

对大多数经历战斗的人来说，它都会引发互相矛盾的感情的斗争：对战斗的残酷感到恐惧，但又感到极大的刺激。由于军队中的吹牛皮和比拼勇气，军人或许比平民更难调和这两种互相矛盾的感情，军人也更有可能向平民坦白直率地表达自己的复杂感情——如果坦白直率还有可能的话。 369

劳伦斯从穆多瓦拉返回亚喀巴之后，给一位军中同袍沃尔特·斯特林写了封信。在信中，他兴致勃勃地详细描述了这次袭击火车的战斗，提及了斯托克斯迫击炮一下子打死12个土耳其人的“美妙的射击”，以及他分得的战利品是“一张特别美丽的红色俾路支祈祷跪毯”。他继续写道：“但愿我已经把其中乐趣都描绘出来了。唯一的遗憾是，鼓舞阿拉伯人要花很大力气，以及战斗期间不得不疯狂奔跑。这是最外行的、水牛比尔①式的袭击，只有贝都因人能把这种事干好。”[53]

前一天，也就是9月24日，劳伦斯写信给在牛津的阿什莫林博物馆的老友爱德华·利兹，口吻却迥然不同：“我希望噩梦结束之后，我能够醒来，重新活过来。杀人，杀土耳其人，真是太可怕了。我最后冲进去，看到他们全都血肉横飞地躺在地上，很多人还活着，我知道自己已经干过这种事情几百次，如果可以的话，还要再干几百次。”[54]

劳伦斯现在已经开始感到难以对付精神上的创伤，以后的情况会越来越糟糕。

---

① 水牛比尔，即威廉·弗雷德里克·“水牛比尔”·科迪（1846—1917），美国军人、野牛猎人、边疆拓荒者和马戏表演者。美国西部开拓时期最具传奇色彩的人物之一，有“白人西部经验的万花筒”之称，他组织的牛仔主题的表演也非常有名。据说他曾在18个月内猎杀4280头野牛（民间称为水牛），因此得到“水牛比尔”的绰号。

第15章

奔向火焰

370 我只希望，也只相信，劳伦斯能够安全回来。他此刻正在那边打仗。如果他能成功，肯定能得维多利亚十字勋章；如果不能，唉，我都不敢去想！

——1917年11月11日，戴维·霍格思给妻子的信[1]

以前他们在巴勒斯坦见过好几次。那时，亚伦·亚伦森是一位著名科学家，是农学界的先驱；而威廉·耶鲁是纽约标准石油公司的地区代表。现在是1917年9月，两人的履历表都已经增添了很多内容。亚伦森是国际犹太复国主义运动的一位领导人，而耶鲁是美国国务院的一名特工。但耶鲁并不知道，或者至少目前还不知道，亚伦·亚伦森还是中东最大的间谍网之一的总指挥。亚伦森并不知道，威廉·耶鲁除去含糊的头衔之外，实质上也是个间谍。所以，两人于9月25日在巴黎的会面有着一种特别小心谨慎的性质。

亚伦森于四天前抵达法国首都，努力要搞清犹太复国主义事业的具体情况，然后再前往伦敦。为了这个目的，他先去拜访了自己的老恩主埃德蒙·德·罗思柴尔德男爵。亚伦森知道，罗思柴尔德男爵在犹太人与英法政府的讨论中扮演了重要的幕后角色。但亚伦森大失所望。

“我向他讲话的时候，他一直兴趣盎然地听着，”亚伦森在一封信中告诉自己的弟弟亚历克斯，371 “并且问了我一些问题，我也回答了。但他不许我涉及某些话题，自己也不愿意谈这些话题，所以我没办法从他那里打听到任何我想知道的信息……他和我们一样感到，如果英国统治着我们的土地，我们就能成就大业，但目前一切都还说不准，所以他不能多说。”[2]

马克·赛克斯也到了巴黎，亚伦森和他的谈话比较顺利一些。两人在9月23日作了一番长谈，次日上午又谈了一次。“他把一切都告诉了我，”亚伦森告诉弟弟，“并且告诉我，我们有许多敌人。大多数对手都是我们的同胞，这对我们的组织很危险。”

显然，赛克斯到巴黎找亚伦森的一个原因是为了扮演和事佬。英国战时内阁又一次开始就是否支持在巴勒斯坦建立犹太人家园的问题进行辩论，主要的犹太复国主义者必须意见一致。这意味着必须消除亚伦森和哈伊姆·魏茨曼的英国犹太复国主义联盟之间的持续摩擦。赛克斯解释说，亚伦森在9月中旬给魏茨曼的气势汹汹的信就像“魏茨曼的眼中钉”。

坦率地说，亚伦森才不管这么多呢。他对弟弟傲慢地表示：“马克·赛克斯恳求我与他们言归于好，要我答应不要和他们吵架。他说，我应当听魏茨曼和索科洛夫的话。我告诉他，我去伦敦不是为了吵架，而是教导他们错在哪儿，教他们如何好好做事。如果他们肯接受，万事大吉；如果他们不肯，那我就自行其是。”

威廉·耶鲁在伦敦的调查中或许已经了解到了犹太复国主义阵营内部的裂痕，但这与英国犹太复国主义和反对复国主义的犹太人之间，以及英国领导层内部不同阵营之间的更公开化的斗争相比，很可能只是小巫见大巫。如果耶鲁在巴黎找亚伦森谈话是为了了解这方面的情况，那么他就要失望了。他当晚在日记中写道——最终会报告给在华盛顿的利兰·哈里森：亚伦森“目前并不希望看到犹太人自治，或者建立一个犹太国家；他说这对犹太复国主义者的危害极大。他希望英国、美国或者国际共管当局来控制巴勒斯坦”[3]。耶鲁还报告称，亚伦森在伦敦处理完自己的事务之后，还要继续前往美国，拜访那些有影响的美国犹太人，来推动自己的主张。让这一切令人困惑不解的是，耶鲁在伦敦的时候见过亚伦森的一个亲密盟友，一个叫作杰克·莫塞里的商人。莫塞里虽然赞扬了亚伦森的敏锐洞见，却鼓吹在巴勒斯坦建立一个犹太政府，并以希伯来语为其官方语言。耶鲁在巴黎的几次会谈之后前往开罗，对犹太复国主义的问题无疑比以前更加糊涂了。

372

但他还有一项别的使命。亚伦森不知是忘记了耶鲁是个特工，还是因为他特别容易轻信别人，将一封给弟弟亚历克斯的信托付给了这个美国人，让他送到开罗。这封信除了最基本的保密措施（是用希伯来文写的）之外，没有加密。就在这封非常不谨慎的信里，亚伦森详细记录了他与埃德蒙·德·罗思柴尔德和马克·赛克斯的会谈，并概括了他对伦敦的英国犹太复国主义谈判当前状况知晓的全部情况。

但这位间谍首领写的还不止这么多。除了一一指名道姓地列举"我们在开罗的英国军队当局里的朋友"，并要求将情况通报他们之外，亚伦森还指示弟弟对即将抵达埃及的法国政客乔治—皮科进行监视。他写道："帕斯卡尔（亚伦森在开罗的主要助手）会告诉你如何监视他的一举一动。"亚伦森甚至向弟弟提了关于如何对付威廉·耶鲁的建议："尽可能和他打成一片，对他仔细观察，因为你能从他那里得到你需要的信息，尤其是埃及发生的事件。"[4]

这一切对耶鲁和他代表的机构都有极大价值。美国政府已经得知英国在考虑犹太人家园问题，但从威尔逊总统往下没有一个人知道英国人的辩论已经进展到了什么程度，肯定也不知道马克·赛克斯在幕后扮演的角色。亚伦·亚伦森将这样一份文件交给威廉·耶鲁，着实是马大哈。但亚伦森非常幸运。作为情报人员，耶鲁确实打算将信拆开，翻译出来，然后才发给亚历克斯·亚伦森。但他毕竟是间谍游戏的新手，显然不知道这种事情往往是有高度时效性的。他将亚伦森的信翻译出来并发往国务院的时候，已经是 12 月中旬了。到那时，他揣在怀里将近三个月的大多数爆炸性信息都已经过时了。

在 1917 年的中东，飞机还是个稀罕事物。所以在 10 月 12 日被派去亚喀巴接劳伦斯少校的那架飞机印证了他的使命的重大意义。在阿里什等待他的那些人的身份也能说明他的任务的重要性：艾伦比将军、克莱顿将军，以及劳伦斯在牛津的老导师戴维·霍格思，他现在是阿拉伯局名义上的局长。劳伦斯的飞行耗时 90 分钟——在 1917 年，飞机的巡航速度只有每小时 100 英里多一点——他刚下飞机，就得知了自己被招来的原因。

373

艾伦比对土耳其防线的攻势的日期终于定下来了：10 月 28 日，也就是两周多一点之后。他的攻势将与阿奇博尔德·默里的两次失败的努力大不相同。为了迷惑土耳其人，英军将先对加沙进行三天的炮火准备——这是第一次世界大战中正面攻击的经典前奏——随后进攻加沙以东 30 英里处防御薄弱得多的贝尔谢巴。占领贝尔谢巴及其关键性的水井之后，英军将向北方和西方推进，切断巴勒斯坦内陆到加沙的补给线。如果一切顺利，在加沙掘壕据守的土耳其军队要么会惨遭合围，要么会主动撤退以避免被围。劳伦斯的问题是，阿拉伯起义军如何能协助此次大战役。

这不是一个容易回答的问题，因为贝尔谢巴计划的聪明之处就在于它的简单。在世界的这个角落，一位将军的首要战术考虑就是水源，默里缺乏想象力的正面进攻加沙的战术主要就是为了尽快获得土耳其战线后方的水源。但这个需求也使得默里的努力成了孤注一掷——决不能在沙漠战场上闲荡，寄希望于战果逐渐增加——所以他失败了。作为对比，艾伦比的部队在占领贝尔谢巴的水井之后就能有条不紊地逼近加沙；他的作战计划规定，攻势将持续至少一周。这个计划的缺陷是——也就是它的简单造成的后果——英军的步步为营也给了土耳其人重整旗鼓的时间。艾伦比的希冀显然更大，但成功的攻势或许仅仅意味着能够在巴勒斯坦西南部取得一个立足点，仅此而已；不要求直冲海岸，或者直捣耶路撒冷。

374 所以，很难确定阿拉伯人在这场战役中能够扮演什么样的角色。如果要求他们切断通往巴勒斯坦的土耳其补给线，那么他们的进攻目标就应当是叙利亚中部的铁路枢纽城镇德拉。从德拉有一条铁路支线从汉志铁路分叉出来，向西延伸，构成了土耳其人进出战区的主要生命线。另外，劳伦斯从自己 6 月份在叙利亚各地的侦察中得知，德拉地区有成千上万的部落族人愿意参加起义。但另一方面，如果英军仅仅在巴勒斯坦取得了一个立足点（位于德拉西南方 120 英里处），而部落族人在德拉大规模起事的话，这些部落族人就会惨遭土耳其人屠戮。

而集结在亚喀巴的阿拉伯起义军也爱莫能助。坦率地说——尽管劳伦斯在阿里什对这个问题很可能并没有向上级坦率——亚喀巴的局势非常糟糕。两个多月以来，聚集在那里的阿拉伯部队一直在等待英军进攻巴勒斯坦南部的消息，一旦攻势发动，他们将深入叙利亚腹地。这个漫长等待造成了越来越恶化的后勤噩梦。成千上万的战士在港口百无聊赖，需要从埃及运来越来越多的补给物资来为其提供装备和口粮，还需要越来越多的英国黄金为其发饷，这又吸引来了更多的新兵。局势非常糟糕，到 10 月初，亚喀巴周围山地的草已经被骆驼和马吃得一干二净，于是需要动用运输船从埃及运送草料。雪上加霜的是，最近爆发了霍乱，不得不实施隔离检疫，于是整个补给系统几乎瘫痪。

或许害处更大的是，这种停滞状态对亚喀巴的士气造成了极大打击，起义军战士当中开始弥漫一种低沉的情绪。情绪最阴郁的要算费萨尔本人。北上的计划耽搁得越来越久，他确信为阿拉伯事业夺取叙利亚的机遇已经付之东流，因此陷入了一种越来越深的抑郁。在他比较愤慨的时候，甚至指控英国人故意造成了这种停滞局面，以便将叙利亚交给法国人[5]。饱受困扰的乔伊斯少校承担了费萨尔的大部分抱怨，劳伦斯也不得不常常在会见埃米尔时对他好言安抚一番。为了让大家感到正在取得进展，或许还是为了暂时逃离这个凄凉城镇，劳伦斯继续越过山岭袭击敌人——指示他前往阿里什的命令传来时，他刚刚从一次袭击火车的战斗返回——但这些袭击与他三个月前在开罗阐述的宏大设想相比都显得苍白无力。

但出于政治的原因——或许还有他个人的原因，劳伦斯感到，让阿拉伯人为即将展开的攻势做出某种贡献是至关重要的。于是他在阿里什构思出了一个新计划。

除了攻击德拉之外，还有一个地方能够切断通往巴勒斯坦的铁路支线。那是在德拉以西 15 英里处，铁路线在通过崎岖的雅莫科峡谷时要通过几座高架桥。如果能摧毁其中一座桥梁，效果是一样的。这样的行动的另一个优点是，可以按照“传统”的袭击火车的战术来进行，由一支高度机动的小分队执行，打了就跑。

但与传统袭击火车的战术的相似点仅此而已。雅莫科峡谷离亚喀巴有 200 多英里远，而且是在人口比较稠密的地区。从亚喀巴出发的部队将通过一个陌生的环境，随时都可能成为土耳其巡逻队和与土耳其结盟的当地部落的牺牲品。如果他们成功完成了任务，这些危险只会翻倍。他们在逃跑的时候只能依靠自己，英军或其他起义军都与他们相隔太远，爱莫能助。 375

考虑到这些问题，劳伦斯对计划作了修改：他亲自去执行这个任务。就像他在攻克亚喀巴时做的那样，他将带领一支精挑细选的小分队，但愿能够足智多谋和低调，避免被敌人发现，然后沿途招募需要的更多兵员。行动结束后，在当地招募的人就可以各自返回自己的村庄，而劳伦斯一行人可以分散开来，寻找避难所[6]。

在阿里什听到这个计划的那些人都认为，劳伦斯的想法不是一个作战计划，而是自杀任务。而且对这些人来说，劳伦斯并非一个无名无姓的普通士兵，而是一个朋友、弟子和令他们仰慕的青年。

但是战争形势实在太紧迫了。

到1917年10月中旬，协约国的战争努力在各处都是千疮百孔。在前一个夏季，法国军队爆发了许多哗变，整个团的士兵拒绝进入战壕的屠杀场；这场危机已经克服了，但法国军队仍然颓唐不已、精神委顿。在东线，德军又一次粉碎了俄军的攻势，这是垂死挣扎的克伦斯基政权的最后一次绝望狂赌；在这个10月底之前，布尔什维克党将夺取政权，与德国媾和。在南线，意大利军队进攻伊松佐河谷的第十次和第十一次攻势都被奥地利军队挫败，并且即将在科巴里德战役中惨败。自7月31日以来，英军在西线的总司令道格拉斯·黑格冷酷无情、惨无人道的名声一直在增长，因为他继续坚持甚至比之前在索姆河更加徒劳无益的攻势。到11月初，帕森达勒战役终于被叫停，此时已有7万名英军士兵丧命在泥泞的田野中，相当于每前进2英寸的距离就要死一个人。

在这大背景之下，如果能够小小地推动一下战争的努力，一个人的生命又有多少价值？哪怕是吉尔伯特·克莱顿在一年前描述的"几乎不可或缺的"[7]一个人。如果劳伦斯太勇敢，或者愚蠢，或者稀里糊涂地要试一试雅莫科峡谷，司令部里没有人会努力劝说他不要冒险。艾伦比将军得知此事后，下令在11月5、6或7日夜间执行此计划。

376 根据民间传说，毁灭他们的是一只鸽子。

自战争初期以来，英军就在西线用信鸽传递消息。1917年夏季，开罗方面有人想到，不妨用信鸽来维持与巴勒斯坦的NILI组织的联络。在纸面上，这个想法有很多优点。有了信鸽，就不用从埃及派出间谍船，这些间谍船的航行险象环生，而且经常遇到麻烦——几乎是每隔一段时间就会遭遇猛烈风暴；而且还可以消除间谍与其联络人之间面对面接头造成的安全风险。用信鸽的话，关键的情报还能更快地送递英军战线。由于要将线人的情报先送到阿特利特，然后等待间谍船，所以开罗收到 NILI 组织的情报时，往往已经晚了五六周。

但信鸽令人大失所望。在 7 月的一次试验中，放飞的六只信鸽中只有一只飞过了 100 英里的路程，抵达西奈的英军指挥部。但在 8 月 30 日，萨拉·亚伦森在绝望中还是放飞了信鸽。到此时，“马纳杰姆”号已经有将近一个月没有在阿特利特靠岸了（亚伦森并不知道，这种停滞的主要原因是，英国人拒绝给从间谍船游泳上岸的人员加薪到每月 30 英镑）[8]。她急于和英国人重新建立联系，于是将加密信息放入小金属盒内，将盒子缚在几只信鸽的腿上，然后将它们放飞。为了确保万无一失，她在四天后又放飞了两只鸽子。

萨拉·亚伦森对信鸽一直不是很有信心。9 月 4 日，她到海边游泳的时候，她的疑虑被证实了。附近水箱上站着她前一天放飞的一只信鸽，暴露秘密的金属盒还捆在它的腿上。很快就传来了消息，雅法的一名土耳其指挥官截获了一只携带信息的信鸽，尽管土耳其当局显然还无法破译密码或者确定信鸽的来源，但他们确信巴勒斯坦沿海某地有一个间谍网在运作[9]。

9 月中旬又传来消息，纳曼·贝尔坎德在西奈被捕。贝尔坎德是 NILI 组织在巴勒斯坦南部的主要情报人员，他在试图前往英军战线途中被抓获。土耳其人怀疑他是间谍，先是在贝尔谢巴对他毒刑拷打，然后将他押往大马士革，进行更详细的审讯。贝尔坎德被捕之后，萨拉·亚伦森和 NILI 组织的其他人员担心，他们的组织被破获，土耳其人来抓他们只是时间问题。济赫龙雅各布的其他居民早就对城镇和邻近的阿特利特发生的事情起了疑心，所以他们也非常担忧。9 月 18 日，济赫龙雅各布的治理委员会传唤萨拉·亚伦森来开会，质问了她的“不洁净”的工作。

377

据说，他们是这样告诉她的：“今天我们不想再听你的解释了，你只要回答一个字，要正确的答案：你要承诺停止这种逾越了一切界限的事情……如果你想干间谍工作，就离开犹太人的领土和疆域，到遥远的地方去做吧。”[10]

就在这种高度紧张的气氛下，“马纳杰姆”号终于在9月22日返回了。英国当局得知陆地上的情况之后，立刻安排一艘停泊在塞浦路斯的英国商船（足够运载愿意离开的所有居民）前往巴勒斯坦。9月25日夜间，这艘船出现在了济赫龙雅各布海岸。

但在此之前，萨拉·亚伦森和她的同志们似乎恢复了决心。这部分是由于他们坚信贝尔坎德不会出卖他们——毕竟他被捕已经将近两周，土耳其人还没来逮捕他们——但更是担心NILI组织总部的人突然消失之后，其他地方的间谍会怎么办。于是只有两个人，一位母亲和她的幼子，登上了救援船。萨拉的助手们建议她也登船撤走，她坚定不移地答道：“我要最后一个，而不是第一个离开。”[11]她打算等待“马纳杰姆”号下一次到达（计划是10月12日），在此之前她要判断一下局势。

但NILI组织的间谍们似乎还没考虑到，土耳其当局如此懈怠，有另一个可能的解释。在当时的情况下，这是个非常有讽刺意味的解释。土耳其人和他们的德国盟友都对5月份协约国利用雅法犹太人遭“清洗”的假新闻大搞宣传取得的成功震惊不已。德国人也知道，英国政府在考虑公开支持在巴勒斯坦建立犹太人家园，借此争取国际犹太复国主义团体的支持；事实上，德国人自己也正在焦急地想办法来吸引犹太复国主义者。所以，尽管君士坦丁堡和柏林都在流传巴勒斯坦犹太人间谍网的消息——因为纳曼·贝尔坎德招供了——但德国人严厉地警告他们的土耳其盟友，不到万无一失，不能打草惊蛇[12]。德国人在1917年秋季建议说，把一群阿拉伯人或土耳其人抓起来毒刑拷打没什么问题，但对巴勒斯坦犹太人要小心处置。

378

9月底，土耳其人获得了最后一条关键线索。这不是由于迷途的信鸽暴露了犹太间谍网，也不是因为纳曼·贝尔坎德的招供，而是由于英国情报人员自己的错误。据驻叙利亚的一位土耳其情报主管在战后说，破获NILI组织的缘由是在巴勒斯坦海岸抓获了两名阿拉伯间谍。严刑拷打之下，这两人招供说，他们是从一艘英国间谍船上登陆的，并且航行途中船上还有犹太间谍。这些犹太间谍比他们先下船，是在阿特利特的农业研究站附近登陆的[13]。

为了更好地保护自己，萨拉·亚伦森和她的主要副手约瑟夫·利申斯基最近搬到了离阿特利特9英里远的济赫龙雅各布。10月2日夜间，他们在那里的时候，土耳其士兵包围了这个定居点。士兵和秘密警察已经把阿特利特翻了个底朝天，根据一份包含十几人的名单，在次日早上开始抓人。最早一批被捕的人当中就有萨拉·亚伦森和她的父亲埃弗拉伊姆以及弟弟兹维。土耳其人最希望逮捕的"幕后首恶"约瑟夫·利申斯基却迅速脱身；1917年的土耳其人颇有大男子主义，显然从未想到，真正的"首恶"其实是个女人。

为了避免招致德国人的怒火，土耳其人对犹太人的处置特别小心谨慎。但恰恰是这种小心谨慎现在转变成了变态，把他们在济赫龙雅各布的行动变成了一场慢镜头的恐怖节目。在"讯问"的第一天，士兵们毒打了萨拉·亚伦森的父亲和兄弟，命令他们招供利申斯基的下落，但没有碰她本人。次日上午，形势急剧恶化。埃弗拉伊姆·亚伦森和兹维·亚伦森以及其他一些犯人被带到中央广场，多次遭到鞭笞。土耳其人希望能借此迫使仍然藏匿在逃的人自首。土耳其人对萨拉在前一天冷若冰霜的顽强反抗恼羞成怒，对她进行了特别残忍的折磨。她被捆在自家（位于济赫龙的主要街道）的门柱上，被鞭笞和用棍棒殴打。但她仍然不肯招供，据说甚至还嘲讽给她上刑的人，直到失去知觉。

土耳其人通缉名单上仍然在逃的人听到自己亲属遭受折磨的惨叫声，不堪忍受，一个个自首了。或者他们是被出卖的，因为随着恐怖气氛蔓延开，济赫龙雅各布的人们陷入了一场集体的癫狂。一位历史学家写道："对那些长期以来反对NILI组织活动的人，现在

379 是时候向土耳其人表忠心并且清算旧账了。土耳其人抓捕更多的人并对其毒刑拷打的时候，四个歇斯底里的泼妇在大街上奔来跑去，在每一个新的受害者遭到土耳其人鞭笞的时候欢呼雀跃，甚至自己上去殴打被逮捕的人，放声大骂。”[14]

利申斯基依然踪迹全无，土耳其当局决定更进一步。土耳其指挥官把定居点的治理委员会传唤来，威胁说，如果不交出利申斯基，就把整个村庄夷为平地。为了加强威胁的力度，他还宣布，次日上午要将所有被收监的人——一共大约 70 人——押往拿撒勒的警察总局，作进一步的“讯问”。另外还要将济赫龙的 17 名随机挑选的长老一起押走，如果利申斯基投降，就将他们释放，如果没有投降，长老们就要一起受苦。到下午，济赫龙的居民们在挖地三尺地搜寻利申斯基，而治理委员会则悬赏缉拿他[15]。

第二天，即 10 月 5 日，星期五，苦难终于迎来了悲惨的结局。犯人们被装上车押往拿撒勒的时候，浑身血污、遍体鳞伤的萨拉·亚伦森要求换件干净衣服再上路。她被带到自己家中，被允许独自一人走进浴室。她在那里匆匆写下了给尚未被捕的 NILI 组织成员的最后一封信。然后她取出为了应对这种情况早就藏在小壁橱内的左轮手枪，饮弹自尽。

但萨拉·亚伦森遭受的折磨还没有了断。子弹严重击伤了她的口腔，切断了她的脊髓，但没有击中脑部。一连四天，她忍受着巨大的痛苦，只有德国天主教修女照顾她，最后终于在 10 月 9 日早上死去。按照犹太人的传统，她在当天被安葬在济赫龙公墓，寿衣就是从家中取来的蚊帐。她享年只有 27 岁[16]。

10 月 12 日夜间，也就是萨拉辞世三天之后，“马纳杰姆”号按照原计划出现在了阿特利特海岸。亚历克斯·亚伦森就在船上。他从纽约返回中东，在亚伦在欧洲期间主管 NILI 组织的开罗办公室。他带来了兄长发来的消息。

10 月 1 日，亚伦·亚伦森从巴黎来到了伦敦。在那里，他终于见到了哈伊姆·魏茨曼，与这位犹太复国主义联盟领导人取得了至少是暂时的和解。促成和解的主要因素是，魏茨曼认可了NILI组织对犹太复国主义事业做出的重大贡献。他在一封电报中对其大加赞赏，这份电报将会被分发给NILI组织的成员们。他写道："我们在尽最大努力，确保巴勒斯坦成为英国保护下的犹太人家园。你们的英雄业绩鼓舞了我们的艰苦奋斗。我们前景光明。望诸君坚定勇敢，静候以色列的救赎。"[17]

380

亚历克斯·亚伦森携带着这份电报在当晚抵达阿特利特，但那里没有人迎接他。

劳伦斯的情绪发生了变化，他陷入了一种安静的沮丧。他的老导师戴维·霍格思在10月中旬在阿里什司令部的时候就注意到了这一点。"他状态不佳，"霍格思后来在给阿拉伯局的一位同事的信中写道，"说起他曾经信心满怀的阿拉伯未来，相当绝望。"[18]

其他人，包括劳伦斯自己，更早就察觉到了这种变化。"我在这场游戏里撑不了多久了，"9月，在袭击穆多瓦拉的火车之后，他向好友爱德华·利兹吐露心声，"我神经衰弱，精气神也消耗殆尽。这两样东西，对人来讲都是多多益善。"[19]

在阿里什的会议之后，他这种新萌发的感情上的脆弱越来越严重。乔治·劳埃德处在一个独特的位置上，能够目睹劳伦斯的这种情绪变化。劳埃德也是一位来到中东的贵族"业余政治家"，相貌英俊，毕业于剑桥大学，拥有从男爵头衔，还是个保守党议员，于1914年底被招募到斯图尔特·纽科姆在开罗的军事情报单位。劳埃德很快就受不了纽科姆严厉的领导风格，于是调走了，但在此之前，他与这个小办公室的一位比他年轻9岁的同事结下了友谊，那就是T. E. 劳伦斯。

和战时的很多其他英国贵族一样，劳埃德也经常改换工作和岗位，流动速度之快令人眼花缭乱——在前线司令部待过，也在议会委员会做过办公室工作——但至少他的某些任务会让他定期来到中东。他有银行的背景，所以在1916年秋季在阿拉伯起义爆发之后被调来研究侯赛因国王政权的财政状况。他关于汉志经济——汉志其实根本没有经济可言——的综合报告中包含了对爱德华·布雷蒙的计划（建立一个奥斯曼—法国银行）的批驳，在很大程度上导致了该计划被废止[20]。

但到了1917年秋季，劳埃德受困于后方基地，忙于文书工作，一心想重返前线。9月底，他写信给吉尔伯特·克莱顿，列举了他认为自己或许能有所贡献的地区。尤其是他记起了自己在开罗军事情报办公室的那位已经成了传奇的老同事。“我想，由于我和劳伦斯的私人关系，我对他会很有帮助。”劳埃德写道，“他工作过于劳累，一定也是高度紧张。我确实认为，如果他要留在一线继续担任要职，一定需要志趣相投的其他白人的真正伙伴关系和慰藉。我绝不可能尝试取得领导地位。我甚至根本没有所需的资质。但劳伦斯以他的奇怪方式，对我非常喜爱，如果他在作‘惊险表演’的时候喜欢有我陪着他，我相信，我或许能够帮助他坚持下去。”[21]

381

权且不说他的种族主义倾向，这个要求也是非常不同寻常的，一位贵族和议会现任议员居然甘当陪衬，去扮演桑丘·潘沙，来辅佐劳伦斯这个堂吉诃德。克莱顿同意了这个建议，安排立刻将劳埃德调到他那里。10月15日，劳伦斯从阿里什返回的时候，劳埃德已经在亚喀巴等他了。

一连几天，在劳伦斯为前往雅莫科的长途跋涉做准备的同时，两位朋友互相叙旧、交换消息。据劳埃德的观察，劳伦斯的计划有着非常突出的临时拼凑的色彩。除了数量极少的阿拉伯战士作为骨干外，劳伦斯的随行人员还包括一个印度陆军的机枪组和一个名叫伍德的英国中尉军官。伍德是个爆破专家，之前在西线头部中弹，现在还处于康复阶段。劳伦斯打算在北上的漫长旅途中绕开人口稠密地区，从叙利亚东部的氏族中招募新兵，并集合阿布德·卡德尔

（一位阿尔及利亚流亡者，自阿拉伯起义爆发以来就一直是起义军一分子）的追随者，而他的族人就居住在雅莫科地区。攻击结束之后，招募来的当地人就各自回家，而从亚喀巴来的人则分散转移，避免必然到来的土耳其追兵的搜捕。另外，还安排劳埃德陪伴劳伦斯完成至少最初几天，也是比较安全的几天的路程。

10月20日，劳埃德向克莱顿发了一封电报，概述了劳伦斯的这些计划，以及他自己对亚喀巴形势的第一印象。在一段标为“私人”的附笔中，他的活泼口吻突然发生了变化：“劳伦斯身体相当健康，但因为自己面前任务的巨大风险和重大意义而深感忧郁。昨夜他向我敞开了心扉，告诉我，他在这个世界上还有很多事情要去做，还有很多地方要去发掘，还有很多民族要去援助，如果现在就丢掉性命就太可怕了。因为他感到自己必死无疑，因为他感到，他或许能够完成雅莫科的任务，但几乎没有机会能够逃出生天。我努力鼓舞他，但他的想法无疑是正确的。”[22]

在那个年代，两个男人之间很少会交换如此情真意切的信息，更不用说是在一封军事电报中了。乔治·劳埃德这么写，或许是希望克莱顿能够取消此次行动。如果他真是这么打算的，很快就受到了当头一棒。克莱顿在答复中承认自己对劳伦斯也“非常担忧”，但说，考虑到劳伦斯任务的重大，他的心情这么沉重也不足为奇。“他有一颗雄狮的心，但即便如此，压力也太大了。”克莱顿承认道，“他在做一件伟大的工作，我们会尽快把他撤下来，不要继续让他冒险，但时间还没到，因为现在需要他。”[23] 382

青年土耳其党政权竭尽饱受战争蹂躏的国家的全力，以盛大华丽的仪式热烈欢迎了埃及的前任赫迪夫——阿拔斯·希里米二世。10月底的一天下午，这位名义上统治埃及的奥斯曼君主的火车驶入君士坦丁堡的西尔凯吉车站时，迎接他的除了招展的彩旗彩带和荣誉卫兵之外，还有一大群达官贵人。恭候的人群中包括希里米的老友和共谋者库尔特·普吕弗博士。德国间谍大师和觊觎埃及王位者重拾他们的旧交情，又一次涉足了一场阴谋。

土耳其人投靠同盟国阵营、加入战争之后，英国人废黜了希里米——基钦纳将他称为“邪恶的小赫迪夫”，这个说法令人难忘。希里米从此开始浪迹天涯的流亡生活，最终来到了瑞士。但希里米是个天生的阴谋家，而且他在瑞士有的是时间。在随后的三年中，他不知疲倦地与战争的双方谈判，希望能够在战后夺回自己的王位。他可真是广撒网，双方都知道他在和另一方协商。君士坦丁堡的青年土耳其党领导层从来对希里米没有过什么好感，他在瑞士的拙劣手段更是火上浇油；他们鄙夷地拒绝了他的每一个提议。

但到了 1916 年，德国人对阿拔斯·希里米的态度却大不相同。不知是出于支持老朋友的江湖义气——或者更有可能的情况是，误以为希里米在埃及并非孤家寡人，而是有人支持，德国人坚定地相信，等打赢战争之后，被废黜的赫迪夫就是他们在埃及的代理人。德国人不断鼓励希里米和君士坦丁堡政权握手言和，这番努力终于在这年 10 月开花结果，希里米驾临土耳其首都。

在随后的几个月内，普吕弗和前任赫迪夫一起度过了很长时间，一同设计了埃及的未来：希里米将在德国朋友的帮助下重登王位，恢复先前的荣光。两人关系极其密切，而且柏林方面高度重视他们在埃及的未来代理人，很快普吕弗就几乎变成了希里米的专职指导者。他们的联盟在下一年中发展到了荒诞的地步，两个人构建着空中楼阁的梦幻，而真实世界就在他们周围燃起熊熊大火、轰然崩塌。

383

10 月 24 日，他们出发了。乔治·劳埃德很快就理解了是什么让劳伦斯对深入沙漠腹地的旅行心醉神迷：这是一种进入超凡脱俗世界的感觉，时间仿佛静止了。“往隘道去的风景极其壮美，”劳埃德当晚在日记中写道，“我们两侧都是 400 英尺高的犬牙交错的玄武岩和花岗岩，月光照耀在我们面庞上。”[24]他写道，陪伴他们的那位阿拉伯谢赫“带着两三名比亚沙奴隶，骑行在我们前头，就像是现代的萨拉丁出征迎敌”。

北上的旅途在最初几天很轻松。两个朋友在瓦迪鲁姆群山的盛景中行进时，探讨着中东战略，幻想着战后在阿拉伯半岛来一番大旅行。“我们打算挑战维多利亚时代的道德，豢养一批奴隶，”劳埃德记述道，“还要有一匹骆驼专门用来运书，我们还要去朱夫和博瑞达，整天讨论沙漠政治。”劳伦斯轻松自如，甚至谈了一点自己的家庭和在牛津的成长经历，以及他在卡尔基米什的欢乐时光。劳埃德早已习惯了劳伦斯的沉默寡言，看到他“侃侃而谈”，不禁吃了一惊。

但令人不安的元素已经在旅途中出现。阿尔及利亚流亡者阿布德·卡德尔许诺要带劳伦斯去找他在雅莫科地区的族人，但在途中不断与其他人发生冲突。另一个麻烦人物是英国爆破专家伍德中尉。他在出发后的第一个夜晚在黑暗中迷了路，后来就一直闷闷不乐、满腹怨气，很少与两位英国同胞谈话，只是抱怨旅途的艰辛。这让劳埃德愈发担忧，因为由于从埃及来的补给线又一次瘫痪，劳伦斯在目标地域将不得不做一些风险极大的随机应变，而且一旦出事，就需要伍德来接替他。[25]

在阿里什的时候，劳伦斯向克莱顿索要 1000 码的新研发出来的轻型双股电缆，用来将葛里炸药同电雷管连接起来。有了这么长的电缆，爆破组就能远远地引爆雅莫科大桥，以及预备一些材料来进行第二次破坏。但被送到亚喀巴的只有 500 码的旧式单股电缆。因为需要将电缆叠成双股，所以劳伦斯离起爆地点的距离最多就只有 250 码。而且他很有可能在安置炸药的时候遭到敌人射击。劳伦斯希望能够偷偷将炸药安放在大桥的下主梁上，而不引起桥上土耳其哨兵的注意，但他还是设计了一个备用方案，即让其他人在周边山地上开枪，转移土耳其人的注意力。如果劳伦斯在这过程中死

384

亡——这绝非不可能——就必须由伍德接替他完成任务。

但这样假设的前提是，他们能够招募到足够多的人马。因为劳伦斯已经发现，人们对加入他的队伍非常不热情。劳埃德后来在给克莱顿的信中说，“只要能拦截火车，让阿拉伯人对它大加抢劫，就能暂时赢得他们的忠诚”，而这恰恰是劳伦斯以往取得成功的关键之一。“在他们眼中，他是劳伦斯，伟大的劫掠者，超级突袭者，真正的、唯一的一种战争的真正的领袖。他也从来没有忘记，他能够统领他们，很大程度上是由于他能够给他们带来战利品。”[26]劳伦斯为雅莫科行动招兵买马的时候，一旦解释说自己的目标不是火车，而是大桥时，对方的兴趣就迅速烟消云散了。

还有另外一个问题。在英国军官当中，劳伦斯已经赢得了真正的“印第安人侦察兵”的美誉，被认为拥有一种在沙漠中来去自如、如鱼得水的神奇本领。乔治·劳埃德发现，事实并非如此。有两次，他们在夜间行进时迷失了方向。在第二次迷路时，劳伦斯坚持要朝着猎户座的方向走，认为这样就能回到正途，不料接近了土耳其军队的一座营地。考虑到所有这些因素，劳埃德在给克莱顿的信中写道：“我希望，他成功的概率比乍看上去要高得多。”

但事实上，劳伦斯顺利完成此次任务的希望甚至比劳埃德设想的还要渺茫。离开亚喀巴不久之前，有人向劳伦斯发出警告，称阿布德·卡德尔是个叛徒，已经被土耳其人收买了。劳伦斯没有把这个情况告诉劳埃德。这或许是因为，发出警告的人是劳伦斯在汉志的老对手——爱德华·布雷蒙。

事实上，这位法国上校在最近几个月里经历了翻天覆地的变化，尤其是他对阿拉伯起义的态度。这或许是由于他终于得知《赛克斯—皮科协定》将会确保法国得到叙利亚，或许是因为他认识到，不能阻止的事情就需要去支持。不管出于什么原因，到 385 1917年秋季，帝国主义者布雷蒙已经遏制了自己在该地区阻挠英国政策的一贯作风，转而积极地向阿拉伯人输送法国武器和经济援助。劳伦斯当然知道老对手的这个变化，但或许是由于仍然相信法国人都是奸佞之徒，或许是决心无视越来越多的危险迹象，不管怎样都一定要继续前进，他选择对布雷蒙关于阿布德·卡德尔的警告充耳不闻[27]。但如果说布雷蒙的警告有错，错在他不知道这个阿尔及利亚人并不是近期被收买的。早在1914年11月，库尔特·普吕弗就见过阿布德·卡德尔，坚信他对德国—土耳其的事业是忠心耿耿的[28]。

如此之多的凶险征兆接踵而至，劳伦斯却置之不理，这表明了他听天由命的无奈心态，似乎他知道在这次行动中，他自己的生命无足轻重。劳埃德在与他一同行进的途中看到了他这种心态的迹象。有一次，劳伦斯阐述道，因为阿拉伯人从来不知道《赛克斯—皮科协定》的内情，因此无须遵守它；他们占领了叙利亚之后，或许能缔造自己的命运。劳伦斯透露说，他拿自己的生命冒险就是为了这项事业，或者，就像劳埃德手写的对这次非同寻常谈话的记录那样，“劳伦斯不是在为英王陛下的政府工作，而是在为谢里夫（侯赛因）工作”[29]。

离开亚喀巴四天之后，10月28日晚，两位朋友坐下来商讨下一步该怎么办。他们很快接近了真正危险的地域、不能回头的地点，而劳埃德对劳伦斯的“惊险表演”的担忧越来越深。劳埃德之前多次提议留下来陪伴劳伦斯，这次又再次提出。劳伦斯向他表示感谢，但是解释说，“他感到，让不是爆破专家的人员加入，只会给他自己带来风险”。然后他提出了一个让劳埃德返回的更有利的理由，这是一个植根于自己必死无疑信念的愿望。“他希望我返回英国，”劳埃德在日记中写道，“因为他感到自己的工作在政治上可能会被白厅毁掉，他认为我能挽救他的事业。”[30]

次日下午，两位朋友挥手言别，劳埃德调头返回亚喀巴，劳伦斯继续向雅莫科进发。

1917年10月底，威廉·耶鲁终于抵达开罗，与将担任他的联络人的美国外交官取得了联系。这个外交官名叫查尔斯·克纳本斯修，是个无精打采、倦怠懒散的年轻人，拥有“美国外交部代办”的模糊头衔。考虑到英国情报网络在开罗无孔不入，两人很快得出结论，耶鲁应当多多少少公开地去找英国当局。“否则，”克纳本斯修向国务院报告道，“他们的间谍肯定会发现他的独立活动，这会引起对我方不利的猜疑。”[31]于是，两个美国人请求尽早觐见英国驻埃及高级专员雷金纳德·温盖特。第二天，他们的愿望就实现了。耶鲁和克纳本斯修穿上自己最好的夏季西服，前往温盖特的官邸，那是尼罗河畔的一座红色砂岩豪宅。

386

对雷金纳德·温盖特来说，让又一个美国国务院官员在开罗四处游荡，既是好事，也有不利之处。一方面，由于美国已经加入协约国一方参战，英国官员有义务与美国人建立互信和团结友好的关系，哪怕是在中东这样的美国根本不打算出兵的地区。另外，高级专员向美国人示好也有自己的隐蔽动机。他考虑到英国在该地区陷入了越来越深的政治泥沼——与法国人和阿拉伯人的秘密协定，还要向犹太复国主义者发誓许愿——温盖特越来越相信，美国或许能够帮助英国从这个泥沼中全身而退。就在耶鲁抵达开罗几天之前，温盖特向颇为惊恐的克纳本斯修表示，或许巴勒斯坦地区需要再一次重新洗牌，或许在战后不应当由阿拉伯人或法国人或多国或犹太复国主义者来控制中东，甚至不应当由英国控制，或许美国人愿意涉足此地、一试身手[32]。温盖特可以依靠克纳本斯修将这些试探的话以积极的色彩传达给美国国务院——克纳本斯修的太太是英国人，他本人非常亲英——但耶鲁或许也是个有益的附会的声音。

另一方面，如果一定要和一个新的美国国务院官员打交道，温盖特和在开罗的所有知道威廉·耶鲁背景的人无疑都希望，最好这个人不要是耶鲁。部分原因是，各个级别的英国官员都对耶鲁的老东家——纽约标准石油公司非常憎恶。在战争初期，英国人多次拦截到纽约标准石油公司的油船企图绕过英国的海上封锁线、向德国人输送石油。外交上的呼吁也没有多少帮助，最终英国人扣押了纽约标准石油公司的船只，才真正打击了这种行为。但也只是打击了一点而已。就在这年夏天，也就是美国正式对德宣战的时候，纽约标准石油公司在巴西的代表还向德国人销售石油，被抓了个现行。此人在为自己辩护时，居然温和地解释说，生意就是生意，如果他不向敌人卖石油，他的竞争对手肯定会的[33]。威廉·耶鲁就是来自这样一个冷血的利欲熏心的公司文化，这让英国人很难对他有信心。

耶鲁对标准石油公司的具体服务就更不能让人放心了。在开罗的英国人深知，纽约标准石油公司的前任代表刚刚在敌境腹地作为受保护的中立国公民生活了两年，即使伦敦对耶鲁根据自己亲身经历传来的情报表示感激，作战一线对他却没有什么好感。尤其是，开罗的英军高层不能忘记，敌占巴勒斯坦最好的一条公路（耶路撒冷——贝尔谢巴公路，它是土耳其军队通往加沙前线的补给生命线，而英军两次在那里惨败）的大部分都是由标准石油公司在1914年修建的，而且威廉·耶鲁就是这项工程的主管。

387

因此，在温盖特与耶鲁的第一次温和友善的会晤之后不久，耶鲁又回来了，提出了一个大胆的请求，这让温盖特左右为难。这位美国国务院特工不知从哪里得知了《阿拉伯公报》的存在，这是阿拉伯局从中东各地搜集的原始和绝密情报的每周汇编。《阿拉伯公报》高度敏感，发放范围仅限于大英帝国政界和军界的不到30名最高级官员，以及协约国政府的仅仅3名代表。威廉·耶鲁现在也要看《阿拉伯公报》。

温盖特斟酌再三，同意了这个请求，但是附加了一个典型英国式的条件。耶鲁可以自己阅读《阿拉伯公报》，但必须以荣誉起誓，在发给国务院的报告中绝不直接引用它的内容。

毋庸置疑，这样的安排如果是针对欧洲高雅的军官阶层成员，一定是很好的，但从事后之明来看，高级专员对威廉·耶鲁背景的偏见或许应当更多一些才对。他刚刚把英国在中东最具时效性的秘密拱手交给人类历史上最掠夺成性的企业之一的前雇员，而威廉·耶鲁倒并不打算引用《阿拉伯公报》，而是要全套照搬。

耶鲁在自己的回忆录中用循环逻辑的妙招为自己辩护："英国人给我的信息不是给我个人的，因为我不过是美国政府的一名特工。如果我要执行政府雇用我去执行的任务，我就必须将自己获得的信息传达给国务院……其他国家政府的官员一定理解这个情况，所以他们强加的条件是没有效力的。因此，在我判断有这样做的必要时，就毫不犹豫地引用《阿拉伯公报》中的信息。"[34]

耶鲁承认自己的逻辑可能有个漏洞——毕竟，外国官员要"理解"他的情况，必须先知晓他的情况才行——但耶鲁对此也有个顺手的借口；如果说他的美国人的高尚道德情操变了质，这肯定是由于"我和欧洲及东方的官员一起生活、与其打交道已经有四年之久"。

388

但这个年轻的美国特工身上还有一些东西是雷金纳德·温盖特没有理解的。威廉·耶鲁并不是纽约标准石油公司的前雇员。他实际上是从公司"休假"的，所以还能继续领到战前薪水的一半。如果开罗的英国官员开始对他与标准石油公司的关系起了疑心，也不大可能发现真相，因为耶鲁已经安排好，让他在纽约标准石油公司的工资支票寄给他的母亲，存在纽约。[35]在随后几个月内，当耶鲁浏览《阿拉伯公报》和其他所有到他手边的英国机密情报时，还会仔细地寻找提及石油的文字。

1917年10月31日，亚伦·亚伦森和哈伊姆·魏茨曼在白厅的英国内阁会议室的前厅等候着。他们是应马克·赛克斯邀请前来的，有幸最先听取英国领导层关于"犹太复国主义问题"最新的决策结果。

等了许久，内殿的大门终于打开，春风满面的马克·赛克斯走了出来。“魏茨曼博士，”他宣布，“生了个男孩。”[36]

两位犹太复国主义领导人随后被带进内阁会议室，去面见首相大卫·劳合·乔治、外交大臣阿瑟·贝尔福和政府的其他一些高官。他们刚刚批准了一份已经酝酿了6个月的关于在巴勒斯坦的犹太人定居点未来地位的声明文本。这过程的艰险曲折，以及许多英国高官对该问题仍然抱有的深深的保留意见，体现在声明发布的奇特方式上：外交大臣贝尔福将笔迹潦草、似乎是即兴写出的仅仅三句话交给了英国金融家沃尔特·罗思柴尔德。

最重要的一个从句是：“英王陛下政府支持在巴勒斯坦为犹太民族建立一个民族家园，并将竭尽全力，促成这一目标的实现。”[37]

这份手写的简短讯息很快就将以《贝尔福宣言》的名字闻名于世，从中将产生一个巨大争议，困扰世界一直到今天。但对亚伦·亚伦森来说，这是实现他的重建以色列国家的梦想的第一步，为了这项事业，他和在巴勒斯坦的许多同胞已经做出了极大的牺牲。但亚伦森还不知道这些牺牲将会多么沉重。在白厅的这个欢庆日子里，他和巴勒斯坦之外的其他人都还不知道，3周前在济赫龙雅各布发生了多么丑恶的事情。 389

11月初，对吉尔伯特·克莱顿、戴维·霍格思和其他一些在埃及的英国军官来说，有一个烦人的问题开始侵入他们沸腾般激动不已的大脑：劳伦斯在哪里？

艾伦比将军的攻势就像钟表一样严格按照计划顺利展开。英国骑兵将贝尔谢巴周围的土耳其军队打了个措手不及，在10月31日上午冲进了这座沙漠城镇，随后继续推进。到11月7日，加沙的土耳其驻军的增援路线被切断，面临很快被合围的危险，于是他们放弃了战壕工事，匆匆沿海岸北撤20英里。由于天气恶劣，英军未能乘胜追击，但现在他们已经突破了巴勒斯坦的第一道也是最强大的一道防线。

但随着日子一天天过去，这次胜利的余晖也开始黯淡，那些在阿里什与劳伦斯一起进行战略筹划的人越来越为雅莫科持续的沉默感到不安。11 月 12 日，克莱顿向已经返回亚喀巴的乔治·劳埃德吐露心声：“我心急如焚地等待劳伦斯的消息。”[38]

当天，劳伦斯和他的队伍正在雅莫科以东约 80 英里处，希望能在这次事事不顺的行动中取得至少是一点点成绩。与劳埃德分别几天之后，劳伦斯抵达了沙漠堡垒村庄阿兹拉克，但发现他希望招募的塞拉欣族人不愿意加入他。主要原因是他们非常不信任阿布德·卡德尔，也怀疑他是叛徒。在劳伦斯激情洋溢的讲话的感召下，部落族人们终于加入了行动，但在前往雅莫科的途中，阿布德·卡德尔突然销声匿迹，最后一次有人看见他时，他正奔向一个土耳其人控制的城镇。但劳伦斯仍然不愿回头。

尽管挫折接二连三，他还是仅差一点就成功了。11 月 7 日夜间，劳伦斯和他的爆破组抵达了西哈布山处的铁路桥，就在一名土耳其哨兵的鼻子底下拖运葛里炸药走下峡谷，这时突然有人的步枪掉落到岩石上。六七名土耳其卫兵被声响惊动，冲出哨所，开始向四面八方疯狂地胡乱射击。负责搬运葛里炸药的搬运工得知这种炸药被子弹击中就会起爆之后，当即将炸药丢进溪涧，逃往安全地带。劳伦斯别无选择，只得也跟了上去。

390 战争中的人最为迷信，即便是最坚信纯粹理性的人现在也该决定，雅莫科袭击小组应当立刻停手，能活这么久已经是福气了，赶紧逃命才是要务。但劳伦斯似乎中了魔，一心要从这次行动中取得至少是一星半点儿的成功。他决定再伏击一次火车。

但要这么做，承担的风险就更大了。他的队伍粮食奇缺，于是他命令部分成员离开。其中包括印度机枪手们，这意味着，即便袭击火车能够成功，袭击者也没有重武器的保护。另外，由于在雅莫科大桥丢失了大量电缆，现在炸火车的人起爆的时候离起爆点就只有50码远。承担这个任务的人将是劳伦斯。

他选择的袭击地点是安曼以北汉志铁路主干线在米尼菲尔村外的一段偏僻的铁轨。劳伦斯蹲伏在一座小灌木丛后，隐藏好自己的起爆器，但从那里可以清楚地看到铁轨。他起初试图炸毁一列长长的运兵火车。对他自己以及藏在附近冲沟中的60名部下来说非常幸运的是，电缆失灵了——一旦起爆，人数远远超过他们的土耳其士兵一定会将他们尽数屠戮——在万分痛苦的几分钟内，劳伦斯不得不忍受着缓缓经过的列车上土耳其士兵困惑的凝视，有时还强作笑颜地向他们挥手示好[39]。

次日，劳伦斯成功袭击了另一列较小的运兵火车，在这次袭击中他的生存概率也不高。他的位置离起爆点太近，爆炸的冲击波将他掀翻飞出好远——这是非常幸运的，因为被摧毁的火车头的很大一部分直接砸在了起爆器装置上，而片刻之前这起爆器还在他的两膝之间。劳伦斯精神恍惚地挣扎着站起身来，看到自己的衬衫成了碎布片，血从左臂滴下来。烟尘散尽后，他看到自己面前是“一个人的上半身，被严重烫伤，冒着烟”，下半身被炸飞了50码远。

“我感到逃跑的时候到了，”劳伦斯在《智慧的七柱》中写道，“但我行动起来的时候，发现自己的右脚剧痛无比，于是我只能一瘸一拐地走路，头还因为爆炸的冲击而昏昏沉沉。走起来之后，昏沉的感觉就开始消退，我蹒跚地向高处山谷走去，阿拉伯人正从那里向拥挤的车厢射击。”

劳伦斯跌跌撞撞地走向安全处时，火车上的土耳其士兵向他瞄准射击——但打得不准；据他自己说，至少有五发子弹擦伤了他，“其中有些擦得很深，很不舒服”。他走的时候还处于恍惚状态，于是唱起一首古老歌曲来鼓励自己继续前进：“哦，但愿那不曾发生过。”

391

在10个月前攻打沃季赫的时候，曾有一名英国军官不肯等待被围困的土耳其驻军投降，而是带领一支突击队登陆，导致约20

名阿拉伯人死亡。劳伦斯对他作了严厉批评。他对那次战斗评论道："在我看来，没有必要的行动，或者射击，或者伤亡，不仅仅是浪费，而是罪孽……我们的起义军不是像士兵那样的材料，而是我们的朋友，他们信任我们的领导。我们不是来指挥他们的，而是应他们邀请来的。我们的战士都是志愿兵——普通人、当地人、亲属——所以每个人的死亡都会给起义军中的很多人带来悲痛。"[40]

在米尼菲尔，劳伦斯以区区 60 人的兵力，敢于挑战约 400 人的土耳其部队。令人难以置信的是，他的一些部下甚至没有武器，只能向瘫痪的火车投掷石块。很快就有约 20 名起义军战士被击倒在地，包括被派到铁轨处营救劳伦斯的 7 人。劳伦斯对英国军官在沃季赫行为的批评与他自己在米尼菲尔的所作所为之间有着莫大矛盾，他似乎没有意识到这一点。或者，在过了残酷的 10 个月之后，他已经不再关心这些事情了。

"次日，"他如此记载米尼菲尔战斗的后续，"我们来到阿兹拉克，受到热烈欢迎。我们还——上帝宽恕我们吧——吹嘘自己打了胜仗。"

第16章
风暴聚集

关于阁下近日向罗思柴尔德勋爵发出的关于巴勒斯坦犹太人的宣言，我们满怀敬意地恳请阁下注意，巴勒斯坦是叙利亚的关键组成部分——恰似心脏是身体的关键所在——不能作任何政治上或社会上的分离。 392

——1917年11月14日，埃及的叙利亚委员会给英国外交大臣贝尔福的信[1]

英国当局给叙利亚委员会的答复是：……给贝尔福先生的电报目前不能发送给他们，但英国当局很高兴地看到，在埃及的叙利亚人表达了他们对犹太复国主义问题的意见。

——1917年12月17日，威廉·耶鲁给美国国务院的报告[2]

从约旦首都安曼出发向东行进，没有什么养眼的风景。走了几英里之后，安曼的崎岖多山的轮廓就消失了，眼前是一片延绵起伏的沙砾和粗沙的平原。因此，当人们来到深入凄凉沙漠50英里的阿兹拉克要塞的巍峨石墙前时，第一个反应往往是惊异，居然会有这样的所在。在这个辽阔而了无生趣的地域，如此雄壮的要塞、它的30英尺高的城墙和城墙各角上甚至更高的瞭望塔是怎样建造起来的呢？

答案当然是水。在古时，这个绿洲是周边近5000平方英里土

393 地的唯一生计来源。罗马人最早注意到了阿兹拉克的战略意义，于2世纪在绿洲旁建造了一座小堡垒。1000年后，萨拉丁的阿尤布帝国建造了屹立至今的巨大石制要塞。甚至在今天，要塞依然俯瞰着与它同名的城镇，但在1917年11月，劳伦斯和他的一小队人马在米尼菲尔袭击火车之后逃到阿兹拉克时，这个居民点只有几座石头小屋，要塞在他们面前一定是如同幽灵般拔地而起。

6月的时候，劳伦斯曾在阿兹拉克觐见过卢阿拉部落的埃米尔——努里·沙拉昂。当时他就注意到，这是个绝妙的藏身之地。除了有水和避难处之外，要塞还居高临下，俯视周围所有方向的沙漠地带。劳伦斯在米尼菲尔的袭击之前就把印度机枪组派到了那里，所以他和其他人在11月12日抵达要塞时，机枪已经被安置在了要塞的瞭望塔上，令这个地方几乎固若金汤。这个绿洲非常理想，于是劳伦斯很快决定，将它作为阿拉伯起义向叙利亚腹地进军的前进基地。抵达阿兹拉克一天之内，他就派遣一名信使踏上前往亚喀巴的200英里旅途，请费萨尔开始将他的军队前锋派往北方。

在阿兹拉克安营扎寨还有一个更狡黠的目的。这个居民点是努里·沙拉昂领地的西北边界。尽管费萨尔不断恳求他加入起义阵营，而且劳伦斯自己也在6月求他加入，但沙拉昂仍然骑墙不定，有时悄悄地支援阿拉伯起义军，有时公开与土耳其人做交易。阿兹拉克恰好在卢阿拉腹地和土耳其人控制的叙利亚贸易城镇之间，起义军在这里占据了一个很好的位置。“他犹豫不决，不肯表明立场，只是因为他在叙利亚有很多财产，”劳伦斯对沙拉昂评论道，“以及他的族人一旦失去了天然的市场，会受到损害。现在，我们住在他的一个主要领地之内，会让他耻于投敌。”[3]

在阿兹拉克，劳伦斯的小小队伍很快就不再是一群战士，而变成了临时的建筑队，开始修葺整理要塞，好让即将起程前往此地的更大的部队居住得舒适些。他们修补了坍塌的城墙和坍陷的屋顶，甚至修整了庭院里前一阵子被当作羊圈的小清真寺。起义军抵达的消息传开之后，他们的劳动不时被部落代表团的拜访打断，随后自然是要大摆筵席、欢庆一番。劳伦斯在南塔中修复的警卫室安顿下来，逃脱了这些喧嚣，得到了宜人的休憩。

《智慧的七柱》虽然细节极多——我们甚至可以说它被细节淹没了——但劳伦斯在书中对阿兹拉克的描述有些非同寻常之处。整整 5 页的篇幅中包含了整部回忆录的一些最情真意切的段落，他恋恋不舍地描摹了他在那里的美好时光、他的追随者与访客之间欢乐的同志情谊，还抒情地描述了要塞高墙之外号叫不止但从未被看见过的神秘的豺狼。冬雨开始降下的时候，要塞变成了一座漏水、冷湿的监狱，唯一的慰藉就是裹着羊皮取暖，但在他笔下，这些苦痛却有着鲜明的浪漫色彩。“我们躲在那里，彻骨冰冷，一动不动，从黑暗的白天到黑暗，我们的头脑似乎悬空在这些厚重的大墙之内，刺透力很强的雾气流入每一个射击孔，如同白色三角旌旗。过去与未来从我们上方流过，仿佛没有漩涡的河流。我们做着梦，进入这个地方的灵魂；围城战与飨宴、袭击、谋杀、夜间的情歌。”[4]

394

让这一切更加不寻常的是，劳伦斯在 11 月在阿兹拉克只待了 6 天时间，或许只有 3 天。或许，这个地方在他的脑中产生了田园诗般的浪漫色彩，是由于他刚刚经受的磨难。在上一个月内，自从构想出袭击雅莫科大桥的计划以来，劳伦斯就一直生活在一个阴影之下：他知道自己命悬一线，可能时日无多。在阿兹拉克，那个阴影突然间销声匿迹了。

或许他的浪漫心绪是因为即将发生的事情。在抵达阿兹拉克仅仅 3 天之后，劳伦斯在 3 个人陪伴下又一次进入沙漠。他们的目的地是重要的铁路枢纽城镇德拉，在西北方 70 英里处。在那里，劳伦斯将会经历他在整个战争生涯中最恐怖，在过去的半个世纪中也是最让他的许多传记作者们激烈争论的一场磨难。

11 月 16 日下午，也就是亚伦·亚伦森动身离开伦敦的前夕，他发现自己被骗了——或者说，他肯定是认为，自己受到了欺骗。这时，他终于收到了哈伊姆·魏茨曼关于他在美国任务的指示。两人在近日对任务作了极其详尽的讨论，亚伦森几乎不需要读这封信。但他还是读了。

魏茨曼对他的指示基本上就是：闭嘴。他写道："执行这些复杂的任务需要你避免公开讲话和接受记者采访。为了防止你在压力之下做这些事情，我们按照你的意愿，正式要求你谨言慎行，仅限

395

于业已规定的任务。"为了避免误解，魏茨曼还命令亚伦森"除了通过布兰代斯先生（美国犹太复国主义领导人）的中介之外，不得有任何直接行动，不论是通过演讲还是信函"[5]。

亚伦森读信之后怒火中烧，尤其是因为魏茨曼竟然说，钳制他的言论是他自己的意愿。"这老头不是傻瓜，"他在当夜的日记中恼火地写道，"但我也不是那么天真……每天都能看到魏茨曼的虚伪的新证据。"[6]

自 6 周前抵达伦敦以来，亚伦森和这位英国犹太复国主义领导人一起度过了许多时光。两人的关系很复杂，植根于互相的尊重和不信任，他们有时把酒言欢，有时却大吵特吵。在魏茨曼伤人自尊的指示信之前，两人的关系还是很融洽的，原因也很简单：几天之内，就在他们眼前，发生了犹太复国主义历史上最戏剧性和意义深远的一些事件。

其中最主要的当然是《贝尔福宣言》，但与此同时还传来捷报，英军在巴勒斯坦进展神速。艾伦比的部队在贝尔谢巴取得突破之后，继续北进，将组织凌乱的土耳其军队驱散。尽管亚伦森还不知道，但就在 11 月 16 日这天，英军前锋部队不受阻挡地开进了海滨城市雅法（离他们的出发点有 50 英里），而其他单位则逼近了耶路撒冷城下的山麓丘陵。让流散全球的犹太人重返祖先家园的梦想原本是那么遥远，甚至只是个理论，但现在却以飞速接近事实。

可以理解的是，这些事件令国际犹太复国主义团体欣喜若狂。全世界的犹太人飞地都向英国外交部发来潮水般的对《贝尔福宣言》的感谢信。这种洋溢的感激之情似乎当即就证实了哈伊姆·魏茨曼及其在英国政府内部的盟友几个月来一直在宣扬的观点，即如果协约国宣布支持犹太人家园并努力促成其实现，就能赢得全世界犹太复国主义团体的支持。

但这种反应并不是普遍现象，而且其他地方的火热支持令美国犹太复国主义者的不动声色愈发显得刺眼。到11月中旬，很少有美国报纸提及《贝尔福宣言》——《纽约时报》仅用了三个非常短的段落来报道此事——而许多著名的美国犹太人领导人还没有公开发表意见。最惹人注意的是威尔逊政府的沉默，这让魏茨曼和英国政府特别烦恼，因为他们曾专门为了赢得美国总统的支持而重写了宣言的文本，因而导致宣言的发表被推迟。 396

9月，英国人将宣言的建议稿第一次明确地交给美国人时，伍德罗·威尔逊最亲信的顾问爱德华·豪斯上校曾告诉英国人，总统顶多只会含糊地对英国—犹太复国主义计划表示“同情”，而且总统“绝对不会做任何真正的承诺”[7]。英国人随后将宣言最初的激烈言辞冲淡，终于让威尔逊完全支持宣言，但威尔逊仍然有一个主要条件；白宫在10月中旬通知伦敦方面，总统“要求英王陛下政府在公开宣言时不要提及他的支持，因为他已经做好安排，让美国犹太人请求他支持，然后他才会公开表示支持”[8]。

但是威尔逊的沉默让美国犹太复国主义者对此事犹豫不决，这就使得总统得以继续保持沉默。亚伦·亚伦森被派往美国，就是为了打破这个僵局，因为他是许多美国犹太复国主义者的知己故交。

几天前，英国外交部的一次高级别会议敲定了他的任务的目标。魏茨曼和马克·赛克斯都参加了这次会议。亚伦森的使命的确是雄心勃勃。作为英国犹太复国主义联盟与美国的犹太复国主义组织之间的正式联络人，亚伦森的任务是“协助我们的美国组织了解中东的诸多政治与军事事态发展的实际意义”，以及推动“激发犹太复国主义热情、鼓动支持协约国的宣传”，另外，为了推进赛克斯的异想天开的主意（在中东建立犹太人—阿拉伯人—亚美尼亚人的联合），还要努力促成“犹太复国主义力量与阿拉伯人和亚美尼亚人力量的团结与联盟”。此外，亚伦森还将担任魏茨曼与美国犹太复国主义团体领导人——美国最高法庭大法官路易斯·布兰代斯之间的正式联络人。[9]

尽管任务艰巨，亚伦森还是全心全意地接受了任务，并已经通知自己在美国的犹太复国主义伙伴们，他马上要来了。这就使得魏茨曼在 11 月 16 日的指示信对他而言更具侮辱性。

但这么多年来，想让亚伦·亚伦森闭嘴的人很多，却没有取得什么成效。他很快就将魏茨曼的掣肘视为一种挑战，于是在次日就在伦敦的尤斯顿车站登上开往利物浦的火车，在那里登上了驶往纽约的“圣保罗”号。

397

但我们必须要替魏茨曼辩护一下，他努力封住亚伦森的口，并非仅仅是要压制他。魏茨曼知道，亚伦森在美国犹太复国主义团体中结交甚广，但在之前的 6 周内他和亚伦森接触很多，已经开始为他焦躁冲动的个性感到担忧。考虑到亚伦森到美国其实还有个秘密任务，这就更让人担心了。

考虑到在不久的将来英国将会完全控制巴勒斯坦，以及为了安抚巴勒斯坦的穆斯林和基督徒群众对《贝尔福宣言》表达的忧虑，赛克斯和魏茨曼决定，尽快向该地区派遣一个犹太复国主义委员会，以评估形势。赛克斯尤其希望，这个委员会能够包括美国代表，因为他希望这样世人就会以为威尔逊总统对《贝尔福宣言》以及英国未来对巴勒斯坦的控制作了默许。但他面对着一个令人望而生畏的障碍。美国仅仅是对德宣战，威尔逊还明确表示，他绝不愿意卷入任何与奥斯曼帝国有关的事务；因此他的政府是否会批准让美国犹太人参加这个委员会是非常存疑的。于是，亚伦森的美国之旅就有了一个秘密任务：让美国犹太复国主义领导人向威尔逊政府施加压力，不仅要公开支持《贝尔福宣言》，还要改弦易辙、向土耳其宣战。

但亚伦森抵达美国时，听到了一些令他魂飞魄散的消息。12月1日，在犹太复国主义联盟驻纽约办事处，他收到了一份来自他最年幼的弟弟萨姆（他刚刚抵达开罗）的电报。在NILI间谍网被土耳其人摧毁整整两个月后，亚伦森终于得知了这个噩耗。弟弟的电报还讲到了他们的姐妹萨拉、父亲埃弗拉伊姆的死，以及纳曼·贝尔坎德被处决[10]。

“牺牲圆满了，”亚伦森在当夜的日记中写道，“我素来知道，最悲惨的不幸还没有到来，但害怕它是一回事，知道所有希望均已破灭却是另一回事。可怜的父亲，可怜的萨拉……她的死最凄惨。”[11]

这些噩耗让他对魏茨曼和其他那些在欧洲企图遏制他影响力的犹太复国主义领导人愈加怨恨。在两年时间里，亚伦森和他的亲朋好友们为犹太复国主义事业甘冒生命危险，很多人为此抛头颅洒热血，而伦敦和巴黎的那些人只是开开会、写写小册子而已。12月2日的事情让亚伦森更加准确地把握到了这种反差。就在亚伦森收到阿特利特传来的噩耗的第二天，英国犹太复国主义联盟的一些成员在伦敦的阿尔伯特大厅把酒言欢，庆祝《贝尔福宣言》公开一个月。

398

我们很难找到另外一位作家，能够更加精细缜密甚至是充满爱意地描写自己遭到的毒刑拷打。[12]

按照劳伦斯的记述，拷打于11月20日上午开始。3天前，他带领3名护卫离开了阿兹拉克，前去勘察铁路枢纽城镇德拉周边的乡村。现在，他想亲自查看德拉的铁轨系统。唯一的办法就是大模大样、明目张胆地去看。于是这天早上，劳伦斯和其中一名护卫骑到城北7英里处一段偏僻铁路线上，下了骆驼，然后身披阿拉伯长袍，徒步沿着铁路走进德拉。

一切顺利，但是在经过土耳其军队的一个营地时，这两人引起了一名警觉的军士的注意。军官抓住了劳伦斯，宣布“贝伊（长官）要见你”，但不知出于什么原因，允许劳伦斯的伙伴继续前进。

当天余下时间里，劳伦斯被关押在一间警卫室内，等待觐见贝伊。土耳其人怀疑他是个土耳其军队的逃兵。他解释说，自己是个切尔卡西亚人（高加索北部的一个山地民族，免于服兵役，并且以肤色白皙、眼珠颜色较浅闻名）。晚上，卫兵把他带去贝伊的房间。劳伦斯在《智慧的七柱》中称此人为“纳希”，但他的真名是哈基姆·毛希丁，是德拉当地的总督。

哈基姆命令卫兵退下，将劳伦斯拖到床上，原来是要对他加以性侵。他挣脱开来，总督就叫来卫兵。卫兵将劳伦斯按在床上，开始剥去他的衣服。哈基姆开始动手动脚，直到劳伦斯用膝盖猛击他的腹股沟部。

劳伦斯赤身露体，被卫兵按在床上。暴跳如雷的哈基姆向他扑了过去，既带着热情又夹杂着狂怒，亲吻他，往他身上吐唾沫，咬他的脖子，直到出血，最后捏起他胸前的皮肤，用刺刀穿刺他。根据劳伦斯的说法，贝伊然后命令卫兵“把我带出去，好好教导我”。

随后是一场恐怖的毒刑拷打。劳伦斯被拖进附近的一个房间，按倒在一条长凳上，两名卫兵“跪在我的脚腕上，压着我的膝盖内侧，另外两人扭曲我的手腕，直到它们咯吱作响，然后将我的手腕和脖子狠狠砸向木凳”。卫兵拿来了一条短鞭，四名卫兵轮流鞭笞劳伦斯的后背和臀部，足足打了几十下，如果不是几百下的话。“最后我完全垮掉的时候，他们好像是满意了，”他在《智慧的七柱》中回忆道，“我不知道怎么的已经离开了长凳，躺在肮脏的地面上，我舒服地蜷伏在那里，晕头晕脑，喘着粗气，但迷迷糊糊地有点舒服的感觉。”

399

但他的折磨还远远没有结束，他开始出现了幻觉。负责刑讯的军官凶狠地猛踢他的肋骨，命令他站起来，他却只是漫不经心地抬头向那人微笑。见劳伦斯如此放肆，军官“扬起胳膊，将整个一条鞭子抽向我的腹股沟。我痛得蜷缩起来，喊叫着，或者说，努力去喊叫，却是徒劳无益，张大嘴巴，浑身战栗，却发不出声来。其中一名卫兵快活地咯咯傻笑。一个声音喊道：‘可耻！你把他打死了！’随后又是一记鞭子。一声呼啸，我眼前一黑，失去了知觉”。

劳伦斯最后又被拖回到哈基姆的住处，但“他匆匆拒绝了我，因为我遍体鳞伤、浑身血污，不能上他的床”。劳伦斯的苦难终于结束，他被拖到庭院中，丢到一座棚子处，一名亚美尼亚“包扎员（即男护士）”被叫来为他清创和包扎。然后拷打他的人就这么离开了。

他们会这样离去，只是一系列非同寻常——有些人会说是非常不可能发生的——事件之一，这些事件最终将劳伦斯从他最严酷的折磨中解救了出来。按照他自己的记述，拂晓将至，他攒起全身力气爬起来，探查一下凄凉的周围环境。在附近的一个空房间内，他发现门上挂着“一套破破烂烂的衣服”。他穿上衣服，爬出窗户，跳到外面空荡荡的大街上。他跌跌撞撞地走过刚刚醒来的城镇，直到将它抛在脑后。恰好有个骑骆驼的商人经过，他甜言蜜语地哄着商人，让他带上自己。劳伦斯坐着骆驼最后来到外围村庄，在那里做好了与阿兹拉克的伙伴会合的安排。他在那里找到了他们。伙伴们先前为他的被俘心急如焚，现在则为他的成功逃生惊异不已。

“我给他们讲了一个贿赂和计谋的欢乐故事，”劳伦斯记述道，“他们许诺不会把这故事说出去，大声嘲笑土耳其人的幼稚。”当天下午，大家骑马踏上了返回阿兹拉克的 70 英里路程。

以上就是劳伦斯对这个恐怖之日记述的概括，这只是概括，因为劳伦斯在《智慧的七柱》中用了长达 5 页的篇幅详细描写自己在德拉遭受的毒刑拷打，跃然纸上，令人毛骨悚然。但如此令人胆

400

寒的细节堆积得如此之多，却给故事遮上了一层迷雾，让人无法看清事情的真相。劳伦斯说“另外两人扭曲我的手腕，直到它们咯吱作响”，是说自己的手腕被拧断了吗？他是否遭到了强暴？有好几条委婉的线索似乎说明他遭到了性侵，但也有线索似乎表明并非如此。更令人困惑的是，对他遭受的毒打的详细描写似乎带有一种隐隐的淫秽、窥阴癖的色彩。例如，在写到自己的皮肤被刺刀穿透的时候，劳伦斯是这样描述的：“鲜血颤抖着从我身侧流下，滴到我的大腿前面。哈基姆看上去很满意，用指尖将血抹到我肚子上。”后来，在鞭笞之后，敌人狠踢他的肋骨，他又说这是“一种甜美的温暖，或许带有性的意味，在我体内膨胀起来”。

有鉴于这些精确而极富说服力的细节，劳伦斯的许多传记作家——事实上是大部分人——都做出结论，德拉的事件不可能是像他描述的那样，甚至或许根本就是子虚乌有。简单地说，如果劳伦斯真的像他说的那样在德拉遭受了如此残忍的毒打，又怎么可能轻易逃脱？就算他那一系列令人难以置信的好运气是真的，刚刚手腕还被扭曲得“咯吱作响”的人又怎么能爬出窗户？鞭笞会严重地扰乱人的中枢神经系统，很多受害者在被鞭打30下的几个小时之后都站不稳；劳伦斯被鞭打的数目更多，他怎么能徒步穿过一座敌人控制下的城镇而不被察觉，旋即骑马奔驰70英里？

考虑到劳伦斯随后的行动，他的说法就更让人无法信服了。返回阿兹拉克两天之后，他又动身奔赴亚喀巴。这是骑骆驼要走4天的艰难路程。到了那里之后，他没有向自己的英国战友们提及在德拉遭受的折磨。多年之后，他的几名战友在接受询问时回忆称，劳伦斯回来之后似乎心事重重，其中甚至有人说他“面色苍白，显然心烦意乱”[13]，但没有人说看到他身上有割伤或瘀伤，或者他看上去身体状况不好。事实上，在德拉事件不到3周之后，戴维·霍格思见到了自己的弟子，随后在给妻子的信中写道，劳伦斯看上去“比我上次见他时身体更健康”[14]。

让《智慧的七柱》中对德拉事件的描述更加令人生疑的是，19个月后，劳伦斯又讲了一个迥然不同的故事。那是在1919年6月写给军中好友沃尔特·斯特林上校的信中。劳伦斯在列举阿尔及利亚叛徒阿布德·卡德尔的变节罪行时讲到了这件事情。劳伦斯向斯特林解释说，这个阿尔及利亚人不仅破坏了他的雅莫科大桥行动，而且德拉的总督哈基姆·毛希丁之所以能认出他（劳伦斯），“就是因为阿布德·卡德尔对我的描述（我是从哈基姆说的话，以及看押我的卫兵那里得知卡德尔的叛变行为的）。哈基姆是个色欲强烈的鸡奸者，对我有了好感。于是他把我关押到夜间，想占有我。我不肯就范，经历了一些困难之后才脱身。哈基姆把我送去医院。我的伤没有他想象的那么重，于是在黎明前逃走了。他对这件事情搞得一团糟感到非常羞耻，所以封锁了所有消息，没有上报我被俘虏又逃脱的事情。我回到了阿兹拉克，对阿布德·卡德尔非常恼火。”[15]

401

与《智慧的七柱》的版本相比，这个故事的说服力既更强，也更弱。没有了书中描述的哥特小说一般的残酷折磨，“伤没有他想象的那么重”的劳伦斯或许有足够的体力逃生。但另一方面，如果哈基姆真的认出了他的真实身份——当时土耳其政府对劳伦斯的脑袋悬赏2万土耳其镑——而居然让他待在一个棚子里过夜，没有安排警卫，实在太荒唐。俘虏劳伦斯的士兵们在虐待他的时候谈话的主要话题居然是阿布德·卡德尔揭露他的真实身份，这也让人难以相信。

但不管怎么说，有强有力的证据表明，德拉确实是发生了某些事情。许多熟识劳伦斯的人会证明，大约从那一时期开始，他的性格发生了变化，更加孤傲冷漠。不久之后，他开始组织一个私人卫队，大约有五六十名精锐战士，几乎无时无刻不陪伴在他身边。

后来劳伦斯又对德拉事件作了第三次描述，表明他在那里的经历与之前公之于众的版本大不相同，在某些方面更加严酷。这是在

1924年给夏洛特·萧（作家萧伯纳的妻子）的一封信中。

劳伦斯在战后与萧夫妇结为至交，夏洛特·萧在他的生活中扮演着忏悔牧师的角色，或者按照劳伦斯自己的说法，“不管怎样，这个孤独的女人都能让我感到自在心安”。或许是在回答夏洛特·萧的一个问题时，他写道：“关于那一夜，我不应该告诉你，因为正派人是不会说这种事情的。我本想在书中实话实说，与自己的自尊搏斗了几天。自尊不愿，也没有弃我而去。因为害怕被伤害，或者是为了从令我发狂的剧痛中获得5分钟的喘息，我放弃了我们降生到这个世界时带来的唯一财产：身体的纯洁。这是件不可原谅的事情，是不可恢复的状态，就是这件事让我发誓弃绝体面的生活……你或许说，我这是病态，但想想那种侵害，以及我这么多年为它冥思苦想的烈度。”[16]

这段话虽然带有他标志性的隐晦，但暗示德拉发生了与他之前描述完全不同的事情：劳伦斯为了避免遭到毒打，或者至少是为了让毒打停下来，向侵犯者的放肆妥协了。如果的确如此，就能解释他为什么能够逃脱——因为他身体受到的殴打很少——他为什么会给阿兹拉克的伙伴们讲一个“欢乐故事”并让他们发誓保守秘密，他为什么没有向亚喀巴的英国战友提及此事，以及他为什么之后始终隐瞒真相。

402

但如果他躲过了最严重的身体折磨，代价却是一连串复杂的心理问题。任何强奸或者刑讯的受害者都可以证明，伤痛中最难以释怀的部分或许不是疼痛或者甚至对此事的恐惧，而是一种深切的（尽管是不应当的）羞耻感。劳伦斯显然既遭到了强暴，又遭到毒打。这种折磨对大部分人都是致命打击，但对劳伦斯而言，尤其深深伤害了他自我形象的内核。自孩提时代以来，他内心一直抱有斯多葛主义的信念，坚定不移地相信自己有能力承受任何折磨或者艰辛，但现在，在他最绝望和脆弱的时刻，这个信念抛弃了他。除此之外，如果劳伦斯是受到严重压抑的同性恋者的理论值得相信的话，这种苦难很可能造成了一种性层面的自我憎恶。或许从此以后他会一直问自己，他举手投降是因为害怕痛苦或者死亡，还是因为私底下被这种行为吸引？所以，经受了如此创伤的人会希望用恐怖的暴力来装点自己对它的记忆，就不足为奇了。这种暴力能够洗脱负罪感，因为面对如此凶残的暴力，人的意志和抵抗都无济于事。

还有一个强有力的证据促使我们相信，劳伦斯在德拉经受了对他伤害极大的事情，而且此事更接近他给夏洛特·萧的描述，而与告诉沃尔特·斯特林的情况或《智慧的七柱》中的描述相差较远。10个月后，他将重返那座叙利亚铁路城镇，并在那里做出他在战争期间最残暴的事情，带有极强的复仇色彩。

1917年12月4日晚上，贝鲁特的名流贵人欢聚一堂，为杰马勒帕夏举办了一个宴会。“我每次来到贝鲁特的时候，”杰马勒如此开始了他的演讲，“我都观察到，这里的居民忠心不二。这让我心中充满了对他们的爱意。我借此机会感谢他们对我的好意。”[17]

叙利亚总督的这个策略非常大胆，因为他与贝鲁特其实一直争吵不休。贝鲁特长期以来一直被认为是阿拉伯民族主义的摇篮，所以杰马勒以不忠诚的罪名放逐了数百名贝鲁特市民，而周边的黎巴嫩地区在肆虐战时叙利亚的饥馑中损失格外严重，很多人相信那是政府有意为之。另外，土耳其当局从关闭的法国领事馆中窃取到一些文件，揭穿了25名所谓的反土耳其密谋分子。杰马勒命令将这些人分两批绞死在城市的大炮广场。到1917年12月他的宴会举行时，大炮广场已经被贝鲁特居民们称为“烈士广场”，这个名字一致沿用至今。

403

聚集在那里的名流们也不会因为杰马勒的慷慨言辞与他争执，因为当晚是个饯行宴。在三个风云激荡的年头之后，这位来自莱斯博斯岛的喜怒无常的军人即将离开在叙利亚的岗位，尽管官方的说法是，他只是暂时离开，但宴会在座的所有人，包括杰马勒自己，都知道他不会再回来了。

恩维尔帕夏最近实施了一番重组，在叙利亚的奥斯曼军队的领导权被交给了一位新的德国指挥官——埃里希·冯·法尔肯海因将军。作为对杰马勒的安慰，恩维尔任命他为叙利亚与西阿拉伯总司令。这个头衔听起来威风凛凛，但实际上没有任何军权。“是某种二流的总司令，”杰马勒的私人秘书法里赫·勒夫克写道，“大炮、机枪、步枪和剑全都由那个德国人掌管，而杰马勒帕夏得到的只是那个神气活现的头衔，可以附在签名上……就像是我们过去向空旷沙漠里的贝都因部落谢赫们授予的‘帕夏’荣誉头衔一样。”[18]

如果恩维尔帕夏这么做就是为了刺伤杰马勒的荣誉感，这个目标达成了。杰马勒辞去了各种职务，宣布自己打算返回君士坦丁堡。他将自己的倒台归咎于恩维尔，在贝鲁特的演讲中作了一番小小的报复。他谈到了城内大炮广场的处决，这件令人不快的事情仍然让他的许多听众耿耿于怀。“诚然，一个时期以前，我绞死了一些阿拉伯人，”他说道，“但那不是我要做的，而是由于恩维尔帕夏的坚持。”[19]

杰马勒的任职经历与他本人的个性一样自相矛盾。他在公众面前发出的征服埃及的誓言导致了西奈半岛的惨败，但他的军队在加沙城下两次成功地抵挡住了英军，他是有功劳的。他主持了叙利亚全境的许多雄心勃勃的现代化工程——铺设和拓宽城市街道，电气化，建造新的公园、清真寺和市政建筑——与此同时，他的数十万臣民，或许多达100万人，因饥馑和疫病而死去。他曾努力缓解亚美尼亚人遭受的困难，但同时却得到了迫害犹太人的恶名。他对叙利亚阿拉伯民族主义者的强硬政策压倒了他们的起义热情——在他在任期间，叙利亚没有一个省份发生较大规模的起义，但他对汉志的埃米尔侯赛因的温和态度却导致了严重后果。

404

他离开叙利亚的时机很好。法尔肯海因努力将一支精锐的土耳其部队——耶尔德勒姆集团军群带往南方，先发制人地对云集在西奈半岛的英军实施打击，却被艾伦比打了个落花流水。英军在10

月底突破了土耳其防线。在随后的一个月内，耶尔德勒姆集团军群的单位分散在叙利亚各地，英军占领了巴勒斯坦南部的广大地区，现在已经兵临耶路撒冷城下。这一切失败的罪责完全不会落到杰马勒头上。

但杰马勒或者土耳其在叙利亚的战争努力都还没有走到山穷水尽的地步。几个世纪以来，奥斯曼帝国多次走到土崩瓦解的边缘，但都安然渡过难关。这一次，恰恰在这个最黑暗的时刻，一连串令人震惊的事件带来了扭转战局的机会。

11 月 7 日，就在土耳其军队放弃加沙的当天，弗拉基米尔·列宁和他的布尔什维克党推翻了亚历山大·克伦斯基的俄罗斯政府[20]。次日早上，布尔什维克党发布了《和平法令》，宣布打算立刻退出战争。在整个前线，俄国军队进入了单方面的停火。就这样，土耳其 200 年来最为不共戴天的敌人突然间消失了，撕咬土耳其战线的三支敌军中的一支就这样沉默了。

随后传来了更加非同寻常的消息。布尔什维克党在搜查被推翻的旧政府的文件时发现了当时仍然是秘密的《赛克斯—皮科协定》的副本。这份文件极有说服力地佐证了布尔什维克党的指控，即过去三年中地球上发生的血腥屠杀都是为了帝国主义的扩张，于是他们在 11 月中旬将《赛克斯—皮科协定》公之于众。当然，这份文件也佐证了杰马勒帕夏长期以来的指控——英法大言不惭地声称支持阿拉伯独立，其实只是个阴险的诡计，目的是将阿拉伯土地纳入自己的殖民帝国。于是他利用贝鲁特演讲的机会，向整个阿拉伯和伊斯兰世界重申了这一点。

“《赛克斯—皮科协定》是英国人为了达到自己目的而使用的工具。他们需要工具和傻瓜为他们火中取栗，于是教唆某些阿拉伯人造反，向他们许下虚假的诺言，用空中楼阁蒙蔽他们。”杰马勒说道。他告诉听众，很长一段时间以来，他一直为侯赛因国王何以背弃自己的穆斯林兄弟而大惑不解；现在真相大白了。“最终，不 405

幸的谢里夫侯赛因落入了英国人为他挖下的陷阱，被他们的溜须拍马缠住，对伊斯兰的团结和威严犯下了罪行。”[21]

杰马勒指出，既然西方帝国主义阴谋已经被揭穿，还有时间将其打倒。侯赛因国王可以弃绝不洁的联盟，悔过自新。各地的阿拉伯人现在看清了奸险敌人的真面目，可以团结一心，打败他们。“我要去君士坦丁堡，但我很快就会回来。”杰马勒在演讲末尾发誓道，“我恳求本市的名流显贵们对虚假谣言置之不理，在战争剩余不多的日子里耐心守候，让我们达成目标。”[22]

次日，他的贝鲁特演讲，包括对《赛克斯—皮科协定》的揭露，被刊登在叙利亚和土耳其各地报纸的头版。

杰马勒的努力不仅限于演说。在贝鲁特演讲之前，他给费萨尔·伊本·侯赛因和起义军的主要军事指挥官写了信，并安排一位亲信的使节将信送到亚喀巴。在给费萨尔的信中，杰马勒相当宽宏大量地承认，如果阿拉伯起义能够形成一个真正独立的阿拉伯政府，保障“伊斯兰的尊严和光辉”，那么阿拉伯起义就算是情有可原。“但是，正如协约国政府现在公开和正式宣布的，巴勒斯坦将成为一个国际共管的国家，叙利亚完全被法国控制，伊拉克和整个美索不达米亚成为英国属地不可分割的一部分，你们还能有什么样的独立？这样的政府还怎么能独立而有尊严地塑造伊斯兰的命运？或许，你在最初还没有预见到这些结果，但我希望英军征服巴勒斯坦的景象能为你揭露赤裸裸的真相。”这封信不仅仅是要责备费萨尔。“如果你承认这个真理，”杰马勒最后写道，“我们很容易对阿拉伯起义施行全面大赦，并重开协商，为了伊斯兰的利益解决问题。”[23]

杰马勒在选择发信的对象时是很有战略眼光的。他和费萨尔曾在大马士革一起待过一段时间，他知道，在侯赛因的四个儿子中，费萨尔既是最虔诚的，也是思想最新潮的。杰马勒的措辞也是精心设计的，不断重复两个字眼：“伊斯兰”和“独立”。如果他这么做是为了让费萨尔产生疑虑，那么他算是大获成功。

1899 年，德皇威廉二世在准备访问耶路撒冷时，安排人在这座城市的古老城墙上开掘出一个特殊的入口。德国皇帝骑着一匹黑色骏马，身穿戴满勋章的军服，从这座城门进入了老城区（全世界犹太人、基督徒和穆斯林的圣地），活似一位现代的十字军征服者。 406

这个做法给德国带来了非常不好的公共影响，于是英国人在 1917 年 12 月胜利进入耶路撒冷时，努力做得低调一些。严格遵守马克·赛克斯（他是第一次世界大战中英国的政治上的舞台经理）在千里之外发来的建议，英军的决定是让艾伦比将军徒步从城市的一座传统城门进入，并且不展示英国旗帜。赛克斯指出，占领耶路撒冷之后，协约国获得了宣传上的一个极大胜利，任何带有英国或基督教获胜而洋洋自得意味的东西都肯定会破坏大局。

T. E. 劳伦斯碰巧也参加了 12 月 11 日上午进入老城区的历史性游行。在德拉的悲惨经历之后，他返回了亚喀巴，随后被传唤到位于巴勒斯坦南部的艾伦比野战司令部。他在前往那里的途中以为自己一定会因为雅莫科行动的失败而受到斥责或甚至是贬黜，但艾伦比对他的一连串战斗胜利相当满意。12 月 9 日，他还在总司令部的时候，消息传来，土耳其人和德国人正在撤离耶路撒冷。他借了一套军服和适当的军官肩章“星星”，换下了破破烂烂的阿拉伯长袍，扮作克莱顿将军的参谋军官，加入了入城游行队伍。尽管劳伦斯的基督教信仰已经所剩不多，但还是被这一天的重大意义所震撼；600 多年来，第一次有一支欧洲军队返回了西方宗教的摇篮，中东将会发生翻天覆地的变化。“对我来说，”他后来写道，“这是战争的巅峰时刻。”[24]

劳伦斯无疑还因为其他的原因而感到深深震撼。在 11 月末，他一瘸一拐地返回亚喀巴，疾病缠身，而且因为在德拉遭受的虐待而十分羸弱的时候，他才得知艾伦比在巴勒斯坦取得了多么辉煌的胜利。也是在这个时候，他第一次得知《贝尔福宣言》的存在，以及导致布尔什维克党掌权的俄国革命。在离他更近的地方，他还错过了宿敌爱德华·布雷蒙的最终失宠。

自当年春季以来，英国一些高官就在打算要搞垮布雷蒙。事实上，对布雷蒙的憎恶是劳伦斯和马克·赛克斯少数共同点之一。407 “我坚信不疑，法国军事代表团越早离开汉志就越好，”赛克斯在5月给外交部的信中写道，“法国军官们无一例外，都是反阿拉伯的，只能造成争吵和阴谋。”赛克斯认为，法国人的这种敌对基调是由法国军事代表团的领导人定下的，源自“布雷蒙上校遵循的刻意乖张、刚愎自用的态度和政策”。[25]

具有讽刺意味的是，或许恰恰是赛克斯对布雷蒙的批判让这位法国上校得以继续留下很长一段时间。巴黎方面得知英国人对布雷蒙的憎恶感之后，为了避免显得自己对盟友俯首帖耳，答复称，非常凑巧，他们已经在考虑缩减布雷蒙的吉达代表团的规模[26]。显然是为了制造一个给法国人台阶下的“体面的时间间隔”，好让大家相信裁减代表团的主意是法国人自己想出来的，于是在随后6个月内什么都没做。英国官员们在这场哑谜中也扮演自己的角色，利用这段时间研究要给讨厌的布雷蒙颁发一个什么荣誉头衔。最后决定是“最卓越的圣米迦勒及圣乔治勋章”。于是雷金纳德·温盖特利用给布雷蒙授勋的机会，向他表达“热烈的祝贺和赞扬，感谢法国代表团在您指挥下在汉志所做的价值极高的工作”[27]。

爱德华·布雷蒙虽然获得了英国最高级的军事荣誉之一，但说到底他仍然是个法国人。被撤职的上校起航返回法国的时候——为了给他留面子，官方的说法是他要度6周的假期——温盖特向外交部的一位高官发了一封电报。“布雷蒙之前的事迹你是知道的，”他写道，“我想，他这次回国的主要目标很可能是政治性的，是探查巴黎公众对皮科和赛克斯的协约国政策的意见。应当向赛克斯发出警告。”[28]

布雷蒙的退场并不意味着法国人在中东的活动就告终了。恰恰相反。艾伦比在巴勒斯坦取胜之后，原先只是理论上的瓜分中东战利品的计划现在变得触手可及了。游戏的风险也是显而易见，因此政治阴谋将会比以往更加活跃。

12 月 11 日，耶路撒冷入城式结束之后，英国司令部高级人员来到一座宴会厅用午餐。劳伦斯在这里窥见了即将扩展的政治阴云。作为常驻艾伦比司令部的法国政治官员，乔治－皮科在入城式中享有贵宾地位，他显然认为，这说明他和马克·赛克斯在两年前制定的关于耶路撒冷国际共管的计划依然有效。在宴会厅，皮科对艾伦比宣布："亲爱的将军，明天我会采取必要的措施，在城里建立民事政府。" 408

按照劳伦斯的说法，这句话让宴会厅陷入了难堪的沉默。"我们湿漉漉的嘴里含着色拉、蛋黄酱鸡肉和鹅肝三明治，停止了咀嚼，我们目瞪口呆地转向艾伦比。就连他在那一瞬间似乎也不知所措。"[29]但只是一瞬间而已。艾伦比转向法国政治官员，解释道，由于耶路撒冷位于英国军事区，城内唯一的领导者应当是军队总司令，也就是他本人。

翻天覆地的战局让法国人对英国施加了新的压力，但这只是英国人面对的政治麻烦的一小部分而已。耶路撒冷入城式之后，劳伦斯又去了开罗，目睹了那些政治问题。他看到的开罗是一座陷入狂怒的城市。

马克·赛克斯原先认为，犹太人大量移民巴勒斯坦不会让阿拉伯人不悦，但现在发现事实并非如此，于是尽可能封锁消息，不让阿拉伯世界得知《贝尔福宣言》的情况。他的努力以惨败告终，《贝尔福宣言》的消息在 11 月传到了埃及群众当中，沮丧很快变成了愤怒。英国当局努力去安抚这些抗议者，但杰马勒帕夏的贝鲁特讲话又揭露了《赛克斯—皮科协定》的具体条文。电光火石之间，英国人努力将阿拉伯世界拉拢到自己这边的长期努力遭到了惨痛的双重打击，其后果可能会使得艾伦比在巴勒斯坦的胜利变得毫无意义。

劳伦斯在开罗静观局势，预感到黑暗的日子即将降临。如果一向唯唯诺诺、受到严厉管制的埃及群众都被《贝尔福宣言》和《赛克斯—皮科协定》激怒到几乎要揭竿而起，那么聚集在亚喀巴的阿拉伯起义军和他们在叙利亚各地的潜在盟友会怎么想？劳伦斯私下里感到一丝安慰，因为他很有远见，早在9个月前就将《赛克斯—皮科协定》告知费萨尔；如果费萨尔是现在才知道的话，再加上《贝尔福宣言》恰好也在这时被披露，他恐怕很难再信任劳伦斯或任何一个英国人了。但这些消息一定会让在亚喀巴围绕在费萨尔身边的人火冒三丈。不管他们对费萨尔或者阿拉伯独立事业多么忠心耿耿，这些人的脑子里一直有个想法，即起义的哈希姆领导人们不管有意还是无意，都可能被英国和法国主子愚弄了。当然了，君士坦丁堡一直是这样说的，现在杰马勒帕夏在贝鲁特的讲话给了这种指控更强的说服力。

409 在开罗，劳伦斯很快得知了费萨尔所处的困境，以及杰马勒向他提议的脱身之路。

11月底，费萨尔收到杰马勒的和平提议信之后，将其副本发送给了父亲。12月中旬，侯赛因又将信转发给了在吉达的西里尔·威尔逊。侯赛因这么做或许是为了表示，即便到了此时，他仍然信任英国人；或许他这也是个警告，即如果英国人敢骗他，他还是有其他路可走的。当然了，他或许是认为，英国人肯定很快就能自己发现这件事，因为杰马勒在他的贝鲁特讲话中提及了对阿拉伯起义军的和平建议。

不管侯赛因的动机如何，他交出杰马勒的信的举动让英属开罗大为警醒。几天前，克莱顿就向赛克斯警告说，现在《赛克斯—皮科协定》和《贝尔福宣言》的消息已经在阿拉伯世界传开了，土耳其人向起义军提出媾和建议只是时间问题[30]。杰马勒的信表明，这个时间已经到了。好在费萨尔和侯赛因都没有对这个提议做出回应，他们做了正确的选择，即告知英国当局。但谁知道土耳其人下一次发出提议时，会发生什么事情？

劳伦斯的看法则与此大不相同。事实上，他认为，杰马勒帕夏的信为阿拉伯人的事业带来了一个独特机遇。

正如在10月份劳伦斯向乔治·劳埃德吐露的那样，他认为自己不是在为英国效力，而是为阿拉伯独立事业而工作。在开罗的英国军方和政界高层，人尽皆知，在过去的几个月里，英国使节一直在瑞士与土耳其使节会谈，商讨议和事宜。既然英国可以毫无道德顾虑地与敌人秘密谈判，那么阿拉伯人为什么不可以？恰恰相反，阿拉伯人可以打一打土耳其这张牌，或许能从他们那里获得一些特定的条件，随后也许能够从英法方面得到一些具体的让步。如果牌玩得好，或许不管谁赢得战争，阿拉伯人都能得到独立。

劳伦斯当然不会把这些想法明说给他在开罗的上级们。他只是告诉他们，符合英国利益的做法或许是，搞清楚土耳其人愿意给阿拉伯人开出怎样的条件，这样英国人就可以先发制人地做出反应。这个说法虽然没有说服力，却得到了雷金纳德·温盖特的支持。"我建议侯赛因国王不向土耳其人做任何正式回复，"温盖特在给战时内阁的电报中写道，"但劳伦斯少校会询问费萨尔，是否可以请费萨尔与杰马勒交换口头消息，以摸清土耳其的新政策。"[31]

战时内阁迅速行动起来，驳回这个建议，但他们的动作还不够快[32]。就在温盖特发出电报的当天，即圣诞节前一天，劳伦斯已经离开开罗。到战时内阁插手的时候，他已经回到了亚喀巴，在费萨尔身边了。就像他之前在其他关键时刻做的那样，劳伦斯利用收到命令的延误作为借口，自行其是。他鼓励费萨尔与土耳其敌人对话。在未来的几个月内，费萨尔和劳伦斯与叙利亚南部战线的土耳其总司令建立和维持了这样的对话[33]。 410

在《智慧的七柱》中，劳伦斯费了很多心思来努力为这些通敌行为辩解，声称土耳其政权已经分裂为两个阵营，即杰马勒帕夏那样的伊斯兰教徒和叙利亚南部战线总司令那样的土耳其民族主义者，费萨尔或许可以在两个阵营之间打进一个楔子，对其矛盾加以利用。劳伦斯写道："借助精心选择的措辞，我们可以将阿拉伯起义归咎于杰马勒的教徒派，或许军国主义派会和他们闹翻。"[34]他的理论是，最终这种闹翻会对阿拉伯人和土耳其民族主义者都有好处，前者可以赢得独立，后者可以解放自己的手脚，集中力量保卫自己在安纳托利亚的家园。

劳伦斯或许是认识到自己论点的缺乏说服力，后来努力将自己与此事拉远距离。在 1922 年的所谓"牛津版"《智慧的七柱》中，还是"费萨尔在我的全力支持下，向杰马勒发回了有目的性的回复"；而在 1926 年版《智慧的七柱》中，就变成了费萨尔自行决定与敌人谈判。[35]

三年后，劳伦斯提出了一个更为简单，但也更为老掉牙的解释，为自己与费萨尔的行为辩护。不是别人，恰恰是威廉·耶鲁在 1929 年向他问起了战时那些与敌人联络的事情，他的回答是："在爱情、战争和联盟中，大可以不择手段，一切都是公平的！噗！"[36]

亚伦·亚伦森在美国期间公然违抗哈伊姆·魏茨曼让他三缄其口的命令，但这对亚伦森来说显然还不够。他还要让魏茨曼知道自己在违抗他[37]。于是他在 1917 年 12 月 13 日给魏茨曼写了一份长篇报告，描述自己的所作所为。他记述道，除了在华盛顿与官员的一系列会晤之外，他还在波士顿的城市俱乐部作了演讲，"该市的犹太人社会名流都应邀参加"。随后，他又在辛辛那提的希伯来联盟学院作了演讲，这所学院非常保守，坚定地反对犹太复国主义，正是魏茨曼希望绕开的那种反对派堡垒，但据亚伦森说，他在这里受到了热烈欢迎。"我努力做到言简意赅，我讲了不到四十分钟，听众的敌意全都消失了。"

411

英军于12月9日占领耶路撒冷的消息无疑增加了亚伦森在美国受到欢迎的热烈程度。自开战以来，很少有什么事件更能让美国人（既包括犹太人，也有基督徒）群情激昂，很快就引发了全国范围关于圣地未来安排的热烈讨论。犹太人社区内的辩论最为激烈，美国犹太复国主义者起初不肯接受《贝尔福宣言》的犹豫不决很快烟消云散。

但亚伦森的魅力攻势对路易斯·布兰代斯却没有多少效力，而哈伊姆·魏茨曼及其英国支持者们认为布兰代斯是争取美国支持的关键人物。亚伦森在华盛顿与这位最高法庭大法官进行了多次友好会晤，但布兰代斯对让美国代表团参加即将前往巴勒斯坦的犹太复国主义委员会的设想没有多少信心。布兰代斯指出，这会让世人以为，美国官方在支持英国在巴勒斯坦的计划。当然，英国人的目标就是这个。

1月中旬，魏茨曼在给布兰代斯的信中昭示了英国犹太复国主义者的第二个和更敏感的目标——敦促美国对土耳其宣战。“这再明白不过了，”魏茨曼写道，“美国—英国—犹太人的利益与普鲁士—土耳其的利益相敌对，这完全是巧合……这就是为什么，我认为，犹太人的巴勒斯坦必须成为美国参战的一个目标，就像（德占）的阿尔萨斯、洛林和独立的波兰一样。”[38]

布兰代斯显然是听够了。早在1917年4月，魏茨曼就请求布兰代斯游说伍德罗·威尔逊，让后者支持犹太人家园计划，而最高法庭大法官在自己的伦理观允许范围之内，尽了最大的努力。现在，魏茨曼不仅要求他游说总统去急剧扩大美国的战争努力，还将《贝尔福宣言》提到的“犹太人的民族家园”称为“犹太人的巴勒斯坦”。布兰代斯最后给魏茨曼写了一封简练的电报，称美国参加犹太复国主义委员会“现在是不可能的”[38]。于是，世界上两位最重要的犹太复国主义领导人之间出现了隔阂，并且永远不能真正弥合。

在山脊上，劳伦斯从骆驼背上直起身子，观察下方山谷中笼罩在阴影下的塔菲拉镇。这是一个毫无吸引力的地方，并且他很快将发现，这里的情况与他在之前16个月中在阿拉伯战区的经历截然不同。

412

这是1918年1月20日早晨。5天前，由贝都因战士和500人的阿拉伯军团（之前在亚喀巴训练）组成的混合部队冲进了塔菲拉（位于叙利亚南部的一座山谷中），将这座城镇的小股土耳其驻军驱逐了出去。塔菲拉以北就是阿拉伯人的新目标：较大的定居点卡拉克和米底巴。劳伦斯亲临前线是为了支持攻打这些城镇的行动，随后将推进到死海北岸。如果一切顺利，阿拉伯起义军将在那里，在古城杰里科附近，与艾伦比将军的部队（目前在耶路撒冷）最终会师。

但历史上的游击战士们都会发现，对敌人实施打了就跑的打击是一回事，攻打人口稠密的城镇并防守下来却是另外一回事。现代的游击和反游击专家指出，这个过程需要“争取人心”，但赤裸裸的真相是，这里没有人心可以去争取。事实上，任何被卷入游击战区域的平民的核心问题是：活下去。为了生存，他们会投靠能够保障他们生存的任何一方，直到这一方做不到这一点，那时平民就会转投另一方。在这场极其原始的斗争中，对民族主义或者意识形态的呼吁几乎是毫无用处的；获得平民“忠诚”的办法就是为其提供保护，或者对其实施恐怖震慑，或者二者结合。

在塔菲拉的大街上，劳伦斯遇到了能够证明“争取人心”理念之荒谬的绝佳例证。城镇居民被从土耳其人的桎梏下解放出来时并没有欢呼雀跃地庆祝，对统一阿拉伯国家的概念也不感兴趣；塔菲拉的商人、小农和牧人却认为自己是被夹在了虎狼之间进退两难。他们对四处袭扰的贝都因战士既恐惧又仇恨，认为他们不过是一群骑骆驼的土匪。他们对纪律严明的阿拉伯军团不是那么害怕，但非常自然地认为，这样一支大部队可能会吃光他们所剩不多的粮食，造成灾难性后果，于是很快将食物藏了起来。在这一切的背后，所有人都很害怕，如果土耳其人夺回了这座山谷，将会发生什么事情，他们会不会遭到土耳其人的报复。正如在这种情况下通常会发生的那样，群众对于最安全的选择产生了严重分歧。

“这里的局面非常奇怪，”劳伦斯在1月22日向吉尔伯特·克莱顿报告道，“当地人分裂成两个不共戴天的派别，害怕对方，同时还害怕我们。每天夜间街上都有枪声，普遍高度紧张。我们在采取措施，安排警察等，那样会让大家的神经放松一点，我还希望能够有足够多的给养让我们维持下去。”[39]

413

但事与愿违，村民们大肆囤积和私藏粮食，已经导致山谷内食物短缺，粮价猛涨。这又让群众愈发怨恨，战士们则越来越愤怒。“抱歉，我不能向你报告此处给养的具体数目，”劳伦斯在1月22日的报告结尾写道，“但我自抵达这里以来，一直忙于搞清楚，哪些人是支持我们的，他们又在哪里。意见分歧、当地人的宿仇旧怨和派系利益非常混乱疯狂（整个地区盼望现在这样的无政府状态已经盼望了多年），一时间还搞不清楚。”

但局势很快会严重恶化。在写信给克莱顿的次日，劳伦斯得知，一支规模较大的土耳其部队正在逼近，旨在收复塔菲拉。

劳伦斯抵达塔菲拉的时候，从耶路撒冷和开罗的逗留到返回阿拉伯半岛已经整整一个月了。在这一个月时间里，他评估了阿拉伯起义的局势，在亚喀巴与费萨尔会谈，为随后的战事做准备。返回前线后不久，他乘坐被引进阿拉伯前线的英国新式武器——劳斯莱斯装甲车，参加了对汉志铁路的一次袭击。两辆装甲车对目标——土耳其前哨只造成了很小的杀伤，但所有人都立刻清楚地认识到，这种新武器从根本上改变了沙漠战争的面貌。现在，英军凭借数量极少的兵员和物资投入，就可以彻底控制铁路，几乎是任意袭击孤立的土耳其驻军和扰乱铁路线。占据如此优势之后，英国军方领导层终于接受了劳伦斯近一年以来一贯的主张：没有很好的理由去推动攻打麦地那；最好让那数千名被困的奥斯曼士兵留在那里。

他在个人层面也在做准备工作。在德拉的痛苦折磨之后，劳伦斯开始组织他的私人军队，或者说是保镖队伍。“我开始把我的队伍扩充为一支军队，”他写道，“到处搜罗无法无天之徒，这些家伙的鲁莽让他们无论到了哪儿都惹是生非。”[40]他招募这些“无法无天之徒”的做法是经过深思熟虑和非常聪明的。这些人在自己的部落里是捣蛋鬼，或者根本就是无家可归的流浪汉，因此最终只会对劳伦斯一个人效忠，正因为此，他将营地里的两个小坏蛋——法拉杰和达乌德纳入了自己的队伍。但这支卫队将会为自己的忠诚付出沉重代价。按照劳伦斯的估计，其中近60人在战争结束前牺牲。

414

1月10日，劳伦斯率领着这支扩大了的扈从队伍，加入了正在进行中的塔菲拉战役。艾伦比将军在耶路撒冷的司令部人员告诉他，在巴勒斯坦的英军需要休整和补充装备，要到2月中旬才能发动下一次进攻。有鉴于这种耽搁，劳伦斯和战争筹划者们为阿拉伯起义军在此期间设定了一个相当简单的计划。起义军将绕开叙利亚内陆的一连串主要的人口密集中心（它们仍然在土耳其控制下，而且离巴勒斯坦的英军部队太远），转而扫荡中间地域，即死海以东不远处的摩押高原山区，然后与耶路撒冷附近的英军会合。占领塔菲拉是此次战役的第一个目标，随后将兵锋直指较大的城镇卡拉克和米底巴，但现在土耳其人正在进军塔菲拉，于是一切突然间都悬而未决了。

如果按照过去的战术，阿拉伯人现在就已经卷起铺盖撤退了。但劳伦斯对游击战术足够精通，知道现在战争的规则突然间发生了变化。卡拉克和米底巴的居民就像塔菲拉市民一样，正在骑墙观望，等待着投靠到胜利者一边。这意味着，三个城镇的命运密不可分地联系在一起，如果放弃了塔菲拉，卡拉克或米底巴也就不会有什么指望了。于是，起义军别无选择，只能固守塔菲拉。

守城从一开始就不顺利。1月24日下午，从卡拉克前来的约1000名土耳其士兵的前锋从塔菲拉镇以北几英里处的海萨河谷进入了塔菲拉谷地。他们很快将兵力薄弱的起义军警戒线一直打退到城郊。对起义军来说幸运的是，土耳其人还没来得及乘胜追击，天就黑了；在夜色掩护下，阿拉伯军团的指挥官匆匆将他的部队一直撤到谷地的最南端。“大家都以为我们是在逃跑，”劳伦斯向克莱顿报告称，“我想我们确实是在逃跑。”[41]

破晓之前，劳伦斯冒险进入城镇，目睹了阿拉伯军团的撤退给当地居民造成的影响。“所有人都在心惊胆战地大呼小叫，瓶瓶罐罐被从房子里搬运到大街上，街上挤满了人。骑马的阿拉伯人奔来跑去，疯狂地向空中开枪，土耳其步枪的枪口焰勾勒出了塔菲拉山谷远方的悬崖。”

劳伦斯发现一小队警戒部队仍然坚守着城北的一座峭壁，于是立刻派人回去找军团指挥官，要求增派援兵和机枪，然后亲自冲向那座峭壁。天亮之后，那里的小股部队——大约 30 名阿拉伯战士和相同数量的塔菲拉居民——面临着“相当困难”的处境。 415

“土耳其人在穿过隘道，沿着平原的东部边界上的山脊推进，”劳伦斯记述道，“将大约 15 挺机枪的火力集中在我们正在防守的、位置相当暴露的小山丘的正面和侧面。他们同时还在修正榴霰弹的导火索，此前他们的榴霰弹掠过山顶、呼啸着飞过平原，现在开始将小山的侧面和顶端打得泥土横飞。我们的人缺少弹药，丢失这个阵地看样子只是时间问题。”

但在峭壁上的防守被证明是至关重要的。他们放弃这个阵地的时候，阿拉伯部队主力已经携带机枪和山炮赶了上来，在峭壁背后 1.5 英里处的平行山脊上建立了一条新防线。在这过程中，发生了一件那种虽然微不足道，却往往能决定战局的事情。在撤往安全处的奔跑过程中，劳伦斯还沉着冷静地数了自己的步数，发现已经被放弃的峭壁——即将被土耳其人占领——与阿拉伯人的新防线之间的距离是大约 3100 步。土耳其主力部队刚刚占领峭壁、部署好自己的重武器，就被阿拉伯人山炮发出的火雨淹没了。

土耳其人被牵制在中央，于是劳伦斯动用他的军事史知识，实施了一场经典的钳形攻势，派遣小队战士分别从两侧以较大弧线绕到毫无察觉的敌人背后。下午 3 点过后不久，陷阱挖好了。峭壁上的土耳其人的位置完全暴露，阿拉伯人的机枪手从两翼向其倾下弹雨。土耳其军队的机枪手和山炮手都被消灭，于是发生动摇，开始凌乱地逃往海萨河谷峡谷的安全处。但那里也不是安全的避难所。土耳其人溃不成军，在整个晚上和深夜，不断遭到阿拉伯骑兵和贝都因人的袭扰，甚至还有希望复仇或者发笔横财的山地村民的攻击。开进塔菲拉的土耳其士兵有 1000 人。劳伦斯估计他们的损失是死伤约 500 人，200 人被俘，但这个估计可能还是太保守了。他后来听说，逃回卡拉克的不到 50 人，其他人都在峡谷中被一个一个击毙了。阿拉伯人只有约 25 人死亡，可能有 75 人负伤。[42]

416 塔菲拉的大胜是一场经典的拿破仑式的战役，不久之后为劳伦斯赢得了卓越服务勋章。但他自己却将此次行动描述为“恶毒的行为”，是毫无意义地炫耀自己高人一筹。“我们原本可以拒绝正面交锋、灵活调动我们的中路来取胜，就像我们之前干过 20 次的那样。”但是，由于按照常规战术和敌人交战，阿拉伯人的伤亡达到了全军的 1/6，使得短期内几乎完全无法继续进军米底巴或卡拉克。他写道：“这一晚，没有剩下什么荣光，只有遍体鳞伤的肉体的恐怖，那是我们自己人，被从我们身边抬过，抬去他们的家。”

但在塔菲拉，劳伦斯表现出了一个新的、令人不安的个性特征：对敌人的仇恨，对他们愚蠢地攻击自己而狂怒不已。尽管他哀叹开进塔菲拉的“1000 个可怜的土耳其人”的命运，但却没有了他曾经的那种同情心。事实上，劳伦斯在听说战斗打赢很久之后起义军战士仍然在峡谷内屠杀土耳其人时，显得无动于衷。“我原本应为敌人哀哭，”他在《智慧的七柱》中记述道，“但在战斗的愤怒和辛劳之后，我的头脑已经太疲惫，懒得再走到那个可怕的地方，花一整夜的工夫去挽救他们。”

在6个月前的阿巴利桑战役中，同样是阿拉伯人一边倒的胜利，战斗结束后劳伦斯命令部下将负了致命伤的敌人留在一条小溪边，这样他们临死前至少能有水喝。而在塔菲拉，当夜刮起了猛烈的暴风雪，甚至那些轻伤的土耳其人也被留在室外，无人照管。天亮时，所有土耳其伤员都死了。“这是无法辩护的，就像整个战争理论一样，但我们没有为此受到特别的指责。我们在暴风雪里冒着自己的生命危险……去营救我们自己的人。我们的法则是，不能为了杀死更多土耳其人而损失阿拉伯人的生命，那么我们更不会为了营救土耳其人而损失阿拉伯人。”

第 17 章 孤独的追寻

417 它或许是个骗局，或许是场闹剧，但没人能说我在其中演得不好。

——T. E. 劳伦斯在《智慧的七柱》中对自己在阿拉伯起义中扮演的角色的评论[1]

坚持不懈和对冒险的渴望让出身贵族的威廉·耶鲁走得很远。1908 年，这些个性特征将他带到了巴拿马运河区喧嚣沸腾的丛林，不久之后他又来到了俄克拉荷马州的油田和奥斯曼帝国的穷乡僻壤。1917 年秋季，他又带着“美国国务院特工”的含糊头衔抵达了开罗——协约国在中东战争努力的核心所在。他的使命使他陷入了一个新的丛林、一个不同利益集团争夺未来中东权力的迷宫。

“这些利益集团犬牙交错、错综复杂，”耶鲁写道，“造成了一个由阴谋诡计和政策组成的乱局，几乎无法厘清。在这些政策和阴谋的背后是法国和英国的那些利益相关者：资本的、宗教的和文化的。让这些复杂问题愈发复杂的是犹太复国主义的问题和犹太人的意愿……努力去理解和报道这些最为复杂的问题，是一个极其引人入胜和有趣的任务。”[2]

耶鲁是个聪明人，认识到自己对这个任务的准备极不充分——他是美国在整个地区的唯一一名一线情报人员——于是扫荡了开罗

418 的所有英语书店，恶补中东历史。他结交了一系列埃及和外国移民

社区的领导人，并常常拜访萨沃伊饭店的阿拉伯局办公室，与那里的情报军官们攀谈。遵循世界各地的记者和间谍们的历史悠久的优良传统，他勤奋地花了大量时间去逛外交官和高级军官们最喜爱的酒吧。在1917年的开罗，最受这些人青睐的地方是尼罗河中杰济拉岛上赛马俱乐部的那些陈设宜人的酒吧间。

耶鲁很快发现，他的任务中广交天下豪杰的那个方面其实轻松容易。这是因为开罗的政治漩涡中的几乎所有人都非常愿意向这位美国官员吐露心迹，因为美国是协约国军事同盟中最新的成员，如果伍德罗·威尔逊心愿得偿的话，还将是影响力最大的成员。但有一个显著的例外。“法国人没有来联系我，”耶鲁回忆道，“法国官员的一本正经和排外令我憎恶，而我由于一种特别的内在的腼腆，没有去主动结交他们。”

他在开罗的工作虽然需要他坚忍不拔的精神，但至少在起初却没有什么冒险可言。艾伦比将军于12月占领耶路撒冷之后，耶鲁请求英国当局批准他参观巴勒斯坦前线，当局拒绝了他，理由是，只有符合资格的军事联络官才可以前往。耶鲁最终推断，真正的原因是，英国人担心，如果允许美国人参观前线，他们将会不得不同样允许那些更加爱管闲事的盟友——意大利人和希腊人就一直在要求参观前线——而此时英国人在巴勒斯坦光是为了跟法国人纠缠，就已经够忙活的了。

令耶鲁在该地区愈发沮丧的是，英国人有一种特别的避免冲突的做法，英国官员们在情势所需时就很容易妥协，但在不是那么紧急时就非常优雅地“无为而治”。耶路撒冷陷落不久之后，耶鲁得知英国人囚禁了该城前任奥斯曼军事总督扎基贝伊。扎基贝伊在1917年曾经帮助耶鲁逃离巴勒斯坦。耶鲁尝到了英国人做事的风格。耶鲁怒气冲冲地跑进英国相关官员的办公室，告诉他们，扎基贝伊对耶路撒冷的外国侨民社区做过多少好事。他还指出，扎基贝伊是美国前任驻巴勒斯坦领事奥蒂斯·格莱兹布鲁克的密友，而格莱兹布鲁克又是伍德罗·威尔逊的好友。“我告诉他们，如果不立即将扎基贝伊假释，我就把这事闹到华盛顿，请总统来裁决。”

面对这样赤裸裸的威胁，大多数国家的官员都会恭顺地妥协或者大发雷霆，但英国人做得非常巧妙。几天后，英国人将释放扎基贝伊的文件交给耶鲁，并“友好地请求”他亲自去扎基贝伊被关押的监狱呈送文件，好让两位朋友在监狱大门前感情洋溢地重逢。“当英国人决定要做什么事情的时候，”耶鲁颇有些恼火地说，“他们就会慷慨大方地去做，让人感觉真的欠了他们很大的人情。”

419

30 岁的耶鲁滞留在埃及首都，集中精力去理解各方面争夺该地区霸主地位的斗争。其中一项矛盾的历史已经很悠久——对大叙利亚未来控制权的错综复杂的权利主张——但现在由于《贝尔福宣言》，又出现了关于巴勒斯坦的同样激烈的争吵。

让这些争斗以及耶鲁对它们的认真思考带有虚幻色彩的是，到 1917 年底，协约国的战争前景到了前所未有的惨淡地步。在俄国西部城市布列斯特—立托夫斯克，德国和俄国布尔什维克党的谈判者正在敲定俄国正式退出战争的最后细节，已经有数十万德军从东线转往西线。协约国的指挥官们紧张地注视着德军在法国的兵力集结，深知德军在筹划一次排山倒海的春季攻势，旨在抢在姗姗来迟的美军大规模参战之前，向英法的残兵败将发出致命一击。俄国的垮台甚至让土耳其人也壮起胆来。陆军部长恩维尔计划不仅要收复先前被沙皇军队占领的土耳其东北部地区，还要乘胜追击，杀进 19 世纪就被俄国占领的高加索突厥地区。考虑到这一切，在开罗为了将来的战利品而作的持续争吵实在显得操之过急。

但耶鲁还是恪尽职守地努力执行自己的任务。在他发给国务院的利兰·哈里森的每一份“周一报告”中，他都对中东乱局的又一个方面进行澄清，他的资料来源是前一周与他交谈的官员、宗教人物的观点，以及《阿拉伯公报》的相关背景信息。但我们可以预料得到，这些混杂着五花八门、互相矛盾观点的卷帙浩繁的报告并不能厘清事实，而是让中东局势更加难以理解——至少从利兰·哈里森那意味深长的沉默来看是这样。

这位特工孜孜不倦地探寻真相，却迟迟未能发现一个简单的事实：其他人也不知道究竟发生了什么事情。12 月末，在克莱顿将军和在开罗的一群叙利亚流亡者领袖会晤之后，耶鲁终于开始意识到这一点。叙利亚人越来越担忧，《贝尔福宣言》意味着将会有一个犹太国家被强加于巴勒斯坦。克莱顿斩钉截铁地坚称，并非如此，《贝尔福宣言》中关于“民族家园”的措辞只是说犹太人将被允许移民至巴勒斯坦，在那里和其他民族一道，平等地共享该地区政治上和经济上的未来。在埃及的级别最高的英国官员之一的这番保证大大地安抚了叙利亚代表团。“由于克莱顿将军对他们的表示，”耶鲁向国务院报告称，“叙利亚人在考虑是否要暂时放弃对犹太人的敌对态度，甚至讨论了与犹太复国主义者合作的可行性。”[3]

420

但在这次会议之后，耶鲁和克莱顿在阿拉伯局的主要副手谈了话，此人坦然承认，他和将军都不清楚“民族家园”究竟指的是什么。

在努力解开中东谜团的时候，威廉·耶鲁就像他之前和之后的许多人一样，得出了这样的结论：或许他对中东最准确的评估就是他的第一印象，而“知识”只会让他更加糊涂。11 月，在他给哈里森的第三份周一报告中，他写道：“真相似乎是，唐宁街并没有明确的政策，也没有给它的代理人以明确的计划来操作。”[4]于是，这些代理人就“对五花八门的利益方都表示多多少少的同情”，或者告诉所有人他们希望听到的东西。

但最后，这位努力挣扎的情报人员偶然发现了似乎能解开大部分谜团的东西。1918 年 2 月底，在阅读《阿拉伯公报》的一份过刊时，耶鲁发现了一篇题为《叙利亚：原材料》的文章。

这篇文章仅有 8 页，文笔洗练，观点明确，有条不紊地描述了令该国四分五裂的无数裂缝，这些裂缝不仅包括部落间、民族间和宗教间的矛盾，甚至还包括城镇之间的竞争关系。这篇文章完全没有想当然的如意算盘（这是世界各地官僚公文作者的一个危险倾向），其作者以直率的笔调描绘了任何企图将自己意志强加于叙利亚的外来者必将面临的诸多问题。考虑到当时开罗发生的激烈争吵，耶鲁特别感兴趣的是，该文作者“以寥寥数笔指出了巴勒斯坦南部对犹太复国主义者的极大仇恨。穆斯林和基督徒都憎恶犹太复国主义者，而最近的事态更是加剧了巴勒斯坦人对这些来到巴勒斯坦、企图将其占为己有的犹太人的天生仇恨”[5]。

421

让这篇文章更显重要的是，它刊登在《阿拉伯公报》的1917年3月那一期，也就是《贝尔福宣言》公布的整整8个月之前，而且根据它的序言，它的实际写作时间是在那两年之前。还有一件事情吸引了威廉·耶鲁的注意力。他认识这篇文章的作者。就是在1914年1月在贝尔谢巴戏弄他的那个人，后来又在战争爆发时在开罗听取了他的报告：英军少校T. E. 劳伦斯。

耶鲁自己都没有意识到，他其实早已向国务院汇报了T. E. 劳伦斯及其业绩。1917年11月，在撰写关于阿拉伯起义历史的报告时，耶鲁就大量引用了当时在开罗流传的故事：“一位年轻的英国军官和贝都因人一起，组织了针对汉志铁路的袭击，努力将贝都因人争取到谢里夫和英国人这边来。”[6]1918年2月，在偶然读到劳伦斯的旧报告之后，这位美国情报人员向雷金纳德·温盖特提出了一个前所未有的请求：抄录该文章的全文，转发给美国国务院。他还决心下一次途经开罗的时候去拜会劳伦斯。

就在威廉·耶鲁向国务院发送劳伦斯的关于叙利亚的旧报告的同一周，劳伦斯正在努力离开叙利亚战区。原因是他犯了一个代价沉重的判断错误，责任全在他自己——或者他有一半心思是这么希望的。

错误的种子是在一个月前播下的。在攻打塔菲拉的战役前夕，劳伦斯请求吉尔伯特·克莱顿紧急提供价值3万英镑（相当于现代的约600万英镑）的黄金，供集结在摩押高原的阿拉伯部队使用，这支部队的指挥官是费萨尔的弟弟扎伊德。劳伦斯警告说，如果没有这些资金，扎伊德的追随者很快就会作鸟兽散[7]；而有了这些人马，起义军就可以北上攻打山地要塞卡拉克和米底巴，然后向南扫荡，在约旦河谷与英军前锋会师。只要发动坚决的一击，起义军就能最终与在巴勒斯坦的英国顾问和补给提供者建立直接的陆路联系，而艾伦比将军部队的东翼也能得到保护，免受土耳其军队的攻击。

由于摩押高原战役意义重大，而且劳伦斯在财务方面享有一丝不苟的美誉——他很少会夸大自己的需求，于是克莱顿匆匆在埃及凑齐了黄金，火速送往亚喀巴。在击退土耳其军队对塔菲拉的攻击之后，劳伦斯亲自南下到起义军位于谷维拉（亚喀巴东北约35英里处）的新前进基地，迎接运送黄金的队伍。他急于尽快赶回塔菲拉前线，于是和两名卫兵一道，尽可能多地运载了黄金（约价值6000英镑），骑着快速骆驼，在行进迟缓的运输队伍前头起程了。 422

他们迎面撞上了一场冬季暴风雪，于是塔菲拉和谷维拉之间原本只需一天半时间的轻松路程变成了耗时3天的痛苦跋涉。劳伦斯万分焦躁，走了两天之后就丢下携带全部黄金因而行动迟缓的两名卫兵，独自快速前进。这是个几乎致命的大错，他和骆驼陷入了一个齐腰深的雪堆，徒手挖了几个小时才脱身。当然了，骑乘良种骆驼的劳伦斯都遇到了这么大困难，后面的人就更艰难了，于是他和运输黄金的队伍之间的距离越来越远。

2月11日，劳伦斯终于抵达塔菲拉。他恼火地发现，在他外出期间，扎伊德没有为北上攻势做任何准备工作。劳伦斯在次日给克莱顿的信中写道，侯赛因的幼子“踌躇不前，白白丢弃了机遇……这些阿拉伯人真是不堪大用”[8]。

劳伦斯对阿拉伯人的批评如此严厉，随后的行为却几乎是不可理解。他急于对起义军即将经过的地区实施侦察，决定亲自对北部乡间进行一次长途侦察，尽管运送黄金的队伍还在谷维拉——塔菲拉道路上艰难跋涉。另外，他还决定让在塔菲拉的另外唯一一名西方军官——一个名叫亚历克·柯克布赖德的年轻的英军中尉一同前去。临行时，他让21岁的扎伊德负责照管即将运抵的黄金，并指示他“从中支取所需数额，以支付当前的开支费用，直到我回来”[9]。

一连6天时间，劳伦斯和柯克布赖德在北方和西方的乡间侦察，最远抵达了杰里科以北的约旦河谷的东坡。2月18日，他们返回塔菲拉时，劳伦斯兴致很高。黄金业已送抵，扫荡摩押高原、在死海与英军会师的计划似乎轻而易举，他估计不到一个月就能完成。但当他向扎伊德概述这个想法时，却发现这个年轻人脸上有种奇怪的不安。

“但那需要很多钱。”扎伊德最后插言道。

“不会的，”劳伦斯答道，“我们手中现有的资金足够了，还花不了那么多。”

423 这时，侯赛因国王的幼子才窘迫地承认，自己已经把钱花完了。

劳伦斯起初以为扎伊德在开玩笑，但很快发现并非如此。在之前几天，运送黄金的队伍渐渐从谷维拉抵达塔菲拉，扎伊德的副手和部落盟友们（他们的军饷都被拖欠着）就一拥而上，将其瓜分。更糟糕的是，大多数黄金都被分配给了那些由于部落的原因不会参加北上作战的单位，而劳伦斯仰仗作为先锋的那些单位却没有分到好处。“我大为惊骇，”他记述道，“因为这意味着我的计划和希望全都泡汤了，我们对艾伦比信守诺言的努力也彻底白费了。”

而且他并不真正相信扎伊德的话。劳伦斯很快得知，运送黄金的最后一批人马在前一天刚刚抵达塔菲拉，根本没有时间去清点黄金，更不要说分发出去了。劳伦斯怒火中烧地拂袖而去，冲到自己的帐篷。“一整夜我都在思考如何是好，”他写道，“但毫无办法，于是天亮之后，我只能传话给扎伊德，如果他不把钱还回来，我就走人。”

但扎伊德能拿得出手的只有匆匆拼凑出来的黄金去向的“估计的”账目。劳伦斯说话算话，在当天下午就备好骆驼，在仅仅4名卫兵护卫下，出发前往艾伦比将军在巴勒斯坦南部的司令部，那是在西方100英里处。他决心到了那里之后请求解除自己的职务，“恳求艾伦比在别处给我找一个较小的角色去扮演”。

如果他表现出这是个人荣誉问题，劳伦斯内心里显然还有另一种冲动。在扎伊德的无能（或者不诚实）上，这位年轻的英军少校突然发现了一个解放自己的机遇，去摆脱重重地压着他的领导的负担。

他也不是最近才感到这种重负的压力。5个月前，劳伦斯就向自己的好友爱德华·利兹吐露心迹，称自己的神经快要崩溃，“在这场游戏中撑不了多久了”，而这还是在他的近似自杀的雅莫科行动、在德拉的恐怖折磨以及塔菲拉的丑恶屠杀之前的感觉。在黄金丢失事件的前夕，他的越来越严重的心力交瘁甚至表现在了他给吉尔伯特·克莱顿的最新一封信中。“我越来越不喜欢冒险，”他在2月12日给这位上司的信中写道，“目前，在面对各位谢里夫和诸部落时，我处于一个特殊地位，迟早会支撑不住。我尽最大努力躲在背景中，但有一天所有人都会联合起来打倒我。一个外国人是不可能无限期地引导一个民族去按照自己的意愿行动的，我的成功已经维持了很长时间了。”[10]

他后来在《智慧的七柱》中写道，除此之外还有他的职责的辛劳和危险。“一年半以来，我一直马不停蹄，每个月骑骆驼就要跋涉1000英里，再加上还要乘坐疯狂的飞机，神经紧绷地飞行许多钟头，或者搭乘大马力汽车越野狂奔。在我最近的五次行动中，

424

我负过伤，我的身体非常害怕更多痛苦，因此我不得不强迫自己，才能亲临火线。”

几乎没有什么迹象表明这种折磨会在近期结束；事实上恰恰相反。劳伦斯离开牛津参战时，他的弟弟阿诺尔德还只是个 14 岁的中学生。在最近几个月里，劳伦斯一直在为弟弟出谋划策，告诉他，如果在即将开始的服役生涯中想被分配到中东战场，需要哪些技能——熟悉阿拉伯语、驾驶多种车辆的本领[11]。

除了这些许多军人在战时都会感受到的重负之外，还有带着谎言生活而造成的心理压力，“我脑子里不得不一直装着那令人作呕的骗局：假装领导着另一个种族的民族起义，每天穿着异国服饰去装腔作势，用外语宣讲鼓吹”，这都是为了兑现一个劳伦斯越来越清楚地认识到注定不可能兑现的诺言。在这方面，塔菲拉的屠杀抹去了他心中异想天开的“最后光泽”。“让我良心愈发不安的是那 20 个阿拉伯人和 700 个土耳其人在海萨河谷的毫无缘由、毫无意义的死。我的意志已经溃散，我害怕孑然一身。”[12]

但这一切都不重要。2 月 22 日，劳伦斯抵达位于拉姆拉的艾伦比司令部之后，发现他不仅不可能得到解脱，而且上级已经为他设计好了新任务。事实上，劳伦斯对这个新计划是至关重要的，所以在将近一周时间里，有一架飞机多次飞过塔菲拉谷地，投下命令他即刻前往司令部的传单（但后来发现，这位飞行员将传单都抛撒到了另一座谷地）。

在劳伦斯最近一次身处前线期间，世界舞台上又一次发生了戏剧性的大事件。协约国军方高层在西线准备抵御德军即将展开的大攻势，同时在地图上绝望地搜寻，看全球战场上能不能找到一个地方发动先发制人的打击，或许能够分散德军正在法国集结的庞大兵力。2 月中旬，艾伦比将军得到命令，这个任务被交给他了。他的使命是尽快对叙利亚腹地发动全面攻势，最终目标是占领大马士革。阿拉伯起义军在此次攻势中将扮演一个关键角色，因此司令部心急如焚地要与他们驻阿拉伯起义军的首席联络官劳伦斯少校会晤。

但后来风险变得更大了。在布列斯特—立夫斯克城，德国和谈代表向俄国人提出的条件极其严酷苛刻，导致由列昂·托洛茨基率领的布尔什维克代表团愤然离去。谈判的中断或许恰恰是柏林方面希望看到的，因为在2月18日，也就是劳伦斯抵达拉姆拉的4天之前，德军开始排山倒海地攻入俄国西部，所向披靡，一日千里。俄军兵败如山倒，于是在2月25日，俄国领导人迅速接受了德国人的新条件，而这新条件比一周前被俄国人拒绝的更为严苛。对在西线高度紧张地观察事态的协约国指挥官们来说，这意味着德国现在可以将甚至更多的兵员和武器运往法国，即将展开的德军攻势的最后一个小障碍也被铲除了。 425

劳伦斯知道，在这种局势下，上级绝对不可能为了荣誉问题就批准他离开岗位，那实在是太荒唐可笑了。于是他根本没有向艾伦比提出自己要辞职的事情。“我无路可逃，”他记述道，“我必须又一次在东方披上欺骗的外衣。我非常鄙视首鼠两端的行为，于是迅速披上这外衣，将自己裹了个严严实实。”[13]

在短暂逗留耶路撒冷、拜会自己的老朋友罗纳德·斯托尔斯（耶路撒冷城的新任军事总督）之后，劳伦斯继续奔赴开罗。3月8日，他在那里向家中写了一封短信。

几个月以来，他一直告诉在牛津的家人，自己打算在近期利用自1914年以来积累的假期，回家一趟。回家的希望现在比过去更遥远了。“我要返回前线，至少要到6月，”他写道，“我很期待回前线。”他继续轻描淡写地讲述了自己最近得到的提升和军事表彰，这是由于他在塔菲拉战役中的领导角色，而那场屠杀已经开始困扰他的心灵。“他们给了我一枚卓越服务勋章。这些好东西没有被送给需要它的人，多么遗憾！现在我显然是个中校了。”[14]

在开罗短暂停留期间，劳伦斯同意会见了一位急于与他交谈的年轻的美国情报军官。

“劳伦斯少校的意见值得深思熟虑，”威廉·耶鲁在3月11日给利兰·哈里森的信中写道，“因为他对阿拉伯人非常熟悉，而且他做的工作极其重要……他能讲流利的阿拉伯语，和贝都因人一起旅行、生活和工作，他对阿拉伯部落的情感的了解或许是任何其他西方人都无法企及的。他对当前阿拉伯人事务的真实状态的了解应当比任何其他人都更正确。”[15]

426

这是耶鲁与劳伦斯的第三次聚首。在1914年秋季，两人上一次见面时，英国的这位新任情报军官向耶鲁打听了巴勒斯坦南部土耳其军队运动和补给线的情况。现在轮到威廉·耶鲁发出连珠炮一般的一连串问题，询问叙利亚局势，而劳伦斯则是回答者。

耶鲁早已习惯了英国官员的委婉隐晦，因此劳伦斯的直言不讳让他颇为吃惊。借助劳伦斯提供的信息，这位美国特工后来向国务院报告称：“在巴勒斯坦的英军很快将发动一次期望很高的攻势。”更加非同寻常的是，劳伦斯为耶鲁几乎完全精确地描述了阿拉伯起义军在即将展开的攻势中的军事目标，甚至指出了他希望让阿拉伯人和艾伦比的部队在叙利亚内陆会师的具体地点。

谈话转向政治方面之后，劳伦斯仍然是开诚布公。耶鲁报告称：“劳伦斯指出，阿拉伯人对英法的诺言没有信心。他们相信，只有他们通过自己的武力夺得的领土才将属于他们自己。”根据劳伦斯的判断，由于《贝尔福宣言》，阿拉伯人对其西方盟友内在的不信任达到了新的深度。“他认为《贝尔福宣言》是危险的政策，并说西方政府允许犹太复国主义者在埃及和巴勒斯坦从事的活动是非常愚蠢和鲁莽的。”劳伦斯警告称，如果英国在支持犹太复国主义者的道路上走得更远，很快就将导致阿拉伯民族主义运动垮台，或者至少是以不利于协约国的方式结束。他凭借自己对该地区的丰富经验，驳斥了马克·赛克斯这样的人的乐观设想，以及他构建的空中楼阁，即犹太国家逐渐形成，而阿拉伯人虽然不情愿，但也只能接受。劳伦斯极富预见性地表示：“如果的确在巴勒斯坦建立了一个犹太国家，只能是通过武力来建立，并且要在充满敌意的人群当中通过武力维持下去。”

一名英国军官如此公开地批判自己政府的政策，这在1918年是惊世骇俗的事情，何况还是对一名外国情报人员说出这样的话，但这反映了劳伦斯已经变得多么强大有力：他是英国与一线阿拉伯起义军之间关键的联系纽带，其他任何人都无法取而代之，因此他几乎可以为所欲为，想说什么就说什么。但正如两人在贝尔谢巴的第一次会面一样，劳伦斯这次在与耶鲁谈话时同样有着隐秘的计划，而他用这种令人宽心的直率掩盖了自己的隐秘计划。他希望潜移默化地引导耶鲁，并通过他去引导美国国务院，去采纳他认可的政策。 427

劳伦斯现在非常敏锐地认识到，阿拉伯起义军的自由活动空间非常狭窄，他们将自己的努力与英国人的事业直接联系在一起，于是阿拉伯起义和侯赛因的哈希姆王朝的命运就完全臣服于比他们强大得多的盟友的恣意支配。在一定程度上，历来都是如此——《赛克斯—皮科协定》就清楚显示了阿拉伯人在更高层面上的弱势地位——但在1918年初发生的却是影响更为重大的事件。

劳伦斯在与耶鲁会谈的几天之前去了一趟亚喀巴，在那里看到的景象就明白无误地显现出了局势的变化。在过去的几个月中，这个一度昏昏欲睡的港口小村旧貌换新颜，几乎让人认不出来，港口挤满船只，狭窄的海滩上崛起了一座巨大的帐篷城市，到处是堆积如山的补给和作战物资。英军此前在此只有少数军官，现在则有数百名英国军人在此管理后勤、训练起义军新兵、照管在此扎营的数千名战士的各种各样的需求。亚喀巴现在甚至有常驻于此的空军部队，那是皇家飞行军团的一队飞机，定期起飞去轰炸汉志铁路和土耳其军队在内陆的军事设施。

他到访亚喀巴的方式也说明了局势的变化。劳伦斯受命将艾伦比的即将展开的叙利亚攻势计划通知费萨尔，他前往亚喀巴没有乘坐红海上的行动迟缓的运输船，而是搭乘司令部专门为此征用的一架皇家飞行军团的双翼机。在与费萨尔谈话的时候，也不再像过去那样，在王子的帐篷里慢悠悠、懒洋洋地一边喝茶一边讨论战术或政治；事实上，他们这次的会见不是商讨起义军在即将发动的攻势中能做些什么，而是劳伦斯颁布指示，告诉他们将要做些什么。在亚喀巴待了24小时多一点之后，劳伦斯重新登上征用来的那架飞机，飞回了开罗。

这体现了权力的一个矛盾之处，即阿拉伯起义在其英国监管者眼中的重要性增强之后，阿拉伯人的自主权反而减少了。在劳伦斯看来，终极的危险在于，英国人正在牵着阿拉伯盟友的鼻子，走上一条很可能会让阿拉伯人毁灭的道路。

从一开始，侯赛因的设想——一个在英国支持下的泛阿拉伯起义，由他本人担任领袖——的基础就很不稳固，受到阿拉伯保守派和进步人士的双重质疑。在侯赛因在阿拉伯半岛的主要竞争对手和宗教极端主义瓦哈比运动领导人伊本·沙特看来，侯赛因国王与英国人的联盟使他成为基督教西方的傀儡（当然，沙特自己也从英国人那里拿钱）。与此同时，叙利亚的更为国际化的阿拉伯人感到自己与从汉志杀出的“原始”的贝都因人没有什么共同点。这些都是未来在战后要解决的问题，但随着《贝尔福宣言》的公布，这个未来一下子降临到了侯赛因面前。

428

阿拉伯群众对《贝尔福宣言》的反应非常激烈和愤怒，这让英国人大为震惊，于是向他们的主要阿拉伯盟友施加了很大压力，要求他支持该宣言。侯赛因不冷不热地服从了，但这并没有让阿拉伯人平静下来，而是增强了阿拉伯群众对侯赛因的敌对。1月初，劳伦斯的老导师戴维·霍格思（担任阿拉伯局的“代理局长”，尽管这个头衔只是荣誉性质，真正的权力在他人手中）拜访了侯赛因，希望能够最终澄清战后阿拉伯国家的边界。但是国王只想和他谈谈伊本·沙特及其瓦哈比派对自己越来越严重的威胁[16]。同时，埃及和叙利亚的阿拉伯民族主义者都采纳了伊本·沙特的说法，讥讽侯赛因与犹太复国主义者妥协是向西方溜须拍马。侯赛因在2月初写给雷金纳德·温盖特的一封令人警醒的信体现了英国计划造成的严重后果。据温盖特说："侯赛因提到，如果政治上破产，紧急情况下就要自杀……措辞很含糊，但麦加的谢里夫似乎因为协约国支持犹太复国主义的宣言而感到担忧。"[17]

就在这个关头，劳伦斯落入了一个圈套。在1月底，他写了一篇文章，登在《阿拉伯公报》的一个限制级别更高的版本上（只有极少数官员能够读到)，在其中吹嘘费萨尔在叙利亚有广泛的群众基础，而说在叙利亚敌对费萨尔的人是受了法国或德国宣传蒙蔽的傻瓜。这篇文章很显然是致力于增强费萨尔在叙利亚的权利主张，但也让那些努力解决《贝尔福宣言》给阿拉伯世界带来的问题的英国官员感到，或许他们应当去找费萨尔而不是侯赛因寻求帮助[18]。当然了，讨好费萨尔必须要通过劳伦斯。2月初，劳伦斯的文章刊出几天之后，吉尔伯特·克莱顿告诉马克·赛克斯："我已经敦促劳伦斯向费萨尔解释与犹太人达成谅解的必要性。"[19]

429

劳伦斯坚决反对与犹太人妥协，而恰恰是他被英国当局派去向费萨尔兜售这项政策，他本人也看到了世事的讽刺意味，所以他只是半心半意地答应这么做。"至于犹太人，"他从塔菲拉给克莱顿回信道，"我下一次见到费萨尔的时候会和他谈，阿拉伯人对犹太人的态度应当是同情的，至少在战争期间是这样。"但劳伦斯能达成怎样的效果，也是有局限的；正如他向克莱顿说的那样，如果英国当局希望费萨尔公开发表宣言表示支持《贝尔福宣言》，"那就超出我的能力范围了"。[20]

不管劳伦斯多么反对这项政策，他毕竟是个秉信"现实政治"的务实者，知道自己在这个问题上别无选择。《贝尔福宣言》已经是既成事实，阿拉伯起义军不可能因为它而与英国决裂，因此现在的主要目标应当是限制它造成的损害，或者在别处利用它得利。这个“别处”的一个绝佳选择显然就是大叙利亚。劳伦斯设想，如果阿拉伯起义军向《贝尔福宣言》妥协，英国或许会感激涕零，转而帮助起义军与法国对抗，支持起义军对叙利亚其他地区的权利主张。但问题是，劳伦斯对自己的政府已经信心全无，知道自己的设想实在是风险极大的赌博。

那么还有什么牌可以打？最极端，也是最危险的当然是和土耳其人谈判。2月初，费萨尔又收到了土耳其第4集团军新任总司令穆罕默德·杰马勒将军秘密发出的和谈试探信。这封信比之前杰马勒帕夏的信要具体得多，条件也更为有利，于是费萨尔做了同样具体但颇为谨慎的回复。他公开拒绝了土耳其人的提议，但是没有把和谈大门关死，而是留下了一条缝[21]：如果土耳其人从阿拉伯半岛和叙利亚南部撤军，双方或许还有的谈。这听起来是个决定能否谈得拢的最后通牒，但实际上并非如此。到1918年2月，青年土耳其党已经在集中军事力量去收复那些被战败的俄国人放弃的突厥地区，或许很乐意放弃贫困而棘手的阿拉伯地区。

但在做出和土耳其人交易这样的极端举动之前，还有一支潜在的力量或许能支援阿拉伯事业——美国人。我们几乎可以肯定，这就是劳伦斯拨冗在开罗与威廉·耶鲁会谈的原因。

自1917年4月领导美国参战以来，威尔逊总统一再强调，帝国主义的时代已经过去了，他的“为了民主建立一个安全的世界”的圣战还意味着，被压迫的各民族和世界各地的“小民族”都将得到民族自决权和独立。欧洲协约国花了一段时间才认识到，美国总统不是说说而已，的确是真诚地信守这个古怪的想法。1918年1月，威尔逊的《十四点和平原则》宣言发表后，欧洲列强的疑虑全都烟消云散。

在整个20世纪的所有文件中，威尔逊的《十四点和平原则》或许最能吸引全球瞩目。在第一次世界大战惨绝人寰、无休无止的杀戮破坏当中，美国总统概述了一个半是乌托邦的设想。他设想了世界在未来的运作方式：主宰世界数千年的帝国主义架构将被一扫而净，所有民族都将享有民族自决；在这个世界里，争端将在“国际联盟”通过耐心的协商解决，或许能将战争扫进历史的垃圾堆。这份文件的影响如此深远，如此具有革命性，它的冲击波传遍了所有的帝国主义强国。柏林和维也纳的饱受战争摧残的公民们和他们在伦敦、巴黎和罗马的兄弟一样，认为这或许能够救他们于水火。令它更富有吸引力的是，威尔逊以简单和毫不含糊的语言设定了实现这个过程的路线图，即他的《十四点和平原则》。 430

这份宣言的第十二点涉及对奥斯曼帝国的处置。美国总统宣称，这个帝国的土耳其部分将成为一个主权国家，而“目前处于土耳其人统治之下的其他民族应当享有毋庸置疑的生存的安全，以及绝对的、不受骚扰的自治发展”。对劳伦斯和其他大多数公正客观的读者而言，这与《赛克斯—皮科协定》和被强加于中东的《贝尔福宣言》有着本质不同。

在与威廉·耶鲁谈话时，劳伦斯强调了所有阿拉伯人，不管其背景和身份，对美国的极大敬仰。事实上，劳伦斯极大地突出强调了这一点，耶鲁在给利兰·哈里森的报告中对这次谈话要点的概括是：“所有证据都表明，阿拉伯人对英法的信誉非常不信任；反对犹太复国主义；阿拉伯人对美国的完全信任。”[22]

无聊的阿谀奉承从来都不是劳伦斯的长处，他向美国特工发出这样的信息显然不是为了讨好美国人。正如耶鲁写道：“他宣称，在将来，假如事情不像预期的那样好，假如阿拉伯人遭到英国背弃的危险迫在眉睫，那么如果美国能发表一份关于阿拉伯人及其国家的未来的宣言，就将是一张对抗土耳其—德国宣传的‘王牌’，他感到这样的宣言对阿拉伯人将产生极大影响。”

耶鲁或许是被劳伦斯在其他问题上的开诚布公迷惑了，似乎是相信了劳伦斯这席话的表面意思，或者至少没有去深究其中奥妙。如果他仔细考虑一下，就会认识到，美国如果发出这样的宣言，对“土耳其—德国宣传”是没有多少效力的——毕竟美国只是对德宣战，所以它的动机自然会受到怀疑，而主要是针对美国的盟友——英法对中东的贪欲。实质上，劳伦斯是在试图利用一个外国政府来反对自己政府的政策，当然这种做法不像与土耳其谈判那样是叛国行为。

431 这样看来，劳伦斯在开罗百忙之中抽出时间与威廉·耶鲁会谈，是非常值得的。在随后几个月内，耶鲁会越来越强烈地敦促美国政府在中东事务中扮演更积极的角色，并站在阿拉伯人一边，反对那些企图奴役阿拉伯人的人。

在耶鲁和劳伦斯会谈的同一周，在3月14日晚上，“堪培拉”号停泊在意大利港口城市塔兰托的码头，十几个人聚集在这艘船的会客室内。其中9人是一个被称为“犹太复国主义委员会”的组织的成员，而另外两人是英国政府的联络员，或者“看护者”，任务是协助这群人的工作，并对其加以监视。这次会议是战前的战略动员会，因为在次日早上，“堪培拉”号（一艘改装过的澳大利亚轮船）将驶往埃及，那里是犹太复国主义委员会在中东的历史性使命的起点。

在他们面前解释任务的是英国保守党议员威廉·奥姆斯比-戈尔，他已成为犹太复国主义的热情支持者，现在和马克·赛克斯一起在英国战时内阁的近东委员会任职。在《贝尔福宣言》公布之后的四个月里，阿拉伯人对它的反对越来越强烈。奥姆斯比-戈尔解释道，犹太复国主义委员会的首要目标是向阿拉伯人的基督徒和穆斯林社区领袖保证，他们不必害怕犹太人在巴勒斯坦的“民族家园”。

随后，前往埃及的代表团的领导人哈伊姆·魏茨曼直言不讳地阐述了他为该任务设定的“一个首要原则”，即“在战争结束前，阿拉伯人在军事上是英国政府的一项资产。但在战后，他们却可能是包袱”[23]。换句话说，要与敌对者正面对抗，现在还不是时候。目标应当是安抚对手，保持冷静，韬光养晦，等待未来的时机。

毋庸赘言，亚伦·亚伦森对他们的任务的设想可不是这样的，但他不是委员会的核心成员。在伦敦的时候，委员会的其他一些成员坚决反对让他参加委员会，所以他现在的正式身份仅仅是委员会附属的“农业专家”，而且是在路易斯·布兰代斯等美国犹太复国主义领导人的坚持之下才被允许待在委员会。

他的 NILI 间谍网的情况公开之后，犹太复国主义团体和国际犹太人当中爆发了激烈的争论，很多人指控这位间谍领导人的行为威胁到了巴勒斯坦定居点的生存。更让人担忧的是，“堪培拉”号的乘客们的外交使命极其微妙，需要小心谨慎，而这位科学家却以喜好争吵闻名。 432

在努力安抚阿拉伯人（他们害怕犹太人会接管他们的土地）的同时，委员会的另一项任务是将巴勒斯坦山头林立的犹太人团体联合到犹太复国主义大旗下。要达成这个目标，最好的，或许是唯一的办法是说服他们，《贝尔福宣言》之后巴勒斯坦将发生翻天覆地的变化——也就是他们要告诉阿拉伯人的话的反面。除此之外，还有在该地区的英国军官和政治官员要对付。即便那些对《贝尔福宣言》表示支持的英国官员也倾向于将它视为一个非同寻常的意外情况，是英国的一个新承诺，要与已经对阿拉伯人和法国人做出的承诺竞争一番。

在“堪培拉”号的会客室内，魏茨曼大手一挥，泛泛地讲了如何执行这个复杂的计划。显然，犹太复国主义者如果给英国官员制造麻烦，就会丧失他们的支持，因此第一个任务就是安抚阿拉伯人。为了达到这个目的，委员会——哈伊姆·魏茨曼在这个语境下说的“委员会”指的是他自己——将公开而持续地发表宣言，称犹太复国主义者无意于战后在巴勒斯坦建立一个犹太国家，也不打算将巴勒斯坦的土地全部收购。恰恰相反，犹太复国主义者将全心全意地支持英国当局最近发布的暂缓巴勒斯坦土地交易的命令，只是在寻求机会帮助那些希望重返祖先家园的犹太人完成心愿，与该地区的其他宗教团体或民族携手参加政治和经济发展。

至少公开的信息是这样。魏茨曼继续解释道，犹太复国主义组织需要积极地鼓励犹太人大规模移民到巴勒斯坦，并储备资金，一旦暂缓巴勒斯坦土地交易的命令被解除，就立刻开始买地。他们绝不会放弃最终的目标——建立一个犹太国家——但现在就大张旗鼓地公开宣扬是没有好处的[24]。

至少在起初，这场极其复杂的把戏收到了极佳的效果。犹太复国主义委员会在亚历山大港受到了当地犹太人社区的欣喜若狂的欢迎——数百名犹太儿童站在码头沿线，歌唱希伯来歌曲《希望》——随后在开罗受到了更热烈的欢迎。魏茨曼向英国官员和在埃及的叙利亚流亡者社区再三强调犹太复国主义事业的善良意图。吉尔伯特·克莱顿在阿拉伯局的副手金凯德·康沃利斯在4月20日报告称，这位犹太复国主义领袖告诉一个被称为叙利亚委员会的阿拉伯人代表团，“他希望看到巴勒斯坦被一个像英国一样的稳定的政府治理，犹太政府将对他的计划造成致命打击，他的意愿就是为犹太人在圣地提供一个家园，让他们作为一个民族生活在一起，与其他居民享有平等权利。”[25]另外，魏茨曼还向他的阿拉伯听众保证，穆斯林圣地的地位绝不会受到侵犯；他带着极大的同情谈到了阿拉伯人针对土耳其人的起义，甚至还暗示说，是他劝说英国人发布暂缓巴勒斯坦土地交易的命令的。“有些人还是疑忌重重，”康沃利斯在报告结尾写道，“但由于上述的情况，得到了缓和。如果委员会继续保持这种同阿拉伯人和解的态度，对方的疑心无疑会逐渐消失。”

熟知犹太人这场魅力攻势的内情的人当中包括美国国务院特工威廉·耶鲁。魏茨曼在开罗多次会见的一位叙利亚委员会领导人就是耶鲁的老熟人苏莱曼·贝伊·纳西夫，他就是1914年向标准石

433

油公司出售石油开采特许权的三位耶路撒冷商人之一。耶鲁抵达开罗之后与纳西夫保持了紧密联系，从这位流亡商人那里得到了他与魏茨曼会谈的详细信息。“总的来讲，”耶鲁向国务院报告称，“这些会议很成功。叙利亚领导者们得到的印象是，犹太复国主义者不打算将一个犹太政府强加于巴勒斯坦，犹太人来到巴勒斯坦的条件是阿拉伯人可以接受的。”[26]

但如果叙利亚人相信了，耶鲁却很怀疑。一方面，犹太复国主义委员会很快就能前往巴勒斯坦，旅途得到英国政府的支持和帮助，而纳西夫和他在叙利亚委员会的同僚们却不被允许去巴勒斯坦，这很奇怪。耶鲁与该委员会的唯一一位美国代表路易斯·迈尔谈了之后，就更感到蹊跷了。

迈尔或许并不完全理解国务院特工的具体职责，或许他就是因为能和一位美国同胞聊天而兴奋，他在和威廉·耶鲁谈话的时候非常推心置腹。耶鲁回忆道：“迈尔非常直截了当地告诉我，魏茨曼目前否认任何在巴勒斯坦建立犹太国家的意图，但这并不意味着，这个否认在将来会对他有任何约束力。事实上，他们最终的目标是一个在英国或美国保护下的犹太国家。”

耶鲁继续刨根问底，发现建立犹太国家的计划已经非常成熟了。事实上，犹太复国主义委员会内部已经在为建国之后如何处置巴勒斯坦的阿拉伯人口而展开了辩论，一方认为“廉价的阿拉伯劳动力”对“犹太复国主义的成长和成功”至关重要[27]，另一方预见到，将来必须将非犹太人驱逐出境。迈尔认为，最终局势将会取决于人口，“就像美国南方的白人绝不会屈服于黑人的统治一样，在巴勒斯坦的犹太人少数派也绝不会听任多数派阿拉伯人的主宰”[28]。

434

在这位美国特工看来，该委员会看上去越来越像是个政治上的波将金村。委员会向外界展示的人畜无害的假面具第一次出现小裂缝时，耶鲁颇有些幸灾乐祸。我们可以猜到，这个小裂缝是亚伦·

亚伦森一手造成的。

在开罗，亚伦森日复一日地三缄其口，忍耐着委员会的无休无止的会议和演讲。讲起话来啰唆冗长、泼辣好斗的犹太代表和阿拉伯代表一样让他深感挫折。与犹太宗教界名人的一次漫长会议中，魏茨曼被迫耐心地解释，他们为什么不反对宗教，这差点让亚伦森按捺不住。亚伦森在日记中怒骂道："这又是一次对牛弹琴。"[29]

不幸的是，农学家恰恰在最糟糕的时机——与苏莱曼·纳西夫的叙利亚委员会会谈的时候大发雷霆。其中一名阿拉伯人指出，犹太定居者喜欢抱团，只跟自己人做生意，因此给阿拉伯人造成了损失。亚伦森怒火中烧，站起来指控说这是弥天大谎。魏茨曼迅速来安抚局面，说这种令人遗憾的事情在过去可能发生过，但正在采取措施，确保将来不会发生这样的事情。但亚伦森的公开发作给会议投下了一道阴影。耶鲁在给国务院的报告中抱怨道："但愿委员会在将来与阿拉伯人打的所有交道中，魏茨曼博士都能把亚伦森先生控制在幕后。"[30]

魏茨曼显然也是这么想的。几天后与叙利亚委员会的又一次会议中，亚伦森未能出席。

4 月 2 日早上，劳伦斯和一小群卫兵从谷维拉出发，奔赴叙利亚内陆。这是一个多月来劳伦斯第一次骑骆驼，这次旅行很快让他兴致高昂起来。"沙漠景色的抽象净化了我，"他写道，"以它充溢的伟大涤荡了我的心灵。它的伟大不是来源于向它的空旷增添思想，而是来自思想的空无。地球生命的脆弱反映了天空的力量，如此巨大，如此美丽，如此强大有力。"[31]

435

抛却乡间的美景不谈，这次长途跋涉的缘由是，叙利亚出现了一个令人担忧的特点，这让艾伦比将军进军大马士革的计划出了问题。英军在巴勒斯坦中部全线维持着一条强大而井井有条的战线，从雅法以北的地中海海岸一直延伸到约旦河，长约 30 英里，但约旦河以东的全部地域仍在土耳其军队手中。这意味着，英军向北进攻大马士革时前进得越远，他们的东翼就会越拉越长，也就越来越容易遭到土耳其人的反击。如果占领了摩押高原，这个危险就在很大程度上消除了，但由于扎伊德破坏了攻占摩押高原的努力，英军高层设计出了一个新计划，为朝向大马士革的主攻扫清障碍。

在2月底的司令部会议中（劳伦斯也参加了这些会议），英军高层决定，驻扎在亚喀巴的3000人的阿拉伯部队将进攻至关重要的铁路枢纽马安（位于阿拉伯人在谷维拉的前进基地东北30英里处）。为了掩饰这次进攻并阻止土耳其军队向马安增兵，英军一支骑兵部队将同时冲过马安以北约120英里处的死海北端，摧毁安曼附近汉志铁路的若干关键路段。一旦阿拉伯人占领马安，它南面的所有土耳其军队，包括仍然据守麦地那的部队，将被彻底切断。阿拉伯军队和英国辅助部队随后可以将注意力转向北方，迅速扫清安曼以南铁路沿线的所有小型土耳其据点。如果计划得以顺利实施，英军及其阿拉伯盟军将建立一条东西走向、横亘几乎整个大叙利亚的连续战线，这样就可以开始向大马士革推进。

劳伦斯在这场席卷敌境的作战中的角色很有限，但也只有他能够胜任。在其他英国顾问监管主要的战斗——袭击马安的同时，他将率领一小队起义军北上100英里，到达一座被称为阿塔提尔的山谷。在那里，他将与其他部落武装会合，对安曼周边的土耳其军队实施“骚扰”，配合英军骑兵部队从西面发动的进攻。他的任务初定于4月初开始，于是他提前几天从谷维拉出发，以便尽早准备。

4月6日，他的队伍抵达了阿塔提尔谷。在劳伦斯笔下，这座谷地在初春的旖旎中宛如伊甸园，山峦和溪岸长满了茂密的克拉莎草和野花。“万物都在生长，”他写道，“这景象一天天更饱满和明媚，直到沙漠变得仿佛繁茂的水草地。嬉戏的风儿交叉着，跌跌撞撞地飞来，它们的宽广、短暂的劲风从草丛中汹涌而出，在一瞬间将草丛化作明暗不一的锦缎，如同被滚压过的新庄稼。” 436

劳伦斯的高昂兴致和对身边美景的关注似乎不像是一个即将投

入战斗的人的举动，另一个细节就更不协调了。在动身前往阿塔提尔之前，他得知，他留在阿兹拉克要塞的两名战士在寒冬中被冻死了。其中一人是达乌德，就是6个月前劳伦斯选来做他私人仆役的两个营地顽童之一。送来这噩耗的就是过去与达乌德形影不离的伙伴法拉杰。

“他们自孩提时代就是朋友，”劳伦斯在《智慧的七柱》中写道，“永远欢天喜地，一起工作，一起睡眠，以完美挚爱的坦诚和诚实分享每一星星点点的利益。法拉杰前来报告他的伙伴已死时，我看到他面色黧黑、面容僵硬、眼色铅灰，衰老了许多。我一点都不感到吃惊。从那天起到他的服务结束，他再也没有给过我们一个笑容……其他人向他奉献自己，以此慰藉他，但他却焦躁不安地游荡，面色灰暗，一言不发，非常孤寂。”尽管悲痛欲绝，或者正是因为伤心难过，法拉杰加入了劳伦斯北上的旅途。

在阿塔提尔，劳伦斯得到了英军的消息，但这不是他所期望的好消息。根据司令部制定的计划，这支约1.2万人的骑步兵混成部队将从约旦河谷北上，占领安曼以西约10英里处的萨勒特镇。一支袭击队伍将从那里出发，摧毁安曼城外汉志铁路上最关键的地点——两座高架桥和一条隧道。但显然走漏了风声，英军进攻部队在萨勒特遇到了掘壕据守的德军和土耳其部队。原本设想的轻松远足变成了长达两天的血腥战斗。英军终于占领了萨勒特，袭击部队前往安曼附近的铁路，但敌人也已经在那里严阵以待，迫使英军撤退，没有达成任何主要目标。噩耗纷至沓来：英军损失了近2000人之后，被逐出了萨勒特，正在土耳其人的紧追不舍下败退，撤过了约旦河[32]。

437 “当时认为，土耳其人有可能会夺回耶路撒冷，”劳伦斯如此描述在阿塔提尔收到的越来越凶险的报告，“我熟知同胞们的英勇，知道那是不可能的，但局势显然非常糟糕。”但比军事失败更严重的是，它可能会对阿拉伯人造成心理上的影响。“艾伦比的计划看上去还算谦逊适度，我们（英军）在阿拉伯人面前如此溃败，真是可悲可叹。他们从来不相信我们真的能够成就我曾预言的那些伟业。”萨勒特的大败之后，阿拉伯人的这些疑虑一定又加深了。

在安曼周边无事可做了，于是劳伦斯带领15名卫兵南下，加入正在进行中的袭击马安的战斗，但此次战役命途多舛，厄运还没有结束。次日，在法莱弗拉村外的沙漠中，他们看到一支由8人组成的土耳其步兵巡逻队在倒霉地沿着铁路线行进。在北方的行动徒劳无功之后，劳伦斯的部下恳求他批准去攻击这群兵力占弱势而且位置暴露的敌人。“我感觉这太无关紧要了，”他回忆道，“但他们气恼起来，我就同意了。”

土耳其人快速逃往一个铁路涵洞寻求掩蔽，劳伦斯将部下派往敌人两翼，形成包抄之势。他突然发现年轻的营地仆役法拉杰独自一人骑着骆驼径直向敌人冲去，但已经太晚了。劳伦斯看到，法拉杰在铁路涵洞旁猛然勒住骆驼；一声枪响，法拉杰倒了下去。“他的骆驼独自站在桥边，安然无恙，”劳伦斯写道，“我不敢相信，他竟然故意在开阔地里骑到他们旁边，然后又停在那里不动。但看上去的确是这样。”

劳伦斯和其他人赶到涵洞处时，发现一名土耳其士兵死亡，法拉杰身体侧面中弹，伤势极其严重。法拉杰的伙伴们努力帮他止血，但是无济于事，于是想把他抬到骆驼背上，尽管这个年轻人自己恳求大家将他留下，让他一个人死去。但这时传来警报，一支约50人的土耳其巡逻队正沿着铁路赶来，于是事情不决定也得决定了。

劳伦斯和他的卫兵们知道土耳其人会对俘虏做出多么残忍暴虐的事情来，因此有个心照不宣的约定，会杀死伤势太重、无法行动的战友。仁慈地结束法拉杰生命的任务落在了劳伦斯肩上。“我在他身旁蹲下，将我的手枪放在他脑袋旁的地面上，好让他看不到我的动作，但他一定是猜到了，因为他睁开眼睛，用粗糙、皮肤剥落的手紧紧攥住我，这是那些内志少年的小小的手。我等了片刻，他说道：‘达乌德会生你的气的。’往昔的笑容怪异地回到这灰白的萎缩的面孔上。我答道：‘代我向他问好。’他以正式的礼节答道：‘真主会给你安宁。’最后疲惫地闭上了眼睛。”

438 劳伦斯开枪打死法拉杰之后，重新爬上骆驼，带领部下逃走了，这时土耳其人的第一梭子弹开始向他们射来。

这一天还发生了另外一件事情，足以证明这场战争的残酷无情和劳伦斯越来越深的冷漠。当夜，一行人在离法莱弗拉几英里的地方宿营的时候，人们为了争夺法拉杰的优秀骆驼吵了起来。劳伦斯拔出手枪，一枪打在这匹骆驼头上，结束了这场争吵。当夜的晚餐上，他们吃的是米饭和这匹骆驼的肉。“吃完之后，我们就睡了。”劳伦斯写道。

到 1918 年 4 月中旬，杰马勒帕夏或许对未来非常乐观。尽管几个月前就有传闻说他的政治生命已经告终，但他在处于幕后的统一与进步委员会领导层中仍然举足轻重，和以往一样受人尊重和畏惧。战场上也传来了鼓舞人心的喜讯。3 月 21 日，德军在法国发动了大规模攻势，迅速突破了协约国军队，进展迅速，这是西线所有军队自开战以来攻城略地进展最大的一次。德军攻势的第一波——代号“米夏埃尔行动”，仅仅因为进攻中的德军部队超越了己方的补给线范围，才不得不停住脚步。到 4 月 13 日，第二次攻势“乔治特行动”已经逼近了法国海岸和那里的重要港口。突然间，德军抢在正在奔赴前线的美军救援之前将英法打垮的可能性大大增加。

当前，德国在西线战争春风得意，土耳其在东线的表现也不错。土耳其军队先是收复了被俄国占领的东北省份，然后在 2 月初利用俄国战败在高加索造成的权力真空，杀进了亚美尼亚。到 4 月中旬，这些部队已经在准备行动的下一阶段，即进军里海之滨，以及巴库的神话般富饶的油田。就像杰马勒帕夏一样，奥斯曼帝国也变成了一个怪异的、不断异变的有机体，在一个地方丧失了影响力和权威，却在另一个地方得到补偿。

另外，有人认为，与国际犹太复国主义结下梁子，对土耳其来说是塞翁失马，焉知非福。《贝尔福宣言》将犹太复国主义者争取到了英国那边，却激怒了阿拉伯世界。于是杰马勒和土耳其的其他领导人得以向叙利亚的一些幻想破灭的穆斯林和基督徒领导人，甚至头号叛贼——汉志的侯赛因国王，发出招安的呼吁。到 4 月中旬，有迹象表明，这最后一次也是最重要的和平建议开始收到成效。杰马勒从他在叙利亚的中间人那里得知，侯赛因的儿子费萨尔最近开始回应土耳其的橄榄枝，提出了他自己的条件。双方的鸿沟还很深，但第一次世界大战这场游戏的一个教训就是，任何事情都不是恒定不变的，昨天丢失的东西明天也许就能收回。最重要的是，谁最后得胜。而到 1918 年 4 月，同盟国无疑稳操胜券。

439

这年春天也在君士坦丁堡的库尔特·普吕弗无疑也是这么想的。奇怪的是，德国形势的好转使得他得以重返自己参与的第一桩大密谋，那件事情原本早就胎死腹中，现在却骤然焕发了生机。

在过去的 6 个月中，埃及被废黜的赫迪夫阿拔斯·希里米二世在君士坦丁堡的佩拉皇宫酒店高楼层的一个套房里安顿下来。在那里，他与一个特殊阶层的贵族们聚集在一起。在第一次世界大战中几乎每一个欧洲国家的首都都能找到这种贵族，这些小王子、侯爵和印度土邦主们被他们的帝国主义主子们暂时搁置，留待未来某个有用的时机。在这期间，招待这位前任赫迪夫、让他感到自己重要的任务主要由库尔特·普吕弗承担。与他作为德国情报局主管的冷静职责相比，与希里米及其三教九流的扈从们打交道往往像是在照顾婴儿。据普吕弗的传记作家唐纳德·麦克凯尔称：“阿拔斯·希里米的顾问们争吵不休，互相指控是‘英国间谍’。普吕弗对这些顾问进行监视，并帮助前任赫迪夫处理好他与儿子、三位前妻和一位法国情妇之间的关系。”[33]

显然，这位德国情报头子将阿拔斯·希里米看作试探民意的有用工具。希里米认为，与费萨尔·侯赛因的秘密谈判是毫无意义的；君士坦丁堡统治集团绝不会满足费萨尔提出的要求，而费萨尔肯定对此心知肚明。前任赫迪夫主张，更好的办法是让他成为埃及统治者，然后与侯赛因和费萨尔达成友好关系。希里米无疑还匆匆补充说，同时还会与土耳其和德国保持非常友好的关系[34]。

在1917年秋季，这还只是一堆空话，但到了1918年初，曾经显得荒诞可笑，甚至是空中楼阁的想法却有了实现的可能性。到这时，关于埃及发生骚乱的第一批可靠报告已经传到了外界：一向安宁驯顺的埃及民众被英国人极其严酷的军法统治以及《贝尔福宣言》和《赛克斯—皮科协定》大大激怒。然后当然还有俄国的最终垮台、德国和土耳其在战场上取得的一连串胜利，以及阿拉伯半岛和叙利亚的阿拉伯起义军有可能正在寻求脱离与虚伪的英国人的联盟的越来越多的迹象。由于上述的这些考虑，在这年4月，阿拔斯·希里米二世或许能通过某种方式登上埃及王位的想法并不显得荒诞离奇——如果那真的发生了，库尔特·普吕弗在佩拉皇宫酒店的耐心工作或许能为德国挣得一份绝妙的红利。

440

希里米显然也感到自己的价值正在提升，于是在4月他重新提出了一个让他觊觎已久的目标[35]。当初他向马克斯·冯·奥本海默提过此事，但一直被拒绝。希里米告诉库尔特·普吕弗，在决定任何事情之前，他需要面见德皇。普吕弗颇有些不知所措，表示会试试看。

5月15日下午，劳伦斯与艾伦比将军一起喝茶的时候，两人的情绪都很低落。

在前往阿塔提尔的跋涉被证明是徒劳无益之后，劳伦斯匆匆南下，参加阿拉伯人对铁路枢纽城镇马安的进攻。4月13日，他抵达那里时，行动已经开始。

作战计划是，进攻部队将首先袭击马安外围的哨所，希望能将土耳其驻军主力从火车站周围的巩固阵地中诱骗出来。行动起初很顺利，土耳其军队的外围哨所一个个落入起义军手中。但在4月17日，阿拉伯部队的伊拉克指挥官厌倦了漫长的等待，推翻了他的英国顾问们的建议，命令向火车站发动正面进攻。马安的这次进攻就像第一次世界大战中上千场其他战役一样徒劳。劳伦斯写道："除了眼睁睁看着我们的人被从火车站驱赶出来，没有任何事情可做。地上到处躺着身穿卡其军服的死尸。"[36]

劳伦斯在马安地区还待了几天，协助其他英国军官破坏马安以南的铁路，但那次正面进攻的失败已经决定了战役的命运。英国军方公报大肆吹嘘了对马安以南汉志铁路的破坏——约60英里长的铁轨被摧毁，麦地那的土耳其驻军现在彻底被切断了——但与行动的目标相比，这个成就不值一提[37]。

但在5月2日，劳伦斯抵达位于拉姆拉的艾伦比司令部时，等待他的是更加令人沮丧的消息。在过去的6周中，西线的协约国军队只是非常勉强地抵挡住了德军的两次大规模攻势。为了迎战德军的第三次攻势，艾伦比得到命令，转入防御，并将他麾下数万名精锐的一线士兵调往法国。这意味着，英军不再会向大马士革进攻，前一个月的所有损失——英军骑兵部队向萨勒特进攻的失败、马安的灾难性的正面进攻、法拉杰在沙漠中惨死——全都付之东流了。更糟糕的是，就在劳伦斯抵达拉姆拉之前，前不久被逐出萨勒特的那位英军骑兵指挥官决定再试一次；又损失了1500人之后，到5月2日，英军的这一次新败局的最后一批残兵败将才从前线上撤下。

441

因此，到劳伦斯于5月15日第二次来到司令部并与艾伦比将军一起喝茶的时候，他们两人都不得不承认，突破叙利亚前线的希望非常渺茫，事实上比先前愈发渺茫，因为在劳伦斯上一次到司令部之后，艾伦比的部队又有不少兵力被调往西线。总的来讲，埃及远征军将有约6万人被调往法国参战，这相当于它全部一线兵力的一半。伦敦方面许诺要从伊拉克和印度调兵补充埃及远征军，但这意味着在未来许多个月之内，叙利亚前线都不会有什么动作了。

但在这次喝茶的时候，艾伦比在描述他的部队正经历的大规模重组时，偶然提到了帝国骆驼骑兵部队。这是一支精锐部队，在西奈半岛安坐无事已经有6个月之久。艾伦比现在打算摈弃它的骆驼，将其改编为传统的骑马的骑兵部队。

从叙利亚战役的一开始，困扰阿拉伯起义军的最大的后勤问题就是缺少运输和骑乘用的骆驼。随着行动规模的扩大，这个问题愈发恶化。由于骆驼的匮乏，补给线总是被拉长到濒临崩溃，常常因为没有坐骑而将计划的行动缩小，或者干脆取消。另外，劳伦斯和英国军官常常外出收购骆驼，已经将该地区的资源几乎耗尽，所剩不多的优质骆驼的价格也高到了敲诈勒索的程度。现在，帝国骆驼骑兵部队被解散之后，整个中东地区的大约2000头最优秀的骑乘骆驼突然间空闲了出来[38]。

艾伦比解散帝国骆驼骑兵部队的打算让劳伦斯提出了一个显而易见的问题："您打算怎么处置他们的骆驼？"

艾伦比笑道："问问军需总长。"

军需总长已经答应将这批骆驼交给即将开抵前线的一个印度师，作为运输工具。军需总长不肯答应劳伦斯的呼吁，但艾伦比被劳伦斯的观点说服了：让这些优势骆驼仅作运输之用，实在是暴殄天物。当天晚餐时，总司令问劳伦斯打算如何使用这些骆驼。

劳伦斯当然已经预料到了这个问题。另外，他还看到，英军骑兵向萨勒特第二次进攻的失败其实是塞翁失马。由于英军的这次败仗，土耳其人一定确信不疑，英军在将来的进攻一定还是针对这同一个地点——毕竟，连续多次猛攻敌人最巩固的地点已经成了英军在第一次世界大战中的一项传统——于是相应地部署自己的部队。土耳其人的兵力集中在萨勒特—安曼地区，劳伦斯就可以利用新获得的骆驼，从阿兹拉克的沙漠藏身之地出发，从敌人背后向分布广泛的一大批目标发动攻击。其中包括整个下叙利亚最关键的目标：铁路终端城镇德拉，即在巴勒斯坦对抗英军的土耳其军队的主要生命线。在司令部的餐桌上，劳伦斯给艾伦比的回答是：“我要用这些骆驼把 1000 人送进德拉，日子随您挑。”

劳伦斯解释说，1000 兵力虽然不足以长期防守德拉，但有足够的时间摧毁雅莫科的至关重要的铁路桥，将巴勒斯坦境内的土耳其军队彻底切断，断绝其补给和援兵。听到这话，艾伦比转向军需总长，假装悲伤地说：“军需总长，你输了。”

艾伦比许诺将帝国骆驼骑兵部队的骆驼交给劳伦斯，于是他火速赶回了费萨尔的指挥部。这消息令聚集在那里的部族武装酋长们欣喜若狂，因为 2000 头纯血统骆驼的“礼物”意味着，阿拉伯人终于可以大规模地将起义扩展到北方。局限于狙击、打了就跑的突袭的时代过去了；现在有了足够多的骑兵，他们可以进攻并守住人口密集的城镇了。

这还意味着，阿拉伯人或许能借此摆脱英国人的束缚，这是劳伦斯的想法的一个关键方面。帝国骆驼骑兵部队的骆驼交付过来还需要一段时间，而且随后还要让这些骆驼适应叙利亚的较粗劣的草料，但在两三个月内，阿拉伯起义军就不需要依赖英军（目前在巴勒斯坦陷入僵局）的行动了。起义军可以独自进军叙利亚腹地，有了这种独立性，就有机会将叙利亚占为己有。劳伦斯写道：“这是帝王的馈赠，赠予我们不受限制的机动性。阿拉伯人现在可以自行选择时间地点，去打赢这场战争了。”[39]

443

自抵达开罗以来，亚伦·亚伦森便陷入了忧伤抑郁的情绪。部分原因是他在犹太复国主义委员会内部遭到边缘化，其他人以非常不客气的方式将他排挤到核心之外；但时隔 7 个月之后重返中东，也让他对自己的 NILI 组织遭遇的悲剧更加感同身受。在开罗，他与两个弟弟亚历克斯和萨姆团聚，并从他们那里得知了妹妹的悲惨结局的更多细节。最让农学家火冒三丈的是，萨拉和 NILI 组织的其他成员实际上是被犹太同胞们出卖的，济赫龙雅各布委员会甚至悬赏缉拿 NILI 组织的在逃成员约瑟夫·利申斯基。1918 年春季，济赫龙还处于土耳其的大后方，但亚伦森已经在考虑重返故里。他在日记中写道：“如果我要向所有懦夫和恶棍复仇，那么就只有六七个人配得上我和他握手。”[40]

但比愤怒更严重的是，对萨拉及牺牲的挚友押沙龙·法因贝格的回忆一直困扰着科学家，不时侵入他的思绪。例如，有一次，他看到威廉·奥姆斯比-戈尔打电话到耶路撒冷，不禁大吃一惊。“从开罗打电话到耶路撒冷！”他在日记中惊呼，“如果萨拉和阿布萨活到现在看到这个，就好了！”

4 月初，犹太复国主义委员会离开埃及，前往巴勒斯坦，亚伦森受到的折磨就更厉害了。他们搭乘的夜间火车经过加沙时，亚伦森独自一人站在车窗旁，凝视着飞驰而过的乡间夜景。他始终是个农学家，记录了农田的糟糕状况：“冬季谷物很少，质量也很差”。同时又说，在他离开巴勒斯坦的两年中，似乎一切都没有发生变化。“但是，”他写道，“我们是乘火车旅行，而且是和英国人在一起！阿布萨，阿布萨，你在哪里呀？萨拉，你又在哪里？”[41]

但亚伦森在巴勒斯坦愈发遭到排挤和冷遇。在欢迎到访的委员会的宴会上，一群当地的犹太长老拒绝和他坐在一起，因为他的间谍活动“将犹太定居点置于危险境地”。在与犹太代表团的其他会议中，有人严厉指责亚伦森在战争初期发放国际救援款时的高压手段。在雅法的特拉维夫犹太人飞地（在杰马勒帕夏的疏散命令之后，亚伦森宣传了这个社区陷入的困境）的欢迎仪式上，才终于有人向他表示感谢。当马加比协会（犹太人的一个民间组织）的几百名青少年成员以歌声欢迎到访的委员会成员时，哈伊姆·魏茨曼向亚伦森探过身去。“嗯，亚伦，”魏茨曼说道，“这一切，都有你的极大贡献，而且你付出了很大代价。”[42]

但这个时刻是个异常现象。因为魏茨曼在巴勒斯坦的使命非常敏感，不容许出现不和谐的声音，而亚伦森绝不是个驯顺怯懦的人。委员会的一位成员将亚伦森拉到一边，敦促他与一个定居点代表团握手言和，这位科学家傲慢地说："和他们握手意味着和我憎恶鄙视的人建立关系。如果我的态度不够谨慎，那也罢。"[43]

亚伦森甚至与委员会的其他成员也争吵不休，于是魏茨曼渐渐地将农学家愈发向边缘排挤。有的时候，就连大家站的位置都能体现这一点。在委员会在巴勒斯坦期间的合影中，亚伦森通常站在一侧，有时甚至根本没有出现在合影中。到4月底，他已经与委员会分道扬镳，自己去做自己的一项事业。

具有讽刺意味的是，委员会的巴勒斯坦之旅的最触手可及的成果就是亚伦森的贡献，因为到5月底，亚伦森已经完成了巴勒斯坦南部农业发展的一份重要蓝图[44]。在他转交给阿拉伯局的温德姆·迪兹的文件和地图中，包含了一份建议书，建议尽快对大约25万英亩的荒地和"皇室土地"（被土耳其政府控制）进行耕种，以缓解持续不减的战时粮食短缺问题。根据亚伦森的计划，这项工程将由英国军方控制，由犹太定居者提供劳动力，由犹太复国主义银行提供资金。犹太复国主义委员会承诺提供至少50万英镑。计划实施之后，粮食将被提供给贫困人口，阿拉伯人也能从巴勒斯坦增长的犹太人口中得益，而良好生活的前景也会吸引更多犹太人到巴勒斯坦。

当然，军管结束之后（或许需要四五年时间），这25万英亩的土地所有权将被交给犹太复国主义者。吉尔伯特·克莱顿向外交部表达了对亚伦森计划的支持，并指出："对一个群体的小小善意，很容易借助给其他群体的类似特权来平衡，因此在正常的管理过程中，可以取得循序渐进的进展，而不至于造成摩擦和不满。"[45]

尽管亚伦森的土地开发计划贡献颇大，他在犹太复国主义委员会仍然是被排挤的对象，而委员会的英国赞助人自然也采取同样的态度。5月底，艾伦比将军在耶路撒冷举办盛宴，为即将离开的委员会饯行，唯一没有受到邀请的委员会成员就是亚伦·亚伦森。

445 为了绕开自己不认可的命令，劳伦斯常常动用维多利亚时代文学中的一个老把戏：消息在传递过程中丢失，或者没有及时送抵。然而，英国当局努力迫使阿拉伯起义领袖和犹太复国主义者和解的时候，劳伦斯没法使用这个计谋；在这个领域，劳伦斯只能在边缘上搞一些迟滞或阻碍动作。1918年2月，吉尔伯特·克莱顿命令劳伦斯敦促费萨尔与犹太人和解，劳伦斯的回答是，他希望在近期安排费萨尔访问耶路撒冷，“那里的所有犹太人都会待之以礼。这或许就能达到你的所有目的，而不需要做出公开承诺，因为那就超出我的能力范围了”。[46]

一个小小的陆军少校居然放肆地告诉一位准将，后者的目的是什么，而他在帮助上级达成目的时有哪些局限，这在1918年和在今天一样不可接受，但克莱顿显然是平静地接受了劳伦斯的答复；他肯定是认为，劳伦斯对他的命令固然只是部分服从，也比完全置之不理要好，因为英国军方找不到第二个人拥有劳伦斯对费萨尔的那种影响力。

5月，克莱顿又提起此事时，劳伦斯改换了策略。有鉴于哈伊姆·魏茨曼及其委员会一直受到巴勒斯坦的阿拉伯人的抵触和反对，魏茨曼建议让他与费萨尔会晤。在巴勒斯坦的英国领导层满心欢喜地支持这个想法，于是克莱顿在5月22日向身在亚喀巴的劳伦斯发电报，征求他的意见。“你建议如何安排？”将军问道，“我认为开会时你应当在场……请尽快告知你对上述各点的意见。”[47]

劳伦斯肯定收到了这份电报，因为他在第二天还在亚喀巴，但没有他回复的记录。5月24日，魏茨曼建议的旅行时间表业已确定——他将在5天后乘船前往亚喀巴，于是克莱顿又发了一份秘密电报，这一次是从艾伦比的指挥部发给亚喀巴基地总指挥的。“会议将在阿拉伯人的指挥部进行，他们将乘车前往那里。若方便，请将此电文转发谢里夫费萨尔和劳伦斯。劳伦斯应出席会议。请速速回复。”[48]

劳伦斯这一次肯定是得到了通知，但他仍然装聋作哑。5 月 27 日，魏茨曼即将抵达亚喀巴的时候，他又一次动身北上实施侦察，在魏茨曼抵达并离去之前与基地非常“方便”地断了联系。

在他外出期间，费萨尔与英国犹太复国主义领导人的会议于 6 月 4 日下午召开了。这是一次气氛融洽友好的会晤，魏茨曼夸张地戴上了阿拉伯头巾以示好。费萨尔避免做出任何实质性的承诺，表示最终的权威属于他的父亲（目前在麦加），而且叙利亚大局未定，现在就谈这么具体的问题为时过早。但魏茨曼对这次会议仍然非常满意，英国官员们也是如此。克莱顿收到关于此次会议的详细报告之后向外交部汇报称：“我认为，此次会议极大地促进了魏茨曼与费萨尔两人之间的互相同情和理解。双方都开诚布公，这样的直接会晤一定会带来良好后果。”[49]

446

劳伦斯不大可能同意这种判断。他在 6 月 8 日，也就是费萨尔—魏茨曼会议的 4 天之后结束了侦察行动，返回亚喀巴。在他看来，英国人强加的和谐只能助长费萨尔以及侯赛因在阿拉伯世界的对手的声势。

但他没有什么办法。英国人不会从《贝尔福宣言》退缩。美国人执行威尔逊的十四点计划或许能对英国施加压力，但那要等到和平会议时，美国目前在中东事务中的影响力等于零。至于阿拉伯人独立作战的计划，帝国骆驼骑兵部队的坐骑还没有送抵，就算是交付了，还需要时间——劳伦斯估计需要至少两个月，这些骆驼才能充分适应叙利亚的环境，有能力参加大规模行动。当然还有一种可能性：与土耳其人修好。巧合的是，就在魏茨曼在亚喀巴亮相的两天之前，费萨尔收到了穆罕默德·杰马勒将军的又一封密信。

事实上，费萨尔与土耳其将领的秘密通信并没有瞒得过英国高官。早在3月底，一名间谍就向雷金纳德·温盖特呈交了费萨尔给穆罕默德·杰马勒的一封信（其中概述了他的谈判条件）的副本。“很难说对这番通信应该重视到什么程度，”温盖特向外交部报告称，“直接向埃米尔费萨尔询问他的动机是不妥的……但这证实了我的疑虑，即谢里夫领袖们由于总体的军事形势，以及对协约国在巴勒斯坦和叙利亚的政策的怀疑，开始试探土耳其官员关于阿拉伯国家未来地位的意见。”[50]

得知这个消息的外交部官员们并没有表现出虚伪的假道学，的确是很了不起。他们指出，毕竟英国正在通过非官方渠道在瑞士与447 六七名土耳其使节谈判，所以如果要指责别人通敌，不太妥当。在马克·赛克斯的最初建议下，他们着手以君子的方式解除这些威胁：向费萨尔授予一枚勋章。在随后几个月内，一群英国高官就在琢磨，什么样的表彰足够让阿拉伯起义领袖肃然起敬，充分地保障他的忠诚[51]。

奇怪的是，费萨尔最忠实的辩护者之一竟然是吉尔伯特·克莱顿。他匆匆告诉外交部，针对费萨尔的背叛指控完全是出于误会，费萨尔向穆罕默德·杰马勒提出的建议事实上是旨在实现战后阿拉伯和土耳其民族间的和解。尽管如此，克莱顿建议道，伦敦方面应当抓住这个机会，“竭尽全力巩固阿拉伯人与英国的联盟”[52]。“竭尽全力”包括承认费萨尔在约旦河以东所有地区的权威，并迫使法国人“发布正式的声明”，宣布放弃对大叙利亚的权利主张。如果我们知道克莱顿对费萨尔的慷慨大度评价的来源，或许他的言论就不显得奇怪了。克莱顿在给外交部的信中称，这种解释——或许还有那一系列建议——是由T. E. 劳伦斯少校提供的。

在费萨尔与土耳其将领之间的秘密谈判中，劳伦斯究竟扮演了怎样的角色，史学界始终没有搞清楚；就像他向费萨尔泄露《赛克斯—皮科协定》内容的时间一样，劳伦斯在这个问题上似乎也深知自己面临着非常微妙的法律问题，所以向他早期的传记作者们提供了非常含糊和自相矛盾的解释。我们可以确定的是，他在这些谈判中看到了针对英国政府的一件潜在的强大武器，它提醒了英国人，假如他们背弃阿拉伯人，阿拉伯人还有别的路可走。“目前，”穆罕默德·杰马勒在6月2日的信是这样开始的，“奥斯曼政府，伊斯兰的最强大的代表，已经战胜了穆罕默德宗教的头号敌人。我深信不疑，我邀请先知的最优秀和高尚的后裔（费萨尔）参与到保卫伊斯兰的事业中，是对先知的尊崇，因为只有保障土耳其军队的胜利，所有真正的信士才能过上安全和幸福的生活。”将军在信的末尾提议在4天之后与费萨尔会面，“我相信在此次会议中，我们一定能够满足所有阿拉伯人的心愿”[53]。

费萨尔没有接受面谈的建议，但是回了信。在这封没有署名的信中，他再一次提出了让安曼以南所有土耳其军队撤走的条件，并建议，未来叙利亚与土耳其的关系可以参照奥地利与匈牙利之间的那种松散的邦联制。这还有些含糊，但费萨尔的其他条件就是斩钉截铁了：土耳其军队中所有阿拉伯士兵将脱离出来，加入阿拉伯军队，并且“如果阿拉伯和土耳其军队并肩作战，反对共同敌人，阿拉伯军队将由自己的司令官指挥”[54]。这已经不是在谈和解了，肯定也不是在谈战后的情况，而是在说阿拉伯与土耳其结成军事同盟，反对协约国。根据我们掌握的证据，费萨尔从亚喀巴向穆罕默德·杰马勒发出这个提议的时间至迟是6月10日。在此前的两天内，T. E. 劳伦斯来到亚喀巴，与他聚首。直到6月10日，劳伦斯才在亚喀巴港登上“阿瑞图萨”号，前往开罗与英国军方高层作进一步协商[55]。

448

战略大师的特点就是能够充分适应不同环境，毫不感情用事地追逐利益最大化。不管劳伦斯有没有帮助费萨尔写给穆罕默德·杰马勒的那封信，几天之后，他就去会见了他在亚喀巴回避的那个人：哈伊姆·魏茨曼。

从各方面的记述来看，这次会谈非常友好融洽。魏茨曼当然已经知道，他与阿拉伯起义领导人达成谅解的成败在很大程度上取决于这位英国中层军官。所谓英雄之间惺惺相惜，劳伦斯对这位犹太复国主义领导人的本领也非常钦佩：他敏捷地安然通过巴勒斯坦的政治雷场，见人说人话，见鬼说鬼话，一方面相当成功地安抚了阿拉伯人的担忧，同时又以另一套说辞激起了犹太人的斗志。这两位战略大师很快就达成了一定的共识，丝毫不奇怪。

这种共识植根于互相的依赖。要想在巴勒斯坦建立一个“民族家园”，犹太人显然需要英国打赢战争，这就意味着他们需要支持阿拉伯起义。在和费萨尔会谈的时候，魏茨曼就提出动员国际犹太复国主义运动来支持阿拉伯独立事业，而在拉姆拉与劳伦斯磋商的时候，魏茨曼说的更具体：这种支持可以包括向阿拉伯人提供资金和武器，以反抗土耳其人。劳伦斯则看到，犹太复国主义者在战后的叙利亚或许将扮演一个关键角色。他在 6 月 16 日撰写的关于同魏茨曼会谈的秘密报告中写道：“费萨尔占领大叙利亚之后，地主阶层、知识分子阶层、基督徒和外国势力就会转而敌对他……如果，在巴勒斯坦身处英国控制之下而地位稳固的英美犹太人选择在这个时机向叙利亚的阿拉伯国家伸出援手……谢里夫费萨尔将不得不接受这种支援。”[56]有了犹太人的帮助，费萨尔就可以“处理掉”国内的反对势力。更妙的是，由于犹太复国主义者对法国人抱有根深蒂固的不信任，费萨尔在对付法国人时将拥有一个天然盟军。

449

但那都是未来的事情。在当下，劳伦斯给外交部的建议是，阿拉伯人不应当寻求，更不能接受犹太复国主义者的援助；也不能给魏茨曼机会去达成他心急火燎的心愿：觐见侯赛因国王。

劳伦斯对犹太复国主义问题态度的转变让他的上级非常高兴，尽管这种转变的程度有限。不知是出于天真还是深思熟虑的想当然，在该地区过去 3 个月中与哈伊姆·魏茨曼打过交道的大多数英国官员都买了他的账，相信了他那令人宽慰的设想：犹太社区在巴勒斯坦与占人口多数的阿拉伯人共同生活，处于政治和经济的和谐之中。但劳伦斯和魏茨曼一样都是老谋深算的人，几乎当场即看破了后者的诡计。他在6月16日的报告中写道：“魏茨曼博士希望，50年之后犹太人将完全控制巴勒斯坦，而当前的目标则是犹太人在英国幌子之下控制巴勒斯坦。”

劳伦斯唯一的错误在于犹太人的时间表。仅仅30年之后，英国的幌子就被拆除，以色列国正式建立，哈伊姆·魏茨曼成为以色列首任总统。

威廉·耶鲁在开罗待的时间越长，就越为了两件事情感到挫败和恼火。首先，他的政府似乎根本没有注意到中东的事态。从1917年10月底开始，每个星期一他都要向国务院的利兰·哈里森发送长篇报告，除了少数简短电文之外，他没有得到任何回音。甚至他在请求指导时——他的报告是不是让读者觉得无聊？国务卿是否希望他调查另一个方面？——对方也是沉默不语。

耶鲁的第二个挫折是在更个人的层面上，他无法得到英国当局的批准去参观前线。3月初，T. E. 劳伦斯与他会面时邀请他去拜访亚喀巴的阿拉伯起义军基地，但耶鲁的申请在英国官僚机器中有如石沉大海。犹太复国委员会准备首次前往巴勒斯坦作实地考察时，耶鲁请求一同前往，却被吉尔伯特·克莱顿告知，这个计划“可能有困难”[57]。耶鲁甚至提出，自己能够以美国红十字会委员会代表团成员的身份前往；但遗憾的是，这个非政府组织不愿意为一名美国特工打掩护。雷金纳德·温盖特耐心地向美国大使馆解释，耶鲁要去巴勒斯坦，唯一的办法是将他划归为军事联络官，并在艾伦比将军的司令部获取相应的资格[58]。但耶鲁不是军人，也从来没有服过兵役，所以温盖特这么说其实是以非常有策略的方式将他留在开罗。 450

于是，耶鲁将精力集中在或许是他面前更重要的任务上：让威尔逊政府认识到，中东地区是多么意义重大。说得轻巧，做起来难，因为尽管威尔逊发布了基调高昂的十四点宣言，耶鲁却发现：“我国政府并没有一项政策。它表面上是在为虚无缥缈的理想而战，却不曾意识到，历史不是在和谈桌上决定的，而是由议和过程之前的交战期间的行动所决定……在国际事务中，‘解围天神’不是等待戏剧性危机时刻才出手的人，而是始终采取决定事态发展的行动的人。威尔逊总统和他的谋士们似乎从未理解这个简单的真理。”[59]

这个局面中的辛辣讽刺，同时也是耶鲁挫折感的来源：到了1918年春，中东事务的各方都在大声呼吁，要求美国人参与其中、决定事态发展。早在1917年10月，雷金纳德·温盖特就向一位美国外交官提议，在战后由美国接管巴勒斯坦的“委任统治权”，这种想法在英国外交部的呼声越来越高。劳伦斯在与耶鲁会谈时再三强调阿拉伯人对美国的万般景仰，显然私下里是希望推动美国参与中东事务，只是劳伦斯的目的与温盖特大不相同。哈伊姆·魏茨曼和犹太复国主义者们毫不隐晦，如果没有英国的委任统治，美国来统治的话他们也会开心。甚至英国、法国和意大利的更有帝国主义倾向的政治家们也越来越希望美国全面参与该地区事务，因为如果他们得不到新的土地，最好的结局自然是让他们的欧洲“朋友们”也得不到。

但在耶鲁看来，真正的决定性因素是阿拉伯人激昂的亲美情绪。这种态度无疑是被威尔逊的十四点宣言中的承诺点燃的，但也是深思熟虑的合乎逻辑的结果，毕竟各种权利主张都在等待在战后席卷中东。耶鲁的老朋友苏莱曼·贝伊·纳西夫就是这种态度的典型代表。纳西夫是个温和的阿拉伯基督徒，他虽然向叙利亚膨胀的犹太人口表示妥协，但仍然高度怀疑英国人的图谋，对侯赛因国王的泛阿拉伯国家保持警惕，同时坚决反对法国人的野心。纳西夫向耶鲁解释说，最好的办法，或许也是摆脱这一乱局的唯一办法，就是让美国人——他们没有帝国主义野心、满怀理性主义，同时又离

451

中东非常遥远，不会让人讨厌——参与中东事务。

耶鲁举双手赞成这种想法，但却很难在威尔逊政府内找到合适的渠道来推动它的实现。有一次，他甚至试图用赤裸裸的经济利益来诱导政府，向哈里森指出：“众所周知，美国的某些石油利益集团最近从奥斯曼政府那里购买了巴勒斯坦的大量地产。”[60]这是一位特工将自己之前活动公之于众的一个罕见例子。

在向国务院吹嘘美国在该地区享有的极高地位几个月之后，在4月底，耶鲁终于决定采取行动。那是在他见到一个叫作法里斯·尼米尔的人之后。尼米尔是在开罗的叙利亚流亡者社区的一位领导人，也是影响力极大的埃及报纸《穆克特姆报》的总编。耶鲁向利兰·哈里森解释道，自美国参战以来，尼米尔和一小群志同道合的叙利亚流亡者就将美国视为他们家园的潜在救星。“这些人开始在埃及的叙利亚人当中静悄悄地传播由美国在叙利亚建立保护国的想法，并努力尽可能地保守秘密，不让英国人或法国人得到风声。这个主意对基督徒和穆斯林都有吸引力……美国的这些热情支持者声称，叙利亚人的所有派系和集团在接受美国援助的问题上不仅会团结一致，如果能办成的话，还会欣喜若狂。”[61]

在等待哈里森对这封信回复的时候，耶鲁从华盛顿收到了在另一个问题上让他高兴的好消息。上级已经决定派遣第二名特工前往中东，此人抵达埃及后，耶鲁将被派往巴勒斯坦。即将在开罗接替他的人叫作威廉·布鲁斯特，耶鲁对这个名字很熟悉。在耶鲁担任标准石油公司驻耶路撒冷代表的时候，布鲁斯特是该公司在阿勒颇的代表。于是，美国政府在将自己在中东的情报网规模翻倍的时候，确保其人员仍然来自标准石油公司。

布鲁斯特在途中的时候，上级匆忙将耶鲁任命为所谓“国民军”的上尉。英国当局或许不想在几个月的阻挠之后显得无礼，于是没有去探寻这个奇怪的“国民军”究竟是什么东西——前往欧洲的美国军队的正式名称是美国远征军——而是向这位美国特工获得军职表示了祝贺。

“开罗的裁缝刚开始为我做军服，”耶鲁记述道，“我就开始做当军人的准备。我受过的军事训练很少（其实是一点都没有），对军事问题和礼节也一无所知。一连好多天，我穿着自己的新军服在开罗的小巷走来走去，练习向经过的英国兵敬礼。他们开始向我回礼，而脸上没有傻笑的时候，我知道自己已经上路子了。”

452

这位新任上尉的准备工作都是为了迎接他其实相当害怕的一件事情：正式拜见艾伦比将军。7 月中旬，耶鲁和美国驻埃及新任领事汉普逊·加里抓住了艾伦比短暂回国之前的机会，来到他位于亚历山大港的办公室。“我们走进艾伦比的书房时，”耶鲁回忆道，“我不知道是不是应当向将军敬礼。我也不知道是应当立正，还是坐下。我的担忧是没有必要的，因为艾伦比将军根本没有注意到我，就好像我根本不在那里似的。”

高潮时刻到了，艾伦比突然转向耶鲁，用他那训练出来的洪亮嗓音说道：“哦，耶鲁上尉，你在我的司令部有何贵干？”

“我将继续开展我的政治工作，艾伦比将军。”他答道。

答错了。“耶鲁上尉，”将军大吼道，“如果美国政府希望向我的司令部派遣一名屠夫，那是他们的权力，但你要记住，你在我的属下，就是一名军人！”美国客人遭到这番训斥，很快打了退堂鼓，耶鲁确信“艾伦比已经将我，标准石油的前员工，分类为那种从事贸易的低等生物”。

次日，耶鲁登上一列开往巴勒斯坦的运兵火车，奔赴他的新驻地：比尔萨利姆（雅法以东约 10 英里处）的英军司令部。他在那里发现，军队已经为他预留了一顶小帐篷、一张写字桌、一个帆布脸盆和洗澡水。等待他的还有 1918 年欧洲军官阶层的独有特征：勤务兵，或者说是私人男仆。英国军官们最喜欢的勤务兵是专门受训从事这种工作的印度士兵，但或许是为了报复耶鲁对艾伦比的放肆回答，分配给他的勤务兵是个头发灰白的苏格兰老头。

虽然新环境非常有乡土气息，但耶鲁肯定很乐意离开开罗和那个越来越显得徒劳的岗位。在动身奔赴前线前不久，他终于收到了国务院对他在整整两个月前发送的关于法里斯·尼米尔及其亲美派叙利亚密谋小组的信息的回复。他的这份报告虽然没有资格得到即刻回复，但显然被认为足够重要，被送上了国务卿本人的办公桌。兰辛在7月9日的电报中写道："关于你的28号报告，继续保持美国对叙利亚的不做任何承诺的态度。"[62] 453

这消息令劳伦斯大吃一惊，但也欣喜若狂。6月18日，他和艾伦·道内中校（阿拉伯半岛北部行动的新任总体协调人）前往司令部，去概述阿拉伯人独立进军叙利亚的计划。他们在那里见到了艾伦比的主要副手之一威廉·巴托罗缪将军。巴托罗缪听了他们的报告几分钟，然后微笑着摇了摇头；他告诉两位客人，他们到拉姆拉晚了三天。

道内和劳伦斯很快得知，在此前的一个月内，发生了第一次世界大战中非常罕见的一件事情：一支军队比计划提前完成了作战准备。在最近几周内，英国和印度大量部队从伊拉克和南亚次大陆持续抵达中东，取代了那些艾伦比被迫割爱、调往欧洲的部队的位置。英军做了极大努力，将新抵达的部队送入前线，并迅速将其与埃及远征军的其他部分整合起来。这些工作非常成功，在6月15日的司令部高级会议上，结论是，部队在9月就"有能力"向叙利亚腹地发动"全面的持续进攻"[63]。

对劳伦斯而言，这意味着，阿拉伯人不必冒险孤军奋战、向叙利亚发动进攻了。艾伦比的时间表与劳伦斯和道内为阿拉伯人设计的时间表相同，于是起义军只需要紧密配合埃及远征军的行动即可。当然了，在中东，时间表往往会被推翻，因此劳伦斯在7月11日再次造访司令部时得知，埃及远征军的攻势日期已经确定为9月19日，不禁大为宽慰。

在此期间发生的一个政治事件使得让阿拉伯人配合英军行动的

前景愈发显得有吸引力。5月初，7名叙利亚流亡者领导人（他们自称代表了叙利亚社会大众）写了一封公开信，要求英法以明确而毫不含糊的言辞告诉他们，英法对他们国家的未来究竟是如何设想的。伦敦和巴黎方面努力尽可能长久地对这所谓的“叙利亚七人公开信”置之不理，但这一次国际关注不允许他们这么做了。回答这个问题的责任最终被交给了最应当对这个长期争议负责的两个人：马克·赛克斯和弗朗索瓦·乔治－皮科。在吞吞吐吐许久之后，赛克斯和皮科终于在6月中旬答复了7名叙利亚人：在“阿拉伯人在当前战争中通过独立行动从土耳其控制下解放出来的地区，”英法将“承认居住在这些地区的阿拉伯人的完整主权独立，并支持他们为自由所做的斗争”[64]。

454

对劳伦斯来说，他和阿拉伯起义军很久以来一直在努力寻求的东西——英国对阿拉伯人独立诺言的再次确认——终于到来了。但这些措辞再一次证实了劳伦斯一直怀疑的、潜伏在表面之下的附加条件：只有在阿拉伯人自己解放的地区，他们的独立才会得到保证。有鉴于此，起义军有必要加入即将展开的英军攻势。在7月11日在司令部的会议之后，劳伦斯火速返回开罗，然后前往亚喀巴，开始筹划阿拉伯人耽搁许久的北上作战。

他面前的首要任务之一就是最终切断费萨尔与土耳其将军穆罕默德·杰马勒之间长期的危险通信。7月底，劳伦斯将费萨尔于6月10日发给杰马勒的和谈建议的一个副本交给了戴维·霍格思。劳伦斯对自己如何得到这样一份爆炸性文件的解释是，他是从费萨尔的书记员那里偷来的。这个故事非常荒唐，但显然有着足够的《天方夜谭》式的风味，在他的上级那里还说得过去[65]。

奇怪的是，在伦敦，关于费萨尔通敌行为的最新揭露的最直接效果竟然是，它重新启动了几个月前就开始但被暂时搁置的辩论，即对费萨尔应当授予什么样的高级荣誉。这个插曲揭示了20世纪初英国的一个真正诡异的地方：在人类历史上最血腥的战争中，就在大英帝国风雨飘摇、命悬一线的黑暗时刻，帝国的十几名最位高权重的官员居然百忙之中多次拨冗，探讨应当向一位33岁的沙漠王子授予什么勋章。他们全都忽略了最了解这位王子的英国人T. E. 劳伦斯的意见：费萨尔对勋章不怎么感兴趣[66]。

1918年8月7日早上，劳伦斯和他的60名卫兵聚集在亚喀巴海岸上。在之前的几周内，他马不停蹄地忙于战备工作，但在阿拉伯人做好准备在9月向叙利亚腹地发起进攻之前，还有许多工作要做。但对劳伦斯来说，后方基地的烦琐工作——组织补给运输队、在地图上安排人员和武器的运输——已经结束了。这一天，他和他的人马将出发进入内陆，要到大战役打响并尘埃落定之后才会回来。 455

对劳伦斯而言，这趟旅途在他个人的较深层面也有很重大的意义，他将开始掩埋困扰了他近一年的一件憾事。1917年10月，艾伦比将军的部队首次攻入巴勒斯坦的前夜，将军曾问劳伦斯，阿拉伯起义军对战役能有什么样的贡献。当时劳伦斯担心起义军惨遭屠戮，于是让阿拉伯人尽可能少地参与其中，而是提议了命途多舛的雅莫科大桥行动。如果当时他没有犹豫不决——他自己无情地将其描绘为“勇气匮乏”——局势或许会有很大不同。如果当初阿拉伯人就大举出动，过去一年的令人垂头丧气的僵局或许就能避免，战争或许已经结束；当然，德拉的苦痛、塔菲拉的悲剧以及达乌德和法拉杰的死或许也能够避免。

现在，救赎这一切的时刻到了。这天早上在亚喀巴，他告诉他的那些衣着鲜亮的卫兵们，要准备好去赢得胜利，并向其中的叙利亚人许诺，他们很快就能回家了。“于是，我们最后一次在海风飕飕的海滩上集合，阳光播洒在波浪上，闪闪发光，与我的那些衣衫光彩夺目的部下交相辉映。”[67]

西线德军总司令部位于比利时度假小镇斯帕，是一个由美丽宜人的城堡和庄严豪华的宾馆组成的网络。1918年7月31日上午，就在这里，库尔特·普吕弗和阿拔斯·希里米二世被领进一间会议室，去拜见德皇威廉二世。普吕弗在日记中写道，威廉二世对埃及被废黜的赫迪夫“印象极佳”，对他从英国人手中重新征服自己家园的宏伟蓝图也大加赞赏。觐见结束时，德皇转向普吕弗，说道：“我要求你，下一次要在自由的埃及觐见我。”[68]

如果德皇的情绪因这次会晤而颇为高昂，他的两位客人的反应则更加默然。德皇在战争期间衰老了许多，现在看上去心力交瘁，头脑甚至有些轻微的糊涂。在熟悉军事生活的堂皇外表和繁文缛节的普吕弗看来，德皇显然已经没有能力掌控多少东西，尽管他佩戴着富丽堂皇的勋章，仪态依然威风凛凛，但其实他现在几乎和阿拔斯·希里米一样，是个傀儡。

这是两人在7月23日从君士坦丁堡起程时都没有料到的。土耳其政府派出了一个包括内政部长塔拉特在内的代表团到火车站为他们送行，这证明了土耳其政府对他们此行的极高期望。但随后是横亘同盟国腹地的漫长而缓慢的旅途，一路上映入眼帘的尽是破败和衰落的景象。对两人来说，这个国家及其民众已经彻底精疲力竭，局势比几个月前糟糕许多，这与德国总司令部不断发出的乐观宣言和接近最终胜利的言论非常不符。

456

如果之前还没有的话，他们抵达斯帕的时候肯定已经了解到这些宣言的虚假。7月17日，德军自3月以来在西线实施的五次攻势（统称为“皇帝战役”）的最后一次被叫停。德军损失超过70万人，其残部开始撤往兴登堡防线。这是贯穿法国北部全境的一系列极其复杂的防御工事，德军早在1917年就开始修建这些工事。德国不仅无法赢得“最终胜利”，甚至在可预见的将来也无法结束战争；在兴登堡防线之后，德国或许可以长期坚守，让这场战争不分胜负地拖下去。

在战线的另一侧，将帅和战争筹划者们对战局的评估无疑就是这样的。尽管美军终于开始如潮水般抵达法国，最乐观的协约国战略家还是估计，要到1919年才能取得突破，而最保守的军事家则预测，战争还会拖很久；有些人甚至分析认为，战争会打到20年代中期。

但正如协约国的智者们提出的其他每一项评估一样，这些估计也被证明是大错特错。在全球死亡约1600万人之后，大幕快要落下了，其速度之快，很少有人能够理解。令人难以置信的是，这场大崩溃将从全球战争最偏僻、似乎最不重要的角落发端：叙利亚。

第 18 章
大马士革

457 我们命令“不要俘虏”，士兵们服从了这道命令。

——1918 年 10 月，T. E. 劳伦斯关于塔法斯事件的正式报告。[1]

1918 年 9 月 12 日。世界大战进入了第 50 个月份。这一天，在审视各条战线的时候，协约国的军方和政界领袖们陷入沉思，越来越确信敌人已经濒临崩溃，但他们又回忆起，在过去他们曾多次在这个问题上判断失误。在西线，德军撤出了在春季攻势中占领的最后一片土地，在兴登堡防线后方重整旗鼓。协约国军队将于月底对这道人类历史上最固若金汤的防御体系进行第一次试探性攻击，将由法国和美国军队联合在默兹河附近发动。在南线，在血战 3 年、损失超过 150 万人而徒劳无功之后，意大利将军们终于吸取了教训，开始制定小规模计划，去对抗坚守皮亚韦河远岸已经近一年的奥匈帝国军队。在巴尔干，法国、塞尔维亚、希腊和英国联军正在准备攻击马其顿境内的一支保加利亚军队。几百万人惨死的记忆依然清晰，所以协约国将这些计划中的进攻只看作是试水之举，意图仅仅是在冬季降临之前取得些许进展，随后要等待次年春天，或许还要等更久。英国首相劳合·乔治最近提议，暂停所有针对德国的全面进攻计划，一直等到 1920 年，那时美国陆军就能全面登陆法国，协约国的兵力能够真正压倒德国[2]。458

在这种气氛下，人们继续过着自己的生活，协约国方面抱有谨慎的乐观，而同盟国的人们则静悄悄地揣着一份惶恐。所有人都相信，人类历史上最惨烈的战争终于一步步走向结局了，尽管这个结局的具体细节和时间表还和以往一样遥遥无期。

9月12日这一天，亚伦·亚伦森正在一艘驶往纽约的客轮上，这艘船是5天前从南安普敦起航的。8月，他从中东返回英国，在随后几周内在巴黎和伦敦之间来往穿梭，努力为他在巴勒斯坦买地的计划争取支持，但受到很多挫折。由于他与哈伊姆·魏茨曼和英国其他犹太复国主义领导人一贯的争吵，他的这些努力变得非常复杂。魏茨曼和马克·赛克斯找到了一个一举两得的办法，既能暂时甩掉这个讨厌的农学家，又能让他发挥热量：让他再去一次美国，拉拢美国犹太人团体。他们为亚伦森安排好了一系列的会议和演说，他的船开进纽约港之后，足够他忙上几个月的。

库尔特·普吕弗在这个夏天的经历逐渐从怪异变成了超现实。在7月底安排阿拔斯·希里米觐见德皇之后，随后几周内，他忙着陪伴这个觊觎埃及王位的人在德国乡间四处巡游，参加官方会晤和欢迎赫迪夫的宴会，还要安排他在诸侯王公和伯爵夫人们的乡间庄园逗留。8月中旬，在山区度假城镇加尔米施—帕滕基兴，两人幸会了德皇的妹妹维多利亚·冯·绍姆堡－利佩公主和她的三教九流的扈从们，于是一起度过了相当放荡堕落的10天欢乐时光，尽管前线传来的消息越来越晦暗。

“我和公主、蒙特格拉斯伯爵夫人，还有赛琳娜·冯·施罗特海姆越来越亲近，”普吕弗在8月30日的日记中写道（蒙特格拉斯和冯·施罗特海姆是德皇御妹随从中的两位交际花），“晚上饮酒作乐、跳舞、调情、举办狂热的室内聚会，诸如此类。”[3]

但这并非仅仅是客厅的寻欢作乐。阿拔斯·希里米是世界上最不知疲倦的阴谋家之一，随着同盟国的前景越来越黯淡，普吕弗这个德国间谍头子却越来越焦灼而热诚地投入这个埃及人的宏伟蓝图中去。这个蓝图包括将希里米的儿子和继承人阿卜杜勒·穆奈姆从瑞士引诱出来。前任赫迪夫解释说，他的儿子是个脆弱而喜怒无常的年轻人，带有虐待狂倾向——这在很大程度上解释了他为什么现在正和英国人眉来眼去——但如果普吕弗能将阿卜杜勒·穆奈姆诱

459 骗到德国，他的父亲就能安排他迎娶新任奥斯曼苏丹的女儿，这样就能巩固希里米自己对埃及统治权的主张。普吕弗感到这是个绝妙的、意义重大的想法，必须要与外交部最高层沟通。从这就可以看出，普吕弗已经多么脱离实际[4]。

如果说这位德国间谍头子终日生活在空中楼阁中，在虚空幻境里陪伴他的还有很多人。外交部高层官员不仅敦促普吕弗继续执行诱拐阿卜杜勒·穆奈姆的计划，还请求他在另一件事情上出手相助。德国高层得知，在 6 月的时候，费萨尔·侯赛因向土耳其将军穆罕默德·杰马勒写了一封寻求和解的信，于是想到了一个与阿拉伯起义军媾和的主意，以此作为解决中东难题的最后方案，这个方案也许会将他们在青年土耳其党领导层的挚友包括在内，也许不会。外交部要求普吕弗寻找合适的中间人，向费萨尔传递德国自己的秘密和平建议。阿拔斯·希里米热心地提供了一些联系人的名单，普吕弗将这个名单报了上去。

威廉·耶鲁在这年夏末的经历没有那么丰富多彩，而是令他垂头丧气。到 9 月 12 日，他已经在英军总司令部（位于耶路撒冷城下山麓地带的比尔萨利姆）枯坐了一个多月。在此期间，这位国务院特工（此时他的新身份是美国驻埃及远征军的军事代表）从英军司令部那里没有打听到一星半点关于艾伦比的新攻势的消息，尽管传闻满天飞。这可不是因为耶鲁不够努力。耶鲁参加了许多情报汇报会议，在这些会议上，英国官员们似乎在私下里互相竞争，看谁透露的实质性信息更少；他还忍受了一系列甚至更加干瘪无趣的高级幕僚晚餐会。他不断请求参观英军前线，但总是被各种理由挡回来。最后，负责关照外国代表的英国军官霍奇森上尉终于对此

做了部分解释。“我要告诉你，耶鲁，”霍奇森透露道，“上级命令我，对你说的越少越好，因为你曾经是标准石油公司的人。”[5]

但英国人无意中给了耶鲁一个机会。他们对外国军事代表都不甚尊重，对耶鲁尤其讨厌，因此将他和另一群令人嫌恶的随军人员——常驻军队的记者——一起隔离在比尔萨利姆的一个角落里。这些三教九流的英国和澳大利亚记者的行动自由比外国军事代表们大得多，因此耶鲁从他们那里至少能够得知英军在筹划什么东西，到9月12日的时候，他已经知道，“大戏”很快就要开演了。他不知道新攻势的具体时间，更不知道地点，但司令部里弥漫着一种紧迫感，而记者们说在外出时看到了部队调动、物资转运，这些都无可争辩地表明，艾伦比的攻势已经箭在弦上。 460

除了对耶鲁的标准石油公司背景的顾虑之外，英军司令部其实有很好的理由要保守秘密，因为他们在巴勒斯坦运筹帷幄的计划包含了一个非常复杂的计谋。最近几周内，一系列英军单位被从巴勒斯坦海岸平原调往耶路撒冷周边，他们的新的帐篷营地遍布朱迪亚的山坡。由于这次重新部署，艾伦比将他的前进指挥部迁往耶路撒冷。同时，英军向安曼地区的各部落派遣了收购人员，任务是在9月底之前收购到足够一支大军的马匹和骆驼食用的大批草料。对正在观察的土耳其人看来，结论是毋庸置疑的：英军攻势即将展开，目标仍然是英军曾在那里失败两次的萨勒特—安曼地区。但事实上，那些新搭建的帐篷城市是空无一人的，艾伦比迁往耶路撒冷只是个戏法，而收购草料也是障眼法。英军的计划实际上是攻击战线的另一端，沿着巴勒斯坦海岸席卷北上，然后转入内陆，以便从三面包围土耳其军队。

这还只是计谋的一个方面；另一方面将在约旦河的另一侧上演。近一段时期以来，一支由阿拉伯部族武装、阿拉伯北方军士兵、英法顾问和专门的炮兵与装甲车单位组成的数千人的混成部队一直在越过叙利亚沙漠，在阿兹拉克古要塞集结。如果土耳其人发现了这个动向——规模如此之大的部队当然不可能无限期地隐声匿迹——就会更加确信，协约国的攻势将在阿兹拉克以西仅 50 英里处的安曼发起。但事实上，集结在阿兹拉克的部队的真正目标是西北方 70 英里处的关键铁路枢纽德拉。另外，这支部队还将担当整个攻势的至关重要的排头兵，目标是在艾伦比发动总攻之前切断汉志铁路及其深入巴勒斯坦的支线，以便从背后使土耳其军队彻底瘫痪。到 9 月 12 日，这支部队的最后一些单位也抵达了阿兹拉克，在那里遇到了负责协调整个行动的两名英军中校：皮尔斯·乔伊斯和 T. E. 劳伦斯。

到当日为止，劳伦斯已经在阿兹拉克待了近一周，对连续抵达的各单位作了评估：来自十几个阿拉伯部落的战士、英法运输和炮兵专业人员、一队印度骑兵，甚至还有一小队廓尔喀兵（非常有名的尼泊尔士兵，以其标志性的弯刀闻名遐迩）。9 月 12 日上午，阿拉伯起义的高级领导人抵达了阿兹拉克，其中最重要的是费萨尔·侯赛因，还有努里·沙拉昂和奥达·阿布·塔伊，以及劳伦斯在过去两年中帮助争取到阿拉伯独立事业中的其他一些部落酋长。于是部队最终集结完毕。进攻部队的前锋将于次日上午开始部署，计划是在当天下午召开一次秘密会议，劳伦斯和乔伊斯将在会上详细阐述各个目标。

461

但恰恰是在这个关头，在劳伦斯吃尽苦头促成的战役的前夕，他却突然间陷入了令他瘫软无力的抑郁中。侯赛因和其他阿拉伯领导人抵达不久之后，劳伦斯溜出了阿兹拉克，前往约 80 英里之外的一个叫作艾因阿萨德的偏僻山涧。他在《智慧的七柱》中记述道："我在柽柳丛里的旧巢穴中躺了一整天，风儿在挤满灰尘的翠绿枝杈上吹拂出的声音与在英国树木上发出的声音一模一样。它告诉我，我对这些阿拉伯人真是烦透了。"[6]

其实，近一段时期以来，已经出现了一些迹象，说明劳伦斯可能濒临这样的精神崩溃。7 月中旬，在得知艾伦比攻势发起的确定时间之后，他本应欣喜若狂才对，却向密友维维安·理查兹写了一封忧郁的信。“我被如此凶暴地连根拔起，投入到一件我无力胜任的工作中，万事万物都显得虚幻，”他告诉理查兹，“我丢弃了曾经做过的一切事情，仅仅作为一个机遇的窃贼来生活，发现机会的时候就伸手攫取……这是一种外国舞台，我成日成夜地穿着奇装异服、说着奇怪的语言，在这里表演。代价是，如果角色演得不好，就要为失败负责。”[7]

随后他描述了自己对阿拉伯人的仰慕，尽管他现在已经认识到，他从根本上与他们是格格不入的，永远是个异乡客。他写到了自己脑海中常常萦绕的词语——和平、沉默、休息——“如同黑暗中一扇亮着的窗户”，但又质疑，一扇亮着的窗户究竟有什么用。正如劳伦斯在吐露真情实感时常常做的那样，他在信的末尾对自己写的东西大加贬抑，称这是一封“白痴的信”，其源于他自相矛盾的个性。“我仍然一直得不到满足。我讨厌前线，也讨厌后方，我不喜欢责任，也不服从命令。总的来讲现在一点用都没有。漫长的寂静，如同清洗，然后是冥思和对未来道路的抉择，那才是应当期待的东西。”

462 如果他给理查兹的信提及了他心力交瘁的状态，这更是由于他因为“欺骗”自己的阿拉伯战友两年之久并“从中渔利”而抱有负罪感。这种歉疚越来越重。8月初，在筹划阿兹拉克行动的时候，劳伦斯又一次见到了强大的卢阿拉部落的酋长努里·沙拉昂。他曾向这位酋长建议相信英国向阿拉伯人许下的最新一次诺言，希望能够将他争取到谢里夫的阵营。在8月的会见中，沙拉昂终于全面承诺参与起义，但此后《贝尔福宣言》和《赛克斯—皮科协定》被公之于众，沙拉昂一定知道这个拉拢他的英国人不够坦诚。从劳伦斯的回忆录和他告诉自己最早的传记作家的言论来看，欺骗沙拉昂这件事情对他的良心压力最大，尽管具体原因还不清楚[8]。

就在动身前往阿兹拉克之前，发生了一件事情，让劳伦斯对自己为阿拉伯人而奋斗的“圣战”的目的产生了怀疑。8 月底，阿拉伯军队主力正在准备离开亚喀巴地区北上的时候，侯赛因国王与费萨尔发生了相当公开的激烈争吵，几乎是在指控儿子不忠诚。在将近一周时间内，父子两人用措辞激烈的电报互相争吵，在此期间，起义军的行动止步不前，时间一分一秒过去，整个叙利亚攻势能否实施都成了疑问。劳伦斯最终促成了两人的和解——他截获了侯赛因的一封电文，将怒气冲天的后半部分删去，只将听起来抱有歉意的前半部分发给了费萨尔。但是，恰恰是他为之奋斗的那个人几乎将他的全部计划破坏掉，这让劳伦斯感到了挥之不去的痛苦[9]。

但在艾因阿萨德的这一天，令劳伦斯痛苦万分的还有另一件事，是近期发生的对他个人的沉重打击。从各方面证据来看，在劳伦斯在阿兹拉克期间，他得知了自己在卡尔基米什时的年轻伙伴达霍姆的死讯。达霍姆显然是前一段时间肆虐叙利亚北部的斑疹伤寒大爆发的受害者。在很深的程度上——这种程度之深，劳伦斯自己或许都没有完全理解——他已经在自己脑海中将这场战争幻化为达霍姆的形象。就是为了这个叙利亚少年和他的未来，阿拉伯人才需要得到解放。现在达霍姆死了，激励劳伦斯奋斗的许多东西也就随风飘去了。尽管他从来没有揭示《智慧的七柱》献词中的神秘的“S. A. ”的真实身份——达霍姆的真名是萨利姆·阿里，但该书卷首诗的最初几节强有力地佐证了劳伦斯得知达霍姆死讯的时间和此事对他的影响：

463

> 我爱你，因此我将这些如潮的人流拉进我的手中
> 在繁星灿烂的天空里写下我的心愿
> 去为你赢来自由——那有七根支柱的智慧之屋
> 你的眼睛会为我而闪耀
> 当我们来的时候
> 死神似乎是我征途上的仆人，直到我走近你

看见你在等待

当你微笑时，悲戚地嫉妒时，他（死神）追上了我

并把你拉走

带入他无言的寂静之中。

虽然悲痛不已，但劳伦斯已经为阿拉伯独立事业出力甚多，对阿拉伯人也提出了太多要求，在漫长战役的高潮时又怎能抽身呢？他对自己在9月12日的情绪描述道：“时至今日，我对自己被安排到了错误的位置所抱有的耐心已经耗尽了。再过一周、两周或三周，我决心一定要卸任。我的神经已经崩溃，如果还能隐瞒那么久，我就太幸运了。”[10]于是，他离开了在艾因阿萨德的“巢穴”，返回阿兹拉克。几个小时之后，集结在阿兹拉克的战士们就将对敌人发起第一轮打击。

巧合的是，就在这一天，美国驻伦敦军事情报办事处收到了一份绝密报告，称英军方面的阿拉伯起义军的士气正在瓦解。9月12日的这份报告称：“情报显示，在亚喀巴地区与埃米尔费萨尔在一起的叙利亚人非常不满，争执很多。”一个重要原因显然是起义军的战斗力太差。“尽管有英军的支援，阿拉伯半岛的阿拉伯人表现出缺乏组织和实施作战的能力……阿拉伯人的整个局势非常糟糕。”[11]

这份报告的作者是美国军事情报机关在中东的主要通信员——军事代表威廉·耶鲁。从这份报告开始，他建立了美国情报界的一个传统：对中东局势进行根本上的错误解读。在随后95年中，耶鲁在美国情报界的后继者们将恪守这一传统。

大家轻松愉快。在战争中，全部优势都在己方，而风险大部分都在敌方，这种现象并非罕见。9月14日上午，劳伦斯离开了阿兹拉克，随后一周的大部分时间里都乘坐一辆劳斯莱斯装甲车，在德拉周边的沙漠中风驰电掣，炸毁桥梁、摧毁铁轨，躲闪敌人效力

极差的空袭，偶尔与倒霉的土耳其徒步巡逻兵交锋。

464 他的行动如此轻而易举，很大程度上要归功于艾伦比司令部计谋的成功。土耳其军队重兵云集在安曼周边，准备迎战英军，阿兹拉克的突击部队几乎如入无人之境，可以自由地达成目标：切断德拉南北两个方向的汉志铁路，以及向巴勒斯坦延伸的至关重要的西向支线。最终目标当然是在艾伦比的总攻于9月19日开始前完成上述任务。

但劳伦斯追上突击队的主力时却得知，由于运气不佳，袭击德拉以南铁路线的行动失败了。现在他已经对沙漠中机械化作战的效力坚信不疑，于是决定亲自试一次。他只带了两辆装甲车和两辆“补给车”，即大型轿车。9月16日上午，他找到了自己的攻击目标，那是一座防备薄弱的桥梁，周边荒无人烟，桥梁是“一座不错的小型建筑，80英尺长，15英尺高”[12]。让劳伦斯特别骄傲的一点是，他和战友们在安放炸药时使用的是一种新技术，能够让桥梁“结构完全损毁”但主体仍然不倒。土耳其的维修人员将不得不耗时费力地先将桥梁残骸拆除，然后才能开始重建工作。

这项任务完成后，劳伦斯重新加入阿拉伯部队主力，于次日上午一同袭击德拉以北的铁路。1000多人的部队没有遇到多少抵抗，很快就控制了近10英里长的铁路线，好让爆破组放置炸药。此次行动让劳伦斯摆脱了在阿兹拉克一直困扰他的忧郁情绪。司令部给他的主要任务是将德拉隔离，“我简直不敢相信，我们的运气居然这么好，我们向艾伦比的承诺这么简单、这么快就兑现了”。

目标只剩下了通往巴勒斯坦的铁路支线。就在9月17日这天下午，一支阿拉伯部队袭击了德拉以西几英里处的一座火车站；他们很快就洗劫了车站，将不能搬走的东西全都付之一炬。但劳伦斯的计划更宏伟。他率领一小队人马西进，希望能够摧毁前一年令他遗恨的雅莫科峡谷大桥。但这一次他仍然不能成功，因为他遇上了从巴勒斯坦赶来的整整一火车的德国和土耳其军队。

但是，劳伦斯于次日返回并与起义军主力会合时，仍然有充分的理由对自己的“成绩”感到心满意足：土耳其军队通往巴勒斯坦的主要电报线被切断了，全部三段铁路都被摧毁，维修需要几天至几周的时间。他还有更多的破坏工作要做——9 月 18 日这天下午，他还炸毁了另一座桥梁，这是他的战绩中第 79 座桥。但阿兹拉克的前锋部队已经完成了司令部命令他们在艾伦比攻势之前执行的所有任务，而此时离攻势发动已经只有几个小时。 465

按照预先的安排，一架皇家飞行军团的飞机将于 9 月 21 日上午降落到阿兹拉克，带来关于巴勒斯坦攻势进展情况的报告。劳伦斯急于知道消息，在此前一天就赶回了那座沙漠要塞。他自 6 天前从阿兹拉克出发以来就几乎没有合过眼，现在已经精疲力竭，濒临崩溃，在营地的野战医院找到一张空床，倒头就睡。

9 月 18 日，耶鲁走进指定的食堂用餐时，发现了第一条线索：记者们都不在了。他走到停车场时又发现了第二条线索：所有的车辆也都走了。一名英国下级军官勇敢地解释说，汽车都被派到了前线各处，为即将开始的攻势做准备。显然，耶鲁和仅剩的另外一名外国代表——一个叫德·桑布伊的意大利少校——没有任何车辆可用。

“我非常恼火和困惑，”耶鲁写道，“一名军事代表应当做什么？我应当要求为我提供上前线的车辆，还是应当接受他们的这种蹩脚的解释？桑布伊为什么不应当做些什么？他是个科班出身的军官，1915 年就参战了。我对自己，还有对英国人非常恼怒，就这样上床睡觉了。”[13]

他的这一觉被打断了。9 月 19 日凌晨 4 时 45 分，耶鲁被“似乎震撼了整个世界的可怕巨响”吵醒了。在巴勒斯坦的整条前线，英军的近 500 门大炮同时开始轰击土耳其战线。

耶鲁起床穿好衣服的时候，已经下定了决心。他雄赳赳气昂昂地走进一位将军的办公室，宣布自己马上去吃早餐，如果吃完的时候还没有一辆汽车在等他的话，他就向华盛顿发电报，说英国人把他监禁了。他的意大利同行对这种蛮勇大感震惊，但不久之后两人从食堂走出来的时候，有辆福特T型汽车在等他们，驾驶员曾经是伦敦的一名出租车司机。

这天上午，他们被送到一座俯瞰沙仑平原的悬崖上，据说从那里可以观察战场的一个部分。两位外国代表发现一群英国军官已经在一座十字军时代古堡遗址安顿下来，于是加入他们，用望远镜观察着北方2～3英里处的战局。这是耶鲁第一次观察战斗，没怎么

466 引起他的兴趣。“炮弹不时从我们背后的高地射出，频率并不高，而我们前方是步枪的枪火，断断续续的机枪嗒嗒声，不时有散兵线在前进，在石灰石山岭的空寂灰白色背景下，几乎看不清士兵的身形。这远远没有我孩提时代在范科特兰公园看的战争表演那么激动人心。对我们而言，这一天既漫长又乏味。似乎没有人知道究竟在发生什么事情；我肯定不知道英军还是土耳其军队占了上风。”

这位初尝战争滋味的美国代表并不知道，他正在体验的其实是传统战场的本质所在：在排山倒海的混乱中，即便是高级野战指挥官通常对战局进展也只有非常模糊的把握，而且往往只能了解自己所在位置周边的情况。但足智多谋的耶鲁想到了一个办法。当晚回到司令部之后，他利用自己的外国代表身份，获准进入主电报室。在那里他发现了来自战场各个角落的成堆的电报。将这些电文与地图联系起来，他就能对战役总体局势有一个全面的把握，而这种把握原先是只有艾伦比和他最高级的参谋才享有的。次日，耶鲁来到了前线的另一个地段，向一位英军准将介绍了各处的战事进展情况。前一天了解到的知识派上了用场。

“这让我在军队里感到不是那么窘迫了，”他回忆道，“我第一次来到职业军人的队伍里感到的那种自信严重受挫的感觉也开始消失了。”

在攻势的最初两天，耶鲁享受到了从远距离舒适地观察战场的

特权，在他眼里，士兵们如同一群群疾跑的蚂蚁。这种情况在9月21日宣告结束，他和伙伴们乘坐T型汽车爬上一条通往纳布卢斯镇（在撒马利亚山麓地带）的山路。前一天，一个逃跑的土耳其单位从同一条道路撤往纳布卢斯，在那里遭到大群英国飞机的轰炸和机枪扫射。

“土耳其人毫无还手之力，”耶鲁记述道，“没有地方可以掩蔽，也没有办法投降。造成了悲剧性的后果……道路上一连好几英里，两边都是浮肿的死尸，在赤日炎炎之下膨胀到了爆裂的地步。”

有一个景象让耶鲁永生难忘，那是公路的一个地点，有一座古罗马的高架渠穿过了一座山谷。在这里，曾有数十名土耳其士兵紧贴在高架渠的石墙上，以躲避扫射的英军战机，但飞机绕到他们背后，从另一个方向攻击，于是他们全都丢了性命。在整个一条高架渠沿线，死尸整整齐齐地排成一路纵队，“在世人眼中，”耶鲁回忆道，“如同一排翻倒的锡兵。” 467

传来了惊人的消息。9月21日，皇家飞行军团的一架飞机在阿兹拉克降落，飞行员告诉大家，英军沿着巴勒斯坦海岸长驱直入，秋风扫落叶一般粉碎了挡路的土耳其军队的微弱抵抗。几周前，司令部的期望是进抵耶路撒冷以北40英里处的纳布卢斯城。现在，仅仅几天之内，英军前锋就已经远远超越了纳布卢斯，数千名敌军士兵缴枪投降。艾伦比将军发给在阿兹拉克的费萨尔的信中洋溢着胜利的喜悦。“在叙利亚的土耳其军队遭受了难以恢复的惨败，”信中写道，“我们现在应当联手，将敌人彻底歼灭。”[14]

艾伦·道内给乔伊斯中校的信讲得更详细。前一天晚上，英军骑兵已经从沿着海岸北上的行动转为向内陆推进，合围在巴勒斯坦的敌军部队指日可待。“整个土耳其军队已经落入陷阱，”道内欢呼雀跃道，“除了通过雅莫科峡谷向约旦河以东逃跑之外，所有退路都被封死。如果阿拉伯人能够切断这最后一条逃生之路，而且是及时切断，那么敌人一兵一卒、一门大炮、一辆马车都插翅难逃！多么了不起的胜利！”[15]

劳伦斯在《智慧的七柱》中明白无误地说：“我们的战争的面貌发生了变化。”

当然，战局进展如此之快，原先为阿兹拉克部队设计的作战计划已经过时。当天下午，劳伦斯登上那架皇家飞行军团的飞机，返回巴勒斯坦，与艾伦比将军的幕僚紧急磋商。

劳伦斯在司令部得知，新的目标不是击败土耳其军队，而是将其全歼。艾伦比在给费萨尔的信中也提及了这一点。为了达成这个目的，在英军左翼继续北上的同时，另外三支部队将渡过约旦河东进，以便扫荡汉志铁路沿线的各个叙利亚城镇，最终逼近大马士革。关键仍然是德拉。从巴勒斯坦逃跑的所有土耳其单位以及那些仍然在它南面的单位有可能会在德拉集结，或许能够重整旗鼓，负隅顽抗。司令部敦促劳伦斯，为了防止这种情况的发生，阿拉伯人必须彻底切断德拉以南的铁路线，而绝不可以冲向大马士革[16]。

468

艾伦·道内写给在阿兹拉克的乔伊斯的信中已经强调了这后一点。乔伊斯临时外出，劳伦斯拆读了这封信。“你和劳伦斯应当动用全部约束力，”道内向乔伊斯下令，“防止费萨尔在北方做出任何鲁莽行动……局势完全在我们手中，任我们控制，所以费萨尔只要信任我们并耐心等待，就不必担心对他不利的事情。让他千万不要在未与艾伦比将军协商的情况下北上，那将是致命错误。”

英国人的这番担忧是完全可以理解的。近两年来，劳伦斯一直向费萨尔进言，阿拉伯人要对大马士革发出主张的唯一稳妥办法是抢先抵达那里；前不久马克·赛克斯向“叙利亚七人”回复的公开信进一步证实了这一论断。因此，对费萨尔来说，放弃德拉行动而进军大马士革是个不可抵挡的诱惑。劳伦斯在司令部短暂停留期间，艾伦比的高级参谋们一再向他强调，阿拉伯人在这个关键时刻保持忠诚的话，将得到很好的报偿，甚至暗示，将会允许费萨尔在大马士革建立一个政府[17]。

得到这些保证并拿到给阿拉伯人的新命令之后，劳伦斯于次日飞回了阿兹拉克。随后两天内，大群阿拉伯战士以及英军的装甲车单位袭击了德拉以南的汉志铁路，将其严重损毁，在可预见的短期内无法修复。但撤退中的土耳其军队可能重整旗鼓在德拉顽抗的担忧现在看来是多余的；敌人已经溃不成军，他们的士兵被战局发展的神速惊得呆若木鸡，脑子里只有逃命一件事情。土耳其军队瓦解的速度如此之快，到 9 月 25 日，劳伦斯就得以向司令部报告称，德拉以南的所有内陆城镇中或许已经只有 4000 名土耳其士兵，其余大部分人已经通过德拉，继续逃往大马士革[18]。

但考虑到战役目标已经扩大为全歼土耳其军队，劳伦斯看到了一个机遇；如果德拉不会成为土耳其军队的集结地，那么可以将它化为杀戮场。在 9 月 25 日的报告中，他在描述敌人部队企图逃往大马士革的时候，简练地评论道："我要阻止他们。"

为了达到这个目的，他在 26 日派遣一群阿拉伯战士前往德拉西北方 12 英里处的一个叫作谢赫萨阿德的小山村。在那里，起义军可以居高临下地观察德拉和通往大马士革道路上的情况，还能观察从巴勒斯坦通过雅莫科峡谷撤退的土耳其部队的动向。

劳伦斯很快就有理由为自己的这个选择感到庆幸。当天下午，侦察兵发现一小群德国和土耳其士兵从雅莫科道路走来，"绝望但逍遥，轻松自在地行军，认为自己离战场还有 50 英里远"[19]。阿拉伯人匆匆布下了一个陷阱，将这群掉以轻心的敌人迅速消灭。劳伦斯写道："谢赫萨阿德很快就报答了我们，报答得很好。"

469

这还只是小试牛刀。次日上午，英军从雅莫科北上，德拉及其周边地区的土耳其军队准备放弃这里的阵地。劳伦斯得到情报：约 4000 名敌军将从德拉出发，在通往大马士革的主路上撤退，而另外 2000 人将从附近的一个城镇撤退。这支 2000 人的队伍选择了陆路的一条捷径，将通过谢赫萨阿德以南 6 英里处的塔法斯村。劳伦斯在

《智慧的七柱》中冷冷地写道:“2000 人更像是我们能吃得下的。”

9 月 23 日下午,一支印度骑兵部队从土耳其人手中夺取了地中海城市海法。威廉·耶鲁于当晚抵达海法,在当地一户人家住下,然后决定在城市空荡荡的老城区散散步。

在第一次世界大战初期,几乎所有参战国军队中都有配备长枪的骑兵。到 1918 年,在机枪和作战飞机的时代,几乎所有这样的骑兵都抛弃了长枪这种过时武器,但印度军队还没有。当天下午,印度枪骑兵在海法老城区的狭窄街道上大显神通,追杀胆战心惊、抱头鼠窜的土耳其士兵,将其一一刺死。耶鲁不管走到哪里,看到地上都是死尸。

“在死寂的冷清的街道上,”他回忆道,“在明亮的月光下,土耳其士兵的尸体非常奇怪地显得极不协调,因为东方月夜的安宁祥和笼罩着城市的这个部分。”

但是,普通人很快就会对战争的恐怖无动于衷,威廉·耶鲁也不例外。次日是他来到战场的仅仅第 6 天,他和德·桑布伊少校开车在巴勒斯坦海岸公路上奔驰,经过了一队队被押往战俘营的土耳其战俘。在队伍的末尾是几十名精疲力竭或者病重而无力行进的俘虏。这些人就被丢弃在后面,在炙热阳光下等死,他们的战友、俘虏他们的印度兵,以及耶鲁和他的伙伴,都熟视无睹。“这不是我们能管的事情,我们还有一天的路要走,”他写道,“我当时绝没有想到,我们太没心没肺、冷酷无情。我们根本没有想到停下来,带上一两个人。”

470

在塔法斯外围不远处的高高草丛中,他们遇见了第一批幸存者。身心受到极大摧残的村民们喃喃低语地告诉他们,土耳其士兵在一个小时前进入塔法斯之后就开始疯狂肆虐。劳伦斯和阿拉伯部队的前锋继续前进,很快发现了敌人暴行的证据。草地上四处散布着尸体,“用死尸的那种方式紧紧地拥抱着大地”。

突然间，一个三四岁的小女孩跳进他们的视野，她的脖子上有道深深的伤口，鲜血浸透了她的罩衫。“那孩子走了几步，”劳伦斯回忆道，“然后停住脚步，以令人震惊的力量向我们高声哭喊起来：‘老爷，别打我！’除了这哭声，周遭一片沉寂。”片刻之后，女孩跌倒在地，很可能是死了[20]。

但与塔法斯街头的惨状相比，这还不算什么。到处是死尸，很多尸体残缺不全，姑娘和妇女们显然是惨遭先奸后杀。让劳伦斯印象最深的是，一个裸身的孕妇俯卧在一堵矮墙上，身体被锯齿刺刀刺穿，非常恐怖。她周围有约二十具尸体，“死法不同，但都是非常猥亵”。

非常巧合的是，在前两周陪同劳伦斯，并且现在与他一同骑行的人当中就有塔法斯的头人塔拉勒·哈雷丁。劳伦斯在正式报告中记述道，塔拉勒看到自己村庄遭到蹂躏的惨状，“发出令人毛骨悚然的哭喊，用头巾围住自己的头，用马刺狠狠地催动坐骑，在马鞍上摇晃着，全速冲进正在撤退中的土耳其队伍。他和他的母马都被机枪打死，倒在敌人的枪尖下”。

与奥达·阿布·塔伊（他在这天上午也来到了塔法斯）协商之后，劳伦斯向他的副手们下令，不接受任何俘虏，或者按照他在《智慧的七柱》中的更雄辩的说法：“你们当中谁能带来最多的土耳其死尸，就是最优秀的。”

9月27日这个漫长日子余下的时间里发生的是一场极其残酷的单方面屠杀。进攻的阿拉伯人很快将逃跑中的土耳其队伍切割成三个孤立部分，然后开始逐个击破。任何负伤倒下或者企图投降的土耳其或德国士兵都被迅速砍死。很快，沿途村民也加入了追击，他们急于报复4年来压迫他们的土耳其人，或许同样热切地希望抢劫死人身上的财物。甚至从屠杀的标准来看，这也显得格外凶残。“我们陷入了一种疯狂，”劳伦斯在《智慧的七柱》中记述道，“这疯狂来源于塔法斯遭遇的恐怖蹂躏，或者关于它的故事，于是我们

471

杀了又杀，甚至猛击死人和牲口的头部，似乎他们的死亡和汹涌鲜血能够缓解我们脑子里的痛苦。”

屠杀越来越残忍。阿拉伯部队的一个预备队伍由于偶然，没有接到“不留俘虏”的命令，日落之前，劳伦斯折回来的时候，这个单位已经活捉了约250名土耳其和德国士兵。根据他在《智慧的七柱》中的记述，劳伦斯“并非不愿意”放这群俘虏一条生路，但他被带到一名垂死的阿拉伯战士面前，此人被德国刺刀残忍地钉在地上，“就像收藏的昆虫标本”。劳伦斯在此事过后不久写下的正式报告中称，“然后我们将哈奇开斯机枪对准俘虏群，把他们全解决掉了，他们什么也没说”[21]。

屠杀持续了一整夜，又延续到次日。惊恐万状、精疲力竭的土耳其人被分割成越来越小的群，最后完全无力抵抗，少数幸运的人被俘虏，更多人被草率地当场杀死。两天后，最后一批掉队士兵抵达大马士革郊外，此时于9月27日从德拉地区出发的约6000名土耳其和德国士兵已经只剩下不到2000人。

劳伦斯没有参加进一步的屠杀。当夜，他返回了设在谢赫萨阿德的指挥部，在次日黎明前往他的伤心之地：德拉。根据他在《智慧的七柱》中的记述，这次他在德拉的见闻非常平淡，尤其与塔法斯的恐怖事件相比就更不值一提。一支阿拉伯部队于前一天下午冲进了德拉，搜捕了留在那里的少数几名土耳其士兵之后，就开始大肆劫掠。劳伦斯迅速阻止了混乱局面，在遭到破坏的火车站及其工棚处安排了武装警卫，并帮助任命市长和指定警察。事实上，根据劳伦斯的记述，他当天在德拉遇到的最大挑战是阻挠乔治·巴罗将军（他刚率军从雅莫科峡谷抵达）好斗的野心。

在《智慧的七柱》中，巴罗被描摹为一个滑稽可笑的小丑。劳伦斯从德拉出来到西面的道路上迎接他时，巴罗就开始受到各种打击。巴罗将军打算在城内外四处安置警戒，以平定这个城镇的秩序，劳伦斯“温和地解释说”，秩序已经恢复了，因为指定了一位阿拉伯市长。巴罗随后坚持要让他的人马占领德拉火车站，劳伦斯同意了，但是非常傲慢地要求英军不得干预火车站的运作，因为阿拉伯人已经清理了铁路线，正在为一列火车的出发做准备。劳伦斯写道：“巴罗来的时候把阿拉伯人看作一个被征服的民族。我冷静地向他暗示，他是我的客人。他虽然对此颇为震惊，但别无选择，只有乖乖地听我的话。”劳伦斯记述道，如此这般把巴罗将军驯服之后，“很快我们就相处融洽了”。

但乔治·巴罗对这一天德拉形势的回忆不是这样的。他在自己的回忆录中称：“整个地方脏得不可名状，零乱地散布着还在冒烟的灰烬和抢劫后丢弃的腌臜东西。土耳其人的死者或垂死之人躺在火车站周围，或者倚着墙坐着。还活着的人盯着我们，哀求我们开恩，因为他们从阿拉伯人那里不可能得到任何怜悯。”[22]

但这与巴罗的士兵进入一列被困在德拉车站的土耳其医护列车之后看到的景象相比，就不值一提了。他相当夸张地将这景象描述为“其野蛮残忍，远远超过过去120年里各国冲突中的任何已知暴行”。据巴罗说，“阿拉伯士兵走进了列车，剥掉呻吟的土耳其伤病员的衣服，也不管他们的血淋淋伤口和断裂肢体，并割断受害者的喉咙……任何一个普通的文明人都无法忍受这样的惨景。”巴罗说，他愤怒地命令劳伦斯将这些阿拉伯人从列车上带走，劳伦斯却拒绝了他，并解释说，这就是阿拉伯人的“战争观念”。

“这不是我们的战争观念，”巴罗反驳道，“如果你不把他们弄走，我来。”据说劳伦斯在这关头抽身离去，告诉将军，他不会对即将发生的任何事情负责。巴罗召集了他的士兵，将救护火车上的阿拉伯人都赶了出去，阻止了他们的屠杀。

将塔法斯和德拉的事件结合起来考量，我们发现很难了解到“劳伦斯神话”的全部真相，甚至无法确定这个神话的哪些方面最为可信。对于劳伦斯在《智慧的七柱》中对塔法斯事件的描述，不轻信的读者或许会感到，有些场景实在太戏剧化了，难以令人信服，比如塔拉勒冲锋时被敌人击毙前发出的惊人的惨叫、被刺刀钉在地上的阿拉伯战士临死前向折磨他的德国人和土耳其人发去的控诉的目光等，尤其是这些场景都没有出现在劳伦斯的正式报告中。另外，令人不安的是，劳伦斯大量描述恐怖细节，其笔触带有性的意味，接近战争色情作品，令人想起他描述一年前在德拉遭受折磨的情节。更加扑朔迷离的是，在战后，曾与劳伦斯一同参加1918年9月攻势的多名英国军人坚持，劳伦斯从未发布过“不留俘虏”的命令，更不要说命令处决战俘了，尽管劳伦斯在回忆录和正式报告中都这么说得一清二楚[23]。

473

德拉医护列车的故事从相反的角度突出了我们了解真相的困难。劳伦斯开诚布公地将自己在塔法斯的行动描绘得跃然纸上、震撼人心，但在《智慧的七柱》和正式报告中都丝毫不曾提及救护列车的事件。我们很难想象，乔治·巴罗这样一位“正派”的职业军官会捏造这样一个故事。如果这个事件真的发生过，而劳伦斯避而不谈，最简单的解释就是，他不愿意破坏阿拉伯起义军的光辉形象，但《智慧的七柱》的很多段落，以及他的战时报告，都毫不隐讳地描述了阿拉伯起义军不光彩的一面。如果，不管出于什么原因，劳伦斯的确是刻意要隐瞒这个事件，那么为什么要在《智慧的七柱》中大力贬低最有能力宣传此事的巴罗？难道不应当保持低调、避免激怒巴罗吗？当然了，对于这一切，还有一个更简单但更令人不安的解释：在9月最后几天的恣意杀戮中，劳伦斯感到救护火车的事情实在不值一提。

劳伦斯留在德拉，以便与费萨尔会面。费萨尔在第二天从阿兹拉克赶到了德拉。到此时，由于土耳其军队的全线崩溃，艾伦比不准阿拉伯人进军大马士革的禁令已经被解除。事实上，他还命令埃及远征军的所有单位不得擅自进入叙利亚首府，以便将首先攻入该城的荣誉留给他们的阿拉伯盟友。劳伦斯和费萨尔讨论了在大马士革组建临时政府的计划。9月30日清晨，劳伦斯和最近有时担任他司机的沃尔特·斯特林少校乘坐那辆被他们命名为“蓝雾”的劳斯莱斯轿车，起程北上。途中，放眼望去，到处是人畜的尸体，其中有些是在土耳其军队仓皇逃窜过程中死亡的。当晚，他们已经抵达一座俯瞰大马士革城的山脊，那里挤满了阿拉伯军队和埃及远征军的单位，都在等待天亮之后进城。

在这个等待的夜晚，斯特林注意到，劳伦斯陷入了深深的抑郁。在这位下级军官看来，这简直不可思议。“我们已经处在攻入大马士革的前夜，”斯特林写道，“将为劳伦斯的全部努力赢得成功的最后一步已经近在眼前。”最后他问自己的同伴，为什么如此沮丧。“自从我们占领德拉以来，”劳伦斯答道，“结局就已无法逃避。现在，热情和兴趣都没了。”[24]

当夜，在大马士革城外的同一座山脊上，威廉·耶鲁和意大利军事代表也在那里宿营。他们躺在自己的T型汽车旁，裹着毯子，努力休息几个钟头。午夜过后不久，一声震耳欲聋的巨响将他们惊醒。在北方，巨大的烟雾和火焰从大马士革上方升起，周边几英里的乡村都被这强光照得亮如白昼。“全能的上帝啊，”耶鲁说道，“土耳其人把大马士革炸掉了。”当夜，在这第一次大爆炸后还发生了许多较小的爆炸，火焰和爆炸的炮弹如同间歇泉一般从夜空中划过。 474

黎明时分，耶鲁发现自己的担心是多余的，大马士革依然屹立。土耳其和德国军队在前一夜只是在撤离城市之前摧毁了自己的弹药和燃料库。

非常凑巧的是，耶鲁和德·桑布伊这一夜扎营的地方就在那群在攻势前离开司令部、将他们抛在脑后的那群记者旁边。这天上午，重新团聚的朋友们讨论了一番，现在进入大马士革是不是太危险。耶鲁在讨论中途离开去找水泡咖啡，回来的时候发现记者们又一次抛弃了他们。“记者能去的地方，”他告诉德·桑布伊，“军事代表自然也能去。”他们跳上T型汽车，向市区开去。

他们进入的是一场喧闹的欢庆活动。在街道上，大马士革市民欢呼雀跃，载歌载舞，敲锣打鼓，阿拉伯战士们骑着战马或骆驼，向天鸣枪，妇女们从阳台上向他们抛撒玫瑰花瓣。两位军事代表越接近市中心，场面就越狂热。“简直是群魔乱舞，”耶鲁回忆道，“我在巴勒斯坦生活了将近 3 年时间，终日惴惴不安，对土耳其人非常害怕，所以我能感受到阿拉伯人的那种狂喜，另外，更让我心醉神迷的是，我是解放大军的一员……人们邀请我去他们家里做客，为我端来葡萄酒和甜食。这是疯狂热烈的一天，这样的日子，一个人哪怕一生中只会遇到一次也算是非常幸运了。”

这一天，劳伦斯也体验到了大马士革的疯狂，只是他的心情非常沉重。他和斯特林开着“蓝雾”，在记者和外国军事代表们出发很久以前就动身前往大马士革，但被一名印度陆军警卫扣押了好几个小时。这名警卫对他们的阿拉伯头巾产生了狐疑。这个耽搁险些导致灾难性后果，因为劳伦斯最终抵达大马士革市政厅（阿拉伯起义领导人的集结点）的时候，他发现一场政变正在进行中。

475

这天上午，费萨尔的副手们在市政厅着手组建临时政府，却来了两个人，声称前一天晚上就已经组建了政府。另外，这两个不速之客还坚持，自己是侯赛因国王在大马士革的合法代表。劳伦斯对这两人很熟悉，他们分别是曾经在雅莫科差点把他害死的阿尔及利亚叛徒阿布德·卡德尔和他的兄弟穆罕默德·萨义德。几分钟后，这兄弟俩及其追随者离开了市政厅，但他们如果知道将会发生什么事情，一定希望自己没有离开。在他们离开的时候，劳伦斯当即撤销了他们的权力主张，任命了另一个人——舒克里·帕夏·阿尤比为大马士革的临时军事总督。

劳伦斯这么做的时机堪称绝妙，因为就在几分钟之后，埃及远征军沙漠骑兵军的澳大利亚司令官亨利·肖韦尔将军就来到了市政厅。作为第一位进入大马士革的埃及远征军高级指挥官，他从艾伦比那里接到的指示是，寻找土耳其人任命的总督，请他暂时继续管理城市。在市政厅，肖韦尔遇到了劳伦斯。劳伦斯迅速带他去见舒克里帕夏。“我以为这就是土耳其人任命的总督，”肖韦尔后来向艾伦比报告称，“于是我通过劳伦斯中校向他发布指示，让他继续市政管理工作，并告诉他，他需要多少警卫和警察，我都可以为他提供。”肖韦尔还请求劳伦斯“协助这些工作，因为我目前没有政治军官可供调用”，于是劳伦斯的计谋圆满成功。[25]

这意味着，通过如此聪明的一步棋，劳伦斯在埃及远征军军事当局眼中确立了自己选择的阿拉伯“政府”的合法性。另外，在至关重要的随后几天之内，他就是大马士革实际上的统治者，可以随意抽调埃及远征军部队，还能通过军事总督的“职位”领导阿拉伯人。

他的第一件工作就是消除阿布德·卡德尔和穆罕默德·萨义德构成的持续威胁。他将两兄弟传唤到市政厅，告诉他们，他们的政府已经被废除，并任命了一些忠于费萨尔的人到实权岗位上。劳伦斯与两兄弟之间的对抗非常紧张，差点动了刀子。劳伦斯叙述道："随后，穆罕默德·萨义德和阿布德·卡德尔拂袖而去，发誓要对我这个基督徒报仇雪恨。”不久之后，劳伦斯派遣了埃及远征军的部队去平息市区几个地方出现的抢劫骚动。

当天下午晚些时候，市内秩序恢复了一些，忠于费萨尔的分子控制了局面，劳伦斯这才赶到肖韦尔的办公室，承认两人先前会面时可能发生了误会，舒克里帕夏其实不是土耳其人任命的大马士革总督，而是劳伦斯本人不久之前任命的。劳伦斯表面上这是在澄清事实，其实也是在向肖韦尔发出挑战。大马士革的局面还很紧张，将军要么接受当前的安排，要么自己想个主意，但那样就要冒风险。亨利·肖韦尔已经很不喜欢劳伦斯，但显然更不喜欢城市暴动的情景。当晚，劳伦斯得以向艾伦比司令部发了自己的电报，宣布“肖韦尔同意让我继续执行市政管理，等待进一步指示”[26]。

476

随后两天，他就统治着这座城市，有时宽宏大量，有时严厉苛刻。尽管市区某些地方还有抢劫现象，他还是派遣市政工作人员去修复城市的电力和供水系统。将垃圾清扫干净，组建了一个消防队，向穷人发放口粮，同时对市中心的一些新的骚乱——可能是阿布德·卡德尔和他的兄弟争夺权力的又一次努力的结果——进行了严厉镇压。“我们派出了阿拉伯部队，”劳伦斯在正式报告中冷静地写道，“在中央广场安置了哈奇开斯机枪，花了 3 个小时，打死打伤约 20 人，恢复了秩序。”[27]

T. E. 劳伦斯和威廉·耶鲁两人的角色非常不同，所以他们在大马士革的这些风云激荡的日子里只邂逅了一次。劳伦斯公务繁重，所以对这次会面没有任何印象，这也是可以理解的。耶鲁去找他，投诉一些美国公民开的商店遭到抢劫的事情。但他们在大马士革都经历的同一件事情，将他们联系了起来。那是一个恐怖得不可言喻的地方，将给两人带来长期的心理伤痛。那个地方叫作“土耳其医院”。

10 月 2 日，威廉·耶鲁在大马士革一家酒店的大堂内，这时一名澳大利亚军官走上前来，问他有没有看过“土耳其医院”。他对这个地方不熟悉，问了路之后才知道这是火车站附近的一个地方，于是他和德·桑布伊少校很快动身了。

这实际上是土耳其军队的一座兵营，正面有一个很大的操练场。耶鲁回忆道，走过大门口的两名澳大利亚哨兵之后，“我们穿过了空无一人的操练场，爬上台阶，进入了一座停尸房”。

土耳其人将这座兵营改建成了临时的军医院，但在 9 月 29 日

477 的大撤退中将它抛弃，留下了约 800 名伤病员。在随后 3 天内，阿拉伯人洗劫了医院，对这些伤病员大肆攻击，将医院的食品和药品洗劫一空，在搜寻隐匿的财物时甚至将很多病人推到地板上。驻扎在附近的澳大利亚部队除了在医院大门设置岗哨之外，对绝望和垂死的伤病员们无动于衷，甚至没有给他们送水喝。

“满地都是屎尿，泥泞不堪，”耶鲁记述道，“到处是小小的肮

脏的医院病床，躺着几百人。死人、伤员和病人紧挨着躺着自己的污秽之中，地上也有死人，还有从床上翻落到地上的人，在痛苦地挣扎着……大多数人沉默地忍受着这一切；有些人在呻吟，其他人可怜兮兮地向我们哭喊，他们悲戚戚的眼睛里满是恐惧，在我们走过的时候紧随着我们。”

更令人心惊胆寒的是，在主楼层上方的一个小凹室内，耶鲁和德·桑布伊发现3名护士、勤杂工正坐在桌前，一言不发地喝咖啡。“我的印象是，他们被吓破了胆，满心都是绝望，面对这恐怖而难以置信的局面，丧失了行动的能力。他们坐在地狱里喝咖啡，这超出了人的想象力。”两位军事代表看够了，于是逃离了兵营楼房，去寻找能管事的人，尽管在这一天，究竟谁掌握着大马士革的权力还很难说。

当天下午，T. E. 劳伦斯也得知了土耳其医院的事情，也去了那里。他看到的景象和耶鲁差不多，但在他更为才华横溢的笔下，阴森恐怖的细节被描绘得更鲜明形象：老鼠在死尸上咬出了一条“湿漉漉的红色走廊”，许多死尸“已经肿胀到了生前尺寸的两倍或三倍，肥胖的脑袋张着黑漆漆的嘴巴，无声地笑着……有些死尸上，较柔软的部分已经坍塌。有几具尸体爆裂了，已经腐烂成液体”[28]。

劳伦斯走进房间更深处，在死尸和垂死者之间择路前行，“拉起我的白色衬衣，免得我的光脚踩在一摊摊的秽物上，突然间我听见一声叹息”。他转过身，看见一个还活着的人在盯着他，喃喃低语：“发发慈悲，发发慈悲。”很快，其他人也这么哀鸣起来，然后有些人举起手来哀求他，如同一道“褐色的波浪”，“轻微的颤动，如同枯萎的落叶，”随后手又垂了下去。“他们没有一个人有力气说话，”劳伦斯回忆道，“但他们全体都喃喃低语起来，好像是接到了命令，让我感到好笑。”

根据劳伦斯的记述，他当即行动起来，处理这个可怕局面。他在楼上一个房间内发现了一群土耳其医生无所事事地坐着，于是命令他们去病房。附近的澳大利亚部队拒绝帮助他，于是他命令阿拉伯部队送来食物和水，然后强迫一群土耳其战俘挖了一个集体墓，以便安葬死者。但甚至是在这里，劳伦斯也抵制不住诱惑，一定要描写恐怖的细节。“壕沟对他们来讲太小了，”他对埋葬死者的情景描述道，“但死尸已经严重腐烂，半是液体，所以每一具尸体被抛下去的时候，就像果冻一样，在自己重量的作用下，从尸堆滑了下去”。

478

为了解决土耳其医院的悲剧性问题，耶鲁最终找到了新近抵达的吉尔伯特·克莱顿。耶鲁在开罗就和他打过许多交道，对这位准将非常憎恶，认为他冷酷无情。10 月 2 日夜间与克莱顿的会面仍然没有改变耶鲁的这种看法。耶鲁感情洋溢地恳求处理此事，克莱顿听完之后冷静地说：“耶鲁，你不是个军人。”看到耶鲁眼睛里聚集的怒火，他随后补充道：“你不必生气；我也不是军人。”

土耳其医院的事件对劳伦斯和耶鲁的影响都非常大，在战后两人的一次对话中（1929 年的通信），他们的主要话题就是这个。耶鲁起初的信已经遗失了，但他肯定是向劳伦斯询问了此事的更多细节，因为劳伦斯的手写的回信的三分之一篇幅（约 400 字）都在解释自己在医院的行动。这个插曲在两人的回忆录中都占据了显著位置，从中可以瞥见他们迥然不同的个性。

对威廉·耶鲁而言，或许就是出于对土耳其医院事件的愧疚，他写下了自己手稿中最为真挚和悲痛的段落。“在整个战争时期，我最深切悔恨和羞愧难当的事情就是，我没有睿智而冷静地利用自己的地位，去缓解那 800 人的极大痛苦。愿他们的诅咒降到我头上。”但自责向来不是耶鲁的长处。两个句子之后，他就开始将罪责归于另一方。“这件恐怖暴行的罪魁祸首是欧洲帝国主义，这是它罪恶滔天中的又一劣迹。”

劳伦斯在《智慧的七柱》中的描述比耶鲁的叙述更情真意切，

也更能揭示作者的内心。根据劳伦斯的记述，他在次日返回医院，发现那里的条件已经大大改善，但遇到了一个暴跳如雷的澳大利亚少校。劳伦斯还穿着阿拉伯长袍，懒得说明自己其实是个中校，甚至在这个军衔较低的军官询问谁负责这个仍然相当恐怖的地方的时候，也没有揭示自己的身份。劳伦斯说是自己负责这里，澳大利亚少校吐了口唾沫，骂道："操蛋的畜生!"扇了劳伦斯一个耳光，然后怒气冲冲地冲了出去。

479

这个段落居然出现在全书660页的《智慧的七柱》的倒数第2页——而且这本书的副标题还叫作"一场胜利"，着实奇怪，但这个场景的有些地方听起来不够真实。和塔法斯事件的一些细节一样，这个情节也未免有些太干脆利落、太像舞台剧了。但不管这个情节是真实还是虚构的，这个少校的耳光起到了很大作用，因为它让劳伦斯"羞耻之心更甚于愤怒，因为我在内心深处感到，他是正确的；任何推动弱者发动起义、战胜自己主子的人，事后在价值观上必已受到严重污染，而觉得周遭没有什么是洁净的"。

在他的余生中，劳伦斯始终感到被自己在战时的所见和所为污染了，在他努力"感到洁净"的斗争中，常常自我克制和对自己实行暴力——这种暴力比那个少校的耳光严重得多——来补偿自己的罪孽。

会议于10月3日下午在大马士革最高档的维多利亚饭店二楼的会客室内举行。与会者只有8人：英国方面是艾伦比将军和肖韦尔将军及他们的两位参谋长；阿拉伯方面是费萨尔·伊本·侯赛因、他的幕僚长努里·萨义德和麦地那的谢里夫纳西尔；T. E. 劳伦斯是中间人和翻译。尽管这次会议意义极其深远——中东的未来历史和悲剧的很大一部分就是在这里启动的——但没有留下官方的记录。

艾伦比将军在几个小时以前才抵达叙利亚首府。他素来都不是个耐心的人，这一天的情绪特别恶劣。他的攻势还在进行中——他的前锋部队正在无情地追击向北逃窜的土耳其军队，却不得不从军务中拨冗处理大马士革的越来越棘手的政治问题。费萨尔从德拉乘坐3点钟的火车到大马士革，但由于安排了骑马入城式，所以到维多利亚饭店会晚一些。艾伦比得知这个消息后大发雷霆："他妈的入城式！"并命人立刻将费萨尔带到饭店[29]。

将军或许没有完全知晓，或者军务繁忙而没有去搭理这件事情，但他的巴勒斯坦攻势最初令人惊喜万分的成功促使法国政府疯狂地又一次提出了《赛克斯—皮科协定》规定的对叙利亚的权利主张。9月23日，英国政府大体上向他们的要求妥协了。结果就是，两天后，艾伦比从外交部收到了一系列愚蠢到几乎毫无道理地步的指示。9月25日的指示先是声明"在叙利亚问题上，英国政府坚守自己业已宣示的政策，即若它进入任何欧洲国家的利益范围，该国应当是法国"，然后提醒艾伦比，根据《赛克斯—皮科协定》的条款，"你会注意到，英法两国联合支持在A地区建立的任何阿拉伯国家的主权独立"（A地区指的是叙利亚）。基于这两个貌似互相矛盾的方面，外交部向艾伦比提出的建议自然也是稀里糊涂的，"如果艾伦比将军进入大马士革，最好的办法是，尊重1916年的英法协定，借助一名法国联络官的渠道，通过一个阿拉伯政府来工作"[30]。

480

伦敦方面显然是认为这些指示还不够稀里糊涂，在10月1日又发来了更加莫名其妙的命令。艾伦比得知，由于"（为将自己的土地从土耳其统治下解放出来而战斗的）阿拉伯人的参战国地位"已经得到协约国的承认，"阿拉伯人解放的地区应当被视为盟国领土，享有友好阿拉伯人的独立国家（或邦联）的地位"。这突然间清楚明晰起来，但是随后又有一条奇怪的附加条件，"如果在叙利亚的阿拉伯当局要求得到欧洲官员的协助或建议，根据英法协定，应当派遣法国官员"。实质上，英国政府这是要援引《赛克斯—皮科协定》，同时废除和支持与阿拉伯人的条约，意图举棋不定，每句话都不同[31]。

在维多利亚饭店第一次听到这番胡言乱语的时候，劳伦斯无疑感到非常警惕。他一直以为，《赛克斯—皮科协定》已经是一纸空文，很长时间以前就被废除了；现在突然又提起它，着实是不祥之兆。但在积极的方面，艾伦比得到的指示清楚无误地认可了阿拉伯人对叙利亚独立的主张，而费萨尔毫无寻求欧洲人协助或建议的打算——正因为此，他才要组建临时政府，这肯定意味着，关于法国联络官的条件并无实际意义。

但局势发生了恶化，或者说，发生了一系列恶化。据肖韦尔将军记述，艾伦比宣称，费萨尔在这个问题上没有任何选择，法国将成为保护叙利亚的“宗主国”。另外，尽管费萨尔作为他父亲的代表“将拥有叙利亚的管辖权”——不过是“在法国的指导和财政支持下”，但他的管辖权不包括巴勒斯坦或黎巴嫩，“仅限于叙利亚内地”。“内地”是关键字眼，因为费萨尔还得知，黎巴嫩的边界已经被定为从巴勒斯坦到亚历山大勒塔湾的整个地中海海岸，于是叙利亚变成了一个内陆国。艾伦比告诉费萨尔，最终的结果就是，将立刻派遣一名法国联络官给费萨尔，“这名联络官目前将与劳伦斯一同工作，劳伦斯应对其尽力协助”[32]。 481

费萨尔和劳伦斯都呆若木鸡。肖韦尔记述称，费萨尔言辞激烈地声称，“从艾伦比派给他的顾问”（即劳伦斯）那里，他得知，作为割让巴勒斯坦的条件，“阿拉伯人将拥有整个叙利亚，包括黎巴嫩在内”。另外，他断然拒绝接受法国联络官，“或以任何方式接受法国的指导”。

面对这个紧张的僵局，艾伦比转向劳伦斯：“但是，你难道没有告诉他，法国将拥有叙利亚的保护权?”据肖韦尔说，劳伦斯的回答是：“没有，长官。我对此一无所知。”

“但你肯定知道，费萨尔不会得到黎巴嫩?”艾伦比坚称。

“不，长官，”劳伦斯答道，“我不知道。”

艾伦比希望解除当前的危机，于是说这都这是临时措施，一切都会在筹划中的战后大型和会上得到解决，但费萨尔不肯接受。他深知，这种局面下的临时措施往往会变成永久性措施。于是英国总司令只有用自己的军衔来压制对方了。艾伦比提醒费萨尔，从技术角度，他和他的阿拉伯北方军都是他的属下；因此，起义军领袖别无选择，只能服从命令。

过了大约一个钟头，颓唐沮丧的费萨尔·侯赛因离开了维多利亚饭店，却受到了一大群支持者的欢迎，这着实有些讽刺。劳伦斯没有和他一起出来，而是留在饭店会客室，向艾伦比将军提出了一个请求。

大坝崩塌，洪水汹涌。在10月剩下的日子里，埃及远征军和他们的阿拉伯盟军继续北上，追击土耳其军队残部，迅速粉碎敌人的所有后卫阻滞行动。直到10月底，土耳其将领穆斯塔法·凯末尔（即未来的凯末尔·阿塔图尔克）才在土耳其的安纳托利亚腹地边缘建立起一道新防线。但到那时，整个叙利亚都已失陷，君士坦丁堡政权正在求和。10月31日，穆兹罗斯停火协定生效。大约在同时，失势的三巨头——杰马勒、恩维尔和塔拉特悄悄登上一艘德国鱼雷艇，渡过黑海，逃之夭夭。

482 但崩坍的不仅仅是土耳其的大坝。同盟国各自的军事行动大体上是独立的，却在同一时间土崩瓦解，这着实是历史上一个独特的连锁反应。保加利亚在9月底举手投降，土耳其和奥匈帝国在仅仅6天之内相继垮台。德国撑的时间最长，但也只比盟友们多撑了一周。他们大肆夸耀的兴登堡防线有六七处被突破，德军士兵大规模投降。11月11日清晨，德国谈判代表在法国一处森林的火车车厢内与协约国代表签订了停火协议，协议将于当天上午11时生效。这场最无意义的战争的结局也非常丑恶。西线德军的一些单位继续战斗，一直打到上午11点。于是，在战争的最后一个上午，有约4000名士兵阵亡。

库尔特·普吕弗在9月底到了瑞士，从那里静观了这一系列震撼人心的事件。尽管大厦将倾、大局崩坏，这个德国特务头子还是继续执行诱骗阿拔斯·希里米的任性儿子回到同盟国怀抱的计划。令人匪夷所思的是，他仍然认为，这是建立德国—土耳其—埃及联盟的关键所在，而这个联盟或许还能在中东称王称霸。阿卜杜勒·穆奈姆或许真的是个精神状态不稳定的虐待狂，但他还是有足够的智商，在1918年10月，认清这个德国人的计划荒唐可笑。10月末，两手空空的普吕弗返回德国，正好目睹了他挚爱的祖国的最后崩溃。

一段时期以来，亚伦·亚伦森也在千里之外——遥远的美国——观察着这个多事之秋的局势。但在10月中旬，同盟国垮台已经指日可待的时候，他在纽约匆匆登上一艘开往英国的客轮。亚伦森知道，一旦土耳其和德国投降，全世界的注意力都会转向正在巴黎筹备的国际和平会议。他决心在会议上出头露面，敦促西方兑现在《贝尔福宣言》中向犹太复国主义者做出的承诺。

与普吕弗和亚伦森相比，威廉·耶鲁是战争高潮的直接的目击证人。10月间，他跟随乘胜追击的英军北上。德国停火的消息传来时，他已经身处阿勒颇。随后，他返回了开罗，对自己的未来毫无把握。他不愿意回家，但在埃及又无事可做，于是努力在即将召开的巴黎和会的美国代表团为自己谋个差事。“我狂热地写了一份又一份报告，”他记述道，“希望能说服某人，把我派去巴黎。我的报告越来越糟糕。”[33]

483

报告质量的下降显然起了作用，因为在12月末，耶鲁收到了一份电报，命令他前往法国首都。他到了那里之后要向美国和谈委员会报到，担任他们的“阿拉伯事务专家”。耶鲁写道：“这个头衔令我受宠若惊。”这是他比较少见的谦虚的时刻。

在过去几年里在中东交锋的所有间谍和情报人员中，在战争结束时离一线最遥远的竟然是T. E. 劳伦斯。10月3日下午，在大马士革维多利亚饭店二楼的会客室，他确保了这一点。

费萨尔与艾伦比开完会离开房间之后，劳伦斯就转向将军，向他告假。艾伦比起初显然以为这只是请几天假而已——这很容易安排，也是劳伦斯应得的——但劳伦斯解释道，他想离开战区，返回英国。艾伦比开始时断然拒绝了；叙利亚战事正酣，很大程度上依赖于阿拉伯人信赖的英国军官，而他们最信赖的莫过于劳伦斯中校。

据亨利·肖韦尔的记述，劳伦斯这时告诉艾伦比“他不愿意和一名法国联络官一起工作，而且他早就该休假了，最好现在就走，回英国去”[34]。不知是出于对劳伦斯抗命不遵的恼火，还是出于尊重他的荣誉感——肖韦尔和劳伦斯对此的解释是不一样的——艾伦比最终心软了。他对劳伦斯说：“好吧，我想你最好回国。”

从1916年末开始，劳伦斯就在打一场反对自己政府的秘密战争，现在他输了。但很快就一目了然的是，他打算在战场之外把这场斗争继续下去，在和平时期巴黎的会议厅继续斗争。他离开大马士革的理由是自己过于疲惫，但也是为了准备进行阿拉伯独立斗争的下一回合。

次日下午，劳伦斯被送出了大马士革。两年前，他将夺取这座城市作为战斗口号来激励阿拉伯战士，现在他离开了这座城市。大马士革东北方150英里处就是杰拉布卢斯，他一生中最快乐的时光就是在那里度过的。劳伦斯再也不会涉足大马士革或杰拉布卢斯。

尾声
巴　黎

让劳伦斯滚蛋吧。他是个恶棍，被我杀了。 485

——1924年10月6日，T. E. 肖（T. E. 劳伦斯的化名）给H. C. 阿姆斯特朗的信[1]

T. E. 劳伦斯曾为之奋斗、为之运筹帷幄，甚至为之背叛自己祖国的一切，在英国首相与法国总理的5分钟会谈中，全都灰飞烟灭。1918年12月1日上午，大卫·劳合·乔治将到访的乔治·克列孟梭拉到一边，直言不讳地概述了英国在中东的愿景：美索不达米亚和巴勒斯坦。作为默许的交换（尽管劳合·乔治会一直否认这一点），法国将有权自由处置叙利亚。自英法两国垂涎三尺地觊觎中东以来，争夺战利品的竞争就影响了两国关系，而这场竞争越来越紧迫。因此英国人提出了一个建议来“解决”这个问题。世界大战终于落幕，巴黎和会即将召开，英法两国务必要口径一致，联手对付美国总统伍德罗·威尔逊关于“没有胜利的和平”和被压迫人民自决权的高尚言论。面对迫在眉睫的美国人的威胁，克列孟梭迅速同意了劳合·乔治的建议。

实质上，两个帝国主义战胜国不仅确认了《赛克斯—皮科协定》的基本结构，还大大超越了它，给了自己更多，而给阿拉伯人的更少。但按照欧洲秘密协定的悠久传统，要过一段时间，英国 486 首相与法国总理亲信圈子之外的人才会知晓这个非同寻常的协定。

此时 T. E. 劳伦斯肯定是对此一无所知。

随后在巴黎上演了长达一年的明争暗斗。起初，国际关系的新时代，即伍德罗·威尔逊夸耀的“世界新秩序”，似乎大有希望，但后来又蜕化为幕后协议、报复性条约和恣意专横的边界规定。关于巴黎和会以及和会期间列强及民族主义者的极其复杂的活动，已经有大量专著，汗牛充栋，其中最重要的是玛格丽特·麦克米伦的决定性的《巴黎 1919》。但就中东而言，奸险的阴谋诡计最终几乎是毫无意义的。瓜分奥斯曼帝国遗产的“大抢劫”马上就要开始了。

劳伦斯上天入地，竭尽全力去推动阿拉伯事业。在巴黎和会期间，他担任费萨尔的顾问，不断提出将阿拉伯人为之艰苦奋斗的土地交给他们的计划，同时向英国高级政治家游说，并撰写为阿拉伯人辩护的激情洋溢的社论。但对英国政府来讲，劳伦斯已经没有用了。极具讽刺意味的是，就在劳伦斯在英国变得家喻户晓、妇孺皆知的同时——洛厄尔·托马斯的“与艾伦比在巴勒斯坦，与劳伦斯在阿拉伯半岛”讲座的英国听众达到约 100 万人，包括国王和王后——政府官员们却在备忘录里称劳伦斯为“有害影响”[2]，“很大程度上是我们与法国在叙利亚问题上麻烦的根源”[3]。最后，他被剥夺了参加和会的资格，被禁止在会议中协助费萨尔。劳伦斯在和平时期输掉了。

但劳伦斯的外交努力至少有一个非同寻常的方面，值得强调。劳伦斯和费萨尔早就知道，阿拉伯人丧失了对叙利亚的巴勒斯坦部分的控制区，于是寻找了一个盟友来保证他们对叙利亚剩余部分的民族主义主张。他们找到的盟友是哈伊姆·魏茨曼。到 1918 年底，犹太复国主义者在英美两国政府中都有很强大的支持者，但令英美政府非常紧张的是，巴勒斯坦阿拉伯人对犹太复国主义者目标仍然保持敌意，而且越来越仇视。所以，能不能让谢里夫支持犹太复国主义者的巴勒斯坦计划，以此交换犹太复国主义者对独立的阿拉伯叙利亚国家的支持？这年 12 月，劳伦斯、费萨尔和魏茨曼拟定了这样一种互惠互利关系的细节，在巴黎和会前夕发布了联合声明。

在这份声明中，费萨尔和魏茨曼宣布了他们在巴黎合作的意愿，并承认对方的权利主张。《费萨尔—魏茨曼协定》的九个条款中最有争议的肯定是第四条："应采取一切必要措施，鼓励和促进犹太人向巴勒斯坦大规模移民。"[4] 对这份协定，费萨尔——更有可能是劳伦斯——添加了一个关键的条件。这份协定仅在叙利亚取得独立的情况下有效；如果不满足这个条件，就完全无效。 487

但劳伦斯和费萨尔在绝望地寻找能够支持自己的和谈搭档的时候，却忽略了几个重要细节。《费萨尔—魏茨曼协定》虽然非常详细地论述了巴勒斯坦的管理情况，却没有明确指出，巴勒斯坦究竟包括哪些地区。另外，在与魏茨曼达成协议的时候，费萨尔公然违背了巴勒斯坦民族自决的原则，这让他在援引同一条原则来处理叙利亚其他地区时，显得很没有底气，有些人甚至会说他是伪善。最麻烦的是，哈伊姆·魏茨曼前不久公开了他和其他犹太复国主义者对巴勒斯坦未来地位的设想。他在 11 月中旬宣布："为犹太民族建立民族家园，这指的是，巴勒斯坦地区将被置于有利于犹太人人口增长的政治、经济和道德条件下，于是按照民主原则，将来最终能够发展成为一个犹太联邦。"[5]

在这样的情况下与犹太复国主义者合作，费萨尔给了更保守的阿拉伯和穆斯林竞争者一个用来反对他的有力武器。侯赛因国王在阿拉伯半岛的主要竞争对手——伊本·沙特和他的宗教极端主义瓦哈比派追随者就将动用这个武器，造成极大破坏。

威廉·耶鲁回忆录的最后一句话将巴黎和会称为"20 世纪悲剧的序言"。耶鲁担任巴黎和会美国代表团的中东事务专家，和劳伦斯一样，尽了很大努力促成该地区的可持续和平。他有时和劳伦斯联手，但他们的努力在每一步都被挫败了。

耶鲁认为，美国政府要负很大一部分责任。在他看来，巴黎的大事件完美地折射了伍德罗·威尔逊奇特的理想主义和傲慢自负的混合。美国总统喜爱整洁的有条不紊的清单——他在《十四点和平原则》后又提出了“四大原则”和“四项目标”，最后是“五点问题”——这暗示了他的过于简单化的思维模式，就好像这个世界的无数棘手难题解决起来都很简单，只消将它们分解，然后用近似数学的方法就能轻松搞定。威尔逊最心爱的，也是经常挂在嘴边的“民族自决”这一点，尤其漏洞百出。这种说法听起来固然美妙，但在20世纪初欧洲和中东的成分极其复杂的文化中，宗教信仰、种族和民族主义都起到非常大的、往往是互相矛盾的作用，那么谁的权利主张能够压倒别人？伦敦和巴黎方面多次警告威尔逊不要打开这个潘多拉盒子，但没有任何迹象表明总统听得进去。

488

在威廉·耶鲁看来，这一切都是美国在巴黎和会扮演的角色背后的巨大矛盾的表征。伍德罗·威尔逊的世界新秩序的宏伟蓝图建立在莫大的无知之上。耶鲁抵达巴黎见到自己的新上司威廉·韦斯特曼和美国代表团中东研究小组的其他成员的第一天，就认识到了这一点。诚然，中东不是美国关心的头号问题，因为美国毕竟不曾向土耳其开战，但耶鲁错愕地发现，韦斯特曼（威斯康星大学的古典学教授）召集的小组成员竟然都对中东非常无知。小组包括一名拉丁美洲专家、一名美国印第安人历史学家、一名研究十字军东征的学者和两名波斯语言学教授[6]。

耶鲁领到了一本长达107页的资料汇编，涉及叙利亚的历史、经济和政治方面，这是指导美国对该地区政策的主要资料。看到这本资料，耶鲁更清楚地看清了局势。对于这份《关于叙利亚人意愿的报告》，耶鲁不需要花很多时间去研读[7]，因为其中涉及1914年以来事件的绝大多数引文的来源都是一个人：国务院驻开罗特工威廉·耶鲁。

有好几次，耶鲁看到了捍卫阿拉伯民族自决事业的机遇，但都由于美国人的无动于衷而与其失之交臂。在1919年2月中旬与费萨尔的一次会议上，这位阿拉伯领袖直截了当地建议由美国在叙利亚建立委任统治，表示自己更喜欢（据说是）公平中立的美国人，而绝不要法国人。听到这话，耶鲁大吃一惊。但到此时，耶鲁已经对美国驻巴黎和会代表团心知肚明，知道抛却高尚的原则不谈，威尔逊政府对向其他国家发号施令更有兴趣，而不愿意自己承担任何责任。另外还有一个问题，不是美国人的话就不容易看到。美国虽然在短期内深度参与国际事务，但现在已经有重新回到隔离主义状态的迹象，威尔逊和反对他的共和党（共和党控制了国会）的争吵愈演愈烈。对于那些在巴黎渴望美国人来领导局面的人来说，时间已经不多，拖得越久，美国人就越不可能有能力，或者甚至是有兴趣去干预。很快，耶鲁和美国代表团中东小组的其他人就万分沮丧地感到，局势在渐渐脱离他们的手心。“我们为了边界线而拼命争斗，就好像世界的命运取决于它。”耶鲁回忆道。“我们大张声势、大做文章，因为威尔逊和爱德华·豪斯（威尔逊的主要顾问）似乎完全没有注意到我们在干什么。在我看来，这一切都只是纸面文章，徒劳无益。”[8]

489

随着和会的继续，耶鲁的任务越来越显得荒诞。1919 年春末，他被委派到美国的一个调查委员会——金－克兰委员会，遵照威尔逊的民族自决原则，去调查前奥斯曼世界居民的意愿。按照耶鲁的满腹狐疑的说法，这等于是“对 3000 万人口、幅员辽阔的大帝国作一个全民公决”。顺理成章地，在周游两个月，在土耳其、叙利亚、黎巴嫩和巴勒斯坦开了几十次会之后，委员会在每个地方听到的信息都是毫不含糊的：绝大多数人希望独立，或者由美国人来统治他们。有鉴于此，委员会提出的一整套建议将美国置于解决中东难题的最前沿。但这种解决方案与英法秘密约定的截然不同，也绝非威尔逊政府愿意承担的责任。至少在这方面，威尔逊政府反应迅捷。金－克兰委员会的报告被迅速锁进保险箱，在随后三年内外界对它一无所知。

1919 年秋季，耶鲁离开金 - 克兰委员会，返回欧洲，做了挽救叙利亚局势的最后一次努力，这次争取到了劳伦斯的支持，构建了所谓“耶鲁计划”。这个计划得到了一些英国高官的支持，因此在一个短暂时期内，阿拉伯人和法国人在叙利亚的最后摊牌或许能够避免。但耶鲁的行动是他自行其是，因此美国高官得知此事后，就把他的计划枪毙了。1919 年 11 月 1 日，在最终解决方案出台前暂驻叙利亚的英国军队开始撤退。同一天，法国军队开入了叙利亚。几天后，耶鲁义愤填膺地从美国和谈代表团辞职，乘船返回纽约。

490 T. E. 劳伦斯大约在同一时期彻底灰心丧气了。他的母亲后来告诉一位传记作者，她的儿子在这年秋天陷入了“极端的抑郁和神经崩溃”，他在回家期间“有时在早餐和午餐之间会在同一个地方枯坐整个上午，一动不动，脸上表情纹丝不动”[9]。

T. E. 劳伦斯的故事的一个迷人之处在于，它提出了一系列“如果?”的问题，即他失败的时候，整个世界损失了什么。如果在 1918 年，阿拉伯人能够成立很多人为之拼死奋斗并坚信得到承诺的大阿拉伯国家，会发生什么事情？如果战后巴勒斯坦的早期犹太复国主义者们能够和费萨尔·侯赛因这样的人——他曾谈到犹太人和阿拉伯人之间的“种族亲缘关系和古老纽带”[10]——达成协议，今天的中东将会多么不同？如果美国人在当时积极参与中东事务，又会怎样？

今天我们难以想象，居然曾经有一个时期，阿拉伯和伊斯兰世界高声疾呼地呼吁美国干预他们的国家。如果美国把握住了第一次世界大战结束时的机遇，历史将如何发展？或许不是某些人设想的黄金时代。劳伦斯本人常常谈到，真正的泛阿拉伯国家的概念始终是海市蜃楼，因为阿拉伯世界各种文化之间差别迥异，远远超过它们的共同点。或许，由于缺乏强大的中央集权（就像奥斯曼人治下的旧体制那样），这样派系林立、难以驾驭的大国能支撑一段时间，但技术和通信的进步几乎一定会让这些差别甚大的文化和民族之间发生冲突。同样，巴勒斯坦的犹太人和阿拉伯人也永远不可能有真正的和谐关系，因为在《贝尔福宣言》发布很久以前，阿拉伯人就开始敌视人口越来越多的犹太人，并且对费萨尔的温和态度置之不理。事实上，战后的一位试图与以色列达成和解的阿拉伯领导人——费萨尔的兄长阿卜杜拉，就被一名巴勒斯坦枪手刺杀了。至于假设美国军队进占中东，他们或许会被当作解放者受到欢迎，但这欢迎肯定是短暂的，因为这些军队一定会被卷入他们几乎完全不理解的当地政治矛盾，不可避免地要选择站在哪一边。即便美国能够避免这些麻烦，肯定也会丧失"公平中立者"的美好形象，因为它自己也在逐渐变成一个帝国主义国家。

491 然而，上述的这些难题造成的架空的历史轨迹未必会比过去的一个世纪里真实发生的历史——战争、宗教冲突、残暴的独裁统治，不仅困扰中东，更令全世界颤抖——更凄惨。这段悲伤的历史差不多就是从巴黎和会代表们收拾行装、宣布自己使命圆满完成的那一刻开始的。

1919 年秋季，费萨尔在失去了劳伦斯的帮助之后，绝望之中，不得不接受法国人向他抛来的些许好处。但当费萨尔返回大马士革之时，却发现自己被谴责为向欧洲帝国主义者出卖祖国的叛徒。费萨尔利用民众的愤怒，在 1920 年 3 月撕毁了与法国人的协定，发动了一场宫廷政变，自立为叙利亚国王。4 月，在圣雷莫会议上，英法两国正式签订了瓜分中东的条约——英国得到美索不达米亚和巴勒斯坦，法国控制叙利亚其他地区。这两件事联合起来，使得费萨尔与法国人发生了极大矛盾。冲突在 7 月爆发了。在大马士革郊外的一场短暂而一边倒的战斗之后，法军将费萨尔驱逐出去，迫使他流亡境外。到 1920 年末，法国人终于控制了他们的大叙利亚的绝大部分（除去英国委任统治下的巴勒斯坦和外约旦），但群众怒火中烧。法国人还有一个外部威胁：在外约旦的沙漠里，费萨尔的兄弟阿卜杜拉正在集结他的追随者，意在进军大马士革。

但法国人在1920年底遇到的问题与英国人面对的困境相比，还是小巫见大巫。在巴勒斯坦，犹太复国主义移民和当地阿拉伯人之间的矛盾已经升级为流血冲突。在阿拉伯半岛，伊本·沙特又一次企图驱逐侯赛因国王。最严重的危机发生在美索不达米亚。在前一年，劳伦斯曾预言，“如果我们不改邪归正，”该地区到1920年3月就会爆发全面的反英起义。但他预测得早了两个月。到美索不达米亚的5月起义被镇压下去之时，已经有约1000名英国人和9000名当地人丧生。劳伦斯在1929年给威廉·耶鲁的信中记述道，英法在巴黎和会期间重拾本已名誉扫地的《赛克斯—皮科协定》，炮制出了更糟糕的东西。中东几乎当即就遍地烽火、危机重重，这印证了新局面糟糕到了什么程度。

为了应对这些危机，劳合·乔治在1920年12月寻求了一个被英国统治阶级摈弃的人的帮助：温斯顿·丘吉尔。丘吉尔就任殖民地大臣，新官上任的三把火之一就是招募另一个最近被排挤的人——前陆军中校T. E. 劳伦斯来辅佐他。

492

至少在起初，劳伦斯没有兴趣重新投入这场混战。他忙于撰写回忆录，无疑还因为前一年劳合·乔治政府的冷眼而感到刺痛，于是告诉丘吉尔，自己没有时间，而且已经不管政治了。直到新任殖民地事务大臣向他保证，在即将召开的开罗会议中，将给劳伦斯几乎是完全自由的权力，帮助英国政府重新塑造中东棋盘上属于英国的那一部分，他这才答应出山。因此，开罗会议只是走个过场，因为（按照劳伦斯告诉一位传记作者的说法）劳伦斯和丘吉尔事先“不仅确定了会议将审议哪些问题，还确定了将会达成何种决议”[11]。

伊拉克将被巩固成为一个受国际承认的阿拉伯王国，由费萨尔担任国王。在阿拉伯半岛，英国人支持侯赛因对汉志的统治权，但同时也支持伊本·沙特在阿拉伯半岛内陆的权威。开罗会议最新颖的主意无疑是让阿卜杜拉停止攻击叙利亚的法国人的计划。会议结束后，劳伦斯前往阿卜杜拉在安曼的基地，劝说这位凶暴的阿拉伯领袖先在英国委任统治的巴勒斯坦的外约旦地区组建一个政府。令劳伦斯大吃一惊的是——或许阿卜杜拉自己也吃惊不小，侯赛因四个儿子中最懒惰的一个竟然成为一位贤君。不久之后，外约旦正式脱离巴勒斯坦，成为一个独立的阿拉伯王国，就是今天的约旦，由阿卜杜拉担任国王。1921 年秋季，劳伦斯返回英国，他在殖民地部的一年工作接近告终，此时他确实已经意料之外地成为在中东划定疆界、指定君王的决策者。

这一切工作虽然给先前奥斯曼帝国版图的中央带来了一定程度的稳定，却无助于改善北方和南方的局势。在这些地区，在相当长一段时间内，仍将是命运悬而不决、兵火肆虐、生灵涂炭。

在安纳托利亚，前土耳其将领穆斯塔法·凯末尔（加里波利战役的英雄）拒绝接受协约国规定的对土耳其的肢解。在 4 年时间里，他率领由土耳其民族主义者组成的军队，与所有那些企图对土耳其腹地分一杯羹的人对抗，最后在 1923 年确立了现代土耳其的疆界。法国在 1921 年秋季插手了这场列强对土耳其群起而攻之的战争，当时凯末尔（不久之后将以阿塔图尔克的名字威震天下）将注意力转向了占领奇里乞亚地区的法国军队。在奇里乞亚的法军很快被打了个落花流水，在他们的指挥官——倒霉的爱德华·布雷蒙领导下快速撤入叙利亚境内。 493

与此同时，从高加索一直到阿富汗的广大地区爆发了一系列令人眼花缭乱的战争，俄国的红军和白军及青年土耳其党的残余势力争夺霸权，以不合逻辑、不可理喻的极快速度结盟又撕毁盟约。恩维尔和杰马勒帕夏是这场混战中的两位主要斗士。1921 年冬，杰马勒帕夏居然来到了喀布尔，成为阿富汗国王的军事顾问，这并不比该地区发生的其他事情更匪夷所思。

在遥远的南方，侯赛因国王的末日到了。英国人对他反复无常的统治和拒不接受中东的政治现实的态度——在 1921 年，劳伦斯花了令人发疯的两个月时间，在吉达苦口婆心地劝说侯赛因接受开罗会议的决议——早已厌烦透顶，因此在 1924 年底，伊本·沙特及其瓦哈比战士最终逼近麦加的时候，侯赛因众叛亲离、束手无策。侯赛因被匆匆送到海岸，然后登上一艘英国驱逐舰，先是被送到塞浦路斯流亡，最后来到了约旦的新首都安曼，与儿子阿卜杜拉团聚。这位被废黜的国王曾梦想建立一个从麦加一直延伸到巴格达的泛阿拉伯国家，最后在 1931 年去世，享年 76 岁。

从那以后，西方人在中东的日子越来越不好过。到 20 世纪 30 年代，英国人在他们曾为之拼死奋斗的巴勒斯坦委任统治国面临着一个泥沼。先是越来越多的犹太移民导致了大规模的阿拉伯起义，第二次世界大战之后，犹太游击队又以武力反抗英国军队，因为他们视英国占领军为建立以色列国的最后障碍。1946 年，在战争中精疲力竭的法国被迫放弃心爱的大叙利亚，但在此之前从叙利亚领土分割出了一个新国家：黎巴嫩。三年之内，叙利亚的亲西方民主政府就在一场军事政变中被推翻，而法国人在黎巴嫩强行安置的极其复杂的统治结构促使这个国家走向内战。1952 年，英国在埃及的统治落下帷幕。英国人安插的傀儡国王被贾迈勒·阿卜杜·纳赛尔和他的民族主义自由军官运动推翻。6 年后，在伊拉克，与纳赛尔志同道合的一些下级军官发动军事政变，推翻了费萨尔建立的亲西方君主政权。到 20 世纪 60 年代，西方殖民主义时代不光彩地落下帷幕，中东格局与殖民列强在全球其他地方留下的烂摊子很相似，但有一个关键的区别：由于石油的存在，中东业已成为地球上最具有战略意义的角落，西方就是想远离这个自己造成的乱局，也办不到。对于中东在过去的半个世纪中发生的一切，我们都已经耳熟能详：阿拉伯人和以色列人之间的 4 场战争；黎巴嫩的 10 年内战；也门的 20 年内战；叙利亚和伊拉克的少数民族遭屠杀；40 年间，政府赞助的恐怖主义横行；宗教极端主义造成的震动；美国的 4 次大

494

规模军事干预和许多小规模干预；对于阿拉伯民族而言，直到前不久，从突尼斯到伊拉克的广大地区长期处于不间断的残暴或盗贼当政的独裁统治之下，导致绝大多数人口一贫如洗，毫无权益可言。

这一切的责任固然不能全部归结于第一次世界大战结束时做出的可怕决策，但在那时播下了一颗毒性特别强的种子。从那以后，阿拉伯社会倾向于不用自己的希冀，而是用自己敌视的对象——殖民主义、犹太复国主义、五花八门的西方帝国主义——来给自己定位。这种充满敌意的文化被一代代的阿拉伯独裁者们操纵，甚至是狂热地培植，以便将人民的愤怒引导指向外部威胁——不管是“大撒旦”，还是“不合法的犹太复国主义实体”，还是开罗街头的西方音乐——而不是这些独裁者自己的暴政。这就是为什么，今天的所谓阿拉伯之春运动代表着中东历史上一个潜在的划时代的时刻。自1918年以来，“阿拉伯的街头大众”第一次在自己的未来问题上有了发言权，不管遇到多少艰难险阻，公民参与和个人自由的因素已经被传播开，或许永远不会再被封锁起来。真正的民主和自决是能够持久的，在中东这样一个在政治上和文化上长期受到压抑的地区，或许很容易只看到阿拉伯之春运动造成的短期混乱，但阿拉伯世界或许终于能踏上一个世纪前劳伦斯和其他几个梦想家为它设想的那条道路。

马克·赛克斯的名字已经变成西方在第一次世界大战后执行的灾难性的中东政策的同义词，但他本人没能活到目睹这些政策造成的后果。在英国外交部眼里，赛克斯很快就从不可或缺的问题解决专家变成了替罪羊，因为他是令人憎恶的《赛克斯—皮科协定》缔造者之一。1918年10月底，他开始了在中东的一次长途旅行。他虽然地位一落千丈，却依然狂妄自大。他在向外交部上报自己的这次旅行时，称自己的目标除了安抚巴勒斯坦的阿拉伯人—犹太人紧张关系之外，还打算帮助重组协约国在叙利亚的政治和军事基础设施、劝说美索不达米亚的英属印度政权采取更进步的后帝国主义时代的姿态，并“协助推动阿拉伯人和法国人的友好关系”[12]。

495

两个月间，赛克斯和他的一小群扈从在中东地区东奔西走，每天的日程都塞得满满的。但即便是这个极度虚荣自负的人，在中东也应该和在伦敦一样，看得出自己的影响力已经大大减弱了。吉尔伯特·克莱顿曾专心致志地聆听赛克斯的各种计划，但这一次赛克斯在大马士革拜访他时，克莱顿却像犟驴一样。赛克斯不知道的是，克莱顿前不久刚收到一位伦敦官员的关于如何对付这位访客的建议。“不要听马克的自夸，”这位官员告诫道，“这里没有人搭理他，我们派他出来（是他自己要出来的），就是为了耳根清净。”[13]

这次旅行固然令人羞惭，但似乎促使赛克斯对自己对于中东问题的观点做了一个真正的新评估。1919 年 1 月，在他结束旅行后的“总结”中，他承认，英法两国在该地区的做法都是错误的。他现在的建议是：“不管谁接管叙利亚，都应当认识到，与其让欧洲人的班底把事情做得很好但是当地人什么也学不到，不如让由当地人组成的政府把事情做得一团糟但是有改进的前景，因为那样才是更真实的进步。”[14]这话简直与劳伦斯的《二十七条建议》如出一辙。这个人在 3 年前还参与拟定了为欧洲帝国主义效劳的最后一项大条约，现在思维发生了如此大的变化，的确令人称奇。

但这思想转变幅度太小，来得也太晚了。1919 年 2 月初，赛克斯在巴黎和会亮相时，他的英国同僚们对他的思想演变完全不感兴趣，更关注的是如何从顶着他的名字的条约中抽身。在巴黎和会的面对面交锋中，他们对赛克斯的鄙夷几乎到了欺负人的程度。“我对他说了些关于条约的事情，”劳合·乔治在自己的回忆录中写道，“当即就看到，我的话深深伤害了他。我很遗憾。我希望我什么也没说。我责怪自己。他已经尽力了。”[15]

或许首相的自责是由于不久之后发生的事情。2 月 10 日晚上，赛克斯说自己身体不适，早早上床休息。次日早上，他已经无法站立。医生们的诊断是西班牙流感。随后5天内，他就在酒店房间内在巨大痛苦中弥留挣扎，由妻子伊迪丝照料，尽管她自己也染了这种病。2月16日晚，赛克斯终于咽气，此时离他的40岁生日还有一个月。

亚伦·亚伦森也没有活到目睹自己的计划成为现实。他也参加了巴黎和会，就像1918年的犹太复国主义委员会的情况一样，他起初也被诱导，误以为自己将会在和会的犹太复国主义代表团中担任领导人，但在最后关头又被排挤到边缘。1919年1月16日，他得知犹太复国主义高级领导层将在伦敦开会商讨策略，在当天的日记中大发雷霆："哈伊姆·魏茨曼偶然对我说：'你也要来伦敦的，对吧？''去伦敦做什么？'我答道，'去受更多的侮辱吗？不用了，谢谢！'我写道，我生病了，而且厌倦了自己所处的错误地位，就好像一个情妇，在男人的私室内受宠，在公众面前却不受认可。"[16] 496

就像在犹太复国主义委员会里发生过很多次那样，亚伦森决心离开巴黎，直到犹太复国主义领导层懊悔地恳求他帮忙绘制巴勒斯坦地图建议稿，他才回心转意。"我讨厌他们做事的方式，"亚伦森后来在日记中带着受人强求、勉强同意的骄傲写道，"他们把重要任务交给人，却在最后一分钟意识到，什么事情也没办成，因为他们没有请专家去做。"[17]亚伦森绘制的地图是一个犹太复国主义者的梦想，如果被采纳的话，将把巴勒斯坦边界推进到大马士革郊区，那样的话巴勒斯坦就不再是大叙利亚的飞地，叙利亚反而成了大巴勒斯坦的枝节部分。

1919年5月15日早上，亚伦森在短暂到访伦敦后打算返回巴黎参加和会。但在伦敦以南的肯莱机场，他发现自己的飞机由于浓雾而延误了。11时30分，他已经打算放弃旅行返回伦敦，这时，浓雾部分消散，一架小得多的飞机（双座的德哈维兰式飞机，是送邮件去巴黎的）的飞行员表示可以载他一程。大约下午1点，加莱海岸附近水域的一艘法国渔船的船长听见上方有一架飞机低飞的轰鸣声，但由于浓雾，看不见飞机，随后传来坠机的巨响。渔民们在雾中搜寻，发现平静的海面上漂浮着许多邮件，但没有找到其他东西。德哈维兰飞机的飞行员和亚伦·亚伦森的遗体都无处可寻。根据犹太教律法，没有遗体就不能举行葬礼，于是亚伦森的朋友和同僚们在5月17日晚在巴黎举办了一个“礼拜会”，来纪念他的一生，以及他的贡献。

至于亚伦森在犹太复国主义运动中的同僚（有时是对手）哈伊姆·魏茨曼，他不仅活到了以色列国的建立，还担任了首任总统，直到1952年去世。在战后的巴勒斯坦，他与自己充满反叛精神的妹妹明娜团聚了。由于明娜对同盟国战争努力的贡献，她被包括在第一次世界大战最后几天内德国与俄国的一次战俘交换中。她逃离了混乱的战后德国，返回耶路撒冷，成为具有先驱意义的犹太妇女卫生组织“哈大沙”的成员。

497

杰马勒帕夏在战后继续过着冒险生活，但没能混多久。在战争的最后日子里，他和另外两位帕夏——塔拉特和恩维尔一道，搭乘一艘德国鱼雷艇逃离君士坦丁堡，随后在中亚的战场漫游，与一系列令人眼花缭乱的派别结盟又分道扬镳。1922年7月，他的好运气终于到头了，他和一名助手在格鲁吉亚第比利斯街头惨遭枪杀。宣称对此次暗杀负责的是一个神秘的亚美尼亚民族主义组织，曾立誓要除掉1915—1916年亚美尼亚人大屠杀的所有罪魁祸首，此前已经在柏林刺杀了塔拉特帕夏。三位帕夏中的最后一位——恩维尔和杰马勒一样，也在高加索冒险。8月，在塔吉克斯坦，恩维尔遭遇苏联红军的埋伏，饮弹毙命。

作为美国驻巴黎和会代表团的中东问题专家，威廉·耶鲁的注意力不仅限于该地区的和平。同时，或许是认识到自己有一天需要一份新工作，他私下里在美国代表团中促进自己的前雇主——纽约标准石油公司的利益。由于威尔逊总统坚决支持“门户开放”的自由贸易政策以及1918年夏季在巴勒斯坦发生的一系列事件，耶鲁有很好的借口去实施自己的计划。

这年夏天，在耶鲁担任艾伦比司令部的美国军事联络官期间，英国在巴勒斯坦的行政长官阿瑟·莫尼将军召见了耶鲁，要求他交出纽约标准石油公司在巴勒斯坦油田的地图。耶鲁拒绝了，并抗议说，莫尼应当去找标准石油公司总部去谈这件事情，于是莫尼将军选择了更简单的办法：闯入纽约标准石油公司在耶路撒冷的旧办公室，取走了这些地图。在写给美国和谈代表的一系列备忘录中，耶鲁严正警告，英国人的这些强硬措施的后果不堪设想，尤其是如果急需石油的英国人在巴勒斯坦和美索不达米亚可以自由行事的话。这些代表果然警觉起来[18]。主要是由于耶鲁的煽动，美国人做了很大努力，力图迫使英国人尊重纽约标准石油公司在巴勒斯坦的石油开采权，这在随后几年内成为英美之间摩擦的一个主要来源。

但是纽约标准石油公司在巴勒斯坦玩弄的是一场狡猾的戏法，拼命保护自己在克恩纳布的“油田”，完全是为了建立一个可遵循的先例，以便将来获取美索不达米亚的英国人控制下的油田的开采权。1924年，标准石油公司获得了美索不达米亚油田的开采权，于是突然间放弃了在巴勒斯坦的开采权。一家英国石油公司匆匆填补这个空白，在克恩纳布做了自己的实验，结果和耶鲁的地质学家搭档鲁道夫·麦戈文在1914年的发现一模一样：只有铁尾矿[19]。尽管不时有意见相反的乐观的工业报告出台，但在克恩纳布始终没有发现有商业开采价值的油田。

498

1919年底，耶鲁愤怒地从巴黎和会拂袖而去，返回美国，希望能够回到纽约标准石油公司。不知是因为他在百老汇大街26号大厅的失策言论，还是由于他在与英国人的石油对抗中过于高调，他未能如愿。家族的财富早已烟消云散，再加上战后美国经济萧条，很难找到工作，于是耶鲁进入一家美国贸易公司，返回了开罗。途中，他在英国停留，迎娶了他在战前在耶路撒冷邂逅的一位英国护士伊迪丝·汉娜。

在好几年时间里，耶鲁在开罗做着好几份不同的兼职工作，同时自己继续寻找石油。1922 年 5 月，他感到自己在也门外海的法拉桑岛（在英国控制下）找到了石油。他告诉纽约标准石油公司的一位高管，英国人在保守这个油田的秘密，但如果纽约标准石油公司派来一名地质学家，耶鲁可以想办法帮助他溜上岛[20]。标准石油公司没有采纳这个建议，于是耶鲁回到美国，出人意料地在新罕布什尔州农村定居，以养鸡为业，同时学习教育学硕士课程。1928 年，他被新罕布什尔大学聘任为历史学助理教授。

耶鲁的文采有限，但非常多产，教书之余写了大量关于中东的文章来挣钱。这些努力渐渐获得了更广泛的认可——他的文章被刊登在《大西洋月刊》和《基督教科学箴言报》上，于是他经常被邀请作讲座和参加大学研讨会。就像他居住在中东时一样，耶鲁对中东的观点在这么多年中发生了大幅度转变。在 1923 年，他呼吁"粉碎伊斯兰教的令人卑贱的暴政，它数百年来腐蚀了千万东方人的心智、灵魂和肉体"[21]，后来却发表了一篇意见几乎完全相反的长文，反对"犹太民族主义帝国主义的剥削本质"，他还指控说，犹太人的帝国主义是以"德国法西斯"为模板的[22]。

尽管有这些不负责的言论，但耶鲁作为中东问题专家还是享有很高地位，于是在第二次世界大战期间被任命为国务院战后计划办公室的中东问题专家。1945 年，在旧金山召开的战后联合国第一次大会上，他被任命为托管委员会助理秘书。耶鲁的主要关注点是，提议通过彻底废除饱受抨击的殖民委任统治制度，转而由联合国托管，对阿拉伯世界的政治格局做一番重新调整。令人感到似曾相识的是，正如 26 年前的金 - 克兰委员会一样，托管委员会关于中东的所有建议都没有得到采纳。

499

重返平民生活后，耶鲁继续在新罕布什尔大学教历史，后来在波士顿大学任教，直到1967年退休。1975年2月，他在新罕布什尔州德里市的一家养老院去世，享年87岁。

在中东情报战的另一端，库尔特·普吕弗的战后生涯更为丰富多彩。虽然没有任何一个人的经历能够代表一个民族的历史，但我们很难找到比他更合适的例子来审视两次世界大战之间德国的历史。

1919年，普吕弗很快成为在战败的德国扎根的最恶毒神话之一——所谓的“背后一剑”密谋——的热忱信徒。这种神话的说法是，德国在战场上不曾失败，而是被从内部出卖。这些国内叛徒的主要代表是德国的自由主义政党——就在停战的两天之前，一些左翼政党的联盟控制了政府，这个时机选择真是糟糕——和国际犹太人，他们被《贝尔福宣言》的诺言诱惑，投向了协约国阵营。阿道夫·希特勒最终利用这个神话，造成了极其严重的后果[23]，但库尔特·普吕弗信奉这个神话要比希特勒早得多。根据传记作者唐纳德·麦克凯尔的说法，在战后初期的艰难岁月里，生活拮据的普吕弗接受了外交部的犹太同事的资助，同时却在日记中越来越凶狠地怒骂犹太人。

事实上，由于巴黎和会的未竟事业，确实有强有力的论据可以说明，德国并没有真正被战胜。协约国向先前的敌人施加不堪忍受的巨额战争赔款的重负，同时却基本上完整保留了它的统治结构，这简直是一手制造了未来冲突的最佳熔炉。德国官员们，包括库尔特·普吕弗在内，很快就开始重建联盟和影响力的网络，而正是这些曾推动了战争的爆发。在战后年代，普吕弗在外交部的最早一批任务之一就是帮助德国先前在中东的搭档——埃及民族主义者、青年土耳其党运动领导人、亲德阿拉伯人——逃脱惩罚，在先前的同盟国境内定居。当然，这意味着，德国现在拥有了一支心怀不满分子的潜在力量，可以煽动未来的动乱。 500

甚至在战争结束以前，普吕弗就认识到，只要德国能吸取过去错误的教训，还有一种新办法来达到自己的目的。他在 1918 年 11 月 2 日给外交部的信中写道：“我们的宣传效果不好，是因为我们在和平时期重视不够，在战时却拼命临阵磨枪……我们对敌人发出眼泪汪汪的指控，喋喋不休地重复宣讲自己的胜利，有口无心地表达对伊斯兰的友谊，却希望赢得一个在精神上与我们相差甚远的民族的同情。”普吕弗敦促称，下一次，德国“必须注重于博其欢心，而不是对其颐指气使地教导”[24]。

在战后中东的政治游戏中，普吕弗很快就有机会重新开始捣鬼使坏。1921 年秋，他参与了决心始终不动摇的阿拔斯·希里米的一个新计划，要推翻英国在埃及的政权。几个月后，普吕弗在罗马会见了哈伊姆·魏茨曼。魏茨曼如果知道这位访客曾经诱骗他的妹妹为德国刺探情报，那么他一定是在放长线钓大鱼。他向普吕弗表示，英国对在巴勒斯坦建立犹太国家的设想止步不前，显然是由于法国人作祟，那么犹太复国主义者和德国人可以合作，一同反对法国。凶残地反犹但始终是机会主义者的普吕弗无疑全心全意地赞成这种观点。由于他的这些活动，英国政府最终将普吕弗的名字纳入了一份敌人黑名单，军情五处为他专门开了一份调查档案，始终没有结案[25]。

但到 20 世纪 20 年代末，普吕弗的生活逐渐平静下来。他与早就和他疏远的第一任妻子——美国人弗朗西丝·平卡姆离婚，娶了一个年轻得多的德国女人，在 1930 年生了个儿子。他继续在外交部攀升，最终成为至关重要的第三处（负责处理英美和中东事务）的副处长。阿道夫·希特勒于 1933 年 7 月掌权时，他就在这个岗位上。

尽管普吕弗和希特勒一样抱有复兴德国的梦想，但他在最初和德国的许多保守派人士一样，认为纳粹暴发户们是可资利用的傻瓜、粗鄙的流氓，而更上流体面的统治阶层可以利用和控制他们。到 1936 年，普吕弗已经摆脱了这种错误判断和自己当初对纳粹的

501

鄙夷，担任了希特勒的外交部的人事处长，一年后又正式入党。1939 年 9 月，德国入侵波兰，开始了第二次世界大战，普吕弗则前往南美，担任希特勒的驻巴西大使。

他在巴西的三年是他个人生涯的高潮。在德国外交界，普吕弗终于得到了他自 1911 年以来就为之奋斗的地位。另外，通过与巴西独裁者结下亲密友谊，他在很大程度上防止了这个富饶的国家加入盟国阵营，尽管巴西与美国有着这样的条约。但江山易改本性难移，1942 年夏季，巴西人发现，普吕弗与在巴西境内运作的一个德国间谍网有着直接联系。普吕弗受命离开巴西。大使如果为此事感到失望，至少离开的时机还不错。在他和家人乘船回国的 5 天之后，巴西就加入了盟国阵营，介入战争，并发出了逮捕他的通缉令（由于间谍罪，他被缺席判处 25 年徒刑）。

普吕弗是个宣传专家，却非常轻信，这颇有些奇怪。他显然已经对纳粹关于即将到来的最终胜利的说法信以为真，因此回到欧洲却发现德国在战争中落了下风，不禁大吃一惊。他在柏林坚持了一年时间，但在一座较小的城市买了房子，把老婆孩子送去躲避持续不断的盟军空袭。“看到这一切，我肝肠寸断，”他在 1943 年 7 月写道，“这不仅仅是因为我始终是、将来也一直会是一个眷恋家乡的人，还因为我真诚地信仰国家社会主义的一些美丽的观念。”[26]

抛却这些美丽的观念不谈，这个生存能力极强的人在本能地寻找出路。1943 年 9 月，普吕弗带着家人穿越边境，来到中立国瑞士，就像在 1918 年一样，在那里一直待到德国战败。1918 年的返乡和 1945 年的回归的区别在于，这一次，盟军不会给德国军国主义分子卷土重来的机会。普吕弗在巴登·巴登买的房子原来是从一个犹太人家庭手中没收的，于是他失去了这栋房子。这位前任大使还接受了美国人的“去纳粹化”调查，被排除了战争罪行的嫌疑，尽管他在外交部的很多直接上司被送去了纽伦堡。英国人或许还想抓住这个跟他们捣蛋 30 年的老对手，但 1945 年 10 月的消息称，身体一直比较虚弱的普吕弗患了肺结核，已经死亡，或者奄奄一息。于是英国人就此罢手。

但事实并非如此。3 年后，新德里的一名目光敏锐的英国情报军官在印度《每日电讯报》上发现了一篇奇怪的小文章，讲到了德里大学对未来的印度外交官的培养。“学生们将接受普鲁弗博士的教导，”文章如此写道，“他是一位德国外交官，在纳粹政权上台前夕离开了祖国。”[27]

502

调查最终表明，这个反纳粹的“普鲁弗”和亲纳粹的普吕弗是同一个人。就像近 40 年前在开罗发生的那样，英国人插手阻止普吕弗获得这个他垂涎的学术职位，于是他最终返回了德国。1959 年初，他在德国去世，这一次是真的死了，享年 77 岁。具有讽刺意味的是，他的独生子奥拉夫——这位东方学家和儿子长期以来一直很疏远——最终移民美国，成为一位著名考古学家。

在第一次世界大战期间在中东交锋的所有间谍和情报人员当中，后来最坚决地与它脱离干系的就是 T. E. 劳伦斯。1921 年，他在殖民地部为温斯顿·丘吉尔效力期间给一位朋友的信中写道：“阿拉伯人就像是我翻过去的一页，续集是很讨厌的东西。”[28]

1922 年初，在殖民地部的工作结束后，劳伦斯向皇家空军总司令请愿，希望加入空军。关于这个请求，有好几个奇怪的细节。由于他的名望和之前的军衔，劳伦斯可以很容易地进入皇家空军，成为一名高级军官，但他却特意请求“与新兵一样”，意味着他想当一名普通的列兵。另外，他不打算用 T. E. 劳伦斯的名字。他告诉皇家空军总司令，他的新名字是约翰·休姆·罗斯。

这个请求格外令人困惑的是，劳伦斯一直公开地对军事文化表示鄙夷。他在《智慧的七柱》中写道，军服“在穿着它的人与普通生活之间筑起了藩篱，表明他们已经将自己的意志和肉体卖给了国家，他们过的这种生活即便是他们自愿开始的，也很可悲……军人允许自己的主人全天候使用他的身体，并独自掌控他的头脑和激情。”[29]

但或许他的这个选择并不奇怪。在阿拉伯半岛，劳伦斯曾对成千上万人拥有生杀予夺大权，拼凑起了一项事业，组建了一支军队。与此同时，他一直为自己的招摇撞骗感到无比愧疚，因为他知道，这些与他并肩作战的人到最后几乎一定会遭到背叛。他在《智慧的七柱》中曾暗示，还在给友人的信中明确表示，在离开阿拉伯半岛之后，他永远不希望再一次处在需要肩负责任的位置。

503 此外，他还渴望默默无闻的生活，抛却他的旧身份。劳伦斯的这种意愿的最突出表现就是改名的决定——先是改叫约翰·休姆·罗斯，后来改为托马斯·爱德华·肖，但它也有更微妙的形式，是一种心理上的金盆洗手。劳伦斯在《智慧的七柱》的一个很短的段落曾提及开罗会议，称丘吉尔“理清了中东的全部乱麻”，在“文字和精神上竭尽凡人的能力，兑现了英国向阿拉伯人许下的诺言，同时没有牺牲我们的帝国和此事中各民族的任何利益”[30]。劳伦斯知道英国向阿拉伯人的承诺的完整内容，而且他写下这些话的时候，他珍爱的叙利亚还处在法国统治下，因此他知道这些论断是谎言。同样，考虑到《智慧的七柱》的全部内容，它的副标题“一场胜利”一定是在自嘲。

但或许，为了生存下去，人们不得不与过去彻底断绝关系，再也不用去想它。从劳伦斯在战后给朋友的很多信中，以及他向当时的传记作者发出的评论中，我们可以清楚而悲哀地看到，他有着当时所谓的“炮弹休克”（今天称为创伤后压力症）的很多症状。在他的余生中，劳伦斯不断受到噩梦的困扰，多次陷入极其严重的抑郁——其中有几次甚至已经考虑自杀——并逐渐与很多先前的朋友断绝了关系，一心只想要独处。

他在战场上的行动或许为他遭受的这种持续折磨埋下了伏笔。在孩提时代，他曾痴迷于亚瑟王宫廷和骑士法则的故事，梦想过上英雄的生活。但在现实的战争中，劳伦斯却目睹了人被炸成碎片

（常常是他自己的爆破造成的），将伤员丢弃等死，还命令屠杀战俘。正如他之前和之后的任何有思想的人一样，劳伦斯在战场上发现，片刻的英雄主义行为肯定是有可能的，但战争的积累体验、它的日常的残酷，却与当英雄的想法完全对立。

《智慧的七柱》出版的情况也表明了劳伦斯对隐姓埋名的渴求。1922 年，他用手摇印刷机印了 8 本自己的战时回忆录，用来赠送好友，但随着此书的消息传开，人们敦促劳伦斯将它公开出版。他做出的妥协是在 1926 年出版了删节版的《智慧的七柱》，仅印了 200 册，同时发行了短得多的大众市场版《沙漠中的起义》。这些书原本可以让劳伦斯富裕起来，但他将极其成功的《沙漠中的起义》一书的版税全部捐献给了皇家空军的慈善组织，并拒绝在他有生之年再版《智慧的七柱》。

504

劳伦斯虽然在公开场合贬低自己的作品为鸡毛蒜皮，但向一位朋友私下里吐露心迹，说希望自己的回忆录能够进入英语文学经典之列。在这方面，他将会大失所望。事实上，《智慧的七柱》的各个部分良莠不齐，鱼龙混杂，偶尔有水平极高的诗情画意和震撼人心的心理洞见，但常常被关于地形的长篇论文和一大串地名及转瞬即逝的人物淹没，往往令读者抓耳挠腮。尽管受到很多人坚持不懈的赞不绝口——劳伦斯肯定是最早毫不畏缩地直面战争的丑恶的现代作家之一，但按照一位很欣赏《智慧的七柱》的批评家的说法，它仍然是那种“名声在外、享有美誉，却很少有人读的书”[31]。

劳伦斯以“空军列兵罗斯”的身份在皇家空军过上默默无闻生活的努力失败了——英国报界很快就发现了他的真实身份——于是他化名 T. E. 肖加入了皇家坦克部队，1925 年又悄悄转入皇家空军。在随后 10 年中，他担任了空军的一系列下级职务——在印度的一个偏远的皇家空军基地担任普通文书近一年时间——同时以捣鼓机械为爱好，研究一种新一代的军用高速救援快艇。1929 年，他在多塞特郡农村买下了一座名叫“云山”的小屋，离他在坦克部队服役的博文顿军营只有1英里远。他就将这里当作避难所，逃避仍然对他穷追不舍的公众和报界。他继续写作——1928年，劳伦斯将自己战后的军事生涯写成了一本书《铸造》，随后翻译了荷马的《奥德赛》，但他的大部分时间都用于非常平庸无奇的军队工作，不执勤的时候就骑着他心爱的布拉夫摩托车在英国乡间风驰电掣，或者在“云山”拼命读书。尽管有些传记作者声称劳伦斯在这个时期的生活仍然颇有建树、丰富多彩，但我们很难不把他看作一个忧伤的隐士。他的朋友圈越来越小，只剩下几个人，而他与这极少数朋友的唯一联系就是他解释自己为什么不能见他们的短信。“请代我向S. F. 纽科姆太太谦卑地道歉，”1929年2月，他给斯图尔特·纽科姆写了这封信，显然是因为他没有在一次约好的会谈中露面，“我身体有些不适，没有精气神出去见人。”[32]

费萨尔·侯赛因坚持要面见他。1925年，这位伊拉克国王在访问英国期间，与劳伦斯在一位政治家的庄园举办的午餐会见了面。这是一次相当尴尬的重逢，两位老战友互相之间似乎无话可说。东道主还不断提到“美好的往昔”，这让劳伦斯非常不舒服。“我变了，”在这次会面之后，劳伦斯/肖写信给朋友夏洛特·萧，“曾经东奔西跑、和那种人友好相处的劳伦斯已经死了。他还不如死了。尽管我曾经认识他，他现在却是个陌生人。”[33]

505

1933年，费萨尔国王又一次访问英国的时候，不得不依靠在英国军界的熟人，几乎是命令“列兵肖”前来。

1935年初，劳伦斯决心离开皇家空军，尽管他非常害怕等待他的漫长的、没有组织性的生活。他的担忧被证明是非常正确的。退役仅仅两个月之后的5月6日，他写信给一位朋友称：“当下我的感觉仅仅是困惑。我想，树叶从树上落下，一直到死前的感觉一定就是我这样。但愿我不要一直这样下去。”[34]

这种状态没有持续下去。一周之后，5月13日早上，劳伦斯骑着他的摩托车去博文顿军营，去发一封电报。回家途中，在离

“云山”只有几百码的狭窄道路上，他猛地转向，以躲避两个骑自行车的男孩。他擦到了其中一辆自行车的后轮胎，失去了对摩托车的控制，倒了下去，头部撞到柏油马路上。劳伦斯的脑部严重受伤，他在博文顿军营的医院昏迷了 6 天之久，最后在 1935 年 5 月 19 日清晨去世，享年 46 岁。

在他的葬礼上，抬他的灵柩的人包括他的老朋友罗纳德·斯托尔斯和斯图尔特·纽科姆，而前来哀悼的人包括温斯顿·丘吉尔和诗人西格弗里德·沙逊。乔治五世向劳伦斯的弟弟阿诺德发去了吊唁信：“令兄的英名将永垂青史，国王心怀感激地认可他为祖国做出的卓越贡献。”[35]

丘吉尔的悼词要长一些：“在我眼中，他是我们这个时代最伟大的人物之一。在其他地方，我都找不到能和他相提并论的人。我担心，不管我们多么需要，像他这样的人都永远不会再有了。”[36]

丘吉尔的最后一句话显然是在暗指 1935 年时已经笼罩欧洲的新威胁：纳粹德国的崛起。但如果丘吉尔幻想，活着的劳伦斯能够在抵御这个威胁的战斗中起到关键作用，就大错特错了。劳伦斯本人多年来一直在告诉全世界，蓝眼睛的“沙漠武士”早已不见踪影，消失在了 20 世纪的第一次大灾难当中。

致 谢

本书涵盖面极广，需要我在三大洲的约 20 家政府档案馆或私人收藏馆做研究。许多非常精明强干的历史学家和研究者在我的研究的许多方面给了我极大帮助，没有他们，这项工作是不可能完成的。他们是 Tara Fitzgerald、Claire Flack、Lars Luedicke、Frederic Maxwell、Andrea Minarcek、Kevin Morrow、Eamonn O'Neill 和 Anna Van Lenten。其中我要特别感谢 Kevin Morrow，他不仅代我去加利福尼亚和以色列做研究，还监管了法国和德国档案材料的收集、组织和翻译。我确信不疑，若是没有他的帮助，我一定不知所措。 507

我还要感谢我在写作本书过程中向其寻求帮助的各家档案馆或私人收藏馆的馆长和管理者，他们全都不知疲倦地帮助我，花费了大量时间，慷慨地向我提出建议。下面的名单只是所有帮助过我的人中的一小部分。我要特别感谢牛津大学圣安东尼学院中东研究中心的 Debbie Usher，华盛顿特区国家档案记录管理局的 Liz Gray、David Pfeiffer 和 Eric Van Slander，济赫龙雅各布的 NILI 博物馆的 Marion Freudenthal 和 Ilonit Levy，波士顿大学的 Alex Rankin，斯坦福大学胡佛研究所的 Carol Leadenham，以及剑桥大学丘吉尔档案中心的 Lynsey Robertson。我还要特别感谢 Howard Diamond 和国家海洋和大气署气象数据中心的工作人员，他们不遗余力地帮助我确定 1914 年 1 月初沙尘暴袭击贝尔谢巴的可能时间。

虽然在本书中我尽可能地参考第一手资料，但有两位作者值得 508

我特别感激。如果没有克莱门森大学的 Donald McKale 教授的开拓性工作，以及他的两本开创性著作《库尔特·普吕弗》（*Curt Prüfer*）和《以革命为战争手段》（*War by Revolution*），我对库尔特·普吕弗的研究一定会耗费更长时间，并且做不到完整和详尽。我还要感谢 McKale 教授百忙之中拨冗审读了本书的一个早期版本，并提出了宝贵意见。其次，任何以 T. E. 劳伦斯为主要人物的书籍的作者都必须感谢 Jeremy Wilson 的开创性成就，即他得到劳伦斯本人授权的传记《阿拉伯的劳伦斯》（*Lawrence of Arabia*）。虽然我就劳伦斯在阿拉伯半岛的行动的若干方面不能苟同 Jeremy Wilson 先生的意见，但我非常感激他在劳伦斯研究领域做的海量工作，这对所有追随他足迹的后辈都帮助极大。

一小群审读者对我也有很大帮助，其中有些人是为了核实历史真实性，有些人是为了改善本书的文风。在第一类审读者中，除了 Donald McKale 之外，我还要真诚地感谢北伊利诺伊大学的 Roberto Mazza 和蒙大拿州立大学的 Thomas Goltz，他们慷慨地抽出许多时间，提出了很多极富洞察力的建议。在第二类审读者中，我要感谢我的朋友 Michael Fields、Wilson Van Law 和 Seth McDowell，他们勇敢地坚持阅读了本书的一个问题多多的早期草稿；还要特别感谢 Frances Shaw，她毫无怨言地忍受了更多。在第二类审读者中，我必须感谢我的了不起的代理人和挚友——国际创意管理公司（ICM）的 Sloan Harris，他总是懂得如何微妙地同时鼓励和鞭策我。

最后，我不知道我在写作其他书时会不会也是这样，但我还记得本书源起的确切时刻：2008 年冬天，和我的挚友和编辑 Bill Thomas 一起吃饭的时候。我想，我们俩当时都立刻意识到，这就是我需要写的一本书——事实上，在我的整个记者生涯中，我一直在朝这个方向努力。尽管后来在写作和研究遇到困难时我偶尔会咒骂 Bill，但我永远感激他在这些年中帮助我实现这个设想时表现出的热情、耐心和勤奋。我还要感谢 Doubleday 出版社的全体工作人员，在本书的资料查证和稿件修改的几个月间，我几乎天天都待在出版社，我感谢他们对我的容忍，尤其是 Melissa Danaczko 和 Coralie Hunter 毫无保留地帮助我，对付我在研究上的怪癖，以及我对电脑的无知。

509

最后，我要感谢所有的朋友和家人，在过去 5 年中，他们容忍了我那些取消的会面、未回复的电话和长期出差在外。现在本书已经付梓，我希望将来能做一个更好的朋友和亲戚。

注　释

虽然我在本书中援引了范围极广的档案和第二手资料，但有几个资料来源与本书的主题直接相关，因此特别有价值。其中档案资料包括：亚伦·亚伦森的日记（以色列的济赫龙雅各布档案馆）、库尔特·普吕弗的日记（斯坦福大学胡佛研究所）、威廉·耶鲁的未出版的回忆录（波士顿大学），以及英国外交部和陆军部在第一次世界大战时期的档案资料（英国伦敦丘园的国家档案馆）。因为其中有些资料到2002年才被解密，所以我有机会参考到一些此前从未公开过的资料。

另外，我要感谢Donald McKale的传记《库尔特·普吕弗：从德皇到希特勒时代的德国外交官》，这是关于库尔特·普吕弗早年生活的少数资料来源之一。在关于T. E. 劳伦斯的资料中，John Mack的《我们的混乱时代的王子：T. E. 劳伦斯传》是有史以来最深刻描写劳伦斯心理的著作。最重要的是，我非常感谢Jeremy Wilson和他得到劳伦斯本人授权的传记《阿拉伯的劳伦斯》。Wilson的研究极其详尽，是所有关于劳伦斯的严肃学术研究的起点。在描写本书的某些特定背景方面时（如战前的德国），我还参考了其他一些第一手和第二手资料，我在相应的尾注中标出了我认为特别有用的资料来源。

BU—William Yale Papers, Boston University（威廉·耶鲁文件，波士顿大学）

GLLD—George Lloyd Papers, Churchill College（乔治·劳埃德文件，丘吉尔学院）

HO— Hoover Institution, Stanford University（斯坦福大学胡佛研究所）

MSP—Mark Sykes Papers, Middle East Centre, St. Antony's College（马

克·赛克斯文件，圣安东尼学院中东研究中心）

NARA—National Archives（U. S.）（美国国家档案馆）

PAAA—Political Archives of the German Foreign Ministry, Berlin（Politisches Archiv des Auswärtigen Amtes）（德国外交部政治档案馆，柏林）

PRO—National Archives（formerly Public Records Office）（UK）（英国国家档案馆，即原公共档案馆）

PRO - ADM—Admiralty Records（海军部档案）

PRO - CAB—British Cabinet Records（英国内阁档案）

PRO - KV—Security Service Records（安全部门档案）

PRO - FO—Foreign Office Records（外交部档案）

PRO - WO—War Office Records（陆军部档案）

SADD—Sudan Archives, University of Durham（苏丹档案，德伦大学）

UNH—William Yale Collection, University of New Hampshire（威廉·耶鲁收藏品，新罕布什尔大学）

UT—T. E. Lawrence Collection, University of Texas（T. E. 劳伦斯收藏品，德克萨斯大学）

YU—William Yale Collection, Yale University（威廉·耶鲁收藏品，耶鲁大学）

ZY— NILI Museum and Archives, Zichron Ya'aqov, Israel（NILI 博物馆与档案馆，以色列的济赫龙雅各布）

序　章

【1】劳伦斯此时的正式军衔应当是中校，但在几周前，为了帮助他尽快返回英国，军方暂时赋予他上校的身份。因此，从 1918 年 10 月起，官方公文中常称他为“劳伦斯上校”。

【2】Lawrence to Liddell Hart, notes on interview of July 29, 1933, p. 2; UT Folder 1, File 1.

【3】Lawrence, *Seven Pillars*, p. 562.

【4】Lord Stamfordham, King's Private Secretary, to Lawrence（Shaw）, January 1 and 17, 1928: A. W. Lawrence, *Letters to T. E. Lawrence*, pp. 184 - 86. See also Graves, *Lawrence and the Arabs*, pp. 392 - 93, and Churchill in A. W. Lawrence, *T. E. Lawrence by His Friends*（1937）, 193 - 94.

【5】Lawrence, *Seven Pillars*, p. 274.

第 1 章　花花公子在圣地

【1】Djemal Pasha, quoted in Aksakal, *The Ottoman Road to War*, p. 19.

【2】Yale, *It Takes So Long*, chapter 1, p. 10; BU Box 7, Folder 7.

【3】耶鲁对自己与T. E. 劳伦斯的初次会面作过多个不同的且有细微矛盾的记述，他的回忆录*It Takes So Long*中就有。其中最详细的版本，也是此处大部分信息的来源，载于他的文章“T. E. Lawrence: Scholar, Soldier, Statesman, Diplomat”（未标注写作时间，应当是劳伦斯于1935年去世后不久）；BU Box 6, Folder 1。

【4】Yale, *The Reminiscences of William Yale*, p. 7; Columbia University, Oral History Research Office, 1973.

【5】McKale, *War by Revolution*, p. 22, n. 18.

第2章 非同寻常的人

【1】关于T. E. 劳伦斯童年和早期岁月的许多细节来自关于这个话题的最具权威性的两本书：John Mack的*A Prince of Our Disorder*和Jeremy Wilson的*Lawrence of Arabia*。威廉·耶鲁在他未出版的回忆录*It Takes So Long*中讲述了自己的童年和少年时代。关于库尔特·普吕弗的早期生活，Donald McKale的*Curt Prüfer*一书几乎肯定是唯一的信息来源，他的材料来自对普吕弗的儿子奥拉夫的采访。奥拉夫现已去世。

【2】Hogarth to Petrie, July 10, 1911, as cited by Wilson, *Lawrence of Arabia*, p. 85.

【3】Lawrence, *The Home Letters*, p. 23.

【4】Robert Lawrence quoted in A. W. Lawrence, *T. E. Lawrence by His Friends* (1954 edition), p. 31.

【5】劳伦斯家族姓氏的起源其实复杂得多。T. E. 劳伦斯在1919年从他母亲那里得知，她自己也是非婚生子。她的出生证上的名字是萨拉·琼纳，到十几岁的时候才改用据推测是她父亲的那个人的姓氏劳伦斯。这种对姓氏的满不在乎的态度或许也能解释，T. E. 劳伦斯自己后来为什么能毫无顾虑地使用假名，把托马斯·爱德华·劳伦斯换成了约翰·休姆·罗斯，后来又改称托马斯·爱德华·肖。

【6】Thomas (Chapman) Lawrence (undated); Bodleian MS Eng C 6740.

【7】Lawrence to Charlotte Shaw, April 14, 1927, cited by Mack, *A Prince of Our Disorder*, p. 26.

【8】E. F. Hall in A. W. Lawrence, *T. E. Lawrence by His Friends* (1954 edition), pp. 44 – 45.

【9】H. R. Hall, as quoted in Wilson, *Lawrence of Arabia*, p. 25.

【10】Mack, *A Prince of Our Disorder*, p. 33.

【11】Lawrence, *The Home Letters*, pp. 65 – 66.

【12】Hogarth to Robert Graves, as quoted in Graves, *Lawrence and the Arabs*, p. 18.

【13】Doughty to Lawrence, February 3, 1909, in A. W. Lawrence, *Letters to T. E. Lawrence*, p. 37.

【14】Lawrence, *The Home Letters*, p. 106.

【15】Ibid., p. 103.

【16】Ibid., p. 105.

【17】McKale, *Curt Prüfer*, pp. 5; 152; 193 – 94 n. 5; 233 n. 28.

【18】关于一战前德国和威廉二世时代的历史，我主要参考了 Fischer 的 *Germany's Aims in the First World War*; Macdonogh 的 *The Last Kaiser*; Cecil 的 *Wilhelm II*, vols. 1 and 2。

【19】Prüfer, *Personalbogen*, October 24, 1944; NARA T120, Roll 2539, FrameE309975.

【20】引自奥拉夫·普吕弗在未出版的回忆录《我的父亲》中的译文，由 Trina Prüfer 授权使用。

【21】关于普吕弗与弗朗西丝·普吕弗（娘家姓平卡姆）的关系，见：NARA RG165, Entry 67, Box 379, File PF25794, Attachment 8。

【22】Lawrence, *The Home Letters*, p. 218.

【23】劳伦斯对理查兹的话，1918 年 7 月 15 日，引自 Garnett 的 *The Letters of T. E. Lawrence*, p. 239。

【24】Lawrence, *The Home Letters*, pp. 173 – 74.

【25】关于奥斯曼帝国的历史和统一与进步委员会的崛起，我主要参考了 Aksakal 的 *The Ottoman Road to War in* 1914; Kent 的 *The Great Powers and the End of the Ottoman Empire*; Shaw 的 *History of the Ottoman Empire and Modern Turkey*, vols. 1 and 2。

【26】Lowther to Hardinge, May 29, 1910, as cited by Yapp, *The Making of the Modern Near East*, pp. 183 – 84.

【27】Cecil, *The German Diplomatic Service*, p. 102.

【28】McMeekin, *The Berlin-Baghdad Express*, p. 25.

【29】Ibid., p. 22.

【30】McKale, *War by Revolution*, p. 22.

【31】Lawrence, *The Home Letters*, p. 217.

【32】Ibid., p. 225.

【33】关于标准石油公司的历史及其分割，见：Chernow, Titan, and Yergin, *The Prize*。

【34】 Yale, *It Takes So Long*, chapter 1, p. 1.

【35】 Lawrence, *The Home Letters*, p. 447.

第3章　一件又一件美好的事情

【1】 Lawrence, *Seven Pillars*, p. 277.

【2】 Lawrence, *The Home Letters*, p. 275.

【3】 Lawrence to V. Richards, in Garnett, *The Letters of T. E. Lawrence*, pp. 160 - 61.

【4】 Yale, *It Takes So Long*, undated early drafts, BU Box 8.

【5】 J. C. Hill: *Yale*, *The Reminiscences of William Yale*, p. 6, Columbia University, Oral History Research Office, 1973.

【6】 As cited by Florence, *Lawrence and Aaronsohn*, p. 91.

【7】关于亚伦森的童年和早期生涯，我主要援引 Florence 的 *Lawrence and Aaronsohn* 和 Engle 的 *The Nili Spies*。

【8】关于犹太复国主义的早期历史，我主要援引 Laqueur 的 *A History of Zionism*, O'Brien 的 *The Siege* 和 Sachar 的 *A History of Israel*。

【9】 Florence, *Lawrence and Aaronsohn*, pp. 90 - 91.

【10】 Aaronsohn to Mack, "Aaron's Confession," October 9, 1916, p. 8, ZY.

【11】 Lawrence, *Seven Pillars*, p. 239.

【12】 A. W. Lawrence, *T. E. Lawrence by His Friends* (1937 edition), p. 105.

【13】 Lawrence, *The Home Letters*, p. 280.

【14】关于寻漠探险幕后的军事和政治动机，最详细的记述见 Moscrop 的 *Measuring Jerusalem*, chapter 8。

【15】 Lawrence, *The Home Letters*, p. 282.

【16】埃及政府发给部长会议主席的秘密报告，1911 年 11 月 11 日。PRO - FO 371/1114, File 44628。

【17】关于普吕弗担任赫迪夫图书馆馆长争端的英国政府通信和报告见 PRO - FO 371/1114, File 44628。

【18】 Cecil, *The German Diplomatic Service*, p. 102.

【19】 Lawrence to Leeds, February 28, 1914, in Garnett, *The Letters of T. E. Lawrence*, p. 165.

【20】 Lawrence, *The Home Letters*, p. 287.

【21】威廉·耶鲁对于克恩纳布石油勘探的记述主要参考了 Yale, *It Takes So Long*, chapter 2。

【22】英国政府关于纽约标准石油公司在巴勒斯坦石油开采区的通信见 PRO - FO 371/2124。另见埃德尔曼给国务院的报告，1914 年 4 月 10

日；NARA M353，Roll 67，document 867.6363/4。

【23】Lawrence to Flecker，“Monday [June 1914]，” in Garnett，*The Letters of T. E. Lawrence*，p. 171。劳伦斯没有写明写这封信的日期是6月的哪一个星期一，但根据他在6月1日从卡尔基米什写给家人的信（他在这封信中讲到自己即将回家，称“大约25日能到家”）可以推断，应当是6月29日。

第4章　到最后100万人

【1】Hollis to Lansing，November 9，1914；NARA M353，Roll 6，Decimal 867.00/713.

【2】Magnus，*Kitchener*，pp. 283－84.

【3】Stevenson，1914－1918，p. 54.

【4】Keegan，*The First World War*，p. 7；J. Vallin，“La Mortalité pargénération en France depuis 1899 [Mortality by Generation in France Since 1899]，” Travaux et Documents，Cahier no. 63 （Paris：Presses Universitaires de France）.

【5】Haig，diary entry of July 2，1916，as cited in Gilbert，*The Somme*，p. 93.

【6】Lawrence to Liddell Hart，in Graves and Hart，*T. E. Lawrence*：*Letters to His Biographers*，Pt. 2，p. 90.

【7】Ibid..

【8】As quoted in Fischer，*War of Illusions*，p. 542.

【9】Lawrence to Rieder，September 18，1914，in Garnett，*The Letters of T. E. Lawrence*，p. 185.

【10】威廉·耶鲁对自己在1914年底在耶路撒冷的生活的记述主要来自Yale，*It Takes So Long*，chapter 2。

【11】NARA RG84，Entry 448，Volume 14.

【12】Beaumont to Gray，August 3，1913，File 35857，No. 605；and Tewfik Pasha to Grey，August 4，1914，File 35844，No. 598，in Gooch & Temperly，*British Documents on the Origins of the War*，Vol. XI.

【13】美国驻大马士革领事John Dye在领事馆日志中对叙利亚战前的紧张局势作了极好的、相当客观公正的描述，见NARA RG84，Entry 350，Volume 101。Alex Aaronsohn的*With the Turks in Palestine*较有偏见。

【14】土耳其和德国双方都竭力隐瞒两国的秘密盟约。1914年7月29日，即与恩维尔帕夏的秘密协定还在谈判的时候，德国驻土耳其军事代表团团长利曼·冯·桑德斯将军向上级请求，一旦发生战争，就返回德国。德皇威廉二世读到桑德斯的电报时，在电文边缘批示道：“他必

须留在那里，煽动针对英国的战争和起义。他难道还不知道即将签署的盟约？根据这项盟约，他将担任总司令！”

【15】Oppenheim to Bethmann-Hollweg, August 18, 1914; NARAT 137, Roll 143, Frames 16 – 21, Der Weltkrieg no. 11, Band 1.

【16】Prüfer, *Diary*, September 8, 1914; HO.

【17】Oppenheim to Bethmann- Hollweg, August 18, 1914; NARAT 137, Roll 143, Frames 16 – 21, Der Weltkrieg no. 11, Band 1.

【18】*New York Times*, April 20, 1915.

【19】Prüfer, *Diary*, September 7, 1914; HO.

【20】Interrogation of Robert Mors, October 10, 1914, pp. 4 – 5; PRO – FO 371/1972, File 66271.

【21】Mallet to Grey, September 15, 1914; PRO – FO 371/1970, f. 8.

【22】Mallet to Grey, October 6, 1914; PRO – FO 371/1970, f. 93.

【23】Interrogation of Robert Mors, October 10, 1914, p. 5; PRO – FO371/1972, File 66271.

【24】McKale, *Curt Prüfer*, p. 31.

【25】Lawrence to "Friend," in Garnett, *The Letters of T. E. Lawrence*, p. 188.

【26】Lawrence to Liddell Hart, August 1, 1933, in Graves and Hart, *T. E. Lawrence: Letters to His Biographers*, Pt. 2, p. 141.

【27】Lawrence to Fontana, October 19, 1914, in Garnett, *The Letters of T. E. Lawrence*, p. 187.

【28】Lawrence to Fontana, December 4, 1914, in ibid. , p. 189.

【29】Florence, *Lawrence and Aaronsohn*, p. 119.

【30】Aaronsohn, *Present Economic and Political Conditions inPalestine*, p. 6, early 1917; PRO – FO 882/14, f. 328.

【31】Aaronsohn (anonymous), "Syria: Economic and Political Conditions," Arab Bulletin no. 33 (December 4, 1916): 505.

【32】Kayali, *Arabs and Young Turks*, pp. 187 – 88.

【33】Djemal Pasha, *Memories of a Turkish Statesman*, p. 204.

【34】Aaronsohn (anonymous), "The Jewish Colonies," Arab Bulletin, no. 64 (September 27, 1917): 391.

【35】Alex Aaronsohn, "Saifna Ahmar, Ya Sultan!" The Atlantic Monthly, July 1916, Vol. 118.

【36】一些历史学家认为，杰马勒帕夏在1914~1915年下令将犹太人从巴勒斯坦驱逐出去，这是旨在消灭犹太人社区的广泛行动的一部分。这种

观点最强有力的支持者是大卫·弗洛姆金。他在《终结所有和平的和约》（*A Peace to End All Peace*）第210～211页写道，杰马勒“对犹太人定居者施加暴力。在一位强烈反对犹太复国主义的奥斯曼官员贝哈艾丁的影响下，杰马勒采取措施去摧毁犹太复国主义定居点，并命令将所有外籍犹太人驱逐出境，也就是说，巴勒斯坦的绝大多数犹太人”。事实上，杰马勒在1914年12月的驱逐命令明确只针对敌国公民——第一次世界大战爆发时，其他参战国也都采取了这项政策——而且很快又改为，英国和法国籍犹太人不在受驱逐之列。另外，在巴勒斯坦的那些被划入驱逐范围的“敌国”犹太人，主要是俄国籍犹太人，如果愿意加入奥斯曼国籍，就可以留下。也只有奥斯曼帝国会给出这样宽厚的条件。由于这种相对比较宽大的处理和它造成的许多漏洞，居住在战前巴勒斯坦的约8.5万犹太人中只有少数离开，或者被驱逐，绝不是弗洛姆金估计的“巴勒斯坦的绝大多数犹太人”。

【37】Aaronsohn to Rosenwald, January 21, 1915; NARA RG84, Entry 58, Volume 378, Decimal 800.

【38】Brown, *The Letters of T. E. Lawrence*, p. 69.

【39】Lawrence, "Syria: The Raw Material," written early 1915, *Arab Bulletin* no. 44 (March 12, 1917).

【40】Yale, *It Takes So Long*, chapter 3, p. 1.

【41】Military Censor, Statement of W. M. Yale, November 17, 1914; PROWO157/688.

【42】Yale, *T. E. Lawrence: Scholar, Soldier, Statesman, Diplomat* (undated but 1935); BU Box 6, Folder 1.

【43】Lawrence (unsigned and undated), handwritten notes on interview of William Yale; PRO - WO 158/689.

【44】Morgenthau, *Ambassador Morgenthau's Story*, p. 120.

【45】Bliss, "Djemal Pasha: A Portrait," in *The Nineteenth Century and After*, vol. 86 (New York: Leonard Scott, July - December 1919), p. 1151.

【46】Ibid., p. 1153.

【47】Djemal Pasha, *Memories of a Turkish Statesman*, pp. 141 - 42.

【48】Ibid., p. 143.

【49】Prüfer to Oppenheim, December 31, 1914; PAAA, Roll21128, Der Weltkrieg no. 11g, Band 6.

第5章　可鄙的乱局

【1】Lawrence, *The Home Letters*, p. 303.

【2】Intelligence Department "Note," January 3, 1915; PRO - FO371/2480, f. 137.

【3】关于"多丽丝"号亚历山大勒塔事件的细节，见1914年12月22日至1915年1月14日间，美国驻阿勒颇领事J. B. Jackson给美国国务卿兰辛的一系列报告。NARA RG84, Entry 81, Box 12, Decimal 820。

【4】Untitled Intelligence Department report advocating landing at Alexandretta, January 5, 1915; SADD Clayton Papers, File 694/3/7, p. 3.

【5】Lawrence to Hogarth, January 15, 1915, in Garnett, *The Letters of T. E. Lawrence*, p. 191.

【6】Djemal Pasha, *Memories of a Turkish Statesman*, p. 154.

【7】Ibid., pp. 154 - 55.

【8】Prüfer, *Diary*, January 26, 1915; HO.

【9】Ibid., January 30, 1915.

【10】Erickson, *Ordered to Die*, p. 71.

【11】Prüfer to von Wangenheim and Oppenheim, February 9, 1915; NARA T137, Roll 23, Frame 862.

【12】Prüfer to Oppenheim, February 9, 1915; NARA T137, Roll 23, Frame 868.

【13】英国政府内部关于亚历山大勒塔—达达尼尔海峡的辩论的详细情况，见Gottlieb, *Studies in Secret Diplomacy*, pp. 77 - 87。

【14】M. O. 2 report, "Expedition to Alexandretta," January 11, 1915, p. 2; PRO - WO 106/1570.

【15】p. p. Graves, "Report on Turkish Military Preparations and Political Intrigues Having an Attack on Egypt as Their Object," November 10, 1914; PRO - FO 371/1970, f. 187.

【16】Lawrence to parents, February 20, 1915, in Lawrence, *The Home Letters*, p. 303.

【17】Gottlieb, *Studies in Secret Diplomacy*, p. 109.

【18】Lawrence to Hogarth, March 18, 1915, in Garnett, *The Letters of T. E. Lawrence*, pp. 193 - 94.

【19】Hickey, *Gallipoli*, p. 72.

【20】Manuel, *Realities of American-Palestine Relations*, p. 267. Also, "Mines and Quarries of Palestine in 1921 by the Geological Adviser,"; NARA M353, Roll 87, document 867N. 63/1.

【21】Cole, director of Socony, to Under-Secretary of State Polk, September

18, 1919; UNH Box 2.

【22】 Cole, director of Socony, to Under-Secretary of State Polk, May 5, 1919; NARA RG59, Central Decimal File, 1920 - 1929, document 467. 11st 25/31.

【23】 Yale, *It Takes So Long*, chapter 4, p. 3, and pp. 24 - 25.

【24】 Ibid. , chapter 3, p. 12, and chapter 4, p. 3.

【25】 Lewis, "An Ottoman Officer in Palestine, 1914 - 1918," in Kushner, *Palestine in the Late Ottoman Period*, p. 404.

【26】 Bliss, "Djemal Pasha: A Portrait," in *The Nineteenth Century and After*, vol. 86 (New York: Leonard Scott, July - December 1919), p. 1156.

【27】 Ballobar, *Jerusalem in World War I*, p. 55.

【28】 亚伦森说，他曾亲眼看见“阿拉伯婴儿被母亲放在树荫下，脸都被成群来袭的蝗虫吃掉了，哭喊声才被听见”。这个说法或许是夸张了。见 Alex Aaronsohn, *With the Turks in Palestine*, p. 51.

【29】 As quoted by Florence, *Lawrence and Aaronsohn*, p. 129; Engle, *The Nili Spies*, p. 45.

【30】 Engle, *The Nili Spies*, p. 60.

【31】 关于侯赛因与青年土耳其党关系史的细节，见 Antonius, *The Arab Awakening*, pp. 125 - 58; Baker, *King Husain and the Kingdom of Hejaz*, pp. 12 - 45; Kayali, *Arabs and Young Turks*, pp. 144 - 73.

【32】 Prüfer to Oppenheim, November 3, 1914; NARAT137, Roll 23, Frame 213.

【33】 Prüfer to Metternich, January 22, 1916; NARA T130, Roll 457, Türkei 65, Band 38.

【34】 Storrs, *Memoirs*, p. 202.

【35】 Ibid. , p. 135.

【36】 Kitchener to Consul-General, Cairo, September 24, 1914; PRO - FO 141/460.

【37】 Antonius, *The Arab Awakening*, p. 132.

【38】 Draft of letter from Kitchener to Sherif Abdalla, November 1914; PRO - FO 141/460.

【39】 Lawrence to Hogarth, April 20, 1915, in Garnett, *The Letters of T. E. Lawrence*, p. 196.

【40】 Ibid. , p. 197.

【41】 Guinn 在 *British Strategy and Politics*, p. 70 中指出：“这行动现在发展成

了达达尼尔海峡战役，其政策的急剧变化——从主要是海军行动变为完全的陆地作战——是在很短时间内在现场决定的，没有经过深思熟虑。”

【42】Lawrence to Hogarth, April 26, 1915, in Garnett, *The Letters of T. E. Lawrence*, p. 198.

【43】关于1915年4月25日加里波利登陆作战的最初阶段，已经有许多著作问世，其中最重要的是 Alan Moorehead 和 Peter Hart 的著作，书名都叫作 *Gallipoli*。从军事科学的角度，最权威的作品或许是 Robin Prior 的 *Gallipoli: The End of the Myth*。

【44】Weldon, *Hard Lying*, pp. 68 – 69.

【45】关于费萨尔1915年的大马士革和君士坦丁堡之旅，详见 Dawn, *From Ottomanism to Arabism*, pp. 26 – 31; Tauber, *The Arab Movements in World War I*, pp. 57 – 67。

第6章　保守秘密的人

【1】Lawrence, *The Home Letters*, p. 304.

【2】Lawrence to Bell, April 18, 1915, in Brown, *The Letters of T. E. Lawrence*, p. 71.

【3】Prüfer to von Wangenheim, February 9, 1915; NARA T137, Roll 23, Frame 862.

【4】Prüfer to (illegible), February 24, 1915; NARA T137, Roll 24, Frame 390.

【5】关于普吕弗与明娜·魏茨曼的早期关系，见 McKale, *Curt Prüfer*, p. 42。

【6】See Prüfer, *Diary*, October 26, 1914; January 27, 1915; May 5 and June 25, 1916; HO.

【7】Prüfer to Djemal Pasha, March 1, 1915; NARA T137, Roll 24, Frames 271 – 73; PAAA, Roll 21131, Der Weltkrieg no. 11g, Band 9.

【8】Ibid..

【9】Cohn, "Report," July 16, 1915; NARA T137, Roll 24, Frame 697.

【10】Steinbach to Ziemke, August 3, 1915; NARA T137, Roll 24, Frame 779.

【11】McKale, *Curt Prüfer*, p. 203 n. 18.

【12】Von Wangenheim to Bethmann-Hollweg, in cover letter, March 3, 1915; NARA T137, Roll 23, Frame 862.

【13】See Lawrence, *The Home Letters of T. E. Lawrence and His Brothers*, pp. 653 – 720.

【14】Lawrence to family, June 4, 1915; Bodleian MS Eng C 6740.

【15】Lawrence to Sarah Lawrence, undated; Bodleian MS Eng C 6740.

【16】Dawn, *From Ottomanism to Arabism*, p. 30; Djemal Pasha, *Memories of a Turkish Statesman*, p. 213.

【17】Lewy, *The Armenian Massacres in Ottoman Turkey*, p. 28。在所谓哈米德大屠杀中丧生的亚美尼亚人的数量长期以来一直是史学界的一个争论主题，最低的估计数字来自土耳其政府，为 1.3 万人；一些亚美尼亚历史学家估计有 30 万人。或许 Lewy 给出的数字，5 万 ~ 8 万人，最为可靠。

【18】As cited by Lewy, ibid., p. 151.

【19】US Department of State telegram to US Embassy, Constantinople, May 29, 1915; NARA M353, Roll 43, document 867.4016/67.

【20】As cited by Lewy, *The Armenian Massacres in Ottoman Turkey*, p. 153.

【21】关于 1915 ~ 1916 年亚美尼亚大屠杀悲剧的最权威历史著作是 Lewy 的 *The Armenian Massacres in Ottoman Turkey*。

【22】亚美尼亚历史学家 Vanakh Dadrian 在 *The Key Elements in the Turkish Denial of the Armenian Genocide*, p. 54 中称："在这方面，必须承认，不论是叙利亚和巴勒斯坦的第 4 集团军总司令杰马勒，还是土耳其东部的第 3 集团军总司令 Vehib Pasha，尽管与土耳其青年党联系紧密，但都拒绝执行该党领导层制定的秘密种族清洗的计划，而是尽其所能地抵抗和阻止随后发生的屠杀。"

【23】As cited by Lewy, *The Armenian Massacres in Ottoman Turkey*, p. 197. See also Metternich to Bethmann-Hollweg, December 9, 1915; NARA T139, Roll 463, Band 40.

【24】Lewy, *The Armenian Massacres in Ottoman Turkey*, p. 192.

【25】Aaronsohn, *Diary*, April 1, 1915, ZY.

【26】Ibid., April 27, 1915.

【27】Quoted in Gorni, *Zionism and the Arabs*, p. 56.

【28】Quoted in Engle, *The Nili Spies*, p. 47.

【29】威廉·耶鲁对其 1915 年前往耶路撒冷旅途及其与杰马勒帕夏的会晤的记述见 Yale, *It Takes So Long*, chapter 4。

【30】*New York Times*, July 29, 1915.

【31】Lawrence to Will Lawrence, July 7, 1915; Bodleian MS Eng C 6740.

【32】穆罕默德·法鲁基在 1915 ~ 1916 年英国近东政策的塑造中起到了关键作用，因此他是这一时期的一位非常神秘的人物。据信，他于 1922

年在伊拉克的一次部落战争中被杀，因此围绕他的许多问题或许永远不会得到解答了。

大卫·弗洛姆金在1989年的著作*A Peace to End All Peace*中对法鲁基又作了一番集中的研究。弗洛姆金多次提到法鲁基的“骗局”，以及他的行动对世界局势造成的非同寻常的影响。也就是说，“不仅麦克马洪信件，还有更重要的，与法国、俄国和后来的意大利的谈判——最终产生了《赛克斯—皮科—萨佐诺夫协定》，以及后来的协约国的秘密协定，都是穆罕默德·法鲁基的骗局造成的结果”。

这种说法或许夸大了法鲁基的影响，而且弗洛姆金从未具体说清，他所谓的骗局究竟指的是什么。他的指控似乎围绕着两点：法鲁基向英国人和埃米尔·侯赛因夸大了自己在觉醒社中的地位，以便为自己挣得中间人的角色；关于觉醒社和青年阿拉伯党在叙利亚发动大规模起义的能力，他也撒了谎。弗洛姆金认为，实质上，法鲁基向英国人许下了他不可能兑现的诺言。

但如果我们考虑到，法鲁基是一个热诚的阿拉伯民族主义者，对西方殖民势力非常疑忌，上述行为完全就算不上是“骗局”。法鲁基几乎肯定夸大了叙利亚起义密谋者的实力，以便从英国人那里获得更多让步，但在战争年代，这恰恰说明他是个优秀的谈判者，而不能说他是骗子。

但这远远不只是标签或语义的问题。在弗洛姆金看来，由于法鲁基的骗局，侯赛因通过麦克马洪—侯赛因通信与英国人达成的协议，是用谎言买来的（p. 186）。他说（p. 219）：“英国的阿拉伯局相信，阿拉伯起义会在整个穆斯林和阿拉伯语世界得到广泛支持。最重要的是，它相信，起义会得到（英国人认为的）主要由阿拉伯人组成的奥斯曼军队的支持……事实上，侯赛因所希冀的那种阿拉伯起义从未发生。奥斯曼军队中的阿拉伯单位没有一个投诚到侯赛因这边来。奥斯曼帝国的政治和军事人物没有一个投靠到他和协约国那边。法鲁基许诺，会有一个强大的秘密军事组织投靠到侯赛因那边，但这个组织始终没有露面。”

弗洛姆金观点的问题在于，到1916年6月阿拉伯起义爆发的时候，英国人或侯赛因都已经不相信这种事情。在此4个月之前，侯赛因通知麦克马洪，由于“当地土耳其政府的暴政”，“密谋者能够仰仗的人所剩无几”，叙利亚方面发动起义的希望大大缩减了。弗洛姆金不仅没有提到侯赛因的这个著名的警告，而且也没有注意到，英国人也已经完全考虑了这个情况。埃及军事情报机关的领导人吉尔伯特·克莱顿在1916年4月22日的备忘录中（PRO - FO 882/4，f. 92 - 3）写道："谢里夫（侯赛因）承认，革命事业不能指望叙利亚。"有鉴于这个情况，克莱顿在同一份备忘录中写道："高级专员（麦克马洪）坚信，目前必须建议谢里夫，保障铁路和将土耳其人扫荡出汉志的任务必须由他独立完成。"

简而言之，英国当局绝没有被蒙在鼓里，而是早就认清了阿拉伯起义的有限规模，知道自己如果支持阿拉伯起义，将会得到什么东西，以及得不到什么东西。事实上，英国人还敦促对起义的规模加以控制。

【33】Hamilton to Kitchener, August 25, 1915; PRO - FO 371/2490.

【34】除了伊安·汉密尔顿在8月25日的报告，克莱顿还在1915年10月11日给麦克马洪的报告这个详细记述了法鲁基的证词。PRO - FO 371/2486, f. 223 - 28; Faroki's own statement, entitled "'A' Statement of Sherif El Ferugi"; PRO - FO 371/2486, f. 229 - 38; and in "Notes on Captain X," and "Statement of Captain X," September 12, 1915, Intelligence Department, War Office, Cairo; PRO - FO 882/2。

【35】Storrs, "Memorandum," August 19, 1915; PRO - FO 371/2486, f. 150.

【36】Cited in Antonius, *The Arab Awakening*, pp. 414 - 15.

【37】Florence, *Lawrence and Aaronsohn*, p. 172.

【38】Lawrence, *The Home Letters*, p. 310.

【39】As quoted by Wilson, *Lawrence*, p. 223.

【40】Ibid., p. 224.

【41】Panouse to Robertson, November 13, 1915; reprinted in PRO - WO 33/747, p. 811.

【42】Liddell Hart, *Colonel Lawrence: The Man Behind the Legend*, p. 38.

【43】Lawrence to Sarah Lawrence, undated; Bodleian MS Eng C 6740.

【44】Lawrence, *The Home Letters*, pp. 310 - 11.

第7章 背信弃义

【1】Macdonogh to Nicolson, January 7, 1916; PRO - FO 882/16.

【2】Lawrence to Leeds, November 16, 1915, in Brown, *The Letters of T. E. Lawrence*, pp. 78 - 79.

【3】埃米尔·侯赛因和英国政府在所谓的麦克马洪—侯赛因通信中究竟达成了什么协定，一直是中东历史中最有争议的问题之一。形形色色的历史学家们撰写了汗牛充栋的书籍，都从这些简短的信函中挤捏出适合自己的观点或政治偏见的阐释来。

在很多人看来，主要的出发点在于，这些信函在语法结构上非常笨拙——埃米尔·侯赛因的措辞古旧而华丽，亨利·麦克马洪的信则非常小心地营造出晦涩难懂的文风——因此从中可以得出天差地别的阐释，而英国人并没有故意要欺骗对方。事实上，一些历史学家，其中最重要的是以赛亚·弗里德曼、伊利·柯杜里和大卫·弗洛姆金，专注于麦克马洪小心插入的修饰语，提出了这样一种观点：英国人实际上没有向侯赛因做出任何承诺。按照这种说法，既然没有向阿拉伯人做出承诺，英国随后当然可以自由地与欧洲盟友签订关于中东的条约，即所谓的《赛克斯—皮科协定》。

但无论是从常识，还是根据当时的证据，这种论点都是站不住脚的。任何没有偏见的观察者，只要看看该地区的地图，再花上几分钟时间去读麦克马洪和侯赛因的全部来往信函，就会很清楚地认识到，埃米尔·侯赛因相信自己得到了怎样的承诺。另外，当时英国政府的行为也很清楚地表明，它相信自己已经对侯赛因许下了诺言，并且这些诺言遭到了《赛克斯—皮科协定》的破坏。证据就是，在将近两年时间里，英国政府花了很大力气向侯赛因隐瞒《赛克斯—皮科协定》的存在，如果不是俄国的布尔什维克政府公开了协定，无疑还会继续隐瞒下去。

【4】 Sykes to Cox, undated but late November 1915; PRO - FO882/2.

【5】 Sykes to General E. C. Callwell, Director of Military Operations, War Office, August 2, 1915; PROFO 882/13, f. 367 - 71.

【6】 Lawrence, *Seven Pillars*, p. 58.

【7】 Prüfer to Djemal Pasha, December 5, 1915; PAAA, Roll 21138, Der Weltkrieg no. 11g, Band 16.

【8】 Metternich to Bethmann - Hollweg, December 23, 1915; PAAA, Roll 21138, Der Weltkrieg no. 11g, Band 16.

【9】 Aaronsohn, "Addendum to 'Report of an inhabitant of Athlit, Mount Carmel, Syria,' " undated but November 1916; PRO - FO 371/2783.

【10】 Engle, *The Nili Spies*, pp. 62 - 64; Florence, *Lawrence and Aaronsohn*, p. 205。Engle、Florence 和亚伦森的其他传记作者将情况描写得更严重，说法因贝格在贝尔谢巴遭到刑讯，在耶路撒冷面临被即刻处决的危险。但亚伦森在这一时期的日记似乎与上述观点矛盾，因为亚伦森是收到了法因贝格于 12 月 29 日从贝尔谢巴发出的电报，才得知他被捕了。而且，亚伦森随后几天的日记中完全没有解救法因贝格的紧迫感，而且他得知消息后过了两周才去找杰马勒帕夏求情。

【11】Chamberlain to Hardinge, October 22, 1915; PRO - FO 371/2486, f. 254.

【12】从麦克马洪与外交部的通信（PRO - FO 371/2486, f. 204 - 8）看来，麦克马洪10月24日给侯赛因的信中这个关于法国的条件从句是由英国政府高层精心炮制出来的。

【13】Tanenbaum, *France and the Arab Middle East*, p. 8.

【14】"Results of second meeting of Committee to discuss Arab question and Syria," November 23, 1915; PRO - FO 882/2, f. 156 - 60.

【15】Sykes and Picot joint memorandum, "Arab Question," January 5, 1916; PRO - FO 371/2767。在围绕麦克马洪—侯赛因通信的所有争议当中，或许最貌似有理而其实不然的观点就是，英国人已经明确说明，独立阿拉伯国家将不会包括巴勒斯坦，而侯赛因清楚地知道这一点。这种观点的主要鼓吹者是以赛亚·弗里德曼，他的著作 *The Question of Palestine* 和 *Palestine: A Twice - Promised Land?* 经常被人引用；弗洛姆金在 *A Peace to End All Peace* 中也响应了他的观点。

这种观点的基础是麦克马洪于1915年10月24日给侯赛因的信中的一个"修饰条件"。他写道："大马士革、霍姆斯、哈马和阿勒颇区域以西的叙利亚地区，不能说完全是阿拉伯人地区，因此应当从独立阿拉伯国家的范围中排除出去。"弗里德曼以此为出发点，进一步指出，10月24日之后侯赛因有许多机会可以对排除巴勒斯坦的做法提出异议，但一直没有提出。他在 *The Question of Palestine*（p. 90）中写道："收到麦克马洪的10月24日来信之后，侯赛因指出，美索不达米亚和贝鲁特与阿勒颇两省'是阿拉伯人地区，因此应当由穆斯林政府来治理'，但值得注意的是，他没有将巴勒斯坦放在这个范畴之内。1916年1月1日，他提醒高级专员说，在战后，他将向'贝鲁特及其沿海地区'提出主张，但没有提及耶路撒冷地区。"弗里德曼从侯赛因的这些省略得出结论，侯赛因在与麦克马洪对话时显然是默认放弃了巴勒斯坦。

这种观点的首要破绽是，巴勒斯坦的任何部分都不在"大马士革、霍姆斯、哈马和阿勒颇区域以西"。这个地理范围大致相当于今天的黎巴嫩和今天叙利亚的海岸地区。我说"大致"，是因为麦克马洪的"地区"究竟指的是什么，并不清楚。巴勒斯坦/以色列在遥远的南方。更大的问题是，在与侯赛因通信的全过程中，麦克马洪非常仔细地列出了他将会寻求"修正"的地区，而从来没有提到过巴勒斯坦。至于侯赛因自己为什么始终没有向麦克马洪提出巴勒斯坦的问题，弗里德曼和与他观点相同的人似乎坚决要忽略一个显而易见的解释：既然巴勒斯坦不在麦克马洪描述的排除范围之内，而且麦克马洪在他要“修正”的地区中从未提及巴勒斯坦，那么根本就没有什么可说的。

【16】 Lawrence to Liddell Hart, notes from interview, undated; UT, Folder 1, File 1.

【17】 Lawrence, "The Politics of Mecca," forwarded by McMahon to Grey, February 7, 1916; PRO - FO 371/2771, f. 151 - 56.

【18】 As quoted in Wilson, *Lawrence of Arabia*, p. 249.

【19】 Ibid. .

【20】 Lawrence, "The Politics of Mecca," p. 1; PRO - FO 371/2771, f. 152.

【21】 Millar, *Death of an Army*, pp. 204 - 5.

【22】 关于库特驻军的兵力，不同的历史资料的说法差别相当大，从 9000 到 12000 不等。这个差别的原因是，有的统计算入了所谓随军人员的数量，真正的军人的数量接近较低的估计。但这些随军人员和军人一样命运悲惨，所以应当将他们计算在内。

【23】 关于杜杰拉战役的细节和艾尔默的行动，见 PRO - WO 158/668, f. 75 - 127。

【24】 McMahon to Cox, March 20, 1916, as quoted by Wilson, *Lawrence of Arabia*, p. 259.

【25】 A. W. Lawrence, *T. E. Lawrence by His Friends* (1937 edition), p. 301.

【26】 Lake to Secretary of State (India), March 30, 1916; PRO - FO 371/2768, f. 36.

【27】 Robertson to Lake, March 16, 1916; PRO - WO 158/669, no. 197.

【28】 威廉·耶鲁关于他在战时耶路撒冷的生活的记述主要来自 Yale, *It Takes So Long*, chapters 4 and 5.

【29】 Ballobar, *Jerusalem in World War I*, p. 75.

【30】 Edelman to Socony, Constantinople, March 29, 1916; NARA RG 84, Entry 350, Volume 30, Decimal 300— general.

【31】 Yale, *It Takes So Long*, chapter 5, pp. 7 - 8.

【32】 Herbert, *Mons, Kut and Anzac*, p. 232.

【33】 Herbert diary, as quoted by Wilson, *Lawrence*, p. 272。日记出版时 (Herbert: *Mons, Kut and Anzac*, p. 228)，这句话被改为：“我们和土耳其人没有什么东西可以作交换的筹码，几乎只有交换俘虏。”

【34】 Herbert, *Mons, Kut and Anzac*, p. 234.

【35】 Lawrence, *The Home Letters*, p. 324.

【36】战后的英国政府非常一丝不苟地计算了在库特被俘的英军士兵的死亡人数——据 Crowley 的说法（*Kut* 1916, p. 253），2592 名战俘中有 1755 人死亡，但对印度士兵就没有这么认真了，甚至在将幸存的战俘送回国时也稀里糊涂。据 Millar（*Death of an Army*, p. 284）的说法，迟至 1924 年，还有先前在库特被俘的印度士兵陆续回到自己的家乡，不知道他们是怎么回到家的。

【37】Nash, *Chitral Charlie*, pp. 274 – 79.

【38】Djemal Pasha, *Memories of a Turkish Statesman*, p. 216.

【39】Ibid. , pp. 216 – 17.

【40】Lawrence, *Seven Pillars*, p. 59.

【41】Ibid. , p. 386.

【42】Ibid. , p. 25.

【43】这份报告的原件保存在德伦大学的温盖特文件中。

【44】Baker, *King Husain and the Kingdom of Hejaz*, pp. 98 – 99. Baker 的说法，起义的发起日是 6 月 10 日。

第 8 章 短兵相接

【1】T. E. Lawrence, "Military Notes," November 3, 1916; PRO – FO 882/5, f. 63.

【2】除非特别说明，斯托尔斯关于 1916 年 10 月吉达之旅的所有记述和引文都来自他的“日记摘选”（PRO – FO882/5, f. 22 – 38）或他的部分出版的私人日记 Storrs, *Memoirs*, pp. 186 – 95。

【3】Barr, *Setting the Desert on Fire*, pp. 9 – 10.

【4】除非特别说明，斯托尔斯关于 1916 年 6 月阿拉伯半岛之旅的所有记述和引文都来自他写给高级专员麦克马洪的无标题报告，写于 1916 年 6 月 10 日（PRO – FO 371/2773）或他的部分出版的私人日记 Storrs, *Memoirs*, pp. 169 – 76。

【5】Storrs, *Memoirs*, p. 176.

【6】默里反对支援阿拉伯起义已经有很长时间，他在 1916 年 9 月 12 日在埃及伊斯梅利亚的英军高级会议上强有力地表达了自己的观点（PRO – FO 882/4, f. 338 – 47）。

【7】Wilson to Arab Bureau, October 10, 1916; PRO – FO882/5, f. 8 – 9. Also Clayton to Wingate, October 12, 1916; PRO – FO 882/5, f. 12 – 14.

【8】Storrs, *Memoirs*, p. 203.

【9】Lawrence, *Seven Pillars*, p. 63.

【10】从技术角度，劳伦斯前往吉达的确没有官方的身份，但吉尔伯特·克莱顿在幕后操作，让他陪同斯托尔斯前往，好让他们能够对阿拉伯半岛的“形势有一个很好的把握”（Clayton to Wingate, October 9, 1916; SADD Wingate Papers, W/141/3/35）。克莱顿这是为了努力将劳伦斯调回阿拉伯局。

【11】劳伦斯关于他1916年10月阿拉伯半岛之旅的大部分记述都来自Lawrence, *Seven Pillars*, book 1, chapters 8-16, pp. 65-108。

【12】Storrs Papers, Pembroke College, Cambridge, as cited by Barr, *Setting the Desert on Fire*, p. 65.

【13】Ibid..

【14】Storrs, *Memoirs*, p. 189.

【15】Lawrence, *Seven Pillars*, p. 67.

【16】Storrs, *Memoirs*, p. 190.

【17】Porte, Lt. Col. Remi, "General édouard Brémond (1868-1948)," Cahiers du CESAT (bulletin of the College of Higher Learning of the Army of France), issue 15 (March 2009).

【18】Lawrence, *Seven Pillars*, p. 111.

【19】关于布雷蒙在埃及和汉志的使命，详见PRO-FO 882/5, f. 299-306, and PRO-FO 371/2779, File 152849。

【20】Lawrence memorandum for Clayton, November 17, 1916 (SADD Clayton Papers, 694/4/42). Also Brémond to Defrance, October 16, 1917, as cited by Wilson, *Lawrence of Arabia*, p. 309.

【21】布雷蒙是从霞飞元帅1916年11月27日的电报中得知这个情况的，见Brémond, *Le Hedjaz dans la Guerre Mondiale*, p. 97。

【22】Storrs, *Memoirs*, p. 204.

【23】Lawrence, *The Sherifs*, October 27, 1916; PRO-FO 882/5, f. 40.

【24】Lawrence, *Seven Pillars*, p. 76.

【25】Ibid., p. 77.

【26】Ibid., p. 83.

【27】劳伦斯在同时期的报告中拐弯抹角地讲到了这些先前不为英军所知的水源，见"Feisal's Operations," October 30, 1916, and "Military Notes," November 3, 1916; PRO-FO 882/5, f. 47-8, and f. 63。

第9章　意图拥立君主的人

【1】Lawrence, *The Sherifs*, October 27, 1916; PRO-FO 882/5, f. 41.

【2】Wilson, *Notes on the Military Situation in the Hedjaz*, September 11, 1916;

PRO – FO 882/4, f. 329.

【3】 Minutes of Conference held at Commander – in – Chief's Residence, Ismailia, September 12, 1916; PRO – FO 882/4, f. 333.

【4】 Boyle, *My Naval Life*, p. 99.

【5】 Lawrence, *Seven Pillars*, p. 143.

【6】 Wingate to Foreign Office, November 2, 1916; PRO – WO 158/603.

【7】 Arabian Report no. 16 (November 2, 1916); PRO – CAB 17/177, p. 2. Also, Wilson to Arab Bureau, November 1, 1916; PRO – WO 158/603, f. 49A.

【8】 Parker to Arab Bureau, November 2, 1916; PRO – WO 158/603, f. 17b.

【9】 Brémond report, January 2, 1917, as quoted by Tanenbaum, *France and the Arab Middle East*, p. 19.

【10】 Aaronsohn, *Diary*, October 25, 1916; ZY.

【11】 Katz, *The Aaronsohn Saga*, p. 6.

【12】 Aaronsohn, *Diary*, October 25, 1916; ZY.

【13】 Engle, *The Nili Spies*, p. 77.

【14】 Aaronsohn "confession" to Julius Mack, October 9, 1916, pp. 12 – 13; ZY.

【15】 Thomson, *My Experiences at Scotland Yard*, pp. 225 – 26, and The Scene Changes, pp. 387 – 88.

【16】 Aaronsohn to Alex and Rivka Aaronsohn, October 28, 1916; ZY.

【17】 Lawrence, *Seven Pillars*, p. 57.

【18】 Wingate to Clayton, November 7, 1916; PRO – WO 158/603, f. 79A.

【19】 French Embassy (London) to Foreign Office, November 8, 1916, as quoted by Wilson, *Lawrence of Arabia*, p. 325.

【20】 Wingate to Robertson, November 12, 1916, as repeated by Wingate to Murray, November 18, 1916; PRO – WO 158/627, f. 10A, p. 4.

【21】 Lawrence, *Report*, November 17, 1916; PRO – WO 106/1511, f. 34 – 36.

【22】 Ibid. .

【23】 Parker to Wingate, July 6, 1916; SADD Wingate Papers, W/138/3/69.

【24】 Minutes of Conference held at Commander – in – Chief's Residence, Ismailia, September 12, 1916; PRO – FO 882/4, f. 333.

【25】 Lawrence, *Seven Pillars*, p. 112.

【26】 Murray to Wingate, November 17, 1916; PRO – WO 158/627, f. 7A.

【27】Robertson, *The Occupation of El Arish*, November 19, 1916; PRO - WO 106/1511, f. 34.

【28】Sykes, *Appreciation of Arabian Report*, No. XVIII, November 20, 1916; PRO - CAB 17/177.

【29】Cited by Wilson, *Lawrence*, pp. 327 - 28.

【30】Lawrence, *Seven Pillars*, p. 112.

【31】Robertson to Murray, November 22, 1916; PRO - WO158/604, f. 75A.

【32】Murray to Robertson, November 23, 1916; PRO - WO 158/604, f. 76A.

【33】Aaronsohn, *Diary*, November 11, 1916; ZY.

【34】W. T. I. D. , Report of Inhabitant of Athlit, November 2, 1916; PRO - FO 371/2783.

【35】Aaronsohn, *Diary*, November 24, 1916; ZY.

【36】Schneer, *The Balfour Declaration*, pp. 135 - 45.

【37】Sykes to Buchanan, March 14, 1916; PRO - FO371/2767, File 938.

【38】Ibid. .

【39】Edward Grey notes on Sykes's cable to Buchanan, March 15, 1916; PRO - FO 371/2767, File 938.

【40】Adelson, Mark Sykes, p. 213.

【41】Friedman, *The Question of Palestine*, p. 122.

【42】Aaronsohn, *Diary*, October 30, 1916; ZY.

【43】Wingate to Clayton, November 11, 1916; PRO - WO158/604, f. 18A.

【44】Joffre to Brémond, November 27, 1916, as cited byBrémond, *Le Hedjaz dans la Guerre Mondiale*, p. 97.

【45】Clayton to Wingate, November 23, 1916; SADD Wingate Papers, 143/6/44.

【46】Wingate to Wilson, November 23, 1916; SADD Wingate Papers, 143/6/54.

【47】Wilson to Clayton, November 22, 1916; SADD Clayton Papers, 470/5/7.

【48】Lawrence, *Seven Pillars*, p. 114.

第 10 章　进军沃季赫

【1】Lawrence to K. C. Cornwallis, December 12, 1916; PRO - WO882/6, f. 25A.

【2】Lawrence, *Seven Pillars*, p. 118.

【3】Ibid. .

【4】Lawrence, *Faisal's Operations*, October 30, 1916; PRO – FO 882/5, f. 43.

【5】Lawrence to Clayton, December 5, 1916; PRO – FO 882/6, f. 6.

【6】Lawrence, *Military Notes: Possibilities*, November 3, 1916; PRO – FO 882/5, f. 57.

【7】Lawrence, *Faisal's Operations*, October 30, 1916; PRO – FO 882/5, f. 44.

【8】Lawrence to Clayton, December 5, 1916; PRO – FO 882/6, f. 8.

【9】Lawrence to Clayton, undated but December 11, 1916; PRO – FO882/6, f. 123.

【10】Wilson to Clayton, December 12, 1916; PRO – WO 158/604, f. 206A.

【11】Ballobar, *Jerusalem in World War I*, p. 98.

【12】Metternich to German Foreign Ministry, May 2, 1916; NARA T137, Roll 25, Frame 384.

【13】Prüfer, Vertraulich, August 6, 1915; NARA T137, Roll 24, Frames 790 – 97.

【14】Prüfer, *Diary*, May 8 and 14, 1916; HO.

【15】Ibid. , June 9, 1916.

【16】Ibid. , July 8, 1916.

【17】Ibid. , May 13, 1916.

【18】Nadolny to German Embassy/Constantinople, October 27, 1916; PAAA, Roll 21142, Der Weltkrieg no. 11g adh. , Band 1.

【19】Prüfer to Central Office of German Foreign Ministry, January 22, 1917; PAAA, Roll 21142, Der Weltkrieg no. 11g adh. , Band 1.

【20】McKale, *Curt Prüfer*, pp. 50 – 51.

【21】Wingate to Foreign Office and Murray, December 14, 1916; PRO – WO 158/604, f. 211A.

【22】劳伦斯最初在1916年10月30日的报告“Feisal's Operations”; PRO – FO 882/5, f. 42 – 51中描述了费萨尔军营的散漫。这篇报告是他在*Seven Pillars*, book 1, chapters 14 and 15, and book 2, chapter 19中描述的基础。

【23】Lawrence to Clayton, December 5, 1916; PRO – FO 882/6, f. 7.

【24】Lawrence to Clayton, December 5, 1916; PRO – FO 882/6, f. 6.

【25】Lawrence to Clayton, December 11, 1916; PRO – FO 882/6, f. 122.

【26】Lawrence to K. C. Cornwallis, December 27, 1917; PRO - FO882/5, f. 25A.

【27】Loytved - Hardegg to unknown addressee, May 6, 1916; NARAT139, Roll 457.

【28】1915年7月，一位名叫罗胡斯·施密特的少校抱怨称，一方面，在叙利亚的帝国殖民部官员穿德国制服，让杰马勒大发雷霆；另一方面，他却“对被扣押的英法平民表现出极大善意，并下令赋予他们很大的自由”。NARA T137, Reel 139, Frame 79。

【29】Vester, *Our Jerusalem*, pp. 243 - 54.

【30】Bliss to Edelman, March 11, 1917; NARA RG84, Entry 306, Volume 34.

【31】Edelman to Elkus, January 20, 1917; NARA, ibid. .

【32】威廉·耶鲁对自己在战时耶路撒冷生活的大部分描述都来自 Yale, *It Takes So Long*, chapters 5 and 6。

【33】Lawrence to Wilson, January 8, 1917; PRO - FO 882/6, f. 127 - 28.

【34】Lawrence, *The Home Letters*, p. 333.

【35】Brown, *The Letters of T. E. Lawrence*, p. 102.

【36】亚伦森关于他在战时开罗早期岁月的描述主要引自他在1916年12月至1917年1月的日记；ZY。

【37】Aaronsohn, *Diary*, December 14, 1916; ZY.

【38】Aaronsohn, *Diary*, December 16, 1916; ZY.

【39】“Jewish Colonies in Palestine,” Arab Bulletin (January 19, 1917): p. 35.

【40】Aaronsohn, *Diary*, January 24, 1917; ZY.

【41】Ibid. , January 26, 1917; ZY.

【42】Ibid. , January 30, 1917; ZY.

【43】Lawrence, *Seven Pillars*, p. 152.

【44】Wemys's report to Secretary of the Admiralty, January 30, 1917; PRO - ADM 137/548, f. 114 - 15.

【45】Bray, *Arab Bulletin* no. 41 (February 6, 1917): p. 68.

【46】Lawrence to Wilson, December 19, 1916; PRO - FO 882/6, f. 49.

【47】J. C. Watson, report, January 11, 1917; PRO - WO 158/605, p. 4.

【48】Vickery, Memorandum on the General Situation in Arabia, February 2, 1917; PRO - FO 882/6, f. 152.

【49】Wilson to Arab Bureau, Cairo, January 25, 1917; PRO - FO 141/736.

第 11 章　欺骗的迷雾

【1】Lawrence, *Seven Pillars* (Oxford), chapter 51.

【2】Lawrence, "Faisal's Order of March," Arab Bulletin no. 41 (February 6, 1917): 66.

【3】Lawrence, *Seven Pillars*, p. 167.

【4】Aaronsohn, *Diary*, February 1, 1917; ZY.

【5】Lloyd to Wingate, November 24, 1916; GLLD 9/8.

【6】Minutes of Conference held at Commander - in - Chief's Office, September 5, 1916; SADD Clayton Papers, 694/4/8 - 11.

【7】Pearson to Clayton, undated; PRO - WO 158/627, f. 108A.

【8】Murray to Wingate, January 22, 1917; PRO - WO 158/627, f. 113A.

【9】Cited by Wilson, *Lawrence of Arabia*, p. 294 n. 47.

【10】Wingate to Pearson, January 24, 1917; PRO - WO158/627, f. 114A.

【11】Newcombe to Wilson, February 4, 1917; GLLD 9/9.

【12】Lawrence, *Seven Pillars*, p. 167.

【13】Ibid., p. 168.

【14】Lawrence, *Seven Pillars* (Oxford), chapter 30.

【15】耶鲁对 1917 年 2 月与杰马勒帕夏的会晤及随后离开巴勒斯坦的描述引自 Yale, *It Takes So Long*, chapter 6。

【16】Clayton "Appreciation" of Aqaba landing, January 1917; SADD Clayton Papers, 694/5/17 - 21.

【17】Jeremy Wilson 在得到劳伦斯本人授权的传记《阿拉伯的劳伦斯》(*Lawrence of Arabia*) 中非常有说服力地指出，劳伦斯或许是在 1917 年 2 月返回沃季赫后几天之内向费萨尔告知了《赛克斯—皮科协定》的细节。威尔逊在得出这个结论之前的研究非常细致，但他却总结说，劳伦斯这么做的动机是"一劳永逸地解决法国人的问题"，这很奇怪。

拉比格事件证明，法国在中东的军事提议能否成为现实，完全取决于他们在该地区最强大的盟友——英国是否支持。另外，1917 年 2 月初劳伦斯返回沃季赫的时候，费萨尔早就对布雷蒙上校非常不信任了。因此，很难说劳伦斯向费萨尔泄露《赛克斯—皮科协定》是出于对法国阴谋或影响的担忧。最符合逻辑的解释是，劳伦斯之所以泄密，是为了阻止唯一一支真正有能力背叛阿拉伯人的力量：英国。

但是，后续的多位劳伦斯传记作者都接受了这种解释，即劳伦斯泄密是出于反法。威尔逊甚至更进一步地认为，劳伦斯泄密的动机是"长久来看，这样最符合英国的利益”。或许的确符合劳伦斯眼中的英国利益，但绝不是当时英国政府眼中的利益。

【18】Lawrence, *Seven Pillars*, p. 168.

【19】Ibid., p. 661.

【20】Lawrence, *Diary*, February 18, 1917; PRO - FO 882/6, f. 180.

【21】Lawrence, *Seven Pillars*, p. 169.

【22】Joyce to Wilson, April 1, 1917; PRO - FO 882/6, f. 227.

【23】Pearson to Clayton, March 4, 1917; PRO - FO 882/6, f. 194.

【24】Stitt, *A Prince of Arabia*, pp. 177 - 78.

【25】Wilson, *Lawrence of Arabia*, p. 379.

【26】Lawrence to Wilson, as cited by Wilson, *Lawrence of Arabia*, p. 380.

【27】Lawrence, *Seven Pillars*, p. 177.

【28】Lawrence to Wilson, as cited by Wilson, Lawrence of Arabia, p. 380.

【29】Lawrence, *Seven Pillars*, p. 180.

【30】Ibid., p. 176.

【31】Ibid., pp. 181 - 82.

【32】1 Samuel 15: 29, as translated in ZY Archives.

【33】Wingate to Balfour, February 7, 1917; PRO - FO 371/3049, File41442.

【34】Personalities of South Syria: North Palestine, May 1917; PRO - FO371/3051.

【35】Aaronsohn, *Present Economic and Political Conditions in Palestine*, pp. 20 - 21; PRO - FO 882/14, f. 342 - 43.

【36】Aaronsohn, *Diary*, April 3, 1917; ZY.

【37】T. E. 劳伦斯关于他前往阿卜杜拉营地、袭击阿巴纳阿姆的记述和对游击战的思考，见 Lawrence, *Seven Pillars*, book 3, chapters 32 - 36, pp. 183 - 215.

【38】Lawrence, *Seven Pillars*, p. 216.

【39】Ibid., p. 225.

【40】没有证据能够确定劳伦斯是在什么时间想出了从陆地进攻亚喀巴的计划，大多数传记作者都认为是在 1917 年 2 月初，并且他在当时将这个主意告诉费萨尔，是为了劝说他不要采纳布雷蒙等人敦促的从海路进攻亚喀巴的计划。仔细思考之后，会发现这种结论并不可信。

劳伦斯攻打亚喀巴的想法与此前任何人的构想都截然不同，如果成功，将会极大地改变阿拉伯半岛的政治格局，因此他想出了这个主意之后，一定会把将它付诸实施作为头等要务。如果他在 2 月想出了这个计划，很难想象他会离开费萨尔营地达 37 天之久（前往瓦迪阿伊斯的阿卜杜拉营地和返回）。类似地，如果费萨尔在 2 月得知了这样一个陆路进攻的计划，又怎么会对劳伦斯的建议置若罔闻，继续支持（在 3 月初和 4 月初）在英国支持下从海岸进攻亚喀巴的计划呢？劳伦斯在 2 月或许向费萨尔进言了占领亚喀巴，从而保障阿拉伯人北上的最佳方案的模糊想法，但直到 4 月中旬，两人在沃季赫重逢之后，陆路进攻的计划才真正成形。

【41】 Faisal to Lawrence, undated but notated "about the end of March," 1917; PRO - FO 882/6, f. 18A.

第 12 章 大胆的计划

【1】 Dobell, as cited by Keogh, *Suez to Aleppo*, p. 102.

【2】 Wilson, *War Message to Congress*, April 2, 1917.

【3】 Moore, *The Mounted Riflemen in Sinai and Palestine*, p. 67.

【4】 Lawrence, "The Howeitat and their Chiefs," Arab Bulletin no. 57 (July 24, 1917): 309 - 10.

【5】 Lawrence to Liddell Hart, October 31, 1933; Graves and Hart, *T. E. Lawrence: Letters to His Biographers*, Pt. 2, pp. 188 - 89.

【6】 Clayton directive of March 8, 1917, with copies to Wingate, C. Wilson, and Lawrence; PRO - FO 686/6, f. 46.

【7】 Clayton to Wingate, May 29, 1917; PRO - FO 882/6, f. 388.

【8】 Lawrence, *Seven Pillars*, p. 222.

【9】 Lyndon Bell to Lloyd, March 17, 1917; GLLD 9/3.

【10】 Sykes to Wingate, February 22, 1917; PRO - FO 882/16, f. 58.

【11】 Foreign Office to Wingate, March 14, 1917; SADD Wingate Papers, 145/3/38.

【12】 Grey to Buchanan, ambassador to Russia, March 16, 1916; PRO - FO 371/2767, Registry 49669.

【13】 Adelson, *Mark Sykes*, p. 220.

【14】 As quoted by Friedman, *The Question of Palestine*, p. 130.

【15】 Adelson, *Mark Sykes*, pp. 220 - 21.

【16】 As quoted by Friedman, *The Question of Palestine*, p. 131.

【17】 Hardegg to Glazebrook, April 2, 1917; NARA RG84, Entry 448, Volume 3.

【18】 关于萨拉·亚伦森一生的最佳英文资料是 Engle, *The Nili Spies*。

【19】 Florence, *Lawrence and Aaronsohn*, p. 287.

【20】Aaronsohn, *Diary*, April 19, 1917; ZY.

【21】Ibid., March 12, 1917.

【22】Sykes to War Office, April 30, 1917; PRO－FO 371/3053, f. 191－93.

【23】亚伦森在1917年4月27日的日记中写道："我去见温德姆·迪兹，告诉他，马克（·赛克斯）爵士想让我通过迪兹，把宣布雅法犹太人遭驱逐消息的电报发出去。"

【24】Aaronsohn, "Addendum to 'Report of an inhabitant of Athlit,'" undated but November 1916; PRO－FO 371/2783.

【25】Sykes to Graham, April 28, 1917; PRO－FO 371/3055.

【26】*Jewish Chronicle* (London), May 4, 1917; PRO－FO 371/3055.

【27】See PRO－FO 371/3055, File 87895.

【28】Oliphant, minutes to "Jews in Palestine," May 4, 1917; PRO－FO 371/3055, File 87895.

【29】Ormsby－Gore to Sykes, May 8, 1917; MSP－47, p. 4.

【30】Wingate to Foreign Office, May 11, 1917; PRO－FO 371/3055.

【31】*New York Times*, June 3, 1917.

【32】关于雅法驱逐事件，一份非常有趣的文件是德国驻耶路撒冷领事海因里希·布罗德于1917年4月5日写给新任德国大使Richard von Kuhlmann的报告。布罗德担心土耳其政府的行动会疏远巴勒斯坦的犹太人，于是向杰马勒帕夏告知了他的担忧。在他们的会议上，杰马勒澄清说，雅法犹太人中的农业人口可以留下，而被疏散的那些人如果愿意，可以去耶路撒冷，而被疏散的"奥斯曼人"不准去耶路撒冷。Brode to Kuhlmann, April 5, 1917; NARA T120, Roll 4333, Türkei 195, Band 12, Frames K178502－8.

【33】Turkish Legation to the Netherlands, May 24, 1917; PRO－FO 371/3055. Also, Alvarado to Hardinge, June 8, 1917; PRO－FO 371/3055.

【34】Deedes to Egypt High Commissioner's Office, Cairo, June1, 1917; PRO－FO 141/805.

【35】Aaronsohn to Sulzberger, June 2, 1917; PRO－FO 141/805.

【36】Report to the Minister of Foreign Affairs of Sweden, August 25, 1917; NARA RG84, Entry 58, Volume 399.

【37】Townley to Balfour, August 10, 1917; PRO－FO 371/3055.

【38】Aaronsohn, "The Evacuation Menace," undated but late July 1917; PRO－FO 141/805.

【39】Lawrence to Wilson, Intelligence Memo, undated but circa April 21,

1917; PRO – FO 686/6, f. 88.

【40】 Lawrence, *Seven Pillars*, p. 224.

【41】 Ibid. , p. 225.

【42】 Wilson to Clayton, "Note on the Proposed Military Plan of Operations of the Arab Armies," May 1, 1917; PRO – FO 882/6, f. 351.

【43】 Lawrence, *Seven Pillars*, p. 226.

【44】 Wilson to Clayton, March 21, 1917; PRO – FO 882/12, f. 199 – 201.

【45】 Wingate to Foreign Office, April 27, 1917; MSP – 41d.

【46】 Sykes to Wingate, May 5, 1917; MSP – 41d.

第 13 章 亚喀巴

【1】 As related by Wilson to Clayton, May 24, 1917; PRO – FO882/16, f. 113.

【2】 Wingate to Wilson, July 20, 1917; PRO – FO 882/7, f. 35.

【3】 劳伦斯对他前往和占领亚喀巴的记述见 *Seven Pillars*, book 4, chapters 39 – 44, pp. 227 – 312。

【4】 Sykes to Wingate, May 23, 1917; MSP – 41b, p. 3; slightly different version in PRO – FO 371/3054, f. 329.

【5】 Sykes to Wingate, May 23, 1917; MSP – 41b, p. 5; slightly different version in PRO – FO 371/3054, f. 330.

【6】 Tanenbaum, *France and the Arab Middle East*, 1914 – 1920, pp. 17 – 18.

【7】 Wilson to Clayton, May 25, 1917; PRO – FO 882/16, p. 5.

【8】 Newcombe, "Note" on Sykes-Picot meeting with King Hussein, May 20, 1917; GLLD 9/9.

【9】 尽管赛克斯矢口否认，但有充分证据可以证明，在 1917 年 5 月他与侯赛因国王的会议上，他没有向国王透露《赛克斯—皮科协定》的条件。一直到 1918 年，西里尔·威尔逊和其他与侯赛因会晤的英国军官都报告称，国王对《赛克斯—皮科协定》规定的对阿拉伯"国家"的分割并不知情，而仍然认为，麦克马洪—侯赛因通信规定的远为慷慨大方的框架依然有效。仅从此处的例子看，假如侯赛因事先知道《赛克斯—皮科协定》规定的对巴格达省的处理方案，他绝对不会同意将巴格达与黎巴嫩等同起来。Tanenbaum 指出（*France and the Arab Middle East*, p. 17）："一位起义领袖居然请外来势力来吞并自己为之奋斗和希望统治的领土，是说不通的。"

【10】 McMahon to Hussein, October 24, 1915, as cited by Antonius, *The Arab Awakening*, p. 420.

【11】Report by Political Intelligence Department, Foreign Office, "Memorandum on British Commitments to King Husein [sic]," December 1918; PRO - FO 882/13, p. 7, f. 225.

【12】"Note by Sheikh Fuad El Khatib taken down by Lt Col Newcombe," undated but May 1917, p. 3; PRO - FO 882/16, f. 133.

【13】Wilson to Clayton, May 24, 1917; PRO - FO 882/16, f. 111.

【14】Faisal Hussein, "To All Our Brethren— The Syrian Arabs," trans. May 28, 1917; SADD Wingate Papers, 145/7/89.

【15】Clayton to Sykes, July 30, 1917; SADD Clayton Papers, 693/12/30.

【16】Wilson to Symes, June 20, 1917; PRO - FO 882/16, f. 127。很多历史学家认为，是侯赛因国王和费萨尔，而不是马克·赛克斯，隐瞒了他们在1917年5月会议的实质。在*The Question of Palestine*一书中，以赛亚·弗里德曼完全接受赛克斯的说法，称（p. 206）在他们5月初那次初步会议上，"赛克斯解释了英法协定的情况，让费萨尔放下心来，打消了疑虑……5月5日与侯赛因的会晤进展同样顺利"。在弗里德曼看来，赛克斯的唯一错误就是没有把他和皮科后来与侯赛因的会议作一个私人的记录。"由于这个失误，"弗里德曼写道，"赛克斯在一年后付出了代价，那时，令他大吃一惊的是，侯赛因假装对英法协定一无所知，自称是从杰马勒帕夏的大马士革讲话中第一次得知协定的情况……"

不仅侯赛因的抗议，而且赛克斯自己的所作所为也能证明这种观点是错误的。1917年5月12日，也就是首次与侯赛因会晤的仅一周之后，赛克斯参加了在温盖特的开罗办公室举行的一次高级别战略会议。这次会议上，赛克斯详细描述了近3周前他和皮科与在开罗的所谓叙利亚"代表"达成的协议，却对几天前与侯赛因达成的、重要得多的协议只字不提。原因之一或许是，西里尔·威尔逊上校也参加了5月12日的会议，而他是英国在侯赛因身边的正式联络官，能够驳斥赛克斯的谎言。

至于赛克斯和皮科与侯赛因的后续会议，如果赛克斯对这些会议的描述是真实的话，斯图尔特·纽科姆和西里尔·威尔逊这两位职业军官就没有理由如此强烈地驳斥他了，毕竟那样他们二人在汉志的任务会轻松许多。

【17】Symes to Wilson, June 26, 1917; PRO - FO 882/16, f. 129 - 30.

【18】Wilson to Clayton, May 20, 1917; SADD Wingate Papers, 145/7/36.

【19】Lawrence, *Seven Pillars*, pp. 25 - 26.

【20】Lawrence as quoted by Wilson, *Lawrence*, p. 410 n. 40.

【21】Ibid. , p. 410 n. 41.

【22】Lawrence, *Seven Pillars* (Oxford), Chapter 51.

【23】Lawrence, *Seven Pillars*, p. 546.

【24】Lawrence, *Seven Pillars* (Oxford), Chapter 51.

【25】Lawrence, *Seven Pillars*, p. 26.

【26】美国驻大马士革领事塞缪尔·埃德尔曼在 1917 年 7 月 6 日在伦敦的报告中称，被调往叙利亚的安纳托利亚土耳其士兵的逃兵率是 25%，其他忠诚度更低的部队的逃兵率肯定更高。PRO - FO 371/3050。

【27】See PRO - FO 371/3050, File 47710.

【28】Prüfer, *Diary*, May 21 - July 18, 1917; HO.

【29】Prüfer to Mittwoch, April 12, 1917; NARA T149, Roll 365, Frame 399.

【30】Engle, *The Nili Spies*, p. 129.

【31】关于威廉·耶鲁于 1917 年返回美国的记述见 Yale, *It Takes So Long*, Chapter 7。

【32】Yale, "Palestine-Syria Situation," to U. S. State Department, June 27, 1917; NARA 763. 72/13450.

【33】Yale to Secretary of State Lansing, June 30, 1917; YU Box 2/Folder 48.

【34】Lawrence, *Seven Pillars*, p. 306. For an account of the battle at Aba el Lissan, see also Lawrence, "The Occupation of Akaba," undated; PRO - FO 882/7, f. 63 - 68.

【36】See field reports of Herbert Garland, May 1917; PRO - FO 686/6.

【37】Dawnay, "Notes on Faisal's Proposed Advance Northward," May 29, 1917; PRO - WO 158/606, f. 43A.

【38】Clayton to Director of Military Intelligence (London), July 5, 1917; PRO - FO 882/7, f. 1.

【39】Lawrence, *Seven Pillars*, p. 310.

第 14 章 狂傲

【1】Lawrence, *Twenty - Seven Articles*, August 1917; PRO - FO 882/7, f. 93 - 97.

【2】Clayton to Military Intelligence Director (London), July 11, 1917; PRO - FO 882/7, f. 18 - 23.

【3】劳伦斯对自己返回开罗和与艾伦比初次见面的描述来自 *Seven Pillars*, book 5, chapters 55 and 56, pp. 317 - 22。

【4】Wingate to Robertson, July 14, 1917; PRO - WO 374/41077.

【5】 Wilson, *Lawrence of Arabia*, p. 422.

【6】 Lawrence to Clayton, July 10, 1917; PRO - FO 882/16, f. 249.

【7】 Allenby to Robertson, July 16, 1917; PRO - WO 158/634, f. 4A.

【8】 Allenby to Robertson, July 19, 1917; PRO - WO 158/634, f. 10A.

【9】 Lawrence, *Twenty - Seven Articles*, August 1917; PRO - FO 882/7, f. 93 - 97.

【10】 Aaronsohn, *Diary*, July 1, 1917; ZY.

【11】 Ibid., July 2, 1917.

【12】 Sykes to Graham, May 5, 1917; MSP - 41a.

【13】 Clayton to Sykes, June 22, 1917; PRO - FO 371/3058, f. 156.

【14】 Cecil to Hardinge, June 13, 1917; PRO - FO 371/3058, f. 145.

【15】 Cecil to Hardinge, June 13, 1917; PRO - FO 371/3058, f. 146 - 48.

【16】 Aaronsohn, *Diary*, July 17, 1917; ZY.

【17】 Wingate to Graham, July 23, 1917; PRO - FO 371/3083, f. 55.

【18】 克莱顿在开罗与劳伦斯会谈之后给赛克斯写信称：“费萨尔的名字似乎有魔力……劳伦斯经过的叙利亚各地区几乎全都接受他。” Clayton, July 22, 1917; PRO - FO882/16, f. 145.

【19】 Lawrence, *Seven Pillars*, p. 323.

【20】 Wilson to Clayton, July 29, 1917; PRO - FO 882/7, f. 48.

【21】 纽科姆很快厌倦了后方工作，被调回开罗。在 1917 年 11 月初埃及远征军的攻势中，他在巴勒斯坦南部被土耳其军队俘虏。

【22】 Lawrence, “Report on meeting King Hussein,” July 30, 1917; PRO - FO 371/3054, f. 372 - 73.

【23】 Macindoe for Clayton to Military Intelligence Director, July 28, 1917; PRO - WO 141/668, p. 5.

【24】 Lawrence, *Seven Pillars*, p. 326.

【25】 Wilson to Arab Bureau (Cairo), August 6, 1917; PRO - WO158/634, f. 25A.

【26】 Lawrence, *Seven Pillars*, p. 327.

【27】 Yale, “Palestine - Syrian Situation,” with addendum, July 10, 1917; PRO - FO 371/3050.

【28】 Foreign Office to Spring - Rice, July 25, 1917; PRO - FO 371/3057.

【29】 Yardley, *American Black Chamber*, p. 172.

【30】 Department of State, “History of the Bureau of Diplomatic Security of the United States Department of State,” 2011. www. state. gov/documents/

organization/176705. pdf.

【31】 Harrison to Gunther (American embassy, London), August 30, 1917; NARA RG59, Box 1047.

【32】 Yale, *It Takes So Long*, chapter 8, pp. 10 – 11.

【33】 Aaronsohn, "The Jewish Colonies," Arab Bulletin no. 64 (September 27, 1917): 389 – 91.

【34】 Aaronsohn, *Diary*, August 12, 1917; ZY.

【35】 Wingate to Balfour, August 20, 1917; PRO – FO 371/3053, f. 384.

【36】 Engle, *The Nili Spies*, pp. 152 – 54.

【37】 间谍船“马纳杰姆”号的船长 Lewen Weldon 的回忆录 *Hard Lying* 充分见证了英国政府对其情报人员漫不经心的态度。Weldon 在第 195 页写道：“我们的‘特工’的事情总的来讲是运气好得惊人。我记得被捕的人数不到 7 个。其中 6 人被绞死，1 人被斩首。”

【38】 Lawrence to Clayton, August 27, 1917; PRO – FO 882/7, f. 88 – 92.

【39】 Sykes to Clayton, July 22, 1917; MSP – 69.

【40】 Sykes memorandum, "On Mr. Nicholson's [sic] Note Regarding Our Commitments," July 18, 1917; MSP – 66.

【41】 Curzon to Hardinge, August 23, 1917; PRO – FO371/3044, f. 299.

【42】 Nicolson précis for Balfour, July 11, 1917; PRO – FO 371/3044, f. 286 – 93.

【43】 Sykes to Drummond, July 20, 1917; MSP – 68.

【44】 Sykes to Clayton, July 22, 1917; MSP – 69.

【45】 Lawrence to Sykes, September 7, 1917; SADD ClaytonPapers, 693/11/3 – 8.

【46】 Clayton to Lawrence, September 20, 1917; SADD Clayton Papers, 693/11/9 – 12.

【47】 Yale, *Diary*, September 8, 1917; YU Box 2, Folder 2.

【48】 Ibid., September 12, 1917; YU Box 2, Folder 2.

【49】 Lawrence, *Seven Pillars*, p. 367.

【50】 Lawrence to Clayton, September 23, 1917; PRO – FO882/4, f. 71.

【51】 Lawrence, *Seven Pillars*, p. 369.

【52】 Lawrence to Clayton, September 23, 1917; PRO – FO 882/4, f. 71.

【53】 Lawrence to Stirling, September 25, 1917; UT, Folder 6, File 7.

【54】 Lawrence to Leeds, September 24, 1917, in Garnett, The Letters of T. E. Lawrence, p. 238.

第15章 奔向火焰

【1】As quoted by Wilson, *Lawrence of Arabia*, p. 455.

【2】Aaronsohn to Alex Aaronsohn, October 1917; YU, Box 2, Folder 11.

【3】Yale, *Diary*, September 25, 1917; YU Box 2, Folder 2.

【4】Aaronsohn to Alex Aaronsohn, October 1917; YU, Box 2, Folder 11.

【5】Clayton to Joyce, October 24, 1917; PRO - FO 882/7, f. 175; Joyce memo, undated; PRO - WO 158/634. See also Wilson, *Lawrence of Arabia*, pp. 447 - 48.

【6】Lawrence, *Seven Pillars*, pp. 387 - 89.

【7】Clayton to Wingate, November 13, 1916; SADD WingatePapers, 143/2/190.

【8】Florence, *Lawrence and Aaronsohn*, pp. 298 - 99.

【9】Sheffy, *British Military Intelligence in the Palestine Campaign*, p. 162; Engle, *The Nili Spies*, pp. 167 - 68.

【10】Florence, *Lawrence and Aaronsohn*, p. 303.

【11】Engle, *The Nili Spies*, pp. 186 - 87.

【12】甚至在NILI间谍网被破获之后，德国人仍然继续警告土耳其人，要慎重对待犹太人。德国大使伯恩斯托夫向塔拉特帕夏建议“不要将任何一起单一的犹太人间谍案扩大为对犹太人的全面迫害”。Bernstorff to Foreign Ministry for Warburg, October 26, 1917; NARA T120, Roll 4334, Frame K179639。

【13】See Sheffy, *British Military Intelligence in the Palestine Campaign*, p. 162 nn. 77 and 78.

【14】Florence, *Lawrence and Aaronsohn*, p. 326.

【15】Engle, *The Nili Spies*, p. 202。约瑟夫·利申斯基在土耳其当局和犹太民兵的追捕下，终于在10月20日用光了好运气，在耶路撒冷城外被捕。他和纳曼·贝尔坎德一起被判处叛国罪，在1917年12月两人在大马士革被公开处以绞刑。

【16】关于土耳其人搜查济赫龙雅各布、抓捕NILI组织成员的时间长度，以及萨拉·亚伦森开枪自杀后活了多久，已出版的资料的说法有很大差别。后一个问题似乎已经得到解决，萨拉开枪后被传唤来的医生作证称，她企图自杀是在10月5日，而照顾萨拉的两位德国修女说她死于10月9日。

【17】Engle, *The Nili Spies*, p. 191.

【18】Hogarth to Ormsby - Gore, October 26, 1917; PRO - FO 371/3054, f.

388.

【19】Lawrence to Leeds, September 24, 1917, in Garnett, *The Letters of T. E. Lawrence*, p. 238.

【20】See various George Lloyd reports on Hejaz economy and political situation, Autumn 1916, in GLLD 9/8.

【21】Lloyd to Clayton, September 30, 1917; GLLD 9/13.

【22】Lloyd to Clayton, October 20, 1917; GLLD 9/13.

【23】Clayton to Lloyd, October 25, 1917; GLLD 9/10.

【24】Lloyd, "Diary of Journey with T. E. L. to El Jaffer," October 24, 1917; GLLD 9/11.

【25】Lawrence, *Seven Pillars*, pp. 421 – 23.

【26】Lloyd to Clayton, November 5, 1917; GLLD 9/10.

【27】Liddell Hart, *Colonel Lawrence*, pp. 193 – 94.

【28】Prüfer to Oppenheim, November 3, 1914; NARA T137, Roll 23, Frame 213.

【29】Lloyd, notes from travels, undated but late October 1917; GLLD 9/10。Jeremy Wilson 在他的授权版劳伦斯传记里将乔治·劳埃德手写记录中的一个关键点抄错了，将“HMG”（英王陛下的政府）写成了“盟国”。于是，他的引文错误地变成了“劳伦斯不是在为盟国工作，而是在为谢里夫工作”。显然，这个错误扭曲了劳埃德的本意和劳伦斯据说曾有过的表达，但后来的很多劳伦斯传记作者都重复了这个错误，他们想尽可能将劳伦斯的不服从上级解释为他是在反对盟国（也就是法国），而不是反对英国政府。

【30】Lloyd, "Diary of Journey with T. E. L. to El Jaffer," October 28, 1917; GLLD 9/11.

【31】Knabenshue to U. S. Secretary of State, October 23, 1917; NARA RG59, Box 1047, 111. 70Y1/3.

【32】Ibid., November 4, 1917; NARA M353, Box 6, Frame 0827.

【33】Hoover (U. S. Consul, Säo Paulo, Brazil) to U. S. Secretary of State, August 21, 1917; NARA M367, Roll 217, document 763. 72112. 5321.

【34】Yale, *It Takes So Long*, chapter 8, pp. 18 – 19.

【35】Yale, *It Takes So Long*, margin note, chapter 7, p. 21.

【36】Weizmann, *Trial and Error*, p. 208.

【37】As reproduced on frontispiece by Stein, *The Balfour Declaration*.

【38】Clayton to Lloyd, November 12, 1917; GLLD 9/10.

【39】劳伦斯关于米尼菲尔火车袭击行动的记述见 *Seven Pillars*, book 6, chapters 77 and 78, pp. 425 – 34。

【40】Lawrence, *Seven Pillars*, p. 163.

第 16 章　风暴聚集

【1】Syrian Committee of Egypt, November 14, 1917; YU, Box 3, Folder 8.

【2】Yale to Harrison, December 17, 1917; YU, Box 2, Folder 11.

【3】Lawrence, *Seven Pillars*, p. 435.

【4】Ibid. , p. 439.

【5】Weizmann to Aaronsohn, November 16, 1917, reproduced in Friedman, *Zionist Commission*, pp. 19 – 20.

【6】Aaronsohn, *Diary*, November 16, 1917; ZY.

【7】House to Drummond, September 11, 1917; PRO – FO 371/3083, f. 107.

【8】Wiseman to Drummond, October 16, 1917; PRO – FO 371/3083, f. 106.

【9】Weizmann to Aaronsohn, November 16, 1917, reproduced in Friedman, *Zionist Commission*, pp. 19 – 20.

【10】Verrier, ed. , *Agents of Empire*, p. 295。这份电报中关于萨拉·亚伦森命运的部分是准确的，但其他方面有错误。年迈的埃弗拉伊姆·亚伦森被关押在大马士革，得以幸存，后来被释放，而贝尔坎德直到 12 月 14 日才被处决。

【11】Aaronsohn, *Diary*, December 1, 1917; ZY.

【12】劳伦斯关于他在德拉遭受毒打的记述见 *Seven Pillars*, book 6, chapter 80, pp. 441 – 47。

【13】Mack, *A Prince of Our Disorder*, p. 233.

【14】As quoted by James, *The Golden Warrior*, p. 214 n. 17.

【15】Lawrence to Stirling, June 29, 1919; UT (copy) Folder 6, File 7.

【16】As quoted by Brown, *The Letters of T. E. Lawrence*, pp. 261 – 62.

【17】Agent 92C, "Syrian Politics," December 9, 1917; PRO – WO 106/1420.

【18】Lewis, "An Ottoman Officer," in Kushner, *Palestine in the Late Ottoman Period*, p. 413.

【19】Agent 92C, "Syrian Politics," December 9, 1917; PRO – WO106/1420.

【20】当时俄国仍然使用儒略历，而不是格列高利历，这个日期在俄国是 10 月 25 日，因此才有"十月革命"的说法。

【21】As quoted in Antonius, *The Arab Awakening*, p. 255.

【22】Agent 92C, "Syrian Politics," December 9, 1917; PRO - WO 106/1420.

【23】Ahmed Djemal Pasha to Faisal (undated), translated and sent from Wingate to Balfour, December 25, 1917; PRO - PRO 30/30/10 f. 67.

【24】Lawrence, *Seven Pillars*, p. 453.

【25】Sykes to Graham, May 5, 1917; MSP - 41d.

【26】Foreign Office to Wingate, May 29, 1917; SADD Wingate Papers, 145/7/114 - 15.

【27】Wilson to Brémond, September 21, 1917; PRO - FO 371/3051.

【28】Wingate to Graham, December 10, 1917; PRO - FO 371/3051.

【29】Lawrence, *Seven Pillars*, p. 455.

【30】Clayton to Sykes, November 28, 1917; PRO - FO 371/3054, f. 393.

【31】Wingate to War Cabinet, December 24, 1917; PRO - FO 371/3062.

【32】Minutes to "Turkish Intrigues in Arabia," December 26, 1917; PRO - FO 371/3062, File 243033.

【33】当时在叙利亚有两位土耳其领导人都叫作杰马勒帕夏，这给史学家带来了极大混乱。他们分别是叙利亚总督艾哈迈德·杰马勒帕夏（有时被称为"大杰马勒"）和穆罕默德·杰马勒帕夏（有时被称为"小杰马勒"）。更容易造成混淆的是，穆罕默德·杰马勒是在1918年初接任土耳其第4集团军总司令的时候开始使用"杰马勒帕夏"这个尊称的，他的前任就是刚刚离职的艾哈迈德·杰马勒。T. E. 劳伦斯在《智慧的七柱》中使用"杰马勒帕夏"的说法，常常却不指明是艾哈迈德还是穆罕默德，这造成了更多的困扰。

于是，很多关于这个时期的史书将二人混为一谈，说在1918年夏季的时候，费萨尔还在和艾哈迈德·杰马勒进行秘密通信。事实上，土耳其给费萨尔的和谈建议的确是艾哈迈德·杰马勒最先于1917年11月发起的，但在12月，艾哈迈德就被召回君士坦丁堡，因此费萨尔随后的通信对象一直是穆罕默德·杰马勒。

另外，劳伦斯在《智慧的七柱》和他对同时代的传记作者的声明中说，费萨尔还和穆斯塔法·凯末尔（未来的凯末尔·阿塔图尔克）进行了秘密谈判。这也许是真的，但我未能发现文献证据。

【34】Lawrence, *Seven Pillars* (Oxford), chapter 115.

【35】Lawrence, *Seven Pillars* (Oxford), chapter 115, and Lawrence, *Seven Pillars* (1926), p. 554.

【36】Lawrence to Yale, October 22, 1929; YU, Box 1, Folder 4。奇怪的

是，劳伦斯告诉耶鲁，他本人在费萨尔与穆罕默德·杰马勒帕夏的通信中没有扮演任何角色，而是在费萨尔“不知情”的情况下得知并阅读了这些通信的。劳伦斯对别人说的话，以及他自己的《智慧的七柱》的说法，都与此矛盾。

【37】“It must be abundantly”: Weizmann to Brandeis, January 14, 1918; PRO - FO 371/3394, f. 423.

【38】British government White Paper, “Notes on Zionism,” Part 2. Communications of the Zionist Organization II, January-March 1918; April 19, 1918, p. 11; PRO - FO371/4171, f. 99.

【39】Lawrence to Clayton, January 22, 1918; PRO - FO 882/7, f. 251 - 53.

【40】Lawrence, *Seven Pillars*, p. 462.

【41】Lawrence to Clayton, January 26, 1918; PRO - FO 882/7, f. 254 - 58.

【42】Lawrence, *Seven Pillars*, p. 482.

第17章　孤独的追寻

【1】Lawrence, *Seven Pillars*, p. 503.

【2】威廉·耶鲁关于自己在1917至1918年间在开罗的情报工作的记述见Yale, *It Takes So Long*, chapter 8。

【3】Yale to Harrison, December 24, 1917; YU, Box 2, Folder 12.

【4】Yale to Harrison, November 12, 1917; YU, Box 2, Folder 6.

【5】Yale to Harrison, February 25, 1918; YU, Box 2, Folder 19.

【6】Yale to Harrison, November 4, 1917; YU, Box 2, Folder 5.

【7】Lawrence to Clayton, January 22, 1918; PRO - FO 882/7, f. 251 - 52.

【8】Lawrence to Clayton, February 12, 1918; PRO - FO 882/7, f. 267.

【9】劳伦斯对他在塔菲拉与扎伊德的对抗，以及他随后行动的描述见*Seven Pillars*, book 7, chapter 90, pp. 499 - 502.

【10】Lawrence to Clayton, February 12, 1918; PRO - FO 882/7, f. 268.

【11】Lawrence, *The Home Letters*, p. 341.

【12】Lawrence, *Seven Pillars*, p. 502.

【13】Ibid., p. 503.

【14】Lawrence, *The Home Letters*, p. 348.

【15】Yale to Harrison, March 11, 1918; YU, Box 2, Folder 21.

【16】David Hogarth, “Report on Mission to Jeddah,” January 15, 1918; PRO - FO 882/13 f. 35 - 40.

【17】Wingate to Foreign Office, February 19, 1918; PRO - FO 3713380, f. 473.

【18】Lawrence, "Syrian Cross Currents," *Arab Bulletin Supplementary Papers*, February 1, 1918; PRO - FO 882/14.

【19】Clayton to Sykes, February 4, 1918; PRO - FO 371/3398.

【20】Lawrence to Clayton, February 12, 1918; PRO - FO 882/7.

【21】Wingate to Foreign Office, April 8, 1918; PRO - FO 371/3403, f. 372.

【22】Yale to Harrison, March 11, 1918; YU, Box 2, Folder 21.

【23】British government White Paper, "Notes on Zionism," Part 3. *The Zionist Commission in Palestine*; February 6, 1919, pp. 16 - 17; PRO - FO 371/4171, f. 102.

【24】British government White Paper, "Notes on Zionism," Part 3. *The Zionist Commission in Palestine*; February 6, 1919, pp. 14 - 21; PRO - FO 371/4171, f. 100 - 104.

【25】Cornwallis to Symes, April 20, 1918; PRO - FO 882/14, f. 358 - 59.

【26】Yale to Harrison, April 8, 1918; YU, Box 2, Folder 25.

【27】Yale to Harrison, March 25, 1918; YU, Box 2, Folder 23.

【28】Yale to Harrison, June 10, 1918; YU, Box 2, Folder 34.

【29】Aaronsohn, *Diary*, April 1, 1918; ZY.

【30】Yale to Harrison, April 8, 1918; YU, Box 2, Folder 25.

【31】劳伦斯对阿塔提尔之旅，以及“达乌德”和“法拉杰”（阿里和奥斯曼）之死的描述，见 *Seven Pillars*, book 8, chapters 112 - 113, pp. 507 - 17。

【32】Wavell, *The Palestine Campaigns*, pp. 173 - 84.

【33】McKale, *Curt Prüfer*, p. 54.

【34】Bernstorff to von Hertling, July 19, 1918; PAAA, Roll 22348, Türkei 47, Band 7.

【35】Oppenheim to Jagow, February 23, 1915; PAAA, Roll 21129, Der Weltkrieg no. 11g, Band 7.

【36】Lawrence, *Seven Pillars*, p. 520.

【37】Dawnay to EEF Headquarters, May 1, 1918; PRO - FO 882/7, f. 277 - 86.

【38】Lawrence, *Seven Pillars*, pp. 526 - 27.

【39】Ibid., p. 527.

【40】Aaronsohn, *Diary*, March 21, 1918; ZY.

【41】Ibid., April 4, 1918.

【42】Ibid., April 6, 1918.

【43】Ibid., April 20, 1918.

【44】Clayton to British Secretary of State for Foreign Affairs, June 16, 1918; PRO – FO 371/803, pp. 5 – 7.

【45】Ibid., pp. 4 – 5.

【46】Lawrence to Clayton, February 12, 1918; PRO – FO 882/7, f. 268.

【47】Clayton to Lawrence, May 22, 1918; PRO – FO 141/688.

【48】General Headquarters to Commandant Akaba, May 24, 1918; PRO – WO 95/4370, App A.

【49】Clayton to Foreign Office, June 12, 1918; PRO – FO 141/688.

【50】Wingate to Foreign Office, March 23, 1918; PRO – FO 371/3403, f. 359.

【51】外交部内部关于授予费萨尔·侯赛因何种勋章的漫长讨论，见 PRO – FO 371/3403, File 53608。

【52】Clayton to Foreign Office, April 2, 1918; PRO – FO 371/3403, f. 364 – 66.

【53】Mehmet Djemal to Faisal (translator unknown), June 2, 1918; PRO – WO 158/634, f. 137.

【54】Hogarth, memorandum attached to "The Arab Question," August 9, 1918; PRO – FO 371/3381, f. 113.

【55】Lawrence, *Seven Pillars*, Appendix II.

【56】Lawrence, "Note," June 16, 1918; PRO – FO 141/688.

【57】Yale to Harrison, March 25, 1918; YU, Box 2, Folder 23.

【58】Gary to U. S. Secretary of State, May 30, 1918; NARA RG59, Box 1047, 111. 70Y.

【59】威廉·耶鲁关于他在 1918 年春季在开罗的情报搜集工作的记述见 Yale, *It Takes So Long*, chapter 8。

【60】Yale to Harrison, July 1, 1918; YU, Box 2, Folder 35.

【61】Yale to Harrison, April 29, 1918; YU, Box 2, Folder 28, pp. 10 – 11.

【62】U. S. Secretary of State Lansing to Yale, July 9, 1918; NARA RG59, Box 1047, 111. 70Y.

【63】Lawrence, *Seven Pillars*, p. 534.

【64】Foreign Office to Wingate, June 11, 1918; PRO – FO 371/3381, f. 35 – 36。事实上，这是劳伦斯愤世嫉俗的看法出错的极少例子之一。后来的巴黎和会揭露出，马克·赛克斯对"叙利亚七人"公开信的回复措辞非常巧妙，承诺"阿拉伯人在当前战争中通过独立行动从土耳其

控制下解放出来的地区”将得到独立的诺言的意思是，只有他在写时被解放的土地才算数。通过这个变戏法般的诡计，大叙利亚的大部分都被排除在外了。

【65】Hogarth, memorandum attached to “The Arab Question,” August 9, 1918; PRO - FO 371/3381, f. 113。要么费萨尔向奥斯曼政府的建议并未就此结束，要么德国人没有得知费萨尔与奥斯曼政府已经停止谈判，直到1918年9月初，德国高级外交官和军官仍然谈及与费萨尔讲和的紧迫性。

【66】Clayton to Foreign Office, May 3, 1918; PRO - FO 371/3403, f. 384.

【67】Lawrence, *Seven Pillars*, p. 544.

【68】Prüfer, *Diary*, July 31, 1918; HO.

第18章　大马士革

【1】Lawrence, “The Destruction of the 4th. Army,” October 1918; PRO - WO 882/7, f. 360.

【2】Gilbert, *First World War*, p. 452.

【3】Prüfer, *Diary*, August 30, 1918; HO.

【4】Prüfer to AA, September 3, 1918; NARA T137, Roll 138, Frames 329 - 30.

【5】Yale, *It Takes So Long*, chapter 8, p. 30.

【6】Lawrence, *Seven Pillars*, p. 586.

【7】Garnett, *The Letters of T. E. Lawrence*, p. 244.

【8】和在《智慧的七柱》中一样，劳伦斯在和罗伯特·格雷夫斯与巴塞尔·利德尔·哈特谈到自己1918年8月与努里·沙拉昂的会议时，特别小心谨慎。格雷夫斯催问他的时候，劳伦斯答道：“我在当时的痛苦，有一个特别的、非常可怕的原因（不曾公之于众）。”（Graves and Liddell Hart, *T. E. Lawrence: Letters to His Biographers*, Pt. 1, p. 103）类似地，利德尔·哈特问他，他向沙拉昂许下的诺言究竟是什么，劳伦斯答道：“我不想说出来。”（UT Folder 1, File 1）

【9】Lawrence, *Seven Pillars*, p. 579.

【10】Ibid., p. 586.

【11】Yale to U. S. Director of Military Intelligence, September 12, 1918; YU, Box 2, Folder 39.

【12】劳伦斯关于1918年9月叙利亚攻势的记述见 *Seven Pillars*, book 10, chapters 107 - 12, pp. 581 - 660。

【13】威廉·耶鲁关于1918年9月英军叙利亚攻势的回忆见 Yale, *It Takes*

So Long, chapter 9。

【14】 As quoted by Wilson, *Lawrence of Arabia*, p. 549.

【15】 Ibid. .

【16】 Bartholomew to Joyce, September 21, 1918; PRO – WO 157/738.

【17】 Wilson, *Lawrence of Arabia*, p. 555.

【18】 Lawrence to Dawnay, September 25, 1918; PRO – WO 157/738.

【19】 Lawrence, *Seven Pillars*, pp. 628 – 29.

【20】 Lawrence, "The Destruction of the 4th. Army," October 1918; PRO – WO 882/7, f. 360.

【21】 Ibid. .

【22】 Barrow, *The Fire of Life*, pp. 209 – 12.

【23】 Mack 的 *A Prince of Our Disorder*, pp. 234 – 40 对塔法斯事件作了有趣的探讨，劳伦斯的一些战友试图捍卫他的名誉，尽管他自己竭力自贬。

【24】 Stirling, *Safety Last*, pp. 93 – 94.

【25】 Wilson, *Lawrence of Arabia*, p. 563.

【26】 Lawrence to General Headquarters, October 1, 1918; PRO – WO 157/738.

【27】 Lawrence, "The Destruction of the 4th. Army," October 1918; PRO – WO 882/7, f. 364.

【28】 Lawrence, *Seven Pillars*, p. 656.

【29】 Chauvel, "Notes," as cited by Hill, *Chauvel of the Light Horse*, p. 184.

【30】 CIGS to Allenby, September 25, 1918; PRO – FO 371/3383, f. 489 – 92.

【31】 War Office to General Headquarters, Egypt, October 1, 1918; PRO – FO 371/3383, f. 498 – 99.

【32】 Chauvel, "Notes," as cited by Hill, *Chauvel of the Light Horse*, p. 184.

【33】 Yale, *It Takes So Long*, chapter 10, p. 3.

【34】 Chauvel, "Notes," as cited by Hill, *Chauvel of the Light Horse*, p. 185.

尾声　巴黎

【1】 Lawrence to Armstrong, October 6, 1914; UT, Folder 2, File 6.

【2】 Arthur Hirtzel to Curzon, June 19, 1919; PRO – FO 371/4149, f. 149A.

【3】 Clark – Kerr, quoted by Wilson, *Lawrence of Arabia*, p. 617.

【4】 The Weizmann – Faisal Agreement, January 3, 1919, as reproduced in Friedman, *Tension in Palestine*, pp. 157 – 61.

【5】 Weizmann, "Proposals Relating to the Establishment of a Jewish National Home in Palestine," November 19, 1918; PRO – FO 371/3385.

【6】 Gelfand, *The Inquiry*, pp. 60 – 62.

【7】 E. H. Byrne, *Report on the Desires of the Syrians*, October 7, 1918; YU Box 4, Folder 23.

【8】 Yale, *It Takes So Long*, chapter 10, p. 6.

【9】 Garnett, *The Letters of T. E. Lawrence*, p. 294.

【10】 The Weizmann – Faisal Agreement, January 3, 1919, as reproduced in Friedman, *Tension in Palestine*, pp. 157 – 61.

【11】 Lawrence to Liddell Hart, Graves and Liddell Hart, *T. E. Lawrence*: *Letters to His Biographers*, Pt. 2, p. 143.

【12】 Sykes, memorandum, October 15, 1918; PRO – FO 371/3413.

【13】 Hogarth to Clayton, quoted by Adelson, *Mark Sykes*, p. 281.

【14】 Sykes, as quoted by Adelson, Ibid. , p. 289.

【15】 Lloyd George, as quoted by Wilson, *Lawrence of Arabia*, p. 609.

【16】 Aaronsohn, *Diary*, January 16, 1919; ZY.

【17】 Aaronsohn, as quoted by Florence, *Lawrence and Aaronsohn*, p. 406.

【18】 1919 ~ 1924 年英美关于石油开采权的争议，详见 DeNovo, *American Interests and Policies in the Middle East*, pp. 167 – 209; Fanning, *Foreign Oil and the Free World*, chapter 5; Shwadran, *The Middle East, Oil and the Great Powers*, pp. 403 – 9; and PRO – FO 141/456, File 6522.

【19】 Suleiman Nassif to Yale, March 24, 1924; BU Box 15, Folder 6.

【20】 Yale to Birch Helms (Socony), May 5, 1922; BU Box 15, Folder 5.

【21】 Yale, "Islam Versus Christianity," *North American Review*, February 1923; BU Box 11.

【22】 Yale, letter to Free World, August 1942; BU Box 1, Folder 9.

【23】 McKale, *Curt Prüfer*, p. 59.

【24】 Prüfer to Otto Gunther von Wesendonck, German Foreign Ministry, November 2, 1918; NARA T136, Roll 94, Frame 21.

【25】 PRO – KV 2/3114.

【26】 Prüfer, as quoted by McKale, *Curt Prüfer*, p. 177.

【27】 From Prüfer's MI5 Security Service file, PRO – KV 2/3114.

【28】 Lawrence to Graves, May 21, 1912; Graves and Liddell Hart, *T. E. Lawrence*: *Letters to His Biographers*, Pt. 1, p. 15.

【29】 Lawrence, *Seven Pillars*, p. 641.

【30】 Ibid. , p. 276.

【31】 Meyers, *The Wounded Spirit*, p. 11.

【32】 Lawrence to Newcombe, February 28, 1929; UT Folder 5, File 2.

【33】 Lawrence to Charlotte Shaw, as cited in Brown, *The Letters of T. E. Lawrence*, p. 290.

【34】 Lawrence to Rogers, as cited in Brown, *The Letters of T. E. Lawrence*, p. 536.

【35】 King George V to A. W. Lawrence, *Times* (London), May 21, 1935.

【36】 Churchill, quoted in A. W. Lawrence, *T. E. Lawrence by His Friends* (1954 edition), p. 202.

参考文献

Books and Articles

Aaronsohn, Alex. *With the Turks in Palestine.* Boston: Houghton Mifflin, 1916.

Abbas, Hilmi. *The Last Khedive of Egypt: Memoirs of Abbas Hilmi II,* translated and edited by Amira Sonbol. Reading, UK: Ithaca Press, 1998.

Abdullah, King. *Memoirs of King Abdullah of Transjordan.* Edited by Philip Graves. London: Jonathan Cape, 1950.

Adelson, Roger. *Mark Sykes: Portrait of an Amateur.* London: Jonathan Cape, 1975.

Ahmad, Feroz. *The Young Turks: The Committee of Union and Progress in Turkish Politics.* Oxford: Clarendon Press, 1969.

———. "Great Britain's Relations with the Young Turks, 1908–1914." *Middle Eastern Studies* 2 (1966): 302–29.

Aksakal, Mustafa. *The Ottoman Road to War in 1914.* Cambridge: Cambridge University Press, 2008.

Aldington, Richard. *Lawrence of Arabia: A Biographical Inquiry.* Chicago: Henry Regnery Company, 1955.

Allen, Malcolm Dennis. "The Medievalism of T. E. Lawrence." PhD diss., Pennsylvania State University, 1983.

Allen, Richard. *Imperialism and Nationalism in the Fertile Crescent.* Boulder, CO: Westview Press, 1984.

Andelman, David. *A Shattered Peace: Versailles 1919 and the Price We Pay Today.* Hoboken, NJ: Wiley, 2008.

Antonius, George. *The Arab Awakening.* New York: J. B. Lippincott, 1939.

Asher, Michael. *Lawrence: The Uncrowned King of Arabia.* Woodstock, NY: Overlook Press, 1999.

Baker, Leonard. *Brandeis and Frankfurter: A Dual Biography.* New York: Harper & Row, 1984.

Baker, Randall. *King Husain and the Kingdom of Hejaz.* New York: Oleander Press, 1979.

Ballobar, Antonio de la Cierva. *Jerusalem in World War I: The Palestine Diary of a European Diplomat.* Translated and edited by Roberto Mazza. New York: Tauris, 2011.

Barker, A. J. *The Neglected War: Mesopotamia, 1914–1918.* London: Faber, 1967.

———. *Townshend of Kut: A Biography of Major-General Sir Charles Townshend.* London: Cassell, 1967.

Barnard, Harry. *The Forging of an American Jew: The Life and Times of Judge Julian W. Mack.* New York: Herzl Press, 1974.

Barr, James. *Setting the Desert on Fire: T. E. Lawrence and Britain's Secret War in Arabia, 1916–1918.* New York: W. W. Norton, 2009.

Barrow, George. *The Fire of Life.* London: Hutchinson, 1943.

Bayliss, Gwyn. *Chronology of the Great War.* London: Greenhill Books, 1988.

Beraud-Villars, Jean. *T. E. Lawrence, or the Search for the Absolute.* London: Sidgwick & Jackson, 1958.

Berghahn, Volker R. *Germany and the Approach of War, 1914.* New York: St. Martin's Press, 1973.

Bernstorff, Johann Heinrich von. *Memoirs of Count Bernstorff.* New York: Random House, 1936.

Bertrand-Cadi, Jean-Yves. *Le Colonel Cherif Cadi: Serviteur de l'Islam et de la République.* [Colonel Sharif Cadi: Servant of Islam and the Republic] Paris: Maisonneuve & Larose, 2005.

Birdwood, William Riddell. *Nuri as-Said: A Study in Arab Leadership.* London: Cassell & Company, 1959.

Bond, Brian. *The First World War and British Military History.* Oxford: Clarendon Press, 1991.

Bonsal, Stephen. *Suitors and Supplicants: The Little Nations at Versailles.* New York: Prentice Hall, 1946.

Boyle, William. *My Naval Life.* London: Hutchinson, 1942.

Bray, Norman. *Shifting Sands.* London: Unicorn Press, 1934.

Brémond, Édouard. *Le Hedjaz dans la Guerre Mondiale* [The Hejaz in the World War]. Paris: Payot, 1931.

Brent, Peter. *T. E. Lawrence.* New York: G. P. Putnam's Sons, 1975.

Brown, Malcolm. *Lawrence of Arabia: The Life, the Legend.* New York: Thames & Hudson, 2005.

———. *The Letters of T. E. Lawrence.* London: Oxford University Press, 1991.

———, ed. *T. E. Lawrence in War and Peace: An Anthology of the Military Writings of Lawrence of Arabia.* London: Greenhill Books, 2005.

Bruner, Robert, and Sean Carr. *The Panic of 1907: Lessons Learned from the Market's Perfect Storm.* New York: John Wiley & Sons, 2007.

Bullock, David. *Allenby's War.* London: Blandford Press, 1988.

Carter, Miranda. *George, Nicholas and Wilhelm: Three Royal Cousins and the Road to World War I.* New York: Alfred A. Knopf, 2010.

Cecil, Lamar. *The German Diplomatic Service, 1871–1914.* Princeton: Princeton University Press, 1976.

———. *Wilhelm II.* Vol. 1, *Prince and Emperor, 1859–1900.* Chapel Hill: University of North Carolina Press, 1989.

Chaliand, Gerard, and Yves Ternon. *The Armenians: From Genocide to Resistance.* London: Zed Press, 1983.

Chernow, Ron. *Titan: The Life of John D. Rockefeller.* New York: Vintage, 2004.

Churchill, Winston. *Great Contemporaries.* New York: Norton, 1991.

Clayton, Gilbert. *An Arabian Diary.* Berkeley: University of California Press, 1969.

Crowley, Patrick. *Kut 1916: Courage and Failure in Iraq*. Stroud, UK: History Press, 2009.

Crutwell, C. R. *A History of the Great War.* Oxford: Clarendon Press, 1934.

Dadrian, Vahakn. *The Key Elements in the Turkish Denial of the Armenian Genocide: A Case Study of Distortion and Falsification.* Toronto: Zoryan Institute, 1999.

Davidson, Lawrence. *America's Palestine: Popular and Official Perceptions from Balfour to Israeli Statehood.* Gainesville: University Press of Florida, 2001.

Davis, Moshe. *With Eyes Toward Zion.* Vol. 2. New York: Praeger, 1986.

Dawn, C. Ernest. *From Ottomanism to Arabism: Essays on the Origins of Arab Nationalism.* Urbana: University of Illinois Press, 1973.

DeNovo, John. *American Interests and Policies in the Middle East, 1900–1939.* Minneapolis: University of Minnesota Press, 1963.

———. "The Movement for an Aggressive American Oil Policy Abroad, 1918–1920." *American Historical Review* 61, no. 4 (July 1956).

Divine, Donna Robinson. *Politics and Society in Ottoman Palestine: The Arab Struggle for Survival and Power.* Boulder, CO: Lynne Rienner, 1994.

Djemal Pasha, Ahmet. *Memories of a Turkish Statesman, 1913–1919.* New York: Doran, 1922.

Earle, Edward Mead. *Turkey, the Great Powers and the Baghdad Railway: A Study in Imperialism.* New York: Russell & Russell, 1966.

Emin, Ahmed. *Turkey in the World War.* New Haven, CT: Yale University Press, 1930.

Engle, Anita. *The Nili Spies.* London: Hogarth Press, 1959.

Erickson, Edward. *Ordered to Die: A History of the Ottoman Army in the First World War.* Westport, CT: Greenwood Press, 2001.

Evans, Laurence. *United States Policy and the Partition of Turkey, 1914–1924.* Baltimore: Johns Hopkins University Press, 1965.

Fanning, Leonard. *Foreign Oil and the Free World.* New York: McGraw-Hill, 1954.

Fischer, Fritz. *Germany's Aims in the First World War.* New York: W. W. Norton, 1967.

———. *War of Illusions: German Policies from 1911 to 1914.* London: Chatto & Windus, 1975.

Fischer, Louis. *Oil Imperialism: The International Struggle for Petroleum.* New York: International, 1926.

Florence, Ronald. *Lawrence and Aaronsohn: T. E. Lawrence, Aaron Aaronsohn and the Seeds of the Arab-Israeli Conflict.* New York: Viking, 2007.

Frankfurter, Felix. *Felix Frankfurter Reminisces.* New York: Reynal, 1960.

Friedman, Isaiah. *The Question of Palestine, 1914–1918.* London: Routledge & Kegan Paul, 1973.

——— *Palestine: A Twice-Promised Land?* New Brunswick, NJ: Transaction Publishers, 2000.

———, ed. *Germany, Turkey and Zionism, 1897–1918.* The Rise of Israel, vol. 4. New York: Garland Publishing, 1987.

———, ed. *The Zionist Commission in Palestine.* The Rise of Israel, vol. 9. New York: Garland Publishing, 1987.

———, ed. *Tension in Palestine: Peacemaking in Paris, 1919.* The Rise of Israel, vol. 10. New York: Garland Publishing, 1987.

Fromkin, David. *A Peace to End All Peace: Creating the Modern Middle East, 1914–1922.* New York: Holt, 1989.

Gardner, Brian. *Allenby.* London: Cassell, 1965.

Garnett, David. *The Essential T. E. Lawrence.* London: Jonathan Cape, 1951.

———, ed. *The Letters of T. E. Lawrence.* New York: Doubleday Doran, 1939.

Gelfand, Lawrence. *The Inquiry: American Preparations for Peace, 1917–1919.* New Haven, CT: Yale University Press, 1963.

Gelvin, James. *Divided Loyalties: Nationalism and Mass Politics in Syria at the Close of Empire.* Berkeley: University of California Press, 1998.

Gershoni, Israel. *Middle East Historiographies: Narrating the Twentieth Century.* Seattle: University of Washington Press, 2006.

Gilbert, Martin. *Exile and Return: The Struggle for a Jewish Homeland.* Philadelphia: Lippincott, 1978.

———. *The First World War: A Complete History.* New York: Holt, 1994.

———. *The Somme.* New York: Holt, 2006.

Gokay, Bulent. *A Clash of Empires: Turkey Between Russian Bolshevism and British Imperialism.* London: Tauris, 1997.

Goldstone, Patricia. *Aaronsohn's Maps.* Orlando, FL: Harcourt, 2007.

Gooch, G. P., and Temperley, eds. *British Documents on the Origins of the War, 1898–1914.* London: His Majesty's Stationery Office, 1926.

Gorni, Yosef. *Zionism and the Arabs, 1882–1948: A Study of Ideology.* New York: Oxford University Press, 1987.

Gottlieb, W. W. *Studies in Secret Diplomacy During the First World War.* London: George Allen & Unwin, 1957.

Grainger, John D. *The Battle for Palestine, 1917.* Woodbridge, UK: Boydell, 2006.

Graves, Robert. *Lawrence and the Arabs.* New York: Paragon House, 1991.

Graves, Robert, and Basil Liddell Hart. *T. E. Lawrence: Letters to His Biographers.* London: Cassell, 1963.

Greaves, Adrian. *Lawrence of Arabia: Mirage of a Desert War.* London: Weidenfeld & Nicolson, 2007.

Guinn, Paul. *British Strategy and Politics, 1914–1918.* Oxford: Clarendon Press, 1965.

Haas, Jacob de. *Louis D. Brandeis.* New York: Bloch, 1929.

Halkin, Hillel. *A Strange Death: A Story Originating in Espionage, Betrayal and Vengeance in a Village in Old Palestine.* New York: PublicAffairs, 2005.

Halpern, Ben. *A Clash of Heroes: Brandeis, Weizmann, and American Zionism.* New York: Oxford University Press, 1987.

Hanioglu, Sukru. *A Brief History of the Late Ottoman Period.* Princeton, NJ: Princeton University Press, 2008.

———. *Young Turks in Opposition.* New York: Oxford University Press, 1995.

Hart, Peter. *Gallipoli.* New York: Oxford University Press, 2011.

Heller, Joseph. *British Policy Towards the Ottoman Empire, 1908–1914.* London: Frank Cass, 1983.

Herbert, Aubrey. *Mons, Kut and Anzac.* London: E. Arnold, 1919.

Hickey, Michael. *Gallipoli.* London: John Murray, 1995.

Hill, A. J. *Chauvel of the Light Horse.* Melbourne, AU: Melbourne University Press, 1978.

Hillgruber, Andreas. *Germany and the Two World Wars.* Translated by William C. Kirby. Cambridge, MA: Harvard University Press, 1981.

Holt, P. M. *Egypt and the Fertile Crescent, 1516–1922.* Ithaca, NY: Cornell University Press, 1966.

Hopkirk, Peter. *Like Hidden Fire: The Plot to Bring Down the British Empire.* New York: Kodansha, 1994.

Hopwood, Derek. *Tales of Empire: The British in the Middle East, 1880–1952.* London: Tauris, 1989.

Hourani, Albert. *The Emergence of the Modern Middle East.* Oxford, UK: Macmillan, 1981.

Howard, Harry N. *The King-Crane Commission: An American Inquiry in the Middle East.* Beirut: Khayat, 1963.

Hughes, Matthew. *Allenby and British Strategy in the Middle East, 1917–1919.* London: Frank Cass, 1999.

Hyde, Montgomery. *Solitary in the Ranks.* London: Constable, 1977.

James, Lawrence. *The Golden Warrior: The Life and Legend of Lawrence of Arabia.* New York: Marlow & Company, 1994.

Karsh, Efraim. *Empires of the Sand: The Struggle for Mastery in the Middle East, 1789–1923.* Cambridge, MA: Harvard University Press, 1999.

Katz, Shmuel. *The Aaronsohn Saga.* Jerusalem: Gefen, 2007.

Kayali, Hasan. *Arabs and Young Turks: Ottomanism, Arabism and Islamism in the Ottoman Empire, 1908–1918.* Berkeley: University of California Press, 1997.

Kedourie, Elie. *England and the Middle East: The Destruction of the Ottoman Empire, 1914–1921.* London: Mansell, 1987.

Keegan, John. *The First World War.* New York: Vintage, 2000.

Kent, Marian. *The Great Powers and the End of the Ottoman Empire.* London: George Allen & Unwin, 1984.

Keogh, E. G. *Suez to Aleppo.* Melbourne, AU: Wilke & Company, 1955.

Khalidi, Rashid, ed. *The Origins of Arab Nationalism.* New York: Columbia University Press, 1991.

Kinross, John. *Ataturk.* New York: William Morrow and Co., 1965.

———. *The Ottoman Centuries.* New York: Morrow, 1977.

Kirkbride, Alec. *An Awakening: The Arab Campaign, 1917–1918.* Saudi Arabia: University Press of Arabia, 1971.

Knee, Stewart. "The King-Crane Commission of 1919: The Articulation of Political Anti-Zionism." *American Jewish Archives* 29, no. 1 (1977): 22–53.

Knightley, Phillip, and Colin Simpson. *The Secret Lives of Lawrence of Arabia.* London: Literary Guild, 1969.

Knowlton, Evelyn, and George Gibb. *History of Standard Oil Company: Resurgent Years, 1911–1927.* New York: Harper & Row, 1956.

Kushner, David, ed. *Palestine in the Late Ottoman Period.* Jerusalem: Yad Izhak Ben-Zvi, 1986.

Laqueur, Walter. *A History of Zionism.* New York: Schocken, 2003.

Lares, J. M. *T. E. Lawrence, la France et les Français* [T. E. Lawrence, France and the French]. Paris: Sorbonne, 1980.

Lawrence, A. W., ed. *T. E. Lawrence by His Friends.* London: Jonathan Cape, 1937.

Lawrence, A. W., ed. *T. E. Lawrence by His Friends.* London: Jonathan Cape, 1954.

———, ed. *Letters to T. E. Lawrence.* London: Jonathan Cape, 1962.

Lawrence, T. E. *Crusader Castles.* Oxford: Clarendon, 1988.

———. *The Home Letters of T. E. Lawrence and His Brothers.* New York: Macmillan, 1954.

———. *Secret Despatches from Arabia.* London: Bellew, 1991.

———. *The Mint.* London: Jonathan Cape, 1973.

———. *Oriental Assembly.* Edited by Arnold Lawrence. London: Williams & Norgate, 1939.

———. *Seven Pillars of Wisdom: A Triumph* (1922 "Oxford" text). Blacksburg, VA: Wilder Press, 2011.

———. *Seven Pillars of Wisdom: A Triumph.* New York: Anchor, 1991.

———. *Revolt in the Desert.* Ware, UK: Wordsworth, 1997.

LeClerc, Christophe. *Avec T. E. Lawrence in Arabie* [With T. E. Lawrence in Arabia]. Paris: L'Harmattan, 1998.

Lewis, Geoffrey. "An Ottoman Officer in Palestine, 1914–1918." In David Kushner, ed., *Palestine in the Late Ottoman Period.* Jerusalem: Yad Izhak Ben-Zvi, 1986.

Lewy, Guenter. *The Armenian Massacres in Ottoman Turkey.* Salt Lake City, UT: University of Utah Press, 2005.

Liddell Hart, Basil H. *Colonel Lawrence: The Man Behind the Legend.* New York: Halcyon House, 1937.

———. *The Real War, 1914–1918.* Boston: Little, Brown, 1930.

Link, Arthur S., ed., *The Papers of Woodrow Wilson.* Princeton, NJ: Princeton University Press, 1980.

Lloyd George, David. *Memoirs of the Peace Conference.* New Haven, CT: Yale University Press, 1939.

Lockman, J. N. *Scattered Tracks on the Lawrence Trail: Twelve Essays on T. E. Lawrence.* Whitmore Lake, MI: Falcon Books, 1996.

Longrigg, Stephen. *Oil in the Middle East: Its Discovery and Development.* London: Oxford University Press, 1955.

Macdonogh, Giles. *The Last Kaiser: The Life of Wilhelm II.* New York: St. Martin's Press, 2001.

Mack, John E. *A Prince of Our Disorder: The Life of T. E. Lawrence.* Boston: Little, Brown, 1976.

Magnus, Philip. *Kitchener: Portrait of an Imperialist.* New York: Dutton, 1959.

Mango, Andrew. *Ataturk.* London: John Murray, 1999.

McKale, Donald. *Curt Prüfer: German Diplomat from the Kaiser to Hitler.* Kent, OH: Kent State University Press, 1987.

———. *War by Revolution: Germany and Great Britain in the Middle East in the Era of World War I.* Kent, OH: Kent State University Press, 1998.

McMeekin, Sean. *The Berlin-Baghdad Express.* Cambridge, MA: Harvard University Press, 2010.

MacMillan, Margaret. *Paris 1919: Six Months That Changed the World.* New York: Random House, 2002.

MacMunn, George, and Cyril Falls. *Military Operations in Egypt and Palestine; History of the Great War.* London: His Majesty's Stationery Office, 1928.

Mandel, Neville. *The Arabs and Zionism Before World War I.* Berkeley: University of California Press, 1976.

Manuel, Frank Edward. *The Realities of American-Palestine Relations.* Washington, DC: Public-Affairs Press, 1949.

Massey, W. T. *Allenby's Final Triumph.* London: Constable, 1920.

Meinertzhagen, Richard. *Middle East Diary, 1917–1956.* London: Cresset Press, 1960.

Melka, R. L. "Max Freiherr von Oppenheim: Sixty Years of Scholarship and Political Intrigue in the Middle East." *Middle Eastern Studies* 9, no. 1 (January 1973): 81–93.

Meyers, Jeffrey. *T. E. Lawrence: A Bibliography.* New York: Garland, 1974.

———. *The Wounded Spirit: A Study of "Seven Pillars of Wisdom."* London: Macmillan, 1989.

Millar, Ronald. *Death of an Army: The Siege of Kut, 1915–1916.* New York: Houghton Mifflin, 1970.

Monroe, Elizabeth. *Britain's Moment in the Middle East, 1914–1956.* London: Chatto & Windus, 1981.

Moore, Briscoe. *The Mounted Riflemen in Sinai and Palestine: The Story of New Zealand's Crusaders.* Auckland: Whitcombe & Tombs, 1920.

Moorehead, Alan. *Gallipoli.* New York: Perennial Classics, 2002.

Morgenthau, Henry. *Ambassador Morgenthau's Story.* New York: Doubleday, Page & Co., 1918.

Morris, Benny. *Righteous Victims: A History of the Zionist-Arab Conflict, 1881–1999.* London: John Murray, 2000.

Morris, James. *The Hashemite Kings.* New York: Pantheon, 1959.

Moscrop, John James. *Measuring Jerusalem: The Palestine Exploration Fund and British Interests in the Holy Land.* New York: Leicester University Press, 2000.

Mousa, Suleiman. *T. E. Lawrence: An Arab View.* Translated by Albert Boutros. London: Oxford University Press, 1966.

Murphy, David. *The Arab Revolt, 1916–1918: Lawrence Sets Arabia Ablaze.* London: Osprey, 2008.

Nash, N. S. *Chitral Charlie: The Life and Times of a Victorian Soldier.* Barnsley, UK: Pen & Sword Books, 2010.

Nevakivi, Jukka. *Britain, France and the Arab Middle East, 1914–1920.* London: Athlone Press, 1969.

Nogales, Rafael de. *Four Years Beneath the Crescent.* New York: Charles Scribner's Sons, 1926.

Nutting, Anthony. *Lawrence of Arabia: The Man and the Motive.* London: Hollis & Carter, 1961.

O'Brien, Conor Cruise. *The Siege: The Saga of Israel and Zionism.* New York: Simon & Schuster, 1986.

O'Brien, Philip M. *T. E. Lawrence: A Bibliography.* New Castle, DE: Oak Knoll Press, 2000.

Ocampo, Victoria. *338171 T.E. (Lawrence of Arabia).* New York: Dutton, 1963.

Orlans, Harold. *T. E. Lawrence: Biography of a Broken Hero.* Jefferson, NC: McFarland & Co., 2002.

Palmer, Alan. *The Kaiser: Warlord of the Second Reich.* London: Weidenfeld & Nicolson, 1978.

Phillips, Harlan B. *Felix Frankfurter Reminisces.* New York: Reynal & Co., 1960.

Renton, James. *The Zionist Masquerade: The Birth of the Anglo-Zionist Alliance, 1914–1918.* London: Palgrave Macmillan, 2007.

Richards, Vyvyan. *Portrait of T. E. Lawrence: The Lawrence of "Seven Pillars of Wisdom."* London: Jonathan Cape, 1936.

Rohl, John. *The Kaiser and His Court.* Cambridge: Cambridge University Press, 1994.

Rose, Norman. *Chaim Weizmann: A Biography.* London, Weidenfeld and Nicolson, 1987.

Sachar, Howard Morley. *A History of Israel: From the Rise of Zionism to Our Time.* New York: Alfred A. Knopf, 2007.

Sanders, Liman von. *Five Years in Turkey.* Annapolis, MD: United States Naval Institute Press, 1927.

Sanders, Ronald. *The High Walls of Jerusalem: A History of the Balfour Declaration and the Birth of the British Mandate for Palestine.* New York: Holt, Rinehart & Winston, 1983.

Satia, Priya. *Spies in Arabia: The Great War and the Cultural Foundations of Britain's Covert Empire in the Middle East.* Oxford: Oxford University Press, 2008.

Schama, Simon. *Two Rothschilds and the Land of Israel.* New York: Alfred A. Knopf, 1978.

Schilcher, L. Schatkowski. "The Famine of 1915–1918 in Greater Syria." In *Problems of the Modern Middle East in Historical Perspective*, edited by John Spagnolo, pp. 229–58. Reading, UK: Ithaca Press, 1992.

Schneer, Jonathan. *The Balfour Declaration: The Origins of the Arab-Israeli Conflict.* New York: Random House, 2012.

Seidt, Hans-Ulrich. "From Palestine to the Caucasus: Oskar Niedermayer and Germany's Middle Eastern Strategy in 1918." *German Studies Review* 24, no. 1 (February 2001): 1–18.

Shaw, Stanford. *History of the Ottoman Empire and Modern Turkey.* Vols. 1 and 2. Cambridge: Cambridge University Press, 1976.

Sheffy, Yigal. *British Military Intelligence in the Palestine Campaign.* London: Frank Cass, 1998.

Shotwell, James Thomas. *At the Paris Peace Conference.* New York: Macmillan, 1937.

Shwadran, Benjamin. *The Middle East, Oil and the Great Powers.* New York: Praeger, 1955.

Spagnolo, J. P. "French Influence in Syria Prior to World War I: The Functional Weakness of Imperialism." *Middle East Journal* 23, no. 1 (1969): 44–62.

Steed, Wickham. *Through Thirty Years, 1892–1922: A Personal Narrative.* New York: Doubleday, 1925.

Stein, Leonard. *The Balfour Declaration.* London: Valentine, Mitchell & Co., 1961.

Stevenson, David. *1914–1918: The History of the First World War.* New York: Penguin, 2004.

Stewart, Desmond. *T. E. Lawrence.* London: Paladin, 1979.

Stirling, W. F. *Safety Last.* London: Hollis & Carter, 1953.

Stitt, George. *A Prince of Arabia: The Emir Shereef Ali Haider.* London: George Allen & Unwin, 1948.

Storrs, Ronald. *Orientations: The Memoirs of Sir Ronald Storrs.* New York: G. P. Putnam's Sons, 1937.

Sutherland, James Kay. *The Adventures of an Armenian Boy.* Ann Arbor, MI: Ann Arbor Press, 1964.

Symes, Stewart. *Tour of Duty.* London: Collins, 1946.

Tabachnik, Stephen. *T. E. Lawrence: An Encyclopedia.* Westport, CT: Greenwood Press, 2004.

———. *The T. E. Lawrence Puzzle.* Athens: University of Georgia Press, 2012.

Tabachnik, Stephen, and Christopher Matheson. *Images of T. E. Lawrence.* London: Jonathan Cape, 1988.

Tanenbaum, Jan Karl. *France and the Arab Middle East, 1914–1920.* Philadelphia: American Philosophical Society, 1978.

Tauber, Eliezer. *The Arab Movements in World War I.* London: Frank Cass, 1993.

Taylor, A. J. P. *Bismarck: The Man and the Statesman.* New York: Vintage, 1967.

———. *The Struggle for the Mastery of Europe, 1848–1918.* Oxford: Clarendon Press, 1954.

Teichmann, Gabriele, and Gisela Volger. *Faszination: Max Von Oppenheim.* Cologne: Dumont, 2001.

Thomas, Lowell. *With Lawrence in Arabia.* New York: Century, 1924.

Thomson, Basil. *My Experiences at Scotland Yard.* New York: A. L. Burt, 1926.

———. *Queer People.* London: Hodder & Stoughton, 1922.

———. *The Scene Changes.* New York: Doubleday, Doran & Co., 1937.

Tibawi, Abdul Latif. *Anglo-Arab Relations and the Question of Palestine, 1914–1921*. London: Luzac, 1978.

Townshend, Charles. *When God Made Hell: The British Invasion of Mesopotamia and the Creation of Iraq*. New York: Faber & Faber, 2010.

Toynbee, Arnold. *Acquaintances*. London: Oxford University Press, 1967.

Trumpener, Ulrich. *Germany and the Ottoman Empire, 1914–1918*. Princeton, NJ: Princeton University Press, 1968.

Tuchman, Barbara. *The Guns of August*. New York: Ballantine, 2004.

Tuohy, Ferdinand. *The Secret Corps: A Tale of "Intelligence" on All Fronts*. New York: Seltzer, 1920.

Turfan, M. Naim. *Rise of the Young Turks: Politics, the Military and the Ottoman Collapse*. New York: Tauris, 2000.

Urofsky, Melvin. *Louis D. Brandeis*. New York: Pantheon, 2009.

Verrier, Anthony, ed. *Agents of Empire: Brigadier Walter Gribbon, Aaron Aaronsohn and the NILI Ring*. Washington: Brassey's, 1995.

Vester, Bertha Spafford. *Our Jerusalem: An American Family in the Holy City, 1881–1949*. New York: Doubleday, 1950.

Wavell, Archibald. *Allenby: A Study in Greatness*. London: Harrap & Co., 1941.

———. *The Palestine Campaigns*. London: Constable, 1968.

Weber, Frank. *Eagles on the Crescent: Germany, Austria and the Diplomacy of the Turkish Alliance*. Ithaca, NY: Cornell University Press, 1970.

Weintraub, Stanley, and Rodelle Weintraub. *Private Shaw and Public Shaw*. London: Jonathan Cape, 1963.

Weizmann, Chaim. *Trial and Error: The Autobiography of Chaim Weizmann*. New York: Harper, 1949.

Weldon, Lewen. *Hard Lying*. London: Jenkins, 1925.

Westrate, Bruce. *The Arab Bureau: British Policy in the Middle East, 1916–1920*. University Park: Pennsylvania State University Press, 1992.

Wilson, Arnold. *Loyalties: Mesopotamia, 1914–1917*. Oxford: Oxford University Press, 1930.

———. *Loyalties: Mesopotamia 1917–1920*. London: Humphrey Milford, 1931.

Wilson, Jeremy. *Lawrence of Arabia: The Authorized Biography of T. E. Lawrence*. New York: Atheneum, 1990.

Wilson, Mary C. *King Abdullah, Britain and the Making of Jordan*. Cambridge: Cambridge University Press, 1987.

Winstone, H. V. F. *The Illicit Adventure: The Story of Political and Military Intelligence in the Middle East from 1898 to 1926*. London: Jonathan Cape, 1982.

———. *Woolley of Ur: The Life of Sir Leonard Woolley*. London: Secker & Warburg, 1990.

Woolley, C. Leonard. *Dead Towns and Living Men*. London: Lutterworth Press, 1954.

Woolley, C. Leonard, and T. E. Lawrence. *The Wilderness of Zin*. New York: Charles Scribner's Sons, 1936.

Wrench, Evelyn. *Struggle, 1914–1920*. London: Nicholson & Watson, 1935.

Yale, William. *The Near East: A Modern History*. Ann Arbor: University of Michigan Press, 1958.

———. *It Takes So Long*. Howard Gotlieb Archival Research Center, Boston University, Box 7, Folder 7.

———. *The Reminiscences of William Yale*. New York: Oral History Research Office, Columbia University.

———. "T. E. Lawrence: Scholar, Soldier, Statesman, Diplomat." Undated article, probably 1935. Boston: Howard Gotlieb Archival Research Center, Boston University, Box 6, Folder 1.

Yapp, M. E. *The Making of the Modern Near East, 1792–1923.* New York: Longman, 1987.

Yardley, Herbert D. *The American Black Chamber.* Annapolis, MD: United States Naval Institute Press, 1931.

Yardley, Michael. *T. E. Lawrence: A Biography.* New York: Stein & Day, 1987.

Yergin, Daniel. *The Prize: The Epic Quest for Oil, Money and Power.* New York: Free Press, 2008.

Zeine, Zeine N. *The Emergence of Arab Nationalism.* Delmar, NY: Caravan, 1973.

Archives and Collections

Aaron Aaronsohn Papers. NILI Museum and Archives, Zichron Ya'aqov, Israel.

Gilbert Clayton & Reginald Wingate Papers. Sudan Archives, University of Durham, Durham, England.

T. E. Lawrence Collection. Harry Ransom Humanities Research Center, University of Texas, Austin.

T. E. Lawrence Papers. Bodleian Library, Oxford, England.

George Lloyd Papers. Churchill College, Cambridge, England.

National Archives (UK, formerly Public Records Office), Kew, England.

National Archives (U.S.), Washington, DC.

Oral History Research Office. Columbia University, New York, NY.

Political Archives of the German Foreign Ministry, Berlin, Germany.

Curt Max Prüfer Papers. Hoover Institution, Stanford University, Palo Alto, CA.

Mark Sykes Papers. Middle East Centre. St. Antony's College, Oxford, England.

William Yale Collection. Howard Gotlieb Archival Research Center, Boston University.

William Yale Collection. Milne Special Collections, University of New Hampshire, Durham.

William Yale Papers. House Collection (M658), Yale University Library, New Haven, CT.

索 引

图书在版编目(CIP)数据

阿拉伯的劳伦斯：战争、谎言、帝国愚行与现代中东的形成/（美）安德森（Anderson, S.）著；陆大鹏译. —北京：社会科学文献出版社，2014.9（2024.3 重印）
ISBN 978-7-5097-5923-3

Ⅰ. ①阿… Ⅱ. ①安… ②陆… Ⅲ. ①劳伦斯，T. E.（1888～1935）-传记 Ⅳ. ①K835.615.2

中国版本图书馆 CIP 数据核字（2014）第 078418 号

阿拉伯的劳伦斯
——战争、谎言、帝国愚行与现代中东的形成

著　　者 /［美］斯科特·安德森
译　　者 / 陆大鹏

出 版 人 / 冀祥德
项目统筹 / 段其刚　董风云
责任编辑 / 冯立君　段其刚
责任印制 / 王京美

出　　版 / 社会科学文献出版社·甲骨文工作室（分社）（010）59366527
地址：北京市北三环中路甲 29 号院华龙大厦　邮编：100029
网址：www.ssap.com.cn
发　　行 / 社会科学文献出版社（010）59367028
印　　装 / 三河市东方印刷有限公司

规　　格 / 开　本：889mm × 1194mm　1/32
印　张：21　插　页：1.25　字　数：526 千字
版　　次 / 2014 年 9 月第 1 版　2024 年 3 月第 17 次印刷
书　　号 / ISBN 978-7-5097-5923-3
著作权合同登记号 / 图字 01-2013-7776 号
定　　价 / 79.00 元

读者服务电话：4008918866